国家高端智库武汉大学国际法研究所

国　际　法　文　库
INTERNATIONAL LAW LIBRARY
黄　进　总主编
肖永平　执行主编

专著系列
黄志雄　主编

宏观国际法学论

（2022年修订版）

Macro International Law

黄进　著

法律出版社
LAW PRESS·CHINA
北京

图书在版编目(CIP)数据

宏观国际法学论:2022年修订版/黄进著. --新1版. --北京:法律出版社,2022
(国际法文库)
ISBN 978-7-5197-3267-7

Ⅰ.①宏… Ⅱ.①黄… Ⅲ.①国际法-法学-文集
Ⅳ.①D990-53

中国版本图书馆CIP数据核字(2019)第046226号

宏观国际法学论(2022年修订版)
HONGGUAN GUOJI FAXUELUN(2022 NIAN XIUDINGBAN)

黄 进 著

策划编辑 沈小英
责任编辑 刘晓萌
装帧设计 李 瞻

出版发行 法律出版社
编辑统筹 法治与经济出版分社
责任校对 王晓萍 王语童
责任印制 吕亚莉
经　　销 新华书店

开本 710毫米×1000毫米 1/16
印张 41.25 **字数** 737千
版本 2022年1月第1版
印次 2022年1月第1次印刷
印刷 北京中科印刷有限公司

地址:北京市丰台区莲花池西里7号(100073)
网址:www.lawpress.com.cn
投稿邮箱:info@lawpress.com.cn
举报盗版邮箱:jbwq@lawpress.com.cn

销售电话:010-83938349
客服电话:010-83938350
咨询电话:010-63939796

书号:ISBN 978-7-5197-3267-7
定价:260.00元

凡购买本社图书,如有印装错误,我社负责退换。电话:010-83938349

作 者 简 介

黄进

湖北利川人，武汉大学法学博士，加拿大蒙特利尔大学名誉博士。中国政法大学全面依法治国研究院教授，兼任中国法学会副会长、中国国际法学会会长、中国国际私法学会会长、中国人权发展基金会副理事长、教育部法学类专业教学指导委员会副主任委员、最高人民法院国际商事专家委员会委员、常设仲裁法院（PCA）仲裁员。中国自己培养的第一位国际私法专业博士学位获得者。1995年被评为中国法学会首届“全国十大杰出青年法学家”，2004年入选国家首批“新世纪百千万人才工程国家级人选”。

总序一

当今之世界，随着全球投资贸易不断增长，科学技术特别是信息技术飞速进步，通信和交通日益便捷，人文交流蓬勃发展，经济全球化、政治多极化、文化多元化、社会网络化、法律趋同化已成为天下大势。在这种背景下，作为国际社会最为重要的行为规范，国际法在全球治理中发挥着不可替代的作用。

今日之中国，秉持“创新、协调、绿色、开放、共享”五大发展理念，正在全面建设小康社会、全面深化改革、全面推进依法治国、全面从严治党、全面参与全球治理。在这个过程中，国家始终坚持统筹国内国际两个大局，于内，追求实现“两个一百年”奋斗目标，追求实现中华民族伟大复兴的中国梦。于外，坚定不移对外开放，参与全球治理；坚持和平发展、合作共赢；积极构建中国特色大国外交，完善对外战略布局，既“请进来”，又“走出去”，加快推进“一带一路”建设；坚决维护国家主权、安全、发展利益，争取良好国际环境，维护世界和平稳定，促进各国共同发展，打造“人类命运共同体”。毫无疑问，坚持统筹国内国际两个大局，不仅要全面推进依法治国，加强国内法治，而且要在全球治理中高度重视和善于发挥国际法的作用，加强国际法治，推进国内法治与国际法治良性互动，特别是要完善中国自己的涉外法律法规体系，积极参与国际规则的制定，增强中国在国际法律事务中的话语权和影响力，运用法治思维和法治方式依法处理涉外事务,强化涉外法律服务,加强国际法治合作。

当下之中国国际法学界,经过改革开放 30 多年的建设和发展,可以肯定地说,国际法学科体系不断健全,学术队伍不断壮大,国际学术交流与合作不断拓展,学术水平和创新能力不断提高,培养了一大批国际法专门人才。而且,广大国际法专家学者解放思想、实事求是、求真务实、与时俱进,深入研究和回答中国改革开放面临的国际法理论和实践问题,产出了一大批有分量的学术成果,为国际法学的繁荣发展和国家改革开放及现代化建设做出了重要贡献。但应该指出的是,中国国际法学领域还存在一些亟待解决的问题。比如,国家缺乏整体的国际法学科发展战略规划,国际法学科建设放任自流,各国际法机构各自为阵;国际法人才队伍学术原创能力和解决实际问题的能力不强,活跃在世界国际法舞台的人才不多,总体素质亟待提高;国际法人才培养体系不健全,德行教育与知识传授相分离、理论培养与实践训练相脱离、国内培训与国际培训相隔离;国际法学术研究缺少精品力作,还没有产出具有广泛国际影响的创造性思想成果和理论成果,在国际规则制定和国际法律事务中的话语权和影响力不大。可以这样说,中国国际法学界目前在学术命题、学术思想、学术观点、学术标准、学术评价、学术话语上的能力和水平同中国综合国力和国际地位还不太相称。

综上所述,国际法在国际社会中的重要地位日益凸显,中国全面推进依法治国、对外开放、参与全球治理,亟须掌握和运用国际法,中国国际法学界仍处于有数量缺质量、有专家缺大师以及作用没有充分发挥出来的状态。我们所处的时代表明,这是一个需要国际法的时代,这是一个需要国际法理论创新而且一定能够产生国际法新理论的时代,这是一个需要国际法思想而且一定能够产生国际法新思想的时代。所有这些,正是我们编辑出版"国际法文库"以推动国际法学繁荣发展的初衷。

"国际法文库"将坚持兼容并包、思想自由。主张立足中国、借鉴国外,挖掘历史、把握当代,关怀人类、面向未来,着力推进构建既具有中国特色、中国风格、中国气派,又能进入世界学术话语体系的国际法学。

"国际法文库"将坚持问题导向。面对中国改革开放的新常态、国际局势的新变化,世界范围内各种思想文化交流交融交锋的新形势,只有聆听时代的声音,回应时代的呼唤,认真研究国家深化对外开放、全面参与全球治理的重大而紧迫的问题,才能真正把握历史脉络,找到发展规律,推进国际法理论创新和全球治理实现良法善治。

“国际法文库”将坚持跨学科研究。国际法律问题涉及国际社会生活的方方面面，具有跨学科性，需要从多学科视角，运用学科交叉融合的方法，进行跨学科研究。也就是说，对于国际法律问题，不仅要从国际公法、国际私法、国际经济法等国际法学视角进行研究，而且还要从宪法、行政法、民商法、刑法、诉讼法等国内法学视角进行研究；不仅要从法学视角进行研究，而且还要从国际政治、世界历史、全球经济、人类社会变迁、多元文化交融、地球生态文明等视角进行研究。跨学科研究在于坚持用联系的发展的眼光看待问题，增强研究的整体性、系统性、协调性、战略性，促进问题合情、合理、合法的解决。

“国际法文库”将坚持创造创新。创新是一个民族进步的灵魂，也是引领理论发展的动力。创新，就是有所发现、有所发明、有所创造。国际法理论的生命力在于创新，只有不断进行探索，才能推进国际法思想创新、知识创新、理论创新、制度创新、方法创新。国际法理论创新要从问题开始，发现问题、筛选问题、分析问题、研究问题、解决问题的过程就是创新的过程。国际法理论创新不必贪大求全，发现新事实、新材料、新现象是创新，阐明一个新原理、提出一种新学说、揭示一条新规律是创新，发明一项新技能、找到一条新路径、创造一种新方法也是创新。

“国际法文库”设专著系列、译著系列、实务系列、文集系列，是法律出版社与武汉大学国际法研究所共同打造的学术品牌。法律出版社在中国出版界特别是法学、法律出版领域的龙头地位自不待言。这里有必要对武大国际法所多说几句。武大国际法所是我国著名法学家、教育家、国际私法一代宗师韩德培先生于1980年创办的，是我国高校设立的第一个国际法研究所。该所自创立以来，自强不息，追求卓越，先后培养了一大批已在学术和实务方面崭露头角的国际法专门人才，先后产出了一大批具有较高水平的国际法学术成果，先后两次被评为国家级重点学科，2000年被确定为教育部人文社会科学重点研究基地，2015年入选首批国家高端智库。可以肯定地说，武大国际法所是当今中国国际法领域的学术重镇，不断推进中国国际法人才培养、科学研究和新型智库建设，不仅是它义不容辞的责任，更是它崇高而神圣的使命。正是基于这种情怀，武大国际法所与法律出版社携手合作，设立了这个“国际法文库”。这是为中国国际法学界开辟一块新的学术园地，建造一个新的学术舞台。“国际法文库”是自由、开放、包容、多元的，海内外的国际法同仁都可以在这块园地里辛勤耕耘，春播夏种、秋收冬藏；也都可以在这座舞台上翩翩起舞，崭露头角、一展锋芒。我真诚希望，所有以国际法为志业、立志为中国国际法事业做出贡献的海内外同仁,都能把“国际法文库”视为我们共同的国际法事业的一部分,关心之、支持之、帮助之、鞭策之,勿忘初心、久久为功,去迎接我们共同期待的中国国际法学界百花齐放、百鸟争鸣的春天。

是为序。

*

2016 年 12 月 1 日于北京

---

* 黄进,中国政法大学教授,中国法学会副会长,中国国际法学会会长,中国国际私法研究会会长。

总序二

随着中国日益接近世界舞台的中央,我国迫切需要加强国际法律共同体建设,利用国际法维护世界和平和人类命运共同体以及可持续发展,保障中国的正当利益。因此,不管是国际法制度构建,还是国际法理论创新,抑或是国际法实践引领,中国都需要从“被动适应者”向“主动引领者”转变。

由我国著名法学家、教育家、社会活动家、国际私法一代宗师韩德培先生创办的武汉大学国际法研究所是1980年由原国家教委批准成立的中国高校第一个国际法研究机构;1981年设立博士点;1995年建立博士后流动站;1996年列为“211”工程重点建设单位;2000年被教育部批准为普通高等学校人文社会科学重点研究基地;2004年被批准为“985”工程哲学社会科学创新基地;2015年被中宣部确定为首批国家高端智库试点建设单位。她一贯秉持国际公法、国际私法、国际经济法的全面和综合研究,积极拓展联合国法、欧洲联盟法、国际能源法、电子商务法、国际发展法、国际网络法、国际投资法、国际金融法、国际体育法、世贸组织法、海洋法和海商法等前沿学术领域,形成了学科研究方向齐全、学科发展水平一流、咨政服务能力突出、教学科研成果领先的鲜明特色。

但是,不管是作为教育部的人文社会科学重点研究基地,还是作为国家高端智库,仅仅依靠一个研究所的力量难以实现中国国际法理论的创新,难以实现中国从国际法的"被动适应者"向"主动引领者"的转变。当下,中国面临的问题在全球化进程中愈发凸显其复杂性,许多问题往往需要从不同学科、不同视角、不同谱系进行合理的理论解释、作出正确的政策选择;而不同学者、学术机构、智库在不同领域具有相对优势,或者因所在区域不同而存在区域政策问题的竞争优势。因此,团结、组织中国国际法学者共同攻关、协同创新是获得国际竞争优势、创新中国国际法理论,进而实现中国从国际法的"被动适应者"向"主动引领者"转变的必由之路。正是出于这种考虑,我们与法律出版社合作出版"国际法文库",希望集中展示中国学者的国际法著述和学术见解,及时传播国外国际法学界的最新研究成果,协同研究中国面临的重大国际法实践问题,不断增强中国国际法理论的国际话语权,不断提升中国国际法制度的国际吸引力,不断提高中国国际法实践的国际影响力。

因此,"国际法文库"将面向中国国际法理论界和实务界广泛征集选题,通过自荐与他荐相结合的方式,由丛书编辑委员会根据其学术性、思想性和创新性决定出版选题。本文库分为专著系列、译著系列、实务系列和文集系列。

专著系列旨在集中呈现中国学者在国际法领域的理论研究成果,引导中国国际法学界关注国际学术动态、设置前沿学术议题、营造良好学术风气,推动中国国际法理论创新。以学术性和创新性为选题标准,主要出版中国学者关于国际法领域具体问题的创新性研究成果。

译著系列旨在全面推介国际社会国际法理论的经典著作和最新成果,促进中外国际法理论的交流与交锋,促使中外国际法实践的互动与创新。以思想性与新颖性为选题标准,主要出版国际社会在20世纪90年代以后创作或再版的国际法著作的译作。

实务系列旨在在中国国际法理论研究和实践运用之间架起桥梁,促使中国国际法研究更加贴近国家和社会的现实需要,在国际法理论的支撑下运用国际法规则分析和解决实践中出现的问题。以对策性与实用性为选题标准,主要出版针对实践中的国际法问题,特别是与中国密切相关的国际法问题的著作,强调贴合国家对外交往实际需要,关注操作层面的问题选择、分析和解决方案。

文集系列旨在及时反映中国国际法学界举办的学术会议成果,提高学术交流的质量,加强学术交流的深度,扩大学术交流的影响。以新颖性与可行性为选题标准,主要出版能够设置学术议题、引领理论前沿的论文集。

我们相信,在中国国际法学界同仁的关心、支持与积极参与下,“国际法文库”一定能够实现上述目的,为中国国际法的理论创新、制度变革和实践引领贡献她应有的智慧、发挥她应有的作用。

*

2017 年元旦于武汉

---

* 肖永平,武汉大学国际法研究所所长,长江学者,法学教授,中国国际私法研究会常务副会长。

修订版前言

《宏观国际法学论》首次出版至今，已逾10余年。这10多年，自己的人生和外面的世界都发生了天翻地覆的变化。现在，无论从顺应时变的角度还是从与时俱进的角度来看，是时候也应该对该书进行修订了。

这次修订在结构上没有做大的调整，在内容上也没有做大的变动，主要的修订体现在如下几个方面：一是增加了首次出版之后发表的一些文章；二是新增了"争端解决探微"一编；三是因为篇幅限制删掉了首版所载的所有英文文章；四是对明显的文字和编排错误进行了订正。

特别值得一提的是，《宏观国际法学论》修订版这次被纳入国家高端智库武汉大学国际法研究所主办的"国际法文库"，改由法律出版社出版，可以说大大提升了出版的规格和档次，也将会扩大其传播的覆盖面和影响力。在修订版的编辑过程中，孔庆江、宋连斌、杜焕芳、曾涛、邹国勇、孙尚鸿、马德才、李庆明、鲁洋等学界同仁参与了收集、整理、编校工作，在此，我对他们的协助表示衷心的感谢！我也要借此机会真诚感谢法律出版社及其法治与经济分社对修订版出版的高度重视、编辑统筹，沈小英分社长的尽心尽力、总揽全局，责任编辑刘晓萌和单洁的认真负责、精益求精。所以，呈现在读者面前的修订版是大家共同努力的成果。

寥寥数语,尺素寸心;简说因果,度之验之。

2021 年 9 月 30 日

第一版自序

在我看来，将自己的论文结集出版应该是很资深的人士所为的事情。我还尚在中年，远未及此程度，故一直没有出版个人文集的打算。武汉大学出版社策划出版一套“中国十大杰出中青年法学家文丛”，提出要收入我写的一本书。刚开始，我还真有点儿犹豫，要说犹豫的原因，就是我手头没有现存的专著书稿。但作为在武汉大学学习、工作和生活了26个年头的武大人，我实在不好意思拒绝本校出版社的美意，特别是担心我的拒绝会让文丛的具体负责人感到为难，毕竟大家都是武大多年的同事。无奈，只好编一本文集凑凑数。我有时冷静地想，这次不接受收编吧，他们可能会失望；但把这本凑数的文集收入文丛，恐怕他们也会失望。

无论如何，这本文集就要出版了。在本文集出版前，我有必要向读者做些说明：

首先，关于书名。自步入学术殿堂以来，我主要的学术兴趣在国际私法、区际私法、国家豁免法、国际商事仲裁等领域，间或对法学基本理论有所涉及。因此，本文集在编辑时分为法学理论探幽、国际私法探析、国家豁免探讨、区际私法探究和名家法思探寻五编。从这些标题可知，很难找一个恰当的书名“统领全局”，囊括全书的内容。本文集收入的《宏观国际法学论》一文发表于1984年，在所有收入的论文中发表最早，也安置在文集的首位。它是我学术生涯早期具有代表性的一篇论文,反映了我对国际法的一些基本问题的认识,可以这样说,该文的完成意味着我形成了自己的国际法观,而且至今未变。所以,选择这样一篇论文的标题作为本文集的书名有着特殊的意义。当然,严格地讲,本文集不全是一本国际法学文集,以《宏观国际法学论》为书名,难免以偏概全。

其次,本文集收入的论文发表在不同时期,跨度20余年。细心的读者一定会发现,所有的论文都是特定历史条件下的产物,带有明显的时代痕迹,文中的有些表述已经过时,文中的有些观点已不合时宜,但我们这次编辑的原则是保持原貌,只对过去明显的文字和编排错误进行订正。历史就是历史。过去的东西再现出来,就得还历史的本来面目。过去的事情有些缺憾,有些瑕疵,有点儿美中不足,那有什么关系?它们已经过去,已是历史。

最后,本文集收入的部分论文系本人和他人的合作之作,既有本人执笔的合作之作,也有他人执笔的合作之作。为了肯定合作者的贡献,对合作者予以必要的尊重,本文集收入的合作之作均注明了合作者的大名。同时,考虑到本文集收入的论文均为过去公开发表过的论文,本文集注明了收入其中的每篇论文第一次发表的报刊或者其他出处。在本文集的编辑过程中,我过去的两位学生邹国勇博士和杜焕芳博士协助我做了大量的工作。他们的热情、细致和效率,是本文集能顺利出版的重要因素。我要借此机会表达我的谢意,感谢他们的辛勤劳动和奉献。同时,也借此机会衷心感谢武汉大学出版社及其策划人和编辑对本文集的策划、编辑和出版。

2007年4月于法国巴黎南郊 Sceaux

Contents

目录

第一编　法学理论探幽

第二编　国际私法探析

第三编　国家豁免探讨

第四编 区际私法探究

第五编 争端解决探微

第六编 名家法思探寻

第一编　法学理论探幽

宏观国际法学论*

综观法律,它可以大体分为两大部分:一部分是国内法,另一部分是国际法。与之相适应,法学也可分为国内法学和国际法学。传统的国际法指国际公法,即调整国家之间关系的有拘束力的法律规范的总体。① 因此,传统的国际法学是围绕国际公法展开研究的。

20 世纪以来,随着生产力和科学技术的飞速发展,国际交往日益频繁,国家、国际组织、不同国籍的法人和自然人相互间的关系越来越错综复杂。这种客观现实促使调整这些关系的法律规范不断涌现,从而在国际法中出现了许多新的法律分支或部门。这表明,以国际法律规范作为研究对象的国际法学在理论上应该有所突破。

一

笔者认为,国际法本身的发展已提出从宏观的角度来研究国际法的问题。这里,我们姑且称之为宏观国际法学。

要论述宏观国际法学首先得从国际法的概念谈起。以往的学者对国际法概念下的定义都是就国际公法而言的。尽管如此,这些定义仍然是五花八门。这是因

---

* 本文原载于《法学评论》1984 年第 2 期,中国人民大学书报资料中心复印报刊资料《法律》1984 年第 9 期转载。

① 参见王铁崖主编:《国际法》,法律出版社 1981 年版,第 1 页。

为,学者们从不同的立场、观点和方法对国际公法下定义,正如我国国际法学前辈周鲠生教授所指出的那样,“很难有一个定义能使得学者人人满意”。① 但总的说来,以往的学者对国际公法概念下的定义有一个共同的特点,即肯定国际法是调整国家与国家之间关系的法律规范。

传统的国际法概念,无论是其内涵还是其外延,都不能容纳已有惊人发展的国际法本身。国际法的这种发展主要表现在:

第一,出现大量调整国际经济关系的法律。20 世纪国际经济交往的繁荣情况,远非昔日可比。特别是第二次世界大战以后,由于新独立国家不断涌现,第三次科技革命推动下的世界经济的飞速发展,以及有关经济合作的国际会议和国际组织大量增加,国际贸易、国际金额、国际投资、科学技术的输出和转让等经济活动都达到前所未有的活跃程度。作为上层建筑的国际法不可能置身于国际经济交往之外,而国际经济交往日益复杂的本身需要国际法规范来调整,以便使国际经济交往处于正常的法律秩序之中。因此,大量调整国际经济关系的法律应运而生,如 1924 年的《统一提单的若干法律规定的国际公约》、1929 年的《统一国际航空运输某些规则的公约》、1930 年的《统一本票、汇票法公约》、1964 年的《国际货物买卖统一法公约》及《国际货物买卖合同成立统一法公约》、1965 年的《关于解决各国和其他国家的国民之间的投资争端公约》以及 1966 年后联合国国际贸易法委员会主持制定的《国际货物买卖时效公约》《国际货物销售合同公约》等。此外,还有大量解决国际经济交往矛盾的区域性条约和双边条约,以及在国际经济交往实践中产生的国际上公认的惯例。这些法律不仅用来调整主权国家、国际组织相互之间的经济关系,而且更多是用来调整不同国家的法人和自然人相互之间以及他(它)们同外国国家和国际组织的经济关系。

第二,出现大量调整国际民事关系和国际民事诉讼关系的法律。国际民事关系就某一具体国家而言,就是涉外民事关系。20 世纪以前,各国处理涉外民事案件,主要根据本国冲突规范的规定,选择适用适当的准据法,或直接通过适用本国的民事法律规范来加以处理。到 20 世纪,在国际民事和民事诉讼法律领域,出现了国际统一和协调的趋势。一方面,表现为订立了许多国际条约,如 1902 年《海牙婚姻公约》及《海牙监护公约》、1928 年的《布斯塔曼特法典》、

---

① 周鲠生:《国际法》,商务印书馆 1981 年版,第 2 页。

1952年的《船舶碰撞中民事管辖权方面若干规定的国际公约》、1954年的《民事诉讼法公约》、1969年的《国际油污损害民事责任公约》等；另一方面，许多国家通过缔结双边条约，确立两国共同遵守的民事或民事诉讼法律规则，如1969年的《匈保司法协助协定》。

此外，在国际社会中，我们还可以看到一些直接规定法人或自然人权利和义务的法规。其中，有国际公约的规定，如关于惩治国际犯罪的公约；也有双边条约的规定，如某两国订立的领事条约，直接赋予两国的法人或国民在对方国家的权利和义务；另外，还有国际组织确立的一些行政性法规，例如，就国际组织职员的雇佣而言，它一般不受国内法管辖，而是受该国际组织制定的并且要按照行政法的一般原则解释的一套详细规则的管辖。国际行政法庭负责审理国际组织和它们的职员的争端。这类法规是有组织的国际社会制定的。但它们并不是用来调整国家之间或国家与国际组织之间的关系的，因而不是传统的国际公法所要研究的问题。有的学者称之为“国际社会内部法”。①

由此可见，国际法本身的发展已经突破了传统国际公法作为调整国家之间关系的行为规则的范围。正如奥地利著名国际法学家菲德罗斯所指出的那样，“国际社会原先只是抓住了一些国家和其他社会之间的关系，而将对个人生活关系的规定付诸各国。但是，从原先把国际法限制于国际的关系不能先验地得出结论说，国际社会被剥夺了对个人生活关系的规定。相反国际法学必须认识这个事实：国际社会已逐渐对这些生活关系的若干类别自行予以规定”。② 作为以国际法为研究对象的法律科学应该敏感地反映这种事实，从宏观的角度对新的国际法律现象加以归纳和概括。当某种新的法律现象出现，而不能用原有的类别加以归类时，那么绝不应对之视而不见，而必须构成新的类别。只有这样，国际法学才能紧跟事物本身前进的步伐。

二

鉴于国际法的发展，笔者认为，国际法已不是传统的国际公法，而是反映国家意志的协调，调整一切国际关系（不仅仅限于国家之间的政治关系）的具有法律约束力的行为规范的总和。对这种国际法规范从宏观的角度进行系统和科

---

① 参见［奥］菲德罗斯等：《国际法》，李浩培译，商务印书馆1981年版，第9页。

② 同上。

学的研究的法学,就是宏观国际法学。

宏观国际法学首先把国际法概念和国际公法概念区别开来。这里,我们不是对国际公法下新定义,也不是否认国际公法是调整主权国家之间关系的法律,而是从更广阔的范围来谈国际法。宏观国际法学认为,国际法是一个体系,而不是一个部门法。国际法体系大致可分为以下部门:国际公法、国际私法、国际经济法、国际刑法、国际诉讼法、国际行政法等。在这些部门法中,还可依据法律规范所调整的社会关系的某一方面而进一步作分支部门的划分。国际公法只是整个国际法体系的一部分或一个分支。

宏观国际法学在国际法的性质上承认其有阶级性,但也更强调各国国家意志的协调。任何法律都是统治阶级意志的反映,而统治阶级的意志是通过国家意志体现出来的,国际法也不例外。由于国际法的效力根据在于国家,在于国家意志,这就表现了国际法的阶级性。但国际法的阶级性又体现了各国意志的协调,因为各国要同其他国家进行各种交往,须从整个国际社会的角度来考虑自己的所作所为,不能为所欲为。国际法所反映的这种国家意志的协调是以国家主权原则和平等互利原则为基础的。这就表明,一方面,参加国际法立法活动的各国以独立的主权者的身份来表达自己的意志,不容任何外力的干涉和胁迫;另一方面,参加国际法立法活动的各国的主权是平等的,它们必须互相尊重,特别是尊重各自的利益,不容任何强权国家凌驾于其他国家之上。为了共同需要的正常国际交往和其他利益,彼此协调,达成协议,以便建立相对稳定的国际法律秩序,求得和平共处。

宏观国际法学认为,国际法调整的社会关系是超越国界的一切国际社会关系,国家与国家的关系只是其中一部分。我们知道,国际法和国内法是以它们适用的范围和调整的社会关系为标准进行划分的。从它们适用的范围来看,国内法是适用于一国领域内的全部法律的总称。而国际法的适用范围超出了一国界限。这里所说的"国际"不仅指国家之间。在汉语中,"际"除有"彼此之间"的含义外,还有"交界""边"的含义。如李白名句"孤帆远影碧空尽,唯见长江天际流"中的"际"的含义即属后者。因此,我们所说的"国际"系指超越国界的意思。国际法的适用范围有以下几种情况:(1)国际社会普遍接受因而适用于全世界的国际法规范。这就是国际法上所称的强行法(*Jus Cogens*),如国际法的基本原则。[①] (2)在特定区域适用的国际法规范。如美洲国家组织制定的对美洲国家具有法律约束力的公约。(3)在众多而散布在世界各地适用的国际法规范。从适用的地域讲,这类国际法规范的适用范围也许跨出了地区界限,对各地区的一些国家适用;也许没跨出地区界限,对特定地区内的部分国家适用。从适用的国家数量来讲,多至全世界绝大多数国家,少至三四个国家。因此,其中一部分法律具有相当的普遍性,另一部分则适用范围相对狭小。(4)仅适用于两个国家的双边条约。上述情况表明,国际法和国内法的适用范围有明显区别,凡适用于两国以上的法律规范均属国际法。

再从国内法和国际法调整的社会关系看,国内法一般是调整一国内部的各种社会关系,而国际法调整的社会关系超出了一国的范围,也就是说,它调整的是具有国际因素的社会关系,即国际关系。由于国际法调整的社会关系超出了一国范围,它必然涉及不同国家的立法、行政和司法管辖权,对两个以上的国家发生影响。何为"超出一国范围"的社会关系?众所周知,所谓社会关系是指社会主体在社会活动中依据一定的行为规范所结成的各种权利和义务关系,它包括三要素,即主体、客体和内容(权利与义务)。在宏观国际法学看来,国际法律关系的主体主要包括国家、国际组织、不同国家的法人和自然人。只要社会关系的三要素涉及两个以上的国家或两个以上国家的法人和自然人,这种社会关系就是"超出一国范围"的社会关系,也即国际关系。国际法调整的国际关系按不同的标准可作不同的分类。如果以其主体作为划分的标准,我们可以分为国家间关系、国际组织间关系、国家与国际组织的关系、不同国家的法人间关系、一国法人同外国和国际组织的关系、不同国家的自然人间的关系、一国自然人同国际组织和外国及其法人的关系。

国际法和国内法是两个不同的法律体系。但宏观国际法学并不赞成二元论者在国际法和国内法关系上极端地强调两者区别的主张。[②] 国际法和国内法的划分是相对的,不是绝对的。从唯物辩证法的观点看,国际法和国内法的区分既确定又不确定。之所以谓"确定",是因为如上所述两者存在相对确定的区

---

① 国际法上强行法的概念源于国内法,强行法就是指必须执行的法律规范。1969 年《维也纳条约法公约》第 53 条和第 64 条第一次在国际公约中正式使用这一概念,但对国际法中哪些规范为强行法,意见不一。参见李浩培:《强行法与国际法》,载《中国国际法年刊》,中国对外翻译出版公司 1982 年版,第 37 ~ 63 页。

② 二元论者认为,国际法和国内法是绝对不同的法律体系,由于他们过分强调两者不同,以致造成两者的对立。参见周鲠生:《国际法》,商务印书馆 1981 年版,第 17 ~ 19 页。

别;之所以谓“不确定”,是因为两者又有密切的联系。国内法是国家制定的,而国际法是国家参与制定的。一般来说,国家在制定国内法时要考虑国际法的要求,而在参与制定国际法时也要考虑国内法的立场。因此,国际法和国内法在一定条件下互相渗透、互相补充、互相转化。国际法和国内法的结合部分、交叉部分成为一些新兴的边缘法学、横向法学或比较法学研究的对象。

基于上述理由,有必要说明这种情况,即各国国内立法的一部分法律也调整涉及本国的国际关系。各国的这一部分法律是国内法还是国际法呢?我们认为,对这个问题不能一概而论。我们知道,任何法律一经制定,均有付诸实施的问题。法律规范的实施是指其在社会生活中得到贯彻执行。若法律规范在社会生活中得不到贯彻执行,任何法律便会成为一纸空文,在法律上所表现的国家利益与意志也就成为空谈。国际法的适用范围超越一国范围,其贯彻执行在于各国基于主权原则和平等互利原则彼此协调解决。各国可以自行制定直接调整某些国际关系的法律,由于这种法律调整的社会关系超越本国范围,涉及他国及其法人或自然人,它们具有一种虚拟的域外效力。但这种法律要在国际社会得到贯彻执行,也就是说,其虚拟的域外效力要变成现实的域外效力,除在本国领土范围内,仍需国际社会中的各国根据主权原则和平等互利原则彼此协调。因此,各国在制定这类法律时不得不考虑遵守国际法的一般原则和尊重其他国家的权益,争取他国在平等互利的基础上对本国法律的尊重。否则,其法律就不能或者很难得到贯彻执行,在域外不能发生效力。这里,我们之所以强调这类法律的现实域外效力,是因为这是它们在国际社会得到实施的关键所在。回过头来回答前面提出的问题,可以这样说,如果调整国际关系的某国立法在国际社会实现了其域外效力,其适用范围为两国或两国以上,那么它们就在这种条件下转化为国际法。反之,它们就是国内法的一部分。这种情况是国际法和国内法划分既确定又不确定的反映,故我们说,对这种法律不能一概而论。

三

作为并非调整国家之间关系的国际法存在的历史,可以追溯到很久以前,只是那时它们并不发达,而不为人们所重视。20 世纪以来,特别是第二次世界大战以后,由于生产和科学技术的飞跃发展,国际交往空前频繁,调整除国家关系外的其他国际关系的国际法律日新月异。这种情况日益受到各国国际法学者的关注。从他们研究的情况看,大致可分为两大学派:

一派是局限于国际公法的范围，或者把调整并非国家间关系的国际法律简单纳入国际公法范畴，因而得出结论认为公司、个人是国际公法的主体，但并没有对此进行广泛和深入的研究；①或者机械地严守国际法和国内法、公法和私法的划分，把一部分新出现的国际法归入国际公法，把另一部分新出现的国际法，主要是调整所谓“私法”关系的国际法排除在国际法之外，如把调整国家之间的经济关系的国际经济法放在国际公法体系，而把调整非国家间经济关系的国际经济法及民事法规排除在外。②

另一派是突破国际公法的范围，甚至打破国际公法学、国际私法学以及比较法学之间、国际法与国内法之间互相隔绝的界限，强调国际法与国内法之间的相互渗透作用，把调整国家、国际组织、法人、个人彼此间的各种国际关系的国际法律，甚至一部分国内法作为研究对象，出现了“国际交易关系法”（the law of international transactions and relations）和“跨国法”（transnational law）等名称。这一派中最引人注目的是“跨国法”的构想。跨国法学派以美国哥伦比亚大学的杰塞普（P. Jessup）、哈佛大学的卡兹（M. Katz）和布鲁斯特尔（K. Brewster）为代表。1956 年，杰塞普撰写了《跨国法》一书，第一次系统阐述了跨国法问题。他在该书中提出，跨国法“包括调整跨越国界的行为和事件的一切法律。不论国际公法还是国际私法都有包括在内，正如其他完全不适合这种分类标准的规范也包括在内一样”。他还认为，“传统的国际公法、国际私法、关于国家契约的法律及国际行政法等，均将构成跨国法的各个独立分支”。③ 跨国法学派关于跨国法的构想及其研究方法的特点是，针对具体问题，通过对调整国际关系的各种国际法律规范进行综合研究以达到解决实际问题的目的，这种构想值得我们在研究当前纷繁复杂的国际法律现象时参考借鉴，值得宏观国际法学参考借鉴。

综上所述，按照宏观国际法学的观点，国际法是调整一切国际关系的法律规范的总和，国际法律规范是多种多样的，它们涉及国际社会生活的各个方面，有着各种不同的内容和形式。但是，它们并不是杂乱无章的，而是由有一定联系的各个部分所构成的一个统一的体系。

---

① 参见［英］M. 阿库斯特：《现代国际法概论》（中译本），汪瑄等译，中国社会科学出版社 1981 年版，第 1 页、第 83 ~ 87 页。

② See J. C. Starke, *An Introduction to International Law*, Chapter 12 (8th ed. 1977)；王铁崖主编：《国际法》，法律出版社 1981 年版，第 421 页。

③ See P. Jessup, *Transnational Law* (1956), p. 2, 3, 15.

论当代法律的若干发展趋势*

在人类即将告别20世纪、迈向21世纪之际，作为人类社会最重要的行为规范的法律，将如何演变、发展和完善，是值得人们关注的一个重大课题。对这一问题的探讨无论是在理论上还是在实践上，都有十分重要的意义。在笔者看来，当代法律在跨世纪之际已呈现如下发展趋势：

一、法律调整的社会关系越来越广泛，规范的领域越来越多，已深入社会生活的各个方面

这一趋势是法律发展的固有趋势。人类社会的发展是一个从简单到复杂、由低级到高级、从原始到现代的过程。在这一过程中，随着生产力的发展，特别是科学技术的发展，人与人以及人与自然的关系在不断地演变，人类的社会关系越来越复杂，人类的活动领域越来越宽广。由于法律是社会经济基础在上层建筑中的反映，是人类社会活动及社会关系的规范，因而其调整的范围也就自然而然越来越广泛，规范的领域也就越来越多。另外，就存在法律的社会而言，法律规范的领域越多、调整的社会关系越广泛，标志着社会越进步，其文明程度越高。反之亦然。法律的规范程度不仅指法律自身的进步性和科学性这一质的方面，而且也包括其调整

---

* 本文原载于《法学评论》1997年第4期。

范围广泛这一量的方面。

我们不难以事实来说明法律的这种发展趋势。例如，在国际公法领域，海洋法是一个古老的法律部门，随着科学技术的进步和国际交往的频繁，它已从过去单纯的海面法规延伸到海底制度。海洋法在领海范围、大陆架、专属经济区、远洋捕鱼以及深海资源等方面，都有了许多新的规定。又如，航空法虽然是一个较年轻的法律部门，但在半个多世纪里，为了解决月球及其他天体的归属和使用问题，已由空气空间发展到了宇宙空间，出现了所谓"外层空间法"。此外，在和平利用原子能及核技术交流中，产生了新的核能法。在污染及环境公害的威胁下，产生了环境法。在极地科研活动的推动下，产生了极地法。在各国要求共同惩治国际犯罪的情况下，国际刑法也正在形成。在国际私法领域亦复如此。早期，国际民商事法律关系较为简单，多为涉及财产、婚姻、家庭和继承等事项的一般民事关系。因此，各国最初仅用冲突规范来调整国际民商事法律关系。后来，随着国际民商事关系日趋发达，在19世纪末20世纪初，国际社会便开始制定直接调整国际民商事关系的统一实体规范。而这种国际统一实体私法规范本身亦呈现日趋扩大的趋势。在19世纪末，它们最初出现在知识产权领域，后来逐渐发展到货物买卖、海事、运输、保险、支付、投资、技术转让、融资等领域。在知识产权领域，随着科学技术的飞速发展，知识产权的范围也不断扩大，关于知识产权的国际统一实体私法规范在不断增多，其范围也相应扩大。

二、法律的民主化

古今中外，一切国家都有法律，均运用法律制度来进行国家和社会的管理，即实行法治。当然，在奴隶社会和封建社会，奴隶主和皇帝金口玉言，号称"朕即国家""朕即法律"，法律只是统治者任意更改和利用的统治工具。其法治同现代意义上的法治实则有很大的不同。现代意义上的法治始于资本主义时期。若从形式方面来说，法治就是一个国家内由具有权能的机关利用法律的强制力来实行统治，以维持社会秩序，即所谓"万事皆归于一，百度皆准于法"。若从实质方面即从政治意义方面来说，法治即是借法律制度的强制力来推行或实现政治上的民主社会模式。因此，在政治上对民主的主张不同者所主张的法治有不同的内容和意义。时下，人们讨论法治，多注重其形式上的意义，而忽略其实质上的意义。[①]

实质意义上的法治,是以民主政治为其精髓和灵魂的。诚然,我们需要一个"万事皆归于一,百度皆准于法"的法治国家,但我们更需要一个实行民主政治的法治国家。民主政治的真谛,简言之,就是人民真正当家作主,人民的正当利益高于一切。法律的民主化,即法律制度建筑于民主政治之上。如果法律不建筑于民主政治之上,则不免往往成为少数人弄权营私、欺世盗名的工具。唯有在民主政治的保证之下,法律才是民主的法律,法治才能真正成为有利于人民的一种制度。也唯有在民主政治的保证之下,法律的目标才能够真正达成,法治亦才能得到充分实现。

法律的民主化在国内法和国际法上均有表现。在国内法上,法律的民主化体现在如下几方面。(1)立法过程的民主化。在立法过程中,参与立法的人员不断增多,参与立法的人员的层面不断扩大,法律专家广泛地参与到立法过程的各个阶段,人民群众的呼声和意见在立法过程中得到尊重和重视。(2)法律内容的民主化。随着社会的发展,法律已由原来的保护少数人的利益转变为保护多数人的利益,并进而转变为保护最大多数人的利益甚至全社会的利益。平等观念深深根植于各类法律之中。对人权的保护成为众多法律部门的着眼点,惩罚性法律逐渐转变为经营性法律。(3)法律执行的民主监督不断加强。在国际法上,法律的民主化也有基本相似的表现。在国际关系中,尽管强权政治仍时时可见,但在新的国际法律秩序的建立过程中,民主平等的气氛更加浓厚,许多新的国际法律制度都是在尊重大多数国家的意见的情况下产生的。国际法律的民主化是建立国际法律新秩序的重要内容。

总之,在当今世界,无论在发展中国家还是在发达国家,无论在社会主义国家还是在资本主义国家,法律的民主化已成为一种趋势。

三、道德规范的法律化

道德规范同法律一样,也是人类社会的行为规范。它是人们关于善与恶、正义与非正义、公正与不公正、光荣与耻辱的行为规范的总和。在一定的社会中,占统治地位的道德与法律必然是互相配合、互相补充和互相渗透的。一方面,占统治地位的道德积极地替法律作辩护,影响社会舆论,要求人们遵守法

① 参见《韩德培文选》,武汉大学出版社1996年版,第493~496页。

律;另一方面,法律又积极保护占统治地位的道德,在必要时把它上升为法律规范加以推行。但是,道德和法律毕竟是两种不同的社会现象,两者有许多差别。譬如,在实施方法方面,法律通常借助国家强制力来保证实施,而道德规范的遵守则靠社会舆论和人们的内心信念;在表现形式方面,法律一般是以国家的规范性文件形式来表现的,而道德规范则存在于人们的观念和风俗习惯中,一般没有固定的形式,甚至是不成文的。道德规范在表现形式和实施方法方面的特性决定了它常常在不道德行为面前,进而在对人们的行为进行规范方面,显得无力,不及法律之细密、严肃和具有强制力。

在中国古代,儒家作为占统治地位的思想学派,比较重视德治、礼治,而不太重视法治。孔子曾说:"道之以政,齐之以刑,民免而无耻;道之以德,齐之以礼,有耻且格。"他们讲的德治、礼治,就是主张用道德规范来约束人们,维系社会。现代社会是法治社会。现代社会的实践证明,对人的道德水平与其估计过高,不如估计较低。在社会生活中,凡事靠自觉自律,靠道德的力量,对于不自觉者便失去了办法。市场经济在激发人的创造力的同时,也引发了人的多种私欲,而在人的私欲有可能淹没人的良知时,各种的恶行就会因缺乏约束力而呈无限蔓延之势。在这种情况下,如果将一些属于道德范畴的问题进行科学的法律界定,也就是实行道德规范的法律化,那么,不仅丝毫不会限制自觉者,从而使自觉者做得更好,而且会对不自觉者有所限制,更有利于保障社会的基本秩序。法律越来越细密,道德水准就越高越好。现在,一些发达国家的法律越来越繁多,越来越细密。例如,英国竟有关于果树枝延伸到邻居家如何处置的规定。我国许多地方亦制定了诸如见义勇为者权利保障条例和医务人员职责条例之类的法规。这可以说是道德规范法律化的具体反映和表现。这种细密、严肃的法律规定可以避免许多可能产生的矛盾,比单靠自觉自律、凭良心讲道德要好得多。当然,道德规范的法律化并不是说不讲遵守道德规范,因为人类社会需要道德,法律不能完全代替道德,德治并没有过时。我们讲道德规范的法律化也不排斥法律规范的道德化,因为法律规范的道德化仍对保证法律的实施发挥着重要作用,遵守法律本身就是一种道德要求。法律规范完全道德化,既不可能亦无必要,但道德规范的法律化是在现阶段法律发展过程中所表现出来的一种趋势。

四、法律的统一化和民族性并行不悖

随着社会经济的发展和科学技术的进步,以及人类共同利益的驱使,世界各国之间的联系越来越密切。这主要表现在区域经济一体化浪潮一浪高过一浪,各国政治、经济、文化的融合不断加强,各国各种层次的交流与合作日趋频繁。正如联合国前秘书长加利在1995年世界经济论坛第25届年会开幕式上所说的那样,“我们已经进入一个全球一体化的时代”。在这方面,我们不妨参看欧洲联盟的发展。欧盟作为区域一体化的组织,实现了共同关税、共同农业、工业和环境政策,目前正逐步建立经济和货币联盟,建立统一的中央银行等机构,力图实现政治上更高程度的联合。在此政策和目标的推动下,法律的统一和逐步接近也就成为其重要的任务和工作重点,并取得了重大成就。目前,可以说,一体化在全球范围内都是相当明显的。无论是维护世界和平还是发展经济,无论是环境保护还是控制人口,无论是对付艾滋病还是控制国际犯罪,一切有关人类共同未来的重大问题都已跨越了国界,需要各国联合起来在全球范围内解决。全球一体化必然带动法律的趋同化和统一化。

但我们也应该看到,在全球一体化的同时,世界仍是一个由众多主权国家组成的共同体,且至少在目前,多极化仍是世界格局发展变化的方向。各国的社会、政治、经济、文化、历史发展轨迹乃至自然环境仍有很大的差异,因此,法律的民族性或国家特色仍然很鲜明。所以,一方面,法律的趋同化或统一化在削弱法律的民族性;另一方面,各国又在根据自身所处的历史条件和具体情况不断地创造本国法律的民族特色。如同一般文化一样,有时越具有民族特色的法律文化越具有世界性。我们既不能只看到法律的民族性而忽视法律的统一化趋势,也不能过分强调法律的统一化而不充分尊重法律的民族性。法律的统一化和各国法律的多元共存并不矛盾,将长期存在。

五、国际法的国内化,国内法的国际化

由于国际联系的加强,各国出于有利于对外开放的需要,已开始大量将传统上属于国际法范围的问题纳入国内法解决范畴。例如,外交特权与豁免问题、领事特权与豁免问题、领海与毗连区问题、引渡问题以及司法协助问题等,原来都属于国际法解决的问题,而现在许多国家通过国内立法加以重述,或者结合本国的具体情况作出更具体的规定。一方面,国际法国内化体现着主权国家的利益关系,同时也是各国共同维护国际秩序的一种方法;另一方面,国际法国内化也是加强国际法强制力的体现。这种趋势说明国际法已成为当代律体系中不可或缺的部分,而不再是游离于一国法律秩序的外来者。

传统国际法，为了维护“文明”大国的权益，在主权原则下，将国际法所未明确规定的事项，都归于主权国家任意决定的保留范围。但第二次世界大战以后，由于人类对国际关系认识的加深和国际社会发展的需要，情况正在发生变化。国际法的触觉逐渐伸入国家主权的保留范围。例如，战争权问题、国籍问题、关税及贸易问题、产品责任问题、反倾销问题、反垄断问题以及人权问题等传统上由国内法规范的问题，已受到各种国际条约及国际惯例的规范。因此，我们可以说，国内法正在国际化。另外，以国际私法为例，在国际私法产生的早期，就其渊源而言，国际私法规范源于国内法。但 19 世纪末以后，在各国和国际组织的推动下，大量涉及广泛领域的国际私法公约问世。第二次世界大战以后，仅海牙国际私法会议就主持制定了 32 个国际私法公约。国际上的国际私法或者说来自国际法渊源的国际私法的大量出现，也是国内法国际化的反映和表现。但是，值得注意的是，国内法的国际化并不意味着少数强权国家可以将本国意志强加于别国，可以干涉别国内政。

六、立法的超前化

法律是人类社会发展到一定阶段的产物。由于任何法律都是随着实际生活的需要而产生的，加上立法一般是对已有实践经验的总结，所以，法律有时不可避免会滞后于客观社会本身的发展。这种情况在社会发展比较快的时期尤其突出。出现这种状况的原因，固然有受立法力量和立法技术的限制等因素，但更重要的是受传统的立法经验的束缚，习惯于先实践后立法的“经验立法”。从认识论的观点看，经验立法的方式无可非议，否则法律将是无源之水，无土之木。但是，法律的发展并不总是滞后于社会发展的，它在一定程度上应具有超前性。这种超前性反映在立法上就是立法的超前化。所谓“超前立法”，是指立法者根据社会运行的发展趋势和客观规律，对已出现或必将出现的趋势，进行全方位、多维性的分析研究，提出科学的立法预测，制定出法律，使出现的社会关系从一开始就被纳入法制的轨道。从马克思主义关于经济基础和上层建筑的关系来看，法律同其他上层建筑一样，一方面受经济基础的决定和制约，另一方面对经济基础又起积极的反作用。法律对经济的反作用，要求立法机关把有利于生产力发展的客观规律，通过法律的形式加以规范化，实现对经济发展的导向作用。同时，法律本身的作用也决定了立法应具有的超前性。法律产生之初只具有规范和约束社会关系的作用，但这是不全面的，随着社会的发展，法律的引导和保障作用逐渐显露出来。为了使社会、政治、经济和文化生活保持稳定和有序的发展,立法者便需要超前地制定法律,对其予以正确引导。

七、示范法成为立法的重要方式

由学者、专家组成的学术团体、职业团体或者专门机构草拟的示范法对国内、国际立法的影响越来越大。这一方面是因为示范法并不是现行法,而只是起示范作用的样板,立法者可以全部采用,可以部分采用,也可以不采用,因而它易于被人们从心理上接受;另一方面是因为示范法的起草者多为专家和学者,常常能在示范法中反映该法所涉领域的最新理论成果,增强了法律的科学性和进步性。

在国内立法方面,最有名的例子是美国全国统一州法委员会和美国法学会合作拟定的《统一商法典》。该法典后被美国各州立法机构普遍采用。而美国法学会编纂的《冲突法重述》和美国全国统一州法委员会起草的《统一州际和国际诉讼程序法》,也分别在各州司法和立法实践中被广泛采用。

在国际立法方面,最有名的例子是《联合国国际贸易法委员会国际商事仲裁示范法》。到目前为止,已有澳大利亚、保加利亚、加拿大、塞浦路斯、尼日利亚、马来西亚、新加坡、中国香港特别行政区、俄罗斯、埃及等国家和地区,或完全采纳了该示范法,或稍加修改予以采用。美国加利福尼亚、康涅狄格、俄勒冈、得克萨斯等州以及英国苏格兰等,也基本上采用了该示范法。在阿根廷、印度、日本、意大利等国,有关机构已采取了积极的准备步骤或者有影响的人士已向政府提出建议,采纳示范法。此外,1986 年后颁布的新仲裁法例,如 1986 年荷兰仲裁法、1988 年西班牙仲裁法和 1988 年瑞士国际私法中的新的仲裁法规定等,都或多或少地受到该示范法的影响。

八、公法规范和私法规范、管理性规范和约定性规范、实体规范和程序规范、实体规范和法律适用规范或民商事规范和刑事规范集于一体,综合调整某一具体法律关系或解决某一具体法律问题

在古代社会,有些国家如中国的法律是民刑合一、实体法和程序法不分的。后来,民法和刑法分离,实体法和程序法相别,成为法律进化和发展的一个标志。但在当今,需要法律解决的新问题、需要法律规范的新领域、需要法调整的新的社会关系越来越多,而且这些新问题、新领域、新的社会关系都很复杂,仅

靠单独地运用传统上的民商法规范、刑法规范、行政法规范或者程序法规范已不能满足调整的需要，而要求针对具体问题、具体领域或具体的社会关系制定集公法规范和私法规范、管理性规范和约定性规范、实体规范和程序规范、实体规范和法律适用规范、甚至民商事规范和刑事规范于一体的单项法规。这种针对某一具体问题并集多种规范于一体的法律文件，无论对于执法者还是对于受该法约束的社会对象来说，都更容易掌握，适用起来更便利，从而也有利于提高法律的效能。

与前述趋势相适应，在解决某一具体的法律问题时，需要采取综合调整方式，即综合运用实体法、程序法、法律适用法，或者综合运用多部门法或多个法规来解决某一具体的法律问题。这在一定程度上也带动了司法的改革。

九、争议解决方式的多样化

为了解决社会上不可避免的纠纷，最初人们发明了神明裁判、调解、公断等方法。但随着国家机器的建立和统治手段的不断完善，司法诉讼以其权威性和有强权为后盾逐步取代上述方法而成为正统的方法。不过，司法诉讼并没有完全消除其他方法的存在，在司法诉讼之外，还有其他一些解决争议的方法，可以在某些情况下替代诉讼这一严格的司法程序。现在的趋势是，非司法或非诉讼的争议解决方式越来越多，越来越受到重视。目前，在讼案较多的国家，越来越多的人在谈论 ADR，使用 ADR。所谓 ADR，是英文“alternative dispute resolution”的缩写，意为解决争议的替代方法。这种替代解决争议方法的适用，一般以当事人自愿为条件。

在美国，ADR 有 20 余种，其中最主要的有 6 种：

1. 调解—仲裁（mediation-arbitration）。这种方法一般为政府和劳资关系部门所采纳。例如，在劳资双方发生争议时，双方先要进行调解程序，调解不成则申请仲裁。

2. 无约束力仲裁（non-binding arbitration）。这种方法是由仲裁员作出决定，是否执行仲裁员的决定则依靠当事人的信用，且该决定不能向法院申请强制执行。

3. 法院附属者的早期中立评估（court-annex early neutral evaluation）。这种方法是指当事人可在法院门口寻找专家、律师或心理学家对争议进行分析评价，就地解决争议，而不诉诸法院。

4. 小型审判(mini-trial)。这种方法是由争议当事人各自派出的有授权的高级职员充当公断人,与当事人各自委托的律师共同研究如何解决争议。小型审判有可供当事人自由选择的程序规则。通过小型审判达成的协议,一方当事人不自动履行的,可以据以在法院进行简易审判程序,法院一般不改变协议的实体内容,即判决予以执行。

5. 借用法官(rent judge)。这种方法是指争议当事人在法院办理登记手续后,借用已退休的法官主持审理程序,该法官的决定与普通法院法官的决定具有相同的效力,败诉方不服决定的,可以向当地法院上诉。

6. 仲裁(arbitration)。仲裁也称为公断,是指当事人协议将其已经发生或将来可能发生的争议提交第三者居中评断是非并作出对当事人具有拘束力的裁决的争议解决方式。当事人可以据此裁决向法院申请强制执行。第三者可以是一个人,也可以是几个人组成的仲裁庭。而仲裁机构可以是临时的,也可以是常设的。不过,目前仲裁机构的常设化在各国已成为普遍现象。

十、对立法、执法、司法的评价由单纯的社会效益标准向社会效益与经济效益标准并重转化

1992 年诺贝尔经济学奖获得者、美国经济学家贝克尔(Gary S. Becker)认为,经济学研究的领域已扩大到研究人类的全部行为以及与之有关的全部决定。因此,他把法学、社会学、人口学、教育学、政治学等其他人文社会科学研究的课题统统纳入经济学研究领域。在他看来,人们所进行的一切活动,其目的只有一个,那就是追求效用最大化,而无论这些人的活动是商业性的,还是非商业性的。换言之,由于人类的一切活动都蕴藏效用最大化的动机,因而都可以用经济分析加以说明。按照他的观点,对立法、执法和司法也可作经济分析。

对立法、执法和司法的评价,不同的人站在不同的角度有不同的评价。一般来说,普通民众对三者的评价标准主要是社会公正,侧重于公平正义,而统治者对三者的评价标准则主要是社会的稳定和秩序。不过,归结起来,这些标准都属于社会效益标准。随着人类社会更加重视经济发展,各国法律和国际法律对经济生活的干预加强,法律对经济成长的影响也越来越大。法律界对立法、执法和司法的评价已由单纯的社会效益标准向社会效益与经济效益并重的标准转化。20 世纪六七十年代后,在西方(主要是美国)日趋成型的一门交叉学科"法经济学"或"法和经济学",就是这种趋势在理论上的反映。法经济学的

研究在整体上的特征是,淡化法官的内在视角而使外界视角彻底化;放松法学的正义标准而使效率标准占优势。这种学说主张用经济学(主要是微观经济学)的准则和价值观判断研究法律问题,即对法律进行经济分析,强调的是促进效益最优选择的效率。它试图从理论上解决如何对立法、执法和司法进行经济效益的评价。

有些法律领域本来就适合经济分析方法的研究,如反垄断法、公司法、证券交易法、税法和劳动法等,经济学学者和法学学者的合作研究在这些方面也早已不足为奇。但自20世纪70年代以来,理论界对与经济现象和经济学并无直接关系的部门法也开始进行经济分析。这的确是法学理论上的一大突破。如果采取法律工具主义立场,承认个人的行为符合合理选择理论的假定,那么,法经济学方法是有益的。当然,从工具主义的观点并不能全面把握法现象,个人的行为也包含着许多非理性因素,因此,还应留意法的非经济性的一面。近年来,极力倡导法经济学方法的美国学者波斯纳也对效率性采取了节制的态度。因此,现在外界对法现象的评价是社会效益和经济效益并重,采取双重标准,而不偏废其中一个方面。

上述讨论,仅为笔者在法律教学和研究中的粗浅体会,只看到现象,没有触及本质,也未穷尽当代法律的种种发展趋势。对当代法律的发展趋势的研究尚待深入,但愿本文能起到抛砖引玉的作用。

现代商人法论*

——历史和趋势

现代商人法理论的提出及其在实践中的适用，为国际经济贸易的发展和国际商事争议的解决提供了一个足有成效的理论和方法，但同时也对法律冲突法的生存和发展提出了挑战，因而，深入研究现代商人法的理论和实践及其对冲突法的影响有必要性和现实意义。

一、商人法的历史源流

现代商人法（*new lex mercatoria* 或 modern law merchant）的概念和理论是借鉴了中世纪商人法的概念提出的，因此有必要首先考察一下商人法的历史源流。就拉丁语“*lex mercatoria*”和英语“law merchant”而言，有人译为“商法”；[①]有人译为“商人习惯法”或“商业习惯法”；[②]也有人译为“商人法”，[③]并为中国学者徐国建

---

* 与胡永庆（武汉大学法学博士，现为上海海事法院副院长）合作撰写，本文原载于《比较法研究》1997 年第 2 期。

① 参见韩健：《现代国际商事仲裁法的理论与实践》，法律出版社 1993 年版，第 247 页。

② 参见［英］施米托夫：《国际贸易法文选》，赵秀文译，中国大百科全书出版社 1993 年版，第 2 页。

③ 参见［英］戴维 · M. 沃克编：《牛津法律大辞典》，北京社会与科技发展研究所组织翻译，光明日报出版社 1998 年版，第 524 页。

所采纳；①还有人译为“国际商事法”。② 最后一种译法的理由则是认为，此词有其特定的含义，且作为“跨国法（或超国家法）”的同义语，译为“国际商事法”较为恰当。考察上列译法，若译为“商法”，则与作为一个法律部门、法学学科的“commercial law”的译文“商法”有混淆之嫌，而就“*lex mercatoria*”或“law merchant”形成而言，它是一个具有历史性、地域性的概念。“商人习惯法”或“商业习惯法”的译法则把“*lex mercatoria*”或“law merchant”的渊源束之过窄，不利于商人法理论以至其现代发展——现代商人法理论的研究。而“国际商事法”的译法过于背离原文，则译为“商人法”较恰当。从其形成来看，它主要是由商人自己发展起来，并适用于商人阶层中的交易关系的。本文采“商人法”的译法。

对于商人法的定义，有从它所调整的法律关系的主体角度来概括的，如《牛津法律大辞典》把商人法定义为产生于中世纪西欧商人中间，调整他们彼此间关系的一系列习惯和法律。③ 该项定义的缺陷在于它的外延和内涵不够确定，未指明商人法所调整的对象究竟为何种法律关系。因为，商人作为个人而言，以不同的身份参加不同的法律关系，应受不同的法律支配，诸如教会法、城市法、封建庄园法、商人法等。只有在他们之间国际贸易活动中的交易关系才得以适用商人法。有学者认为，商人法与其说是商人们的特殊规范，不如说是商人之间商业交易的特殊规范。④ 有的则从商人法的内容下定义：商人法是欧洲关于商业习惯的总体，包括汇票、合伙以及其他商业事项的规则。⑤ 这种定义方式显得没有任何特色，既没有指明商人法所产生的特定历史条件，而且列举的方法也未能穷尽。倒是这样描述的定义有较多的可取之处：在中世纪时，商人们为保护其之间的商事权利，确立了他们自己的法律或惯例，从而发展成为我们所说的商人法。⑥ 我们认为，商人法是产生于中世纪商人阶层的商事活动，调

---

① 参见徐国建：《现代商人法论》，载《中国社会科学》1993 年第 2 期。

② 参见[法]米歇尔·维拉利：《国际商事法——第三种法律秩序的理论探讨》，李泽锐译，载《法学译丛》1986 年第 6 期。

③ 参见[英]戴维·M. 沃克编：《牛津法律大辞典》，北京社会与科技发展研究所组织翻译，光明日报出版社 1998 年版，第 524 页。

④ See Frederick Pollock & Frederic W. Maitland, *The History of English Law*, 467 (1978).

⑤ See E. R. Hardy, *Zvamy Mozley & Whiteley's Law Dictionary*, 153 (11th ed. 1993).

⑥ See Aronold J. Goldman & Willam Disigismond, *Business Law: Principles and Practices*, 7 (1988).

整他们之间商事交易关系的习惯和法律。

欧洲商人法的最初渊源自然应该到地中海地区去寻找。很早的时候,在地中海地区所发展起来的沿海贸易和商业实践是依赖于非常古老的贸易习惯。公元前 2 世纪或公元前 3 世纪时,在海上贸易中心的罗德岛地区发展起来了罗德岛法(*Lex Rhodia*)。而古罗马法中所包括的由商人共同体所发展起来的商业习惯就可溯源于上述二者。当优士丁尼的《民法大全》在东罗马帝国的拜占庭环境下使用中遇到了来自语言、汇编的特点和精神等方面的困难时,东罗马帝国皇帝巴西里·马其顿(Basillio il Macedone,公元 867 ~ 886 年)及其继任者里奥(Leone,公元 886 ~ 912 年)在公元 9 世纪末发布了旨在解释优士丁尼《民法大全》的巴西利卡(Basilica),①该部作品主要包括了海事规则的汇编。而与此同时,在公元 600 年至公元 800 年,起源于腓尼基人和希腊人的海事法,发展为当时盛行的罗德海事法(Rhodian Sealaw)。罗马法中包括万民法在内的习惯法支配着并没有作出自觉区分的商业契约,万民法则是适用于那些非罗马公民的诸民族之间及其与罗马人之间关系的习惯法。罗马帝国的衰落则挫败了编纂这些习惯的可能性,罗马帝国的衰亡使商业关系和贸易活动只是在有限的规模上存在。而接续其存在的法兰克王国与罗马帝国比较起来,是一个农业型的国家,商业并不发达,封建庄园和封建农村里占统治地位的是自然经济。相对而言,法兰克王国是一个封闭的社会,对外贸易在这个时代很不发达。而 6 世纪到 10 世纪的漫长岁月里则是以村落和庄园为基础的农业社会。

而 11 世纪和 12 世纪变化了的经济条件和社会基础为近代欧洲商人法的基本概念和制度的形成创造了机会,产生了事实上支配那些往返于商业交易所在的文明世界各港口、集市之间的商人们的习惯法规则。欧洲丧失了它的城市框架是始于罗马帝国末期,其实在日耳曼人入侵之前,罗马帝国的城市已逐渐衰落,直至 11 世纪初欧洲城市的振兴才得以开始复苏和加快。而与此同时,乡村的发展也迅速扩张。城市的发展与农村保持了协调,而且更为重要的是,城市权利往往脱胎于农村的集体特权,城市和商业的发展是以农村的发展为前提的,并且,城市通常不过是对农村的一种改组。② 广泛的商业活动与庄园的生产

---

① 参见[意]朱塞佩·格罗素:《罗马法史》,黄风译,中国政法大学出版社 1994 年版,第 455 ~ 456 页。

② 参见[法]布罗代尔:《15 至 18 世纪的物质文明、经济和资本主义》(第 1 卷),顾良、施康强译,生活·读书·新知三联书店 1992 年版,第 605 ~ 608 页。

方式和封建的社会政治关系是并存的，因而，在中世纪时期，商人法与封建法、庄园法一并存在也就有其合理的社会基础了。

在欧洲大陆的商人法发展历史中，城市的作用不容忽视。欧洲大陆的城市享有无与伦比的自由，它们自成天地、自由发展。由于大小城市星罗棋布、互通声气，城市得以执行自己的经济政策，扩大贸易往来和货物的自由流通，将各种障碍粉碎。而更为重要的则是，某些城市完全摆脱了政治空间的限制，获得充分自治，成为“城邦”（city state）。城市的发达和城市权力的庞大，使各地方的商人共同体通过各种组织形式来逐步形成并发展不受国家立法权力干涉和阻碍的商人法制度。作为在西欧城市发展中起重要作用的手工业与农业分离的更进一步发展，就是从手工业者中分离出了专业商人，他们成为城市中新的社会阶层。[①] 此前，手工业者最初同时也是商人，自己兼营商业。当然，在封建社会里，商人在城市出现之前，在早期中世纪就已经存在，但那时与西欧诸国里的农业和手工业的分离并无关联，因而并未形成一个阶层或阶级。在 11 ~ 12 世纪城市中出现的商人阶层及这一阶层的扩大与国内市场的发展、城市手工业和乡村农业发展所导致的剩余产品的出现以及城乡商品交换都有关系。商人阶层的出现是中世纪商人法发展的一个必要前提，它从多个方面促进了商人法的形成和发展，这些因素包括国际市场和集市的建立以及商事法院的设立等。

商品货币关系的形成使封建领主与城市之间的斗争尖锐化，城市自治就是在这种斗争过程中形成的。城市自治运动也必然暗含了商人的自治。一方面，商人通过商人行会等组织形式实行自治，创立了一套不受封建庄园法支配的规则体系。意大利是中世纪欧洲商业和法律生活的中心，在那里，商人有相当的自由来组织管理机构，拥有更大权力的商人执政官出现了，商人行会组织经常发布调整商业活动的详细规则。[②] 而北欧国家和城市的商人法源于向占据和常驻市场的商人授予的专营权和特权，商人行会则依照这种特权和专营权制定商业习惯法。另一方面，商事法院的出现为商人法的发展做出了创造性的贡献。因为中世纪商人法不只是原有的商业习惯的照搬，而且有革新，这个革新的任务主要是由商事法院完成的。商事法院的形式多种多样，包括市场法院、集市法院、城市商事法院。它们像领事法院和庄园法院一样，是非专业的社会共同

---

① 参见刘明翰主编：《世界史·中世纪史》，人民出版社 1986 年版，第 287 页。

② 参见［英］戴维·M. 沃克编：《牛津法律大辞典》，北京社会与科技发展研究所组织翻译，光明日报出版社 1998 年版，第 524 页。

体法院。[①] 在意大利,这些特别商事法院一开始就是由商人主持的;在北欧,到大约 1500 年,人们也已接受这样的原则,即商事法院应由商人主持。在商事案中大量存在本地商人与外邦商人之间的争议,为防止对外邦人的歧视,米兰于 1154 年设立的商人领事法院制度随后扩散到意大利的许多城市和欧洲的其他城市。在英格兰,城市并不像意大利那样拥有强大的自治权,但它在早期就发展了强有力和集中化了的普通法,建立了有力的立法机构。但正是由于商业发展的实质性要求和意大利城市商人法的传播作用,通过另一种机制,即商事法院的形式,来促进商业的发展的必要性已经凸显出来。于是,贸易集市中设立了集市法院,也称泥足法庭(pepoudrous courts),地方海事法院(admiralty courts)则对涉及海运货物的商事案件和海事案件拥有管辖权。[②] 商人们通过各种形式的商事法院所形成的参与裁判制,有助于单个商事案件迅速、公正地解决,并使商人法与王室的、甚至城市的控制相隔离,为商人法发展和实施的自治性打下了基础。

一方面,11 ~ 12 世纪西欧城市的商人,大部分已不再是到处流动的行商,而是于某地设立固定店铺,从而形成了各地的集市。而另一方面,随着地区贸易和国际贸易的发展,在 13 ~ 14 世纪,欧洲形成了两个主要的商业区域,一个是地中海地区,另一个则是包括北海和波罗的海的区域。联系这两大海上贸易中心的道路主要有两条:一条是越过阿尔卑斯山直穿中欧到北方或佛兰德尔,另一条是从地中海出直布罗陀再到英国和北海各港口。在这两条海陆贸易通道上形成了众多市场和集市。[③] 由于市场和集市交易的国际性,导致了各地的集市法趋于协调和统一,从而为商人法的形成提供了基本条件。

11 世纪晚期和 12 世纪所创立起来的公证人体系,[④]使商业习惯自觉地适应新的情势而发展成为商人法。公证人办理的事项包括诸如登记商业文件、起草公证合同、本票、汇票或其他付款凭证,而那时的公证合同类似于现今所采用

---

① 参见[美]伯尔曼:《法律与革命》,贺卫方等译,中国大百科全书出版社 1993 年版,第 421 ~ 429 页。

② See Plucknett, *A Concise History of the Common Law*, 660 – 662(5th ed. 1956).

③ 参见[苏联]科斯基、斯卡斯金主编:《中世纪史》(第 1 卷),朱庆永等译,三联书店 1957 年版,第 302 ~ 304 页;参见朱寰、王建吉:《世界古代中世纪史》,北京大学出版社 1993 年版,第 264 ~ 266 页。

④ 参见[英]施米托夫:《国际贸易法文选》,赵秀文译,中国大百科全书出版社 1993 年版,第 7 页;[美]伯尔曼:《法律与革命》,贺卫方等译,中国大百科全书出版社 1993 年版,第 432 ~ 433 页。

的标准合同,是有法律拘束力的。

有学者认为,商人法在这个阶段由各地方习惯法发展成为一个世界性的法律(cosmopolitan law),其中最根本的原因还是在于商业的国际性特征。但是,说中世纪的商人法具有世界性的特征并不表明它是全球统一的,如在海事法规方面,由位于第勒尼安海的意大利海岸的阿马尔菲共和国采用的一个海商法汇编《阿马尔菲表》(Amalfi Table),其权威逐渐被意大利所有的城市共和国所承认。由罗德法发展而来的《海事法汇编》(*Consulato del Mare*)汇集了巴塞罗那领事法庭所遵行的海事习惯,流行于地中海各商业中心,《维斯比法》(*Laws of Wisby*)成为波罗的海国家中的支配性法律,而奥莱龙法则(*Rules of Oleron*)则成为英国海事法的基础。

总结这段时期商人法发展的特征,可归纳如下:(1)中世纪商人法建立在商人共同体的实践和习惯基础之上,即具有习惯法的本质特征。但是,商人法并非完全是不成文的习惯和惯例,体现在上文述及的商事法规汇编、公证商业文件以及商事法院的裁决中。(2)它是一个自我规范的不受国家立法和司法干预的习惯法体系,具有自治法的特性。(3)商人法的各种权利和义务规范在各个贸易集市上的适用朝减少差异的趋势发展,更加普遍化。(4)它是独立的法律体系,是商人自我发展起来并自己执行的法律体系。

当历史的车轮驶入 16 世纪的时候,商人法的发展又进入了另一个阶段。法国思想家博丹(Bodin,1530 - 1596 年)首先把主权同国家联系起来,把主权定为国家的特性,提出了近代资产阶级主权学说。他认为,主权是超乎于公民和臣民之上的、不受法律限制的最高权力。博丹之所以提出主权的观念是为了反对封建地方割据,同时也针对高度自治的西欧城市。因而,自 16 世纪开始,延展至并主要是在 18 世纪和 19 世纪,发生了商人法的国内化倾向,即各国出于各种不同的政治和社会经济等方面的原因,采用不同的实施方法,把商人法纳入各国的国内法律体系中。

随着英国在 17 世纪和 18 世纪的国际贸易的扩展,商人法也就被逐渐地纳入了英国普通法。本来,英国普通法院只有在承认了案件的涉外因素是发生在英国时才能够就包含涉外因素的案件行使管辖权并作出裁决,但在那时,他们已经有权处理商事案件,并且已经开始侵占商事法院和海事法院的管辖权。①

---

① See Plucknett, *A Concise History of the Common Law*, 662 - 664(5th ed. 1956).

有一段时间,普通法院法官仍然把商人法看成是区别于普通法的独立的法律体系,但需在每个案件中去主张和查明。因而,随着商事法院和海事法院的衰落而国际贸易却迅速扩张,普通法院审理的商事和海事案件日趋上升。如果在每个案件中重复不断地主张和查明商事惯例则是不必要的,也是不合时宜的,因此就有必要把这些规则看成是法律而不是商业习惯。这是通过霍尔特(Holt)和曼斯菲尔德(Mansfield)的努力来接纳这一规则的,英国从而通过普通法院把商人法纳入了普通法。1666 年判决的伍德沃德诉罗维(Woodward v. Rowe)一案就宣称,"商人法是国内法"。① 因而,正像罗马法一样,英国的"市民法"(普通法)吸收了"万民法"(商人法),而其结果是普通法得到了丰富和发展。但是,由于商人法某些规则的不确定性,必须对商人法的各项原则和规定适合时代地加以发展,形成确定性的规范,并与普通法的原则协调起来,这种努力主要的成就应归于曼斯菲尔德的工作。

而在法国,王室法令对最初把商人法纳入国内法发挥了一定的作用。从 17 世纪开始,法国就陆续颁布了《商业法令》(*Ordonnance du Commerce*,1673 年)、《海事法令》(*Ordonnance de la Marine*,1861 年),它们包含有商事法和海事法的具体规则。而把作为习惯法规则的商人法纳入统一的国内法律体系中至为重要的因素则是法国大革命强烈的政治冲击和拿破仑的权威及决断力。法国于 1807 年颁布了《商法典》。而在德国,商人法的国内化则是德国为实现统一而进行的法典编纂运动的组成部分,1900 年《德国商法典》生效。

从 16 世纪到 19 世纪,现代意义上的主权的民族国家逐渐形成并得到发展。一方面,是为克服封建割据和地方自治的现象,这主要在于新兴的资产阶级的利益要求统一的国内市场,各国有必要把商人法纳入统一的国内法中;另一方面,由于主权的观念引入国际法,各国加强保护本国利益,使商人法的国内化趋势得以发展。同大陆法系和普通法系的基本特征相吻合的,则是在大陆法系和普通法系中分别通过成文法和判例法的形式完成商人法国内化的进程。商人法的国内化使商人法具有了依属于各民族国家的独特性,商人法不再是一个自治的和普遍性的法律体系。但是,随着资本主义自由经济和贸易自由化的发展,要求世界范围内的统一大市场,商人法的国际性的复归则是符合历史发展规律的。

---

① [英]施米托夫:《国际贸易法文选》,赵秀文译,中国大百科全书出版社 1993 年版,第 135 页。

二、现代商人法的内涵和本质

(一)现代商人法的提出及其动因

"现代商人法"的概念是于20世纪五六十年代由英国学者施米托夫和当时的南斯拉大学者哥尔德斯坦首先提出的,并进而引起国际法学界的广泛讨论。施米托夫1957年在赫尔辛基大学讲演时指出:"我们正在开始重新发现商人法的国际性,国际法—国内法—国际法这个发展圈子已经完成。各地商人法发展的总趋势是摆脱国内法的限制,朝着国际贸易法这个普遍性和国际性的概念发展。"他继而在1961年指出,作为政治和经济领域中国际主义概念恢复的补充,法学领域则恢复了国际性的商人法的概念,出现了旨在发展为国际商业自治法的新的商业习惯法,即现代商人法。① 哥尔德斯坦于同年撰文指出,尽管世界各国的政治、经济和法律制度不同,现代商人法却在国际贸易领域内迅速地发展着,现在是承认独立于国内法律制度的商业自治法存在的时候了。②

第二次世界大战以后,某些国际法学者之所以不满国际贸易合同受制于相互歧义的国内法的状况而寻求支配国际贸易活动的法律制度的国际性特征,是出于多种原因的。首先,战后国际贸易得到了长足、不断的扩展,科学技术前所未有的进步使我们的地球变得越来越小,工农业产品的大规模生产要求更广阔的市场和先进的流通手段。各国商人在这个发展进程中需要减少各方面的障碍,包括法律障碍。在变换了的现代国际贸易环境中,各国国内法的漏洞和歧异使发展一种自治的国际商事法律——现代商人法成为必要。其次,在调整国际贸易的各国法律制度中,无论是资本主义国家还是社会主义国家,无论是发达国家还是发展中国家,都存在各国都能接受的共同的或相似的基本原则和制度。这为现代商人法普遍性的回归打下了理论基础。而在国际合同法领域,当事人意思自治原则成为合同法律选择的首要原则,而当事人往往对对方当事人所属国家的法律并不熟悉,都不愿意适用对方当事人所属国家的法律,以免损害己方的利益,而更愿意适用非国内法,以确保合同准据法的中立性和公正性,从而出现了合同法律适用的"非国内化"倾向。另外,在合同争议解决的程序法

---

① 参见[英]施米托夫:《国际贸易法文选》,赵秀文译,中国大百科全书出版社1993年版,第230页。

② See Aleksandar Goldstajin, *The Law Merchant Reconsidered*, *in Law and International Trade*, 171 - 185(Pabricius ed. 1973).

上,当事人更多地依赖仲裁的形式来解决。因为仲裁员并不像国内法院的法官有义务依其国内法来适用法律,他们可以适用包括商人法在内的非国内法。更有学者认为,现代商人法的出现乃是作为避免适用法律冲突规范的手段。最后,在某个国家与某外国私人或公司签订合同的情况下,使该合同受作为当事人一方的国家的法律支配,便会出现一些困难的问题。① 因为缔约一方当事人不能以两种身份出现:既是合同的当事人,又是合同准据法的制定者,这两种身份是难以协调的。另外,国家一方又不愿受另一国家法律的支配。这些困难的存在,使私方当事人希望使合同脱离该国的国内法,从而适用现代商人法。

(二)现代商人法的定义

现代商人法是一个新近提出的概念,学界对于现代商人法的定义异彩纷呈。现列述如下几种有代表性的观点。

1. 哥德曼(Berthold Goldman)认为:现代商人法是在国际贸易范围内自发地适用或制定,且没有某特定国内法律制度的干涉而形成的一系列原则和习惯规则。②

2. 雷伊(Julian Lew)认为:现代商人法是用来管辖国际贸易中并非由某国内法规范的事项,并由仲裁员加以适用的非国内的或跨国的商法。③

3. 诺斯(Peter North)认为:现代商人法是一系列并不系属于任何国家的法律规范。④

4. 施米托夫认为:在与国家无原则性利害关系的任意性法律的范围内,在不同国家法律制度中发展起来的调整平等当事人之间关系的统一法。⑤

5. 兰多(Ole Lando)作了这样的表述:国际合同当事人有时同意不以国内法来管辖他们之间的争议。相反,他们使它由国际贸易的习惯和惯例或国际贸

---

① 参见[美]汉斯·史密特主编:《国际合同》,刘歌等译,中国社会科学出版社 1998 年版,第 18~30 页。

② See Berthold Goldman, *The Applicable Law:General Principles of Law—The Lex Mercatoria, in Contemporary Problems of International Arbitration*, 116(Lew ed. 1996).

③ See Julian Lew, *The Case for the Publicalion of Arbitration Awards*, 231(Schulsz and Van den Berg ed. 1982).

④ See Peter North, *Private International Law Problems in Common Law Jurisdictions*, 109(1993).

⑤ 参见[英]施米托夫:《国际贸易法文选》,赵秀文译,中国大百科全书出版社 1993 年版,第 264 页。

易中所有国家或大多数国家所共同的法律规范来管辖。在这些共同的法律规范不能确切地查明时,仲裁员则选择对他来说是最恰当和公平的规范。其中,仲裁员用比较法的方法考察众多法律体系中的法律。这个裁决过程,部分地是法律规范的适用,部分地是一个选择性、创造性的过程,我们称为商人法的适用。①

6. 中国学者徐国建则认为,现代商人法是指第二次世界大战后,国际法学界的某些学者因不满于国际贸易合同受制于内容彼此相异的各主权国家国内法的状况,而积极寻求的一种独立适用于日益发展变化着的国际贸易事业,并且能够反映国际贸易活动特征的法律制度。②

综观以上各国学者对现代商人法所给出的定义,尽管各有相异之处,但可概括出以下一些共同之处:首先,承认现代商人法是不依属于任何一国国内法的法律体系;其次,现代商人法是在国际贸易领域内发展起来的;最后,现代商人法具有任意法的性质。有的学者把它限于仲裁庭适用的法律,则显定义过窄。有的学者认为,它只是习惯和惯例规范,而施米托夫和诺斯等人则认为它是法律。兰多还主张把现代商人法和公平(equity)区别开来,因为现代商人法是必须得到适用的,这就涉及下文所要论及的现代商人法性质的问题。

我们把现代商人法定义为,调整国际商事交易的、不依属于国内法律制度的、具有跨国法性质的规范体系。现代商人法同中世纪商人法比较起来,有其新的发展。其一,现代商人法所依存的国际社会是由主权国家组成的,这区别于中世纪商人法所赖以建立的社会基础,因而主权国家的因素在它的概念构成中应有影响,并与现代商人法的普遍性协调一致。其二,中世纪商人法的发展是自发的、不成体系的,尽管其也有惯例汇编。而在现代商人法的形成过程中,有组织、有计划的造法行为发挥了重大作用。

(三)现代商人法的性质

其一,现代商人法是不是法律?有些学者虽然承认现代商人法作为一种规范存在着,但却认为由于它缺乏以国家为后盾的强制力,它对于商人们而言并不是支配其交易的法律,而是一种指引性的原则。与此相类似的观点还认为它只是一种商业原则,因为它不具有法律所应具有的五个特征,即可适用性、公正

---

① See Ole Lando, *The Lex Mercatoria in International Commercial Arbitration*, 34 Int. & Comp. L. Q. 747(1985).

② 参见徐国建:《现代商人法论》,载《中国社会科学》1993年第2期。

性、可预见性、权威性和连续性中的后三个特征。这种观点是直接承袭奥斯汀(John Austin)的法律实证主义而来的。如果认为规范和制度并非由某主权国家制定的就不是法律,这种观点也是与历史不相符的。在博丹提出国家主权观念和奥斯汀创立法律实证主义之前,法律作为一种规范和制度就已经存在。就与国内法相对的国际法而言,从其创立时起,人们就讨论国际法的法律性。霍布斯和普芬多夫都给出了否定的结论,而以后的法律实证主义者依照法律就是主权者的命令这一模式也否认了国际法的法律性。但在现代国际法中,一般都承认国际法的法律性。在某种程度上讲,这依赖于对"法律"的定义,若定义不同,则答案也会不同。确认现代商人法的法律性也是这样。如果我们只是以国内法中的法律定义为标准,适用到其他的法律秩序中,则未免过于狭隘。某一类规则缺乏国内法所具有的某些特征,我们仍可以认为它是法律。依照国内有代表性的意见,法律的特征在于法是由国家制定或认可的,以规定权利和义务的方式来调整人的行为或社会关系并以国家强制力保证实施的社会规范。[①] 现代商人法至少是符合了其中的部分特征,而且至为重要的是,现代商人法作为调整人的行为或社会关系的社会规范,能由裁决者在裁决过程中作为裁决依据来使用,我们则可以认定它是一个不完全的法律秩序。但由于国家实体和其他非国家实体逐渐参加到了现代商人法的编纂和统一化运动中,并因而使作为国家机关的法院在判例中适用现代商人法的规范作为判决依据,现代商人法的弱点就得到某种程度上的克服。正如哥德曼所说,现代商人法是正在形成中的法律秩序,或者我们还可以这样认为,就其部分形式来讲是法律,其他的则是习惯法规则,在国家认可之前,仍处于不确定的状态。

其二,法律分类上的二元论观点认为法律分为国内法和国际法,某一法律体系非国内法则为国际法。但若依此种二元论的观点,把现代商人法归之于二者中之任一个都不恰当,那么,能认为现代商人法是存在于上述二者之外的第三种法律秩序?主要的讨论集中于现代商人法这种法律秩序是国际法(international law),还是超国家法(supernational law),抑或是一种跨国法(transnational law)。

认为现代商人法是国际法的观点是值得怀疑的。传统上,国际法的含义是指国际公法,适用于国家以及其他国际法主体(如国际组织)之间的关系,它是

---

① 参见沈宗灵主编:《法理学》,高等教育出版社 1994 年版,第 31 ~ 34 页。

公法性质的规范。而现代商人法调整的国际商事交易关系，是一种私法关系。如果把调整私方当事人之间的国际商事交易的法律归入国际法的范畴，是不妥当的。或者说，传统的国际法的外延和内涵是容纳不下现代商人法规范的。若是依照"宏观国际法学"的主张，认为国际法调整的社会关系是超越国界的一切国际社会关系，①似可把它归入这里所指称的广义国际法的体系内。但这只是一种研究方法，而不能等同于普遍认同的法律体系的划分，并有引起误解之嫌。在上文提及中世纪商人法具有国际性的特征时，并非说它是国际法，只是指这种法律适用上的普遍性。

而有的学者甚至提出现代商人法是一种超国家法，②而超国家法指的乃是凌驾于国家之上的法律权威。这种观点的出发点在于，现代商人法并非由国家制定而是通过国际商业实践和私法统一化运动发展起来的自治的法律体系。这种看法是一种形式主义的表现。在以主权为基本特征的、民族国家体系仍是平行式的国际社会的基本结构下，若是以具有私法性质的现代商人法形成国家之上的超国家法是不可能的，因为这种超国家法对国家来说是有强制性执行义务的；同时，以这种理论来指导实践还存在这样一个危险，即否定国家主权。

考虑到现代商人法概念本身的非周延性，跨国法概念和制度的提出是有价值的。传统的法律分类为国内法和国际法，在逻辑上并不能表明在区分法律的性质时采用非此即彼的判断方法。由于上文所述及的现代商人法作为一种法律秩序非国内法，但又不是国际法，因此，有的学者就认为现代商人法是存在于国内法和国际法之外的第三种法律秩序。我们称为跨国法，它所调整的是一种跨越国界的行为和社会关系，而其渊源又广泛分布于国内法和国际法中，所以把它称为跨国法是比较恰当的，以有别于国内法和国际法所调整的社会关系的性质。但是它并不能等同于世界法。我们说现代商人法是跨国法，一方面是指其性质，另一方面也是指的一种过程。正如它所赖以为基础的国际社会的全球化发展是一种过程，而不是一种结果一样。

其三，现代商人法是不是一种自治的法律体系呢？有一种观点认为，为了

---

① 参见黄进：《宏观国际法学论》，载《法学评论》1984 年第 2 期。

② See Friedrich K. Juenger, "American Conflicts Scholarship and the New Law Merchant", 28 *Vanderbilt Journal of Transnational Law*, 487 - 501 (1995).

使现代商人法构成一个法律体系,它必须是自治的(autonomous)。[①]在此种情况下,法律体系的自治直接依赖于支配国际商事交易关系的完整法典的存在。而就现代商人法的现实渊源来看,从这些渊源中所能抽象出来的原则很少,经常也是过于原则而不能适用。况且,现代商人法并不能涵盖国际商事交易的所有领域。穆斯迪尔(Mustill)还认为,现代商人法并不能调整潜在争议范围内的所有问题。因此,这些学者认为现代商人法不是一个自治的、能够管辖国际商事交易所有方面的法律体系。

笔者认为,这样的观点确实有失偏颇。私法统一化运动促进了调整国际商事交易法律规范朝着法典化的方向前进,其中较为突出的则是在罗马国际统一私法协会(UNIDROIT)和联合国国际贸易法委员会(UNCITRAL)的努力下,对各大法系的法律原则和规范进行了协调,并在实践中得到广泛的适用。现代商人法出现的部分原因在于各国国内法的漏洞和歧异的存在,从而行使了一种补缺(stop-gap)的功能,并试图摆脱国内法的控制。那种认为现代商人法由于没能涵盖国际商事交易的所有领域因而不是一个自治的法律体系的观点,没有看到现代商人法发展的现状和趋势。当然,我们必须承认这样一个事实:现代商人法到目前为止仍不是一个完善的法律体系,没有(其实也没必要)规范跨国商事交易的所有方面。就如同国际法律体系一样,在某些问题上,它是依赖于国内法律制度去解决的。现代商人法作为一个自治的法律体系,是一个不断发展的、开放的法律体系。

(四)现代商人法的渊源

法律渊源的意义多种多样,或者指法律规范所形成的原因或方式,或者指法律规范确立或存在的形式,或者指法律规范第一次出现的地方等,这些解释各有侧重点,本文不一一讨论,但可以兼采其长。

施米托夫把国际立法和国际商业惯例列为现代商人法的渊源。这种解释可以说是严格意义上的法律渊源,但范围过窄,不利于现代商人法的发展。况且,国际立法(international legislation)的措辞未必恰当,连施米托夫本人也承认这种提法有失适当性。有些学者在讨论现代商人法渊源时罗列了一般法律原则、国际贸易统一法、习惯和惯例、仲裁裁决。也有学者则把国际公法、国际统一立法、一般法律原则、国际贸易惯例、国际标准合同以及国际合同示范条款包

---

① See Wilkinson, "The New Lex Mercatoria: Reality or Academic Fantasy?", *Journal of International Arbitration*, 114(1995).

括在现代商人法的法律渊源之内。国际公法作为一个法律体系，被纳入现代商人法的渊源是不正确的，尽管该说的支持者主要是指国际条约法领域，且无论国际条约法的原则适用于私法性质的国际合同是否恰当，但我们至少可以说它是用词不当。有的学者则以国际条约、国际贸易惯例和标准合同为其渊源，这种观点是比较注重其渊源的确定性的，但标准合同作为商业行为中普遍接受的规范，是可归入国际贸易惯例中的。我们认为，现代商人法的渊源可以包括一般法律原则、国际商事统一法及示范法、国际贸易惯例等。

1. 一般法律原则（general principles of law）。《国际法院规约》第38条规定，"一般法律原则为文明国家所承认者"，这一规定对这些原则本身的性质未作明确说明。但无论人们认为一般法律原则是自然法的表现或是习惯规则，或是国际社会的宪法性原则，或是由法律概念直接推演来的原则，或是作为国际社会成员的全部或大部分国家的国内实在法所一般同意的原则，①能够肯定的一点在于，国际社会作为整体接受它们的存在并以它们作为现代商人法的渊源加以适用。所以，有学者就把现代商人法中所适用的一般法律原则定义为："基于国际社会中各民族的一致的法律意识，各国法律所共同具有的指导思想和原则，以及国际贸易实践所据以进行的为国际贸易的参加者所普遍接受的原则。"②一般法律原则之所以能够作为现代商人法的渊源之一，就因为它们是被一般接受的，并因而构成了国际商事交易当事人毫无疑问地接受从而作为他们交易的规范体系一部分的普遍实践。

就国际商事仲裁中适用一般法律原则的情况来看，一般法律原则在三种不同的意义上得以发挥作用。在某些裁决中，合同当事人在合同中提到一般法律原则时，强烈地表明他们想使其关系不受某国法律支配的愿望，从而产生合同非国内化的效果。在另一类案件中，一般法律原则表现为一种当事人不能加以损害的基本的国际公共秩序。在第三种情况下，一般是在当事人未指定准据法的情况下，仲裁员用来确定国际商事交易适用的非国内法的现代商人法构成的指导性要素。一般法律原则在第三种意义上的作用更具重要性。一般法律原则只是作为现代商人法的一个渊源，而不是一个精确的法律体系。让它单独地作为合同准据法是不可行的，也不足以处理现代商事交易的复杂性。这不仅在

① 参见李浩培：《国际法的概念和渊源》，贵州人民出版社1994年版，第114页。

② 参见李双元主编：《市场经济及当代国际私法趋同化问题研究》，武汉大学出版社1994年版，第86页。

于发现某些共同的一般法律原则的困难,而且由于这些原则过于抽象和相当概括,其作用有限,必须同现代商人法的其他渊源结合起来发挥作用,必须更多地依赖于裁决者精细的解释工作,这几乎是一项创造性的工作。

有的学者提出了相反的看法:一般法律原则并不能脱离它所由产生的国内法律制度,并会受到各个独特的国内法律制度的影响、补充,结果使一般法律原则只是停留在名义上的普遍性。① 他们的结论就是:一般法律原则并不具有可适用的法律原则所要求的实质性标准和统一性。我们认为,上述的看法在某种程度上讲是存在的,但并不能以此来否定一般法律原则的可适用性。首先,成文的国际统一私法可作为一般法律原则的证明,例如 1980 年《联合国国际货物销售合同公约》的规定在实践中就可以作为有关货物买卖合同方面的一般法律原则的具体内容的证明。其次,一般法律原则可以从比较法的方法那里获得。

2. 国际商事统一法及示范法(uniform law and model law of international commercial transactions)。这里所说的国际商事统一法在一些著作中被称为国际条约。之所以在此不用国际条约这个名词,是因为国际商事统一法这个渊源是统一各国国内私法,而不是规定国家在国际关系中所承担的权利和义务的,若用国际条约这个名称就不能反映这种渊源的独特性。所谓国际商事统一法,是指国家为协调彼此间的国际商事法律规范,通过在某地区或全世界范围内对某一或者某些私法领域的法律规范的统一,以国际条约的形式表现出来的统一法律规范。国际商事统一法通常由有关的国际统一私法的专门组织准备和起草,然后由缔约国签署和批准。就其所涉及的主体和普遍性而言,有双边的和多边的国际条约,以及地区性的和普遍性的统一法。就国际商事统一法的内容而言,它涉及货物买卖、票据、知识产权等领域。国际商事统一法的出现使支配国际交易和国内交易的法律相分离,这也是国际贸易发展所必然要求的。国际商事统一法的出现使支配合同的法律规范确定性增强,易于为法官和仲裁员适用,并有利于争议处理结果的统一性。但需要注意,这种确定性在目前仍是较弱的。

还有另一种具有统一私法目的的规范,即由国际组织制定的示范法。这种示范法是不具有条约性质的,它只是由从事私法统一的国际组织(政府间的或

---

① See Wilkinson, "The New Lex Mercatoria: Reality or Academic Fantasy?", *Journal of International Arbitration*, 114(1995).

非政府间的)向特定国家或非特定国家所提出的一种建议,每个国家都可以接受这种法律原则,也可以在开始或事后改变和放弃这种原则。示范法的作用之一在于,协调各国法律中某一领域问题的歧异,并结合情势的发展提出一个统一性的解决办法,并能使在此方面较为落后的国家变革其法律。但因示范法并不具有国际条约的约束力,只具有指导性和任意性,因而其统一性不如前者,且与前者比起来,国家对示范法的采用是单边性的。这方面的最近发展表现为罗马国际统一私法协会组织起草的《国际商事合同原则》。

编纂统一法的努力是私法统一进程的表征而不是起因。统一法律往往会忽视法律规则在某特定的社会政治环境下实施的情形。如果过于关注规范的统一,就可能会看不到这些规范在不同法律制度下适用所产生的结果的差异性。[①] 因此,国际商法在现代大多数成功的范例并不是法官或立法者的工作,而是民间机构工作的成果。另外,实践比原则和规范更统一,商人们都愿意认可和尊重长期存在的贸易惯例、商业实践和习惯的造法力量。各国都很少愿意放弃他们的法律文化所根基的原则,因而统一法律并进而朝着趋同化方向发展的根本在于,更多地关注一个协调的法律原则所依据发展的共同法律文化。

3. 国际贸易惯例。从实质效力上讲,国际贸易惯例是指在某一地区或国际范围内的某行业中反复使用并得以遵守的,且有确定性内容的实践和规范。从形式上讲,国际贸易惯例体现于国际社会的共同商业实践,由某些国际组织或某些国家的商业组织根据长期形成的商业习惯所编纂的"法典化的"贸易惯例以及标准格式合同中。国际贸易惯例在性质上是任意性的,由当事人协商是否采用。如已协议采用,可变更惯例的内容,一旦采用了,则依它来处理争议。在当事人未明示选择时,国际贸易惯例也为裁决者处理争议提供了指导和参照。

不成文的国际贸易惯例反映在国际商业社会大多数成员所实施的普遍性实践中。在客观上,国际贸易惯例在国际商事交易实践中客观存在并被普遍地反复适用;在主观上,商人们在进行交易时,认识到某一特定领域内存在国际贸易惯例,并尊重它的适用和效力。有学者认为,当事人在缔约时,很少讨论某特定惯例的适用,也不在合同中用书面形式载明,他们认为它应当然地得

---

① See Arthur Rosseff, "Unification, Harmonization Restatement, Codification and Reform in International Commercial Law", 40 *Am J. Comp.* 2(1992).

到适用。[①] 但我们仍认为它是一种默示协议的形式。穆斯迪尔则认为,除非能够证明商人们适用共同商业实践中的惯例是因为他们感到必须这样做,那么这种不成文的国际交易惯例就不能作为现代商人法的渊源。这种观点违背了国际贸易惯例的实质性含义,它是没有强制性的,商人们之所以适用它是出于贸易惯例适用的简便性以及贸易惯例内容本身的先进性。

由于不成文的国际贸易惯例在适用上的不确定性,促使一些国际组织努力编纂成文的国际贸易惯例,也使国际贸易惯例"法典化"了。其中,较为成功的要数国际商会和国际法协会。国际商会于 1936 年公布了《国际贸易术语解释通则》(Incoterms),后经多次修订,现今适用的是 1990 年修订本。在国际货物买卖的支付中,国际商会 1967 年公布了《商业单据托收统一规则》,1978 年修订,改名为《托收统一规则》;1933 年公布了《商业跟单信用证统一惯例》,后更名为《跟单信用证统一惯例》。国际法协会 1932 年制定了《华沙 - 牛津规则》,1974 年主持制定了《约克 - 安特卫普共同海损理算规则》。有人认为,由于这种"法典化"的贸易惯例的适用是通过当事人在合同中的协议实现的,因此,它们依合同适用于争议而无须援引现代商人法,是尊重当事人协议的结果。但我们认为,法律适用的主体不只是裁决者,当事人也是法律适用的主体,他们在合同中协议适用国际贸易惯例,也就适用了商人法。

标准格式合同或合同标准条款也是国际贸易惯例中的一部分。标准格式合同或合同标准条款是由某些国际组织或专业性的贸易协会所制定的、合同条款明确的、供当事人使用的合同。前者如由联合国欧洲经济委员会所制订的买卖合同共同条件和标准格式合同,后者如由各种贸易协会(包括伦敦谷物贸易协会、汉堡谷物贸易协会等,在此不逐一列举)制订的标准格式合同。

斯托科(Stoecker)和穆斯迪尔则对标准格式合同作为现代商人法的渊源表示怀疑。[②] 他们认为,在标准格式合同成为现代商人法的渊源之前,它必须为国际商业社会的实践所采用和接受。然而,这并不是容易完成的任务。当事人并无义务使其受一系列的标准合同约束。在贸易中存在许多领域,其中必存在不同的标准格式合同,况且同一领域内不同的组织也公布了许多种标准格式合

① See Julian Lew, *The Case for the Publication of Arbitration Award*, 231(Schultszand Van den Berg ed. 1982).

② See Wilkinson, "The New Lex Mercatoria: Reality or Academic Fantasy?", *Joural of International Arbitration*, 114(1995).

同,因而不存在普遍性的标准格式合同,从而不能将其作为现代商人法的渊源。

对于上述观点,我们认为,首先,标准格式合同的起草是一种实证主义的方法,而不是理性的推演,它是基于总结国际商业实践中广泛接受的原则来起草的,因此,标准合同在国际商业实践中是被采用和接受的。其次,国际贸易惯例的发展具有层次性。一方面,国际贸易惯例沿着从某些有影响的商人与商业实践活动,而后发展成为国际贸易中的一般做法(general practice),再发展成为国际贸易习惯(usage),最后发展成为具有稳定性的国际贸易惯例(custom)这样一条道路成长。另一方面,国际贸易惯例首先是地区性的,而后由地区性的贸易惯例加以协调而趋于发展成为统一的、普遍性的国际贸易惯例,或者在某一领域内先存在几个并行的惯例体系,而后也会趋于统一,这是一个发展过程。因而上述反对意见所提到的情况并不能否认标准格式合同作为国际贸易惯例的一部分,从而成为现代商人法的渊源。

4. 许多学者认为,公布的国际商事仲裁裁决是现代商人法的渊源之一,这种观点的支持者有卡伯尼耶(Thomas Carboneau)、兰多等人。他们认为,仲裁裁决所确定的规则在国际贸易实践中得到承认、仲裁裁决的公布有利于现代商人法发展成为一致性的规范的总体,并会使仲裁庭和当事人更易于查明国际贸易合同方面的相关商事规范。

现代商人法的形成和发展与国际商事仲裁的实践是紧密相连的,它是仲裁庭确定仲裁所适用的实体法的可选择的方法之一,因而国际商事仲裁裁决在一定程度上反映了现代商人法的发展。而且,国际商事仲裁裁决的公布也有利于现代商人法的发展。尽管如此,我们仍不能认为仲裁裁决是现代商人法的渊源之一。首先,到目前为止,公开发表的国际商事仲裁裁决为数有限,还没有形成一个像判例法那样系统化、制度化的仲裁裁决的报告制度。法律的功能之一在于让它所调整范围内的当事人知晓它的内容,从而能够预见自己行为的后果,从而使他们的交易具有确定性和安全性。现代商人法不只是供仲裁员适用的,更重要的是规范当事人的行为。而国际商事仲裁裁决公布的数量有限,对于商人们的意义就很微小了。其次,当事人选择仲裁的原因之一在于仲裁所提供的保密性,所以除非当事人要求,仲裁一般不公开审理。如果公布仲裁裁决则会失去保密性,从而违背仲裁的目标。这也是仲裁裁决公布数量有限的原因之一。最后,仲裁庭的裁决并不具有判例法中的判例所具有的有拘束力的先例的效力,仲裁员并不受其他仲裁员作出的仲裁裁决约束,这也就失去了仲裁裁决作为法律渊源的基础。而且,在仲裁中并没有像司法诉讼中上诉法院和最高法院那样的“上诉仲裁庭或最高仲裁庭”来确保仲裁庭之间裁决的一致性。从目前来看,仲裁裁决是很难发展成为“判例法”的。

三、现代商人法对冲突法发展的影响

现代商人法理论是要使这种法律秩序脱离国内法律体系。乌拉圭学者阿尔方森(Quintin Alfonsin)1995 年撰文提出一种“国际性的私法”理论(international private law)。[①] 他认为,国际合同应从内国法的歧异中解放出来,内国法是为国内的情势所规定的,不能充分有效地调整跨国合同关系。他还认为,现有的合同冲突规范(合同缔结地法或合同履行地法)不能解决这些问题,应由具有跨国性质的“国际性的私法”来调整。而美国最高法院大法官伯格(Burger)在具有里程碑性质的 1972 年的布雷默诉萨帕塔公司(Bremen v. Zapata Off-Shore Co.)一案中,批评第五巡回区上诉法院的法官们坚持“所有的争议必须在我国的法院中依我国法律来裁决这样一个狭隘的观念”,他也认为需要以一个独立的规范体系而不是纯粹内国性的法律来支配国际交易。[②] 这些都在理论上支持了现代商人法的发展。但现代商人法的发展对冲突法的地位和作用有何影响呢? 二者之间的关系又应如何定位呢?

有学者认为,现代商人法的发展对法律冲突法的发展提出了严峻的挑战,在现代商人法的适用逐渐扩大的领域内,冲突法的领域则相对缩减。进而提出,由于冲突法的种种缺陷,在国际商事交易领域内应由现代商人法取代冲突法。

从历史发展来看,国际私法上解决跨国关系问题的方法可分为两种:一种是实体法的方法(the substantive law approach),意指适用直接支配跨国性关系的法律规范的方法;另一种就是运用冲突规范的方法,通过冲突规范中连结点的指引来适用跨国关系场所化了的地方的法律。美国学者荣格(Friedrich K. Juenger)进而把第二种方法又分为单边主义的方法(the unilateralist approach)和多边主义的方法(the multilateralist approach)。[③] 所谓单边主义的方法是指通过

---

① See Friedrich K. Juenger, “The Inter-American Convention on the Law Applicable to International Contracts: Some Highlights and Comparisons”, 42 *Am. J. Comp. L*(1994).

② See Friedrich K. Juenger, “American Conflicts Scholarship and the New Law Merchant”, 28 *Vanderbilt Journal of Transnational Law*, 487 - 501(1995).

③ See Friedrich K. Juenger, *Choice of Law and Multistale Justice*, 44 - 46(1922).

这种方法来决定可能得到适用的内国法的属人和属地方面的适用范围。而多边主义的方法则是指在具有涉外因素的行为或社会关系与法律制度之间用法律选择规则连结起来,从而决定应适用的法律。我们可以把实体法的方法、单边主义的方法和多边主义的方法都称作法律选择的方法。

这三种方法自中世纪以来就已相并而存在,但在国际私法的发展历程中,实体法的方法同后两种方法比较起来,并未得到更多的重视。而自萨维尼创立"法律关系本座说"之后,多边主义的方法更占优势地位。但在国际私法的晚近发展趋势中,一方面是单边主义的复兴,这主要体现在美国冲突法革命中,例如,艾伦茨威格(Ehrenzwelg)提出的"法院地法说";另一方面则是实体法的方法也得到更多的适用,现代商人法理论的提出和讨论就是其中一部分。

正如上文所述,实体法的方法在古代社会和中世纪即已存在,罗马的外事执政官(Praetor Peregrinus)发展起来的万民法、中世纪商人共同体发展起来的商人法,即是一种实体法的方法,它使具有涉外因素的商业交易不受冲突规范的调整并进而脱离某国国内法的管辖。而在梅特兰(Maitland)看来,商人法则是中世纪的国际私法。因而,荣格认为在古代社会中难寻冲突法的痕迹。那么,我们能否以古代社会的情势类比当代,从而认为在发达的法律制度中提出和发展现代商人法的理论和制度也预示着冲突规范作用趋于弱化呢?我们可以把多种法律选择方法的存在称为方法的多元主义(pluralism of methods)。方法的多元主义并不是一个新现象,在中世纪时就已形成,除了本文所论述的商人法以外,中世纪时期还通过分析法则的适用范围和效力来解决法律选择问题,更为重要的是,冲突法在这一时期已开始形成。从历史的经验来看,多种方法的存在是一个值得肯定的现象,我们没有必要以现代商人法制度来取代冲突法制度。

商人法并入各国国内法的首要原因就在于主权的民族国家的兴起;而促使商人法在现代发展的因素在于世界全球化发展的趋势使各国应加强联系与合作,为促进各国在全球化发展的环境中联系与合作,超越各国法律歧异的障碍就受到了学者们和实务者们的关注,这其中主权观念在一定程度上的弱化和受到更多的限制也是一个促动因素。此外,冲突法制度本身的僵硬性及其所导致的各种缺陷不能够协调实质正义和它所追求的判决结果的一致性,而新自然法学派的兴起要求法官不只是硬性地适用冲突规范,而是要去解决争议问题并实现实质正义。可以说,现代商人法制度在一定程度上和一定范围内实现了实质正义的要求和判决结果一致性的协调。但问题在于,现代商人法制度和冲突法制度是水火不相容的吗?

现代商人法制度到目前为止仍然是一个不完善的法律秩序,因而在实践中的适用受到多种因素的限制。对现代商人法适用最大的抨击乃是其确定性。由于现代商人法在渊源上存在的缺陷,它的许多规则过于概括和模糊,不利于解决复杂的国际商事问题。斯托科就认为,现代商人法是一个不确定的规范体系,因此,不能认定它是对每个人都有约束力的法律。尽管我们不赞成他不承认现代商人法的法律性的主张,但他的表述确实指出了现代商人法的缺陷之一,就连支持现代商人法理论的雷伊也承认,当事人之所以不愿意选择商人法的原因就在于它的不确定性。尽管有些商人法,如国际商会制定的《国际贸易术语解释通则》,应是确定的,而且,这种不确定性在私法统一化运动中有所改善,但并未完全克服,仍需通过冲突法来适用可预见性和确定性相对较强的国内法律体系。

现代商人法作为法律体系的组成部分,其强制性仍是较弱的,商人们在寻求仲裁解决后,更为关注的是它的承认和执行问题,以使其利益得到实现。支持现代商人法理论的学者在论著中一般通过列举几个国家,诸如法国、德国、意大利、奥地利等国法院的几项判例,以此说明到目前为止世界上还没有哪一国的法院仅以仲裁裁决是根据现代商人法作出的为由而拒绝承认这种裁决的法律效力。[①] 笔者认为,这种实证分析方法的科学性是值得商榷的。虽然我们承认现代商人法的法律性,但不赞成这种分析方法。这种方法采取抽样研究的途径,但这种抽样研究的范围是有限的,只是抽取少数几个国家的少数几个判例来作论述的佐证。在其中引用最多而分量也最重的一个判例乃是诺索罗诉帕巴克案(Norsolor. v. Pabalk,1979 年),该案是由法国诺索罗公司不服仲裁庭对这二者之间争议作出的裁决,请求奥地利维也纳商业法院撤销该项裁决,理由是裁决依据的是商人法和公平原则。维也纳商业法院判决该裁决有效,而在上诉中,维也纳上诉法院则撤销了依商人法作出的那一部分的仲裁裁决,其理由是因为商人法的效力并不确定,但维也纳上诉法院的判决被奥地利最高法院否定。从以上可以看出,对现代商人法的强制性仍是有争议的,现实主义的观点则认为它的强制性仍很弱。达塞尔(Dasser)在分析了到 1987 年为止的近 50 个国际商事仲裁裁决后,发现只有一个是完全依据现代商人法作出的,有 200 多

① 参见徐国建:《现代商人法论》,载《中国社会科学》1993 年第 2 期;韩健:《现代国际商事仲裁法的理论与实践》,法律出版社 1993 年版,第 252~254 页。

个是同时以现代商人法与一个或多个国家的国内法为依据作出的。[①] 由此可见,冲突法的领域并未缩小。

另外,冲突法本身也通过各种“软化”处理的方法来设法克服冲突规范适用的僵硬性,弹性连结原则、最密切联系原则、政策导向和结果选择的方法、“自体法”理论等的采用使冲突法在解决实质正义和判决结果一致性的关系上有所进展,并逐步注重个案解决的公正性,在一定程度上缓解了克格尔(Kegel)所称的“冲突法的危机”。而且,在美国冲突法革命中那种完全抛弃和否定冲突规范的理论也日益受到批评。不提现代商人法的规范并未能涵括冲突法的所有领域,即使在现代商人法自身领域中,冲突法的发展也是有必要的。瑞士学者冯·奥弗贝克(Alfred von Overbeck)指出,为了较圆满地解决具有国际性的法律关系的问题,应将冲突法和统一实体法结合起来。[②] 从现代商人法的角度来讲,冲突法也不应对它采取一种敌视的态度,法国学者勒内·达维德(René David)指出:设想冲突法理论在解决国际法律关系问题中并不是唯一适当的方法,对于冲突法学者们来说是最困难的,他们紧抓这种方法,即使是在它导致了坏结果的情况下也是如此。所以,我们应支持多元的方法论。

统一国际私法公约最新的发展是1994年《美洲国家间关于国际合同法律适用的公约》,该公约为法律选择问题解决方法的多元主义提供了一个成功的范例。该公约第9条是这样规定的:如果当事人没有选择准据法,或者如果他们的选择被确认为无效,合同得受与合同有最密切联系的国家的法律支配。法院在确定哪国的法律与合同有最密切联系时应考虑合同的主客观因素,法院同时也得考虑由国际组织所承认的国际商事法的一般原则。我们认为该公约把自体法理论与作为实体法方法的现代商人法结合起来,这种折中主义的态度把目的论引入完全的地域联系的分析中。而该公约第10条的规定更是扩大了现代商人法的适用。该条规定:除了前条的规定,为了满足特定个案中正义和公平的要求,得适用国际商事法的准则、惯例和原则及得到普遍承认的商业习惯和实践。该条款的规定充分显示了尊重实质正义和个案公正解决的要求。所以,这里已不再是现代商人法作为一个法律秩序是否存在的问题,而是某一具体的规范是否属于现代商人法中的“准则、惯例、一般法律原则以及得到普遍承认的商业习惯和实践”的问题,这就有赖于法院和仲裁庭在个案中分别加以认

---

① 参见徐国建:《现代商人法论》,载《中国社会科学》1993年第2期。

② 参见韩德培主编:《中国冲突法研究》,武汉大学出版社1993年版,第32页。

定了。

从上述该公约的规定及其分析来看,现代商人法理论在该公约第 9 条和第 10 条中分别作为适用冲突法的方法所考虑的因素和例外情形,并没有取得与冲突法的方法相平等的地位。从第 9 条的规定来看,一方面,它把现代商人法理论融进了自体法理论中,虽只是将其列为其中所考虑的因素之一,但仍然对现代商人法发展地位作了一定的肯定,另一方面也是对冲突法方法的一个限制。该公约第 10 条虽提高了现代商人法的地位和作用,但仍只是在特定案件中为实现正义和公平而适用现代商人法,而非一项基本原则和方法。也就是说,只有在依公约规定的冲突规范所指引的法律在处理争议问题时所可能得到的结果会违背正义和公平观念,才得以适用现代商人法。我们可以说,冲突规范的方法仍在解决法律选择问题中具有主导地位,而现代商人法制度作为一种实体法的方法在目前仍处于从属的或次要的地位。况且,现代商人法的适用在一定程度上是依据当事人意思自治原则的,而当事人意思自治原则乃是冲突法中合同领域内法律选择的首要原则,而且当事人意思自治原则也是一种冲突规范。

有学者认为,我国《涉外经济合同法》和《民法通则》①是承认可以适用现代商人法的。② 前者的第 5 条第 3 款规定,中国法律未作规定的,可以适用国际惯例。后者的第 142 条第 3 款规定,中国法律和中国缔结或者参加的国际条约没有规定的,可以适用国际惯例。前述两款中国际惯例的适用均是在中国法律为涉外民事法律关系的准据法时,而中国法却没有有关问题的规定的情形下发生的,这在中国学者的著述中一般被称为“国际惯例补缺”的原则。其实,这两项规定的本意并非承认可以适用现代商人法,而是在于我国当时法制建设处于发展的初期阶段,立法体系还不完善,一些问题尚未得到法律规范,出现了一些法律漏洞,因而规定“国际惯例补缺”原则乃是一项补充法律漏洞的便宜措施。这其中并没有把现代商人法作为一个独立的法律秩序和解决涉外民商事法律冲突问题的一种方法,所以并不能把“国际惯例补缺”原则的规定当作承认现代商人法制度的地位。但是,这项原则也确实在实践中有助于我们国家的立法、司法和理论界对现代商人法理论的认识。

我们反对以现代商人法理论和制度来否定和抛弃冲突法,赞同应维持和发展多元的方法论。但是我们更要强调的是冲突法在现今情势中的主导地位,且

① 我国《涉外经济合同法》于 1999 年废止;《民法通则》于 2021 年废止。——编者注

② 参见徐国建:《现代商人法论》,载《中国社会科学》1993 年第 2 期。

不谈在形式上私法统一化运动的各种缺陷，就现代商人法发展进程中最为重要的阻碍因素而言乃是主权的因素。一方面，现代商人法同中世纪商人法不同，后者是商人共同体依自身的力量发展起来并由自身加以实施的，而现代商人法的渊源和地位仍在一定程度上取决于主权国家的承认和努力；另一方面，主权国家的存在也维持其国内法的歧异和冲突的存在，因而冲突法的存在和发展就存在最坚实的社会基础。而比主权因素更为深层次的因素乃是“文明的冲突”。换句话说，各国法律文化的协调和统一仍是漫长的过程。文明的差异和各自利益的所在为各国在全球化进程中固守各自的传统法律文化中的原则提供了潜在的驱动力，这也是一个矛盾运动的进程。

同时，国际私法学者应以开阔的眼界对待现代商人法理论，扩大国际私法的研究范围，从现代商人法的方法论中吸收有利于冲突法发展的因素。现代商人法作为一种实体法的方法在调整涉外民商事法律关系方面与冲突规范相互依存、互为补充。韩德培教授用“一机两翼”的理论来形容冲突法、统一实体法和程序法之间的关系，[①]即冲突法是机体，而统一实体法和程序法是两翼。这是符合目前发展现状的，但从发展的眼光来看，这种“一机两翼”的理论也可能会变换一种形式，即统一实体法成为机体，而冲突法和程序法是两翼，当然这只是一种预测，并且会有一个极其漫长的发展过程。

---

① 参见肖永平：《国外国际私法的新发展与中国国际私法的发展方向》，载《中国法学》1996年第1期。

中国法制的新发展：从单一法制到多元法制*

一、导言

人类的历史表明，随着生产力和科学技术的不断进步，人类的社会生活日益丰富多彩，向多样化、多元化或多级化的方向发展。在法律领域，这种现象也有所反映。比如，随着目前全球共同关心的问题的增多，法律的统一化、国际化或趋同化倾向在当今世界十分明显。但是，世界仍然是一个由众多主权国家组成的共同体，各国的社会、政治、经济、文化、历史发展轨迹乃至自然环境仍有巨大的差距，法律的民族特色或国家特色仍然很鲜明，法律的统一化、国际化或趋同化并没有完全否定、取代或抹杀法律的多样化和多元化。

中华人民共和国自1949年成立到1997年，一直是一个单一法制国家，即全国施行统一的法律制度，各地适用的法律制度没有什么不同。为了维护这种法律制度的统一性，地方制定的地方性法规是不得同中央的法律或者说全国性的法律相抵触的。但是，香港和澳门分别于1997年7月1日和1999年12月20日回归祖国后，这种情况发生了变化。香港和澳门的原有法律制度

---

* 本文原载于《武汉大学学报（哲学社会科学版）》1999年第2期。中国人民大学书报资料中心《法律学、法史学》2006年第3期转载。

在其回归后基本不变,仍然保留。这种情形已在中英《关于香港问题的联合声明》①和中葡《关于澳门问题的联合声明》②以及对这两个地区具有宪法意义的《香港特别行政区基本法》③(以下简称《香港基本法》)和《澳门特别行政区基本法》④(以下简称《澳门基本法》)中得到肯定。这就意味着,在中华人民共和国领域内已出现两种以上在不同地区适用的不同的法律制度,中国的法律制度的整体结构已从单一走向多元或复合。

二、单一法制国家与多元法制国家

谈中国的法制从单一走向多元,必然要讨论什么是单一法制国家,什么是多元法制国家。

(一)单一法制国家

所谓单一法制国家,是指具有统一法律制度的国家。在单一法制国家内,全国法制是统一的,尽管各地方可能有一定的立法权,可以制定地方性法规,但按照“上位法优于下位法”(*Lex superior derogat legi inferiori*)的原则,地方的立法不得与中央的法律尤其是宪法相抵触。另外,在单一法制国家内,司法制度和司法体系通常是统一的。目前世界上,有许多国家是单一法制国家,比较典型的有法国和葡萄牙等。

就中国的情形而言,如果暂不考虑中国台湾地区因素,在 1997 年 7 月 1 日恢复对香港行使主权前,中华人民共和国是一个单一法制国家,它在其主权所及的范围内实行统一的法律制度,上有统一的宪法、法律和行政法规,下有地方性法规和民族区域自治法规。尽管各地方性法规和民族区域自治法规都是根据本地或本民族实际情况和针对本地或本民族具体问题制定的,但仍不得违背全国性的宪法、法律和行政法规,除非另有法律授权。

(二)多元法制国家

所谓多元法制国家,即复合法制国家或复数法制国家,是指其法制不统一,在其域内有两个或两个以上的不同法律制度体系存在的国家。多元法制国家

---

① 1984 年 12 月 19 日在北京签订。

② 1987 年 4 月 13 日在北京签订。

③ 该法于 1990 年 4 月 4 日由中华人民共和国第七届全国人民代表大会第三次会议通过,同日中华人民共和国主席令第 26 号公布,自 1997 年 7 月 1 日起已施行。

④ 该法于 1993 年 3 月 31 日由中华人民共和国第八届全国人民代表大会第一次会议通过,同日中华人民共和国主席令第 3 号公布,自 1999 年 12 月 20 日起施行。

主要有两种情形:一种是这种国家内部存在两个或两个以上适用不同法律制度的区域,如美国和澳大利亚有适用不同法律制度的各州,加拿大有适用不同法律制度的各省;另一种是这种国家内部存在两套或两套以上适用于不同人员群体的不同的法律制度。

1997 年 7 月 1 日香港回归祖国后,中华人民共和国成为一个典型的多元法制国家。因为中国在对香港恢复行使主权后,按照"一国两制"方针,设立了香港特别行政区,并在这个地区保持原有的社会制度和生活方式不变,保持其原有的法律制度基本不变,实行港人治港,高度自治。① 也就是说,由于香港特别行政区继续施行不同于内地的法律制度,香港的回归导致在中华人民共和国域内同时存在两种分别在中国内地和中国香港特别行政区适用的不同的法律制度,中国因而成为多元法制国家。1999 年 12 月 20 日澳门回归祖国,中国也将以"一国两制"模式处理,届时,基本不变的澳门原有法律制度在澳门特别行政区的继续适用,使中国法律制度更加多元化。

三、法域与多元法制国家

一个国家内部多元法制局面的形成,与法域这一现象有着天然的联系。所谓"法域"(law district, legal region, legal unit),又称法区或法律区域,系指具有或适用独特法律制度的区域。从法域的这一概念不难看出:一方面,法域应具有独特的法律制度,这种独特性有时涉及法律的各个方面或各个法律部门,有时仅涉及法律的某些方面或某些法律部门;另一方面,法域是特定的区域,这里讲的"区域",既指有一定领土范围的国家,也指一个国家内部的不同地区。② 通常,一个法制统一的国家就是一个独立的法域。但是,世界上有不少国家的国内法制不统一,由数个以地区为单位的法域构成,这种国家被称为多法域国家或复合法域国家。③ 从法域的角度讲,上面提到的单一法制国家,也可以叫作

---

① 参见《香港特别行政区基本法》第一章和《澳门特别行政区基本法》第一章。

② See J. H. C. Morris, *The Conflict of Laws*, 2(4th ed. 1993); I. Szászy, *Conflict of Laws in the Western, Socialist and Developing Countries*, 233(1974);翟楚:《国际私法纲要》,台湾编译馆 1982 年版,第 5~6 页。

③ See E. Vitta, *Interlocal Conflict of Laws*, in 3 *International Encyclopedia of Comparattve Law*, 3(K. Lipstein *et al*. ed. 1985); R. H. Graveson, *Comparative Conflict of Laws*, 310(Vol. 1, 1977);D. F. Cavers, *Contemporary Conflicts in American Perspective*, 131 Recueil des, cours 77(1970 - Ⅲ);黄进:《区际冲突法研究》,学林出版社 1991 年版,第 14~46 页。

单一法域国家;而上面提到的多元法制国家,则可以叫作多法域国家或复合法域国家。所以,多元法制国家实际上就是指其境内有两个或两个以上法域的国家。

香港和澳门分别于1997年7月1日和1999年12月20日回归祖国,意味着中华人民共和国已由一个单一法域国家转变为一个多法域国家或复合法域国家。因为依"一国两制"理念,在中国恢复对香港和澳门行使主权后,香港和澳门仍将实行资本主义制度,原有法律基本不变,而这两个地区都有自己独特且分属普通法系和大陆法系的法律制度。因此,香港和澳门虽然回归祖国,但它们都是中华人民共和国领域内具有独特法律制度的独立法域。当然,内地经过50年的建设和发展,已建立和形成自己的法律体系,内地作为中华人民共和国领域内具有独特法律制度的一个独立法域,自不待言。如果把中国台湾地区的情况考虑进去,中国已出现"一国两制"三法系四法域共存的局面,中国也因此成为一个典型的多元法制国家。①

四、中国的多元法制所衍生的法律问题

在多元法制国家内部,不同法律制度的存在会带来一系列在单一法制国家不会产生的法律问题。结合中国的情形,笔者对其中如下一些法律问题加以探讨。

(一)区际法律关系

在一个国家内部,随着社会的不断进步和科学技术的不断发展,生活在适用不同法律制度的地区的人们之间各种各样的交往越来越频繁,越来越深入,越来越具体。各地人们在相互交往过程中,必然会建立这样或那样的法律关系。这种法律关系就是区际法律关系。

区际法律关系是指在一个国家内部,适用不同法律制度的地区之间的法律关系。首先,它是一种国内法律关系,它不同于含有国际因素的国际法律关系,不涉及外国法律,不会受到国际协议的约束。其次,尽管区际法律关系是一种国内法律关系,但它不同于单一法制国家内的国内法律关系。单一法制国家内的国内法律关系受统一的法律支配,而区际法律关系同两种或两种以上的区域

---

① Jin Huang & Andrew Xuefeng Qian, "'One County, Two Sytems', Three Law Families, and Four Legal Regions: The Emerging Inter-regional Conflict of Laws in China", 2 *Duke Journal of Comparative & International Law*, 289 - 328(1995).

法律制度相联系,在法律适用方面有选择的余地。再次,区际法律关系是各法域在地位平等、独立的领域,如民商法等领域,所建立起来的法律关系。在地位不平等领域产生的国内法律关系,如在中国,中央政府和香港特别行政区政府之间的法律关系,就非区际法律关系了,而属于中央和地方之间的法律关系。最后,区际法律关系是一个含义广泛的一般概念,它包括区际民商事法律关系、区际刑事法律关系、区际行政法律关系、区际环境法律关系、区际诉讼法律关系、区际仲裁法律关系等。

香港和澳门回归后,内地与港澳地区的关系更加密切。在交往过程中,区际法律关系必然大量产生,成为中国国内一种新型的法律关系。这种区际法律关系包括内地与香港特别行政区、澳门特别行政区、台湾地区之间的法律关系,香港特别行政区与内地、澳门特别行政区、台湾地区之间的法律关系,澳门特别行政区与内地、香港特别行政区、台湾地区之间的法律关系,以及台湾地区与内地、香港特别行政区、澳门特别行政区之间的法律关系。由于区际法律关系具有其特殊性,它在中国的出现,要求中央和各法律区域制定相应的法律去调整和规范,这给我们的立法提出了新的课题。

(二)区际法律冲突

区际法律冲突是中国的多元法制所衍生的又一法律问题。通常,生活在适用不同法律制度的地区的人们,自然受不同的法律支配。当分属不同地区并受不同法律支配的人们建立跨地区的法律关系时,由于该法律关系牵涉两个或两个以上的地区,而各地区的相应的法律制度又互不相同,就会产生该法律关系受哪个地区的法律支配的问题,也就是区际法律冲突问题。

所谓区际法律冲突,就是在一个国家内部不同地区的法律制度之间的冲突,或者说是一个国家内部不同法域之间的法律冲突。[①] 对于区际法律冲突,各国学者们在学术著作中根据区际法律冲突产生的不同情况,有不同的表述。主要有"interregional conflict of laws"(直译为"区际法律冲突")、"internal conflict of laws"(直译为"国内法律冲突",这一表述一般既包括区际法律冲突,也包括国内的人际法律冲突[②])、"interprovincial conflict of laws"(直译为"省际法律冲

① 参见黄进:《区际冲突法研究》,学林出版社 1991 年版,第 48~49 页。

② 例如,卡恩-弗罗因德认为"internal conflict of laws"有三类,即联邦制国家内的州际冲突或省际冲突、单一制国家内的地方间的冲突和一国内的人际法律冲突。See Kahn-Freund, *General Problems of Private International Law*, 147-148(1976).

突”)、“intercantonal conflict of laws”(直译为“州际法律冲突”,专指瑞士各州之间的法律冲突)、“interstate conflict of laws”(直译为“州际法律冲突”,主要指美国和澳大利亚各州之间的法律冲突)等。① 笔者认为,“interregional conflict of laws”(“区际法律冲突”)这个名称更能概括地反映世界上各多法域国家内部各种不同地区的法律之间的法律冲突。我国学者亦多用“区际法律冲突”一词来表述这一概念。

因为区际法律冲突是一国内部具有不同法律制度的地区之间的法律冲突,所以,它是在一国内部不同地区的人们进行交往的过程中产生的,或者说是在一国内部的区际法律关系或跨地区的法律关系中产生的。在一国内部,区际法律冲突产生的条件有:(1)在一国内部存在数个具有不同法律制度的法域;(2)各法域人民之间的交往导致产生众多的区际或跨地区法律关系;(3)各法域互相承认外法域人在本法域的法律地位;(4)各法域在一定条件下互相承认外法域的法律在自己的区域内的域外效力。在上述各条件中,第一个条件是区际法律冲突产生的最重要和最根本的条件。只有在一国内部存在具有不同法律制度的区域,才可能有法律冲突的产生。如果撇开区际法律冲突产生的另外三个条件,就会发现,在某种意义上讲,造成一国内部各地区法制不统一的原因也就是区际法律冲突产生的原因。造成一国内部各地区法制不统一的原因归结起来主要有:国家的联合与合并、国家的复活、国家的兼并、国家领土的割让、国家领土回归等。②

区际法律冲突只是众多法律冲突现象中的一种,它具有如下特征。其一,区际法律冲突是在一个主权国家领土范围内发生的法律冲突。区际法律冲突只可能发生在一国领土范围之内。如果某一法律冲突超越一国领土范围,或者是一种跨越国界的法律冲突,那么,它就不是区际法律冲突。其二,区际法律冲突是在一个主权国家领土范围内具有独特法律制度的不同地区之间的法律冲突。其三,区际法律冲突主要是一个主权国家领土范围内不同地区之间的民商法律冲突。这也就是说,区际法律冲突主要是一种私法方面的冲突。其四,区际法律冲突是一个主权国家领土范围内不同地区的法律制度之间的横向冲突(horizontal conflict)。总而言之,区际法律冲突是在一个主权国家领土范围内

---

① See I. Szászy, *Conflict of Laws in the Western, Socialist and Developing Countries*, 233 (1974).

② 参见黄进:《区际冲突法研究》,学林出版社 1991 年版,第 14 ~25 页。

不同地区的法律之间的横向冲突。

区际法律冲突可以按照不同的标准进行分类。以国家结构形式为标准,区际法律冲突可划分为单一制国家内的区际法律冲突和联邦制国家内的区际法律冲突。以社会制度为标准,区际法律冲突可划分为具有相同社会制度的各法域之间的区际法律冲突和具有不同社会制度的各法域之间的区际法律冲突。以法系为标准,区际法律冲突可划分为属同一法系的不同法域之间的区际法律冲突和非属同一法系的不同法域之间的区际法律冲突。①

目前,我国内地、香港特别行政区、澳门特别行政区和我国台湾地区的相互往来已十分频繁。在我国恢复对香港和澳门行使主权,解决我国台湾地区问题,完成祖国统一大业后,各地区之间的交往必将更加频繁,更加广泛,更加深入。但是,由于内地、香港特别行政区、澳门特别行政区和我国台湾地区施行互不相同的法律,是互为独立的法域,在人们的区际交往中,当某一事项或一项争议涉及两个或两个以上的地区时,究竟应适用哪个地区的法律处理争议的问题,亦即区际法律冲突问题,不可避免地会产生。比如说,一个公司是否有效成立是依内地法律确定还是依香港特别行政区法律确定;一个香港人在内地结婚,其婚龄是依内地法律决定还是依香港特别行政区法律确定;一个内地法院的判决或仲裁机构的裁决如何在香港特别行政区得到承认与执行,等等。

与国际法律冲突不同,中国内地、香港特别行政区、澳门特别行政区、我国台湾地区相互之间的区际法律冲突,是在中华人民共和国领土范围内发生的法律冲突,有其鲜明的特点。首先,中国的区际法律冲突是一种特殊的单一制国家内的区际法律冲突。根据《关于香港问题的联合声明》和《关于澳门问题的联合声明》以及两个基本法,特别行政区享有高度的自治权,其权利甚至大大超过在联邦制国家内其成员国所享有的权利。因此,中国的这些法域的法律之间的差别极大。这表明,区际法律冲突的范围可能同国际法律冲突的范围接近;而且,各法域都有独立的立法权、司法权和终审权。但话说回来,这些地区享有的高度自治权绝非本身所固有,而是国家根据这些地方的历史与现实赋予它们的一种特殊待遇。特别行政区是在中央政府领导之下的地方行政区域,从行政上讲,它同中央政府的关系实质上仍是中央同地方的关系。这与在联邦国家内联邦和成员国之间的关系又有所不同。其次,中国的区际法律冲突既有属于同

---

① See Kahn-Freund, *General Problems of Private International Law*, 147 – 148 (1976); I. Szászy, *Conflict of Laws in the Western, Socialist and Developing Countries*, 235 (1974).

一社会制度的法域之间的法律冲突,即社会性质完全相同的法律之间的冲突,如香港特别行政区、澳门特别行政区和台湾地区相互之间的法律冲突;又有社会制度根本不同的法域之间的法律冲突,亦即社会主义法律与资本主义法律这两种性质不同的法律之间的冲突,如中国内地的法律与香港特别行政区、澳门特别行政区和我国台湾地区的法律之间的冲突。最后,中国的区际法律冲突既有同属一个法系的法域之间的法律冲突,如台湾地区和澳门特别行政区的法律制度深受大陆法系的影响,这两个地区之间的区际法律冲突是同属一个法系的法域之间的法律冲突;同时,又有分属不同法系的法域之间的法律冲突,如属普通法系的香港特别行政区法律与属大陆法系的我国台湾地区和澳门特别行政区法律之间的冲突即是。

(三)区际司法协助

关于司法协助,在国际上并没有一个统一的称谓,有的国家称为“司法协助”(judicial assistance),有的国家称为“法律协助”(legal assistance),有的国家称为“司法合作”(judicial cooperation)。它是指一个国家或地区的司法机关应另一个国家或地区的司法机关或者有关当事人的请求,代为履行司法行为,或者在司法方面提供其他的协助。① 根据司法协助是否具有涉外性,司法协助可分为国际司法协助和区际司法协助,前者是指国与国之间的司法协助,而后者是指一个国家内部不同地区之间的司法协助。根据司法协助的性质,它可以分为刑事司法协助和民商事司法协助,前者的内容主要包括文书送达、调查取证、嫌疑犯移交、诉讼移管、已决犯移管以及判决的承认与执行等,②后者的内容主要包括文书送达、调查取证、查明法律以及法院判决和仲裁裁决的承认与执行等。在理论上,司法协助还有狭义和广义之分,如狭义的民商事司法协助只包括文书送达、调查取证、查明法律等,不包括法院判决和仲裁裁决的承认与执行,而广义的司法协助则将法院判决和仲裁裁决的承认与执行包括在内。③

在“一国两制”下,香港特别行政区和澳门特别行政区以及今后的台湾地区,都保留自己原有的司法制度和司法体系基本不变。这样,中国内地、香港特

① 参见黄风:《区际司法协助概念辨析》,载黄进、黄风主编:《区际司法协助研究》,中国政法大学出版社 1993 年版,第 3 ~ 8 页。

② 参见毕武卿:《国际刑事司法协助的理论与实务》,载司法部司法协助局编:《司法协助研究》,法律出版社 1996 年版,第 99 ~ 109 页。

③ 参见黄进主编:《区际司法协助的理论与实务》,武汉大学出版社 1994 年版,第 3 ~ 5 页。

别行政区、澳门特别行政区和我国台湾地区都具有相对独立的司法管辖权,原则上,任何一地的司法管辖权都不能及于另一地。而在司法实践中,各地之间的交往在不断扩大,区际法律纠纷在不断增多,区际司法事务也在不断增加,没有各地之间的司法协助不利于开展有关司法工作。因此,就目前而言,中国内地、香港特别行政区和澳门特别行政区相互之间开展区际司法协助,是中国恢复对香港特别行政区和澳门特别行政区行使主权后最迫切需要解决的问题之一。

在民商事领域,内地、香港特别行政区和澳门特别行政区相互之间开展区际司法协助,主要应在如下方面加以推动:(1)民商事司法文书以及相关的司法外文书的送达;(2)调查取证;(3)财产和证据保全;(4)仲裁裁决的承认与执行;(5)法院民商事判决的承认与执行。在刑事领域,则主要应在如下方面加以推动:(1)刑事司法文书以及相关的司法外文书的送达;(2)调查取证;(3)强制措施的采取;(4)嫌疑犯的移交;(5)已决犯的移管;(6)刑事判决的承认与执行。

《香港基本法》第 95 条和《澳门基本法》第 93 条已分别就香港特别行政区和澳门特别行政区与全国其他地区开展司法协助作出规定,提供了宪法性法律基础。它们规定:香港特别行政区、澳门特别行政区可与全国其他地区的司法机关通过协商依法进行司法方面的联系和相互提供协助。

在香港回归祖国后,根据《香港基本法》第 95 条,中国内地和香港特别行政区的有关机关一直以积极和建设性的态度进行协商,先后就解决内地和香港特别行政区民商事司法文书的送达和相互执行仲裁裁决的具体方案达成共识,签署了《关于内地与香港特别行政区法院相互委托送达民商事司法文书的安排》和《关于内地与香港特别行政区相互执行仲裁裁决的安排》。根据前一安排,内地与香港特别行政区法院相互委托送达司法文书须通过各高级人民法院和香港特别行政区高等法院进行,相互送达的文书仅限于民事、商事文书,并以内地和香港特别行政区互换的司法文书样本为准,送达规定在两个月内完成。遇有不予送达的情形,可以个案处理。双方委托送达费用互免。根据后一安排,内地与香港特别行政区法院相互执行仲裁机关依法作出的仲裁裁决,即无论是内地仲裁机关还是香港特别行政区仲裁机关作出的仲裁裁决,如果一方当事人不履行,另一方当事人可以向被申请人住所地或财产所在地的有关法院申请执行。该安排还对内地和香港特别行政区法院如何受理和执行仲裁裁决的具体事项作了规定。上述两个安排是具有历史意义的法律文件,标志着"一国两制"

方针已开始在内地和香港特别行政区司法协助领域得到贯彻落实。它们对及时、公正地解决内地和香港特别行政区之间的民商事争议提供了便捷、有效的保障,也体现了我国对维护包括香港特别行政区、澳门特别行政区和台湾地区同胞在内的当事人合法权益的高度重视。

特别值得一提的是,上述关于送达的安排签署后,我国最高人民法院于1999年3月30日以司法解释的形式公布了该安排并即日生效。而香港特别行政区则通过立法程序,根据该安排的内容修订相关条例,使其在香港特别行政区生效。这实际上是一种先协商达成一致,后分别根据自己的法制和程序贯彻落实的模式,简言之,即先协商一致,后分别立法模式。① 采取这种模式既符合《香港基本法》的有关规定,又对应了内地和香港特别行政区各自法制的实际情况。按照《香港基本法》,区际司法协助不属于中央管辖事项,中央无权制定相关的统一法律。② 而区际司法协助又涉及内地和香港特别行政区,需要相互配合与合作,内地和香港特别行政区不经协商分别采取各自的立法行动,虽然可能但实际上不能奏效或者说效益不高。同时,还应该看到,在这种模式下,虽然内地和香港特别行政区就区际司法协助事项经协商达成共识,签署安排,但内地和香港特别行政区并不是直接适用和直接执行有关协议,而是内地和香港特别行政区再通过自己的法律程序将之转化为各自本身的法律制度,然后予以执行。这是充分尊重"一国两制"原则和《香港基本法》以及内地和香港特别是香港特别行政区法律传统的结果。因此,目前采取的这种模式是切实可行的。事实上,这种模式已形成先例,对今后中国内地与香港特别行政区、澳门特别行政区以及台湾地区开展区际司法协助都将产生影响。当然,这种模式还不能说是我国开展区际司法协助的唯一模式,我们对其他模式,如"示范法模式",③仍应进行探讨和研究。

(四)区际法律协商、协调与合作

由于中国内地、香港特别行政区、澳门特别行政区和台湾地区各自都有自

---

① 关于区际司法协助的模式,可参见赵国强:《中国区际司法协助模式初探》,载司法部司法协助局编:《司法协助研究》,法律出版社1996年版,第307~315页。

② 按照《香港基本法》第二章,中央负责管理香港特别行政区国防、外交和其他按基本法规定不属于香港特别行政区自治范围的事务,因此,中央制定在香港特别行政区适用的法律仅包括有关国防、外交和其他按基本法规定不属于香港特别行政区自治范围的法律。《澳门基本法》第二章的规定亦复如此。

③ 参见黄进:《应重视和加强对中国区际法律冲突的研究》,载《政治与法律》1996年第5期。

己独特的法律制度,各自都有自己的立法、行政和司法管辖权,故在各地区的交往过程中,相互之间难免会发生这样或那样的区际法律冲突或抵触。尽管部分这类法律冲突或抵触可以由各方自行立法解决,但不少问题,特别是那些牵涉对方并需要对方协助与合作的问题,仅靠单方面解决不仅解决不了,而且会增加问题解决的复杂性,因此,在法律领域,中国内地、香港特别行政区、澳门特别行政区和台湾地区应合作起来,共同建立协商、协调和合作机制实有必要。

目前,内地司法机关已经同香港特别行政区司法机关建立了各种各样的协商、协调和合作机制。比如,我国最高人民法院同香港特别行政区律政司就区际司法协助事项建立起协商机制,已就民商事司法文书送达和仲裁裁决的执行达成共识,作出安排。又如,广东省检察机关同香港特别行政区和澳门特别行政区的廉政机关在部分刑事案件调查方面的协助与合作。但是,这些协商、协调和合作机制具有临时性,比较单一,并没有制度化。在我国,区际法律问题将长期存在,区际法律协商、协调与合作也不可能一蹴而就,必须长期进行下去。在这种背景下,为了更好地开展区际法律协商、协调与合作,内地、香港特别行政区、澳门特别行政区和台湾地区共同建立一个长期的、制度化的和综合性的区际协商、协调和合作机制实有必要。

合作共建法律协商和协调机制应以建立一个法律协商和协调组织为基础。这个组织可以叫作"全国法律协商和协调委员会"(National Commission of Legal Consultation and Coordination)。该委员会可以考虑作为全国人民代表大会常务委员会下的一个独立工作委员会,也可以考虑作为一个独立的官方工作委员会。该委员会的委员应由中国内地、香港特别行政区、澳门特别行政区和台湾地区选派的立法者、法官、律师、法学教授以及其他法律专家组成。为了便于该委员会开展工作,在该委员会之下应设一秘书处,负责处理日常事务和进行联络工作。

全国法律协商和协调委员会的职能是,就跨地区的法律事务和问题进行研究、协商和协调,提出各方都能接受的立法建议,促进在法律领域的互助合作。在该委员会工作的基础上,如果能达成共识,对有关中央管辖事项的立法建议,由中央立法颁行全国;对有关特别行政区管辖事项的立法建议,由各地立法机关分别立法在本地区颁行,那么,该委员会在协调或解决各地区之间的区际法律冲突或抵触方面就可以发挥很大的作用。不过要注意的是,全国法律协商和协调委员会是根据实际需要并在协商的基础上建立的机构,它并不是依照国家宪法或特别行政区基本法建立的权力机构,其主要职能是在法律领域的协商和协调,因此,它提出的立法建议只具有建议性、示范性和引导性,而不具有强制性,各地立法机关对其立法建议有最终的审定权。

全国法律协商和协调委员会在开展工作时,应当注意处理好法律的协商和协调同法律的统一的关系。中国按照"一国两制"原则解决香港特别行政区、澳门特别行政区和台湾地区问题,就是要在相当长的时间内(至少50年)保持这三个地区原有的不同于内地的社会经济制度和法律制度。不顾中国内地、香港特别行政区、澳门特别行政区和台湾地区各自不同的历史和现实,脱离实际地急于进行法律的统一,是与"一国两制"原则相违背的,也是不会成功的。因此,该委员会的最主要的工作是协商和协调,就跨地区的法律事务和问题提出立法建议,而法律统一工作不是该委员会的主要工作。另外,法律的协商和协调又是同法律的统一密切相连的,因为通过法律的协商和协调达成一致,可以促进法律的统一。在当今世界不少领域的法律日益趋同和统一的情况下,一个国家内部不同地区之间的法律在历史发展的长河中不断融合和统一更是自然的事。但就中国目前的情况而言,法律的协商和协调是近期的目标和现实的需要,而法律的统一只能是长远的目标和渐进的过程,不能急于求成。

五、结语

多元法制是世纪之交和21世纪中国法制的新现象、新特色和新课题。多元法制局面在中国的出现,无论在政治与法律层面上,还是在经济与文化层面上,都将对中国在即将来临的下个世纪的社会发展带来深远的影响,特别是改变中国法制的整体结构。毫无疑问,中国法律的理论与实务将会长期面对区际法律问题及其处理,或者说区际法律事务及其处理。理论会因对其研究而丰富,实务会因对其处理而多彩。

澳门法律本地化之我见*

一、澳门法律本地化的含义

澳门法律本地化是澳门过渡时期与公务员本地化、确立中文的官方地位并列的三大任务之一。这决定了澳门法律本地化既是中国恢复对澳门行使主权的一个要件,也是澳门过渡时期法制建设的一项基本内容。做好这项工作,不仅对澳门回归祖国的平稳过渡与顺利交接,有着重大的现实意义,而且对将来澳门特别行政区的法律体系和法制建设,也有着深远的影响。

对于什么是澳门法律本地化,因人们对之有不同的立场和认识而有不同的界定。笔者认为,所谓澳门法律本地化,是指顺应澳门回归祖国,在确保与《澳门特别行政区基本法》相衔接的前提下,根据澳门本地的实际情况和追随法律的现代发展趋势,将澳门现行法律,主要是葡萄牙延伸适用于澳门的法律,进行系统的清理、调整、修订、编纂和中葡文双语化(目前主要是译成中文),然后由澳门本身的立法机关完成必要的立法程序,使之转变为澳门本地的法律。

从上述界定不难看出,澳门法律本地化涉及实质和程序两方面。就实质方面而言,澳门法律本地化必须正视澳门将回归祖国这一事实,在内容上应该同《澳门特

---

* 本文原载于《澳门研究》1998 年总第 9 期和《法制与社会发展》1999 年第 2 期。

别行政区基本法》衔接，而不得与中国恢复对澳门行使主权和《澳门特别行政区基本法》相抵触；同时，澳门法律本地化必须尽量做到符合澳门社会的实际情况和顺应当代法律发展的趋势。另就程序方面而言，澳门法律本地化要将澳门现行法律，主要是葡萄牙延伸适用于澳门的法律，进行系统的清理、调整、修订、编纂和中葡文双语化（目前主要是译成中文），通过法定的程序（如立法机关审议及通过、颁布和在《澳门政府公报》上公布等），使之转变为澳门本地的法律。以上两个方面是互相依赖和相辅相成的，对澳门法律本地化来说都是不可缺少的。当然，相对来说，实质方面的问题比较复杂，涉及许多理论与实际问题，解决起来有相当的难度；而程序方面的问题相对简单些，但要做好这方面的工作也不是一件轻而易举的事，需要有组织、有计划和有步骤地去做，并不懈地努力。

二、澳门法律本地化目前存在的问题

（一）立法脱离普通民众和社会

对于法律是法律专家的法律还是民众的法律，在理论和实践中历来都有争论。有人主张，法律是法律专家的法律，法律只要法律专家能理解和使用即可；但也有人主张，法律不仅是法律专家的法律，而且更是民众的法律，法律不仅应该被法律专家理解和使用，还应该被广大民众理解和使用。在澳门，法律为法律专家的法律的观点得到许多葡萄牙法律专家的推崇，以至于法律是否能被民众理解和使用成为无关紧要的事。在这种理念的支配下，在澳门法律本地化的过程中，不少法律的制定是照搬照抄，不搞调查研究，不分析澳门社会经济现状，不广泛征求各方面的意见，完全闭门造车，以致有的法律规定和澳门实际情况相去甚远。在现代社会，任何立法都必须处理好法律本身同民众和现实社会的关系，脱离普通民众和现实社会的立法是不可能有强大的生命力的。

（二）葡文单语立法不合时宜

到目前为止，除立法会的一些议员所提的部分法案是以中文形式出现的外，绝大多数的立法工作是以葡文单语立法方式进行的，尽管制定出来的法律后来进行了中文翻译，在公布时是以中葡文双语形式出现的。在中文官方地位已经确立的后过渡时期，澳门法律本地化仍以葡文单语立法的方式来进行是不合时宜的。首先，96%以上的澳门居民为讲中文的中国人，其中真正懂葡文的只是极少数，葡文立法极少有人懂得。其次，以葡文单语立法，即使有中文译本,意味着葡文优先,中文次之,在法律的葡文本和中文本不一致时以葡文本为准。这显然不利于中文官方地位的确立,忽视了中文和葡文的平等及同等的官方地位。最后,以葡文单语立法势必要将法律译为中文,但由于翻译者本身没有参与立法过程,在翻译时又没有机会同立法者进行沟通,对立法者的意图全然不知,仅就翻译而翻译,故谬误自然难免。

(三)法律中文译文晦涩难解

当前,澳门法律本地化的一项重要工作是法律的中文翻译。尽管中文已是澳门的官方语文之一,但澳门现行的葡文单语立法方式带来了大量的法律中文翻译工作。在现阶段,澳门法律的中文翻译工作仍很重要,可以说,如果没有澳门法律的中文化,则没有澳门法律的本地化。为此,澳门政府成立了专门机构来专事这项工作。虽然近年来澳门的法律翻译工作卓有成效,但也有一些问题。有些问题是葡文单语立法造成的,有些问题则是翻译本身的问题。结果,法律的中文翻译不仅谬误难免,而且晦涩难解。

笔者并不否认澳门的法律翻译应有自己的特色,但坚持和保留自己的特色必须有度和适当。比如,对现在和将来在澳门适用的国际公约的翻译,如果我国已经加入且已有正式的中文译本,就没有必要再花费时间和精力单另去作一个澳门特别行政区的中文译本了。况且,澳门回归后,就中国已经加入的国际公约而言,澳门作为一个特别行政区通常应适用之,中国政府将承担在澳门适用的国际公约所产生的国际权利和义务,这些国际公约的正式中文译本就是澳门要采用的中文文本。故在这种情况下就不应当再作一个澳门的中文译本了。

(四)法律本地化工作进程缓慢

自 1987 年以来,澳门进入过渡时期已 10 年有余。在这 10 余年里,作为澳门过渡时期三大任务之一的澳门法律本地化的工作进程是缓慢的。就以号称"五大法典"(刑法典、刑事诉讼法典、民法典、民事诉讼法典和商法典)的本地化来说,眼看澳门回归祖国只有一年多的时间了,到现在只完成了《澳门刑法典》和《澳门刑事诉讼法典》,其他三大法典竟告阙如。另外,对澳门社会来说,还有其他一些比较重要的法律,如公司法、商业登记法、涉外仲裁法和著作权法等,也应是必备的,但到现在仍未出台。因此,可以毫不夸张地说,如果不计目前仍在澳门适用的由葡萄牙延伸过来的法律,澳门本地的法律体系尚未建立起来。建立和健全澳门本地的法律体系还有很长的路要走。

按照中葡《关于澳门问题的联合声明》,自该联合声明生效之日起至 1999

年12月19日止的过渡时期内,葡萄牙政府负责澳门的行政管理。因此,澳门法律本地化工作理应由葡澳当局加以推动。况且,在澳门回归前完成其法律本地化工作更有利于葡萄牙文化,特别是葡萄牙法律文化在澳门的延续,对葡萄牙本身也是有利的。从主观上讲,葡澳当局还是愿意在过渡时期内完成澳门法律本地化工作的,因为其知道这项工作对葡萄牙的利益所在。然而,事与愿违,澳门法律本地化工作事实上进展缓慢。

三、澳门法律本地化应注意的几个问题

(一)澳门法律本地化关键在于适合澳门本地的实际情况

众所周知,法律应当与现实生活相适应,这是最基本的立法原则。澳门法律本地化是为澳门健全和完善法制,理所当然必须适合澳门本地的实际情况,或者从澳门本地的实际情况出发。

首先,在1999年12月20日以前,澳门的最大实际情况是澳门将要回归祖国。因此,澳门法律本地化必须符合中葡《关于澳门问题的联合声明》和《澳门特别行政区基本法》关于澳门法律地位的规定,必须注意同后者衔接。

其次,澳门法律本地化必须符合澳门现在的社会经济发展情况。总体来说,澳门居民总数有40余万人,人口密度极大;其经济较为发达,但较单一地依赖博彩和旅游业;澳门华洋杂处,中西文化交融,文化多元,宗教多元,但彼此界限较为分明;而且,澳门新移民不少,人口流动量大。对于这样一个独特的社会,立法者只有进行深入的了解和深刻的认识,才能制定出与社会现实生活相适应的法律来。忽视澳门的特性,对外国或外地的法律照抄照搬或闭门造车,只会使法律脱离澳门社会现实。当然,在澳门法律本地化的过程中,笔者并不反对澳门借鉴外国、外地的法律以及国际惯例,只是主张决不能不顾澳门的实际情况照抄照搬。

最后,特别应该强调的是,在商业领域,鉴于香港对澳门的巨大影响,香港商事法律制度本身的健全和完备,以及澳门商业机构在实际商事操作方面追随香港做法的现实,澳门在法律本地化过程中应该注意借鉴香港特别行政区行之有效的法律制度,如房地产管理制度、金融管理制度、商业票据制度等。

此外,澳门社会经济生活急需而在澳门现行法律中又没有或还不健全的法律制度,如商业登记制度、涉外商事仲裁制度、版权保护制度和环境保护制度等,也应尽快建立起来。

(二)澳门法律本地化与澳门法律的现代化

现在澳门从事法律本地化工作的政府职能部门之一——“澳门政府立法事务办公室”,在设立之初曾叫作“澳门政府法律现代化办公室”。这至少说明,澳门法律本地化工作者认识到对澳门法律在本地化的同时要实现现代化。然而,人们对什么是法律的现代化以及澳门法律的本地化同现代化如何协调,则有不同的看法和主张。在笔者看来,法律的现代化一方面表现在法律本身追随世界上法律发展的趋势和遵循法律发展的固有规律,另一方面表现在法律符合其适用对象和地区的现实情况并略有符合发展趋势和规律的超前性、预见性和引导性。澳门法律的本地化和澳门法律的现代化并不矛盾,因为澳门法律现代化是澳门法律本地化的一部分,或者说澳门法律本地化包含有澳门法律现代化的内容。可以这样说,没有澳门法律的现代化,澳门法律的本地化就是不完善的和有缺陷的。

澳门仍有不少现行法律非常陈旧,比如,澳门现行的商法典是葡萄牙延伸到澳门适用的 1888 年《葡萄牙商法典》,已有上百年历史,早已脱离澳门社会实际。在这种情况下,目前正在进行的澳门法律本地化实则为澳门法律的全面现代化提供了一个不可多得的契机。这是一个千载难逢的机会。澳门法律本地化工作者以及一切对这项工作负有责任的人士要尽力把握好这个契机,在进行澳门法律本地化的同时推动实现澳门法律的现代化。

由于澳门长期在葡萄牙的管治之下,故在某种意义上讲,澳门现行法律是葡萄牙法律的延伸或翻版。鉴于此,在澳门法律本地化的过程中,保持澳门法律中的一些葡萄牙特色是澳门作为一个独立法域的自然延续,无可非议。但是,如果把澳门法律的本地化简单地理解为照抄照搬或移植葡萄牙的现行法律到澳门,仅是换换名称和一些词句,由澳门立法机关加以颁布而已,那就大错而特错了。因为这种理解的错误首先在于无视中国将恢复对澳门行使主权的事实,没有考虑到同《澳门特别行政区基本法》的衔接;其次,尽管葡萄牙管治澳门多年,但澳门社会和远隔千山万水的葡萄牙社会仍存在巨大的差别,照抄照搬或移植葡萄牙的现行法律到澳门并不一定符合澳门社会的实际情况。因此,无论在内容上还是在形式上,澳门法律本地化应尽量追随法律本身的发展的趋势和适应澳门社会的实际情况,不能简单地照抄照搬或移植葡萄牙的现行法律,在可能的情况下还应该有所创新。这是澳门法律现代化的内在要求。

(三)澳门法律本地化与法律专业人才的本地化

法律要靠人去制定和执行,故一个社会讲法治没有法律专业人才是不行的。何为“法律专业人才”呢？依愚见，法律专业人才应为在高等法律院校经过专门学习和训练的人才，他们除了应具有良好的职业品德，依法进行国家和社会管理的能力以及法律专业知识外，还应具有较高的语言文字表达和交流水平。而澳门目前的现实是懂中葡双语又经过法律专业训练的本地人才极少。在这种情况下，虽然澳门进入过渡时期已10年有余，不仅立法由葡萄牙人主导和操作，而且司法也是由葡萄牙人主导和操作，律师更是葡萄牙人的天下（目前，澳门仅有数位华人律师，尚无华人律师独立开设的律师楼）。这显然不利于澳门法律的本地化。双语法律专业人才的培养不是一朝一夕的事，至少得花数年的时间，在距澳门回归祖国还有1年多的时间里，应重视对正在培训的双语法律专业人才的培养，充分重用澳门已有的双语法律专业人才，加快进行立法、执法和司法人员以及律师队伍的本地化。

（四）澳门法律本地化与澳门法律的系统化

广义的法律系统化包括法律编纂和法律汇编。法律编纂是指对现有法律重新审查，对其内容加以必要的修订和补充或重新制定，并从内容和形式上使之系统化的活动。而法律汇编是指按照一定的标准，比如说法律颁布的年代或法律调整的对象，对属于法律的规范性文件进行系统地清理、整理和编排，并编辑成册的活动。因此，我们可以说，澳门法律本地化的过程就是澳门法律系统化的过程，两者是相辅相成的。

在澳门法律本地化的过程中，澳门《刑法典》《刑事诉讼法典》《民法典》《商法典》《民事诉讼法典》五大法典的本地化本身就是法律编纂，故法律编纂的重要性自不待言。同时，在澳门法律本地化的过程中进行系统和全面的法律汇编工作，也是不容忽视的。有如下原因需要加强这方面的工作：

1. 法律来源复杂，外来法律和本地法律相互交错。在现行澳门法律中，既有葡萄牙延伸到澳门适用的法律，又有葡萄牙延伸到澳门适用的国际条约；既有澳门总督的立法，又有澳门立法会的立法；既有各政务司制定的规范性文件，又有各公共行政部门制定的规范性文件。

2. 法律形式多样，结构多元，且不说可能延伸到澳门的葡萄牙法律有宪法性法律、法律、法令、地方性立法命令、命令、决议、实施细则令、地方性实施细则令、部长委员会决议、训令和规范性批示之分，就是澳门本身的法律也有法律、法令、训示、批示以及其他规范性文件之分。

3. 法律文件历时长久，不少法律的效力状况模糊不清。澳门现行的不少法律至今仍是19世纪的法律，因此，必须要对跨度上百年的法律文件进行清理、整理和汇编。

4. 许多法律,特别是许多重要的法律,尚无中文文本。

5. 既没有健全的法律汇编,也没有完整的现行有效的法律的清单。这一状况是与澳门社会的发展不相适应的,既不利于澳门与外界的交往,也为澳门特别行政区筹备委员会审查澳门原有的法律带来困难。

上述这些原因不仅表明加强澳门的法律汇编工作十分必要,而且表明进行澳门法律汇编是一项复杂而艰巨的工作。

目前,葡澳当局的有关部门正在积极从事一些澳门法律汇编的工作,如将在《澳门政府公报》上公布的并在澳门适用的法规按类别及出处加以编列;按法律部门清理法规,编列目录;用电脑建立了"澳门法律资料库"(legismac)等。但葡澳当局有关部门所做的工作仍有两个问题:一是进展慢;二是现有成果都是以葡文表现出来的。

值得一提的是,在民间和学界,已有两套中文的澳门法律汇编出版,即由肖蔚云主编、北京大学出版社出版的《澳门现行法律汇编》第一、二、三辑,以及由中国社会科学院出版社出版的《澳门法律汇编》。这两套中文澳门法律汇编的出版可以说在用中文汇编澳法律方面迈出了可喜的一步。但两者仍存在缺乏权威性和不少法律中文译本为非官方译本的不足。

(五)双语立法势在必行

1991 年 2 月,经中葡双方达成协议,葡澳当局通过立法确认了中文与葡文一样具有官方语言的地位,并在立法、行政、司法领域逐渐推广使用。《澳门特别行政区基本法》第 9 条也明确规定:"澳门特别行政区的行政机关、立法机关和司法机关,除使用中文外,还可使用葡文,葡文也是正式语文。"这表明,无论现在,还是 1999 年 12 月 20 日以后,中文和葡文都是澳门法定的官方语文。但是,如前所述,自 1991 年中文被确定为澳门的官方语文以来,在立法领域,中文的官方地位仅表现在现行葡文立法的中文翻译上,而没有反映在澳门立法的起草和制定方面,葡澳当局在中葡文双语立法工作方面尚付之阙如。这种现象脱离了澳门绝大多数居民为华人且不懂葡文以及澳门将回归祖国的实际。为了落实中文在澳门的官方地位,中葡文双语立法势在必行。事实上,澳门政府已有一定规模的法律翻译机构"法律翻译办公室",将之同立法机构结合起来,已完全可以开展一些双语立法工作。问题是,葡澳当局应积极努力,认真研究,诚心推动,制定出双语立法的规则和程序。当然,在澳门,无论是现在还是将来,任何法律都用双语立法既不可能也不现实,有些法案还会以中文或葡文单语形式出现,因而法律翻译工作仍必不可少。但无论如何,都应当开展双语立法工作,专事立法工作的政府机关的立法以及基本的和重要的立法应以双语的形式进行。

四、结语

总而言之,在过渡时期内,澳门法律本地化工作已取得相当的成就,但其任务仍然很重。做好澳门法律本地化工作是对中葡双方和澳门社会本身都有利的事情。在澳门回归祖国的余下时间里,对澳门法律本地化这一重任,葡澳当局应该继续努力和积极工作,中方也应予以支持、配合和督促,而澳门整个社会更应该关心和监督。我们期待澳门法律本地化工作能够圆满完成。

多元法律秩序与法律选择*

——兼谈澳门国际私法中的有关规定

一、多元法律秩序

国际私法上讲的多元法律秩序，又称为复合法律秩序，是指一个国家内同时存在几种不同的法律制度或法律秩序。而这种同时具有几种不同法律制度或法律秩序的国家，被称为多元法律国家或复合法制国家。在多元法律国家内，具有或适用独特法律制度的特定区域或成员范围被称为法域或法区，故多元法律国家有时又被称为多法域国家或复合法域国家。

多元法律国家产生和形成的原因是多种多样的，在有的国家内存在的多种法律制度或多法域现象是随着国家的产生而产生的，在有的国家内这种现象则是在它建国后的成长过程中孕育出来的。但无论如何，多元法律国家是其所处的特定社会历史条件下的产物。归结起来，多元法律国家产生的原因有：(1)国家的联合；(2)国家的合并；(3)国家的复活；(4)国家的兼并；(5)国家领土的割让；(6)国家领土的租借、永久占用、占住和治理；(7)国家领土的回归；(8)分裂国家的统一；(9)委任统治和托管制度；(10)殖民等。[①]

---

* 与郭华成(中国人民大学法学博士)合作撰写，本文原载于《中国海商法年刊》第7卷(1996年)。

① 参见黄进：《区际冲突法研究》，学林出版社1991年版，第15～25页。

基于不同的划分标准,多元法律国家可以被划分为不同的种类。意大利国际私法学者维塔(E. Vitta)把多元法律国家称为“具有数种法制的国家”或“复合法制国家”。他首先根据这种国家国内法的属地性和属人性,把它们分为“属地性的复合法制国家”和“属人性的复合法制国家”。① 随后,他又从划分区际法律冲突类型出发,将复合法域国家区分为:(1)联邦制国家;(2)具有复合法制的单一制国家;(3)暂时由复合法制支配的国家。后者主要指那些因兼并、领土割让等原因而形成的复合法制国家。② 对于维塔的分类,首先应该肯定的是,他把对多元法律国家的分类分为两步来进行,即先将属地性的多元法律国家和属人性的多元法律国家区分开来,然后仅就属地性的多元法律国家进行再分类。维塔把属地性多元法律国家分为三类。其实,他讲的第三类,即暂时由复合法制支配的国家,尽管有其形成的特殊原因,但完全可以把这类国家或归入他讲的第一类,即联邦制国家,或归入他讲的第二类,即单一制国家。应该注意的是,维塔把第三类作为独立的一类复合法域国家,除了考虑这类国家形成的特殊原因外,还考虑这类国家内的多元法律局面的暂时性或短暂性。

笔者基本赞同维塔的分类。首先,依据法域的属性,笔者主张将多元法律国家划分为属地性多元法律国家和属人性多元法律国家。如前所述,法域是一个特定的范围,而这个范围既可能是空间范围或地域范围,又可能是成员范围,这样,法域有属地性法域和属人性法域之分。由数个法域组合而成的多元法律国家也因此有属地性多元法律国家和属人性多元法律国家之分。而属地性多元法律国家是区际法律冲突产生的基础,属人性多元法律国家则是人际法律冲突产生的基础。其次,以国家结构形式为标准,多元法律国家可分为两类:一类是具有多个法域的单一制国家,如英国;另一类是具有多个法域的联邦制国家,如美国、加拿大等。

1997 年 7 月 1 日和 1999 年 12 月 20 日中国按“一国两制”方针分别恢复对香港和澳门行使主权后,由于香港和澳门原有的法律制度基本不变,继续实行不同于中国内地的法律制度,到那时在中华人民共和国内将出现具有不同法律制度的区域,中华人民共和国因此成为一个多元法律秩序国家或复合法域国

---

① See E. Vitta, *Interlocal Conflict of Laws*, in 3 *International Encyclopedia of Comparative Law*, 3(K. Lipstein et al. ed. 1985).

② Ibid.

家。但 1997 年 7 月 1 日后的中国是一个具有多元法律秩序的单一制国家,有许多不同于其他多元法律秩序国家的特殊之处。在一个国家内,多元法律秩序存在必然导致不同法域之间的法律冲突,亦即区际法律冲突和人际法律冲突,而对区际法律冲突和人际法律冲突不仅需要通过制定区际私法和人际私法单独加以解决,而且有时在适用国际私法时也需要借助区际私法和人际私法解决法律选择问题。因此,研究多元法律秩序与法律选择对中国内地、澳门、香港均有现实意义。

二、区际法律冲突

1. 区际法律冲突的概念

所谓区际法律冲突,就是在一个国家内部不同地区的法律制度之间的冲突,或者说是在一个国家内部属地性法域之间的法律冲突。区际法律冲突是在一国内不同地区之间的民商事法律关系中产生的。

对于区际法律冲突,主要有"interregional conflict of laws"(直译为"区际法律冲突")、"interterritorial conflict of laws"(直译为"域际法律冲突")、"internal conflict of laws"(直译为"国内法律冲突",这一表述一般既包括区际法律冲突,也包括国内的人际法律冲突①)、"interlocal conflict of laws"(直译为"地方间的法律冲突")、"interprovincial conflict of laws"(直译为"省际法律冲突")、"intercantonal conflict of laws"(直译为"州际法律冲突",专指瑞士各州之间的法律冲突)、"intermunicipal conflict of laws"(直译为"自治地区间的法律冲突")、"interstate conflict of laws"(直译为"州法律冲突",主要指美国和澳大利亚各州之间的法律冲突)、"interzonal conflict of laws"(直译为"地区之间的法律冲突")、"intersectoral conflict of laws"(直译为"局部间的法律冲突")、"interdepartmental conflict of laws"(直译为"特区间的法律冲突")、"intercolonial conflict of laws"(直译为"殖民地间的法律冲突")、"non-international conflict of laws"(直译为"非国际法律冲突")以及"conflict of laws of quasi-private international law"(直译为"准国际私法冲突")等。② 瑞士国际

---

① 例如,卡恩-弗罗因德认为"internal conflict of laws"有三类,即联邦制国家内的州际冲突或省际冲突、单一制国家内的地方间的冲突和一国内的人际法律冲突。See Kahn-Freund, *General Problems of Private International Law*, 147 - 148 (1976).

② See I. Szászy, *Conflict of Laws in the Western, Socialist and Developing Countries*, 233 (1974).

私法学者拉利弗(P. A. Lalive)和匈牙利国际私法学者萨瑟(I. Szászy)认为"interregional conflict of laws"是区际法律冲突的最恰当的名称。① 但意大利学者维塔则不以为然,他用"interlocal conflict of laws"来概括各种区际法律冲突,并认为在严格意义上讲"interregional conflict of laws"是指划分为不同区域的国家(如西班牙)的法律之间的冲突。② 笔者认为,"interregional conflict of laws"(区际法律冲突)更能概括地反映世界上各复合法域国家内部各种不同区域的不同法律之间的法律冲突。中国学者亦多用"区际法律冲突"一词来表述这一概念。

2. 区际法律冲突的特征

区际法律冲突只是众多的法律冲突现象中的一种。为了把区际法律冲突同其他法律冲突区别开来,我们有必要分析一下区际法律冲突的特征。其特征如下:

(1)区际法律冲突是在一个主权国家领土范围内发生的法律冲突。区际法律冲突只可能发生在一国领土范围之内,如果某一法律冲突超越一国领土范围,或者说它是一种跨越国界的法律冲突,那么,它就不是区际法律冲突,即使一个国家内某一法域与另一个国家内某一法域之间或者一个国家内的某一法域与一个法制统一的国家之间的法律冲突亦不是区际法律冲突。例如,美国、澳大利亚国内各州之间的法律冲突,加拿大国内各省之间的法律冲突,英国国内的英格兰、苏格兰、北爱尔兰、海峡群岛及马恩岛相互之间的法律冲突,西班牙国内各地区之间的法律冲突,都是区际法律冲突。而美国的纽约州和英国的英格兰之间的法律冲突则为国际法律冲突。

(2)区际法律冲突是在一个主权国家领土范围内具有独特法律制度的不同地区之间的法律冲突。前面我们已经谈到,法域有属地性法域和属人性法域之分,我们讲的区际法律冲突是指一国国内属地性法域之间的法律冲突。属地性法域之间的法律冲突显然也具有属地性,也就是说,它是法律在空间上的冲突,国际私法和区际私法所解决的法律冲突都是这种空间上的冲突,只不过国际私

---

① 参见[瑞士]拉利弗:《区际私法和国际私法》,载1954年第4届国际比较法大会瑞士论文集,第103页,注②;See I. Szászy, *Conflict of Laws in the Western, Socialist and Developing Countries*, 233(1974).

② See I. Szászy, *Conflict of Laws in the Western, Socialist and Developing Countries*, 233(1974).

法是解决法律在空间上的国际冲突,而区际私法是解决一国内部的法律在空间上的冲突罢了。有时,由于一种特殊情况的结果,在一个国家内部的同一地区的不同法律会产生法律冲突。例如,在 15 世纪,随着当时的德意志接受罗马法作为一般法律制度,用于解决同一问题的当地习惯法与罗马法发生冲突,对于这种在同一地区几种相对立的法律谁优先的问题,当时德意志的法院和法官确定了优先适用当地德国法的国内准据法原则。[①] 这种同一地方的不同法律之间的冲突,不是我们所讲的区际法律冲突,因为它们虽然同某一地区相联系,但它们不是不同地区之间的法律冲突,或者说它们不是法律在空间上的冲突。

(3)区际法律冲突是在一个主权国家领土范围内不同地区之间的民商事法律冲突。这也就是说,区际法律冲突是一种私法方面的冲突。对于这一点,学者们颇有分歧。英、美等普通法系国家的学者认为,区际法律冲突与国际法律冲突一样,包括法律选择冲突(主要是民商法律方面的冲突)、管辖权冲突以及判决的承认和执行方面的冲突。法国的学者则认为,国籍的积极冲突和消极冲突也属于区际法律冲突,因为在有些实行联邦制的复合法域国家内,公民除共有联邦国家国籍外,还具有所属成员国的国籍。还有些学者如萨瑟,则认为区际法律冲突不仅是民商法律的冲突,还包括其他一些法律冲突,他指出:"在发生冲突的法律制度内,可能会有民事、商事、劳动法,民事或刑事诉讼法,政治或行政法,刑法以及财政法的法律规则之间的冲突。"[②]我们认为,刑法、行政法、财政法、程序法等都属公法范畴,在这些领域中,由于世界各国(包括复合法域国家的各法域)历来从严格的属地主义出发,根本不承认外国法(或外域法)在本国(或本法域)的域外效力,而只适用自己的刑法、行政法、财政法、程序法,虽然也有法律冲突问题,但这种冲突不涉及外国法(或外域法)的适用,只是一种隐存的冲突。而在民法、商法领域,各国(或各法域)承认外国(或外法域)法律的域外效力,从而导致产生适用外国法(或外法域法)的法律问题,产生涉及外国法(或外域法)适用的法律冲突问题。因此,只有一国内部不同地区之间的民事、商事法律冲突才是我们所讲的区际法律冲突。严格讲,区际法律冲突应称为区际民商事法律冲突或者区际私法冲突。

(4)区际法律冲突是在一个主权国家领土范围内不同地区的法律制度在同

---

① R. H. Graveson, *Comparative Conflict of Laws*, 328(Vol. 1, 1977).

② I. Szászy, *Conflict of Laws in the Western*, *Socialist and Developing Countries*, 26(1974).

一平面上的冲突。一国内各属地性法域是平等的。既然在一国内各法域是平等的,各区域法律制度是平等的,那么,各区域法律制度之间的区际法律冲突必定是同一平面上的冲突。在一国内,非同一平面上的法律冲突,如中央法律与地方法律之间的冲突,特别是在联邦制国家内联邦法律与各州或各成员国、各省法律之间的冲突,则不是区际法律冲突,因为它们之间的法律冲突是不同层次的法律之间的冲突,是上下级法律之间的冲突,或者说是一种垂直冲突。

根据上述区际法律冲突的特征,更确切地说,区际法律冲突是在一个主权国家领土范围内不同地区的民商事法律之间在同一平面上的冲突。

3. 区际法律冲突的种类

关于区际法律冲突的种类,可以按照不同的标准进行多种分类。

(1)以国家结构形式为标准,区际法律冲突可划分为单一制国家内的区际法律冲突和联邦制国家内的区际法律冲突。英国、西班牙、1919 年至 1924 年的法国、1919 年至 1928 年的意大利、1940 年以前的希腊、1943 年以前的罗马尼亚等国国内的区际法律冲突都是单一制国家内的区际法律冲突。而美国、加拿大、澳大利亚以及瑞士等国国内的区际法律冲突则属联邦制国家内的区际法律冲突。联邦制国家的区际法律冲突与单一制国家的区际法律冲突有一点不同,即在产生区际法律冲突的范围上或者在哪些方面的法律会产生区际法律冲突上,联邦制国家一般是通过宪法对之加以规定;而单一制国家的实践则大不一样,如在西班牙是由一项普通法律对之加以规定的,①而在英国却是习惯的结果。

(2)以社会制度为标准,区际法律冲突可划分为具有相同社会制度的各法域之间的区际法律冲突和具有不同社会制度的各法域之间的区际法律冲突。到目前为止,在各复合法域国家内现存的区际法律冲突都是社会制度相同的各法域之间的区际法律冲突。只是到 1997 年和 1999 年后,随着中国分别对香港和澳门恢复行使主权,仍然保持资本主义制度的香港和澳门的法律与实行社会主义制度的中国内地的法律之间出现的冲突,才是世界上前所未有的在一国内存在的具有不同社会制度的各法域之间的区际法律冲突。由于社会制度不同的区域法律制度在概念、哲理、价值观等方面的根本区别,故它们之间的法律冲

---

① 即西班牙 1974 年 5 月 31 日的民法典序则。See Rabelsz, J. C. B. Mohr, Bd. 39, S. 24 (1975).

突与各个社会制度相同的法域之间的法律冲突比较起来,要更复杂些。在解决这种冲突时,与解决其他区际法律冲突比较起来,“公共秩序保留”原则的运用可能更为重要,其使用频率也许会高一些。①

(3)以法系为标准,区际法律冲突可划分为属同一法系的不同法域之间的区际法律冲突和非属同一法系的不同法域之间的区际法律冲突。法系是根据各国法律的特点和历史传统的外部特征,对法律进行的分类,通常是把具有一定特点的某一国的法律同仿效这一法律的其他国家的法律,划为同一法系,如大陆法系和普通法系等。在一个国家内部,不同地区的法律制度由于种种历史原因可能分属不同的法系。例如,美国的路易斯安那州是美国于 1803 年从法国手中买来的。在此之前,路易斯安那地区曾在西班牙和法国的统治下,因而其法律深受大陆法系的影响。美国买到路易斯安那州后,原来实施的法律制度仍保持下来。该州于 1825 年制定的《民法典》也是按《法国民法典》模式编纂而成的。后来,虽然路易斯安那州的法律也受到英、美普通法系的影响,但在不动产法、家庭法、继承法等方面仍保持法国传统。②由此可见,路易斯安那州的法律属大陆法系,它与美国其他属普通法系的州的法律之间的冲突显然是不同法系的法域之间的区际法律冲突。在加拿大,也有类似情况。加拿大的魁北克省原为法国在加拿大的殖民地中心,早在 17 世纪末期路易十四即把适用于巴黎最高法院辖区的法国法引入这一地区。在这一地区依 1763 年英、法签订的巴黎和约割让给英国后,根据《1774 年魁北克法》,法国私法在该地区继续有效。后来于 1866 年制定的至今仍有效的《魁北克民法典》亦是仿效 1804 年《法国民法典》的结构制定的。③ 这表明,魁北克省的私法起源于法国的民法,属大陆法系;另外,加拿大的其他九省的法律制度则深受普通法的影响,属普通法系。因此,魁北克省的法律与其他各省的法律之间的冲突同样是分属不同法系的区域法律之间的冲突。一般来说,属于同一法系的区域法律制度有共同的法源基础和历史传统,有一些共同的形式特征,又加上长期互相影响和效仿,因而它们之

---

① 参见廖瑶珠:《法律逐渐统一的方案》,载香港《大公报》1986 年 4 月 11 日。

② 参见上海社会科学院法学研究所编译室编译:《各国宪政制度和民商法要览》(美洲、大洋洲分册),法律出版社 1986 年版,第 203 页。

③ 参见[英]霍利迪:《简明英国史》,洪水珊译,江西人民出版社 1985 年版,第 86 页;上海社会科学院法学研究所编译室编译:《各国宪政制度和民商法要览》(美洲、大洋洲分册),法律出版社 1986 年版,第 167 页、第 170 ~ 172 页。

间发生冲突的范围小些,而且在很多情况下是细枝末节方面的冲突。[1] 另外,非同属一种法系的区域法律制度之间的差别更大些,因而发生法律冲突的范围就相应更广一些,情况也会更复杂一些。

最后,应该指出的是,以国家结构形式为标准对区际法律冲突进行分类,即把区际法律冲突分为联邦制国家内的区际法律冲突和单一制国家内的区际法律冲突这两种类型,是一种最通常的分类方式。许多学者在探讨区际法律冲突的类型时采用了这一分类方式。

三、人际法律冲突

法域既有属地性法域也有属人性法域,而属人性法域之间的法律冲突即为人际法律冲突。不过,应说明的是,这里讲的"人"是从广义上理解的,不仅仅指自然人;这里讲的"法律冲突",也是从广义上理解的,不仅仅指在民法、商法领域的法律冲突。如果仅从自然人和民法、商法领域的法律冲突的角度来讲,人际法律冲突系指同一国家中适用于不同的民族、种族、宗教(包括不同的教派)、部落或阶级成员的民商法律之间在效力上的冲突,或者说是适用于不同集团的人的民商法律之间的冲突。本文所讲的人际法律冲突限于上述这一狭义的理解。

无论在古代还是在现代,人际法律冲突都是大量存在的。在欧洲早期封建制时期,"属人主义"原则盛行,入侵罗马帝国的日耳曼人各部落都有自己的习惯法,这种习惯法仅适用于本部落的人,而当时被征服的罗马人仍适用罗马法。由于战争和迁徙的结果,不同部落的人和原罗马人的后裔杂居在一起,因而法律极不统一,有"5 个人在一起,就有 5 种法律"之说。人际法律冲突自然随之大量产生。当时,罗马法与日耳曼各部落习惯法发生冲突时,以日耳曼习惯法为准。[2]在古印度,有关宗教、哲学和法律的汇编《摩奴法典》根据社会分化和不同等级的划分,将印度社会分为四个种姓:婆罗门、刹帝利、吠舍和首陀罗。婆罗门和刹帝利占有大量生产资料,是剥削阶级。吠舍和首陀罗是生产者和被剥削阶级,而首陀罗的社会地位还低于吠舍。该法典在划分种姓的基础上,规定了不同种姓所适用的法律。例如,在财产继承方面,一个婆罗门死者的遗产,其婆罗门妻子所生之子可继承 4 份,其刹帝利妻子所生之子可继承 3 份,其吠舍

① See Kahn-Freund, *General Problems of Private International Law*, 148(1976).

② 参见陈盛清主编:《外国法制史》,北京大学出版社 1982 年版,第 72 ~ 75 页。

妻子所生之子可继承 2 份,而其首陀罗妻子所生之子只能继承 1 份。[①] 在这种规定下,不同种姓之间的人际法律冲突便会产生。在现代,一些国家规定,关于人的身份、亲属关系或继承所适用的民法,随着当事人所属种族、宗教的不同而不同。

人际法律冲突产生的一个非常重要的条件就是,在一国内不同的法律制度适用于不同集团的人。而这种适用于不同集团的人的法律制度的首要特点是它们的属人性,即它们与特定集团的人有紧密联系。至于它们是否与特定的区域相联系是无关紧要的。一般来说,由于分属不同集团的人杂居,它们并不与特定区域联系在一起。但在某些例外情况下,同一集团的人聚居在特定地区,故这时适用于特定集团的人的属人法律制度又同时是区域法律制度。而且,我们还应该注意到,对不同集团的人适用的民事、商事法律制度尤其集中在结婚、离婚、分居、合同、土地法、财产继承、身份以及亲属关系等领域,[②]这主要是因为这些领域的法律与人身有更为紧密的联系。此外,这种属人法律制度一般只是适用于一国范围内的特定集团的法律制度,它们与区域法律制度一样,缺乏与国家主权联系在一起的特性。可以肯定地说,也正是上述这些特点决定了人际法律冲突的独特之处。

四、多元法律秩序与法律选择

在具有多元法律秩序的国家内,由于存在多个具有独特法律制度的区域或适用不同法律的成员集团,在人们的交往过程中,区际法律冲突和人际法律冲突不可避免,时有发生。对于区际法律冲突的解决,在大陆法系国家,一般认为属于区际冲突法或区际私法的事情,国际私法不加干涉,尽管少数国家规定可以类推或准用国际私法规定来解决区际法律冲突;但普通法系国家一般对国际法律冲突和区际法律冲突不加区分,用统一的冲突法来解决之,尽管在细节上对两者的解决有所不同。而对人际法律冲突的解决,则属于人际冲突法或人际私法的事情,原则上,国际私法也不加干涉。但是,尽管如上所述,多元法律秩序不时与国际私法联系在一起,即当根据国际私法中冲突规范的指定适用某国的法律时,而该国国内法制不统一,要么各地区分别适用不同的法律,要么存在

---

① 参见陈盛清主编:《外国法制史》,北京大学出版社 1982 年版,第 21 页、第 23 ~25 页、第 29 页。

② See Kahn-Freund, *Greneral Problems of Private International Law*, 151(1976).

适用于不同种类的人的不同法律,随之就提出在该多元法律国家确定以哪个法域的法律为准据法的问题。下面就以上问题分别讨论之。

1. 区际法律冲突与法律选择

在国际私法中,当冲突规范以国籍为连结点指定当事人本国法为准据法,而该当事人的本国却是一个多法域国家时,就产生了究竟应以其中哪一个法域的法律为他的本国法问题。至于不以国籍为连结点的冲突规范指定某一多法域国家的法律为准据法时是不是也产生相同的问题,则有不同的主张。少数学者认为,在这种情况下也会产生相同的问题。但大多数学者认为,当冲突规范在以行为地、物之所在地、住所地或居所地等非国籍连结点为连结点时,可以直接以该连结点所在法域的法律为准据法,并不存在法律选择问题。

考察有关国家的立法和司法实践,对上述问题有如下解决办法:

其一,依照冲突规范所指向的多法域国家的区际私法或区际冲突法来确定该国家某一法域的法律为准据法。许多国家在立法中明确规定采用这种办法。但由于一些多法域国家并不一定有统一的区际私法或区际冲突法,故有的国家在立法中规定了补救措施。根据是否采取补救措施以及采取补救措施的不同,可将采用这一方法的国家的规定分为三类:(1)没有规定补救措施,例如,1965年《波兰国际私法》第5条仅规定,“应适用的外国法有数个法律秩序时,应适用何种法律秩序由该外国确定”,而对补救措施未作规定。(2)采用准据法所属国的国际私法确定,以当事人的住所地法或惯常居所地法为属人法。(3)适用与案件有最密切联系的那个法域的法律。例如,《奥地利国际私法法规》第5条第3款规定:“如外国法由几部分法域组成,则适用该外国法规所指定的那一法域的法律。如无此种规定,则适用与之有最强联系的那一法域的法律。”

其二,冲突规范直接规定某一法域的法律代替当事人本国法。例如,1898年《日本法例》第27条第3款规定:“当事人其国内各地法律不同时,依其所属地方的法律。”

在澳门施行的《民法典》第20条第1款、第2款两款的规定对这个问题的解决采取了三个步骤。首先,在一国法律因个人国籍成为准据法,且该国同时存在不同的地方法制时,由该国的国内法决定应适用的法律。这里讲的“国籍”是指主权国家的国籍,而非指联邦国家内成员国国籍。而且,这个问题是因以“国籍”为连结点的冲突规范指定一个多元法律国家的法律为准据法引起的。这里讲的“国内法规定”就是统一的区际私法或区际冲突规范规定,因为该条第2款对这一点讲得很明白。其次,如无区际私法规范,则应采用该国国际私法。

用国际私法作为补充是一种比较独特的做法,其他国家很少采取这种做法,特别是那些将国际私法和区际私法严格区别开来的国家甚至反对这种做法。最后,在多元法律国家法律秩序中缺乏区际私法和国际私法的解决方案时,则以当事人惯常居所地法作为其属人法。有的学者问:在当事人的惯常居所不在其国籍国之内时如何确定准据法? 科瑞亚和马沙多教授认为,应当适用其惯常居所地法,即使其惯常居所位于其国籍国外亦然。在澳门的司法实践中,这种主张得到了支持。

2. 人际法律冲突与法律选择

在国际私法中,当冲突规范以国籍为连结点,指定当事人本国法为准据法,而该当事人的本国法律秩序中存在适用于不同种类的人的法律秩序时,亦会产生究竟以哪个法律秩序的法律为准据法的问题。在理论上,各国学者均主张依多元法律秩序国家的人际冲突法或人际私法解决。在各国国际私法立法中,对这个问题有明确和专门规定的不多。少数对这个问题作了规定的国家,也多将区际法律冲突和人际法律冲突结合起来,笼统加以规定,例如,1984 年《秘鲁民法典》第 2056 条规定:"如应适用的外国法律制度有几个不同的法律秩序共存,应根据该外国法律制度中有效的原则解决国内冲突。"

在澳门施行的《民法典》第 20 条第 3 款则对这个问题作了明确和专门的规定。它规定:如准据法在地域上形成单一之法律秩序,而在该法律秩序内有适用于不同种类的人之不同规范体系时,必须遵守该法就体系之冲突所定出之规范。理解和适用这一规定应注意的是,(1)从前提上讲,适用这一规定有两个前提:一是根据某一冲突规范指定某国法律为准据法,而该国法律在地域上为单一法律秩序;二是该国存在着不同的法律制度适用于不同种类的人的情况,也就是说有人际法律冲突存在。(2)在人际法律冲突存在的情况下,为了确定准据法,进行法律选择,应遵照该多元法律秩序国家就解决人际法律冲突所定的人际冲突法或人际私法规范,这包括该国家调整不同宗教或民族群体关系的特别实体规范,以及可以据此确定适用于某些人际冲突情形的法律的人际冲突规范。(3)在依第 20 条第 3 款不能确定应适用的法律时,适用澳门《民法典》第 23 条第 2 款的规定,即如果不能查明应适用的外国法之内容,应采用属于补充适用之准据法。至于在人际法律冲突情况下,何为补充适用之准据法,从《民法典》现有规定来看尚不明确。

WTO 框架下"最惠国待遇原则"在中国内地、香港特别行政区、澳门特别行政区和台湾地区的适用*

众所周知,中国内地、香港特别行政区、澳门特别行政区和台湾地区已同为世界贸易组织(World Trade Organization,WTO)成员,形成一国在同一国际组织有四席的格局。在这一格局下,WTO 协定如何在中国内地、香港特别行政区、澳门特别行政区和台湾地区适用成为人们特别关注的问题,而 WTO 框架下的最惠国待遇原则在中国内地、香港特别行政区、澳门特别行政区和台湾地区的适用即是其中一例。

一、WTO 框架下的最惠国待遇原则

最惠国待遇原则虽然早已延伸、辐射到国际法的许多领域,但它起源于并主要应用于国际贸易领域。最惠国待遇原则的萌芽可追溯到 11 世纪,在当时最繁华的地中海经济圈内,各主要商业城邦或城市赋予商人"机会均等"的市场权利,便是最惠国待遇原则的雏形。到 19 世纪中期,在英法两国签订的旨在实行自由贸易的"科布登 – 切维利尔(Cobden-Chevalier)条约"中,第一次出现了"相互给予无条件的最惠国待遇"的规定,现代国际贸易中的最惠国待遇原则由此正式形成。最惠

---

* 本文原载于《中国法律》2002 年第 4 期。

国待遇原则现今仍然是 WTO 多边贸易体制的基石。可以这样说,没有最惠国待遇原则,就没有现在规模的多边贸易体制。

在 WTO 框架中,最惠国待遇原则规定在《关税与贸易总协定》(General Agreement Tariffs and Trade, GATT)的第 1 条、《服务贸易总协定》(General Agreement on Trade in Services, GATS)的第 2 条、《与贸易有关的知识产权协定》(Agreement on Trade-Related Aspects of Intellectual Property Rights, TRIPs)的第4 条中。其中,以 GATT 的规定最为典型,后面两协定的规定只是对 GATT 第 1 条的沿袭。其主要含义是,WTO 一成员对任何其他国家的国民、产品或者服务和服务提供者给予的任何利益、优惠、特权或者豁免,应立即无条件地给予所有其他 WTO 成员的国民、产品或者服务和服务提供者。

(一)GATT 中的最惠国待遇原则

GATT 集中规定最惠国待遇的条款是第1 条第1 款。它是这样规定的:“在对进口或出口、有关进口或出口或对进口或出口产品的国际支付转移所征收的关税和费用方面,在征收此类关税和费用的方法方面,在有关进口或出口的全部规章手续方面,以及在第3 条第2 款和第4 款所指的所有事项方面,任何缔约方给予来自或运往任何其他国家任何产品的利益、优惠、特权或豁免应立即无条件地给予来自或运往所有其他缔约方领土的同类产品。”

该条款的前半句表明了最惠国待遇原则的适用范围,看似广泛,实际上是围绕着“对产品征收关税”这个中心环节的,除了国内税费和美国提议的“对进口或出口产品的国际支付转移”之外,其他排列式短语都表述了货物清关过程中的活动。最惠国待遇优惠的对象只限于货物贸易的“产品”,从而排除了缔约方的商人和公司作为直接受惠对象。另外,“任何其他国家”所指既可以是 WTO 的成员,也可以是非成员,这就拓宽了 GATT 法律效力的范围。

(二)GATS 中的最惠国待遇原则

关于服务贸易的最惠国待遇问题,GATS 第 2 条第 1 款规定:“关于本协定涵盖的任何措施,每一成员对于任何其他成员的服务和服务提供者,应立即和无条件地给予不低于其给予任何其他国家同类服务和服务提供者的待遇。”不难看出,这是最惠国待遇原则的标准模式。最惠国待遇优惠的对象是“服务和服务提供者”。“任何其他国家”的表述,也同样拓宽了 GATS 的法律效力范围。

GATS 第 2 条第 2 款规定:“一成员可维持与第 1 款不一致的措施,只要该措施已列入《关于第 2 条豁免的附件》,并符合该附件中的条件。”这等于为 GATS 的普遍最惠国待遇原则开了一个很大的口子,它表明国际服务贸易在自由化的道路上只取得了阶段性成果。

（三）TRIPs 中的最惠国待遇原则

在知识产权国际保护方面，TRIPs 第 4 条规定的最惠国待遇原则，除具体适用范围（保护知识产权）和对象（不是物品或产品，而是自然人与法人）之外，措辞和规则都与 GATT 第 1 条第 1 款基本相同。

（四）WTO 框架下的最惠国待遇原则的主要特性

1. 互惠性

在 WTO 体制中，各成员方都兼具给惠和受惠的双重身份。当某成员方对来自特定国家的某类产品降低税率时，其他所有成员方的同类产品就立即无条件地享有这个较低税率。所以，在相互给予的关系中，也存在一种依托关系，即必须以对方对特定国家降低某项关税或其他贸易条件为依托。

2. 无条件性

在 WTO 体制中，如果某个成员方对某特定国家降低贸易条件时，这种优惠措施就必须“立即无条件地给予”其他任何一个成员。这里的“无条件”是指最惠国待遇的给予不得附加条件，避免因附加条件而使最惠国待遇失效。

3. 同一性

最惠国待遇条款的内容都含有特定优惠范围，一般都作明文限定或表述。只有给惠国与第三方的条约中含有相同或同类事项，两者对应和同属一类时，才会引起受惠国请求优惠的权利。也就是说，最惠国待遇仅适用于同一范围、同一对象。一个夸张的说法是，“不能引用贸易条约的最惠国条款作为引渡罪犯的理由或根据”。

由上可见，推行最惠国待遇原则的实质效果是在国际贸易中实现“一视同仁、平等竞争”，这极大地推动了国际贸易的自由化和其规模的扩大化。今天，中国内地及香港特别行政区、澳门特别行政区和台湾地区作为独立关税区均为 WTO 的成员方，自然也应该遵循 WTO 框架下的最惠国待遇原则，也就是说，这一原则不仅在中国内地、香港特别行政区、澳门特别行政区和台湾地区与其他 WTO 成员方之间的贸易关系中适用，而且在中国内地、香港特别行政区、澳门特别行政区和台湾地区之间的贸易关系中也适用。然而，WTO 框架下的最惠国待遇原则在中国内地、香港特别行政区、澳门特别行政区和台湾地区之间的贸易关系中的适用，是否意味着中国内地、香港特别行政区、澳门特别行政区和台湾地区的贸易交往完全可以不考虑中国“一国两制”和“一国四区”现实而在其间实行特别的优惠安排？回答是否定的。因为最惠国待遇原则并非是绝对，它也存在例外。我们现在所关心的是,是否存在正当合法的理由可以构成最惠国待遇的例外,从而在中国内地、香港特别行政区、澳门特别行政区和台湾地区之间实行比最惠国待遇条件更为优惠的措施,来扩大或促进中国内地、香港特别行政区、澳门特别行政区和台湾地区之间的贸易规模和区际贸易自由化。

二、"同一主权"例外问题

中国内地、香港特别行政区、澳门特别行政区和台湾地区虽是 WTO 的 4 个独立的成员方,但共享一个主权,同属一个国家。我们不禁要问:"同一主权"能否成为最惠国待遇的例外?所谓"同一主权"例外,就是在关税与其他贸易条件方面,同一主权下的不同成员相互之间给予的优惠,高于它们给予某一关税与贸易同盟其他成员的优惠,因为它们同属一个主权国家,应被认为可以构成最惠国待遇的例外。

在 1947 年 GATT 中,我们可以发现,"在 1939 年 7 月 1 日以共同主权、保护关系或宗主权相结合的两个或两个以上领土之间实施的优惠"可以超越普遍最惠国待遇[《1947 年关税与贸易总协定》第 1 条第 2 款(b)]。这一规定,是在以英国为代表的一派坚持下才订立的,因为依 1932 年《渥太华协定》建立的英联邦国家"帝国特惠制",是当时英国经济和殖民制度的命脉所系。因此,该条款中因"同一主权"而导致的最惠国待遇的例外,具有浓厚的殖民色彩。随着战后殖民体系的瓦解和英国自身加入欧洲共同体,该条款事实上已经死亡。而且,有"共同主权、保护关系或宗主权关系"的领土都明确列举在 1947 年 GATT 附件 B、附件 C、附件 D 中。所以,从该条款的历史背景和立法宗旨来看,今天,"同一主权"已不能成为共同主权下的各成员方要求最惠国待遇例外的理由。

《中华人民共和国加入(WTO)议定书》第 4 条关于"特殊贸易安排"规定如下:自加入时起,中国应取消与第三国和单独关税区之间的、与《WTO 协定》不符的所有特殊贸易安排,包括易货贸易安排,或者使其符合 WTO 协定。该条规定意味着中国内地给予或将给予中国香港特别行政区、澳门特别行政区和台湾地区的优惠,不能超过给予其他 WTO 成员的优惠,中国内地(大陆)、香港特别行政区、澳门特别行政区和台湾地区之间的贸易安排必须符合 WTO 框架下的最惠国待遇原则。该条规定实际上等于否定了"同一主权"可以成为实行最惠国待遇例外的理由。

事实上,在 WTO 体制内,同一主权下存在数个 WTO 成员的例子只有中国一个,如果中国内地、香港特别行政区、澳门特别行政区和台湾地区要超越最惠国待遇原则,必须重新在 WTO 框架内创造新的合法先例。在 WTO 体制中,其他构成最惠国待遇例外的理由,应该说都没有“同一主权”那么充分有力,但 WTO 规则却偏偏不允许“同一主权”之下的成员方之间拥有更加优惠的待遇,这不能不说是现有 WTO 体制的一个不合理的地方。

三、“区域一体化”例外问题

虽然最惠国待遇原则是 WTO 的一项基本原则,但 GATT 和 GATS 都明确规定了“区域一体化”作为最惠国待遇的例外。该规定的法律含义是,在 WTO 框架下允许在一部分成员中存在互惠性质的贸易协定,即以关税同盟(customs union)和自由贸易区(free-trade area)等形式出现的区域经济安排。在这种区域内部,实行一种特殊的“优惠制”,区域外的 WTO 成员无权依据最惠国待遇条款要求享受该优惠,由此构成最惠国待遇的例外。

中国内地分别与香港特别行政区、澳门特别行政区订立的《更紧密经贸关系安排》(CEPA),尽管将中国内地与香港特别行政区、澳门特别行政区的经贸关系确定为更紧密的经贸关系,但这实际上是自由贸易区或自由贸易协议的一种,其具体涵盖货物贸易、服务贸易及贸易投资便利化等内容。有些专家学者甚至进一步提出应建立一个包括内地、香港特别行政区、澳门特别行政区和台湾地区在内的自由贸易区。如果上述讨论中的自由贸易区得以建立,将直接影响最惠国待遇原则在中国内地、香港特别行政区、澳门特别行政区和台湾地区的适用。下面对照 GATT 和 GATS 的有关规则对此进行讨论。

(一)GATT 的相关规定

GATT 关于该问题的规定主要是 GATT 的第 24 条及《关于解释 1994 年关税与贸易总协定第 24 条的谅解》。根据这些文件规定,关税同盟和自由贸易区可以在下列条件下存在。

1. 应当符合关税同盟和自由贸易区的基本要素。关税同盟和自由贸易区的成员,必须取消它们毗邻关税区之间“实质上所有贸易”的关税和其他限制性贸易法规。但是,对取消相互之间贸易的关税和其他限制的要求也并非绝对的,区域集团成员如有必要,可援引 GATT 其他相关条文所允许的关税和其他限制性规定,以此来维持关税及行使限制的权力。

此外,对于关税同盟的成员,必须对外实施共同关税率和总体相同的贸易政策。

2. 贸易壁垒在区域一体化后总体上不能增加。该规定可用来避免对区域集团外的其他缔约方的贸易造成不利影响。

对于关税同盟或导致形成关税同盟的临时协议来说,关税同盟成立时或订立临时协议时,所制定的共同对外关税和其他贸易措施的水平,不能总体上高于或严于形成此种同盟或通过此种临时协议前的水平。另外,考虑非关税措施的保护水平难以从整体上来衡量,所以要求采取对每一单项措施、规章、所包含的具体产品以及贸易流动进行逐一审查的做法。

对于自由贸易区或过渡到自由贸易区的临时协议来说,在建立自由贸易区或采用临时协议以后,每个组成自由贸易区的关税区所维持的对区域集团外的其他缔约方贸易所适用的关税和其他贸易法规,不得高于或严于同一关税地区在未成立自由贸易区或临时协议时所实施的相应关税和其他贸易法规的水平。

3. 确保建立区域集团协议的透明度。协定要求,任何缔约方决定加入关税同盟或自由贸易区,或者签订成立关税同盟或自由贸易区的临时协议,应及时通知全体缔约方,并由全体缔约方对此审查后提出相应建议。

为了避免出现有关缔约方利用临时协议作为借口而无限期地实行歧视性优惠贸易安排,符合规定的临时协议应是一个在合理期间内成立关税同盟和自由贸易区的计划和时间表。该合理期间一般不得超过 10 年,如果该临时协定的成员认为 10 年不够,它们应向货物贸易理事会提供需要更长期限的全面说明。

从 WTO 角度讲,在区域一体化的协议按规定进行通知后,WTO 理事会将成立相应的工作组承担审查任务。该工作组基于调查结果将会向总理事会下的货物贸易理事会提出报告,然后货物贸易理事会基于工作组报告酌情或视必要提出建议。完成审查工作的各区域集团应把有关执行、变动情况每隔两年定期向 WTO 货物理事会递交报告。

GATT 在此引入了 WTO 争端解决机制,有关实施和解释 GATT 第 24 条而引起任何争端都可以援引 WTO 的争端解决规则与程序。也就是说,对依据第 24 条成立的工作组已审查后的区域一体化协议,专家组仍能调查和推翻工作组对该协议已有的审查结果。

(二) GATS 的相关规定

与 GATT 第 24 条相类似,GATS 第 5 条为 GATS 签字国间作为最惠国待遇例外的经济一体化协定附加了三个条件：

1. 此协定须涵盖众多服务部门，应从部门数量、相关贸易量和提供方式等方面理解。协定不应规定预先排除任何服务提供方式。

2. 协议各方在多边承诺的上述部门内，将不存在或消除实质上所有的歧视措施，并且在协定生效时或在合理的时限基础上实施。

3. 对于该协定外的任何成员方，在协定生效时较制定该协定之前的适用水平，不得提高相应服务部门或分部门内的服务贸易壁垒的总体水平。

四、结语

在 WTO 的现有法律框架内，要以“同一主权”为由在中国内地、香港特别行政区、澳门特别行政区和台湾地区各个地区之间相互实行更为优惠的贸易体制，在现今尚无充分的法律依据。但是，中国内地、香港特别行政区、澳门特别行政区和台湾地区可以在符合 WTO 关于最惠国待遇例外规则的前提下，推行区域经济一体化，在区域集团内相互采取更为优惠的贸易制度。展望未来，随着内地与香港特别行政区、澳门特别行政区订立《更紧密经贸关系安排》(Closer Economic Partnership Arrangement，CEPA)并实施，中国内地、香港特别行政区、澳门特别行政区和台湾地区的经济一体化已逐步进行，并向纵深方向推进。中国内地(大陆)、香港特别行政区、澳门特别行政区和台湾地区之间区域经济一体化可以从较低层次的自由贸易临时协议或自由贸易区开始，进而迈向共同市场、共同货币的经济统一体。这既符合 WTO 下多边贸易体制与区域集团互相补充、并行发展的趋势，同时也能有力地促进中国内地、香港特别行政区、澳门特别行政区和台湾地区的经济繁荣和社会发展。

法治，民族复兴的必由之路*

开　篇

回首近现代中国历史不难看出，实现民族复兴、国家富强，始终是中华儿女传承不绝的主题，始终是无数仁人志士坚定不移的志向。在追寻民族复兴、国家富强的征程中，我们逐渐形成了这样一个共识，那就是：只有实现法治，社会才能安定，人民才能幸福，中华民族才能获得生生不息的发展动力与坚强有力的发展保障，才能实现国家的繁荣富强、社会的长治久安与民族的伟大复兴。

中华民族历史悠久，文化深厚。在人类历史上，中华民族不仅在经济、文化方面曾长期居于领先地位，而且在法制领域亦曾取得辉煌的历史成就。

在人类文明史上，中华法系源远流长，气象雄伟，曾巍然矗立于世界主要法系之林。中华民族制定成文法典的历史渊源，可追溯至2300多年前战国时代魏国的李悝所编纂的《法经》六篇（后经改编成为《秦律》）。从世界法制史的角度来看，这是古代法制的重大成就。

到了汉代，我们的祖先发展出关于法理的解说和注释的“律学”，这是一门精确、细致的学问，代表了当时世界上最先进的法学研究水平。盛唐时代颁布的《唐

---

* 本文原载于《法制日报》，2009年10月1日，转载于《新华文摘》2010年第3期。

律》以及《唐律疏议》，更是举世闻名，标志着中华古代法律文明达到巅峰。

然而，到了近代，封建文化与制度逐渐走向衰败，法纪松弛，社会动荡，经济凋敝，人民困苦。1840年鸦片战争以后，中国更是逐渐沦为半殖民地、半封建社会，开始了近代的屈辱史。为了改变国家和民族的苦难命运，一些民族精英曾试图将近代西方国家的法治模式移植到中国，以实现变法图强的梦想。但由于各种历史原因，他们的努力最终是无果而殇。

开国，中国法治启动新纪元

新中国的建立，宣告了中华民族近代屈辱史的结束，也开启了中国法治建设的新纪元。1954年我国制定了第一部社会主义类型的宪法。此后，根据宪法的规定，国家陆续制定了一批法律、行政法规，确立了一些基本法律制度，有力地促进了生产关系的变革和生产力的发展，从而保障了我国社会主义改造的顺利实现和社会主义事业的迅速发展。然而，令人遗憾的是，从1957年起，国家的民主法治进程逐渐停顿下来，"文化大革命"十年动乱，更是对法治造成了毁灭性的破坏。

严格地讲，中国特色社会主义法治建设始于20世纪70年代末，到现在正好30年。从法治建设演变的角度看，我认为，这段历史可以用"进入新时期""揭开新篇章""作出新部署"这"三个新"来加以概括。

一曰进入新时期。

1978年12月中国历史上发生了一件划时代的大事，这就是中国共产党十一届三中全会的召开，会议确立了"以经济建设为中心""发展社会主义民主，健全社会主义法制"的方针，开启了改革开放的崭新时代。国人通过总结历史经验，特别是吸取"文化大革命"的惨痛教训，悟出了法治的重要。当时，改革开放的"总设计师"邓小平同志深刻指出："为了保障人民民主，必须加强法制。必须使民主制度化、法律化，使这种制度和法律不因领导人的改变而改变，不因领导人的看法和注意力的改变而改变。"这一语道破了法治的真谛。在发展社会主义民主、健全社会主义法制的方针指引下，现行宪法以及刑法、刑事诉讼法、民事诉讼法、民法通则、行政诉讼法等一批基本法律相继出台，中国的法治建设进入了新时期。

二曰揭开新篇章。

20世纪90年代，中国开始全面推进社会主义市场经济建设，由此进一步奠定了法治建设的经济基础,也对法治建设提出了更高的要求。1997 年召开的中国共产党第十五次全国代表大会,将“依法治国”确立为治国基本方略,将“建设社会主义法治国家”确定为社会主义现代化的重要目标,并提出了建设中国特色社会主义法律体系的重大任务。1999 年通过修宪,将“中华人民共和国实行依法治国,建设社会主义法治国家”的条文载入宪法。中国的法治建设揭开了新篇章。

三曰作出新部署。

进入 21 世纪,中国的法治建设继续向前推进。2002 年召开的中国共产党第十六次全国代表大会,将社会主义民主更加完善、社会主义法制更加完备、依法治国基本方略得到全面落实,作为全面建设小康社会的重要目标。2004 年将“国家尊重和保障人权”载入宪法。2007 年召开的中国共产党第十七次全国代表大会,充分肯定中国特色社会主义法律体系基本形成,明确提出全面落实依法治国的基本方略,加快建设社会主义法治国家,特别强调依法治国是社会主义民主政治的基本要求,并对进一步加强中国的法治建设作出了新部署。

简言之,近 30 年来,在建设中国特色社会主义的伟大实践中,中国的法治建设取得了举世瞩目的成就,在我国的历史长河中留下了辉煌的篇章。而且,这一时期所积累下来的成果,也为我国社会的长治久安,为经济的全面、协调、可持续发展,为实现中华民族的伟大复兴,奠定了坚实的基础。

当然,我们也应该清醒地认识到,要在一个有着两千余年封建专制统治和 13 亿人口的大国建成法治国家,实现民族的伟大复兴,其任务之艰巨,其道路之曲折,是不言而喻的,可谓“路漫漫其修远兮”。从目前来看,我国的法治建设仍面临诸多困难,仍有不少问题亟待解决,中国特色社会主义法治建设依然任重而道远。我认为,在当前的形势下,进一步加强法治,在全社会形成维护法治、崇尚法治的良好风尚,是建设强大国家、实现民族复兴尤为重要和迫切的任务。

复兴,中华民族选择了法治

“法治”或者说“依法治国”,虽然不是一个全新的话题,但却是一个亘古常新的话题。可以这样说,正是法律的神圣和法治的理想,成就了我们这个世界井然有序的生活。今天,无论是西方还是东方,无论是北半球还是南半球,无论是发达国家还是发展中国家,法律都成了一个国家制度体系中最具权威的部分,法治都成了一个国家中人民最向往的理想。

人类历史已经证明,“国无法不治,民无法不安”,法治是最好的社会治理形态。中国历史,尤其是近现代史,则更清楚地告诉我们:法治衰,则国弱民穷;法治兴,则国强民富。法治,是实现中华民族伟大复兴的必由之路。

首先,法治是维护社会稳定、实现国家长治久安的前提与基础。国家强大、民族复兴,其前提是社会稳定,是各种社会矛盾能够得到有效、及时的化解,而这必然要求构建法治化的社会。应该指出的是,法律的产生不是为了斗争,而是为了化解矛盾。据我国历史上第一部字典——东汉许慎所著的《说文解字》记载,“法”的古体字是“灋”。他指出:“灋者,刑也,平之如水,从水;廌,所以触不直者去之,从去。”翻译成白话就是,古代的“法”字,左边以水作偏旁,比喻“平之如水”,代表公平;法字中右边的“廌”,是一种头长独角,秉性公正的奇兽,是裁判人间纠纷的裁判官,起着平息争讼的作用,故而“古者决讼,令触不直”。可见,“法”字最早的含义及产生就是解决纠纷、化解矛盾、裁判是非。管子对“法”的论述也颇为精辟,他认为:“法者,所以兴功惧暴也;律者,所以定分止争也,令者所以令人知事也。”

由此可见,法律的产生,是为了化解争端,消弭矛盾,使社会归于平和、稳定。这一点,古今中外,概莫能外。需要强调的是,法律的完善与法治的加强,对当代中国社会尤其重要。这是因为,我国的改革目前已经进入攻坚阶段,整个社会正处于快速转型期,在此期间,整个社会系统不断地变动、分解和重组,产生了不同的利益群体,形成了多元化的利益格局。在此背景下,不同利益群体之间的矛盾大量出现,各类纠纷与冲突层出不穷,而法律作为所有社会规范中最具明确性、确定性和强制性的规范,是化解社会矛盾、保障社会公平、维护社会稳定最有效的手段。因此,只有建立了以法律作为主要手段进行治理的社会秩序,才能妥善地处理各种社会关系、调整各项社会利益、解决各类社会矛盾,才能创造出良好、公平的社会环境,才能为国家的富强与民族的复兴打下坚实的基础。

其次,法治是建立、健全社会主义市场经济体制,实现经济又好又快发展与全民族共享繁荣的制度保障。从党的十四大开始,我国开启了市场经济的大门,这是一个伟大的历史性跨越。随着社会主义市场经济体制逐渐确立与完善,我国的经济建设进入了一个高速发展时期,取得了惊人的进步。事实已经充分证明,市场经济对优化资源配置、刺激全社会的创造力,进而实现社会财富总量的快速增长具有无与伦比的优越性;欲实现经济的持续快速发展与民族的伟大复兴,舍此之外,别无他途。市场经济作为一种以市场为基础配置社会资源的经济运行方式,具有开放性、平等性、契约性、竞争性、国际性等特征,它的有效运转,必须以良好、完善的法律规则为基础,以公平、高效的行政与司法救济机制为保障。

由此可见,市场经济与法治之间具有一种天然的亲和性。一方面,市场经济为法治的生成与壮大提供丰厚的土壤,为国家推进政治体制改革提供动力与资源。另一方面,法治为市场经济的发展铺平道路,并不断为其拓展生存与发展的现实空间;如果失去了法治的依托与制度性保障,市场经济只会走向畸形和变异,而永远不会走向成熟。从这个意义上说,市场经济就是法治经济,法治是建立、健全社会主义市场经济体制、实现民族复兴的制度保障。

最后,法治是实现社会全面进步、构建和谐社会的基本途径。综观人类历史,尤其是近当代史,我们可以看出,国家强大、民族复兴,绝不是一个单纯的经济概念,而是包括经济发展在内的社会全面进步,是物质文明、精神文明、政治文明和生态文明的并驾齐驱,其最终目的是社会各个层面获得全面提升,从而变得更自由和符合人性,并进而实现"人的自由而全面发展"。改革开放 30 多年来,我国的经济建设取得了举世瞩目的成就,但在发展的进程中,各种各样的困难与矛盾也在困扰着我们:经济发展模式遇到挑战,城乡、地区差距不断加大、腐败现象未能得到有效遏制,生态环境频频告急……

就是在这样的历史背景下,党中央提出了深入贯彻落实科学发展观,"构建社会主义和谐社会"的战略任务,并将之作为全面建设小康社会,实现中华民族伟大复兴的重要目标。胡锦涛同志强调,"我们所要建设的社会主义和谐社会应该是民主法治、公平正义、诚信友爱、充满活力、安定有序、人与自然和谐相处的社会"。这一重要论述表明,社会主义和谐社会在本质上是民主法治社会;完善法律,加强法治,推进民主,是构建社会主义和谐社会的基本途径。应该指出的是,"法律工具论"在很长时期控制着我们的思想,表现在我们长期仅强调法律维护社会稳定的作用,尤其把法律当作控制社会秩序的工具。其实,维护稳定、控制秩序只是法律功能的一部分,除此之外,法律更根本和重要的功能在于协调利益、制约权力。也就是说,法律既是"稳定器",更是"协调器""衡平器"。

结束语

我们中华民族,历经 5000 年沧桑岁月,曾长期雄踞世界领先地位,只是到近代才开始衰落。从鸦片战争到 21 世纪中叶基本实现现代化,这 200 年是中华民族从衰落走向伟大复兴的漫长、艰苦而又辉煌的奋斗历程。现在，200年的历史进程，我们已经走过150年。邓小平同志设计的“三步走”的发展战略，已经完成两步。中华民族实现复兴的大业能否如期实现，新世纪、新阶段的发展尤为重要。在此阶段，我们既要继承中华文明的传统与精华，更要积极吸收世界上一切先进的文明成果，尤其要大力弘扬法治精神，加强法治建设。

法治兴，则民族兴；法治强，则国家强。法治，是包括中华民族在内的世界各民族的共同理想。只有真正实现法治，我们每一个人才能平等享受应有的权利，社会才能和谐、稳定；中华民族的伟大复兴，才能获得坚实有力的制度保障。不可否认，由于各国历史文化背景不同、经济社会发展差异，法治的发展进程并不平衡。但是，毫无疑问，作为人类政治文明的重要成果，法治已成为世界各国人民的向往和追求，是一个国家实现富强的必由之路，这是不以任何人的意志为转移的客观规律。

“天下兴亡，匹夫有责。”依法治国，建设社会主义法治国家，实现中国民族的伟大复兴，是全体中华儿女的共同责任。无论前面的道路有多么崎岖，只要我们坚定信心，秉持法治理念，坚持依法治国的基本方略不动摇，我们就一定能克服前进途中的艰难险阻，实现中华民族的伟大复兴！法治之光必将照耀我们阔步向前！

示范法的价值

——写在《示范法比较研究》出版之际*

示范法(model law)首先是法学研究者的一种学术表达方式。不知其他学者的意见如何,反正我是这样认为的。我最初接触示范法是在20世纪80年代中期,国别的例子是美国《统一商法典》(Uniform Commercial Code,UCC),国际的例子则是1985年联合国国际贸易法委员会的《国际商事仲裁示范法》(UNCITRAL Model Law on International Commercial Arbitration)。前者是美国统一州法全国委员会与美国法学会合作,组织专家学者草拟的,草拟工作于1945年启动,1951年完成。该示范法在1952年公布后经过多次修订,是一部洋洋洒洒的示范法典。后者则是由联合国国际贸易法委员会组织专家学者历时数年完成的,于1985年获联合国大会批准后公布。据说,在统一不同国家法律的各种计划中,还没有像该《示范法》这样有如此广泛的参与者,来自全世界的各国代表团和国际商事仲裁的专家参与了草拟活动,他们为此所提供的材料和各种观点本身就是一笔财富,极大地丰富了现代国际商事仲裁法的理论。

受这两部示范法的启发和影响,本人先后涉足三项示范法的草拟活动:一是20世纪80年代末90年代初,

* 本文原载于《人民法院报》,2007年9月26日,第5版;又载于《法学家茶座》(第17辑),山东人民出版社2007年版,第155~158页。

我协助韩德培教授草拟了《大陆与台湾地区、香港、澳门地区民事法律适用示范条例》,试图对在"一国两制"条件下大陆与台湾地区、香港地区、澳门地区之间的区际民事法律冲突的解决提出一些示范性规则,该示范条例于1991年发表。二是参与草拟《国际私法示范法》。1993年在中国国际私法学会深圳年会上,学会决定起草《国际私法示范法》,并成立了以韩德培教授为召集人的起草小组,我是起草小组成员之一。从1993年到2000年,起草小组数易其稿,多次讨论和反复修改,这期间学会每年的年会也将该示范法的拟订列入议题加以讨论。该示范法最后定稿为第六稿,共五章166条,于2000年由法律出版社出版,其英文本和日文本随后在国外发表。该示范法是我国第一部由学术团体拟订的示范法,是中国国际私法学会集体智慧的结晶,其问世后在国内外产生了广泛的学术影响。三是主持"电子商务的法律规范"项目,牵头草拟了《电子商务法(示范法)》。该示范法的草拟工作从2001开始,历时3年,示范法文本于2004年发表。该示范法的草拟,充分借鉴了联合国国际贸易法委员会《电子商务示范法》,主要是为了提高国内电子商务法研究的学术水平,为从事电子商务的商家提供示范性的行为规则,同时,也为国家和地方立法机关提供电子商务立法的样板。从我本人的经验来看,尽管专家学者在开展示范法草拟工作时,也希望其工作得到社会的认可,包括官方在一定程度上的接受,从而发挥其研究成果的应有作用。但由专家学者牵头开展的或者由学术团体推动的示范法草拟工作,首先还是一种学术表达,是对应然法的追求,因而示范法就是其学术表达方式了。

然而我又必须说,示范法固然是学术表达,但它的使命在于推动法律的进步、趋同和统一。

首先,就其推动法律进步而言,无论以什么形式推动草拟的示范法,都是专家学者的"立法",是专家学者对应然法的追求,是专家学者对特定立法的科学研究,是专家学者的智力成果,因此,开展示范法活动,并当它们对现实的立法和法学产生影响的时候,就可以在一定程度上推动法律的进步。尽管示范法的草拟可能有水平和质量问题,有科学幻想问题,有脱离实际问题等,但这都不影响示范法的正面意义,即对法律进步的推动。举例来说,国际统一私法协会(International Institute for the Unification of Private Law, UNIDROIT)组织全世界合同法、贸易法专家学者历时10多年草拟的《国际商事合同通则》(Principles for International Commercial Contracts),被公认是对合同法一般法律原则加以阐释,反映世界各大法系的主要特点,并试图构建能够在国际商事交易中广泛适用的合同法体系的示范法。该通则在 1994 年公布后即成为国内和国际立法者在一般合同法领域或是针对一些特殊类型的交易起草立法时的范本。该通则对那些缺乏完善的合同法规则体系的国家特别有用,因为借鉴该通则可以使其法律达到现代国际水准,至少使其有关对外经济关系方面的法律更符合国际趋势。

其次,就其推动法律趋同和统一而言,示范法是推动法律趋同和统一的重要方法。早期,示范法是那些法制不统一的国家用来推动国内法律趋同和统一的一种方法,后来推广到国际社会,成为推动国际社会法律趋同和统一的重要方法。特别是自 20 世纪中后期以来,在国际上的法律统一化运动中,示范法在实践中被广泛运用,其成果对国际社会的法律趋同和统一产生了广泛和深远的积极影响,并引起法学理论界的高度关注。众所周知,国际社会法律统一化的传统模式是国际惯例的逐渐发展和国际条约的制定。尽管传统的模式至今仍发挥着重要的作用,但示范法已经出现并开始扮演重要的角色,在不久的将来,我们会发现在各种法律统一的方法中,在比较法的基础上,通过精心制定示范法来促进法律趋同和完成法律统一是一种方便、适宜和有效的方式。我们通过事例来说明这一点。前面提到的美国《统一商法典》自 1951 年问世以来,其不同文本已在美国各州立法机关获得通过,基本实现了美国各州商法在销售、票据、担保、信贷等领域的统一。它还先后被译成多种文字,在世界上广为流传,对国际商事条约的制定以及各个国家和地区的商事立法产生了重大影响。而 1985 年联合国国际贸易法委员会的《国际商事仲裁示范法》则开辟了仲裁法统一的新途径,对各国仲裁立法产生了广泛而深远的影响。据联合国国际贸易法委员会统计,迄今为止,世界上约有 60 个国家和地区,或者完全采纳了该《示范法》,或者稍加修改后予以采用,还有更多的国家和地区在制定自己的仲裁法时参考或借鉴了该《示范法》的内容。可见,该《示范法》大大促进了各国国际商事仲裁立法的现代化与统一化。

在本书出版前,尽管我国法学界已有草拟示范法的实践,但在理论上对示范法问题进行专门研究还是空白。因此,对之进行系统的梳理和深入的研究实有必要。在法学研究领域,示范法问题是一个跨学科的研究课题,涉及比较法、国际法、法理学、立法学等诸学科领域,仅从法学中某单一分支学科的角度来研究这个问题显然是不足够的。曾涛博士在武汉大学国际法研究所攻读博士学位期间,对这个跨学科课题产生了浓厚的兴趣,并选择该课题作博士学位论文,我作为他当时的博士学位论文指导教师,非常肯定和支持这个选题,因为我本人对这个课题也有所偏爱。曾涛博士在本书中以示范法这一法律现象为中心，采用多个学科范式，先从国内法律统一化中的示范法和国际法律统一化中的示范法两个视角，并分别以美国《统一商法典》和联合国国际贸易法委员会《国际商事仲裁示范法》的个案为例，对示范法进行了深入剖析。随后，又从具体到一般，探讨了示范法的基本理论问题，并结合中国的实践对示范法的运用进行了检讨和展望，不仅展现了示范法的不同侧面，而且发掘出这一法律现象背后许多深层次的东西。所以，我们可以完全肯定地说，曾涛博士已经在示范法研究方面做了非常有价值的开创性工作。

和平发展与国际私法*

提起和平发展,人们会自然而然地想到国际公法而忽略国际私法,因为在不少人看来,国际公法在维护世界和平、促进国际社会发展方面具有举足轻重的地位和作用,而这正好是国际私法所缺少的。然而,殊不知国际私法作为调整国际民商事关系的国际法律部门,也在自己所属领域即国际民商事领域发挥着其他法律部门所无法替代的作用,具体而言,包括解决国际民商事纠纷、协调国际民商事关系以及构建国际民商事秩序。这表明国际私法对维护和平、促进发展并非无所作为,相反却是大有可为的。

一、和平发展的内涵

"和平发展"的主张,主要是为了回应"中国威胁论""中国崩溃论"而提出来的。[①] 2002 年 12 月 9 日中共中央党校原常务副校长郑必坚教授在美国战略和国际问题研究中心发表了《中共十六大和中国和平崛起

---

* 与马德才(武汉大学法学博士、江西财经大学法学院教授,中国国际私法学会常务理事)合作撰写,本文原载于《西北大学学报(哲学社会科学版)》2008 年第 5 期。

① 参见胡宗山:《中国的和平崛起:理论历史与战略》,世界知识出版社 2006 年版,第 3 ~ 5 页。

新道路》的演讲,①首次提出了“中国和平崛起”这一命题。此后,胡锦涛总书记和温家宝总理就“和平崛起”先后进行了专门论述。2003 年 12 月 10 日温家宝总理在哈佛大学发表了题为《把目光投向中国》的演讲,首次全面阐述了“中国和平崛起”的思想。2003 年 12 月 26 日中共中央总书记、国家主席胡锦涛在纪念毛泽东同志诞辰 110 周年座谈会上再次强调,中国要坚持和平崛起的发展道路和独立自主的和平外交政策。2004 年 3 月 14 日温家宝总理在第十届全国人大第二次会议记者会上,重申了“中国和平崛起”的要义。第一,中国的崛起就是要充分利用世界和平的大好时机努力发展和壮大自己,同时,又以自己的发展,维护世界和平。第二,中国的崛起应把基点主要放在自己的力量上,独立自主、自力更生,依靠广阔的国内市场、充足的劳动力资源和雄厚的资金积累,以及改革带来的机制创新。第三,中国的崛起离不开世界。中国必须坚持对外开放的政策,在平等互利的基础上,同世界一切友好国家发展经贸关系。第四,中国的崛起需要很长的时间,恐怕要多少代人的努力奋斗。第五,中国的崛起不会妨碍任何人,也不会威胁任何人。中国现在不称霸,将来即使强大了也永远不会称霸。2004 年 4 月 24 日胡锦涛总书记在博鳌亚洲论坛 2004 年年会开幕式上的演讲中将“和平崛起”的表述改为“和平发展”。他指出,中国将坚持和平发展的道路,高举和平、发展、合作的旗帜,同亚洲各国共创亚洲振兴的新局面,努力为人类和平与发展的崇高事业做出更大的贡献。尔后,胡锦涛总书记、温家宝总理在多种场合都重申了“中国和平发展”的思想。国务院新闻办公室则于 2005 年 12 月 22 日发表了《中国的和平发展道路》白皮书。

实际上,坚定不移地走和平发展道路,是中国的必然选择。首先,这是基于中国国情的必然选择。1840 年鸦片战争后的 100 多年里,中国受尽了列强的欺辱。消除战争,实现和平,建设独立富强、民生幸福的国家,是近代以来中国人民孜孜以求的奋斗目标。坚持走和平发展道路,是中国实现国家富强、人民幸福的必由之路。其次,这是基于中国历史文化传统的必然选择。中华民族历来就是热爱和平的民族。在中华文化中,“和为贵”“和合”“和睦”“和谐”“和美”“和气生财”“和而不同”“和衷共济”的思想源远流长、博大精深,可以说中华文

---

① 此文载于郑必坚主编:《思考的历程——关于中国和平发展道路的由来、根据、内涵和前景》,中共中央党校出版社 2006 年版,第 125 ~ 130 页。随后,郑必坚发表了一系列有关中国和平发展的讲演,比较有代表性的是在 2003 年博鳌亚洲论坛的讲演《中国的和平崛起新道路和亚洲的未来》。

化就是一种和平的文化。渴望和平、追求和谐,始终是中国人民的精神特征。最后,这是基于当今世界发展潮流的必然选择。求和平、促发展、谋合作是世界各国人民的共同心愿,也是不可阻挡的历史潮流,特别是世界多极化和经济全球化趋势的深入发展,给世界和平与发展带来了新的机遇,争取较长时期的和平国际环境是可以实现的。中国是国际社会的一员,要实现自己的发展,也要顺应天下大势,与各国共同承担促进和维护世界和平的责任。

综观中国"和平发展"主张的发展轨迹,可知"和平发展"的内涵,即争取和平的国际环境来发展自己,同时又以自己的发展促进世界和平;依靠自身力量和改革创新实现发展,同时坚持实行对外开放;顺应经济全球化发展趋势,努力实现与各国的互利共赢和共同发展;坚持和平、发展、合作,与各国共同致力于建设持久和平与共同繁荣的和谐世界。

二、在和平发展环境下,国际私法具有解决国际民商事争议的功效

在国际社会中,国家基于政治、经济、军事、外交的需要必然要进行对外交往,在交往过程中难免会产生这样或那样的争议、纠纷或争端。这种争议相对于国内争议而言,被称为国际争议,是关于国家分歧的国际公法争议。此类争议自然要通过国际公法有关和平解决国际争端的规则来解决,其方式包括谈判、调查、调停、和解、公断、司法解决、区域办法等。① 随着国家间相互依赖关系的加强,国家间交往更频繁,不同国家的自然人、法人间的跨国民商事交往随之出现并迅速发展,特别是在和平发展的环境下,经济全球化和市场国际化的进程大大加快,跨国民商事活动大量发生,相应地国际民商事争议也大大增加。此类争议与前述国际公法争议一样,相对于国内争议而言,也被称为国际争议,只不过与之有所不同的是它仅是私人之间的国际私法争议,即国际私法主体之间在从事国际民商事活动中所发生的涉及人身关系和财产关系的权利义务争议。其解决办法当然不可能像国际公法争议那样依照国际公法来解决,因为国际民商事争议涉及的主要是私人,而依照国际公法的通说,②个人目前尚不是国际公法的主体。解决此类争议的方式包括传统意义上的国内机制和现代意义

① 参见《联合国宪章》第33条。

② 参见周鲠生:《国际法》(上册),商务印书馆1976年版,第62页;王铁崖:《国际法》,法律出版社1995年版,第55~56页;邵津:《国际法》,北京大学出版社、高等教育出版社2000年版,第11页。在理论上,也有学者主张个人为国际公法的主体。

上的国际机制，前者采用诸如协商、和解、调解、仲裁、诉讼等方法，但国际民商事争议毕竟与国内民商事争议有所区别，完全依赖于国内机制解决国际民商事争议，不可避免地会存在一定的局限性，如缺乏公正的普遍标准、规则不统一导致较高的交易成本、当事人之间的争议在很多时候事实上得不到有效的救济、在外国进行诉讼或仲裁取得的法院判决或仲裁裁决还要受制于内国法院的承认与执行，等等。因此，解决此类争议的现代意义上的国际机制，即国际商事仲裁、国际民事诉讼、国际商事调解等应运而生，而且，国际商事仲裁、国际民事诉讼目前是其主要方式。① 按照国际私法通说，②国际民事诉讼程序规范和国际商事仲裁规范属于国际私法，当然利用此两类规范来解决国际民商事争议即可表明国际私法具有解决国际民商事争议的功效。

中国自改革开放以来，与外国的联系逐步加强，其中一个重要的表现就是大量参与国际民商事活动。但是，和平发展并不意味着各国之间没有分歧、争议、纠纷或争端，并非人们梦境中的"太平盛世"。相反，中国在参与国际民商事活动过程中，会遇到越来越多、越来越复杂的各种各样的国际民商事争议。而解决此等争议需要充分地利用国际私法中的各种规范，以保护我国当事人的合法权益以及我国的国家利益，促进正常的国际民商事交往。上述表明，在和平发展环境下，国际私法在解决国际民商事争议方面发挥着重要的作用，因此，我们要充分利用它的这一功效。

三、在和平发展环境下，国际私法具有协调国际民商事关系的功能

在和平发展环境下，随着国际民商事交往的进行，国际民商事关系随之形成，国际民商事法律冲突随之产生，因此，调整国际民商事关系和解决国际民商事法律冲突的国际私法也就应运而生。因为国内民商法只能调整国内民商事关系，它不可能调整含有涉外因素的国际民商事关系。而国际公法虽然调整含有涉外因素的国际关系，然则只调整公法领域的政治、外交、军事等国际关系，而且仅限于公主体之间，那么主要属私主体之间的国际民商事关系自然也就不在国际公法调整范围之列。在这种情况下，这一任务就落在了国际私法头上。

---

① 参见黄进：《国际私法》（第 2 版），法律出版社 2005 年版，第 22 页、第 584 ~ 585 页。

② 参见韩德培：《国际私法》，高等教育出版社、北京大学出版社 2000 版，第 8 页；黄进：《国际私法》（第 2 版），法律出版社 2005 年版，第 22 页；李双元等：《中国国际私法通论》（第 2 版），法律出版社 2003 年版，第 17 页。

首先，国际私法通过其外国人民商事法律地位规范直接调整国际民商事关系。外国人民商事法律地位规范，是确定外国的自然人、法人甚至外国国家和国际组织在内国民商事领域的民商事权利与义务的规范。[①] 这种规范的特点在于它的直接性，即直接规定外国人在内国有权从事某种民商事活动，享有某种民商事权利，或者限制外国人在内国从事某种民商事活动，不得享有某种民商事权利或待遇，因而这种规范属直接规范或实体规范，能够直接调整国际民商事关系。同时，它通过规定外国人享有某种民商事权利和承担某种民商事义务而赋予外国人在内国的国际民商事关系主体资格，使外国人与内国人在国际民商事活动中建立国际民商事法律关系，即基于国际私法规则而建立的权利义务关系，使国际民商事交往顺利进行，使国际民商事关系正常运行。这显然既符合国际民商事关系主体的利益，又进一步促进了国际民商事关系的协调发展。

其次，国际私法通过其冲突规范间接调整国际民商事关系。冲突规范，是指明某种国际民商事关系应适用何种法律的规范。[②] 这种规范的显著特点在于它的间接性，即它并不直接规定当事人的实体权利义务，而只指出适用什么法律来确定某种国际民商事法律关系当事人的权利义务，因此，它不直接调整国际民商事关系当事人的实体权利义务关系，而是结合它所指定的特定实体规范来间接调整某种国际民商事关系。

再次，国际私法通过其国际统一实体私法规范直接调整国际民商事关系。随着国际民商事关系日益复杂化和多样性，光靠冲突规范不足以调整越来越丰富的国际民商事关系。因为冲突规范只能间接调整国际民商事关系，这就决定了它只能解决而不能避免或消除国际民商事法律冲突，所以在实践中需要一种既能直接调整国际民商事关系，又能避免或消除国际民商事法律冲突的法律规范，这种规范就是国际统一实体私法规范。所谓国际统一实体私法规范，是国际条约和国际惯例中具体规定国际民商事关系当事人的实体权利与义务的规范。[③] 可见，这种规范和外国人民商事法律地位规范一样也具有直接性的特点，因而它具有直接调整国际民商事关系的作用。可以肯定地说，作为一种直接规范，国际统一实体私法规范在国际民商事领域发挥的作用将越来越大，而且，就调整国际民商事关系的直接性和解决国际民商事法律冲突的彻底性而言，它们

---

① 参见黄进：《国际私法》（第2版），法律出版社2005年版，第21页。

② 同上书，第22页。

③ 同上。

明显优于冲突规范。①

最后,国际私法通过其国际民事诉讼程序规范和国际商事仲裁规范间接调整国际民商事关系。随着国际民商事交往越来越多,国际民商事关系越来越复杂,随之国际民商事纠纷也越来越多,越来越复杂,此等纠纷的解决日益受到重视。解决此等纠纷的方式多样,其中主要是诉讼和仲裁。通过诉讼这种方法解决国际民商事纠纷一般称之为国际民事诉讼,而通过仲裁这种方法解决国际民商事争议一般称之为国际商事仲裁。前者由国际民事诉讼程序规范规定,后者由国际商事仲裁程序规范规定。国际民事诉讼程序规范是司法机关在审理涉外民商事案件时专门适用的程序规范;②国际商事仲裁程序规范是仲裁机构、仲裁当事人以及仲裁参与人对发生在各种国际商事交易中的争议进行仲裁解决时所遵循的规范。③ 前者调整的社会关系是法院同诉讼当事人之间的国际民事诉讼关系,后者调整的社会关系是仲裁庭同仲裁当事人之间的国际商事仲裁关系,因而,这两种规范从性质上说是一种程序规范或间接规范,而不是直接调整国际民商事关系当事人的实体权利义务关系的规范。但是,它们是解决国际民商事法律纠纷,维护当事人民商事权益必不可少的法律手段,是实现民商事实体规范的辅助法律规范,因而它们对国际民商事关系同样起间接调整作用。④

上述可见,历史发展到今天,随着全球经济的迅速发展和科学技术的突飞猛进,尽管国际社会仍然充满着尖锐的矛盾和对立,但是,国际社会各国之间的联系和交往更密切,共同关心的问题越来越多,和平与发展已成为时代的最强音。国际社会内部的矛盾和对立已不再是主要方面,而国际社会的统一性、整体性与合作性则起着决定性的作用。国际私法作为国际民商事关系的"调整器"和"润滑剂",在国际社会生活中的地位和作用正在加强,日益受到人们的重视。⑤ 这足以表明,在和平发展环境下,国际私法具有协调国际民商事关系的功能。

中国实行改革开放,就是要把自己汇入世界和平与发展的大潮,就是要迈着时代的步伐进入国际社会,就是要同世界各国及其人民进行交往和交流,从

---

① 参见黄进:《国际私法》(第2版),法律出版社2005年版,第22页。

② 同上书,第23页。

③ 同上。

④ 同上书,第8~9页。

⑤ 同上书,第1页。

而为世界的和平与发展做出自己的努力和奉献。其间,国际私法不可或缺,国际私法将为中国参与国际民商事交往铺路架桥,并促进和保障国际民商关系健康和顺利发展。①

四、在和平发展环境下,国际私法具有构建国际民商事秩序的功用

在价值问题上,现在不仅重视哲学,而且对文学、美学、史学、法学、管理学、文化学、教育学等都很重视。② 正如庞德所言,"价值问题虽然是一个困难的问题,但它是法律科学所不能回避的"。③ 拉德布鲁赫也认为,"法律是人的创造物,只能根据人的理念,也即创造的目的或价值来理解。所以对任何法律现象不可能采取价值盲的观点。法律又是一种文化现象,即与价值有关的事实"。④ 而问题在于,法律的价值是什么? 关于这个问题,不同国家、不同时期的不同学者作了不同的回答。⑤ 归纳起来,法律的价值不外乎包括生命价值、自由价值、平等价值、人权价值、秩序价值、公平价值、正义价值等。不过,无论是西方法学家,还是中国法学家,都普遍认为秩序是法律的首要价值或基本价值,如美国的斯坦认为,"与法律永相伴随的基本价值,便是社会秩序"。⑥ 也有中国学者认为,"从个体的意义上讲,人的生命是法的首要价值;从社会意义上讲,社会的秩序则是法的首要价值"。⑦

国际私法作为一个法律部门,理应具有一般法律所具有的价值,诸如公平、正义、平等、秩序等。同时,由于国际私法不同于其他法律部门的重要表现在于,一方面,它具有特定的调整对象即国际民商事关系;另一方面,它具有特有的调整方法即间接调整方法,因而它又具有区别于一般法律所具有的价值,诸如构建国际民商事秩序,促进国际民商事交往,追求国际民商事关系的明确性、稳定性与可预见性,实现判决结果的一致性以及从形式正义到实体正义,等等。同样地,国际私法的首要价值或基本价值也应是秩序,只不过由其特定的调整

---

① 参见黄进:《国际私法》(第 2 版),法律出版社 2005 年版,第 1 页。

② 参见王玉梁:《追寻价值——重读杜威》,四川人民出版社 1997 年版,第 350~351 页。

③ [美]庞德:《通过法律的社会控制·法律的任务》,沈宗灵、董世忠译,商务印书馆 1984 年版,第 55 页。

④ 沈宗灵:《现代西方法理学》,北京大学出版社 1992 年版,第 41 页。

⑤ 参见卓泽渊:《法的价值论》(第 2 版),法律出版社 2006 年版,第 21~33 页。

⑥ [美]斯坦等:《西方社会的法律价值》,中国人民公安大学出版社 1989 年版,第 38 页。

⑦ 卓泽渊:《法的价值论》(第 2 版),法律出版社 2006 年版,第 4 页。

对象决定了构建国际民商事秩序应是它的首要价值或基本价值。因为国际民商事关系作为国际私法特定的调整对象决定了国际私法的主要目的和功能应是如何规范各种国际民商事关系,从而促成公正合理的国际民商事秩序,促进国际民商事交往进一步发展。

尽管国际私法是一个调整国际民商事关系、解决国际民商事法律冲突的法律部门,以解决国际民商事法律冲突为中心任务,①但随着经济全球化的进程不断加快,国际大市场进一步发育和成熟,国际社会必然要求建立起与之相适应的国际法律环境。这种国际法律环境,一部分是由国际公法构成的——保障国际政治秩序的确立与运作;另一部分是由国际经济法构成的——保障国际经济秩序的确立与运作;还有一部分,毫无疑问,当是由国际私法构成的——保障国际民商事秩序的确立与运作。② 另外,今天的世界正处在一个新的历史发展时期,社会关系呈现新的特点和需求。这些特点和需求之一就是人类社会关系正逐渐在全球范围内融为一体,人类生活和活动对秩序需求正在由建立个别社会的秩序发展为建立国际社会的整体秩序。这已成为人类共识。这种共识必然导致人类对建立社会秩序所依赖的主要方法——法律,尤其是专门调整国际社会关系的国际法律,包括国际私法提出新的更高的价值追求,即引导和推动国际社会整体有序。③ 这种整体有序当然包含正常和健康的国际民商事秩序。可见,国际私法在构筑及维护国际民商事秩序方面发挥着重要的作用。

应当指出的是,这里所称国际民商事秩序是一个有序、开放、灵活的大系统,必须谋求不同社会制度、不同发展水平的国家的人民之间民商事交流的开展及其民商事权益的平等保护,与国际政治新秩序、国际经济新秩序是相辅相成、密不可分的。④ 这种国际民商事秩序的构建,旨在促进世界各国人们在公平和诚实信用的基础上进行国际民商事交往,以发展正常和健康的国际民商事关系。众所周知,法律旨在创设一种公平正义的社会秩序,⑤因而国际民商事秩序的建立和维持需要一套法律体系,这套法律体系因国际民商事秩序的国际民商

---

① 参见黄进:《国际私法》(第2版),法律出版社2005年版,第33页。

② 李双元:《〈国际民商事纠纷的法律解决程序〉之序》,载谢石松:《国际民商事纠纷的法律解决程序》,广东人民出版社1996年版,第2页。

③ 参见沈涓:《冲突法及其价值导向》(修订本),中国政法大学出版社2002年版,第140页。

④ 参见李双元等:《国际民商新秩序的理论建构》,武汉大学出版社1998年版,第65~67页。

⑤ [美]博登海默:《法理学:法律哲学与法律方法》,邓正来译,中国政法大学出版社2004年版,第330页。

事的性质特点决定了其应是国际民商事法律体系,作为调整国际民商事关系的国际私法在其中理所当然应居于基础性地位。所以,各主权国家必须通过国内立法和参与国际立法来完善国际私法制度,以建立和维护公平合理的国际民商事秩序。同时,基于国际民商事秩序中当事人平等的特点,各国必须分别或共同采取有效的法律、经济和行政措施,把各种形式上的平等转化为真正的、实质上的平等。并且,各国在国际民商事活动中应遵循国际社会中的一些基本原则,诸如主权平等、和平共处、国际合作以谋发展等,以体现国际民商事秩序的科学性。

改革开放以来,中国积极开展国际交往,其参与的国际民商事活动日益增多,其所涉的国际民商事关系日益丰富和复杂,相关的国际民商事法律冲突日益凸显,同时也面临如何参与构建与维护国际民商事秩序的问题。在这种情况下,我国要重视、研究、运用和发展国际私法,特别是要加强我国的国际私法立法,使之法典化、系统化和科学化。这是因为国际私法对中国追求和平发展,推动构建人类命运共同体具有重要的价值,它不仅能够解决国际民商事法律冲突,而且能够促进和保障国际民商事关系正常和健康的发展,并且能为构建和维护国际民商事秩序发挥其应有的作用。反之,国际民商事秩序的构建和维护又可以使传统的国际私法理论得以更新,并使国际私法立法得到进一步完善,从而使国际私法适应和促进国际民商事关系的新发展。

国际法与国际金融危机的防范和解决*

百年不遇的国际金融危机是当前世界经济社会发展的头号难题。此次金融危机动摇了全球金融体系，严重影响着各国经济的发展速度与模式，并有可能对法律结构、社会结构产生影响。随之引发的各类民商事纠纷将会明显增加，投资争议和贸易摩擦也会不断升级。在这种形势下，我国政府如何发挥国际法在防范和解决国际金融危机中的作用，运用国际法原则、制度和规则解决各类涉外民商事、经济贸易纠纷，完善政府间金融监管国际合作法律制度，推动建立新的国际民商事、经济贸易和金融秩序，也成为当前我国政府加强法治建设需要高度关注的课题之一。以下谈三个方面问题。

一、运用国际法则，解决国际金融危机引发的涉外纠纷

国际金融危机所引发的矛盾和纠纷在司法领域已经反映出来，各类民商事案件大量发生。根据全国法院的司法统计数据显示，2008 年民商事案件总体上升了 15% 左右，案件总数大概 550 万件，涉及的诉讼标的额大概 8000 亿元，其中不少是涉外民商事、经济贸易纠纷。

---

* 本文原载于国务院政府法制研究中心编：《政府法制在应对国际金融危机冲击中的作用研讨会论文集》，中国法制出版社 2009 年版，第 171 ~ 180 页。

（一）国际金融危机引发的涉外纠纷之特点

第一，纠纷类型的集中性。一是贸易纠纷明显增长。一些企业已签署了国际贸易合同，由于受到金融危机的影响，原材料和产品价格大幅波动，导致合同履行发生困难，甚至宁可违反约定，也不履行合同，于是发生了大量纠纷。二是投资纠纷日益突出。不少外商非正常撤资而引发的股权纠纷、收购纠纷、清算纠纷和破产纠纷，以及投资人在经营下滑的情况下因内部出现分歧而导致的公司改制和管理类纠纷增多。三是金融纠纷大幅上升。主要是部分企业的生产成本增加，而出口市场萎缩，就导致资金周转困难，不能正常还贷。同时，金融机构紧缩贷款，加大了对企业债权的清收力度。四是劳资纠纷频繁发生。在外资企业经营面临困难的情况下，内部劳资关系也趋于紧张和不稳定，欠薪类劳动用工合同纠纷、工伤保险类纠纷上升明显。

第二，纠纷发生的连环性。国际金融危机带来的“多米诺骨牌”效应已蔓延到司法领域。在经济衰退下行周期，倒闭的企业多了，债务纠纷、劳资纠纷、破产清盘等接连发生。例如，因房产销售不畅，开发商不能清偿银行债务和支付工程款，造成建筑商亦无法向建材供应商及时支付货款，亦无法向建筑工人支付工资报酬。随之带来了借款合同纠纷、建设工程施工合同纠纷、买卖合同纠纷、追索劳动报酬纠纷等。又如，因外商非正常撤离而引发的纠纷就可能涉及劳动争议、合同和金融债权等方面。仅就合同案件而言，外商投资者与业务往来方签订的大量合同无法履行，从而引发大量的违约诉讼案件，担保追偿、保证等经济纠纷也将交错涌现。

第三，纠纷影响的严重性。受国际金融危机影响，很多企业在倒闭前，表面运作良好，没有任何危机迹象，债权债务关系也相对平静，但事实上企业可能已到积重难返之境，当某个环节出现问题，企业就会“突然死亡”。2009 年年初，因产品出口受阻、资金链断裂、公司管理层出逃，位于广东省江门市，以出口为主、年产值超亿元的国内最大的多士炉制造基地——东美电器有限公司，一夜之间处于停工状态。由此引发的系列集团式纠纷 170 余起，涉案金额达 1.7 亿元。2008 年 1 月，100 余家韩资企业“半夜逃离”山东，遗留大量问题，给中方相关利益方造成严重经济损失，对我国的金融安全、关联产业发展和就业规模等产生严重影响，同时也对我国的双边经贸往来和地方社会稳定造成一定消极影响。

（二）国际金融危机引发的涉外纠纷之解决

解决因国际金融危机引发的各类涉外纠纷，需要重视运用国际法规则和程序，根据不同纠纷类型和纠纷解决的不同环节，采取多种行之有效的措施和方式。目前，主要的是国际司法诉讼和国际商事仲裁。

1. 国际司法诉讼

对于涉外民商事、经济贸易纠纷的解决来说，各类债权人为最快、最大限度地实现权益，往往立即采取诉讼手段。在运用国际司法诉讼方式的过程中，尤其要注意以下三点。

一是确定国际司法管辖权。按照我国《民事诉讼法》和最高人民法院《关于适用〈民事诉讼法〉若干问题的意见》，在不违反专属管辖的情况下，当事人可以通过协议来约定管辖的法院。但是，如因在中国领域内履行的中外合资经营企业合同、中外合作经营企业合同、中外合作勘探开发自然资源合同发生纠纷而提出的诉讼，必须由中国法院管辖。同时，对那些外国责任主体利用是我国境内企业的地位在境内侵犯中方当事人利益的行为，当地人民法院当然有权管辖。中方当事人在进行诉讼时，最好依据连带责任原理，起诉外资企业本身，同时依据公司法的清算规则，让那些有限责任公司的股东、股份有限公司的董事和控股股东以及实际控制人承担连带责任、成为共同被告。另外，对于涉外合同、侵权纠纷以及信用证纠纷，必须按照最高人民法院《关于涉外民商事案件诉讼管辖若干问题的规定》确定级别管辖。

二是选择解决涉外纠纷适用的法律。按照我国《民法通则》第八章及其司法解释等的规定，涉外纠纷的法律适用，应依照我国相关冲突规范来确定应适用的实体法。我国缔结或者参加的国际条约同我国的民事法律有不同规定的，适用国际条约的规定，但我国声明保留的条款除外。我国法律和我国缔结或者参加的国际条约没有规定的，可以适用国际惯例。对于涉外合同纠纷，当事人可以选择合同争议所适用的法律，当事人未选择法律的，适用与合同有最密切联系的国家或者地区的法律。但是，我国法律、行政法规规定的在我国领域内履行的中外合资合作类合同、外资承包或收购内资类合同则应适用我国法律。对于涉外侵权纠纷，一般适用侵权行为地法律，包括侵权行为实施地法律和侵权结果发生地法律。当事人双方国籍相同或者在同一国家有住所的，也可以适用当事人本国法律或者住所地法律。我国法律不认为在我国领域外发生的行为是侵权行为的，不作为侵权行为处理。

三是申请国际司法协助。我国已与许多国家缔结了民商事司法协助条约，这为有效地处理金融危机引发的涉外民商事、经济贸易纠纷奠定了法律基础。涉外纠纷发生后，中方当事人要及时向人民法院申请立案。根据案件具体情况,人民法院可根据我国和相关国家签订的司法协助条约,通过条约规定的中央机关向外方提出司法协助请求。例如,向位于该国的诉讼当事人送达传票、起诉书等司法文书,调取相关证据,协助调查涉案人员和资金的下落,扣押相关物品等。中方当事人提起的民事诉讼在我国法院胜诉后,如败诉的外国当事人在中国无可供执行的财产,胜诉方可依据中国和相应国家签订的民商事司法协助条约的相关规定或依据败诉方在国外的财产所在地的法律,通过司法协助机制,请求外国有管辖权的法院承认和执行中国法院的生效判决、裁定。

2. 国际商事仲裁

国际商事仲裁具有当事人意思自治、一裁终局、专家断案、保守商业秘密、裁决在世界范围内易于执行等诸多特点,也是解决当前国际贸易、投资、金融争议的重要方式。进行国际商事仲裁需要注意以下三点。

一是明确仲裁协议或条款。我国《仲裁法》第 16 条规定:“仲裁协议应当具有下列内容:(一)请求仲裁的意思表示;(二)仲裁事项;(三)选定的仲裁委员会。”第 18 条又规定:“仲裁协议对仲裁事项或者仲裁委员会没有约定或者约定不明的,当事人可以补充协议,达不成补充协议的,仲裁协议无效。”因此,在订立仲裁协议或仲裁条款时,应注意审查仲裁协议或仲裁条款内容的完整性,对请求仲裁的意思表示、仲裁事项、选定的仲裁委员会进行明确的约定,以避免因仲裁条款缺漏而无效,无法按照当事人的意愿启动仲裁程序。

二是选择仲裁的适用法律。涉外贸易纠纷,双方选择仲裁解决的,可以自行选择仲裁机构,也可以自行选择仲裁所适用的法律。一旦出现纠纷,需要向约定的仲裁机构提起仲裁,但不一定依据仲裁地国的法律。比如,选择美国的仲裁机构就不一定适用美国的法律,一切依协议约定。如果双方对涉外仲裁协议的效力有争议,按照我国最高人民法院《关于适用〈仲裁法〉若干问题的解释》,首先适用当事人约定的法律;当事人没有约定适用的法律但约定了仲裁地的,适用仲裁地法律;没有约定适用的法律也没有约定仲裁地或者仲裁地约定不明的,适用法院地法律。

三是及时申请裁决的执行。由于仲裁机构本身没有强制执行仲裁裁决的能力,一旦一方当事人不自觉履行仲裁裁决,另一方当事人就需要请求有关的国内法院强制执行。按照我国《民事诉讼法》和《仲裁法》的有关规定,对中国的涉外仲裁裁决,一方当事人不履行的,对方当事人可以向被申请人住所地或财产所在地的中级人民法院申请执行。申请执行的期限,双方或一方当事人是自然人的为 1 年,双方是法人或其他组织的为 6 个月。中国涉外仲裁机构作出的仲裁裁决,如果被执行人或者其财产不在中国领域内,应当由当事人直接向有管辖权的外国法院申请承认和执行。由于中国已加入1958年在纽约通过的《承认及执行外国仲裁裁决公约》,当事人可依照公约规定直接到其他有关缔约国申请承认和执行中国涉外仲裁机构作出的裁决。

二、防范金融风险,完善金融监管国际合作法律制度

缺乏明确的金融监管国际合作法律制度,是目前金融危机发生发展的主要原因之一。对此,国际社会已经达成共识。

过度的金融创新必然带来金融风险。金融创新使很多金融产品和金融业务同时涉及银行业、证券业和保险业,这种金融业务的融合会内生出跨市场金融风险。该风险在爆发前,表现隐蔽而不易被监管机构查知,一旦爆发,就呈现在不同金融市场之间迅速传递并难以控制的特点。同时,金融全球化的客观现实导致国家之间金融业务的相关联系日益加强,一国国内发生的金融危机必然演化为全球性金融危机。因而,加强国家之间在金融领域的合作、建立有效的金融监管国际合作法律制度来防范金融风险就成为必要。我国政府尤其要注意以下四点。

一是坚持金融监管的主权原则。金融监管权的行使是一国主权的体现。在我国金融监管法律制度的调整过程中,应针对金融活动国际化的趋势,坚持金融监管的主权原则,以维护我国的国家利益及社会公共利益。在金融机构市场准入方面,既要切实履行入世的承诺,也要以金融机构的母国对该金融机构有无足够的监控手段、能否获取其经营信息、能否对该金融机构实施检查等作为市场准入的条件。以双边、多边条约等方式建立金融机构母国、东道国协调监管机制,在制度设立上既要包括对外国金融机构在我国金融活动中的监管,也要涵盖对我国金融机构在外国从事金融活动的监管。

二是建立金融风险全面评析制度。对金融风险的全面评析,可以有效地防止金融危机的爆发与发展,主要包括评析的风险类型和评析方法的全球逐步统一。从风险类型看,应当包括以下几点:(1)加强对具有普遍性或全局性风险隐患的经济、社会因素的分析。(2)加强对金融产品的市场风险分析,分析信贷资金的流向和流量,及时揭示信贷投放的行业风险;分析金融衍生产品给市场、投资人以及金融机构产生风险的可能性。(3)加强跨市场风险的分析,加强对整个金融业包括银行业、证券业和保险等各类金融机构的风险监测分析,为风险

预警提供数据支持。

三是建立金融危机抵抗协调机制。首先,统一各国国内经济危机的宏观调控机制。此次金融危机中各国均采用了积极的财政政策和宽松的货币政策,国际社会应将此种做法常态化。其次,防范国际贸易保护主义势头增长。各国在积极刺激本国经济、防范金融危机扩展的同时,国际贸易保护主义思潮和措施正在显现。因此,国际社会建立防范金融危机与坚持国际贸易自由化协调一致的统一机制实属必要。最后,关注发展中国家,特别是最不发达国家金融秩序和经济发展的维护。各国特别是 G20 国家除了关注自身经济环境外,还应当特别关心最不发达国家因金融危机所导致的经济衰退,帮助这些国家渡过经济难关。

四是加强金融信息披露制度。信息披露制度成为各国金融监管的重要制度,但事实上各国对金融信息披露的内容并无统一、明确的规范。按照巴塞尔协议要求,银行应当披露以下内容:一是银行业务状况,二是银行财务状况,三是风险管理的策略,四是风险状况,但对其他金融信息披露则没有涉及。在实践中还应当披露以下金融信息:(1)披露与金融工具有关的范围和性质、利率风险、信用风险、公允价值;(2)披露对金融工具采用的会计政策和方法,包括确认标准和计量基础;(3)企业的金融资产以超过其公允价值的金额计价时,应披露单项资产的账面价值和公允价值以及不减少账面价值的原因;(4)当企业将金融工具作为对预期交易的套期工具来核算时,应披露预期交易预计发生的时间、套期工具以及被套期项目利得或损失的确认方式等。

三、推进国际法治,构建国际民商事、经济贸易和金融新秩序

当今世界正处在一个新的历史发展时期,社会关系呈现新的特点和需求。其中之一就是人类社会关系正逐渐在全球范围内融为一体,人类活动对秩序的需求正在由建立个别社会的秩序迈向建立国际社会的整体秩序,并已成为人类共识。这种共识必然导致人类对建立社会秩序所依赖的主要方法——法律,尤其是专门调整国际社会关系的国际法提出更高的价值追求,即引导和推动国际社会的整体有序并实现国际法治。针对金融危机引发的问题及其解决,我国政府尤其要注重以下两点。

一是推进国际法治,建立国际民商事新秩序。改革开放 30 多年以来,中国积极开展国际交往,参与的国际民商事活动日益增多,所涉及的国际民商事关

系日益丰富,相关的国际民商事法律冲突日益凸显,在金融危机的特殊时期,国际民商事纠纷也相应地明显增加。我国政府除了要应对实际纠纷的具体解决外,还应从国际社会的整体有序出发,推进国际法治,参与构建与维护国际民商事新秩序。这里所称的国际民商事新秩序是一个有序、开放、灵活的大系统,必须谋求不同社会制度、不同发展水平的国家、人民之间民商事交流的正常有序开展及其民商事权益的平等保护,与国际政治新秩序、国际经济新秩序相辅相成、密不可分。这种国际民商事新秩序的构建旨在促进各国人民在公平正义和诚实信用的基础上进行国际民商事交往,以发展正常和健康的国际民商事关系。而国际民商事新秩序的建立和维持需要一套相应的法律体系,即国际民商事法律体系。在这种情况下,我国要重视、研究、运用和发展国际民商事法律,特别是要加强我国的国际民商事立法,尽快制定我国的《涉外民事法律适用法》,使之法典化、系统化和科学化。

二是推进国际法治,建立国际经济贸易和金融新秩序。国际关系中一些新因素的出现,如国际经济秩序的变化、科学技术的进步、新兴国家作用的增强,都会导致国际法原则、制度和规则发生变化。国际金融危机发生并扩散后,发展中国家和一些发达国家都在要求改革现有的国际经济贸易和金融秩序。在新形势下,党的十七大报告首次明确提出"恪守国际法和公认的国际准则",明确宣示"支持完善国际贸易和金融体制"。在2008年举行的G20华盛顿金融峰会上,中国国家主席胡锦涛进一步提出建设公正、公平、包容、有序的国际金融体系,明确要求增加发展中国家的发言权和制订游戏规则的参与权,为下一步改进金融领域的国际法规则指出了正确方向。在2009年G20伦敦金融峰会上,胡锦涛主席又发表了《携手合作　同舟共济》的重要讲话。他指出,我们应该抓紧落实华盛顿峰会达成的重要共识,推动国际金融秩序不断朝着公平、公正、包容、有序的方向发展,要完善国际货币体系,促进国际货币体系多元化、合理化。

总之,我国应该吸取国际金融危机的经验和教训,积极参加国际规则的制定,善用国际法原则、制度和规则解决金融危机引发的涉外民商事、经济贸易纠纷;防范金融风险,完善金融监管国际合作法律制度,倡导建立一种有效应对金融危机的法律机制;推进国际法治,建立公平、合理的国际民商事、经济贸易和金融新秩序,从而更好地促进我国经济社会的持续、快速、健康发展。

习近平全球治理与国际法治思想研究*

导言

当今世界，开放包容、多元互鉴是主基调，相互联系、相互依存是大潮流，和平、发展、合作、共赢是主旋律。① 但是，世界仍然很不安宁。世界经济处于深度调整期，低增长、低通胀、低需求同高失业、高债务、高泡沫等风险交织，主要经济体走势和政策取向继续分化，经济环境的不确定性依然突出；地缘政治因素更加突出，局部动荡此起彼伏；恐怖主义、网络安全、能源安全、粮食安全、气候变化、重大传染性疾病等非传统安全和全球性挑战不断增多，南北发展差距依然很大。推进人类和平与发展的崇高事业依然任重道远。②

面对不断增多的全球性挑战和深刻复杂变化的世界，作为党和国家最高领导人的习近平总书记明确指出：

---

* 本文系国家社会科学基金重大委托项目“创新发展中国特色社会主义法治理论体系研究”（项目批准号：17@ZH014）子课题“全面参与全球治理与国际法治”的阶段性研究成果。感谢中国政法大学国际法学院博士研究生鲁洋、齐宸、魏求月对完成这一成果所做出的贡献。本文原载于《中国法学》2017年第5期。

① 参见习近平：《共倡开放包容　共促和平发展——在伦敦金融城市长晚宴上的演讲》，载《人民日报》2015年10月23日，第2版。

② 习近平：《迈向命运共同体　开创亚洲新未来——在博鳌亚洲论坛2015年年会上的主旨演讲》，载《人民日报》2015年3月29日，第2版。

"加强全球治理、推进全球治理体制变革已是大势所趋。"①他将其重要性概括为:"不仅事关应对各种全球性挑战,而且事关给国际秩序和国际体系定规则、定方向;不仅事关对发展制高点的争夺,而且事关各国在国际秩序和国际体系长远制度性安排中的地位和作用。"②由此可见,他对加强全球治理和推进全球治理体制变革高度重视。不仅如此,习近平总书记对这一重大课题还有深刻理解,并在许多场合直接或间接地对其进行了阐述。他所提出或坚持的诸如"构建人类命运共同体""走和平发展道路""构建以合作共赢为核心的新型国际关系""维护以联合国宪章宗旨和原则为核心的国际秩序和国际体系""推动全球治理体系与国际秩序朝着更加公正合理的方向发展""加强涉外法律工作"等重要理念、观点、论断,构筑其全球治理与国际法治思想的厚实根基和坚实框架;而许多细致缜密的论述、充分深入的说明、形象生动的例证则构成其全球治理与国际法治思想的丰富内容和丰满血肉。

以解决全球性问题、维持正常的国际政治经济秩序为目的的全球治理,往往以具有约束力的国际规制和有效的国际合作为路径。③ 因此,主张"国际社会各行为体共同崇尚和遵从人本主义、和谐共存、持续发展的法律制度,并以此为基点和准绳,在跨越国家的层面上约束各自的行为、确立彼此的关系、界定各自权利和义务、处理相关的事务"④的国际法治成为全球治理在国际规制层面的重要方法和路径。特别是在以国家实力为基础的传统国际关系已经或正在向以理性规范为基础的国际关系转变的当下,⑤国际法治在公正、合理、有效地开展全球治理中具有更加举足轻重的地位。反过来,为了共同应对全球性挑战而进行的全球治理,也对国际法治提出了更高要求,包括以优化全球治理体系为宗旨的推动创新国际法、以提高全球治理效率为目的的强化遵从国际法和以实现全球治理价值为归宿的公正适用国际法等。习近平总书记清晰认知和深切了解全球治理与国际法治之间这种相互促进、彼此交融、良性互动的关系,并在其全球治理思想中表现出鲜明的国际法治思想。党的十八届四中全会作出

① 《习近平在中共中央政治局第二十七次集体学习时强调:推动全球治理体制更加公正更加合理 为我国发展和世界和平创造有利条件》,载《人民日报》2015 年 10 月 14 日,第 1 版。

② 同上。

③ 参见中国社会科学院财经战略课题组:《推动完善全球治理机制》,载《经济日报》2013 年 11 月 22 日,第 15 版。

④ 参见何志鹏:《国际法治论》,北京大学出版社 2016 年版,第 44 页。

⑤ 同上书,第 256 页。

了全面推进依法治国的重要决定和重大部署;2017 年 5 月 3 日习近平总书记在考察中国政法大学时,也就全面依法治国和法治人才培养发表了重要讲话。可以说,他将国际法治思想与全球治理思想有机结合、融会贯通,既是对全面依法治国决定的坚决支持和坚定维护,也是其全面依法治国思想在全球治理领域的匠心演绎和精妙发展。

全球治理体系由全球共商共建共享。中国作为世界上最大的发展中国家和第二大经济体,是现行国际体系的参与者、建设者、贡献者。① 习近平总书记在庆祝中国共产党成立 95 周年的大会上指出:“中国将积极参与全球治理体系建设,努力为完善全球治理贡献中国智慧,同世界各国人民一道,推动国际秩序和全球治理体系朝着更加公正合理的方向发展。”②这是他对中国参与全球治理体系建设的明确要求,对中国智慧奉献全球治理的殷切期望,对中国推动国际秩序和全球治理体系发展之着力方向的清晰指示。

为了切实领会和准确把握习近平总书记有关全球治理与国际法治的讲话精神,也为中国积极参与建设和完善全球治理体系与国际秩序贡献力量,本文将在全面学习习近平总书记相关重要讲话的基础上,对其全球治理与国际法治思想展开深入研究和详细论述。

一、构建人类命运共同体

党的十八大报告提出,“要倡导人类命运共同体意识”。党的十八大之后,习近平总书记继承并发展了这一理念。从提出“同心打造人类命运共同体”③到明确界定为“共同构建人类命运共同体”,④该理念的内容伴随着不断精准的表述而逐步丰富。

(一)构建人类命运共同体是加强全球治理的一项重要理论依据

构建人类命运共同体思想回答了加强全球治理的原因、目标和路径问题,

① 参见《习近平接受华尔街日报采访时强调:坚持构建中美新型大国关系正确方向 促进亚太地区和世界和平稳定发展》,载《人民日报》2015 年 9 月 23 日,第 1 版。

② 习近平:《在庆祝中国共产党成立 95 周年大会上的讲话》,载《人民日报》2016 年 7 月 2 日,第 2 版。

③ 习近平:《携手构建合作共赢新伙伴 同心打造人类命运共同体——在第七十届联合国大会一般性辩论时的讲话》,载《人民日报》2015 年 9 月 29 日,第 2 版。

④ 习近平:《共同构建人类命运共同体——在联合国日内瓦总部的演讲》,载《人民日报》2017 年 1 月 20 日,第 2 版。

所以其成为中国全面参与全球治理的重要理论依据。面对近年来一些西方国家出现的动摇全球治理基础的逆全球化浪潮,①习近平总书记清楚地告诉世界:"各国利益交融、兴衰相伴、安危与共,形成了你中有我、我中有你的命运共同体。"②也就是说,在各国已然形成命运共同体的客观事实下,继续坚持全球化道路才是顺势而为,才能顺势而昌。因此,以坚持全球化为一项重要特征的构建人类命运共同体理念是对全球治理基础的巩固,是对加强全球治理原因的回答。此外,构建人类命运共同体以"和平、发展、公平、正义、民主、自由"为目标,③以"建立平等相待、互商互谅的伙伴关系,营造公道正义、共建共享的安全格局,谋求开放创新、包容互惠的发展前景,促进和而不同、兼收并蓄的文明交流,构筑尊崇自然、绿色发展的生态体系"为路径。④ 这与加强全球治理的目标和路径如出一辙。

(二)构建人类命运共同体是推进全球治理体制变革的巨大现实动力

当今世界,虽然"和平力量的上升远远超过战争因素的增长,和平、发展、合作、共赢的时代潮流更加强劲",⑤但离构建人类命运共同体所追求的"和平、发展、公平、正义、民主、自由"目标仍相去甚远。"世界经济增长乏力,金融危机阴云不散,发展鸿沟日益突出,兵戎相见时有发生,冷战思维和强权政治阴魂不散,恐怖主义、难民危机、重大传染性疾病、气候变化等非传统安全威胁持续蔓延",⑥国际关系的公平正义远未实现,国际关系民主化、法治化、合理化有待进一步推进,⑦这些都是构建人类命运共同体需要克服的全球性困难和挑战,而这离不开全球治理体制的变革。因此,构建人类命运共同体向全球治理体制变革提出了强烈的现实要求,遂成为后者巨大的现实动力。

---

① 参见李向阳:《人类命运共同体理念指引全球治理改革方向——深入学习贯彻习近平同志系列重要讲话精神》,载《人民日报》2017 年 3 月 8 日,第 7 版。

② 习近平:《在中国国际友好大会暨中国人民对外友好协会成立 60 周年纪念活动上的讲话》,载《人民日报》2014 年 5 月 16 日,第 2 版。

③ 参见习近平:《携手构建合作共赢新伙伴　同心打造人类命运共同体——在第七十届联合国大会一般性辩论时的讲话》,载《人民日报》2015 年 9 月 29 日,第 2 版。

④ 同上。

⑤ 习近平:《共同构建人类命运共同体——在联合国日内瓦总部的演讲》,载《人民日报》2017 年 1 月 20 日,第 2 版。

⑥ 同上。

⑦ 参见习近平:《弘扬和平共处五项原则　建设合作共赢美好世界——在和平共处五项原则发表 60 周年纪念大会上的讲话》,载《人民日报》2014 年 6 月 29 日,第 2 版。

(三)构建人类命运共同体是中国参与全球治理的重要目标之一

习近平总书记指出:"我们参与全球治理的根本目的是服从服务于实现'两个一百年'奋斗目标、实现中华民族伟大复兴的中国梦。"①但他同时也强调全球治理体系的共商共建共享,中国只做参与者、建设者和贡献者,不寻求对其独自掌握。② 在参与过程中,中国维护世界和平的决心不会改变,永不称霸、永不扩张、永不谋求势力范围;中国促进共同发展的决心不会改变,将继续奉行互利共赢的开放战略,将自身发展机遇同世界各国分享;中国打造伙伴关系的决心不会改变,在和平共处五项原则基础上同所有国家发展友好合作;中国支持多边主义的决心不会改变,坚定维护以联合国为核心的国际体系,坚定维护以联合国宪章宗旨和原则为基石的国际关系基本准则,坚定维护联合国权威和地位,坚定维护联合国在国际事务中的核心作用。③ 他还要求,中国为全球治理贡献智慧,推动全球治理体系朝着更公正合理的方向发展,为我国发展与世界和平创造更有利的条件。这一系列主张表明,习近平总书记并未狭隘地将中国自身发展作为参与全球治理的唯一目的,而是以国际视野和世界情怀,将构建人类命运共同体也作为参与全球治理的重要目标。

二、走和平发展道路

在国际形势风云变幻而国内发展出现新常态的背景下,如何实现"两个一百年"奋斗目标,实现中华民族伟大复兴的中国梦,机遇和挑战均前所未有,而道路问题尤为重要。"道路问题是关系党的事业兴衰成败第一位的问题,道路就是党的生命"④"无论搞革命、搞建设、搞改革,道路问题都是最根本的问题"。⑤ 只要道路正确,即便发展是缓慢的、螺旋的、迂回的,但也是累加的、正向

---

① 《习近平在中共中央政治局第二十七次集体学习时强调:推动全球治理体制更加公正更加合理 为我国发展和世界和平创造有利条件》,载《人民日报》2015 年 10 月 14 日,第 1 版。

② 参见《习近平接受华尔街日报采访时强调:坚持构建中美新型大国关系正确方向 促进亚太地区和世界和平稳定发展》,载《人民日报》2015 年 9 月 23 日,第 1 版。

③ 参见习近平:《共同构建人类命运共同体——在联合国日内瓦总部的演讲》,载《人民日报》2017 年 1 月 20 日,第 2 版。

④ 《习近平在新进中央委员会的委员、候补委员学习贯彻党的十八大精神研讨班开班式上发表重要讲话强调:毫不动摇坚持和发展中国特色社会主义 在实践中不断有所发现有所创造有所前进》,载《人民日报》2013 年 1 月 6 日,第 1 版。

⑤ 《习近平在中共中央政治局第七次集体学习时强调:在对历史的深入思考中更好走向未来 交出发展中国特色社会主义合格答卷》,载《人民日报》2013 年 6 月 27 日,第 1 版。

的、光明的。因此,习近平总书记对中国发展的正确道路高度重视且洞若观火。

(一)坚定不移地走和平发展道路

"观之上古,验之当世,参之人事。"习近平总书记站在新的历史起点上,准确把握国际国内两个大局,提出并多次重申中国立场:坚定不移地走和平发展道路。"坚持不忘初心、继续前进,就要始终不渝走和平发展道路,始终不渝奉行互利共赢的开放战略,加强同各国的友好往来,同各国人民一道,不断把人类和平与发展的崇高事业推向前进。"[①]"任何人、任何事、任何理由都不能动摇中国走和平发展道路的决心和意志。"[②]"中国坚持走和平发展道路,坚持独立自主的和平外交政策,不是权宜之计,而是我们的战略选择和郑重承诺。"[③]在中国自身的重要发展机遇期恰逢世界格局的深度调整期、国际社会总体和平对比局部地区硝烟四起的大环境下,走和平发展道路既符合中国自身的发展需要,又符合世界人民的普遍愿望。这实际上是向世界庄严宣告:中国的发展是国际和平力量的发展,中国的发展离不开和平的环境,世界的和平进步也离不开中国的贡献。

(二)和平发展道路的中国理解

1.中国与世界的和平发展

"和平"与"发展"是时代的主题,和平需要代表和平力量的国家或地区不断发展,而发展则需要依托和平的国内与国际环境。习近平总书记指出:"当前,中国人民正在为实现中华民族伟大复兴的中国梦奋力拼搏。我们的目标是在中国共产党成立100年时全面建成小康社会,在中华人民共和国成立100年时建成富强民主文明和谐的社会主义现代化国家。要实现这些目标,中国需要一个和平稳定的周边环境。走和平发展道路是中华民族从自己根本利益、长远利益出发所作出的必然选择。中国将坚定不移走和平发展道路,永远不会动摇。"[④]这是他对中国坚持走和平发展道路原因的分析,也是对世界作出的庄严

---

① 习近平:《在庆祝中国共产党成立95周年大会上的讲话》,载《人民日报》2016年7月2日,第2版。

② 习近平:《共倡开放包容 共促和平发展——在伦敦金融城市长晚宴上的演讲》,载《人民日报》2015年10月23日,第2版。

③ 习近平:《深化合作伙伴关系 共建亚洲美好家园——在新加坡国立大学的演讲》,载《人民日报》2015年11月8日,第2版。

④ 《习近平主席接受印度尼西亚和马来西亚媒体联合采访》,载《人民日报》2013年10月3日,第3版。

承诺。中国走和平发展道路绝不是一段时期、一届政府或一时之策,而将与中国实现"两个一百年"奋斗目标和中华民族伟大复兴的中国梦同行,将与中华民族爱好和平的优良传统和中国人民仁义礼智信的优秀品质同在。

与此同时,世界的和平与发展需要世界人民的共同努力。习近平总书记号召:"中国走和平发展道路,其他国家也都要走和平发展道路,只有各国都走和平发展道路,各国才能共同发展,国与国才能和平相处。"①可见,中国的和平发展与世界的和平发展也是互相促进、休戚与共的。中国一方面将通过改革开放实现自身继续发展;另一方面将秉持求同存异的原则促进各国合作共赢,共同为世界的和平发展事业增砖添瓦。

2. 摒弃"国强必霸"

在中华民族伟大复兴的征程中,"中国霸权论""中国威胁论"在国际社会一直甚嚣尘上。许多人担心"修昔底德陷阱"将在中国的崛起中重演。然而,经受了世界近代史上深重灾难的中国人民,深知霸权主义将给本国和世界带来灾难。中华民族奉行"己所不欲,勿施于人"的古训,历来爱好和平的中国人民不愿意也不会走上霸权主义的道路。习近平总书记明确指出:"中国外交政策的宗旨是维护世界和平、促进共同发展。中国始终是世界和平的建设者、全球发展的贡献者、国际秩序的维护者。"②"中国对外开放,不是要一家唱独角戏,而是要欢迎各方共同参与;不是要谋求势力范围,而是要支持各国共同发展;不是要营造自己的后花园,而是要建设各国共享的百花园。"③霸权主义既不符合中国的基本国情,也不能满足中国自身发展对和平的国际环境之需,更无法与中国实现民族伟大复兴的宏伟蓝图兼容。因此,中国走和平发展道路,必将摒弃"国强必霸""零和博弈""你输我赢"等陈旧观点和腐朽逻辑,而代之以"共同发展""合作创新""互利共赢"等先进理念和崭新思维。

3. 捍卫核心利益

自提出和平共处五项原则以来,中国一直为世界和平贡献正能量,如积极推动六方会谈进程以期朝核问题被妥善解决,就南海争端解决提出"搁置争议,

---

① 《习近平在中共中央政治局第三次集体学习时强调:更好统筹国内国际两个大局 夯实走和平发展道路的基础》,载《人民日报》2013年1月30日,第1版。

② 习近平:《在庆祝中国共产党成立95周年大会上的讲话》,载《人民日报》2016年7月2日,第2版。

③ 同上。

共同开发”的创造性建议。但中国坚持的和平发展道路绝非毫无原则和底线。“我们要坚持走和平发展道路,但决不能放弃我们的正当权益,决不能牺牲国家核心利益。任何外国不要指望我们会拿自己的核心利益做交易,不要指望我们会吞下损害我国主权、安全、发展利益的苦果”。[①] 习近平总书记在中国人民解放军建军90周年大会的讲话中再次强调:“中国人民珍爱和平,我们决不搞侵略扩张,但我们有战胜一切侵略的信心。我们绝不允许任何人、任何组织、任何政党、在任何时候、以任何形式、把任何一块中国领土从中国分裂出去,谁都不要指望我们会吞下损害我国主权、安全、发展利益的苦果。”[②]习近平总书记由此向世界阐明了中国走和平发展道路不可触碰的禁区——中国核心利益。[③] 中国虽然追求和平发展,摒弃“国强必霸”,但绝不会以自身核心利益作为妥协、退让、交换的砝码去哀求乞怜一个和平发展的外部环境。

三、弘扬和平共处五项原则

2014年习近平总书记在和平共处五项原则发表60周年纪念大会上发表了题为《弘扬和平共处五项原则,建设合作共赢美好世界》[④]的主旨讲话,深刻阐述和平共处五项原则的历史性贡献和重大现实意义,强调中国将继续做弘扬和平共处五项原则的表率,同国际社会推动建设公正合理的新型国际关系和合作共赢的美好世界。

(一)和平共处五项原则是国际关系史上的重大创举

60年前,中国、印度、缅甸顺应历史潮流,共同倡导了互相尊重主权和领土完整、互不侵犯、互不干涉内政、平等互利、和平共处五项原则。和平共处五项原则中包含4个“互”字、1个“共”字,既代表了亚洲国家对国际关系的新期待,也体现了各国权利、义务、责任相统一的国际法治精神。习近平总书记指出,和

---

① 《习近平在中共中央政治局第三次集体学习时强调:更好统筹国内国际两个大局 夯实走和平发展道路的基础》,载《人民日报》2013年1月30日,第1版。

② 习近平:《在庆祝中国人民解放军建军90周年大会上的讲话》,载《人民日报》2017年8月2日,第2版。

③ 2011年9月6日发表的《中国的和平发展》白皮书首次明确了中国的核心利益包括:国家主权,国家安全,领土完整,国家统一,中国宪法确立的国家政治制度和社会大局稳定,经济社会可持续发展的基本保障。参见《中国的和平发展》(2011年9月),载《人民日报》2011年9月7日,第14版。

④ 习近平:《弘扬和平共处五项原则 建设合作共赢美好世界——在和平共处五项原则发表60周年纪念大会上的讲话》,载《人民日报》2014年6月29日,第2版。

平共处五项原则是国际关系史上的重大创举,为推动建立公正合理的新型国际关系做出了历史性贡献。中国是和平共处五项原则的积极倡导者和坚定实践者。和平共处五项原则已载入中国宪法,是中国外交政策的基石。①

(二)和平共处五项原则具有强大生命力

习近平总书记强调,和平共处五项原则传承了亚洲人民崇尚和平的思想传统,生动反映了联合国宪章宗旨和原则并赋予可见、可行、可依循的内涵,体现了各国权利、义务、责任相统一的国际法治精神。60 年来,和平共处五项原则走向亚洲、走向世界,历经国际风云变幻的考验,具有强大生命力。和平共处五项原则作为一个开放包容的国际法原则,集中体现了主权、正义、民主、法治的价值观,已成为国际关系基本准则和国际法基本原则,有力维护了广大发展中国家权益,为推动建立更加公正合理的国际政治经济秩序发挥了积极作用。②

(三)新形势下如何更好地坚持和弘扬和平共处五项原则

习近平总书记认为,新形势下,和平共处五项原则的精神不是过时了,而是历久弥新;和平共处五项原则的意义不是淡化了,而是历久弥深;和平共处五项原则的作用不是削弱了,而是历久弥坚。对于如何更好地弘扬和平共处五项原则,他提出了"六个坚持":一是坚持主权平等,强调主权和领土完整不容侵犯,各国应该尊重彼此核心利益和重大关切;二是坚持共同安全,倡导共同、综合、合作、可持续安全的理念,尊重和保障每一个国家的安全,同时,强调各国都有平等参与国际和地区安全事务的权利,也都有维护国际和地区安全的责任;三是坚持共同发展,强调各国在谋求自身发展时,应该积极促进其他国家共同发展,让发展成果更多更好惠及各国人民;四是坚持合作共赢,强调合作共赢是普遍适用的原则,应该成为各国处理国际事务的基本政策取向;五是坚持包容互鉴,倡导交流互鉴,注重汲取不同国家、不同民族创造的优秀文明成果,取长补短,兼收并蓄,共同绘就人类文明美好画卷;六是坚持公平正义,强调共同推动国际关系法治化。他特别提出,共同推动各国在国际关系中遵守国际法和公认的国际关系基本原则,用统一适用的规则来明是非、促和平、谋发展。在国际社会中,法律应该是共同的准绳,没有只适用他人、不适用自己的法律,也没有只适用自己、不适用他人的法律。适用法律不能有双重标准。我们应该共同维护

---

① 参见习近平:《弘扬和平共处五项原则 建设合作共赢美好世界——在和平共处五项原则发表60 周年纪念大会上的讲话》,载《人民日报》2014 年6 月29 日,第2 版。

② 同上。

国际法和国际秩序的权威性和严肃性，各国都应该依法行使权利，反对歪曲国际法，反对以“法治”之名行侵害他国正当权益、破坏和平稳定之实。①

四、构建以合作共赢为核心的新型国际关系

中国近年来一直致力于和不同国家建立伙伴型关系，例如，2014 年与印度建立更加紧密的发展伙伴关系，2015 年与英国共同构建“面向 21 世纪全球全面战略伙伴关系”，2016 年与瑞士建立“创新战略伙伴关系”，2017 年与芬兰建立“面向未来的新型合作伙伴关系”等。习近平总书记反复倡导的“构建以合作共赢为核心的新型国际关系”，正是上述关系建立的理论支持，反映了他在国际关系方面的洞见与智慧。

（一）国家合作是历史的选择

世界历史是一本战争与和平交织的画册。凡是国家间采取对抗、结盟、结怨的态度，那么战争就如影随形，相应的画页就显示灾难重深、千疮百孔的情景；而若国家间采取对话、结伴、结缘的态度，那么和平就时时守护，相应的画页亦呈现繁华盛世、国泰民安的场面。世界民族之林郁郁葱葱，枝繁叶茂，不同的经济基础决定各国选择不同的发展道路和实行不同的社会制度，而不同的文化传统也决定世界上必然存在不同的思想认识。随着全球化的发展，传统发达国家在国际力量对比中所占比重不断下降，而新兴发展中国家所占比重不断攀升，任何妄言或妄想取得国际事务主宰权的国家都难谓明智。习近平总书记知古鉴今、以史资政，其呼吁的“积极构建以合作共赢为核心的新型国际关系”②正是他在洞察到国际合作是维护世界和平、促进各国发展的最有效路径后作出的决断，是他对历史规律的尊重和对历史选择的顺应。

（二）共赢发展是世界的潮流

发展是时代的主题之一。共赢发展彰显了世界人民的普遍心愿，成为世界的潮流，同时也是习近平总书记全球治理思想的重要组成部分。他认为“要奉行双赢、多赢、共赢的新理念，扔掉我赢你输、赢者通吃的旧思维”。③ 近年来，

---

① 参见习近平：《弘扬和平共处五项原则　建设合作共赢美好世界——在和平共处五项原则发表 60 周年纪念大会上的讲话》，载《人民日报》2014 年 6 月 29 日，第 2 版。

② 习近平：《在纪念中国人民抗日战争暨世界反法西斯战争胜利 70 周年大会上的讲话》，载《人民日报》2015 年 9 月 4 日，第 2 版。

③ 习近平：《携手构建合作共赢新伙伴　同心打造人类命运共同体——在第七十届联合国大会一般性辩论时的讲话》，载《人民日报》2015 年 9 月 29 日，第 2 版。

中国通过建立或者积极参与国家间组织,寻求与其他国家共赢发展的途径和机遇。特别是 2013 年 9 月和 10 月,习近平总书记先后提出的共建“丝绸之路经济带”和“21 世纪海上丝绸之路”的重大倡议,为全球共赢发展提供了平台,也对构建新型国际关系进行了有益探索。伴随着全球一体化进程的不断推进,“你中有我,我中有你”的命运共同体态势已然形成。各国唯有在发展自身的同时,兼顾其他国家的利益和世界大局,通过对话和协商积极探求合作机遇,才能最终分享共赢发展的红利。

(三)不同主体间新型国际关系的构建

1. 构建同发达国家的新型关系。党的十八报告指出:“我们将改善和发展同发达国家关系,拓宽合作领域,妥善处理分歧,推动建立长期稳定健康发展的新型大国关系。”[①]作为最大的发展中国家和最强的新兴力量,中国在崛起过程中如何避免“修昔底德陷阱”,如何实现与发达国家互利共赢,如何与发达国家共同推动世界和平与发展等,都是重大的现实问题。习近平总书记针对中美关系提出,“合作是中美两国唯一正确的选择,我们两国完全能够成为很好的合作伙伴”;[②]针对中英关系提出,“增进互信上要强调一个‘深’字,战略对接上要力求一个‘通’字,具体合作中要做到一个‘实’字,方式方法上要突出一个‘新’字”;[③]针对中法关系提出,“坚持互尊互信、互利共赢、世代友好、开放进取、紧密协作”;[④]针对中欧关系提出,“中国和欧盟要做和平伙伴、增长伙伴、改革的伙伴、文明伙伴”。[⑤] 这些掷地有声的倡议为中国构建与发达国家的关系指明了方向,为共同促进世界和平与发展发挥积极作用。

2. 构建同发展中国家的新型关系。中国是世界上最大的发展中国家,随着自身经济的高速发展,中国理应为其他发展中国家经济的发展贡献力量,以发挥“传帮带”作用。习近平总书记曾将中非关系高度概括为“真、实、亲、

① 胡锦涛:《坚定不移沿着中国特色社会主义道路前进为全面建成小康社会而奋斗——在中国共产党第十八次全国代表大会上的报告》,载《人民日报》2012 年 11 月 18 日,第 1 版。

② 《习近平同特朗普开始举行中美元首会晤》,载《人民日报》2017 年 4 月 8 日,第 1 版。

③ 参见《习近平出席中英工商峰会并致辞》,载《人民日报》2015 年 10 月 22 日,第 1 版。

④ 参见习近平:《在中法建交五十周年纪念大会上的讲话》,载《人民日报》2014 年 3 月 29 日,第 2 版。

⑤ 参见《习近平同欧洲理事会主席范龙佩举行会谈——赋予中欧全面战略伙伴关系新的战略内涵 共同打造中欧和平、增长、改革、文明四大伙伴关系》,载《人民日报》2014 年 4 月 1 日,第 1 版。

诚”,即对待非洲朋友,我们讲一个“真”字;开展对非合作,我们讲一个“实”字;加强中非合作友谊,我们讲一个“亲”字;解决合作中的问题,我们讲一个“诚”字。[①] 其实,“真、实、亲、诚”亦应是中国对待诸多发展中国家的行为规则、处事方式和战略思想,应成为中国与其他发展中国家关系构建的鲜明特点。

3. 构建同周边国家的新型关系。习近平总书记认为:“无论从地理方位、自然环境还是相互关系看,周边对我国都具有极为重要的战略意义。”[②]中国一贯高度重视同周边国家关系的构建,不但以“坚持与邻为善、以邻为伴,坚持睦邻、安邻、富邻,突出体现亲、诚、惠、容的理念”[③]为周边外交的基本方针,还将周边国家视为我国外交优先方向。在此基础上,习近平总书记还极富战略性和前瞻性地提出了“搭车论”,即“中国愿意为包括蒙古国在内的周边国家提供共同发展的机遇和空间,欢迎大家搭乘中国发展的列车,搭快车也好,搭便车也好,我们都欢迎”。[④] 这进一步表明中国作为负责任的大国积极构建同周边国家的新型关系,视促进周边和平、稳定、发展为己任。[⑤]

五、维护以联合国宪章宗旨和原则为核心的国际秩序和国际体系

联合国是战后最重要的全球性、综合性国际组织,在战后国际关系中具有举足轻重的地位和作用,而联合国是基于《联合国宪章》建立起来的,因此,也可以这样说,战后的国际秩序和国际体系是建立在《联合国宪章》基础上的。面对国际社会不断出现的全球性威胁与挑战以及对联合国作用日趋强烈的质疑,习近平总书记多次表达了“维护以联合国宪章宗旨和原则为核心的国际秩序和国

① 参见习近平:《永远做可靠朋友和真诚伙伴——在坦桑尼亚尼雷尔国际会议中心的演讲》,载《人民日报》2013 年 3 月 26 日,第 2 版。

② 《习近平在周边外交工作座谈会上发表重要讲话强调——为我国发展争取良好周边环境 推动我国发展更多惠及周边国家》,载《人民日报》2013 年 10 月 26 日,第 1 版。

③ 同上。

④ 习近平:《守望相助,共创中蒙关系发展新时代——在蒙古国国家大呼拉尔的演讲》,载《人民日报》2014 年 8 月 23 日,第 2 版。

⑤ 参见习近平:《深化合作伙伴关系,共建亚洲美好家园——在新加坡国立大学的演讲》,载《人民日报》2015 年 11 月 8 日,第 2 版。

际体系”的信心与决心。[①] 这是他在清醒认识国际形势的基础上,对当下国际秩序与国际体系走向作出的有标准、有节度的判断,具有重要的现实意义。

(一)原因:联合国宪章宗旨和原则并未过时

给人类社会带来深重灾难的第二次世界大战结束后,一个全新的国际组织得以诞生,这就是联合国。在逾半世纪的运行中,联合国对国际社会做出了积极贡献,并且至今仍是最具普遍性、代表性、权威性的政府间国际组织。[②] 作为其基石性文件的《联合国宪章》,是第二次世界大战后最重要的国际公约、最重要的国际法文件、最重要的国际制度渊源,为战后国际秩序与国际体系规划了全新面貌,为世界和平与发展勾画了美好蓝图。然而,正如理想与现实的差异一般,从苏美两大阵营的冷战对峙,到此起彼伏的局部战争,再到各种由头的干涉别国内政等,该宪章下运行的联合国经常表现出权力架空、力不从心的状态。2008 年全球金融危机的爆发再次引发国际社会对联合国作用的质疑,新兴国家的崛起以及世界格局的变化也导致挑战与反思《联合国宪章》下国际秩序与国际体系的声音不绝于耳。

就在“以联合国宪章宗旨和原则为核心的国际秩序和国际体系”是废还是该守似乎已成为一个新问题摆在世人面前时,习近平总书记作出了其明确回答:维护。他认为,“当今世界发生的各种对抗和不公,不是因为联合国宪章宗旨和原则过时了,而恰恰是由于这些宗旨和原则未能得到有效履行”。[③] 也就是说,时至今日,《联合国宪章》的宗旨和原则依然具有强大生命力,将国际社会出现的各种问题和挑战简单地归咎于其的做法是不客观、不明智、不正确的。所以,世界各国应当共同维护以《联合国宪章》的宗旨和原则为核心的国际秩序和国际体系,维护和巩固第二次世界大战的胜利成果。[④] 当然,联合国体系不是完美无缺的,其改革和完善应当协商推动、循序渐进。

---

① 参见《习近平在中共中央政治局第二十七次集体学习时强调:推动全球治理体制更加公正更加合理 为我国发展和世界和平创造有利条件》,载《人民日报》2015 年 10 月 14 日,第 1 版;习近平:《在纪念中国人民抗日战争暨世界反法西斯战争胜利 70 周年大会上的讲话》,载《人民日报》2015 年 9 月 4 日,第 2 版;习近平:《在华盛顿州当地政府和美国友好团体联合欢迎宴会上的演讲》,载《人民日报》2015 年 9 月 24 日,第 2 版。

② 参见《习近平会见第 71 届联合国大会主席汤姆森和联合国秘书长古特雷斯》,载《人民日报》2017 年 1 月 19 日,第 1 版。

③ 参见《习近平在中共中央政治局第二十七次集体学习时强调:推动全球治理体制更加公正更加合理 为我国发展和世界和平创造有利条件》,载《人民日报》2015 年 10 月 14 日,第 1 版。

④ 同上。

（二）对象：国际秩序和国际体系

习近平总书记所主张维护的对象包括国际秩序和国际体系。关于国际秩序，有学者将其定义为“在一定的历史时期内，国际社会主要战略力量之间围绕某种目标和依据一定规则相互作用运行的机制，是指处理国与国之间关系的准则和行为规范”。① 应当说，将国际秩序归结为一种“准则和行为规范”是准确的，而国际法毫无疑问是其重要载体。因此，对以国际法为载体的“准则和行为规范”的维护自然也是对国际法治的维护。关于国际体系，有学者认为其等同于国际关系体系，是“由民族主权国家组成的，由国际法和国际制度规范的抽象的实体，是国际领域内各种行为体（主要是国家）相互作用形成的固定关系组合”。② 按此定义，国际体系实际上就是国际主体基于国际法原则、规则、制度建立的各种关系的总和。各国间为解决全球性问题、维持正常的国际政治经济秩序而形成的全球治理体系理应归属这一范畴。综上可知，习近平总书记所主张维护的国际秩序和国际体系包含了对国际法律秩序和全球治理体系的维护，成为其全球治理与国际法治思想的有机组成部分。

（三）标准：以联合国宪章宗旨和原则为核心

习近平总书记主张维护的国际秩序和国际体系应以《联合国宪章》宗旨和原则（而非整部联合国宪章）为核心。这实际上是对标准作出了界定。《联合国宪章》宗旨和原则分别规定于第1条和第2条之中，是该宪章的纲领性条款，体现了国际社会交往的根本目标和基本准则。在历经70多年的风雨实践后，世界格局和国际形势发生了巨大变化，《联合国宪章》的先进性也呈现正反两面：一方面，某些具体制度的条文设计和传统理解已跟不上时代步伐，有改进的空间；另一方面，包括和平与发展、主权与人权、合作与法治、公平与正义等崇高精神的宗旨和原则并未随着时间推移黯然失色，反而在格局变迁与形势变幻中更应时代所需、更显强劲生命力。习近平总书记准确把握了该宪章特色与现实环境，仅将“以《联合国宪章》宗旨和原则为核心”作为其主张维护的国际秩序和国际体系的标准，以去其不足、取其精华，充分体现了他的辩证思维和取舍担当。

---

① 徐蓝：《20世纪国际格局的演变——一种宏观论述》，载《历史教学》2013年第20期。

② 刘鸣：《国际体系与世界社会、国际秩序及世界秩序诸概念的比较》，载《社会科学》2004年第2期。

六、推动国际秩序和全球治理体系朝着更加公正合理的方向发展

当今世界,新兴市场国家和一大批发展中国家快速发展,国际影响力不断增强,成为近代以来国际力量对比中最具革命性的变化,全球治理体系正处在历史转折点上。① 世界上很多有识之士都认为,有必要对全球治理体制机制进行相应的调整改革。② 虽然我们应当维护以《联合国宪章》宗旨和原则为核心的国际秩序与国际体系,但我们也不能抱陈守旧、故步自封,而应当审时度势、与时俱进地调整、变革现有国际秩序和国际体系中不公正、不合理的地方,以适应时代发展与格局变迁。基于此,习近平总书记明确提出了"推动国际秩序和全球治理体系朝着更加公正合理的方向发展"的主张。③ 事实上,全球治理体系作为全球性问题的处理体系,是塑造、调整、维护国际秩序的重要手段,也是形成健康稳定国际秩序的有力保障;反过来,国际秩序所内含的国际法原则、规则和制度又是构建全球治理体系的重要元素。所以,公正合理的国际秩序与公正合理的全球治理体系之间存在彼此依存的关系,可在动与静的两个层面相互促进、共同发展。

(一)推动国际关系民主化、法治化、合理化

无论是国际秩序还是全球治理体系,归根结底属于国际主体之间的关系,是国际关系在不同层面的表现。习近平总书记主张国际关系民主化,认为世界命运应由各国人民共同掌握,国际事务应由各国政府和人民共同商量来办;主张国际关系法治化,认为各方应在国际关系中遵守国际法和公认的国际关系基本原则,用统一适用的规则来明是非、促和平、谋发展;还主张国际关系合理化,认为应适应国际力量对比新变化,推进全球治理体系改革,体现各方关切和诉求,更好维护广大发展中国家正当权益。④ 他的这些主张实际上包括了对国际秩序与全球治理体系的民主化、法治化和合理化要求,为如何推动两者走向更

---

① 参见《习近平在中共中央政治局第二十七次集体学习时强调:推动全球治理体制更加公正更加合理 为我国发展和世界和平创造有利条件》,载《人民日报》2015 年 10 月 14 日,第 1 版。

② 参见《习近平接受华尔街日报采访时强调:坚持构建中美新型大国关系正确方向 促进亚太地区和世界和平稳定发展》,载《人民日报》2015 年 9 月 23 日,第 1 版。

③ 参见习近平:《在庆祝中国共产党成立 95 周年大会上的讲话》,载《人民日报》2016 年 7 月 2 日,第 2 版。

④ 参见习近平:《弘扬和平共处五项原则 建设合作共赢美好世界——在和平共处五项原则发表 60 周年纪念大会上的讲话》,载《人民日报》2014 年 6 月 29 日,第 2 版。

公正合理指明了方向。此外,他还特别强调推动变革全球治理体制中的不公平、不合理安排,增加新兴市场国家和发展中国家的代表性和发言权,推动各国在国际合作中的权利、机会、规则平等,平衡反映大多数国家的意愿和利益。[①]这些充分反映了他对当今世界格局状况与国际力量对比的清晰认知,表达了他对公正合理的国际秩序与全球治理体系的理解和规划。

(二)推进国际秩序和全球治理理念的创新发展

理念是行动的指南,行动是理念的落实。习近平总书记认为,全球治理变革离不开理念的引领,应当推动全球治理理念的创新发展。[②] 其实,在推动国际秩序和全球治理体系更加公正合理的过程中,理念也起着统领思想、补给动力的作用。党的十八大以来,习近平总书记提出了构建人类命运共同体、维护以联合国宪章宗旨和原则为核心的国际秩序和国际体系、在国际关系中弘扬平等互信、包容互鉴、合作共赢的精神、构建以合作共赢为核心的新型国际关系、本着共商共建共享原则改善全球经济治理等一系列理念,这些理念体现公正合理的要义,具有鲜明的时代特征,符合国际社会的普遍愿望。此外,为推动理念的创新发展,还要加强能力建设和战略投入,加强理论研究和新型智库建设,高度重视相关人才的培养。[③]

(三)吸收人类社会各类优秀文明成果

历史长河奔流不息,许多国家都在悠久的历史中缔造了灿烂的文明和绚丽的文化。习近平总书记指出:“全球治理规则体现更加公正合理的要求离不开对人类各种优秀文明成果的吸收。”[④]这些优秀文明成果对公正合理的全球治理体系贡献智慧,供给营养。例如,在古丝绸之路的历史传承和开拓精神指引下,中国提出了“一带一路”的伟大倡议,通过加大沿线国家间经贸投资往来,推动各国人民增进传统友谊,共享发展成果。“一带一路”倡议正是中华文化中积极的处世之道和治理理念同当今时代共鸣的产物,其所倡导的共商共建共享的经济治理理念体现了公正性与合理性,是中华优秀文明贡献当今全球治理体系的典范,应当被发扬与借鉴。

---

① 参见《习近平在中共中央政治局第二十七次集体学习时强调:推动全球治理体制更加公正更加合理 为我国发展和世界和平创造有利条件》,载《人民日报》2015 年 10 月 14 日,第 1 版。

② 同上。

③ 同上。

④ 同上。

七、加强国际法治工作

党的十八届四中全会通过的《中共中央关于全面推进依法治国若干重大问题的决定》(以下简称《决定》)就新形势下加强涉外法律工作作出了重要部署,反映了以习近平同志为核心的中央领导集体的国际视野和使命担当,对更好统筹国内国际两个大局、更好维护和运用我国发展的重要战略机遇期、更好实现我国和平发展的战略目标,对建设中国特色社会主义法治体系、建设社会主义法治国家、实现国家治理体系和治理能力现代化,都具有重要意义。① 习近平总书记指出:“凡是这次写进决定的改革举措,都是我们看准了的事情,都是必须改的。这就需要我们拿出自我革新的勇气,一个一个问题解决,一项一项抓好落实。”②可以说,《决定》中有关加强涉外法律工作的部署构成习近平总书记全球治理与国际法治思想的重要组成部分,因为这是中国参与全球治理、建设全球治理体系的重要途径,也是中国推动国内法治与国际法治良性互动的重要保障。

改革开放以来,我国涉外法律工作取得了长足进步,保障了改革开放有序进行,维护了国家主权、安全和发展利益以及中外当事人的合法权益,促进了经济社会健康发展。在改革开放向纵深推进的新形势下,涉外法律工作既是国家自身法治建设和现代化建设必不可少的重要组成部分,又是中国积极参与全球治理的现实需求。《决定》就新形势下加强涉外法律工作作出部署,反映了以习近平同志为核心的党中央的国际视野和使命担当。

(一)完善涉外法律法规体系

经过改革开放 40 年的法制建设,中国特色社会主义法律体系已经形成,这其中包括已建立的涉外法律法规体系。但这个体系还存在不少薄弱环节,比如说,对外投资、对外援助、口岸、开发区、自贸区、领事保护等领域无法可依或法规层级较低,对外贸易、国籍、在华外国人管理等领域的法律法规比较原则笼统,内外资法律法规不尽统一,一些政策性法规缺乏透明度等。因此,《决定》提出,要“适应对外开放不断深化,完善涉外法律法规体系,促进构建开放型经济

① 汪洋:《加强涉外法律工作》,载《人民日报》2014 年 11 月 6 日,第 6 版。

② 习近平:《加快建设社会主义法治国家》,载《求是》2015 年第 1 期。

新体制”,[1]以迎接新一轮高水平对外开放、全面参与全球治理提出的挑战。

(二)积极参与国际规则制定

国际法原则、规则和制度的形成,是参与国协商协调的结果,也是国际博弈的结果。随着时代的发展,国际竞争的核心已经从对势力范围的控制转为对国际规则的制定权。一个国家在国际事务中的话语权,常常体现它在国际规则的制定权上。因此,《决定》提出,要“积极参与国际规则制定,推动依法处理涉外经济、社会事务,增强我国在国际法律事务中的话语权和影响力”。[2] 事实上,党的十八大以来,我国遵循联合国宪章宗旨和原则,恪守国际法和公认的国际关系准则,履行我国缔结的国际条约相关义务,积极参与多哈回合谈判,推动全球贸易自由化便利化;坚持双边、多边、区域次区域开放合作,加快环境保护、投资保护、政府采购、电子商务等国际经贸新议题谈判;积极参与国际金融等体制改革,参与国际反恐、禁毒、核不扩散、应对气候变化、网络安全、海洋极地、公共卫生、人权等全球治理,以不断提升参与规则制定的话语权。

(三)运用法治思维和法治方式依法处理涉外事务

法治是一个国家治国理政的基本方式,也是全球治理的基本方式。全球治理法治化趋势日益明显。《决定》鲜明地提出我国要善于“运用法律手段维护我国主权、安全、发展利益”,[3]凸显运用法治思维和法治方式依法处理涉外事务的重要性和价值。当今世界正在发生深刻复杂变化,和平与发展仍然是时代主题。世界多极化、经济全球化、文化多样化、社会信息化、法律趋同化趋势十分明显,科技革命孕育新突破,全球合作向多层次全方位拓展,新兴市场国家和发展中国家整体实力增强,国际力量对比朝着有利于维护世界和平方向发展。但世界仍然很不安宁。国际金融危机影响远未消除,世界经济增长不稳定不确定因素增多,全球发展不平衡加剧,霸权主义、强权政治、新干涉主义和新保守主义时有抬头,局部动荡频繁发生,粮食安全、能源资源安全、网络安全等全球性问题更加突出。面对这些问题,必须加强全球治理。解决这些问题,可供选择的方式无非就是三种:战争、政治和法治。战争的方式不可取,因为按照公认的国际法原则,必须和平解决国际争端,只有在自卫和联合国集体安全体制下

---

① 《中共中央关于全面推进依法治国若干重大问题的决定(二〇一四年十月二十三日中国共产党第十八届中央委员会第四次全体会议通过)》,载《人民日报》2014年10月29日,第1版。

② 同上。

③ 同上。

才可使用武力。政治的方式主要是外交方法,如协商、谈判、斡旋等,这些都是和平的方式,也是我国当下处理国际事务主要使用的方式。法治的方式当然也是和平的方法。法治的方式就是协商制定国际规则,各国严守国际规则,有效运用国际规则深化改革、推动发展、化解争端、维护和平。

(四)强化涉外法律服务

习近平总书记指出:"国之交在于民相亲。人民的深厚友谊是国家关系发展的力量源泉。"①为了增进同世界各国人民的交往,《决定》提出,要"强化涉外法律服务,维护我国公民、法人在海外及外国公民、法人在我国的正当权益,依法维护海外侨胞权益"。② 这对新形势下做好涉外法律服务工作提出了新要求。党的十八大以来,一方面,我国继续完善领事保护、投资保护、知识产权保护机制,努力做到中国公民和企业走到哪里,涉外法律服务就跟进到哪里,特别是做好各类涉外突发事件应对预案,进一步健全中央、地方、驻外使领馆、企业和个人"五位一体"的领事保护联动机制,积极开展预防性领事保护工作,维护我国公民和法人在海外的合法权益。另一方面,我国积极为我国企业和公民走出去提供法律服务和保障,加强对出国人员的法制宣传和法律咨询服务,帮助他们了解外国有关法律制度,引导中国企业和公民自觉遵守所在国法律法规,与当地企业、居民和谐相处。同时,我国本着相互尊重、互利共赢的精神,根据我国缔结或参加的条约或按照对等原则,依法维护外国人在华合法权益,积极为外国人在华依法获得司法救济、律师服务、翻译服务等提供必要的便利。

(五)加强国际法治合作

一国的涉外法律事务因涉及其他国家实际上就是国际法律事务。一国无论是要妥善处理涉及本国的涉外法律事务,还是要参与全球治理,必须开展和不断加强国际法治合作,大力开展法治外交。国际法治合作包含立法、执法和司法领域的合作。参与国际规则制定、缔结或参加国际条约、严格履行国际条约义务,都属于在立法领域的国际合作。《决定》强调了三类国际法治合作:一是深化司法领域国际合作,完善我国司法协助体制,扩大国际司法协助覆盖面,既加强刑事领域的司法协助,也强化民商事领域的司法协助。二是加强反腐败

① 习近平:《顺应时代前进潮流,促进世界和平发展》,载《习近平谈治国理政》,外文出版社 2014 年版,第 276 页。

② 《中共中央关于全面推进依法治国若干重大问题的决定(二〇一四年十月二十三日中国共产党第十八届中央委员会第四次全体会议通过)》,载《人民日报》2014 年 10 月 29 日,第 1 版。

国际合作,加大海外追赃追逃、遣返引渡力度。反腐败领域的国际合作,既可能是执法合作,也可能是司法协助。三是积极参与执法安全国际合作,共同打击暴力恐怖势力、民族分裂势力、宗教极端势力和贩毒走私、跨国有组织犯罪。①

(六)创新涉外法治人才培养机制

习近平总书记在考察中国政法大学时,就全面依法治国和法治人才培养发表了重要讲话。他高度肯定了法治人才培养在全面依法治国中的重要地位和作用,指出全面依法治国是一个系统工程,法治人才培养是其重要的组成部分。法律的生命力在于实施,而法律的实施在于人。建设法治国家、法治政府、法治社会,实现科学立法、严格执法、公正司法、全民守法,都离不开一支高素质的法治工作队伍。高校是法治人才培养的第一阵地。法治人才培养上不去,法治领域不能人才辈出,全面依法治国就不可能做好。同时,他也指出了我国法治人才培养存在的问题与不足,主要表现在学科结构不尽合理,法学学科体系、课程体系不够完善;社会急需的新兴学科开设不足,法学学科同其他学科交叉融合还不够,知识容量需要扩充;有的教材编写和教学实施偏重西方法学理论,缺乏鉴别批判,对中国特色社会主义法治理论研究不够深入;有的法学教育重形式、轻实效,法治人才培养重专业教育、轻思想政治素质;等等。解决这些问题,要统筹谋划、整体布局,该坚持的要坚持、该改进的要改进、该调整的要调整、该创新的要创新。他提出,办好法学教育,要坚持走中国特色社会主义法治道路,坚持以马克思主义法学思想和中国特色社会主义法治理论为指导,培养造就熟悉和坚持中国特色社会主义法治体系的法治人才及后备力量。要加强法学学科建设,加快构建中国特色法学学科体系和教材体系,特别是要坚持立足中国、借鉴国外,对世界上的优秀法治文明成果,要积极吸收借鉴,也要加以甄别,有选择地吸收和转化,不能囫囵吞枣、照搬照抄。我们不能做西方理论的"搬运工",而要做中国学术的创造者、世界学术的贡献者。要处理好知识教学和实践教学的关系,强化法学实践教学,打破高校和社会之间的壁垒,将实际工作部门的优质实践教学资源引进高校。法学专业教师要坚定理想信念,坚持立德树人,在做好理论研究和教学的同时,深入了解法律实践工作,促进理论与实践相结合,追求言为人师、行为世范。法学专业学生则要德法兼修、明法笃行,打牢法学知识功底,加强道德养成,培养法治精神。为了全面参与全球治理,还要加强涉外

① 参见《中共中央关于全面推进依法治国若干重大问题的决定(二〇一四年十月二十三日中国共产党第十八届中央委员会第四次全体会议通过)》,载《人民日报》2014年10月29日,第1版。

法治人才队伍建设,培养一大批具有世界眼光、家国情怀、国际交流能力,通晓国际法律规则、善于处理涉外法律事务的法治人才。①

(七)推进国内法治与国际法治良性互动

在全球治理过程中,国内法治和国际法治相互依存,互为支撑,借由一定方式进行衔接,表现出相互贯通、相互渗透、相互影响的互动状态。②“立善法于天下,则天下治;立善法于一国,则一国治。”③国内法治与国际法治分别在国内治理和国际治理上的价值取向与政治智慧是高度统一的。于是,推进国内法治与国际法治的良性互动,应是国际社会和各国的共同目标,代表着国内法治和国际法治两者关系的发展方向。④ 一国的涉外法律工作以其立足国内、关注国际的特点,恰好构成国内法治与国际法治互动的天然纽带。因此,加强涉外法律工作,实现涉外法律工作的“良法”“善治”,是推进国内法治与国际法治良性互动的重要保障。《决定》所采取的措施分别从完善国内涉外法律法规体系、参与国际法律规则制定、依法处理涉外法律事务、强化涉外法律服务、加强国际法治合作、构建涉外法治人才队伍等方面着力,就是促成国内法治与国际法治良性互动之充分例证。

结 论

习近平总书记的全球治理与国际法治思想是习近平治国理政思想的重要组成部分,是世界各国共同应对全球性挑战与国际性问题的有力思想工具,也是中国参与全球治理、推动国际秩序与国际体系创新发展的先进理论和指导思想。

“构建人类命运共同体”理论不仅回答了加强全球治理的原因、目标和路径问题,而且要求变革全球治理体系以克服全球性困难和挑战,同时,还强调中国共商共建共享全球治理体系并对世界和平与发展做出贡献。可以说,该理论是加强全球治理的一项重要理论依据,是推进全球治理体制变革的巨大现实动力,还是中国参与全球治理的重要目的之一。

---

① 参见《中共中央关于全面推进依法治国若干重大问题的决定(二〇一四年十月二十三日中国共产党第十八届中央委员会第四次全体会议通过)》,载《人民日报》2014 年 10 月 29 日,第 1 版。

② 参见赵骏:《全球治理视野下的国际法治与国内法治》,载《中国社会科学》2014 年第 10 期。

③ (北宋)王安石:《周公》。参见人民日报评论部:《习近平用典》,人民日报出版社 2015 年版,第 269 ~ 270 页。

④ 参见赵骏:《全球治理视野下的国际法治与国内法治》,载《中国社会科学》2014 年第 10 期。

“走和平发展道路”是习近平总书记站在新的历史起点上,准确把握国际国内两个大局,就中国发展道路作出的重要正确论断。它一方面要求我们充分认识发展需要和平的历史规律,摒弃“国强必霸”的陈旧观点和腐朽逻辑;另一方面要求我们坚决捍卫国家核心利益,绝不做损害国家主权、安全和发展利益的事情。

“弘扬和平共处五项原则”的主张是习近平总书记对这五项国际法原则的传承、坚守和张扬,表明中国是和平共处五项原则的积极倡导者和坚定实践者,将坚定不移走和平发展道路,将坚定不移在和平共处五项原则基础上发展同世界各国的友好合作。

关于国际关系,习近平总书记提出了“构建以合作共赢为核心的新型国际关系”的重要主张。其中,国家间合作是促进世界和平发展与推动中国持续稳定发展的最优历史选择;共赢发展则是世界人民和中国人民的共同心愿,符合世界潮流。因此,以合作共赢为核心构建新型国际关系成为全球治理的必然要求。

鉴于《联合国宪章》宗旨和原则并未过时,习近平总书记还表明了“维护以联合国宪章宗旨和原则为核心的国际秩序和国际体系”的信心与决心。其主张维护的以国际法为主要载体的国际秩序和包括全球治理体系在内的国际体系以及将维护标准限定为以“联合国宪章宗旨和原则”为核心,充分体现了其有张有弛的国际法治和全球治理思想。

此外,习近平总书记认为,应当“推动国际秩序和全球治理体系朝着更加公正合理的方向发展”。为此目的,各国应当推动国际关系民主化、法治化、合理化,推动国际秩序和全球治理理念的创新发展,并吸收人类社会各种优秀文明成果。

最后,习近平总书记还要求加强涉外法律工作(国际法治工作)。因为它所包括的开展诸多领域国际合作与参与国际规则制定的内容,为中国参与全球治理和建设全球治理体系所需,是后者重要的途径;同时,对作为国内法治与国际法治互动之天然纽带的涉外法律工作的加强,也是推进国内法治与国际法治良性互动的重要保障。

总之,习近平总书记的全球治理与国际法治思想内容丰富,并一直处于不断发展和完善中。在中国的国际影响力与日俱增、中国同世界舞台中心的距离与日俱减的当下,学习领会并贯彻落实这些思想,具有重要理论价值和现实意义。

第二编　国际私法探析

国际私法及其调整对象*

一

国际私法是人类社会发展到一定阶段的产物。人类社会出现国家以后,国际社会逐渐形成。在国际社会中,不同国家的人民必然会进行交往,建立各种社会关系,国际民事法律关系就是其中的一种,为了调整这种关系,国际私法便应运而生。因此,我们说,国际私法是调整国际民事法律关系或涉外民事法律关系的法律部门。

历史发展到今天,随着全球经济的迅速发展和科学技术的突飞猛进,尽管国际社会仍然充满尖锐的矛盾和对立,但是,国际社会各国之间的联系更加密切,互相依赖和需要大大加强,共同关心的问题越来越多,和平与发展已成为时代的最强音。国际社会内部的对立已不再是主要方面,而国际社会的统一性和整体性起着决定性的作用。国际私法作为国际民事法律关系的调整器和润滑剂,在国际社会生活中的作用和地位正在加强,并日益受到人们的重视。

中国实行改革开放,就是要把自己这条大河汇入世界和平与发展的大潮,就是要迈着时代的步伐进入国际社会,为世界的和平与发展做出自己的努力和贡献。中

---

* 本文原载于《理论月刊》(湖北省社会科学联合会主办)1992年第9期。

国的对外开放离不开国际私法,国际私法将为中国参与国际民事交往铺路架桥,并促进和保障国际民事法律关系健康、顺利发展。

二

在社会生活中,人们为了满足自己的物质和精神生活需要,相互之间随时都发生着各种各样的社会关系。民事法律关系是由民法规范调整的社会关系,也就是民法确认和保护的社会关系。民事法律关系的重要特征是,它既不是人与自然或人与物的关系,也不是物与物的关系,而是一种人与人之间的社会关系。同时,它是一种平等主体之间的权利义务关系,其当事人都是独立主体,他们的地位是平等的,他们的权利义务是建立在平等原则基础之上的。民事法律关系包括财产关系和人身关系两大类。同其他法律关系一样,民事法律关系由主体、内容和客体三个因素构成。

而国际民事法律关系是国际社会中因不同国家的人民进行交往而产生的一种社会关系,又称为跨国民事法律关系或国际私法关系,就一国而言,可称之为涉外民事法律关系。它是指具有国际因素或涉外因素的民事法律关系,也就是说,在法律关系的诸因素中至少有一个因素是与外国有联系的民事法律关系。在主体为涉外因素时,作为民事法律关系主体的当事人一方或各方是外国自然人,或无国籍人,或外国法人,有时也可能是外国国家或国际组织,例如,某中国公民同外国公民在中国境内结婚即属这种情况。在内容为涉外因素时,产生、变更或消灭民事权利义务关系的法律事实发生在外国,例如,某中国公民在外国死亡,其中国籍亲属继承其在中国境内的遗产。在客体为涉外因素时,民事法律关系主体之间的权利义务共同指向的对象或标的位于外国,例如,某中国公司向某华侨购买其所有的一项在外国申请取得的专利。在实际生活中,国际民事法律关系可能只有一个因素同外国有联系,也可能不仅一个因素同外国有联系,而有两个或三个因素同外国有联系。例如,某中国公司与某外国公司在中国签订合同,进口一宗外国的货物,在这一民事法律关系中,就有两个涉外因素,即主体一方和客体。如果某中国公司与外国公司在外国签订了一项进口一批外国货物的合同,那么,在这一民事法律关系中,就有主体一方、法律事实和客体三个涉外因素了。国际民事法律关系的涉外性质并不因其中涉外因素的多寡而受到影响。有一种观点认为,只有其主体一方或双方为外国自然人、无国籍人或外国法人时,民事法律关系才成为国际民事法律关系,民事法律关系并不因其内容和客体与外国有联系而成为国际民事法律关系。这是一种狭隘的观点。其实,民事法律关系的客体在外国或者产生、变更和消灭民事权利义务关系的法律事实发生在外国,同其主体涉外因素一样,均会导致国际私法上的特殊问题产生。所以,我们不宜对国际民事法律关系作如此片面的理解。1988 年 1 月 26 日通过的最高人民法院《关于贯彻执行〈中华人民共和国民法通则〉若干问题的意见(试行)》第 178 条也肯定了这一点,它规定:"凡民事关系的一方或者双方当事人是外国人、无国籍人、外国法人的;民事关系的标的物在外国领域内的;产生、变更或者消灭民事权利义务关系的法律事实发生在外国的,均为涉外民事关系。"

三

国际私法上所讲的民事法律关系是广泛意义上所讲的民事法律关系。从世界各国有关民事立法的规定来看,其确定的民事立法的调整对象——民事法律关系的范围不是完全相同的。有些大陆法系国家采取"民商合一"的编纂方法,即将调整民事关系的法律和调整公司、海商、票据、保险、破产等商事关系的法律合并规定在民法典中,或虽将调整商事关系的规范以单行法另加规定,但视之为民法的组成部分。瑞士、意大利和荷兰等国便是如此。有些大陆法系国家则采取"民商分立"的编纂方法,即在制定民法典之外另行制定商法典,专门用来调整商事关系。法国、德国和日本便是这样。有的社会主义国家的民事立法把婚姻家庭关系排除在民事法律关系之外,单独立法加以调整。而资本主义国家的民事立法一般视婚姻家庭关系为民事法律关系。普通法系国家没有民法典,其有关民事和商事方面的规范体现在普通法中或者通过单行专门法规加以规定。如英国有关民商事方面的规范都在普通法和衡平法中规定,普通法中形成的规范主要是合同法、侵权行为法、家庭法等,衡平法形成的规范主要有不动产法、信托法和破产法等,但没有完整的体系。19 世纪末和 20 世纪初,英国又制定了货物买卖法、票据法、保险法、公司法等成文法。中华人民共和国成立以后,为了保障公民、法人的合法的民事权益,正确调整民事关系,适应社会主义现代化建设事业发展的需要,根据宪法和我国实际情况,在总结民事活动的实践经验的基础上,于 1986 年颁布了《民法通则》,对民事活动中的一些共同性问题作了规定,规定我国民法调整平等主体的公民之间、法人之间、公民和法人之间的财产关系和人身关系。此外,我国还先后颁布了一些调整民事法律关系的单行法,如婚姻法、经济合同法、涉外经济合同法、商标法、专利法、继承法、企业法和破产法等。可见,我国民事立法调整的民事法律关系范围比较广。正是由于世界上各国民事法律确定的调整民事法律关系的范围不一,加上国际民事法律关系是涉及不同国家的民事法律关系,而且,处理这种关系的法律会依国际私法在不同国家的法律中进行选择,故在国际私法研究和处理这种关系时应作广义的理解,即国际民事法律关系既包括一般民事法律关系,也包括婚姻家庭关系和各种商事法律关系,亦即平等主体之间的一切私法关系。

应该指出的是,有些国家,特别是普通法系国家对涉外民事法律关系还有更广泛的理解,认为一个国家内部具有独特法律制度的不同地区之间的民事法律关系,即区际民事法律关系也属涉外民事法律关系。例如,在英格兰,涉外民事法律关系中的"涉外因素"(foreign element)和"外国国家"(foreign country)意味着一个非英格兰因素和非英格兰国家,这里,"国家"(country)一词不是指宪法或国际公法意义上的国家,而是一个具有独特法律制度的法域(law district)的代名词。① 因此,英格兰法中的"涉外因素"是指涉及外法域的因素,涉外民事法律关系既包括英格兰同像法国、意大利这样的国家之间的国际民事法律关系,也包括英格兰同苏格兰和北爱尔兰这样的一国国内各法域之间的区际民事法律关系。

总之,国际民事法律关系是超越一国范围的含有涉外因素的民事法律关系,其国际性或其涉外性使它同国内民事法律关系区别开来,其私法性使它同国家之间、国家与国际组织之间以及国际组织之间的公法关系区别开来。

四

在存在国家的社会里,国家要使各种社会关系的确定和发展符合统治阶级的需要,就要用各种法律来调整人们之间的各种社会关系。法律是统治阶级意志即国家意志的体现,是国家要求人们遵循的行为规范。法律为人们提出一种行为的标准或方向,人们按照这种标准或方向建立或形成的社会关系就是一种由法律调整的社会关系——法律关系。调整各种社会关系的法律不同,所形成的法律关系也就不同。由民法规范调整的或者按照民法规范形成的社会关系就是民事法律关系,由国际私法规范调整的或者按照国际私法规范形成的社会

① See J. H. C Morris, *The Conflict of Laws*, 3 - 4 (3rd ed. 1984).

关系就是国际民事法律关系。国际民事法律关系是国际私法的调整对象。

国际民事法律关系与现实生活中存在的由国际私法调整的国际民事关系并不是两种不同的社会关系,而是同一种社会关系。这是因为法律调整社会关系只是确认、赋予和更正当事人的权利和义务,使其权利义务关系与法律规定一致起来,并不是形成另一种独立的社会关系。任何一种作为国际私法调整对象的国际民事关系,在实际生活中,由于它受国际私法的调整,因而也就具有法律性质,成为以权利义务为内容的国际民事法律关系。简言之,国际私法调整的国际民事关系就是国际民事法律关系。

在国际私法的调整对象问题上,学术界存在分歧。分歧的焦点主要有两个:一是国际私法调整的对象到底是国际民事法律关系或涉外民事法律关系,还是国际民事关系或涉外民事关系;二是国际私法调整的对象究竟是整体的国际民事法律关系,还是特定部分的国际民事法律关系。

对于第一个问题,有的学者认为,“民事关系”和“民事法律关系”是两个不同质的概念,两者在内涵和外延上都存在区别。民事关系是社会关系中的财产关系和人身关系,其本身并不存在固有的权利义务内容;民事法律关系则是一种意志社会关系,是民事关系中具有权利义务内容的财产关系和人身关系。而且,民事法律关系是由民事关系转变过来的,转变的条件就是相应民事法律规范的实施,从而在法律上赋予了民事关系以权利义务内容,民事关系是民事法律调整的对象,民事法律关系是法律调整的结果。① 因此,国际私法的调整对象是国际民事关系或涉外民事关系,而不是国际民事法律关系或涉外民事法律关系。但更多的学者认为,在国际私法上,国际民事关系和国际民事法律关系、涉外民事关系和涉外民事法律关系是同义语,没有实质上的区别。② 国际民事法律关系或涉外民事法律关系就是受国际私法调整的国际民事关系或涉外民事关系。民事关系存在固有的权利义务内容,因为任何社会关系都是人们基于一定的规则而结成的权利义务关系。笔者也持后一种观点。

对于第二个问题,有一种观点认为,国际私法只调整特殊的或特定范围的涉外民事关系,即“涉及外国法适用的涉外民事关系”,而这种特殊的或特定范围的涉外民事关系必须具备如下两个条件:一是涉外民事关系本身必须具有外

---

① 参见陈力新等:《国际私法概要》,光明日报出版社 1988 年版,第 23 页。

② 参见余先予主编:《简明国际私法学》,中央广播电视大学出版社 1986 年版,第 2~3 页。

国法效力所及的法律事实;二是外国法的效力必须获得内国法律的承认。[①] 但另一种观点则主张,国际私法应把国际民事法律关系视为一个整体来进行调整,国际私法的调整对象就是国际民事法律关系,没有受国际私法调整的国际民事法律关系和不受国际私法调整的国际民事法律关系之分。上述这种争论,一方面是由于学者们对国际民事关系和国际民事法律关系这一概念有不同的理解,另一方面也是由于学者们在国际私法的范围问题上有不同的看法。的确,随着国际交往日益频繁,国际民事法律关系越来越复杂,其中部分国际民事法律关系,如国际贸易关系,得到突飞猛进的发展,调整它们的法律规范也相应增加,甚至与其他法律规范相结合,形成新的独立法律部门。国际海商法和国际贸易法就是典型的例子,它们也调整部分特定范围的国际民事法律关系。但是,我们并不能把脱胎于国际私法的这些法律部门所调整的国际民事法律关系排除在国际私法调整对象之外。因为国际私法尽管由于国际民事法律关系的复杂化和多样化已不可能也没有必要把调整国际民事法律关系的大大小小的问题统统包揽起来,然而,国际私法必须对国际民事法律关系从总体上进行全局性调整。国际海商法和国际贸易法等法律部门的产生,是国际私法发展的自然结果和进步的明显标志,但不等于它们的存在就不需要国际私法去调整有关国际民事法律关系。相反,国际私法仍然需要有确定国际民事法律关系的总原则或一般制度,而国际海商法和国际贸易法等新形成的法律部门自身的建立发展以及调整有关的法律关系,也需要借助国际私法的总原则或一般制度。这与海洋法已经形成为独立的法律部门,而在国际公法中仍需要讨论领海、公海、大陆架和专属经济区等问题是一个道理。尤其值得一提的是,历史发展到今天,随着国际社会关系的复杂化和多样化,不仅导致出现了许多新的法律部门,而且使原有的法律部门也增添了新的内容。在这种情况下,各个法律部门调整对象的交叉与重叠已在所难免。对于同一对象,如果从不同的角度采用不同的研究方法进行研究,就可以把它视为不同法律部门的调整对象。作为国际私法调整对象的国际民事法律关系同样如此,它的某一部分为其他法律部门所调整不足为奇。我们不能因此简单地把由其他部门交叉或重叠调整的国际民事法律关系从国际私法的调整对象中排除出去。

---

① 参见陈力新等:《国际私法概要》,光明日报出版社1988年版,第5~10页、第24~26页。

五

国际民事法律关系是国际私法的调整对象,而国际私法如何调整国际民事法律关系问题就是国际民事法律关系的法律调整方法问题。国际私法不同于其他法律部门,不仅在于它调整的社会关系是国际民事法律关系,而且在于它调整这种关系的方法有独特之处。从国际国内立法以及国际上形成的惯例来看,概括而言,国际民事法律关系的法律调整方法有两种,即间接调整方法和直接调整方法。

间接调整方法是通过"间接法律规范"来调整国际民事法律关系,也就是说,调整国际民事法律关系的规范只指出适用什么法律来确定某国际民事法律关系当事人的权利和义务,或通过什么程序解决国际民事法律纠纷,并不直接规定当事人的实体权利义务,因而不直接调整国际民事法律关系当事人的实体权利义务关系,仅起间接调整作用。间接调整国际民事法律关系的间接法律规范主要是"冲突规范",它是指某种国际民事法律关系应适用何种法律的规范,并不直接调整当事人之间的权利义务关系。例如,我国1986年颁布的《民法通则》第144条规定:"不动产的所有权,适用不动产所在地法律。"这就是一条冲突规范。它只指明在不动产所有权关系中,当事人的权利义务按不动产所在地法处理,而并没有直接规定当事人之间的具体的权利义务关系,因此,它对不动产所有权关系只起了间接的调整作用。冲突规范是国际私法的特有规范,用冲突规范调整国际民事法律关系是国际私法特有的调整方法。除冲突规范外,间接调整国际民事法律关系的间接法律规范还有"程序规范",包括国际民事诉讼程序规范和国际商事仲裁程序规范。程序规范所调整的社会关系是法院同诉讼当事人之间的国际民事诉讼法律关系,或者仲裁庭同仲裁当事人之间的国际商事仲裁关系,它也不直接调整国际民事法律关系。但由于程序规范是解决国际民事法律纠纷、维护当事人民事权益的必不可少的法律手段,是实现民事实体规范的辅助法律规范,因而它对国际民事法律关系同样起着间接调整作用。

直接调整方法是通过直接规定国际民事法律关系当事人的实体权利义务的"直接法律规范"来调整国际民事法律关系,也就是指调整国际民事法律关系的法律规范直接规定国际民事法律关系当事人的实体权利义务,告诉当事人应该怎样做、不应该怎样做,从而起到对国际民事法律关系的调整作用。这种直接法律规范通常叫作"实体规范"。例如,1980年《联合国国际货物销售合同公约》第52条规定:"(1)如果卖方在规定的日期前交付货物,买方可以收取货物,也可以拒绝收取货物。(2)如果卖方交付的货物数量大于合同规定的数量,买方可以收取也可以拒绝收取多交部分的货物。如果买方收取多交部分货物的全部或一部分,他必须按合同价格付款。"这条规定即属实体规范,它对合同关系中的卖方或者买方在卖方提前交货或多交货物时的权利义务作了明确规定,可以直接据此处理这方面的问题。按照这条规定调整合同买卖双方在卖方提前交货和多交货物方面的权利义务关系,就是一种直接调整方法。直接调整国际民事法律关系的实体规范可以见于国际条约和国际惯例,也可以见于国内法。国际条约和国际惯例中的直接调整国际民事法律关系的实体规范称为"国际统一实体规范"。国内法中的直接调整国际民事法律关系的实体规范为国内专用于调整国际民事法律关系的实体规范。① 规定外国人在内国民事法律地位的规范,是规定外国人在内国哪些范围内享有民事权利和承担民事义务的实体规范,如外国人可以在内国申请取得专利的规定就属这类规范。它们调整国际民事法律关系也是采用直接调整方法。由于实体规范,特别是国际统一实体规范直接支配国际民事法律关系当事人的权利义务关系,可以避免或消除在国际民事交往中可能发生的法律冲突,故就调整国际民事法律关系而言,直接调整方法优于间接调整方法,直接调整方法比间接调整方法前进了一大步。

上述两种调整国际民事法律关系的方法,是国际私法调整国际民事法律关系的两种互相依存、互为补充,并缺一不可的方法,目前,两者完全不可能相互取代。因此,我们要重视使用这两种方法来调整国际民事法律关系。

总而言之,国际私法是调整国际民事法律关系的法律部门,在我国对外开放中,尤其在我国对外民事、经济贸易中将会发挥越来越重要的作用。

---

① 参见姚壮、任继圣:《国际私法基础》,中国社会科学出版社1981年版,第5页、第7页、第12页。

论国际统一实体私法*

一、导论

众所周知，法律可分为国内法和国际法，而国内法和国际法均有公法和私法之分。在国际法中，历来都有国际公法和国际私法之说，尽管有的学者并不认为国际私法属国际法。但是，在当今国际社会中，国际私法，包括国际统一冲突法和国际统一实体私法，正在日益发展和壮大，这已是不争的事实。本文将讨论国际统一实体私法。

所谓国际统一实体私法（private international uniform substantive law），是调整平等主体之间的国际民商事法律关系的统一实体法律规范的总和，或者说是调整国际私法关系的统一实体法律规范的总和。

讲到国际统一实体私法的概念，必然会涉及"国际统一私法"或"统一国际私法"或"国际私法的统一"（unification of private international law）概念，由于各国及其学者对国际私法（private international law）的含义有不同的理解，因而对国际统一私法也有彼此互异的理解。一种主张认为，国际统一私法是对传统的国际私法或冲突法进行的国际范围的统一，也就是对冲突规范、管辖权规范和司法协助规范进行的国际统一。在实践中，海牙国际私法会议目前所从事的国际私法统一活动

---

* 本文原载于《中国国际私法与比较法年刊》创刊号（1998年）。

即为这种统一。另一种主张认为,国际统一私法是对实体私法即民商事实体法的国际统一,而不包括对传统意义上的国际私法或冲突法的国际统一。在实践中,国际统一私法协会和联合国国际贸易法委员会便主要是进行这一意义上的国际私法统一工作。还有一种主张认为,国际统一私法是一个广泛的概念,既包括对传统的国际私法或冲突法的统一,也包括对实体私法或实体民商法的统一。在实践中,美洲国家组织进行这种国际私法统一活动。[①] 笔者赞同最后一种主张,因此认为,国际统一实体私法,是包括国际统一冲突法在内的国际统一私法的一部分,当然更是国际私法的一部分。

在国际统一实体私法出现后,对之除有上述国际统一私法、国际私法的统一和统一国际私法的称谓外,19 世纪比利时学者洛伦(Laurent)曾称之为"国际民法",并著有《国际民法论》(1881 年)一书。瑞士学者梅里(Meili)则称之为"国际民商法",并著有《国际民商法》一书。[②] 当然,也有许多学者将国际统一实体私法称为"国际商法"或"国际贸易法"的。还有一些学者将国际统一实体私法称之为"国际统一法"(international uniform law)。[③]

本文之所以使用"国际统一实体私法"这一概念,是为了将其同国内法(用"国际"加以区别)、国际公法(用"私法"加以区别)、国际统一冲突法(用"实体法"加以区别)、国际统一程序法(用"实体私法"加以区别)等概念区别开来。

同其他国际私法分支相比较,国际统一实体私法的调整对象虽然也是国际民商事法律关系或国际私法关系,但在实践中主要为国际商事关系。这是因为,目前在国际上直接调整婚姻、家庭和继承法律关系的国际统一实体法并不多见。国际统一实体私法的主体,既包括参加国际民商事活动的国家和国际组织,也包括参加国际民商事活动的不同国家的自然人和法人。国际统一实体私法由直接规定国际民商事法律关系的当事人之间的权利义务本体的国际统一法律规范组成。这是国际统一实体私法与国际私法中的其他分支的主要区别之一。

二、国际统一实体私法的产生与发展

国际统一实体私法,是随着国际民商事法律关系的发展而产生和发展起来

---

① 参见徐国建:《国际统一私法法源研究》,载《比较法研究》1993 年第 4 期。

② 参见唐表明:《比较国际私法》,中山大学出版社 1987 年版,第 17 页。

③ See UNIDROIT, *International Uniform Law in Practice* (1988); K. Zweigert & J. Kropholler, *Sources of International Uniform Law* (1973).

的。现代国际统一实体法起源于欧洲中世纪时期逐渐形成的商业惯例。这种商业惯例被称之为"商人法"(*lex mercatoria*,law merchant)。[①] 商人法最初在公元11世纪出现于威尼斯,后来随着航海贸易的发展逐渐扩及西班牙、法国、德国及英国。这种商人法是商人们在特定的港口或市集用以调整他们之间的商业交易的惯例,其主要内容包括货物买卖合同的标准条款、两合公司、海上运输与保险、汇票以及破产程序等方面的惯例。商人法与当时的封建王朝的地方性法律相比较,具有以下几个特点:(1)它具有跨国性(transnational),普遍适用于各国商人;(2)它的解释和运用不是由一般法院的专业法官来掌管,而是由商人自己选出的法官来掌管;(3)它的程序比较简单易行,且不拘泥于形式;(4)它强调按公平合理的原则来处理案件。但是,自17世纪以后,随着欧洲中央集权国家的强大,欧洲各国都采取不同的方式把商人法纳入国内法的范畴,使之成为国内法的一部分,从而使商人法失去了它原有的跨国性或国际性。[②]

在人类历史上,现代意义上的国家统一实体私法的制定始于19世纪末。当时,由于工商业的迅速发展,国际民商事交往的日益增多,在一些资本主义强国的推动下,国际社会制定了若干调整国际民商事法律的国际公约。例如,1883年在法国巴黎召开的国际会议通过了《保护工业产权巴黎公约》,1886年由瑞士政府发起召开的一次国际会议通过了《保护文学和艺术作品伯尔尼公约》,1888年拉美国家召开"南美国际法律大会"(通称"蒙得维的亚会议")并于1889年签订了关于国际民法和国际商法的两个蒙得维的亚条约,即《关于国际民法的公约》和《关于国际商法的公约》。1891年在西班牙马德里制定了《商标国际注册马德里协定》等。这些公约的制定表明,国际社会开始致力于国际实体私法立法的国际化和统一化。

从第一次世界大战结束到第二次世界大战爆发期间,资本主义各国经济发展不平衡,当时国际局势的紧张和世界性经济危机破坏了整个国际社会的和谐,极大地分散了各国政府的精力,降低了它们统一国际私法的积极性。但各国为了维护其共同利益,先后仍制定了不少国际统一实体私法公约。例如,1924年《统一提单若干法律规则的国际公约》(海牙规则),1929年《统一国际航空运输某些规则的公约》。国际联盟还主持制定了1930年《汇票及本票统一

---

① 参见[英]施米托夫:《国际贸易法文选》,赵秀文译,中国大百科全书出版社1993年版,第5~8页。

② 参见沈达明、冯大同编著:《国际贸易法新论》,法律出版社1989年版,第2~3页。

法公约》和 1931 年《支票统一法公约》。国际联盟主持制定的这两个公约从其生效一直适用至今,成为统一票据法的重要法律渊源。此外,这一期间还形成了若干关于统一国际贸易惯例的规则。例如,1936 年国际商会主持制定了《国际贸易术语解释通则》。

第二次世界大战后,国际统一实体私法获得了空前的发展,随着战后政治局势的相对稳定,世界经济的迅速发展,科学技术的突飞猛进,国际人员往来和接触的日趋频繁,国际民商事交往的发展达到前所未有的规模和速度。与之相适应,国际统一实体私法的发展步入了一个崭新的阶段。首先,世界上不少全球性或区域性国际组织积极从事促进实体私法国际统一的活动,并逐步形成一些专门从事促进实体私法国际统一活动的国际组织。第二次世界大战后,联合国、联合国国际法委员会、联合国国际贸易法委员会、国际民航组织、国际海事组织、世界知识产权组织、国际统一私法协会、美洲国家组织、欧洲理事会、国际商会等国际组织从事了大量统一实体私法的活动,对国际统一实体私法的形成和发展起了重要的作用。① 其次,在上述国际组织的努力下,大量的国际统一实体私法公约诞生,一些旧的国际统一实体私法公约得到修订。② 1978 年《联合国海上货物运输公约》(汉堡规则)和 1980 年《联合国国际货物销售合同公约》就是其中的典型代表。再次,国际统一实体私法活动正由区域化向全球化发展,并已形成区域性统一活动和全球性统一活动并存的格局。这表现在:(1)联合国等全球性国际组织积极参加国际私法统一活动;(2)亚、非国家积极进入传统上由欧洲国家组成的统一国际私法的组织;(3)非国际组织成员参加国际组织制定的国际统一实体私法公约的情况越来越多;(4)无论是区域性国际组织还是全球性国际组织,同其他从事统一私法工作的国际组织的协调和联系进一步加强,它们建立正常的业务联系,并通过相互邀请参加条约的讨论、制定、共同商定立法主题和明确各自分工等方式进行卓有成效的合作。最后,实体私法的国际统一的重点仍在商事领域,但这种统一活动所涉及的具体商事领域越来越广泛,而且对与商事事项有关的一般民事方面的事项也多有涉及。

---

① 参见李双元主编:《市场经济与当代国际私法趋同化问题研究》,武汉大学出版社 1994 年版,第 97 ~ 151 页。

② See Chia-Jui Cheng, *Basic Documents on International Trade Law* (2nd ed. 1990);韩德培、李双元主编:《国际私法教学参考资料选编》(下册),武汉大学出版社 1991 年版,第 113 ~ 431 页。

三、国际统一实体私法的渊源

国际统一实体私法的渊源,就是国际统一实体私法规范所存在和表现的形式。研究国际统一实体私法的渊源具有非常重要的意义。首先,国际统一实体私法尚在发展之中,还没有形成完善的法律体系,而从其渊源出发进行研究,有利于对之进行系统的归纳,从而为确立其体系做准备。其次,由于国际统一实体私法还处于发展阶段,深入研究其各种渊源的优劣,有利于选择最好的途径去实现实体私法的国际统一,从而不断完善国际统一实体私法。最后,各类国际统一实体私法的法律效力是不同的,如果从法律渊源的角度对国际统一实体私法加以分类,那么就能够正确地确定有关法律规范的法律效力,从而准确地适用国际统一实体私法。

国际统一实体私法的渊源具有如下特征。第一,国际统一实体私法的渊源形态具有多样性。一方面,国际统一实体私法规范存在和表现在各种形式的成文法律文件中,如国际条约、国际判决和裁决、国际标准合同等;另一方面,国际统一实体私法的另一些规范以习惯或惯例这种不成文的形式表现出来。第二,国际统一实体私法的渊源的性质具有复杂性。国际统一实体私法所存在和表现于其中的文献本身的性质并不一致。其中,有些属于法律文件,有些不属于法律文件;有些属于区域性文件,有些属于全球性文件;有些属于官方文件,有些属于民间文件。第三,国际统一实体私法的各渊源的效力具有不一致性。在国际统一实体私法的诸渊源中,其效力有所不同,有的具有强行性效力,有的则只有任意性效力。例如,国际贸易惯例就只有任意性效力,而无强行性效力。此外,有些渊源的效力要高于其他渊源。例如,一般来说,国际条约的效力要高于国际标准合同的效力。

一般认为,国际统一实体私法的渊源为国际条约和国际惯例。但也有学者认为,国际统一实体私法的渊源非常广泛,除包括国际条约和国际惯例之外,还包括国际组织的文件、国际立法、国际标准合同、合同标准条款、法院判决、公开发表的国际商事仲裁裁决、一般法律原则以及权威法学家的学说等。① 我们这里只讨论作为国际统一实体私法渊源的国际条约和国际惯例。

(一)国际条约

作为国际统一实体私法渊源的国际条约,是指缔约国之间缔结的统一某领

---

① 参见徐国建:《国际统一私法法源研究》,载《比较法研究》1993年第4期。

域实体私法规范的协议。这种条约可称为国际统一实体私法条约。与一般的国际条约相比,国际统一实体私法条约具有如下特点:其一,这种条约的调整对象为国际实体私法关系,也就是涉外民商事法律关系当事人的实体权利义务关系;其二,这种条约大多规定商事事项,较少涉及一般民事事项;其三,这种条约通常由有关统一国际私法的专门组织准备和制定,然后由缔约国签署和批准;其四,这种条约不具有很强的政治性,而具有较强的法律尤其是私法的专业性。

国际统一实体私法条约也有双边条约和多边条约、区域性条约和全球性条约、开放性条约和非开放性条约以及自执行条约(self-executing treaties)和非自执行条约(non-self-executing treaties)之分。①

就国际统一实体私法条约而言,自执行条约和非自执行条约这种分类值得特别一提。自执行条约,即可直接适用条约,是指那些规定缔约国的公民和法院直接予以适用的条约。而非自执行条约,是指不能直接为缔约国的公民和法院所适用的条约,这种条约必须先由缔约国通过专门立法接受为国内法后才能在国内适用。从缔约国方面来说,根据条约的规定,对于非自执行条约的接受,可以采取两种不同的方式:一种是有义务将条约纳入国内法,另一种是没有义务将条约纳入国内法。前者所指的条约,如 1930 年《汇票及本票统一法公约》、1931 年《支票统一法公约》和 1964 年《国际货物买卖统一法公约》等。1930 年《汇票及本票统一法公约》第 1 条规定:“各缔约国约定将本公约附件一所制定之统一法,以原文或该国文字通令所属境内。”采用这种方式的结果是,当缔约国把该公约规定的统一实体规范引入国内法后,在该国的国内法中就只有一种汇票及本票法,它不仅适用于缔约国的国民,而且同样适用于非缔约国的国民。后者所指的条约,如 1924 年《统一提单若干法律规则的国际公约》和 1956 年《国际公路运输公约》等。这类公约可以被缔约国纳入国内法,也可以不被缔约国纳入国内法。如果缔约国不把这类条约纳入国内法,则该缔约国在有关法律领域就存在两套法律:一套是国际条约所规定的统一私法,缔约国有义务将之适用于缔约国国民,但不适用于非缔约国国民;另一套是缔约国自己制定的有关国内法,它适用于非缔约国国民,而不适用于缔约国国民。② 了解上述情形,有利于正确适用有关国际统一实体私法条约。

---

① 参见王铁崖主编:《国际法》,法律出版社 1981 年版,第 46~47 页、第 325~327 页。

② 参见沈达明、冯大同编著:《国际贸易法新论》,法律出版社 1989 年版,第 2~3 页;[英]施米托夫:《国际贸易法文选》,赵秀文译,中国大百科全书出版社 1993 年版,第 4~11 页。

与其他国际统一实体私法的渊源比较起来,国际统一实体私法条约以书面形式并经严格的程序制定,具有形式的稳定性和内容的固定性,人们比较容易了解其内容;而且,由于国际统一实体私法条约的缔约国对条约规定有必须遵循的国际公法上的条约义务,它们便于信守和执行。但是,因为多边的国际统一实体私法条约的订立须经过严格的起草、签署和批准程序,涉及的问题比较复杂,涉及的范围比较广,涉及的国家比较多,故在制定过程中会碰到许多这样或那样的困难。为了克服困难,在制定某一具体国际统一实体私法条约时,应尽可能多地邀请有关各国参与其准备和制定工作,使各国有机会发表自己对该条约的意见,从而有利于日后批准该条约。

(二)国际惯例

国际惯例是国际统一实体私法的另一重要渊源。就国际统一实体私法而言,国际惯例主要是指国际商业惯例或国际贸易惯例,它们是在长期的商业或贸易实践基础上发展起来用于解决国际商事问题的实体法性质的国际惯例。现在,国际上有一种趋势,即在国际商业或贸易中倾向于接受国际商业惯例。这不仅是因为国际上无太多的统一实体私法可资遵循,而且因为它是解决各国间的法律冲突的一种办法,可以使本国的国际商业业务不受外国法律管辖和支配。

1. 国际商业惯例的特点

国际商业惯例具有以下特点:第一,经过长期反复的实践而形成。早在11世纪,地中海沿岸各国的商人团体为了维护自身利益,开始自行制定一些规约,即商人法,这种商人法就是商人们长期从事商业活动的习惯做法。这种习惯做法一开始只流行于一定的地区和行业。随着国际商业的不断发展,其影响不断扩大,有的发展到今天已在全世界范围内通行。第二,被许多国家和地区认可,具有普遍的适用性。严格地讲,任何一种国际商业惯例,都不是以正式国际条约这种国家之间的协议法形式出现的,而是由地区、行业、国际组织(通常是民间组织)或商业团体把国际商业长期实践中所形成的习惯做法归纳成文,给予明确的定义和解释,公布于天下。当今称之为国际商业惯例的,大都得到许多国家和地区的认可,为国际经济贸易从业人员广为采用。国家对国际商业惯例的认可,即意味着国家赋予它任意性法律的性质。按照许多国家的法律,在国际商业或贸易中,当事人有选择适用国际商业惯例的自由,一旦当事人在合同中采用了某项惯例,该惯例即对双方当事人具有法律约束力,得到有关国家的保护。有的国家法律还规定,在本国法律没有规定时适用国际惯例,或者法院有权按照有关国际商业惯例来解释双方当事人的合同。第三,具有确定的内容,针对性很强。目前,世界上普遍适用的国际商业惯例基本上都是成文的,大都是由某些国际组织或某些国家的商业团体根据长期形成的商业习惯制定的,有明确的权利和义务规定,内容十分确定,是判定有关当事人的权利义务关系,解决有关当事人的争议,处理索赔、理赔案件的重要依据。第四,国际商业惯例为任意性而非强制性的规则,运用起来十分灵活。尽管国际商业惯例被许多国家和地区认可,具有普遍适用性,但不同于国际条约之于缔约国及其国民,也不同于国内法中的某些强制性规定,它对有关国家和国民不具有当然的法律约束力,也就是说,它不具有直接的普遍法律约束力。通常,只有当事人在合同中明确约定适用某项惯例时,该当事人才受该惯例的约束,该惯例才对当事人具有法律拘束力。第五,它仍处在不断地发展演变中,而且随着现代科学技术不断进步和国际民商事交往的飞跃发展,其变化速度也在加快。

2. 国际商业惯例的主要构成

在国际商业或贸易的各个领域中,存在许多惯例。不过,已为各国对外经济贸易、运输、商品检验、保险、银行结算、共同海损理算以及仲裁机构和法院等各界人士所熟知的国际商业惯例,主要涉及如下几方面。

(1)在贸易术语方面,主要有国际商会制定的《国际贸易术语解释通则》(1990 年修订本,以下简称《通则》),国际法协会制定的《1932 年华沙 - 牛津规则》和美国商会、美国进口协会及美国全国对外贸易协会所组成的联合委员会通过的《1941 年美国对外贸易定义修正本》。《通则》对 13 种贸易术语分别作了解释并对货物买卖双方的权利义务作了具体规定;《1932 年华沙 - 牛津规则》仅对 CIF(Cost, Insurance and Freight,成本加保险费加运费)买卖合同的统一规则作了规定;而《1941 年美国对外贸易定义修正本》对 6 种价格术语作了解释,它同前两者在解释上有一些差别,且只在美洲国家通行。

(2)在支付方面,主要有国际商会制定的《跟单信用证统一惯例》(1992 年建议本)和《托收统一规则》(1978 年修订本)。前者对办理信用证业务的有关当事人的权利义务关系作了明确规定,已有 170 多个国家或地区的银行采用;后者则对银行承办托收业务时银行与委托人及其他关系人之间的关系作了具体规定。

(3)在运输和保险方面,有国际商会制定的《联合运输单证统一规则》(1975 年修订本)、国际海事委员会制定的《1974 年约克 - 安特卫普规则》以及英国伦敦保险协会制定的《伦敦保险协会货物保险条款》。《联合运输单证统一规则》对联合运输的含义、联运单据的签发人及其责任等作了具体的规定;《1974 年约克 - 安特卫普规则》对共同海损理算作了规定;而《伦敦保险协会货物保险条款》拟定了货物平安险、水渍险、一切险的保险条款,以及战争险、罢工、暴动和民变险的保险条款。

(4)在担保方面,有国际商会制定的《合同担保统一规则》(1978 年)和《支付请求担保统一规则》(1992 年)。两者对担保的定义、责任、请求、终止、准据法和管辖等问题作了具体的规定。

(5)另有一些区域性、行业性的惯例,一般为特定地区、特定行业、特定交易的当事人所熟知。

四、国际统一实体私法的范围和内容

(一)国际统一实体私法的范围

国际统一实体私法的范围和国际统一实体私法的内容是两个密切联系的问题。国际统一实体私法的范围实际上就是指国际统一实体私法应包含一些什么内容。

国际统一实体私法的范围是由国际统一实体私法的调整对象决定的。我们知道,国际统一实体私法是调整平等主体之间的国际民商事法律关系的国际统一实体法律规范的总称。因此,一般而言,一切调整国际民商事法律关系的实体私法规范,均属于国际统一实体私法。但事实上,目前国际上并不存在调整一切国际民商事法律关系的实体私法规范。因为现有的调整有关国际民商事法律关系的国际条约和国际惯例还远远没有包括国际民商事法律关系的一切方面,在许多国际民商事领域尚没有国际统一实体私法规范。所以,我们可以说,国际统一实体私法的范围仅限于包含现存的国际统一实体私法规范,而现存的国际统一实体私法大多为商事规范和知识产权规范,涉及一般民事方面的规范并不多。

同时,我们也应该看到,国际统一实体私法规范尚处在发展阶段,其内容和体系都在不断完善之中,国际统一实体私法的范围会随着国际统一实体私法规范的发展变化而发展变化。可以肯定,由于需要调整的国际民商事法律关系、需要处理的国际民商事事项、需要解决的国际民商事纠纷会越来越多,国际统一实体私法的范围呈逐渐扩大的趋势。国际统一实体私法本身的发展已说明了这一点。例如,国际统一实体私法条约在 19 世纪末最初出现在知识产权领域,后来发展到货物买卖、海事、运输、保险、支付等领域。①

由于国际统一实体私法有区域性规范和全球性规范之分,其表现形式有双边条约和多边条约之别,故就具体一个国家而言,对其适用的国际统一实体私法规范的范围,并不一定同其他国家所适用的国际统一实体私法规范的范围相同。也就是说,在国际社会中,对一国适用的国际统一实体私法规范并不一定对另一国适用。

(二)国际统一实体私法的主要内容

从现有国际统一实体私法的规范来看,它主要包括如下几个方面的内容。

1. 民商事主体规范

这类规范主要确定自然人、法人、公司(尤其是跨国公司)的身份、能力和法律地位。例如,1956 年订于海牙的《承认外国公司、社团和财团法律人格的公约》和 1968 年订于布鲁塞尔的《关于相互承认公司和法人团体的公约》,即属确立这类规范的公约。

2. 知识产权规范

关于知识产权的国际统一实体私法规范在国际上最早为国际公约所确定。这类国际统一实体私法条约比较多。例如,1883 年《保护工业产权巴黎公约》、1886 年《保护文学和艺术作品伯尔尼公约》、1891 年《商标国际注册马德里协定》、1952 年《世界版权公约》和 1970 年《专利合作条约》等公约确立了这类规范。

3. 国际货物买卖规范

这类规范不仅存在于国际条约中,而且大量地以国际惯例的形成表现出来。前者如 1964 年《国际货物买卖统一法公约》和《国际货物买卖合同成立统一法公约》、1974 年《联合国国际货物买卖时效期限公约》以及 1980 年《联合国国际货物销售合同公约》等;后者如国际商会拟定的《国际贸易术语解释通则》(1990 年修订本)等。这类规范用于调整国际货物买卖关系,特别是国际货物买卖合同的订立以及买卖双方因此种合同而产生的权利义务关系。

4. 国际运输规范

这类规范包括海上运输规范、空中运输规范、铁路运输规范、公路运输规范以及多式联运规范等,用于调整国际运输关系。确立这类规范比较有名的公约

① 参见姚壮、任继圣:《国际私法基础》,中国社会科学出版社 1981 年版,第 5 ~ 7 页、第 9 ~ 11 页、第 13 ~ 14 页。

有:1924年《统一提单若干法律规则的国际公约》(海牙规则)、1929年《统一国际航空运输某些规则的公约》(华沙公约)、1959年《国际铁路货物联运协定》、1955年《修改1929年10月12日统一国际航空运输某些规则的华沙公约的议定书》(海牙议定书)、1968年《有关修改1924年8月5日在布鲁塞尔签订的统一提单若干法律规定的国际公约的议定书》(维斯比规则)、1978年《联合国海上货物运输公约》(汉堡规则)以及1980年《联合国国际货物多式联运公约》等。

5. 国际保险规范

目前,尚无调整国际保险关系的统一实体法公约,但在国际实践中已形成一些国际惯例。例如,关于国际货物运输保险合同的存在,国际惯例要求必须由保险人签发的书面文件来证明,而且,书面文件主要是保险单,但又不限于保险单,保险人或其代理人签发的其他书面保险凭证也可作为用于证明的书面文件。有些被广泛接受的惯例已被一些成文文件固定下来,例如,伦敦保险协会拟定的《伦敦保险协会货物保险条款》和联合国贸易和发展会议于1982年拟定的《海上货物保险示范条款》等。

6. 国际支付规范

这类规范用于调整在国际商事活动中产生的支付关系以及票据关系。这类规范既表现为国际条约,也表现为国际惯例。国际条约如1930年《汇票及本票统一法公约》、1931年《支票统一法公约》以及1988年《联合国国际汇票和国际本票公约》;国际惯例如国际商会拟定的《跟单信用证统一惯例》和《托收统一规则》等。

7. 国际投资规范

这类规范是调整国际私人直接投资关系以及有关国际投资保护与鼓励的国际统一实体私法规范。确定这类规范的多边国际条约不多,目前只有1986年签订的《多边投资担保机构公约》(Convention Establishing the Multilateral Investment Guarantee Agency,MIGA)。但在国际投资保护方面,各国缔结了大量的双边投资保险协定。这种双边协定一般都对无差别待遇原则、政治风险的保证、投资的项目及内容、营业活动的限制和外籍人员的雇佣等问题加以规定。

8. 国际技术转让规范

这类规范用于调整营业地在不同国家或具有不同国家国籍的当事人之间以有偿形式进行的跨国技术转让关系。但也有人主张,居住在同一国家或在同一国家内设有营业所的当事人之间的技术转让,如果一方当事人是直接或间接受外国人控制的企业或公司,且所转让的技术又不是在技术接受国发展研究出来的,也应受这类规范调整。在国际技术转让领域,目前尚无有关国际统一实体规范公约,但相关的国际惯例较多。不过,联合国贸易和发展会议正在起草一项《国际技术转让行动守则》,力图将已有的实践加以总结。

9. 国际融资规范

这类规范用于调整国际融资中平等主体之间的借贷法律关系。国际融资是国际资本流动的一种重要形式。在国际融资中,由于有政府贷款、国际金融贷款、共同融资和国际商业贷款等形式,参加国际融资的主体复杂多样,且其地位和性质各不相同,故不同形式的国际融资所适用的法律原则也往往有所区别。从国际立法来看,虽然已有一些调整国际借贷关系的协定,如《国际货币基金协定》等,但这种国际条约并不多。不过,在大量的国际融资实践中,已有大量的国际惯例。

10. 国际工程承包规范

国际工程承包,是指一国的承包人组织人力、物力和技术,在他国承建某项工程,从而获取酬金的一种综合性的国际商事活动。在长期的国际工程承包实践中,已逐步形成了许多国际惯例,并以标准合同的形式表现出来。例如,国际咨询工程师联合会拟定的《国际土木工程合同条款》及其所附的投标书与协议书、联合国欧洲经济委员会主持制定的关于成套设备和机械的供应和安装合同条件以及世界银行与国际开发协会贷款项下的采购准则(1975 年)等。在国际工程承包业务中,为了方便起见,当事人往往都参照使用国际上通用的标准合同格式。不过,目前尚无专门规定国际工程承包问题的国际条约。

11. 国际侵权规范

这类规范主要支配海事侵权、跨国污染等事项。例如,1910 年《统一船舶碰撞若干法律规定的国际公约》和 1969 年《国际油污损害民事责任公约》等。

12. 国际代理、劳务、担保、拍卖和投标规范

在国际代理、劳务、担保、拍卖和投标等领域,一些国际惯例亦已形成。

五、国际统一实体私法的地位和作用

(一)国际统一实体私法是国际私法发展的必然结果

作为调整涉外民商事法律关系的法律部门,国际私法的产生和发展是与国际民商事交往日益发展而各国法律规定不尽相同的事实相联系的。在国际私

法发展史上,最初,曾经历了一个国家完全按自己的实体法处理涉外民商事事项的时期。到13世纪、14世纪,随着地中海沿岸城市国家的相继兴起,国际民商事往来日益频繁,越来越多的民商事法律关系涉及不同国家的法律体系,从而使人们不得不面临法律适用的冲突,需要选择法律以解决相互交往中发生的争议问题。于是,在对罗马法的疏义过程中,法则区别说应运而生。该说主张用冲突规范,即用冲突法来调整涉外民商事法律关系和解决国际民商事法律冲突。

冲突规范作为确定各种不同性质的涉外民商事法律关系应适用何种法律的规范,因解决民商事法律冲突而存在。我们知道,民商事法律冲突实质上是民商事法律在适用上的冲突,换言之,民商事法律冲突讲的是某种涉外民商事法律关系应适用何种法律的问题。而冲突规范恰恰是指定某种涉外民商事法律关系应适用何种法律的规范。因此,通过冲突规范来解决民商事法律冲突是解决民商事法律冲突的有效方法。但是,冲突规范只指定有关涉外民商事法律关系应适用何种法律,而没有明确地、直接地规定当事人的权利与义务,因而它对涉外民商事法律关系只起间接调整的作用。同实体规范比较起来,它缺乏应有的预见性、明确性和针对性。而且,冲突规范只作立法管辖权选择,即只就有关涉外民商事法律关系指定一个立法管辖权,而不问该管辖权国家调整该涉外民商事法律关系的有无和具体内容如何。由此看来,用冲突规范解决民商事法律冲突并不能从根本上避免和消除冲突,只能解决有关具体的涉外民商事法律关系的法律适用问题。而且,尽管目前国际上有关国家可以通过双边或多边的国际条约形式制定统一的冲突法来解决国际民商事法律冲突,但现实中各国仍以国内冲突法解决与本国有关的涉外民商事法律冲突为主。在用国内冲突法解决民商事法律冲突的情况下,由于各国的冲突规范本身并不一定相同,有关国家的冲突规范之间也会产生冲突,这样,同一个涉外民商事案件在不同国家的法院审理就会得出不同的结果。这种冲突规范本身的冲突的存在,大大增加了涉外民商事争议的复杂性,导致当事人“挑选法院”(forum shopping),即当事人选择于己有利的法院起诉,从而使对方失利。

正由于冲突规范在调整涉外民商事法律关系和解决涉外民商事法律冲突方面的种种局限,为了避免和消除各国间的法律冲突,人们又努力尝试制定直接适用于涉外民商事法律关系的国际统一实体私法规范。① 到 19 世纪末,国际上开始出现确立国际统一实体法规范的国际条约。1883 年《保护工业产权巴黎公约》即属这类条约。人类进入 20 世纪后,国际统一实体私法规范在国际贸易和海上运输领域有了进一步的发展,并在国际惯例的规范化方面有所反映。例如,1924 年一些国家缔结了《统一提单若干法律规则的国际公约》,1932 年国际法协会拟定了《1932 年华沙 - 牛津规则》。但是,在第二次世界大战前,这类规范没有得到充分的发展。第二次世界大战后,随着国际经济贸易的迅速发展,国际统一实体私法也进入一个新的发展时期,无论是以国际条约形式还是以国际惯例形式的国际统一实体私法在数量上大大增加,在范围方面大大扩大。如国际商会多次修订《国际贸易术语解释通则》,设在罗马的国际统一私法协会主持制定了《国际货物买卖统一法公约》等,在联合国国际贸易法委员会的努力下,1978 年《联合国海上货物运输公约》和 1980 年《联合国国际货物销售合同公约》等相继通过。国际统一实体私法的出现是国际私法追随不断变化和发展的社会生活的反映,是国际私法发展的自然进程,是国际私法发展日趋完善的一个合乎逻辑的阶段。

(二)国际统一实体私法是调整国际民商事法律关系和解决国际民商事法律冲突的重要手段

与冲突规范比较起来,国际统一实体私法规范由于以国际条约和国际惯例形式直接确定当事人的权利与义务,有许多优点。就调整涉外民商事法律关系而言,按照传统的国际私法,冲突规范并不直接调整涉外民商事法律关系,通常是依冲突规范进行法律选择,即选择与涉外民商事法律关系有关的某一国家的实体法来调整。这样,冲突规范只能间接调整涉外民商事法律关系,而且该国家的法律本身却是准备适用于纯国内民商事关系的,严格地讲,对调整涉外民商事法律关系并不一定是最合适的。而国际统一实体法规范是一种直接调整规范,它直接告诉当事人应该怎样做,不应该怎样做,能使当事人明了自己的权利与义务、预见自己行为的后果,一般无须冲突规范的指导就能直接适用,因而更加直接、明确、具体和方便。从这个角度讲,用国际统一实体私法调整涉外民商事法律关系,应当说是一种历史的进步。就解决涉外民商事法律冲突而言,冲突规范只能指明某种涉外民商事法律关系应适用什么法律,消极地解决法律

① 关于国际统一实体私法避免法律冲突问题,参见[英]施米托夫:《国际贸易法文选》,赵秀文译,中国大百科全书出版社 1993 年版,第 19～20 页。

冲突。而国际统一实体私法由于在一定范围和程度上统一了有关国家的实体私法,且一般不需要冲突规范的援引而直接适用,因而可以从总体上积极地避免和消除各国的法律冲突。这显然是一种解决法律冲突的更积极的方式,是一种彻底解决法律冲突的方式。所以,我们可以说,国际统一实体私法的产生与发展,使国际私法多了一种调整涉外民商事关系的方式,多了一种解决涉外民商事法律的手段。

尽管如上所言,冲突规范在调整涉外民商事法律关系和解决涉外民商事法律冲突中的地位和作用仍然是不容忽视的。因为,整个世界至今仍为不同的法律体系所分割,国际私法赖以产生和存在的条件仍没有改变,国际统一实体私法的出现并不能代替冲突规范在调整涉外民商事法律关系和解决民商事法律冲突方面的作用。首先,从目前的情况来看,国际统一实体私法多出现在国际经济贸易和知识产权领域,在涉外民商事法律关系的许多方面,还没有也难以制定统一的实体私法。在无统一实体私法的领域,用冲突规范解决涉外民商事法律冲突仍有重要意义。其次,尽管在一些领域已出现了统一实体私法,但缔约国不可能包括世界上所有的国家,因此,缔约国与非缔约国之间以及非缔约国相互之间的民商事法律冲突仍要靠冲突规范来解决。再次,在缔约国对条约中的统一实体规定声明保留时,在保留问题上,声明保留的缔约国和非声明保留的缔约国之间的法律冲突仍应适用冲突规范来解决。复次,在执行国际统一实体私法过程中,如果当事人对有关规范的解释发生歧异,亦得根据冲突规范的规定援引特定的法律加以解决。最后,对于某个国际条约所要解决的问题,国际条约也并不一定能作出全面和明确的规定,对那些要解决而未解决的问题,借用冲突规范加以解决仍是可能的,例如,1980 年《联合国国际货物销售合同公约》第 7 条第 2 款就有这样的规定:“凡本公约未明确解决的属于本公约范围的问题,应按照本公约所依据的一般原则来解决,在没有一般原则的情况下,则应按照国际私法规定适用的法律来解决。”①

(三)国际统一实体私法是国际私法的重要组成部分

在理论上,对国际统一实体私法是否为国际私法的组成部分问题,历来就有争论。笔者认为,随着国际统一实体私法在调整涉外民商事法律关系和解决涉外民商事法律冲突中的作用日益增大,无论是从国际私法本身的历史发展来

---

① 关于统一实体法不能取代冲突法在解决民事法律方面的地位和作用问题,参见韩德培、李双元:《应该重视对冲突法的研究》,载《武汉大学学报(社会科学版)》1983 年第 6 期。

看,还是从国际统一实体私法本身的调整对象和功能来看,国际统一实体私法已成为国际私法中不可缺少的组成部分。我们不能仅因为国际统一实体私法直接调整涉外民商事法律关系的方法同传统国际私法中冲突规范的间接调整方式有所不同而否定前者成为国际私法的一部分;不能仅因为传统的国际私法不包括国际统一实体私法规范而否定国际私法本身的自然发展以及其内容和范围的逐渐扩大;不能仅因为某一立法和条约的立法体系没有规定冲突规范或实体规范而否定国际私法作为一个部门法或学科应有自己的完善体系;也不能仅因难于全面、系统和深入地研究包括国际统一实体私法在内的国际私法的广泛而庞杂的内容而否定国际统一实体私法在国际私法体系中的存在。

应该指出的是,无论是在中国还是外国,无论是在东方还是西方,无论是在发展中国家还是发达国家,无论是在社会主义国家还是资本主义国家,均有学者主张将国际统一实体私法纳入国际私法范畴。1929 年《统一国际航空运输某些规则的公约》制定后,美国著名国际法学者哈克沃思(Hackworth)认为,该公约属于国际私法的范畴。[①]《法国世界百科全书》主张,国际私法有广、狭两义,认为"从广义上说,所有涉及国际性的私人法律关系的规范都可以视为国际私法;从狭义上说,国际私法就是对某个国际性私人关系决定应运用何种法律的一种规范"。[②] 中国国际私法学界也有许多学者主张国际私法应包括国际统一实体私法,他们认为:"国际私法的基本任务是解决产生于涉外民事法律关系中的法律冲突问题,无论是冲突规范还是统一实体规范,都是解决法律冲突的手段,因此,这两种规范都是国际私法规范,都应属于国际私法范围。"[③]

总之,国际统一实体私法已成为国际私法的重要组成部分,是与冲突规范并行的调整涉外民商事法律关系的手段,在解决涉外民商事法律冲突方面发挥着不可取代的作用。

六、中国与国际统一实体私法

中华人民共和国成立以来,特别是改革开放以来,已先后缔结或参加了不少国际统一实体私法条约(包括双边和多边条约)。在国际公约方面,中国已缔结或参加了一些在国际上有重要影响的国际统一实体私法公约。如 1929 年

---

① See G. H. Hackworth, *Digest of International Law*, Vol. 4, 370(1943).

② 唐表明:《比较国际私法》,中山大学出版社 1987 年版,第 388 页。

③ 韩德培主编:《国际私法》,武汉大学出版社 1989 年版,第 7 页。

《统一国际航空运输某些规定的公约》及其部分议定书、1969 年《国际油污损害民事责任公约》、1980 年《联合国国际货物销售合同公约》等。另外,中国几乎参加了所有关于知识产权的国际公约。①

在参与国际统一实体私法起草、制定活动方面,中国也十分积极。中国已于 1985 年加入国际统一私法协会。中国在联合国国际贸易法委员会、国际统一私法协会等国际组织的造法活动中十分活跃,不仅主动推介中国的有关立法,而且开始尽量让有关国际立法反映自己的立场和观点,以促进和协调国际私法的统一。特别值得一提的是,中国先后在《继承法》(第 36 条第 2 款)、《涉外经济合同法》(第 6 条)、最高人民法院《关于适用〈涉外经济合同法〉若干问题的解答》(第 2 条第 8 款、第 9 款)和《民法通则》(第 142 条第 2 款、第 3 款,第 150 条)、《海商法》(第 268 条)、《票据法》(第 96 条)中,对国际统一实体私法条约和国内法的关系作了明确规定。其中,以《民法通则》的规定最具代表性。《民法通则》第 142 条第 2 款规定:"中华人民共和国缔结或者参加的国际条约同中华人民共和国的民事法律有不同规定的,适用国际条约的规定,但中华人民共和国声明保留的条款除外。"这里讲的国际条约当然包括国际统一实体私法条约。这一规定确立了国际条约优先原则,即中国的国内立法规定与中国缔结或参加的国际条约的规定有冲突时,优先适用该国际条约的规定,但中国声明保留的条约除外。《民法通则》第 142 条第 3 款规定:"中华人民共和国法律和中华人民共和国缔结或者参加的国际条约没有规定的,可以适用国际惯例。"这里讲的国际惯例依笔者的理解应为国际商业惯例,这一规定确立了国际惯例补缺原则,它表明国际商业惯例仅对中国法律或者中国缔结或参加的国际条约未规定的事项适用。当然,这主要是指依冲突规范指定应适用中国法的情况。至于当事人协商选择国际商业惯例作为合同准据法则另当别论。此外,《民法通则》第 150 条规定,"依照本章规定适用外国法律或者国际惯例的,不得违背中华人民共和国的社会公共利益"。这一规定表明,在中国冲突规范指定或者当事人选择适用国际商业惯例时,适用国际商业惯例不得违背中国的公共秩序。这实际上是对国际商业惯例适用的一种合理限制。

---

① 关于中国缔结或参加国际公约的情况,参见《中国法律年鉴》(1987 ~ 1996 年)中每年的统计。

论国际私法公约在法制不统一国家的适用*

一、导言

典型的国际私法公约是指在民商事领域有关国家自发或在国际组织的推动下缔结或制定的冲突法和程序法公约,如海牙国际私法会议和美洲国家组织制定的大量国际私法公约。① 这些公约都是协调和解决不同国家之间在民商事领域的法律冲突而制定的。

按照条约法的一般原则,条约适用的空间范围通常是条约当事国的全部领土,因为国家是作为整体缔结或参加条约而成为条约当事国的。1969 年《维也纳条约法公约》第 29 条肯定了这一点:"除条约表示不同意见,或另经确定外,条约对每一当事国之拘束力及于其全部领土。"不过,有的条约根据其所涉及的特定事项或特定领域,明文规定只适用于当事国的部分领土或地区,或者明文规定当事国可以选择适用于其部分领土或某一地区,或者明文规定不适用于当事国的全部领土。例如,1959 年《南极条约》第 6 条规定:"本条约的规定应适用于南纬 60°以南的地区,包括一切冰架。"这表

---

* 本文原载于《中国国际私法与比较法年刊》第 2 卷(1999 年)。

① 海牙国际私法会议在战后陆续制定了 33 个国家私法公约。See *Hague Conference on Private International Law Collection of Conventions* (1951 - 1996) (the Permanent Bureau of the Conference ed.).

明,由于该条约仅涉及有关南极的事项,它并不适用任何国家的领土,只适用于不属于任何国家领土的南纬60°以南的地区。又如,英国签订的某些涉及其国内事项的条约明确规定,它们仅适用于大不列颠及北爱尔兰,而不适用于英属的英吉利海峡的岛屿。[①] 作为自成一类的国际私法条约亦不例外,原则上应适用于当事国全部领土,但在条约明文规定时也可以只适用于当事国的部分领土或地区。

在世界上,由于种种历史和现实以及外在和内在的原因,不少国家内部的法律制度并不统一。这种不统一主要表现为两方面:一方面,一个国家内部同时存在两个或两个以上的具有不同法律制度的地区、区域或领土单位(territorial units);另一方面,在一个国家内部同时存在两种或两种以上适用于不同种类的人的法律制度。在法理上,具有独特法律制度的地区通常叫作法域或法区(law district or legal region),而其内部法律制度不统一的国家通常被称为法制不统一国家(a state having a non-unified legal system)、多法域国家、复合法域国家或复数法域国家。英国、美国、加拿大和澳大利亚等国即为这样的国家。在法制不统一的国家内部,由于法制不统一,各法域不仅会对国际条约的接受程度有差别,而且在人们的交往过程中,具有不同法律制度的地区之间不可避免地会产生区际法律冲突(interregional conflict of laws),适用于不同种类的人的不同法律制度之间不可避免地会产生人际法律冲突(interpersonal conflict of laws),而这种区际法律冲突与人际法律冲突及其解决同国际法律冲突(international conflict of laws)及其解决又有许多联系和相似之处。在这种情况下,当法制不统一国家缔结或参加某一国际私法公约时,自然会提出将该条约适用于其全部领土,还是仅适用于其一个或多个法域的问题,以及面对区际法律冲突与人际法律冲突如何进一步确定公约规定的具体适用问题。

二、国际私法公约在一国领地或属地的适用

这里讲的"一国领地或属地(territories)",[②]是指一个国家以殖民、租借、占用、兼并、强力割让、委任统治、托管等方式取得的在国际关系上由其负责的领

---

① 参见魏敏等编:《国际法概论》,光明日报出版社1986年版,第303页。

② 英文"territory"有"领土""领地""属地""地区"之意。在国际法上,"领土"是指一国主权管辖下的固有区域,包括领陆、领水、领海和领空;而"领地"和"属地"是指一国通过殖民、侵占、强力割让、租借、委任统治或托管等方式取得的附属之地,故本章在中文表述中将两者区别开来。

地或属地,如殖民地、自治领、被保护国、租借地、海外领地、委任统治或托管下的领地等。这些地区虽然在负责其国际关系的国家的管制和治理之下,但它们原有的法律制度和习惯常常或多或少地得到保留或者继续适用,具有不同于该国本土的法律制度,相对于该国国内的其他地区来讲,是一个独立的法域。而且,这些地区本不属于在国际关系上对其负责的国家,在国际关系上也有自己的独立性。因此,一国在缔结或参加某一国际公约时,对该国际公约是否在这些地区的适用每每另加处置。而国际公约本身对这个问题通常亦会专门作出规定,即制定一项“领地适用条款”(territorial application clause)。

在各国际公约中,领地适用条款的具体规定是不同的。有的公约要求,一国在签字、批准或加入时应尽量做到将公约适用于由其负责国际关系的一切或任何领地。例如,1951 年《关于难民地位的公约》第 40 条第 1 款规定:任何一国得于签字、批准或加入时声明本公约将适用于由其负责国际关系的一切或任何领土。此项声明将于公约对该有关国家生效时发生效力。第 3 款规定:关于在签字、批准或加入时本公约不适用的领土,各有关国家应考虑采取必要步骤的可能,以便将本公约扩大适用到此项领土,但以此项领土的政府因宪法上需要已同意者为限。但大多数国际公约的领地适用条款则在公约是否应适用于当事国负责其国际关系的领地问题上采取更灵活的规定。它们一般规定,任何国家得在签字、批准或加入公约时,声明公约适用的范围扩展于在国际关系上由其负责的所有领土,或仅及于其中的一处或数处,此项声明得自该公约对上述国家生效之日起有效。而且,嗣后得可以扩大或废止此类适用范围。

早期的国际私法公约规定公约只适用于缔约国本土,不适用于缔约国领地或属地。例如,1902 年海牙《离婚及分居法律冲突与管辖冲突公约》第 10 条规定:“本公约只适用于缔约国欧洲领土。”1902 年海牙《婚姻法律冲突公约》和《未成年人监护公约》均如此规定。但到 1905 年,海牙国际私法会议制定的《民事诉讼程序公约》《婚姻对夫妻人身关系及婚姻财产的效力的法律冲突公约》《禁治产及类似保护措施公约》则开始订有领地适用条款。例如,《禁治产及类似保护措施公约》第 16 条规定:“本公约当然适用于各缔约国的欧洲领土。缔约国如欲在欧洲以外的领土、属地、殖民地或领事司法管辖权内实施本公约,应以文件就此正式通知其意图,此项文件应存放在荷兰政府档案库,由荷兰政府通过外交途径将核证无误的副本颁发各缔约国。”

第二次世界大战以后,随着民族解放、国家独立以及非殖民化等运动的蓬勃发展,国际形势和国际关系发生了很大的变化,传统上被称为殖民地、自治领、被保护国、租借地、海外领地、委任统治地、托管地的地方在世界上越来越少,有的甚至消失。在这种情况下,各国际公约在作类似规定时进行了调整,不再在有关规定中使用"殖民地""海外领地"等字眼,而用"其负有国际责任的全部领土或部分领土","在国际关系上由其负责的整个领土或其中一处或多处领土"等说法取而代之。例如,1961 年海牙《取消要求外国公文书认证公约》第 13 条规定:"任何国家在签字、批准或加入时,可声明本公约应扩展适用于其在国际关系上负有责任的所有领土,或仅扩展适用于其中的一处或数处。"特别值得一提的是,1975 年及以后由美洲国家组织制定的国际私法公约已不再就这个问题作出规定。而海牙国际私法会议从制定 1985 年《信托法律适用及其承认公约》起亦不再在它制定的国际私法公约中规定这个问题。

还应该注意的是,当一国在签字、批准、接受、赞同或加入时声明将国际私法公约扩展适用于其在国际关系上负责的领地或属地时,其他缔约国是否当然接受如此扩展,应视各国际私法公约具体规定而定。

如果公约没有明确规定其他缔约国可以反对或提出异议,应视为其他缔约国应当然接受,并在相互之间适用公约。但在 20 世纪 70 年代中期以前制定的一些国际私法公约中,有的公约明确规定,其他缔约国应对扩展适用声明作出接受声明,扩展适用声明仅在作出声明的国家与宣布接受声明的国家之间有关领地的关系中发生效力。例如,1958 年海牙《抚养儿童义务判决的承认和执行公约》第 14 条规定:"本公约当然适用于缔约国的本部领土。如果某缔约国愿意在其一切其他领土或者在国际关系上由其负责的某些其他领土生效时,应为此目的用文件通知其意愿,文件应交存荷兰外交部;由荷兰外交部通过外交途径,将经核证无误的副本递交各缔约国。此项声明仅在作出声明的国家与宣布接受声明的国家之间有关非本部领土的关系中发生效力。接受国家的声明应交付荷兰外交部;由荷兰外交部通过外交途径,将经核证无误的声明副本送交各缔约国。"这意味着,扩展适用声明对没有作出接受声明的国家不具有拘束力。有的公约明确规定其他缔约国对扩展适用声明可以在一定期间内提出异议或反对,如在规定的期限内不提出异议或反对,扩展适用声明则在未提出异议的国家与作扩展适用声明的国家负有国际责任的领土之间生效。例如,1956 年海牙《抚养儿童义务法律适用公约》第 9 条第 3 款规定:"本公约应在接到通知后 6 个月内不提出反对的国家与发出通知的国家指定的、在国际关系上由其负责的某个或某些领土之间发生效力。"此外,有的公约还规定,在已作扩展适用后,一国在批准、接受或认可公约时也可以对扩展适用提出反对。①

在实践中,的确有缔约国反对别国将公约扩展适用于后者负责国际关系的领地的例子。1967 年 7 月 3 日葡萄牙在批准 1954 年海牙《民事诉讼程序公约》时,通知荷兰外交部(公约批准书交存处),它将该公约扩展适用于所有葡萄牙海外领地(all Portuguese overseas territories)。但是,波兰和苏联反对此扩展适用。这样,该公约在 1967 年 9 月 25 日对葡萄牙生效时,对葡萄牙海外领地与波兰和苏联的关系不产生效力。②

综上所述,国际私法公约在一国领地或属地的扩展适用应视公约的具体规定而定。早先,有的公约规定不扩展适用于一国领地或属地;后来,大多数公约把这个问题交由缔约国决定,即任何国家在签字、批准、接受、赞同或加入时,得声明扩展适用于其负责国际关系的领地的一处或数处,嗣后还可以扩大、更正或废止,而有的公约规定其他缔约国对此扩展适用可以拒绝或反对。随着传统国际法上的所谓一国"领地"或"属地"在世界上越来越少,不少公约已开始对这个问题不加规定。

三、国际私法公约在一国领土单位的适用

这里讲的"一国领土单位"(territorial units),是指一国内部在某一方面具有独特法律制度的地区或区域。尽管"一国领土单位"也是一国之下的法域或法区,但它们不同于同样在一国之下的"一国领地或属地",因为后者是殖民、租借、占用、兼并、强力割让、委任统治或托管等外力的结果,在国际法上有一定的地位,在国际关系上有自己的独立性。而"一国领土单位"一般是一国领土不可分割的组成部分,多因内部原因(如国家的自愿联合或合并以及分裂国家的统一等)而成,而非外力作用的结果,并常常在国内宪制上有所体现。因此,国际私法公约在一国领土单位的适用不同于国际私法公约在一国领地或属地的适用。在不少国际私法公约中,两者是分别加以规定的。我们可以把国际私法公约中这种规定公约在一国领土单位适用的条款叫作"领土单位适用条款"。

早先的国际私法公约并没有专门规定公约在一国领土单位适用的问题,而只对公约在一国领地或属地的适用作了规定,尽管有的公约已涉及在一国内部

---

① 参见 1973 年 10 月 2 日订于海牙的《扶养义务判决的承认和执行公约》第 32 条第 3 款。

② See "Information concerning the Hague Conventions on Private International Law", 2 *Netherlands International Law Review* XLI V,254 - 256(1997).

不同的领土单位或不同类别的人适用不同的法律制度的情况下如何进一步确定公约规定的具体适用问题。[①]直到20世纪70年代,海牙国际私法公约才开始规定公约在一国领地或属地适用的同时,对公约在一国领土单位适用的问题作了专门规定。

1971年5月4日订于海牙的《交通事故法律适用公约》第14条是最早的规定。它是这样规定的:"法律制度不统一的国家可以在签字、批准或加入时,宣布本公约扩大适用于其全部法域(legal systems)或仅适用于其中一个或数个法域,并可在任何时候通过重新发表声明的形式修改原声明。此类声明应该通知荷兰外交部,并应明确指明适用公约的法域。"应注意的是,该公约第19条同时规定了公约在一国负有国际责任的领地或属地的适用。在海牙国际私法会议制定的公约中,这种并行规定的做法在后来得到贯彻,直到1980年10月25日制定《国际司法救助公约》为止。不过,在美洲国家组织于1975年制定的国际私法公约中,已开始只规定公约在一国领土单位的适用,而对公约在一个领域或属地的适用不加规定。[②]

国际私法公约关于公约在一国领土单位适用的规定,大多采取如下模式:规定"如果某一缔约国具有两个或更多的领土单位而就本公约涉及的事项适用不同的法律制度,该缔约国在签署、批准、接受、认可或加入时,可以声明本公约应扩展适用于其全部领土单位或仅其中一个或多个,并得随时提交另外的声明以变更原来的声明"。同时还规定,任何此类声明,应通知公约的交存处,并且应明确表明适用公约的领土单位。[③] 有的公约还规定此类声明何时生效。[④] 值得一提的是,从1985年7月1日订于海牙的《信托法律适用及其承认公约》开始,海牙国际私法会议制定的公约进一步完善了关于公约在一国领土单位适用的规定。这就是在上述一般规定的基础上,增加1款,规定如果一个国家没有

---

① 例如,1961年10月5日订于海牙的《关于未成年人保护的管辖权和法律适用公约》第14条。

② 参见1975年1月30日订于巴拿马城的《美洲国家间关于支票法律冲突的公约》《美洲国家间关于国外调取证据的公约》《美洲国家间关于嘱托书的公约》。

③ 参见1979年5月8日订于蒙得维的亚的《美洲国家间关于支票法律冲突的公约》第15条;1980年10月25日订于海牙的《国际司法救助公约》第26条第1款。

④ 例如,1975年1月30日订于巴拿马城的《美洲国家间关于支票法律冲突的公约》第6条第2款规定,声明在美洲国家组织秘书处收到之日后30日生效。1978年3月14日订于海牙的《代理法律适用公约》第26条第2款第3项规定,声明在通知荷兰外交部后第3个月第1日生效。

对公约在一国领土单位的适用作出声明,则公约将扩展适用其所有领土单位。[1]此种规定可以结束法制不统一国家在缔结或参加某一公约时未作关于公约在其领土单位适用的声明时,公约在该国适用范围不确定的状态。

由上可见,对于国际私法公约在一国领土单位的适用,国际私法公约从 20 世纪 70 年代初开始才加以专门规定。这种规定在与关于国际私法公约在一国领地或属地的适用的规定并行规定在同一国际私法规约中一段时间后,逐渐形成自己的规定模式。现在,关于国际私法公约在一国领土单位适用的规定已成为国际私法公约必不可少的规定。这种类型的公约适用规定在非国际私法公约中还不多见。

四、国际私法公约在中国香港特别行政区的适用——香港模式

1997 年 7 月 1 日前,英国对香港实行殖民统治。因此,英国通常将其缔结或参加的国际私法公约中的“领地适用条款”扩展适用于香港。例如,英国先后将其缔结或参加的 7 个海牙国际私法公约扩展适用于香港。这 7 个公约如下:

1.《遗嘱处分方式法律冲突公约》,1961 年 10 月 5 日订于海牙,1964 年 1 月 5 日对英国生效,1968 年 8 月 23 日扩展适用于香港。[2]

2.《取消要求外国公文书认证公约》,1961 年 10 月 5 日订于海牙,1965 年 1 月 24 日对英国生效,1965 年 4 月 25 日扩展适用于香港。[3]

3.《关于向国外送达民事或商事司法文书和司法外文书公约》,1965 年 11 月 15 日订于海牙,1969 年 2 月 10 日对英国生效,1970 年 7 月 19 日扩展适用于香港,指定布政司为主管机关(competent authority)。[4]

4.《关于从国外调取民事或商事证据的公约》,1970 年 3 月 18 日订于海牙,1976 年 9 月 14 日对英国生效,1978 年 8 月 22 日扩展适用于香港,指定布政司

---

① 参见 1985 年 7 月 1 日订于海牙的《信托法律适用及其承认公约》第 29 条第 3 款;1986 年 12 月 22 日订于海牙的《国际货物销售合同法律适用公约》第 26 条第 3 款;1989 年 8 月 1 日订于海牙的《死亡人遗产继承法律适用公约》第 27 条第 3 款;1993 年 5 月 29 日订于海牙的《儿童保护和跨国收养合作公约》第 45 条第 3 款;1996 年 10 月 19 日订于海牙的《关于儿童保护的父母责任和措施的管辖权、法律适用、承认、执行和合作的公约》第 59 条第 3 款。

② See “Information concerning the Hague Conventions on Private International Law”, 2 *Netherlands International Law Review* XLI V,263(1997).

③ Ibid. ,266(1997).

④ Ibid. ,254 – 256(1997),pp. 270 – 271.

为主管机关。①

5.《承认离婚和法定分居公约》,1970 年 6 月 1 日订于海牙,1975 年 8 月 24 日对英国生效。由于该公约第 29 条第 3 款规定,公约适用范围扩展于缔约国在国际关系上由其负责的领地的一处、数处或全部时,仅就与已声明接受其扩展的缔约国之间的关系发生效力,故该公约于 1977 年 6 月 4 日在香港与瑞士的关系中生效,1977 年 7 月 11 日在香港与瑞典的关系中生效,1981 年 9 月 19 日在香港与丹麦的关系中生效,1982 年 8 月 28 日在香港与荷兰的关系中生效,1983 年 5 月 7 日在香港与芬兰的关系中生效,1986 年 12 月 13 日在香港与意大利的关系中生效,1986 年 12 月 16 日在香港与挪威的关系中生效,1991 年 5 月 26 日在香港与卢森堡的关系中生效。②

6.《国际儿童诱拐的民事方面的公约》,1980 年 10 月 25 日订于海牙,1986 年 8 月 1 日对英国生效,1997 年 6 月 10 日扩展适用于香港。③

7.《信托法律适用及其承认公约》,1985 年 7 月 1 日订于海牙,英国于 1986 年 1 月 10 日签署,于 1989 年 11 月 17 日批准,1992 年 1 月 1 日对英国生效,1990 年 6 月 1 日扩展适用于香港。④

另外,英国在 1975 年 9 月 24 日加入 1958 年 6 月 10 日订于纽约的《承认及执行外国仲裁裁决公约》后,基于该公约第 10 条所规定的"领地适用条款",于 1980 年 5 月 5 日声明该公约扩展适用于香港,并代表香港声明,对在其他缔约国的领地作出的仲裁裁决的承认和执行适用该公约。⑤

1984 年中英《关于香港问题的联合声明》附件一早就确定,中华人民共和国缔结的国际协定,中央人民政府可根据香港特别行政区的情况和需要,在征询香港特别行政区政府的意见后,决定是否适用于香港特别行政区。而中华人民共和国尚未参加但已适用于香港特别行政区的国际协定仍可继续适用。中央人民政府根据需要授权或协助香港特别行政区政府作出适当安排,使其他有关的国际协定适用于香港特别行政区。《香港特别行政区基本法》(以下简称

---

① See "Information concerning the Hague Conventions on Private International Law", 2 *Netherlands International Law Review* XLI V,254 -256(1997),p.276.

② Ibid.,pp.278 -279.

③ Ibid.,p.288.

④ Ibid.,p.293.

⑤ See Multilateral Treaties Deposited with the Secretary-General(Status as at 31December 1996), United Nations Publication Sales No. E.97. V.5,859 -860,864(1997).

《香港基本法》)第 153 条亦作了相同的规定。显然,上述因英国关系而适用于香港的国际私法公约在香港回归祖国后仍可在香港适用。

随着 1997 年 7 月 1 日中国恢复对香港行使主权,香港的地位发生了根本的改变。香港成为中华人民共和国的一个特别行政区。尽管作为中华人民共和国的特别行政区的香港享有高度的自治,具有自己独特的法律制度,是一个独立的法域或法区,但无论如何它是中国领土不可分割的组成部分。因此,国际私法公约在香港的继续适用已不属于国际私法公约在一国领地或属地适用的情况,不受制于公约的"领地适用条款",而属于国际私法公约在一国领土单位适用的情况,可以适用公约的"领土单位适用条款"。

不过,对上述在 1997 年 7 月 1 日前中国尚未参加但已在香港特别行政区适用的国际私法公约①在 1997 年 7 月 1 日以后继续适用的问题,中国并没有借用"领土单位适用条款"加以解决,即由中国加入这些国际私法公约,并在加入的同时声明,这些公约只适用于香港这个具有独特法律制度的领土单位。应该说,采用这种方法从有的国际私法公约本身的规定来看是可行的,因为这样既可保护这些公约在香港的继续适用,又使继续适用符合这些公约的规定。但是,采用这种方法要受制于国内加入公约的审议批准程序,而这一程序通常较费时日。② 而且,在香港回归时,要在香港继续适用的国际公约多达 200 多个,且其中不少公约中国尚未加入,仅就在香港适用的数个国际私法公约中采用这种方法实有不统一、不方便和不经济之处。此外,有的国际公约本身并没有规定"领土单位适用条款",采用这种方法也不可能。

中国恢复对香港行使主权也可以说是其国际关系由英国负责任但并非英国领土一部分的香港回归中国。本来,在条约继承方面,1978 年订于维也纳的《关于国家在条约方面的继承的维也纳公约》第 15 条曾对这种情形的条约继承作过规定:"一国领土的一部分,或虽非一国领土的一部分但其国际关系由该国负责的任何领土,成为另一国领土的一部分时:(1)被继承国的条约,自国家继承日期起,停止对国家继承所涉领土生效;(2)继承国的条约,自国家继承日期

---

① 在 1997 年 7 月 1 日前,中国已于 1991 年 5 月 3 日加入《关于向国外送达民事或商事司法文书和非司法文书公约》;于 1987 年 1 月 22 日加入《承认及执行外国仲裁裁决公约》。香港回归后,中国于 1997 年 7 月 3 日决定加入《关于从国外调取民事或商事证据的公约》。

② 根据 1982 年《宪法》第 67 条第 14 项、第 81 条、第 89 条第 9 项,中国同外国缔结条约和协定的职权由国务院、全国人民代表大会常务委员会、国家主席分别行使。同外国缔结的条约和重要协定须由国务院缔结、全国人民代表大会常务委员会和国家主席决定批准。

起，对国家继承所涉领土生效，但从条约可知或另经确定条约对该领土的适用不合条约的目的和宗旨或者根本改变实施条约的条件时，不在此限。”如果将中国恢复对香港行使主权视为国家继承，[①]按照上述规定的做法，在香港回归之时，它随英国而适用的国际条约应该统统在香港特别行政区终止适用，而中国已缔结和参加的国际条约自此时应在香港特别行政区适用。但是，中英对已在香港适用的国际条约的处理显然不同于上述规定。因为中英《关于香港问题的联合声明》附件一和《香港基本法》第153条已明确规定，中国尚未参加但已适用于香港的国际协议仍可继续适用（自然，仍可在香港继续适用的国际条约并不是在1997年7月1日前已适用于香港的所有国际条约，但无论如何，国际私法公约不在排除适用之列）。这意味着，在中英双方达成的仍可在香港继续适用的国际条约的协议范围内，英国对香港承担的国际条约中产生的国际权利和义务在1997年7月1日由中国继续承担。也就是说，英国于1997年7月1日对香港终止承担从国际条约中产生的国际权利和义务，而中国同时开始对香港承担从国际条约中产生的国际权利和义务。上述可见，1997年7月1日前中国未参加但已适用于香港的国际条约在香港特别行政区的继续适用，的确不同于传统上属国家继承范畴的条约继承，但可以将之视为基于国际协议（中英《关于香港问题的联合声明》）的一种条约接管或承接。

因此，对1997年7月1日前中国未参加但已适用于香港的海牙国际私法公约在香港的继续适用问题，中英双方采取这种方法加以解决，即由双方驻荷兰大使分别向公约交存处即荷兰外交部就逐个公约发出照会：英国声明，从1997年7月1日起，终止对香港承担从这些公约适用中产生的国际权利和义务；中国声明，这些公约自1997年7月1日起继续适用于香港特别行政区，公约当事方的国际权利和义务将由中国承担。一般来说，在国家继承情形下，继承国就被继承国条约所作的片面声明和宣布条约在其领土继续有效的事实，并不当然使继承国或条约的其他当事国承担国际权利和义务，因为其他条约当事国可以反对条约的继承适用，除非条约有相反的规定。[②]不过，就香港情形而言，由于不同于传统的国家继承，故海牙国际私法公约交存处并没有明确邀请任一公约的其他当事国对公约在香港回归中国后继续在香港适用提出异议。这是因为，国

---

① 对中国恢复对香港行使主权是否属于国家继承范畴，有不同的主张。西方一些学者认为属国家继承范畴，但一些中国学者持反对态度。

② 参见1978年订于维也纳的《关于国家在条约方面的继承的维也纳公约》第9条。

际社会已有广泛的共识,即这些公约应继续适用于香港。应该说明的是,中国发出照会声明承担这些公约的当事国的国际权利和义务,并不意味着中国就是这些公约的当事国,因为中国在照会中没有明确自认为公约当事国,有关公约亦没有明确规定遇有香港这种情形或国家继承发生时继承国应被视为该公约的当事国,且公约大多只继续适用于香港特别行政区,在中国大部分地区并不适用。

应该指出的是,中国在恢复对香港行政主权前已于1991年5月3日加入了1965年11月15日订于海牙的《关于向国外送达民事或商事司法文书和非司法文书公约》,而这个公约在香港回归前也在香港适用。中国在向公约交存处提交的照会中使用了不同的措辞,声明该公约自1997年7月1日起“适用于香港特别行政区”,而没使用“继续适用于香港特别行政区”的表达。这表明,中国是基于中国已为该公约的当事国而将该公约扩展适用于香港的。

香港回归后,由于其原有法律制度基本不变,施行不同于内地的法律制度,中国已成为一个多元法制国家。1999年澳门回归使中国的法制更加多元化。毫无疑问,随着中国进一步参与国际民商事交往,中国还将陆续缔结或参加一些国际私法公约。因此,我们应该重视研究国际私法公约在法制不统一的国家的适用,特别是在中国不同法域的适用。笔者认为,在澳门回归时,对国际私法公约在澳门的继续适用问题显然应采取香港模式处理。但在香港特别行政区和1999年澳门特别行政区已回归祖国的情况下,对中国新缔结或加入的国际私法公约的法制多元化的中国适用的问题,一般应借助国际私法公约本身的“领土单位适用条款”来解决它们分别在中国内地、香港特别行政区和澳门特别行政区的适用问题。

关于国际私法总则的若干思考*

自17世纪、18世纪以来,法典一直是制定法的中心,在理性主义的指引下建立一个内部和谐一致、没有内在矛盾的法律体系,一直是法典编纂者所追求的目标。[①] 欧洲的文艺复兴运动和启蒙运动,对理性的伸张与高扬,促进了18世纪并影响至今的法律的法典化运动。[②] 在当今国际社会,法典化也已成为国际私法立法中一种不可扭转的历史趋势。[③] 在全世界掀起国际私法法典化浪潮的同时,我们可以看到,除了国际私法立法技术的日益精湛、立法体例的日益完善、立法内容的日益丰富之外,各国日益重视和加强对国际私法总则的规范。这是一个明显的特征。特别是进入20世纪90年代以后,各国所颁布的国际私法典,更是注重对国际私法总则的规定和完善。应当说,这与总则在国际私法中的地位和功能是分不开的,也是国际私法立法更加完善的重要标志。本文主要运用历史的、比较的方法,对国际私法总则的含义与意义、演进与模式、内容与功能

---

* 与杜焕芳(武汉大学法学博士,中国人民大学法学院教授)合作撰写,本文原载于《跨国法评论》第1辑(2004年)。

① 参见朱景文:《比较法社会学的框架和方法——法制化、本土化和全球化》,中国人民大学出版社2001年版,第179页。

② 参见陈金钊:《法律解释的哲理》,山东人民出版社1999年版,第160页。

③ See Pierre A. Karrer, "High Tide of Private International Law Codification", 1 *The Journal of Business Law*, 78 – 87 (1990).

等进行分析和探讨,并在此基础上,对中国国际私法总则的制定提出若干看法和建议。

一、国际私法总则的含义与意义

(一)国际私法总则的含义

在古代法典中,鲜有独立的总则部分出现。① 国际私法“总则”名称的起源,无论是在法律上还是在著作中,都不是很明确。② 民法“总则”的思想,第一次出现在格奥尔格·阿诺尔德·海泽(Georg Arnold Heise)1807 年初次出版的《用以讲授学说汇纂课程的普通民法体系大纲》一书中,作者在这本书中设立了“总则”章节。③但在立法史上首先采用总则的则是 1852 年《撒克逊民法典(草案)》,④而规定“总则”最典型的莫过于 1896 年颁布的《德国民法典》,⑤它将“总则”单列一篇,把可能涉及民法各个部分的一些规定集中起来,以对整部法典的基本原则和制度作出总的、抽象的、概括的说明,并对法典各篇共有的一些基本概念和术语作出解释。《德国民法典》总则的规定,深刻地更新了 19 世纪在德国施行的普通法,⑥其在国外所具有的魅力几乎是独一无二的。⑦

我们所知道的国际私法真正开始于 12 世纪罗马法的复兴,⑧其发展至今已

---

① 参见封丽霞:《法典编纂论——一个比较法的视角》,清华大学出版社 2002 年版,第 323 页。

② See Jacob Dolinger, *In Defense of the“General Part”Principles*, in P. J. Borchers and J. Zekoll ed., *International Conflict of Laws for the Third Millennium: Essays in Honor of Friedrich K. Juenger*, 26 (2001).

③ 参见[德]迪特尔·梅迪库斯:《德国民法总论》,邵建东译,法律出版社 2001 年版,第 23 页。

④ 参见佟柔主编:《中国民法学·民法总则》,中国人民公安大学出版社 1992 年版,“导言”,第 1 页。

⑤ 《德国民法典》是潘德克顿法学的产物,与 1804 年《法国民法典》不同,在编排体例上,《法国民法典》采取了盖尤斯和查士丁尼的《法学阶梯》(Institutiones)中的人(*Personae*)、物(*res*)、诉讼(*actiones*)的三分法,而与此相对,《德国民法典》则采用了由总则、债权、物权、亲属、继承五编构成的所谓潘德克顿体系(Pandeketen-system)。在这里,主导思想是体系论(Systematik),而不是决疑论(Kasuistik),在法典前面,把通过彻底抽象化而形成的一般规范归纳在一起,也就是以提纲挈领的方式设定了第一编“总则”(Allgemeiner Teil)。参见[日]大木雅夫:《比较法》,范愉译,法律出版社 1999 年版,第 206 页。

⑥ 参见[法]勒内·达维德:《当代主要法律体系》,漆竹生译,上海译文出版社 1992 年版,第 83 页。

⑦ See Konrad Zweigert and Hein Kötz, *Introduction to Comparative Law*, 147 (3nd ed. 1998).

⑧ See Friedrich K. Juenger, *Choice of Law and Multi-State Justice*, 11 (1993).

有近900年历史,但国际私法学者和立法者一直没有像民法学者和立法者对民法总则的关注那样,对国际私法总则投入过多的精力,更多的时间则被用于讨论适用外国法的根据、如何进行法律选择和确定管辖权等问题。不过,随着国际私法立法法典化浪潮的兴起,特别是进入20世纪90年代以来,各国所颁布的国际私法典,已越来越重视对国际私法总则的规范。

国际私法总则是对国际私法中具有统领性和全局性意义的普遍性的基本原则、基本制度和其他一般问题所作的规定,是国际私法立法的重要组成部分。大陆法系国家一般称之为总则或一般规定(general parts, general provisions),[①] 美国的教科书中称之为普遍问题(pervasive problems),[②]英国的论著中称之为基本问题(preliminary matters, preliminary topics)[③]或一般考虑(general considerations)。[④]

(二)国际私法总则的意义

在国际私法中设置总则,是人类思维能力进步和立法技术水平提高的产物,也是立法者深思熟虑的结果。总则在国际私法中居于统帅地位,从总体上说,它是整部法典一以贯之的灵魂和核心,是对事关法典全局的根本性内容的概括和综合。它由法典分则的实际材料提炼升华而成,源于分则又高于分则。对国际私法总则进行规范,不仅是国际私法立法结构与功能上的需要,还是衡量国际私法立法完善与否的重要标志。其主要意义在于:[⑤]

第一,总则的内容具有高度的抽象性和概括性,它没有预先确定任何具体的事实状态,也没有赋予具体的法律后果,具有很大的模糊性和灵活性,这样就为法官日后的自由裁量和法律解释留下充足的空间。从这种意义上说,总则的内容可以保证整部法典的弹性和灵活度,缓解法律自身的局限性与现实生活的矛盾,增强其与时俱进的进化能力和适应能力,实现法典的灵活和安全价值,并最终实现法律选择结果的最大合理化。

---

① See Friedrich K. Juenger, *Choice of Law and Multi-State Justice*, 11(1993). at 42 - 43.

② See R. Weintraub, *Commentary on the Conflict of Laws*, 46(3rd ed. 1986); E. Scoles & P. Hay, *Conflict of Laws*, 52(1982).

③ See A. Dicey & J. H. C. Morris, *The Conflict of Laws*, 1(13rd ed. 2000); G. Cheshire & P. North, *Private International Law*, 41(13rd ed. 1999).

④ See J. H. C. Morris, *The Conflict of Laws*, 459(3rd ed. 1984).

⑤ 参见封丽霞:《法典编纂论——一个比较法的视角》,清华大学出版社2002年版,第322页以下。

第二,总则对整部法典具有整合化一的功能,法典有了总则就有了一个“一以贯之”的精神格调和指导原则,法典的全部内容据此展开也就得以前后贯通、和谐统一,从而成为一个有机联系的整体。梁启超先生也曾高度评价了总则的这种作用,他有言曰:“善立法者,于纲目之间,最所注意焉,先求得其共通之大原理,立以为总则……故纲举而目自从。纲不举,则虽胪目如牛毛,犹之无益也。”①

第三,总则可以拓展法典的涵盖面,提高其内容的全面性和完整性,弥补法典调整空间在细节上的不足,从而克服立法的不周延和滞后。总则部分可以对一些难以作出规定或将来可能出现的情况,作出原则性的、带有某种价值倾向性的规定,预先设定解决这些问题的基本框架。比如,国际私法所调整的法律关系的性质和适用范围的规定,既有利于把法无明文规定但随着实践的发展而出现的一些国际民商事关系及时纳入国际私法调整的范围,又有利于把一些不具有国际民商事性质的法律关系排除在国际私法的调整范围之外。

因此,法国比较法学家勒内·达维德(R. David)指出:“总则牵涉到的问题,真正说起来,超过这个总则,不单是法的结构,而更多的是总则所表现出来的系统化精神与抽象的倾向。”②而德国法学家拉贝尔(E. Rabel)认为:“从体裁方面说也有必要设一个总则篇‘在许多法律原则的结构上加上一个屋顶’;否则法典的其余各部分‘就像一堆杂乱无章的瓦砾’。”③尽管他们的观点是针对民法总则的制定,但对国际私法总则的制定而言,也是适用的。

当然,也有学者反对制定国际私法总则。美国学者荣格(Friedrich K. Juenger)强烈批评民法国家规定国际私法总则的做法。他将组成总则的原则、制度看作对法律选择的控制,④甚至认为是“思维上的不诚实”。⑤在他看来,总

---

① 梁启超:《梁启超法学文集》,中国政法大学出版社 2000 年版,第 180 页。

② [法]勒内·达维德:《当代主要法律体系》,漆竹生译,上海译文出版社 1992 年版,第 84 页。

③ [德]K. 茨威格特、H. 克茨:《瑞士民法典的制定及其特色》,谢怀栻译,载《法学译丛》1984 年第 3 期。

④ See Friedrich K. Juenger, *Choice of Law and Multi-State Justice* 70, 86, 96, 173, 184 (1993).

⑤ Ibid., at 96.

则是法官用来遮掩的障眼法(smokescreen),[①]是复杂的诡计的组合。[②] 但是,每一门科学,有规则就有例外,法律科学也同样如此。国际私法的每一项规则总是受制于一般法律原则,并在国际私法的某一特定方面予以具体化。而且,所有这些控制手段的目标在于获得处理多国案件的合理结果,美国法院寻求其他控制手段的单边主义方法也是为了获得他们所认为的合理结果。[③] 因此,国际私法的总则在立法上并不是可有可无的。

二、国际私法总则的演进与模式

国际私法总则的规定并不是从国际私法立法伊始就有,而是随着国际民商事关系的发展、国际私法立法技术的提高而出现并逐渐完善的,它经历了一个从无到有、从分散到集中、从简单到逐渐完善、从国内到国际的演进过程。现有各国国际私法总则的规定主要采取两种模式,或在单独起草的国际私法法典里专章规定总则内容,或在民法典里专篇专卷规定国际私法的同时,设专章或专节规定国际私法的总则内容。

(一)从无到有

从国际私法的历史发展来看,13 世纪之前为国际私法的萌芽时期,而从公元 13 世纪到 18 世纪为"法则区别说"的学说法时代。[④]在这两个时期,虽然也存在国际民商事关系,也曾经出现过零星的调整国际民商事关系的法律适用规范,[⑤]但并没有比较完整、比较集中的国际私法规范,国际私法主要是以学说和理论的形态出现。18 世纪中叶以后,欧洲大陆的立法者开始将国际私法规则订

---

① See Friedrich K. Juenger, *Choice of Law and Multi-State Justice* 70,86,96,173,184(1993),at 173.

② Ibid.,at 205.

③ 对荣格反对国际私法的总则作出积极回应的代表性文章,参见 Jacob Dolinger, *In Defense of the"General Part" Principles*, in P. L. Borchers and J. Zekoll ed., *International Conflict of Laws for the Third Millennium: Essays in Honor of Friedrich K. Juenger*, 23 - 51(2001)。

④ 瑞士学者葛茨维勒(Cutzwiller)将国际私法的发展分为两个阶段:第一阶段是从 13 世纪上半期到 18 世纪末叶,他把这个阶段称为"法理学的、科学的国际私法",即"学说法"阶段;第二阶段是 19 世纪整个世纪,他把 19 世纪称为"私法的伟大编纂时代",并把这个阶段的国际私法称为"法律上的国际私法",即"法律法"阶段。See M. Gutzwiller, *Le Dévelopement Historique du Droit International Privé*, 29 Recueil des cours 294(1929 - Ⅲ).

⑤ 如古罗马时期的万民法、欧洲属人主义时期的属人法、中国唐朝《永徽律》、基辅俄罗斯王国与希腊人订立的条约等。参见黄进主编:《国际私法》,法律出版社 1999 年版,第 91 页以下。

入民法典中,[①]国际私法的总则部分也逐渐从无到有。具体又包括两种过程。

一是从无总则性规定到有总则性规定。1756年《巴伐利亚法典》和1794年《普鲁士一般法典》是近代最早的国际私法立法,[②]两部法典都根据法则区别说所主张的一些原则制定了若干法律适用规则,但并没有国际私法的总则性规定。而对后世国际私法的发展产生深远影响的1804年《法国民法典》,虽然国际私法条文不多,但已出现3条国际私法的总则性规定。[③]受《法国民法典》的影响,而后的许多民法典在规定国际私法规范的时候,也已有了总则性的规定,主要是有关公共秩序的条款,如《奥地利民法典》(1811年)、《智利民法典》(1851年)、《意大利民法典》(1865年)、《葡萄牙民法典》(1867年)、《阿根廷民法典》(1871年)和《西班牙民法典》(1888年)等。值得一提的是,1854年《瑞士苏黎世州民法典》有关国际私法的立法还肯定了反致制度。反致制度的创立,进一步推动了国际私法总则部分的发展。[④]1863年《撒克逊王国民法典》规定国际私法规范和法律适用制度的基本原则是"适用法院地国法",外国法只在例外的情况下才予以适用。[⑤] 而作为19世纪国内国际私法立法最高成就代表的1896年德国《民法施行法》和1898年《日本法例》也已有了总则性规定。前者主要规定了公共秩序(第30条),后者不仅规定了公共秩序(第30条),而且规定了反致(第29条)和习惯法的效力(第2条)。[⑥]

二是从无总则规定到有总则规定。20世纪以前的国际私法立法基本上是

---

① See G. Parra-Arangurent, *General Course of Private International Law: Selected Problems*, 210 Recueil des cours 183(1988 - Ⅲ).

② Ibid.

③ 1804年《法国民法典》第3条第1款为强制性规定,即"有关警察与公共治安的法律,对于居住于法国境内的居民均有强行力";其第6条为合同领域的公共秩序条款,即"个人不得以特别约定违反有关公共秩序和善良风俗的法律";其第11条为外国人地位的对等原则,即"外国人,如其本国和法国订有条约允许法国人在其国内享有某些民事权利,在法国亦得享有同样的民事权利"。

④ 该法规定:居住在苏黎世的外国人的家庭关系适用其本国法,但是,"如果该外国人的本国法律规定家庭和继承关系适用当事人住所地法的,那么居住在苏黎世的外国人即应适用苏黎世法律"。可见,1854年的苏黎世国际私法立法中的法律适用规范所指向的外国法,不但包括外国的实体法规范,而且包括外国的法律适用规范,即承认反致。参见徐冬根:《19世纪国际私法立法拾遗》,载《法学杂志》1994年第4期。

⑤ 该法第6条规定:"根据公约和下列条款不存在例外情况的,对国内发生的涉外民事关系适用内国法。"这里的内国法也就是法院地国法。

⑥ 参见韩德培、李双元主编:《国际私法教学参考资料选编(上)》,武汉大学出版社1991年版,第72页以下。

在民法典里加以规定，虽然已有国际私法的总则性规定，但还没有比较集中的专门的国际私法总则规定。总则规定主要是随着国际私法规范从民法典中逐渐分离而逐渐出现的，但早期的单独立法也未有总则规定。1829 年 5 月 15 日颁布的《荷兰王国立法总则》规定有国际私法规范，①我国台湾地区学者梅仲协认为这是将国际私法规定同民法典相分离之始，②但它并没有专门规定国际私法总则。进入 20 世纪以来，特别是第二次世界大战后，世界各国的国际私法立法得到迅速发展。其中一个重要的发展趋势就是，在许多新的国际私法立法中，已有总则和分则之分。③ 如《波兰国际私法》(1965 年)、《奥地利国际私法法规》(1978 年)、《匈牙利国际私法法令》(1979 年)，而 1986 年联邦德国国际私法的立法改革的重要一点就是增加了国际私法的总则规定，新立法在条文安排上设立了第一编"一般规定"。④ 美国 1971 年《冲突法第二次重述》第一章"序言"也规定了美国冲突法的总则。20 世纪 90 年代以后，随着国际私法法典化的趋势进一步加强、国际私法立法技术的进一步提高，新近通过的许多国际私法立法几乎都有专门关于国际私法总则的规定。

(二)从分散到集中

这种趋势可以从当代国际私法立法的不同模式看出。

一是在民法典里专编专卷专章规定国际私法规范的模式。从早期在民法典里分散规定国际私法的总则性内容，到现在已经比较集中地规定国际私法的总则内容。如法国，1804 年《法国民法典》对国际私法总则性内容的规定比较分散，但在其 1967 年《法国民法典国际私法法规(第三草案)》第四编中已有了

---

① 该法关于国际私法的规定共有 7 条，即第 6 条、第 7 条、第 8 条、第 9 条、第 10 条、第 13 条和第 14 条，作为荷兰国际私法最早的国内法渊源，它们的沿用至今仍然有效。参见袁泉：《荷兰国际私法研究》，法律出版社 2000 年版，第 9 页以下。

② 参见梅仲协：《国际私法新论》，台北，三民书局股份有限公司 1984 年版，第 52 页。委内瑞拉学者 Parra-Arangurent 等认为 1891 年 6 月 25 日制定的《瑞士联邦有关居民居住的民法关系法》代表了国际私法立法规范的分离。"该法主要用来调整瑞士联邦州际之间的冲突，但第 32 条规定的类推条款使之可延伸适用于居住于瑞士的外国人。它调整的关系涉及三种人：在瑞士的瑞士居民；在国外的瑞士居民；在瑞士的外国居民。" See Parra-Arangurent, *General Course of Private International Law: Selected Prob-lems.*, 210 Recueil des sours, 187 (1988 – Ⅲ); Adolf F. Schnitzer, *Handbuch des Internationalen Privatrechts*, 61 – 66 (4th ed. 1957 – Ⅰ).

③ 参见黄进主编：《国际私法》，法律出版社 1999 年版，第 132 页；肖永平：《中国冲突法立法问题研究》，武汉大学出版社 1996 年版，第 69 页。

④ 参见杜涛：《德国国际私法立法的历史发展》，载《民商法论丛》(第 25 卷)，法律出版社 2002 年版，第 495 页。

"关于国际私法的法律适用的总则规定",包括公共秩序、反致、国籍、区际冲突、外国法的查明等内容。[①] 又如美国路易斯安那州,该州原来的冲突规范散见于1808 年制定的民法典中,但该州于 1991 年颁布的第 923 号冲突法法案作为民法典的组成部分,编于人民法典新增设的第四编之中,其中第一节即为总则部分。[②] 加拿大魁北克省 1866 年《魁北克民法典》只有一些源于《法国民法典》的冲突规范,1991 年新通过的《魁北克民法典》则改变了过去将冲突规范散订于民法典中的做法,其第十卷专门对国际私法规范作了详细规定,而第十卷第一篇即为总则部分,总则规定赋予了整部法律以很大的灵活性。[③] 1984 年《秘鲁民法典》第十编"国际私法"第 1 章,1999 年《白俄罗斯民法典》第七部分"国际私法"第 74 章,2002 年《俄罗斯联邦民法典》第三部分第四编"国际私法"第 66 章等,也对国际私法的总则作了规定。

二是采取单行国际私法法规或国际私法法典的模式。当代许多国家的国际私法立法已经纷纷放弃了在民法典里分散规定国际私法规范的做法,转而采取单行的国际私法法规或涉外民事关系法律适用法模式,而更多的是采取国际私法法典的模式,不仅有总则与分则之分,而且在分则里又将管辖权、法律适用和外国判决及仲裁裁决的承认与执行分别加以规定。如奥地利,1811 年《奥地利民法典》对国际私法规范作了分散规定,而 1978 年率先制定了单行的《奥地利国际私法法规》,开第二次世界大战后发达国家制定国际私法法典之先河,其第一章即是对国际私法总则所作的规定。1987 年《瑞士联邦国际私法法规》第一章总则部分不仅对法律适用的原则和制度作了规定,而且对管辖权也作了总的规定。意大利于 1995 年 6 月 3 日公布了《意大利关于改革国际私法的立法》,从而改变了其长期以来在民法典中规定国际私法规范的做法,该法第一篇即为总则部分,此次立法改革的主要目的之一就是对国际私法的总则问题作出规定。[④]

---

① 参见韩德培、李双元主编:《国际私法教学参考资料选编(上)》,武汉大学出版社 1991 年版,第 123 页以下。

② 参见徐冬根:《美国路易斯安那州新冲突法法案述评》,载《法学杂志》1994 年第 3 期。

③ See H. Patrick Glenn, *Codification of Private International Law in Quebec*, IPRan. 1994, H. 4.

④ See Peter Kindler, *Internationale Zustandigkeit und Anwendbares Recht im Italienischen IPR-Gesetz von* 1995, Rabels Z 61(1997),252f. 杜涛:《意大利国际私法立法的改革》,载《民商法论丛》(第 15 卷),法律出版社 2000 年版,第 490 页。

(三)从简单到逐渐完善

国际私法总则内容从少到多,从简单到逐渐完善,也是国际私法立法趋于完善的一个重要表现。

从一国范围来看,韩国在1962年1月15日颁布的《关于涉外民事法律的法令》中,总则性内容只有5条,而2001年4月7日通过的第6464号法令《韩国2001年修正国际私法》中,不仅单独规定了总则,而且条文数也增加到10条。①

从国际上来看,早期国际私法的总则性内容无论是在民法典中规定,还是在单行的国际私法法规中规定,其条文数都不多,如1896年《德国民法施行法》只有1条有关公共秩序的规定,1898年《日本法例》有3条。20世纪以来,国际私法的总则内容无论是在民法典中规定,还是在国际私法法规或国际私法典中规定,其条文数量都有增加。② 特别是20世纪90年代以来通过的国际私法立法,总则内容几乎都有10条左右。比如,1992年《罗马尼亚关于调整国际私法法律关系的第105号法》(以下简称《罗马尼亚国际私法》)有10条,1995年《朝鲜民主主义人民共和国涉外民事关系法》有15条,1996年《列支敦士登国际私法》有11条,1998年《突尼斯国际私法典》有14条,1999年《斯洛文尼亚共和国关于国际私法与诉讼的法律》有12条,等等。国际私法总则部分内容的增加,对提高国际私法在调整国际民商事关系、解决法律适用问题上的作用,显然是极有价值的。③

(四)从国内到国际

随着国际民商事关系的进一步发展,国际社会迫切需要共同的规则,以解决国际民商事交往中出现的法律问题。意大利著名的政治家和国际私法学家

① 参见沈涓译:《韩国2001年修正国际私法》,载《中国国际私法与比较法年刊》(第6卷),法律出版社2003年版。

② 例如,1939年《泰国国际私法》有7条,1966年《波兰国际私法》有8条,1967年《法国关于补充民法典中国际私法内容的法律草案》有8条,1974年《阿根廷共和国国际私法条例》有6条,1978年《奥地利国际私法法规》有11条,1982年《土耳其国际私法和国际诉讼程序法》有7条,1984年《秘鲁民法典》有11条,等等。以上各国国际私法总则条文,参见韩德培、李双元主编:《国际私法教学参考资料选编(上)》,武汉大学出版社1991年版;余先予主编:《冲突法资料选编》,法律出版社1990年版。

③ 参见韩德培主编:《中国冲突法研究》,武汉大学出版社1993年版,第50页。

孟西尼(P. S. Mancini)是最早倡导国际私法基本规则国际统一的学者之一。[①] 1866 年以后,孟西尼努力争取在国际私法的基本规则方面达成国际协议,其在 1874 年向国际法学会提出的一份备忘录中发展了他的纲领,该纲领的标题是,"论通过一个或者几个国际公约的某些一般规则拘束所有国家,从而使种种民法和刑法的冲突得到一致解决所可能发生的利益"。[②] 在实践中,国际私法统一化运动始于 19 世纪下半叶,在 20 世纪得到了全面的发展,并取得了丰硕的成果。[③] 以第二次世界大战后的海牙国际私法会议为例,截至 2002 年年底,共通过了 36 个有关国际私法的公约,其中 26 个公约已经生效。[④]

在国际私法总则方面取得进展的,主要是一些统一国际私法的地区性组织。一是 1928 年拉丁美洲国家制定通过的《布斯塔曼特法典》,[⑤]该法典共有 435 条,内容包括"绪论""国际民法""国际商法""国际刑法""国际程序法"五个部分。其中"绪论"部分规定了国际私法的"一般规则",有 8 条,主要包括外国人的地位、法律规则的分类、国际公共秩序法、法律规则的解释、属人法、国际公共秩序保留等内容。[⑥] 二是 1979 年美洲国家组织制定通过的《美洲国家间关于国际私法通则的公约》,这是目前为止唯一一部专门对国际私法总则作出立法的国际公约,共有 17 条。第 1 ~ 9 条是国际私法总则的实质性条款,主要包括条约优先适用、外国法的执行、上诉、公共秩序、法律规避、既得权、先决问题和法律协调等内容,第 10 ~ 17 条是公约的批准程序和语言等规定。[⑦] 该公约的订立有助于消除或避免美洲国家间处理国际私法总则问题时的分歧,从而促进

---

① 孟西尼于 1851 年在意大利都灵大学发表了题为"论国籍作为国际法的基础"(Nationality as the Basis of International Law)的著名演说,在国际私法上提出了以国籍主义为核心的国际私法三大原则,即国籍原则、公共秩序原则和意思自治原则。Cited from Friedrich K. Juenger, *Choice of Law and Multi-State Justice*, 41(1993).

② 参见[德]马丁·沃尔夫:《国际私法》,李浩培译,法律出版社 1988 年版,第 63 页以下;黄进主编:《国际私法》,法律出版社 1999 年版,第 106 页。

③ 参见李双元主编:《中国与国际私法统一化进程》,武汉大学出版社 1998 年版,第 261 页以下。

④ See http://www.hcch.net/e/conventions/index.html(visited on June 24, 2003).

⑤ 该法典由古巴法学家布斯塔曼特(Bustamante)草拟,并以其姓名命名,1928 年该法典为 15 个拉丁美洲国家所采用。参见[英]戴维·M. 沃克主编:《牛津法律大词典》,光明日报出版社 1988 年版,第 120 页。

⑥ 参见余先予主编:《冲突法资料选编》,法律出版社 1990 年版,第 297 页以下。

⑦ 参见韩德培、李双元主编:《国际私法教学参考资料选编(上)》,武汉大学出版社 1991 年版,第 490 页以下;余先予主编:《冲突法资料选编》,法律出版社 1990 年版,第 349 页以下。

美洲国家间国际私法的逐渐统一。

三、国际私法总则的内容与功能

国际私法总则是对国际私法立法中带有普遍性的基本原则、基本制度和其他一般问题所作的规定，这些规定兼具立法准则、司法准则和行为准则等三重功能，对整部国际私法都具有指导作用。

（一）内容分类

从世界大多数国家国内国际私法立法的总则规定来看，我们可以把它们分为基本原则、基本制度和其他一般规定等三个主要方面的内容。

1. 基本原则

我国台湾地区学者赖来焜教授认为，“所谓国际私法基本原则系指在制定、起草、实施、运用与解释国际私法，进行国际民商事法律关系行为与处理国际民商事争议，应当自始至终加以贯彻执行或遵守的主要准则，且是贯穿法律条文之基本精神，简言之，国际私法之基本原则应是贯穿于国际私法各项制度与规范中之共同指导原则与理论思想”。① 它是对作为国际私法调整对象的国际民商事关系的本质和规律以及立法者在国际民商事领域所奉行的政策的集中反映。从各国立法来看，国际私法基本原则可以分为公理性原则、法源性原则、强制性原则和例外性原则四类。

（1）公理性原则

公理性原则是从社会关系的本质中产生出来的、得到社会广泛公认并被奉为法律之准则的公理。②平等互利原则、公平合理地保护中外当事人合法利益原则就是这种公理性原则，它们集中反映了国际私法所调整的国际民商事社会关系的特性，使国际私法的基本原则区别于其他部门法的基本原则。凡有国际民商事活动和国际民商事关系存在的地方，这些原则都是共同的。其区别仅在于：有的国家以成文法的形式明确宣示了这些原则，有的国家虽然没有这样做，但却在实践中遵循这些原则。比如，1979 年《匈牙利国际私法法令》第 1 条规定：“本法令的目的是为发展和平的国际关系而解决有关国际私法问题。”又如，1995 年《朝鲜民主主义人民共和国涉外民事关系法》第 1 条规定：“朝鲜民主主义人民共和国涉外民事关系法用于保障和维护当事人在涉外民事关系中的权

① 参见赖来焜：《当代国际私法学之基础理论》，台湾 2001 年 1 月初版（自版），第 553 页。

② 参见张文显主编：《法理学》，法律出版社 1997 年版，第 72 页。

益,并促进涉外经济合作与交流关系的发展。”第 4 条规定:“国家坚持在涉外民事关系中实行平等互利原则。”

(2)法源性原则

法源性原则是指除了国内国际私法立法本身之外,其他具有法律渊源的国际条约、国际惯例和其他规定的效力地位及其适用的原则。当然,在目前,国内立法仍然是国际私法的主要法律渊源。但是,在国内国际私法立法中,对国际条约的效力及其适用作出规定的国家也越来越多。例如,1995 年《意大利国际私法制度改革法》第 2 条第 2 款规定:“本法的规定并不妨碍任何对意大利有效的国际公约的适用。”国际惯例也已为许多国家和地区所认可,但它仍处在不断地发展演变之中。① 国际惯例的法律效力根据各国国内法和国际条约的规定,可归纳为契约性效力、强制性效力和替补性效力等三种。② 但到目前为止,立法上将国际惯例规定在国际私法立法中的有越南、蒙古、朝鲜和中国等少数国家。③ 例如,1995 年《朝鲜民主主义人民共和国涉外民事关系法》第 6 条规定:“……但是,如果根据条约规定不能确定涉外民事关系准据法的,则适用国际惯例或者朝鲜民主主义人民共和国的法律。”另外,一些国家的立法还对其他法源的适用作了规定,以弥补立法缺陷和法律漏洞。这些其他法源主要是一般法律原理、原则。例如,1998 年《委内瑞拉国际私法》第 1 条规定:“与外国法制有关的事实,依与争讼有关的国际公法规定,尤其是在委内瑞拉生效的国际条约中所确认的规定;否则适用委内瑞拉国际私法规定;若无此种规定,采用类推法;若无类推法,则适用普遍承认的国际私法原则。”④

(3)强制性原则

我们所知道的传统国际私法规范大多为任意性规范,但是,近年来,却有越来越多的国家规定某些国际民商事关系必须适用某些特别法、强行法、禁止性

---

① 参见黄进:《论国际统一实体私法》,载《中国国际私法与比较法年刊》(创刊号),法律出版社 1998 年版,第 11 页以下。

② 参见肖永平:《论国际商事惯例在我国的适用》,载《河南政法管理干部学院学报》2003 年第 1 期。

③ 早在 1898 年的《日本法例》第 2 条规定:不违反公共秩序和善良风俗的习惯,只要法令之规定承认或法令所未规定者,与法律具有同等效力。该条中对习惯法作了肯定,但它是对作为内国法的习惯法而言,而不是我们所指的国际惯例。

④ 参见杜焕芳:《委内瑞拉国际私法立法改革述评及其启示》,载《民商法论丛》(第 27 卷),金桥文化出版(香港)有限公司 2003 年版,第 459 页以下。

规范,从而排斥外国法的适用,这是国家加强对社会经济生活干预在国际私法法律适用领域中的一个突出表现,也是法律直接适用理论在立法上的直接表现。① 最早引入这一原则的是1987年《瑞士联邦国际私法法规》,该法规第18条规定:“本法不影响瑞士强制性规定的适用,该强制性规定由于有它们的特别目的,无论本法指定的法律如何,都必须予以适用。”第19条规定:“如果按照瑞士的法律观念为合法并显然特别重要的利益需要时,本法所指定的法律以外的另一法律的强制性规定可予以考虑,如果涉及的情形与该法律有密切的联系。”进入20世纪90年代以来,许多国家的国际私法总则规定了这一强制性原则,并且逐渐由单边主义迈向双边主义,②不仅本国的强制性规定必须适用,而且外国的强制性规定也必须适用。但外国强制性规定的适用往往有一定限制,一般必须是与所涉法律关系有密切联系,并考虑此种规定的目的及其适用的后果。如1991年加拿大《魁北克民法典》第3076条和第3079条,1998年《突尼斯国际私法典》第38条,1999年《白俄罗斯民法典》第1100条,2002年《俄罗斯联邦民法典》第1192条,等等。

(4)例外性原则

例外性原则即替代原则,或更密切联系原则,它起源于20世纪50年代的欧洲。当时的美国“冲突法革命”对传统国际私法规则进行了猛烈批评,③欧洲学者在一定程度上接受了这些批评,并试图通过改革有关立法方法以回应美国学者的批评,④而例外性原则便属于这种为增进法律选择的灵活性而作出的改

---

① 参见徐冬根:《论国际私法规范的柔性化与刚性化》,载《法制与社会发展》2003年第3期。关于法律直接适用理论,可参见徐冬根:《论法律直接适用理论及其对当代国际私法的影响》,载《中国国际法年刊》(1994年);徐冬根:《当代西欧国际私法新学说——法律直接适用理论评析》,载《法学杂志》1995年第4期。

② 1995年《意大利国际私法制度改革法》和1998年《委内瑞拉国际私法》采用的是单边主义。前者第17条规定:“意大利的法律规定,如果从其对象和目的而言,即使在外国法律被指定适用的情况下也必须被适用,则其保留优先于以下条款而被适用的效力。”后者第10条规定:“尽管本法已有规定,但所颁布的用于调整与多种法制有关的事实的委内瑞拉法中的强制性规定仍必须适用。”

③ 代表性人物及著作有:Walter W. Cook, *The Logical and Legal Basis of the Conflict of Laws* (1942); David. F. Cavers, “A Critique of the Choice of Law Problem”, 47 *Harv. L. Rev.*, 173 – 208 (1933); B. Currie, *Selected Essays on the Conflict of Laws* (1963), etc。

④ 代表性人物及著作有:E. Vitta, “The lmpact in Europe of the American ‘Conflicts Revolution’”, 30 *Am. J. Comp. L.* (1982); Audit, A Continental Lawyer Looks at Contemporary American Choice-of-Law Principles, 27 *Am. J. Comp. L.* (1979); Kegel, *The Crisis of Conflict of Laws* (1964), etc。

革性立法原则,其最早倡导者是奥地利学者 F. Schwind 教授。[①] 这种例外性原则最早适用于合同领域,[②]后来扩展到侵权等其他领域,如罗马尼亚、美国路易斯安那州、澳大利亚、德国等就在部分领域中采用了这一原则。[③] 而将例外性原则作为一般性原则在国际私法总则中加以规定则肇始于1987年《瑞士联邦国际私法法规》。该法规第15条规定:"根据所有情况,如果案件与本法指定的法律明显地仅有松散的联系,而与另一法律却具有更密切的关系,则作为例外不适用本法所指定的法律。"当然,这种例外性原则不适用于当事人已有法律选择的场合。另外,有的国家在国际私法立法总则中还确立了最强联系原则。1978年《奥地利国际私法法规》第1条规定:"与外国有连结的事实,在私法上,应依与该事实有最强联系的法律裁判。本法所包括的适用法律的具体规定,应认为体现了这一原则。"1996年《列支敦士登国际私法》第1条第2款规定:"如果缺乏某种指引规范,则适用与该案件有最强联系的法律。"两者的区别在于,前者是将最强联系原则作为整个法规的一个基本原则,[④]而后者只是在缺乏冲突规范时的替代适用原则。

2. 基本制度

国际私法的基本制度是指运用冲突规范以确定准据法的各项制度。冲突规范援引的准据法,可能是内国法,也可能是外国法。当准据法为内国法时,内国法院毫无疑问地适用本国的法律;相反地,如准据法为外国法,则可能会发生许多难以克服的实际困难,从而形成了如何运用冲突规范的所谓识别、反致、法律规避、外国法的查明、公共秩序保留等一系列限制或排除适用外国法的基本制度。这是国际私法特有的制度,也是调整每一种国际民商事关系所必不可少的工具。晚近国际私法立法总则中均规定有这些基本制度,尽管各国在具体规

---

① 参见韩德培、杜涛:《晚近国际私法立法的新发展》,载《中国国际私法与比较法年刊》(第3卷),法律出版社2000年版,第29页。

② 例如,1980年欧洲经济共同体《关于合同义务法律适用的公约》第4条第1款和1986年海牙《国际货物销售合同法律适用公约》第8条第3款在合同法律适用问题上规定了例外性原则。

③ 1992年《罗马尼亚关于调整国际私法法律关系的第105号法》第78条第2款在合同问题上,1991年美国《路易斯安那州民法典》第3547条在侵权问题上,1992年《澳大利亚州和地区冲突法统一法案草案》第6条第8款在合同和侵权问题上,经1986年《国际私法改革法》修订后的德国《民法施行法》第28条第5款在合同问题上,经1999年《关于非合同之债与物权的国际私法立法》修订后的德国《民法施行法》第41条和第46条在非合同债务关系和物权问题上采用了例外性原则。

④ See Palmer, "The Austrian Codification of Conflicts Law", 28 *Am. J. Com. L.* 197 (1980).

定上有所差异,但趋同化现象日益明显。比如,多数国家在一定条件下承认反致,规避本国强行法无效,从严适用公共秩序保留条款,等等。以下主要阐述识别、反致和公共秩序保留等立法问题。

(1)识别

识别作为法院处理国际民商事案件的第一步,在实践中是经常的事,在理论上有不同的认识。[①] 一些国家或地区的立法规定了识别问题。例如,1991 年加拿大《魁北克民法典》第 3078 条和 1979 年《匈牙利国际私法法令》第 3 条均规定根据法院地法识别。1998 年《突尼斯国际私法典》第 27 条和 1992 年《罗马尼亚国际私法》第 3 条则分别规定根据突尼斯法律和罗马尼亚法律识别。在巴西,法院基本上是根据诉因识别,但为识别的目的还规定了适用法院地法的两个例外。针对债务和财产有两种识别规则,《巴西民法典》第 8 条规定财产所在国法应适用于财产的识别和相关法律关系;第 9 条规定债务发生地法应适用于债务的识别和调整。[②] 值得指出的是,美国前后两部冲突法重述也规定有识别条款,其区别在于,1934 年第一次重述只是简单地规定根据法院地法识别,而 1971 年第二次重述区分了冲突法概念和本地法概念,前者一般依法院地法,后者依支配有关问题的法律。[③]

国际公约中规定识别条款的,例如,1928 年《布斯塔曼特法典》确立了识别的一项基本条款和若干特殊条款。该法典第 6 条规定:"各缔约国在本法典并无规定的一切情况下,应对相当于第 3 条所述法律分类的法律制度或法律关系,适用其自己的解释。"[④]该法典的第 112 条、第 113 条、第 131 条、第 164 条和第 239 条分别是关于动产和不动产的区别、财产的其他法律分类、地役权的概念和分类、债务的概念和分类、商人资格的识别的特殊规定。1979 年《美洲国家间关于国际私法上自然人住所的公约》建立了统一规则,以调整国际私法上自然人的住所,该公约第 2 条规定了住所应由四个方面因素决定的规则,即惯

---

① 识别问题如何解决,是国际私法上讨论了 100 余年的问题。各国学者对这个问题的解决主张不一,归纳起来有如下几种:法院地法说、准据法说、分析法学与比较法说、个案识别说、折中说、功能定性说和两级识别说等。参见黄进主编:《国际私法》,法律出版社 1999 年版,第 254 页以下。

② See Paul Griffith Garland, "Bilateral Studies in Private International Law", *American-Brazilian Private International Law*, 112 (1959).

③ See Restatement (Second) Conflicts of Laws Sec. 7 (1971).

④ 《布斯塔曼特法典》第 3 条将各缔约国的现行法律和规则分为下列三类:属人法或国内公共秩序法,属地法、当地法或国际公共秩序法,任意法或私的秩序法。

常居所地、主要营业地、单纯居住地、个人所在地,且上述因素是依顺序予以决定的。在同样事项上,1968 年《布鲁塞尔公约》第 52 条和第 53 条也有类似规定,公约确定自然人住所的基本定位是遵循法院地法,但是,如果根据法院地法,该人没有住所,那么法院将有权根据不同于法院地法的成员国法裁决确定其住所。因此,有人称该公约为"双重规则"(double rule)。①

从一般意义上讲,识别是人类思维活动的一个普遍现象。通过识别,判定案件事实的性质和应援用的法律,在处理纯国内案件中也是一个十分重要的认识过程。只不过在纯国内案件中,法官只依据本国的法律观念和法律概念进行识别,并不发生识别冲突,因而不需要专门规定识别的依据问题。但在国际私法案件中,法官首先必须对国际民商事案件的事实性质作出识别和认定,并将其归入一定的法律范畴,才能决定适用哪一类或哪一条冲突规范。因此,识别问题是国际私法的一个基本问题,②有必要在国际私法总则中加以规范。

(2)反致

一些欧洲学者认为,近年来国内立法者建议的各种解决方法表明,用一种令人满意的方式解决反致问题具有困难。他们进一步认为,如果目标在于体系之间的较好协调,反致、识别或者附随问题就不应被纳入国内立法。因为,国内立法和判例法中的各种方法表明,我们离国际协调仍很遥远。③ 荣格也表达了同样的观点。④

但不论这些观点如何,新近颁布的单行国际私法法规都对反致进行了规定,只不过接受的程度有所不同。1965 年《波兰国际私法》第 4 条,1966 年《葡萄牙民法典》第 16 条、第 17 条、第 18 条、第 20 条(有些限制),1978 年《奥地利国际私法法规》第 5 条,1982 年《土耳其国际私法和国际诉讼程序法》第 2(3)条,1986 年修订后的德国《民法施行法》第 4 条(有些限制),1987 年《瑞士联邦国际私法法规》第 14 条(只限于国际私法立法明确规定的事项),1992 年《罗马尼亚国际私法》第 4 条,1995 年《意大利国际私法制度改革法》第 13 条,1996 年《列支敦士登国际私法》第 5 条和 1998 年《委内瑞拉国际私法》第 4 条等,均接

---

① See Georges A. L. Droz, *Pratique de La Convention de Bruxelles*, 56(1973).

② 参见肖永平:《中国冲突法立法问题研究》,武汉大学出版社 1996 年版,第 163 ~ 164 页。

③ See Franφpois Knoepfler and Philippe Schweizer, La Nouvelle Loi Fédérale Suisse Sur le Droit International Privé(Partie Cénérale), 77 R. C. D. L. P. 225(1988).

④ See Friedrich K. Juenger, *Choice of Law and Multi-State Justice*, 77 – 79(1993).

受法院地法或第三国法的反致。而反致在法国和英国法院司法实践中的地位早已经显示。[①] 美国第二次冲突法重述第 8 条对反致有三种规则,其基本规则是接受反致,但须考虑实际可行性。还有一些国家的国际私法立法表明,除非法律另有规定,不接受反致,其典型是 1992 年《突尼斯国际私法典》第 35 条。

一些国际公约则拒绝反致。1980 年罗马《关于合同义务的法律适用公约》第 15 条规定:"凡适用依本公约指定的任何国家的法律,意即适用该国现行的法律规则而非适用其国际私法规则。"在海牙公约中也能找到类似的规定,它们或者指明适用法是某一特定国家的内国法(如 1978 年《夫妻财产制法律适用公约》第 4 条),或者规定适用法不包括其法律选择规则(如 1986 年《国际货物销售合同法律适用公约》第 15 条)。在 1986 年法国举行的国际私法会议上,弗耶(Jacques Foyer)教授发表了题为"*Requiem Pour le Renvoi*"的演讲,其中一个观点为,"海牙公约中的趋势说明,指定的适用法是排他性的指定国家的内国法而非其冲突规则"。[②]因此,一旦适用国际私法公约规则,也就意味着放弃适用法院地的冲突规则,即使受另一国冲突规则的支配也毫无意义。这是合乎逻辑的,也与公约的国际协调精神相吻合。

众所周知,国际私法的一个主要目标在于追求判决结果的一致。[③] 但各国的冲突规则也时常发生歧异,这就需要一个调和的方法,以求对于同一案件,无论由哪一个国家的法院审理,都将适用同一实体法规则,从而得到同一的判决结果。承认反致,便是一个最好的调和方法。[④] 它能本着协商精神促进判决的一致,并能增加法律选择的灵活性,有利于国际民商事纠纷的妥善解决。因此,在国际私法总则中有必要对反致及其适用范围加以明确规定。当然,国际公约由于其国际协调精神和宗旨,制定时不宜规定反致。换言之,统一实体法公约与法院地的冲突规则和其他国家的冲突规则相比,具有优先权。同样,当相关国家同属某一冲突法公约的成员国时,也就同时放弃了各自的冲突规则,而受该公约中的统一冲突法规则支配。

---

① 法国最高法院的"福尔果案"(Forge's Case),See M. Wolff, *Private International Law*, 190－191(1945). 英国法院的"科利尔诉利伐兹案",See Collier v. Ri-vaz, 2 Curt. 855(1841).

② See Jacques Foyer, *Reaquiem. Pour le Renvoi* 70 R. C. D. I. P. 210(1981).

③ See Niboyet, *Traitè de droitl international privè franscais*, 62－63(1938－I).

④ 参见韩德培:《国际私法上的反致问题》,载武汉大学国际法研究所编:《国际私法的理论与实践》,武汉大学出版社 1984 年版,第 78～82 页。

(3)公共秩序

公共秩序或公共政策条款在民法典、国际私法立法中几乎无一例外地存在,其主要目的在于排除与法院地的公共秩序相抵触的外国法在内国的适用。[①]例如,1991年加拿大《魁北克民法典》第3081条,1992年《罗马尼亚国际私法》第8条,1995年《意大利国际私法制度改革法》第16条,1996年《列支敦士登国际私法》第6条,1998年《突尼斯国际私法典》第36条,1998年《委内瑞拉国际私法》第8条,1999年《白俄罗斯民法典》第1099条,等等。

许多国际私法公约也有公共秩序的规定。例如,1928年《布斯塔曼特法典》第8条,1979年《美洲国家间关于国际私法通则的公约》第5条,1973年《产品责任法律适用公约》第10条,1986年《国际货物销售合同法律适用公约》第18条,1989年《死亡人遗产继承法律适用公约》第18条,2000年《关于成年人保护的公约》第21条,2002年《关于中介人持有证券的某些权利的法律适用公约》第11条,等等。正如有学者认为的,不包含有公共秩序条款的冲突规则是不可思议的,而现代国际私法若有任何变化,公共秩序地位的显示则是直接的。[②] 实质上,公共秩序的保留表明了冲突正义的传统追求和公平需求之间的张力,这两种价值在多州(国)案件中时常相冲突。[③]

尽管国际上尚未对公共秩序的范围及其具体内容作出统一规定和解释,各国在适用公共秩序时享有相当大的自由裁量权,这在客观上为各国滥用公共秩序提供了一定的便利。但是,在国际私法的立法和实践中,各国为促进国际私法的发展,普遍从严规定和适用公共秩序。第一,区分国内公共秩序和国际公共秩序。[④] 例如,1998年《突尼斯国际私法典》第36条第4款规定:"排除外国法律的适用,仅限于其与突尼斯国际私法上的公共秩序相冲突的范围之内。"也

---

① 美国第二次冲突法重述则不同,美国的公共政策理论是用来反对法院地国法院的侵入,当执行有关外州诉因的诉讼违反法院地强有力的公共政策时,任何此类诉讼将不予以受理。See Restatement(Second)Conflicts of Laws Sec. 90(1971).

② See Jacob Dolinger, "In Defense of the 'General Part' Principles", in P. J. Borchers and J. Zekoll ed., *International Conflict of Laws for the Third Millennium: Essays in Honor of Friedrich K. Juenger*, 45(2001).

③ See Friedrich K. Juenger, *Choice of Law and Multi-State Justice*, 81(1993).

④ 最早提出国际公共秩序有别于国内公共秩序的是瑞士学者夏尔·布洛歇(Charles Brocher)。他认为,关于权利的个人占有的强行法为"国内公共秩序"(*Lois d'ordre public interne*),关于公共的政治、经济及道德的强行法为"国际公共秩序"(*Lois d'ordre public internationale*)。参见李双元:《国际私法(冲突法篇)》,武汉大学出版社2001年版,第277页。

就是说,在国际私法案件中,法院一般只适用国际公共秩序,而不适用国内公共秩序。由于国际公共秩序的范围比国内公共秩序的范围窄,只适用前者,就等于减少了公共秩序在国际私法案件中的适用。第二,采用公共秩序的客观标准。例如,1998 年《委内瑞拉国际私法》第 8 条规定:“依照本法应适用的外国法的规定,仅在其适用将产生与委内瑞拉的公共政策的基本原则明显相抵触的结果时方排除适用。”依此标准,法院不能以所适用的法律本身与本国公共秩序不一致为由排除该外国法,只有在“承认与适用该外国法之结果”将导致危害法院地国利益的实质性后果的时候,才能运用公共秩序予以排除。因此,采用客观标准也能起到减少公共秩序适用的效果。

公共秩序是一国的重大利益、基本政策、道德的基本观念或法律的基本原则的体现,这种保留制度具有排除外国法适用的防范作用,因此,它已经成为国际私法中的一项基本制度,在绝大多数国家的国际私法总则立法中得到了认同。但是,公共秩序保留条款作为法律适用最后的“安全阀”(safety valve),也有限制其规定的必要性。正如洛伦森(E. Lorenzen)所指出的,“公共政策理论……应该成为一个针对一些依赖被设定为基础的例外规则的问题的警告”。[①] 当然,哪一种外国法的适用违反了内国的公共秩序,“只能由每一个国家的法律,不论是通过立法机关还是通过法院,去决定它的哪一些政策是紧迫到必须援引它”。[②]

3. 其他规定

在法律选择的过程中,法院或其他主管机关不可避免地会遇到一些这样或那样的复杂问题,这就进一步提出准据法的确定问题。[③] 因此,国际私法总则除了规定上述基本原则和基本制度以外,还规定其他一些问题,例如,区际冲突、人际冲突、时际冲突等。由于这些问题关涉准据法的最终确定,也应当在总则中加以规范,以解决具体国际民商事法律关系适用法律时产生的各种难题。

(1)区际法律冲突

当国际私法的冲突规范指定应适用某一外国的法律时,但该外国国内具有不同的法域,存在区际法律冲突,究竟应适用该外国的哪一个法域的法律作为准据法呢?在立法中,有如下几种不同的解决办法。第一种办法即根据该外国

---

① See E. Lorenzen, *Selected Articles on the Conflict of Laws*, 13 – 14 (1947).

② See Westlake, *Private International Law*, 51 (1925).

③ 参见黄进主编:《国际私法》,法律出版社 1999 年版,第 307 ~ 314 页。

的区际私法确定准据法。例如,1965 年《波兰国际私法》第 5 条规定:"应适用的外国法有数个法律体系时,应适用何种法律体系由该外国法确定。"这里讲的"该外国法"就是指该外国的区际私法。这是最普遍的做法,其他做法多为这种做法的补充。第二种办法即根据最密切联系原则确定准据法。例如,1978 年《奥地利国际私法法规》第 5 条第 3 款规定:"如外国法由几部分法域组成,则适用该外国法规则所指定的那一法域的法律。如无此种规则,则适用与之有最强联系的那一法域的法律。"这种做法是目前多数国家的国际私法立法所采取的在无区际私法情况下应使用的补充做法。第三种办法即依以当事人的住所地法、居所地法或所属地方的法律代替其本国法。例如,1898 年《日本法例》第 27 条第 3 款规定,在适用当事人本国法的场合下,如"当事人其国内各地法律不同时,依其所属地方的法律"。第四种办法即采用国际私法的规定确定准据法。例如,1966 年《葡萄牙民法典》第 20 条第 2 款规定:"在外国无区际私法规范时,采用该外国的国际私法。"

(2)人际法律冲突

当国际私法中的冲突规范指定适用某一外国法律时,但该外国内部存在两个或两个以上的适用不同法律制度的人员集团,存在人际法律冲突,就提出究竟应以该外国的哪一类人适用的法律为准据法的问题。在立法中,通常的解决办法是由该外国的人际冲突法或人际私法确定。如果该外国没有人际冲突法,则适用与案件或当事人有最密切联系的法律。有的国家的有关规定既适用于区际法律冲突情形,也适用于人际法律冲突情形。例如,1986 年修改后的《德国民法施行法》第 4 条第 3 款规定:"若需适用多种法制并存国家的法律,除非适用本身已有的规定,否则依该国法律确定适用何种法制的法律;如果该国法律并无适用何种法制的规定,适用与案件有最密切联系的法制的法律。"1966 年《葡萄牙民法典》第 20 条第 3 款规定:"如准据法在地域上形成单一法律秩序,而在该法律秩序内有适用于不同类别的人的不同法制,则必须遵守该法就该法律冲突而作的规定。"

(3)时际法律冲突

国际私法上的时际法律冲突有三种情况:一是法院地的冲突规范在涉外民商事法律关系发生后发生了变更,有可能是冲突规范的连结点发生了变化,也有可能是限定连结点的时间因素发生了变化,还有可能是上述两者同时发生了变化,在这种情况下需要确定根据什么时候的冲突规范去指定准据法;二是法院地的冲突规范未变,但其所指定的实体法发生了改变,这时需要确定是适用某一法律关系成立时的旧法,还是适用已改变了的新法;[①]三是法院地的冲突规范及其所指定的实体法均未发生改变,但有关当事人的国籍或住所,或者动产的所在地等连结点发生了改变,这时需要确定是适用依原来的连结点所指引的法律,还是适用依新的连结点所指引的法律。

在第一种情况下,准据法的确定应根据时际冲突法的一般原则加以解决,即按法律不溯及既往以及后法优于前法或新法优于旧法的原则加以解决。例如,1979 年《匈牙利国际私法法令》第 75 条第 2 款规定:"本法令的规定也适用于在本法令生效前发生而未经确定判决的有关法律关系的法律争议。"在第二种情况下,准据法的确定也应根据时际冲突法的一般原则加以解决。但由于冲突规范指定的实体法可能是内国法,也可能是外国法,所以尤其要注意查明有关实体法本身的时际规定。例如,原 1985 年《中华人民共和国涉外经济合同法》原则上确定没有溯及力,但允许当事人合意选择适用该法,从而使该法在某些情况下具有溯及既往的效力。在第三种情况下,在法国国际私法理论上叫作动态冲突(conflicts mobiles)。[②] 为了避免这种冲突,在实践中最为可取的做法是在立法时对冲突规范中的连结点加以时间上的限制。例如,1982 年《土耳其国际私法和国际诉讼程序法》第 3 条规定:"除法律另有规定外,当需要依据国籍、住所或居所来决定法律适用时,则以审理案件时的国籍、住所或居所为准。"

(二)功能分析

法典的真正功能,"正如今天的法学家所认识到的,并非仅仅是使过去法律发展的成果加上一个更美的和更权威的外形,而更多的是为法学的和司法的更高更新的起点提供一个基础"。[③] 国际私法总则是国际私法立法的重要组成部分,在整部法典中处于统领地位。总则中的基本原则、基本制度和其他规定兼具立法准则、司法准则和行为准则三重功能与作用。其中的基本原则还是克服国际私法立法局限性的工具。

1. 立法准则的功能

成文法首先约束的是立法者和司法者,而后约束的才是当事人。国际私法总则的制定,为分则的具体规定指明了方向,总则中的基本原则在一定程度上

---

① See Kahn-Freund, *General Problems of Private International Law*, 295 – 300(1976).

② 参见李双元:《国际私法(冲突法篇)》,武汉大学出版社 1987 年版,第 183 页。

③ [美]罗斯科·庞德:《普通法的精神》,唐前宏、廖湘文等译,法律出版社 2001 年版,第 123 页。

制约着分则中冲突规范的制定,是单边的、双边的、选择性的还是重叠性的,同时也制约着管辖权规范和外国判决的承认和执行规范的制定。国际私法总则规定得越开放、越开明,分则内容也相应地趋于开放、开明,反之亦然。比如,基本原则的规定是着眼于一国利益还是国际社会利益,决定着分则中的法律规则采取的是单边主义、双边主义还是多边主义。

2. 司法准则的功能

法官在处理国际民商事案件、适用法律的过程中,除了要遵循国际私法分则所涉及的具体规定外,还必须根据总则的规定进行裁量,尊重各项基本原则,遵循各项基本制度和其他一般规定。无论是案件性质的识别,反致、法律规避问题的处理,还是外国法的查明、公共秩序的保留,无一例外。另外,如有区际、人际、时际冲突的,还要遵循解决区际、人际、时际冲突的一般规则,以便最终确定案件的准据法。

3. 行为准则的功能

法律是社会关系的调整工具,以人们的社会活动为规制对象。而遵守法律是人们应尽的义务,也是法律具有强制性效力的体现。人们因国际民商事活动而产生国际民商事关系,在这一过程中,人们必须以国际私法为行为准则,特别是要遵循国际私法总则中的基本原则和基本制度。国际民商事活动必须符合公理性原则,选择法律不得规避强行法,不得与强制性规定相冲突,也不得违反公共秩序,查明外国法还要当事人出面或得到当事人的配合。

4. 克服立法局限性的工具

成文法有其自身难以克服的局限性,不确定性就是成文法所固有的属性和弱点。① 成文法的不确定性可以通过必要的立法技术处理和立法完善工作克服,引入一般性的基本原则就是一个比较好的方法。② 国际私法的基本原则,具有内容的抽象性、适用的灵活性。“立法者有意使用一些笼统的词句,或给予法官以衡平权,或要他们参照习惯或自然法,或使法律规范的实施从属于善良风俗或公共秩序的需要,从而明确了法律的界限。没有一个立法制度能够不用这

---

① 20 世纪语言分析哲学(Linguistic Philosophy)的兴起和以此为基础的五六十年代后现代主义思潮的兴起,对整个社会科学形成强烈的冲击,在法律领域的一个显著影响就是提出了法律的不确定性和成文法的局限性的命题。参见封丽霞:《法典编纂论——一个比较法的视角》,清华大学出版社 2002 年版,第 261 页以下。

② 徐国栋先生认为基本原则是克服成文法局限性的工具。参见徐国栋:《民法基本原则解释——成文法局限性之克服》,中国政法大学出版社 2002 年版,第 172 页以下。

些矫正剂或解脱术，否则在法与正义之间就可能产生不能容许的脱节”。[①]

四、中国国际私法总则的制定

中国国际私法总则的制定经历了一个从无到有、从分散到集中的逐渐完善的发展过程。

（一）《民法通则》第八章

1986年4月11日全国人大常委会通过的《民法通则》第八章开创了中国在民商事法律中专章规定法律适用问题的历史，它是中国第一次比较系统地制定国际私法中的冲突规范，因而在中国国际私法的发展史上具有重要意义。但第八章的规定比较简单，共9条，其中有关国际私法一般性或总则性的规定只有2条，即第142条和第150条，它们主要包含四个方面的内容：一是适用范围；二是国际条约优先原则；三是国际惯例补缺原则；四是公共秩序保留条款。《民法通则》中的国际私法规范总则性规定分散、不详尽，对识别、外国法的查明、反致、区际、人际、时际冲突等问题未加以规定，远远不能适应和满足对外开放形势下调整和处理国际民商事关系的需要。

鉴于此，最高人民法院于1988年1月26日发布了《关于贯彻执行〈中华人民共和国民法通则〉若干问题的意见（试行）》，[②]对涉外民事关系的法律适用问题作了18项补充意见，涉及一般性规定的有5项，包括涉外民事关系的认定、区际法律冲突、外国法的查明、法律规避和诉讼时效等。1990年12月5日最高人民法院通过的上述意见的修改稿中，[③]又增加了1项关于外国法解释的规定。但是，上述意见及其修改稿就性质上而言只是司法解释，而非真正立法，因此只是权宜之计。笔者认为，这些补充意见通过实践检验以后，如果切实可行，就应及时上升为法律，以充实不详尽的冲突法立法。

（二）《示范法》第一章

由中国国际私法学会集体起草的《国际私法示范法》（以下简称《示范法》）是中国第一部有关国际私法的民间立法。《示范法》采取法典模式，适应了国际

① ［法］勒内·达维德：《当代主要法律体系》，漆竹生译，上海译文出版社1992年版，第84页。

② 参见《中华人民共和国最高人民法院公报》1988年第2期，第34页以下。

③ 最高人民法院《关于贯彻执行〈中华人民共和国民法通则〉若干问题的意见（修改稿）》，载《新编中华人民共和国常用法律法全书》，中国法制出版社1995年版，第149页以下。

私法立法的世界潮流。其立法技术、立法水平和立法内容可以与新近通过的许多国内国际私法法典相媲美。正如起草主持人韩德培教授所言:“示范法是在总结中外立法和司法经验、分析比较许多国家的立法条款和有关国际公约并结合我国实际情况的基础上制定的,规定是比较科学合理的。”①《示范法》前后数易其稿,最后定稿为第六稿,分为五章,即第一章“总则”,第二章“管辖权”,第三章“法律适用”,第四章“司法协助”,第五章“附则”,共 166 条。就国际私法的“总则”而言,这是首次专章规定,其内容比较全面,共有 18 个条文,其规定也比较合理,有些问题的准据法,其他国家的国际私法很少甚至没有加以规定,《示范法》也作了规定,如定性、连结点、先决问题等的准据法。

(三)《民法典(草案)》第九编第一章

我国在起草制定《民法典》时,在 1987 年《民法通则》第八章“涉外民事关系的法律适用”的基础上起草“涉外民事关系的法律适用法”作为民法典的第九编。2002 年 12 月 23 日第九届全国人大常委会第三十一次会议上,《民法典(草案)》首次提请审议,现已向社会公布。但《民法典(草案)》包括作为其第九编的“涉外民事关系的法律适用法”还需要进一步讨论、论证和审议。就国际私法总则部分而言,《民法典(草案)》第九编第一章在《示范法》的基础上作了专门规定,但笔者认为,与《示范法》有关规定相比,还存在一些差异和不足(见表 1)。

表 1　总则条款对照

总则内容	《示范法》第一章	《民法典(草案)》第九编第一章
宗旨和基本原则	第 1 条	无
适用范围和调整对象	第 2 条	第 1 条(无适用范围)
外国人民事地位	第 3 条	第 14 条
守法宣示性原则	第 4 条	无
处理依据	第 5 条	第 16 条
条约优先原则	第 6 条	第 3 条第 1 款

① 中国国际私法学会:《中华人民共和国国际私法示范法》,法律出版社 2001 年版,“前言”,第 4 页。

续表

总则内容	《示范法》第一章	《民法典(草案)》第九编第一章
惯例补缺原则	第7条	第3条第2款、第4条(选择适用惯例)
反致	第8条(民事身份领域)	第2条(自然人地位和身份)
定性(识别)	第9条	第5条
连结点的认定	第10条	第6条
准据法的解释	第11条	第7条
外国法的查明	第12条	第12条
法律规避	第13条	无
公共秩序保留	第14条(排除外国法,可以适用中国法)	第11条(排除外国法和国际惯例,无救济途径)
先决问题	第15条	第8条
区际和人际冲突	第16条	第9条(无人际冲突)
时际冲突	第17条	第10条
程序问题适用法院地法	第18条	无
适用外国法条件	无	第13条(互惠要求)
诉讼时效	无	第15条(由准据法确定)
特别法与普通法的关系	无	第16条(特别法优先)

(四)对《民法典(草案)》第九编第一章的几点建议

1. 总体协调性问题

《民法典(草案)》第九编第一章对涉外民事关系法律适用法的一般规定,在编排上还存在一些问题。例如,有关外国人民商事法律地位的条款应置前,处理涉外民商事案件的前提之一就是要确定涉案的外国人的法律地位;几个法律适用制度的顺序应调整,外国法的查明条款应放在公共秩序保留条款之前,只有查明外国法并在适用外国法(的结果)有违我国的社会公共利益时才能启动保留条款,等等。另外,应该吸纳在20世纪90年代以来通过的各国国际私法立法中的一些先进的立法条款,如强制性规范。一些应有的立法规定付之阙如,如法律规避。这些问题需要在今后的讨论和审议中加以解决。

2. 补充规定公理性原则

《示范法》第 1 条对国际私法的宗旨和基本原则作了规定,即“为了保障当事人在平等互利基础上进行国际民商事交往的合法权益,公平合理地解决国际民商事争议,促进国际民商事关系的正常发展,特制定本法”。其中就包括了公理性原则,这样规定不致使整部国际私法典失去制定的方向,能够使之发挥立法准则、司法准则和当事人行为准则的功能,同时还能起到补充法律漏洞的作用。我国《民法典》也应作出如此规定。

3. 补充规定法律规避制度

如果当事人为了某种特定的目的,利用连结点的设立和变更进行法律规避,显然不利于法律秩序的稳定,也不利于内国法律政策的贯彻实施。因此,有必要在立法上予以明确。另外,国际私法上的法律规避应既包括规避本国法,也包括规避外国法。作为立法上的表述,可以这样规定:“当事人故意规避中华人民共和国法律或者规避根据冲突规则的指定应适用的外国法律的行为无效,在此情况下,适用依照本法规定应适用的国家的准据法。”

4. 补充规定强制性规范

晚近国际私法规范的发展呈现柔性化与刚性化两大相互对立的趋势:前者主要表现为确立弹性规则,对传统冲突规范和机械规则进行软化处理;后者主要表现为国家介入国际私法领域,撇开冲突规范而将强制性规范直接适用于国际民商事案件。这些强制性规范在诸如国际保险、国际金融、反不正当竞争等与社会经济生活和经济秩序相关的领域中发挥着特殊的作用。越来越多的国际私法立法对强制性规范作出了反应,我国立法也应在此方面作出努力。具体可作如下表述:“本法规定,不影响中华人民共和国法律中的强制性规范的效力,而不论冲突规则如何指定。依本法规定适用外国法时,法院可以适用该国法中的强制性规范,而不论准据法为何,只要有关情况与该国具有密切联系。同时,法院应考虑此种规范的目的和性质以及适用的后果。”

5. 公共秩序保留后的救济问题

外国法因公共秩序保留被排除后,毕竟还要选择一定的法律来解决有关的国际民商事纠纷。因此,在立法上作出一定的安排是必要的,这也是一种积极的做法。从各国的立法来看,大都以法院地法取而代之。这固然比较方便实用,但也必须加以限制,应根据个案的具体情况,妥善加以处理。作为立法上的完整表述,可这样规定:“依照本法规定适用外国法律或者国际惯例,如果其适用结果明显违反中华人民共和国的社会公共利益,则不予适用,必要时可以适用中华人民共和国相应的法律。”

6. 外国法查明问题的完善

查明外国法是适用外国法的前提，但在实践中也可能会发生无法查明某一外国法的情况，此时应怎么解决？我国立法在此问题上有些细微变化。最高人民法院《关于适用〈涉外经济合同法〉若干问题的解答》第11条规定：“可以参照我国相应的法律处理”；最高人民法院《关于贯彻执行〈中华人民共和国民法通则〉若干问题的意见》第193条规定，“适用中华人民共和国法律”；《示范法》第12条规定，“适用与该外国法律类似的法律或者中华人民共和国相应的法律”；《民法典》草案第九编第12条规定，“可以适用中华人民共和国相应的法律”。笔者认为，《示范法》的规定比较切实可行。

五、结语

国际私法总则作为国际私法立法的重要组成部分，对其加以总结、规范和完善，是第二次世界大战以后各国国际私法立法的一个重要发展趋向。透过国际私法总则的演进和发展历程，我们可以得出的结论是，所谓的“总则”在整个20世纪相当活跃，而且经历着发展，更不会在21世纪消亡。荣格等人对总则的反对和担心只具有理论意义，立法和司法实践表明这种反对是不现实的。

对国际私法总则的重视，与其在国际私法司法实践中的功能日益彰显息息相关，也是国际私法立法日益进步、完善的重要标志。一部完善的国际私法典，不仅在结构上应有总则和分则之分，而且在总则内容的规定上也应日益丰富、全面。目前，中国社会的政治、经济、法律和文化等各方面正不断发展。弘扬中华法律文化的传统，吸纳西方法律文化的精髓，对中国国际私法的总则予以总结并加以完善，不仅是国际民商事关系日益发展的现实要求，也是国际私法法典化潮流的时代要求。

国际私法上的法律规避*

国际私法上的法律规避，又称为法律欺诈，是指涉外民事关系的当事人故意制造某种连结点，以避开本应适用的对其不利的强行法，从而使对自己有利的法律得以适用的行为。

国际私法上的法律规避是从1878年法国最高法院对鲍富莱蒙离婚案的审判后开始深入研究的。在该案中，原告鲍富莱蒙王子的妃子鲍富莱蒙夫人原为比利时人，因与鲍富莱蒙王子结婚而取得法国国籍。后来，鲍富莱蒙夫人欲离婚，以便与一罗马尼亚人结婚。但当时的法国法律禁止离婚，而当时德国法律规定则相反。于是，鲍富莱蒙夫人为了达到与鲍富莱蒙离婚的目的，只身移居德国并归化为德国人。随即她在德国获得离婚判决，然后在柏林与罗马尼亚的比贝斯王子结婚，婚后她以德国公民的身份回到法国。鲍富莱蒙王子在法国法院提起诉讼，要求法院宣告她在德国的入籍、离婚以及再婚无效。虽然法国冲突法规定，离婚依当事人的本国法，但法国最高法院认为，鲍富莱蒙妃子取得德国国籍的动机，显然是为了逃避法国禁止离婚的规定，因而构成了法律规避，判决她在德国的离婚和再婚都属于无效。法国法院根据这一判例便确定了一条原则，即在国际私法中用规避法国法的方法而完成的行为是无效的。

---

* 本文原载于《百科知识》1995年第10期。

从上述概念和鲍富莱蒙离婚案可以看出,法律规避有四个构成要件:(1)从主观上讲,当事人规避某种法律必须是出于故意的,也是说当事人有逃避适用某种法律的意图;(2)从规避的对象上讲,当事人规避的法律是本应适用的强行性的或禁止性的规定;(3)从行为方式上讲,当事人规避法律是通过有意改变或制造某种连结点来实现的,如改变国籍、住所、物之所在地等;(4)从客观结果上讲,当事人规避法律的目的已经达到。

一、法律规避在国际私法中的独立地位问题

对于法律规避究竟是一个独立的问题还是公共秩序问题的一部分,学者们有不同的看法。一派学者认为,法律规避是一个独立的问题,不应与公共秩序问题混为一谈。在他们看来,虽然两者在结果上常常都是对外国法不予适用,但它们在性质上并不相同。另一派学者认为,法律规避属于公共秩序问题,在他们看来,在不适用外国法而适用本国法时,两者同样都是为了维护本国法的权威。在上述两种主张中,前一种主张占优势地位。笔者也赞同前一种主张,因为:(1)法律规避和公共秩序产生的原因不同,前者是当事人故意通过改变连结点的行为造成的,而后者则是由于冲突规范所指定的外国法的内容及其适用与该冲突规范所属国的公共秩序相抵触而引起的。(2)进行法律规避是一种个人行为,而适用公共秩序则是一种国家的行为。(3)对当事人来讲,法律规避和公共秩序的后果也是不一样的,因公共秩序而不适用冲突规范所援用的外国法,当事人无须负任何法律上的责任;而由于否定法律规避行为不适用外国法时,不仅当事人企图适用某一种外国法的目的不能达到,而且可能还要对其法律规避行为负法律上的责任。

二、法律规避的效力问题

对于法律规避是否违法以及是否应否定其效力的问题,学者们也很有分歧。欧洲大陆的学者大多认为,法律规避是一种欺骗行为,因而在发生法律规避的情况下,就应排除当事人所希望援用的法律的适用,而适用本应适用的法律。所谓“欺诈使一切归于无效”原则,便是这种主张的理论根据。

但另一些学者认为,既然冲突规范给予当事人以选择法律的可能,那么当事人为了达到自己某一目的而选择某一法律时,就不应归咎于当事人;如果要防止冲突规范被人利用,立法者就应在冲突规范中有所规定。一般来说,在实

践中,大多数国家都认为法律规避是非法的,不承认其效力。如法国、瑞士、意大利、荷兰、阿根廷、加蓬等国,或在立法中,或在司法实践中,均采取禁止或限制法律规避的做法。

1972 年《加蓬民法典》第 31 条规定:"任何人不得利用规避加蓬法而使某一外国法得以适用。"但英国在司法实践中不承认有所谓法律规避问题,因为那些禁止法律规避的国家会以法律规避为由排除外国法的适用,或认为当事人的规避行为并不是欺诈行为,或认为可以通过其他方法加以解决。例如,一家完全意欲在英国经营业务的公司,由于某外国规定公司成立的条件更宽或者所得税比英国更低,便可去该外国设立。对此,英国的解决办法很简单,即在外国成立的公司就是"外国"公司,但如果该公司的管理中心在英国,就必须服从英国法规,特别是英国有权对它清算,恰如它是在英国营业的任何其他未登记的公司一样,至于客观存在的在外国成立公司是否有欺诈的目的则无关紧要。

三、法律规避的对象问题

禁止或者限制规避的国家,在立法和司法实践中对于国际私法中的法律规避,是只限于规避内国强行法还是也包括规避外国强行法,对这个问题,不同的国家持有不同的主张。

一种主张认为,规避法律仅指规避本国(亦即法院地国)强行法。例如,1972 年《塞内加尔家庭法》第 851 条规定:"当事人利用冲突规则故意使塞内加尔法不适用时,塞内加尔法取代应适用的外国法。"法国法院早年的判例也规定,规避法国法才为法律规避,而规避外国法则不属此类问题。1922 年,法国最高法院关于佛莱一案的判决即如此。佛莱及其妻子均为意大利人。由于当时意大利的法律只准"分居",而不准离婚,佛莱之妻为了逃避意大利法律关于离婚的限制,达到离婚的目的,便归化为法国人。随后,佛莱之妻在法国法院诉请离婚,法院依法国法的有关规定作了准予离婚的判决。在这个案件中,法国法院并没有因佛莱之妻规避意大利关于限制离婚的法律而否定其行为的有效性。对于这个案件,不少法国学者提出异议,认为规避外国法也属于法律规避;而且,规避外国法的同时,也可能规避了本国的冲突规范,因为依本国冲突规范,该外国法可能就是本应适用的法律。

另一种主张认为,规避法律既包括规避本国强行法,也包括外国强行法。例如,《阿根廷民法典》第 1207 条规定:"在国外缔结的以规避阿根廷的法律为目的的契约是无效的，虽然该契约依缔约地法是有效的。”同时，第 1208 条又规定：“在阿根廷缔结的以规避外国法为目的的契约是无效的。”1979 年《匈牙利国际私法法令》第 8 条第 1 款规定：“当事人虚假地或欺诈地制造涉外因素时，有关外国法不得适用。”这一规定只笼统规定了法律规避无效，但显然可以理解为规避匈牙利法和外国法都是无效的。特别值得一提的是，1979 年 5 月 8 日订立于蒙得维的亚的《美洲国家间关于国际私法通则的公约》第 6 条也肯定法律规避包括规避外国法。这个公约规定：“在另一缔约国的法律基本原则被诈欺性规避时，则该缔约国的法律不得作为外国法予以适用。”这一规定在于保护缔约国的法律基本原则免遭诈欺性规避。

中国在立法上还没有关于法律规避的规定，但最高人民法院于 1988 年印发的《关于贯彻执行〈中华人民共和国民法通则〉若干问题的意见（试行）》中指出：“当事人规避我国强制性或者禁止性法律规范的行为，不发生适用外国法律的效力。”从这一意见可以看出，中国在司法实践中也认为规避法律仅指规避本国的强制性或禁止性法律。至于当事人规避外国法律的行为，则应视具体情况区别对待。

论国际私法中外国法的查明*

——兼论中国的实践

一、外国法的查明的概念

所谓外国法的查明，又称为外国法内容的确定，在英美法系国家则称为外国法的证明，它是指一国法院根据本国冲突规范指定应适用外国法时，如何查明该外国法的存在和内容。“法官谙知法律”（*jura novit curia*）是一个古老而美好的谚语，但事实上，由于世界各国的各种法律千差万别，纷繁复杂，任何法官都不可能通晓世界各国的法律。因此，当一国法官在审理涉外民事案件时，如依本国冲突规范的指定应适用外国法，就必须通过一定的方法来确定该外国法中有关规定的存在和了解其内容。

二、外国法的查明方法

各国对外国法究竟是“事实”还是“法律”有不同的主张。按照西方国家诉讼法的观点，“法律”和“事实”是相对立的，法官应当知道法律。而且仅限于知道法律。至于事实，则应当由当事人举证，法院只根据当事人所证明的事实加以认定并适用法律来作出判决。因此，在依冲突规范适用外国法时，就提出这样一个问题，

---

* 本文原载于《河北法学》1990年第6期，中国人民大学书报资料中心复印报刊资料《法学》1991年第3期全文转载。

即究竟把外国法视为“法律”还是视为“事实”。如果把外国法视为“法律”,那么就应当用确定外国法内容的那种程序来查明其内容;如果把外国法视为“事实”,则应当用确定事实的程序来确定其内容。也就是说,如果把外国法看作“法律”,就不需要当事人举证,而应由法院依职权去主动查明并适用,因为法院应该知道法律;反之,如果把外国法看作“事实”,则当事人必须负责举证之责。当然,也有国家采取折中的主张,不将法律和事实对立起来,把对事实的举证责任归之于当事人。在它们看来,外国法既非单纯之事实,亦非绝对之法律,而是根据本国冲突规范的指定应适用的外国法律。因此,外国法的查明也必须采取既有别于确定事实的程序,也不同于确定内国法律的程序。

正由于上述不同主张,外国法的查明方法大致为三类:

1. 当事人举证证明。英、美等普通法系国家和部分拉丁美洲国家采用这种做法。这些国家不把外国法看作法院应主动适用的法律,而是视为当事人引用来主张自己权利的事实。外国法中有无相关规定及其内容如何,须由当事人举证证明,法官无依职权查明的义务。证明的方法可以是当事人在诉状中引证该外国法,或请有关专家提供证言。双方当事人对该外国法的内容有争执时,由法院断定哪一方的主张是正确的。在英国的司法实践中,英国法院依照英国证据法的规定来评定当事人的引证或专家证言,但法院可以不受这些证据的约束。如果法官已经知道外国法,法官也可以直接认定。根据英国《1972 年民事证据法》(the Civil Evidence Act 1972)第 4 条第 2 款之规定,在高等法院、皇家法院、某些其他法院及其上诉法院或枢密院司法委员会的民事或刑事诉讼中得到确认的载有外国法内容的裁定或判决,可以在以后的民事诉讼中作为证明外国法内容的证据。① 早先,由于英国把外国法视为事实并依其长久以来的陪审团在诉讼中认定事实的制度,故外国法的内容由陪审团来认定。但在 1920 年,英国颁布了《司法行政法》(Administration of Justice Act),规定不再由陪审团决定外国法这种“事实”问题,而由法官决定。取代该法的《1981 年最高法院法》(The Supreme Court Act 1981)第 69 条第 5 款仍然确认了这一点。② 因此,英国著名冲突法学者莫里斯认为,在英国,“虽然外国法是一个事实问题,但它是一个特殊类型的事实问题”。③

---

① See Cheshire & North, *Private International Law*, 126 – 127 (10th ed. 1979).

② See J. H. C. Morris, *The Conflict of Laws*, 38 (3rd ed. 1984).

③ Ibid.

2. 法官依职权查明,无须当事人举证。欧洲大陆一些国家,如意大利、奥地利等,把外国法看作法律,认为法官应该知道法律,主张法官负责调查认定,无须当事人举证证明。例如,1978 年《奥地利国际私法法规》第 4 条第 1 款规定:"外国法应由法官依职权查明。可以允许的辅助方法中有有关的人的参加,联邦司法部提供的资料以及专家的意见。"

3. 法官依职权查明,但当事人亦负有协助的义务。采取这种做法的国家,如瑞士、土耳其、秘鲁等国家,主张对外国法内容的查明,既不同于查明内国法律的程序,又不同于查明"事实"的程序,原则上应由法官负责调查,当事人也应负协助的责任。这种做法更重视法官的调查,对当事人的证据既可以确认,也可以限制或拒绝。例如,1987 年《瑞士联邦国际私法法规》第 16 条规定:"法官负责查明外国法的内容。法官可以要求当事人予以合作。"

我国人民法院在审理涉外民事案件时,遵循"以事实为依据,以法律为准绳"原则。当依据我国冲突规范的指定,应当适用的法律为外国法时,人民法院有责任查明外国法的内容,当事人也有举证的责任。按照 1987 年最高人民法院《关于适用〈涉外经济合同法〉若干问题的解答》第 2 条第 11 款和《关于贯彻执行〈中华人民共和国民法通则〉若干问题的意见(试行)》第 193 条的规定,对于应当适用的外国法律,可通过下列途径查明:(1)由当事人提供;(2)由与中国订立司法协助协定的缔约对方的中央机关提供;(3)由中国驻该国使领馆提供;(4)由该国驻中国使馆提供;(5)由中外法律专家提供。1988 年 2 月 8 日生效的《中华人民共和国和法兰西共和国关于民事、商事司法协助的协定》第 28 条也规定:"有关缔约一方的法律、法规、习惯法和司法实践的证明,可以由本国的外交或领事代表机关或者其他有资格的机关或个人以出具证明书的方式提交给缔约另一方法院。"

三、无法查明外国法的解决办法

在一国法院依本国的冲突规范指定应适用外国法的情况下,如法官无法查明该外国法,当事人也不能举证该外国法时,各国在理论和实践上基本上采取如下解决办法。

第一,以内国法取而代之。这是大多数国家所采取的办法。例如,1978 年《奥地利国际私法法规》第 4 条第 2 款规定:"如经充分努力,在适当时期内外国法仍不能查明时,应适用奥地利法。"又如,1972 年《塞内加尔家庭法》第 850 条第4款规定:“外国法因无法证明或当事人拒绝证明而欠缺时,适用塞内加尔法。”至于以内国法取而代之的理由,则有种种不同的解释。有的认为在外国法无法证明的情况下,可以推定外国法与内国法相同。英国在司法实践中即采取这种说法,当事人如果不能把外国法的内容证明得让法院满意,英国法院就推定外国法同英国法一样;如果对外国法的确切内容尚有争论,外国法仍被推定为同英国法一样,最后适用英国法处理案件。美国法院也采取类似的做法,当事人不能证明外国法时,推定外国法与美国法相同,但这种推定仅限于普通法系国家的法律,诸如英国、加拿大和澳大利亚等国家的法律。除此之外,有的认为在外国法无法证明时,当事人就放弃了适用外国法的权利,对适用内国法表示了默认。有的认为在外国法无法确定时,内国法是唯一可以适用的法律,也是法官最为熟悉的法律。还有的认为,除非在某种情况下(如对涉外家庭关系或继承关系)取而代之适用内国法并非妥当外,适用内国法是比单纯驳回当事人的请求更好的解决办法。我国在实践中主张,通过各种途径仍不能查明外国法时,人民法院适用中国的法律代替外国法。

第二,驳回当事人的诉讼请求或抗辩。德国和美国在实践中采取这种做法。《德国民事诉讼法典》第293条规定,德国法院依职权确定外国法的内容,但也有权要求当事人双方提供有关外国法的证据,如果负责提供有关外国法证据的一方提供不出证据,法院则以证据不足驳回其诉讼请求或抗辩。在美国的司法实践中,如前所述,在外国法为普通法系国家的法律且不能被当事人证明时,法院推定外国法与美国法相同并适用美国法。但是,在外国法为非普通法系国家的法律且不能被当事人证明时,法院就会认为其诉讼请求或抗辩无根据而予以驳回或不加采纳。德国著名国际私法学者齐特尔曼极力主张采取这种做法。[①] 采取这种做法的主要理由是,适用某一外国法是内国冲突规范的指定,这意味着不允许适用其他法律来代替;此外,若外国法的内容无从知悉,如同当事人不能证明其请求原因事实或其抗辩事实的情形一样,法院得认为原告的诉讼请求或被告的抗辩无根据,而予以驳回。

第三,适用同本应适用的外国法相近似或类似的法律。德国曾有案例采取这种做法。在该案例中,一个厄瓜多尔人依其父亲的遗嘱导致他对其父亲遗产的保留份的权利被剥夺,为此而发生争议。当时,第一次世界大战刚刚结束,无

---

① 参见齐特尔曼:《国际法》,1897年,德文版,第281页及以下。

法得到《厄瓜多尔民法典》。但是,法院知道,《厄瓜多尔民法典》是以《智利民法典》为模本的,认为适用同《厄瓜多尔民法典》相似的《智利民法典》比适用法院地法(德国法)似乎更接近于正确的解决方法。① 日本也有判例采取这种做法,东京家庭裁判所昭和三十八年(公元 1963 年)六月十三日关于养子关系认可申请一案判决要点指出:被指定的外国法内容不明时,应依据《日本法例》关于准据法指定的精神探求其内容,如尚不明,则从其以前施行的法令或政治上或民族上相近的国家的法律秩序中推认其法律的内容。②从立法上明确规定外国法无法查明时适用与其相近似的法律的尚不多见。1978 年《瑞士联邦国际私法草案》第 15 条第 3 款曾规定:"外国法内容无法查明的,法官可以考虑适用最相近的法律,没有最相近的法律,则适用瑞士法律。"这表明瑞士试图在立法上采用这种做法。但是,1987 年正式颁布的《瑞士联邦国际私法法规》第 16 条则去除了法官可以考虑适用最相近的法律的规定。

第四,适用一般法理。这种主张认为,外国法无法查明或欠缺规定时,应依据法理进行裁判。日本的学说和判例大多从此主张。日本大阪法院于昭和四十一年(公元 1966 年)一月十三日关于亲子关系不存在的判决确认:母之夫的本国法不明,依法理裁判。③

---

① 参见[德]马丁·沃尔夫:《国际私法》,李浩培、汤宗舜译,法律出版社 1988 年版,第 323~324 页。

② 参见[日]北胁敏一:《国际私法——国际关系法Ⅱ》,姚梅镇译,法律出版社 1989 年版,第 63~64 页。

③ 同上。

国际私法上的公共秩序问题*

一、公共秩序概说

所谓公共秩序，系指一国国家或社会的重大利益，或法律和道德的基本原则。根据各国普遍的实践和许多国际私法公约的规定，在一国依内国冲突规范的指定本应对某一涉外民事关系适用外国法时，如其适用将与自己的公共秩序相抵触，便可排除该外国法的适用。此外，凡基于公共秩序，认为本国的某些法律是具有直接适用于涉外民事关系的效力的，从而也排除外国法的适用。在国际私法上，这种对外国法适用的限制或排除就称为公共秩序、公共秩序保留、公共政策、保留条款或排除条款。

公共秩序这一概念早在13世纪、14世纪的意大利“法则区别说”中已有萌芽。当时，“法则区别说”的集大成者巴托鲁斯针对意大利各城市的法则之间的冲突主张，一个城市在适用另一个城市的法则时，前者对后者“令人厌恶的法则”，如对女子歧视的继承法则，应不予适用。① 这一思想尽管在当时没有得到充分的发挥和发展，但至少表明，公共秩序制度最初是在意大利各

---

* 本文原载于《武汉大学学报（社会科学版）》1991年第6期，并被台湾《华冈法粹》1992年7月第21期和中国人民大学书报资料中心复印报刊资料《法学》1992年第3期转载。

① 参见韩德培主编：《国际私法》，武汉大学出版社1989年版，第73页。

城市间的法律冲突的解决中逐渐发展起来的。到 17 世纪,荷兰的法学家胡伯,作为“法则区别说”的继承者,提出了“国际礼让说”。他主张,根据礼让原则,国家主权者可以承认有效的外国法的域外效力,但以该外国法不损害其适用国国家及其人民的权力或权利为限。① 可以说,胡伯的主张一方面从理论上完善了公共秩序制度,另一方面将公共秩序引入国际法律冲突之中。随后,1804 年的《法国民法典》首先以法律形式将公共秩序制度确定下来。后来,1856 年的《意大利民法典》则明确规定了对外国法律可援用公共秩序而排除其适用。自《法国民法典》以后,许多国家的立法和许多国际条约都把公共秩序作为一项基本制度规定下来,尽管措辞并不相同。可以肯定,现在世界各国及其学者都承认公共秩序为国际私法上的一项制度。

二、关于公共秩序的理论

关于公共秩序的理论,是建立在解决究竟什么是公共秩序以及在哪些场合下可以援用公共秩序的问题基础之上的。无疑,公共秩序作为国际私法中的一项制度已得到各国理论和实践的肯定。但是,对究竟什么是公共秩序以及在什么情况下可以援用公共秩序,各国学者有不同的看法。各国的实践彼此互异,甚至同一国的实践也有前后矛盾的情况。下面拟分别介绍几种主要的理论。

(一)萨维尼的理论

德国法学家萨维尼是“法律关系本座说”的创造者,他主张把内外国法律的适用建立在“法律关系本座说”的基础上。因此,某一涉外民事关系如依其性质其“本座”在某一外国,就应该适用该外国法。但同时,萨维尼认为外国法的适用在一定情况下是可以排除的。他认为任何国家的强行法都分为两类:一类是纯粹为了保护个人利益而制定的,如那些根据年龄或性别而限制当事人的行为能力的规定;另一类是不仅为了保护个人利益,而且是根据道德上的理由或者政治上、警察上、国民经济上的公共幸福而制定的。对前一类法律虽然当事人不得以约定排除适用,然而法院可以依据国际私法规则不予适用,而适用与之抵触的外国法。而后一类法律则在制定该法律的国家内绝对适用,排除外国法适用的可能性。可见,萨维尼是把后一类强行法视为公共秩序法律的。但应注意,萨维尼主张,公共秩序只是国际私法基本原则的一种例外。②

---

① 参见[德]马丁·沃尔夫:《国际私法》,李浩培、汤宗舜译,法律出版社 1988 年版,第 50 页。

② 参见韩德培主编:《国际私法》,武汉大学出版社 1989 年版,第 74～75 页。

(二)孟西尼的理论

意大利政治家兼法学家孟西尼及其学派认为国际私法有三个基本原则,即国籍原则(或本国法原则)、公共秩序原则和意思自治原则。这样,孟西尼把公共秩序原则提到了国际私法基本系则的高度。这也是他的理论同萨维尼的理论的不同之处。孟西尼及其学派同样是从区分法律种类入手来说明什么是公共秩序的。他认为,任何国家的法律包含两类不同的规则:一类是为个人利益而制定的,应以国籍为标准确定适用于其所属国的所有公民,无论他们出现在哪个国家;另一类是为保护公共秩序而制定的,必须依属地原则适用于其所属国家领域内的一切人,包括内国人和外国人,因而这类规则就具有排除外国法适用的作用,或者说属于这类法律范畴的事项根本不适用外国法。孟西尼及其学派列举如下法律为公共秩序法律:宪法、财政法、行政法、刑法、警察和安全法、物权法、强制执行法、道德法、秩序法。①

(三)布鲁歇的理论

瑞士法学家布鲁歇从萨维尼把强行法分为两部分的观点,提出国内公共秩序法和国际公共秩序法的概念。他认为,国内公共秩序法只在应该适用法院地国内法的情况下才可适用,它绝对适用于纯国内的民事关系;但在处理涉外民事关系时,如果内国冲突规范指定应适用外国法时,它应让位于外国法,而国际公共秩序法则绝对要求在国际私法领域内适用,即使内国冲突规范指定应适用外国法,但它可以排除外国法的适用。例如,一国关于婚龄的规定具有强行性,应该无条件地适用于其所属公民,但它只是国内公共秩序法,在涉外婚姻关系中,则取决于内国冲突规范如何指引。另外,在婚姻领域,关于禁止直系亲属间结婚的规定,则为国际公共秩序法,具有绝对强行效力,排除外国法的适用。②

(四)库恩的理论

美国学者库恩从在什么情况下可以援用公共秩序保留来探讨公共秩序。他认为,公共秩序的保留发生在下列四种场合:(1)外国法的适用违背文明国家的道德;(2)外国法的适用违反法院地的禁止性规定;(3)外国法的适用违反法院地的重要政策;(4)外国法中的禁止性规定未获得法院地的确认。③

以上表明,欧洲大陆学者主要是从法律分类的角度来确定什么是公共秩

---

① 参见韩德培主编:《国际私法》,武汉大学出版社1989年版,第75页。

② 同上书,第81页。

③ 参见姚壮、任继圣:《国际私法基础》,中国社会科学出版社1981年版,第30页。

序,而英、美等普通法系国家的学者则从在什么场合下适用公共秩序出发来探讨公共秩序的内涵。各位学者的意见互不相同。笔者认为,公共秩序是一个笼统的、含糊的概念,公共秩序制度是一个具有弹性的制度。抽象地讲,在国际私法上,公共秩序是一国在特定时间内、特定条件下和特定问题上的重大或根本利益所在。英国著名国际私法学者格雷夫森也有类似看法,他认为,公共政策是一个不确定的概念,它指的是对国家和社会整体来说明显具有根本意义的那些事情。① 因此,各国在什么情况下适用公共秩序制度,是随着时间、所涉及的问题和其他条件的不同而变化着的。我们没有必要,也不可能要求在政治制度、社会结构和历史文化传统等方面都不相同的各个国家对公共秩序有一个共同、统一的理解。公共秩序的直接作用就是排除本应适用的外国法在内国的适用,而其实质在于维护本国国家及其人民的利益。因此,人们称公共秩序是国际私法中的"安全阀"。

三、关于公共秩序的实践

公共秩序作为国际私法上的一项制度,已被各国立法或司法实践所肯定。总体来说,在国际私法上运用公共秩序排除外国法的适用方面,欧洲大陆国家运用得广泛而频繁。至于在英、美等普通法国家,公共政策的运用则不占有那样的重要地位。

法国早在 1804 年《法国民法典》第 3 条和第 6 条中就率先规定了公共秩序制度,并使之伴随《法国民法典》的巨大影响而流传到许多国家的民事立法之中。在司法实践中,如外国法违反法国公共秩序,法国法院会排除适用。

德国在萨维尼的影响下把排除外国法的适用视为一种例外。1896 年德国《民法施行法》第 30 条规定:"外国法之适用,如违背善良风俗或德国法之目的时,则不予适用。"这一规定把如下两种外国法律规则区别开来:一种是外国法律规则,如果予以适用将产生违背德国善良风俗的结果;另一种是外国法律规则虽然本身无可反对,但如果予以适用,将同"德国法之目的"相矛盾。前者把重点放在外国法律规则的有害性上,后者则把着重点放在德国法律规则的强行性上。对于这两种外国法律规则,德国法院都不予适用。② 1986 年,德意志联

---

① 参见[英]格雷夫森:《冲突法〈国际私法〉》,1974 年英文第 7 版,第 165 页。

② 参见[德]马丁·沃尔夫:《国际私法》,李浩培、汤宗舜译,法律出版社 1988 年版,第 257 页。

邦共和国修改后的德国《民法施行法》中的国际私法规定第 6 条对公共秩序问题作了如下规定："如果适用某一外国法律将导致违背德国法律的基本原则，尤其是与基本法发生冲突时，则不适用该外国的法律而适用德国的法律。"

英国以"公共政策"这一概念代替欧洲大陆国家所用的"公共秩序"概念，其法院在实践中对于违反英国公共政策的外国法也是拒绝适用的。但公共政策在英国国际私法中的作用和重要性比在欧洲大陆国家小得多。这主要是英国法院不太情愿宣布一个已经承认的独立主权国家的法律规则违反了英国的正义和道德的基本原则，甚至认为这样做"是严重地违反国际礼让的"。[①] 同时，英国的冲突规范在很多情形中足以取得欧洲大陆国家用公共秩序概念所能取得的结果。例如，英国法院把一些欧洲大陆国家认为是实体法上的制度当作程序看待，而程序问题依法院地法是通例，自然就不会发生适用外国法的问题，也不会有运用公共政策排除外国法适用的机会了。而且，在某些情况下，英国法中关于管辖权的规则也造成不适用外国实体法的结果，如英国对离婚、别居、监护、保佐、未成年人的收养以及妻子儿女的抚养等案件，是视有关当事人在英国有无住所来确定管辖权的。一旦英国法院确定对此类案件有管辖权，就只适用英国法解决，当然不需要借助公共政策去排除外国法的适用。此外，在英国，还由于广泛地适用刑法这个概念，而部分地取得了用欧洲大陆的公共秩序作为理由可以得到的不适用外国法的结果。根据英国国际私法学者对英国判例的分析，英国法院主要在两类涉外案件中援用公共政策排除外国法适用：一类是合同案件，另一类是身份案件。在合同案件中，英国法院以公共政策为由拒绝执行帮诉合同、限制贸易合同、胁迫订立的合同、阴谋勾结伤风败俗的离婚合同、对敌贸易合同和违反友好国家法律的合同，即使这些按其准据法是有效的合同。在身份案件中，英国法院以公共政策为由不承认根据外国刑法而产生的任何身份有效。

在美国的司法实践中，公共政策发挥着一定的作用，但也不像在欧洲大陆国家那样重要。作为美国司法实践权威总结的 1934 年《冲突法重述》和 1971 年《冲突法重述》都肯定了公共政策这一制度。

日本在立法和司法实践中对公共秩序制度持肯定态度。《日本民法》第 90 条规定："以违反公共秩序及善良风俗为目的的法律行为无效。"《日本法例》第

---

① 参见[德]马丁·沃尔夫：《国际私法》，李浩培、汤宗舜译，法律出版社 1988 年版，第 257 页。

30 条规定:“应依外国法时,如其规定违反公共秩序和善良风俗的,不予适用。”不过,前者指的是国内民法上的公共秩序,后者指的是国际私法上的公共秩序,两者不是同一概念,在范围上有所不同,国际私法上的公共秩序范围较国内民法上的公共秩序范围狭小些。《日本民法》中物权法及亲属法的规定,在国内属于强行规定,但在国际私法上,就不能说一定是属于强行规定。例如,关于待婚期间,《日本民法》第 733 条第 1 款规定:“女子自前婚解除或撤销之日起,非经六个月,不得再婚。”这一规定在日本国内民法上是强行性规定,但在国际私法上就不是了。尤其要注意的是,《日本法例》第 30 条的规定是指外国法规定的本身违反日本公共秩序及善良风俗时不适用之,而适用外国法的结果破坏日本的公共秩序及善良风俗则是另一问题。比如,某国承认一夫多妻制,而日本否认之,但关于某人第二位、第三位妻子所生子女的继承权,如其父的财产在日本,日本则承认其子女对该财产的继承权,并不认为这样做违反了日本的公共秩序及善良风俗。

中国在立法上已有比较完备的关于公共秩序制度的规定,并在司法实践中开始以公共秩序为由排除外国法或国际惯例的适用。早在 1950 年 11 月,当时中央政府法律委员会在《关于中国人与外侨、外侨与外侨婚姻问题的意见》中指出,中国人与外侨、外侨与外侨在中国结婚或离婚,不仅适用中国的婚姻法,而且宜于适当限度内照顾当事人本国的婚姻法,但“适用当事人的本国的婚姻法以不违背我国的公共秩序、公共利益和目前的基本政策为限度”。这里使用了“公共秩序”“公共利益”“基本政策”等措辞。我国 1985 年公布的《涉外经济合同法》第 4 条规定:“订立合同,必须遵守中华人民共和国法律,并不得损害中华人民共和国的社会公共利益。”第 9 条第 1 款进一步强调:“违反中华人民共和国法律或者社会公共利益的合同无效。”这是公共秩序制度在我国涉外经济合同法中的反映。在这一规定中,其所使用的“法律”应该理解为我国的强制性和禁止性法律,“社会公共秩序”应与“公共秩序”同义。我国 1986 年公布的《民法通则》第八章第 150 条作为一条通则性的公共秩序条款,也没有使用“公共秩序”这样的措辞,而是规定:“依照本章规定适用外国法律或者国际惯例的,不能违背中华人民共和国的社会公共利益。”显然,在解释上,“社会公共利益”应与通用的“公共秩序”同义。应注意的是,较之于其他国家的同类法律条文,《民法通则》中公共秩序条款的矛头所向,不仅是依我国冲突规范本应适用但却违背我国社会公共利益的外国法律,而且包括那些违背我国社会公共利益的国际惯例。这可以说是我国公共秩序条款的独特之处。不过,这里所讲的“国际惯例"到底指的什么,尚不明确,有待权威解释。笔者认为,它指的是任意性的国际惯例,而绝非强行性的国际惯例。

第二次世界大战后,许多统一国际私法公约载有公共秩序条款已引起人们广泛注意。早在1928年,美洲国家在哈瓦那会议上通过的《布斯塔曼特法典》第8条就对公共秩序问题作了规定。它规定:"根据本法典各规则所取得的权利在缔约各国内具有充分的域外效力,但任何此种权利的效力或其后果如与国际公共秩序的规则抵触时,则不在此例。"尽管如此,在过去的实践中,对国际条约中的冲突规范,除非条约成员国在缔约或者参加该条约时对条款中的某项冲突规范声明保留,否则一般不能在条约生效后又援用公共秩序这一制度来限制其效力。然而,在第二次世界大战后的几十年中,出现了一种新趋势,越来越多的统一冲突法公约订立了公共秩序条款,允许缔约国在依公约的冲突规则指定适用外国法时,如发现其适用明显地违背本国公共秩序,可拒绝适用之。不过,需要注意的是,这种趋势的出现并不意味着公共秩序这一制度的作用可以随意扩大,而是由于在保障各缔约国国内强行法效力的条件下,可以推动缔约国之间较快达成协议,在较为广泛的范围内签订各项有关的法律适用公约。正因如此,载有公共秩序条款的公约都对这种条款采取严格限制适用的措辞。例如,1980年订于罗马的《关于合同义务法律适用公约》第16条规定:"凡依本公约规定所适用的任何国家的法律,只有其适用明显地违背法院地国的公共秩序时,方可予以拒绝适用。"

四、运用公共秩序制度应注意的问题

在涉外民事关系的调整方面,运用公共秩序来排除外国法的适用,应注意以下几个方面的问题。

1.不应仅把外国法的内容与自己的法律或道德的基本原则相抵触作为援用公共秩序的根据,而且应看到该项外国法的适用会不会产生与自己的法律或道德的基本原则严重抵触的结果。在立法和司法实践中,在运用公共秩序排除外国法的适用时,有的国家强调外国法内容本身与内国的公共秩序相抵触而拒绝适用之。有的国家则强调外国法适用的结果与内国的公共秩序相抵触而拒绝适用之。实际上,外国法内容与内国公共秩序相抵触,并不一定妨碍该外国法的适用。例如,一个外国的法律承认一夫多妻制,而内国法律主张一夫一妻制,假设一个案件仅涉及一丈夫的数个妻子中的一个妻子的子女对父亲的财产继承问题,尽管从法律内容上看该外国法的规定与内国公共秩序相抵触,但在这种情况下,内国如依该外国法默认原婚姻关系有效,反而有利于保护该子女的合法权益,其适用结果并不与内国的公共秩序相抵触。不过,外国法内容违反内国公共秩序是外国法适用结果与内国公共秩序相抵触的前提,或者说后者肯定是前者的结果。在外国法的适用结果与内国公共秩序相抵触时,内国必须绝对排除外国法的适用,这是毫无疑问的。因此,因公共秩序排除该国法的适用,既要考虑外国法内容的本身,也要看其适用的结果。

2. 不应把国内民法上的公共秩序与国际私法上的公共秩序完全等同起来。国际私法上的公共秩序和国内民法上的公共秩序即国际公共秩序和国内公共秩序,是有区别的。如前所述,瑞士法学家布鲁歇曾从萨维尼把强行法分为两部分的观点出发,提出了国内公共秩序法和国际公共秩序法的概念,认为国内公共秩序法绝对适用于纯国内民事关系,而在涉外民事关系中不适用,国际公共秩序法则适用于涉外民事关系。《布斯塔曼特法典》第 3 条也使用了国内公共秩序法和国际公共秩序法的概念,把法律和规则分为三类:“(1)根据人的住所或国籍而对他们适用的法律和规则,即使他们前往另一国家亦仍随着他们。这种法律和规则被称为属人法或国内公共秩序法。(2)对一切居住于领土内的人,不论是否本国国民,同样有拘束力的法律和规则。这种法律和规则被称为属地法、当地法或国际公共秩序法。(3)仅因当事人各方或一方意思表示、解释或推定而适用的法律和规则。这种法律和规则被称为任意法或私的秩序法。”该法典第 4 条规定:“宪法上的法则属于国际公共秩序法。”第 5 条还规定:“除有明示的相反规定外,宪法和行政法所设定关于个人或集体保护的一切规则也属于国际公共秩序法。”从上述理论和规定可以看出,国际私法上的公共秩序仍然是从国内立场出发的,因为一国借助公共秩序排除外国法的适用就是为了维持内国的法律秩序,因此,国际私法上的公共秩序就某一国而言依然是一个国内法上的概念,它同法院地社会有密切关系,不可能超越特定社会的法律秩序。在某种意义上讲,国际私法上的公共秩序也是国内民法上的公共秩序,甚至是后者最核心的部分。至于什么是国际私法上的公共秩序,只能由各个国家在不违背国家主权原则的情况下自己作出裁量。但是,毕竟国际私法上的公共秩序的适用对象是涉外民事关系,而国内民法上的公共秩序的适用对象是纯国内民事关系,前者比后者在范围上狭窄,在适用条件上更为严格,而且两者的适用标准也有所不同。因此,在实践中,应注意将两者区别开来,而不应将两者完全等同起来。如将两者完全等同起来会导致否定许多依外国法合法成立的涉外民事关系,妨碍国际民事交往的发展。不过,国际私法学界也有一种主张,这种主张从国际协调主义出发,认为国际私法上的公共秩序概念,不是内国概念,而是一种普遍广泛的观念,具有超国家的性质。这只是一种理想主义的主张。

3. 在排除本应适用的外国法后,并不可一律代之以法院地国的内国法。一国以公共秩序为由拒绝适用本国冲突规范指定适用的外国法后,应该适用什么法律取而代之?对这个问题,有的国家国际私法立法中的公共秩序条款未加规定,有的国家则明确规定适用内国法,有的国家虽然规定可以适用内国法,但对之有所限制,如《土耳其国际私法和国际诉讼程序法》第 5 条规定:"应适用外国法时,如果外国法的规定违反土耳其的公共秩序,则不适用该外国法的规定。必要时,可适用土耳其法律。"这里,它没有规定必定由内国法取代外国法,而是在"必要时"用内国法取代外国法。《瑞士联邦国际私法法规》第 18 条也有类似规定。在理论上,一般认为,在以公共秩序为根据而排除外国法的适用后,应以内国法取而代之。但也有学者认为,如果采取这种做法,会助长滥用公共秩序的错误倾向,而且与内国冲突法的原意也不相符合,因为既然内国法规定有关的涉外民事关系应以有关外国法作为准据法,就表明该涉外民事关系与该外国法有更密切的联系,适用该外国法更合理。因此,他们主张,对于这个问题,应根据具体情况,妥善处理,而不应一概以内国法取而代之。① 在依公共秩序排除外国法适用时,对用内国法取代外国法的惯常做法有所限制的这种主张是正确的。在有些情况下,可以考虑运用"分割法"处理。比如说,根据内国冲突规范的指定,某一涉外民事关系应适用某外国法,但适用于该涉外民事关系的该外国法规定的一部分与内国的公共秩序相冲突,这时,就可以不完全排除该外国法所有有关规定对该涉外民事关系的适用,而只把与内国公共秩序相抵触的部分分割出来,排除其适用。而且,在外国法的特别规定与内国公共秩序相抵触而其一般规定则反之的情况下,可以考虑排除该外国法的特别规定的适用,用该外国法的一般规定取而代之。还有学者主张,可以选择该外国法中最近似而又不与内国公共秩序相抵触的规定类推适用,或采用该外国法的一般法理来处理。在司法实践中,也有国家采取灵活的做法。

4. 关于对待外国的公共秩序问题。一般来说,各国设立公共秩序制度在于维护本国法律的基本原则和社会的根本利益,各国法院只适用自己的公共秩序

---

① 参见韩德培主编:《国际私法》,武汉大学出版社 1989 年版,第 84 页。

制度，并不顾及外国的公共秩序。但在接受转致制度的国家，有时会面临这个问题。例如，一个接受转致制度的甲国法院在处理某一涉外民事案件时，依本国冲突规范的指定应适用乙国法，而依乙国冲突规范的指定应适用丙国法，但适用丙国法会与乙国公共秩序相抵触。这时，甲国法院应如何处置这个问题呢？德国国际私法学家沃尔夫教授曾举了这样一个例子来说明这个问题。一个信奉基督教而住所在意大利的奥地利男子，于1930年在英国婚姻登记员那里与一个奥地利犹太女子结婚。后来，他在英国法院提起确认这个婚姻无效的诉讼。依照英国国际私法，婚姻是否有效问题依住所地法，即意大利法。而依照意大利国际私法，婚姻是否有效问题依夫妻本国法，即奥地利法。《奥地利民法典》规定，基督教徒同非基督教徒间的婚姻无效。但意大利当时的法律认为，信仰不同的婚姻障碍是与意大利公共秩序不相容的。在这种情况下，英国法院怎么办？沃尔夫教授认为，英国法院大概会采取不适用奥地利法的相关规定的做法，不论其公共秩序是否反对适用该规定。① 客观来讲，这种情况很少出现，但确实是一个可能产生的问题。我们认为，如果出现这种情况，不仅应考虑丙外国法的适用同乙外国公共秩序相矛盾的问题，更应考虑丙外国法是否同甲国本国的公共秩序相抵触，保护乙外国的公共秩序是否有损甲国本国的公共秩序。只有在不损害甲国本国公共秩序的情况下才能去维护乙外国的公共秩序。

总而言之，公共秩序制度在国际私法上是一项普遍接受的制度。尽管在各国的立法和司法实践中，对公共秩序有不同的表述和理解，但其本质是一国法律和道德的基本原则或该社会的根本利益。公共秩序制度是国家主权原则在国际私法上的体现，模糊的公共秩序概念使这一制度的运用有极大的伸缩幅度和灵活性。笔者认为，我们对于公共秩序制度在国际私法上的作用，必须采取历史唯物主义的态度加以客观评价，只有对具体问题具体分析，才能弄清楚它在哪些情况下起着积极的作用，在哪些情况下起着消极的作用。

---

① 参见［德］马丁·沃尔夫：《国际私法》，李浩培、汤宗舜译，法律出版社1988年版，第270页。

论国际私法上的物权问题*

一、导论

国际私法上的物权问题同国内民法上的物权问题既有联系又有区别。在民法上，物权作为一个法律范畴，系指由法律确认的主体对物的直接管领并排除他人干涉的权利。但物权在通常意义上仅指就有体财产设定的权利，而就无体财产特别是就智力成果设定的财产权，则称为“准物权”。物权往往是和债权相对而言的。同债权比较起来，物权的权利主体即权利人总是特定的，而义务主体却是不特定的；物权的权利人对物有无须借助他人行为的直接支配权，并且具有排他性；由于物权是民事主体之间对物的一种占有关系，所以，物权的客体只能是物而不是行为。根据物权法定主义原则，物权的种类是由法律具体规定的，但在不同的历史时期和不同的国家法律中，物权的种类是不一样的。罗马法将物权分为所有权与定限物权两大类，而定限物权又分为役权、永佃权、地上权、质权、抵押权。后来，1804 年《法国民法典》和 1900 年《德国民法典》虽然受到罗马法的影响，但都有自己独特的分类。《法国民法典》除规定了所有权外，还规定了役权和担保物权。《德国民法典》正式从立法上创立物权的概念，在其物权篇中，

* 本文原载于《法商研究》1995 年第 3 期，中国人民大学书报资料中心复印报刊资料《法学》1995 年第 6 期转载。

除规定了所有权之外,还规定了地上权、役权、先买权、土地负担、抵押权、土地债务、定期金债务、动产质权和权利质权。一般而言,物权可分为所有权、地上权、地役权、抵押权、质权,留置权、典权、永佃权等。其中,所有权属自物权,永佃权、地役权等属他物权。另外,物权还有用益物权和担保物权之分,前者如地上权、永佃权等,后者如抵押权、留置权等。我国现行民事立法没有使用"物权"一词,但关于属于物权的财产权利的规定是存在的。根据我国现行民事立法的规定,我国物权可分为两类:一是财产所有权;二是与财产所有权有关的财产权。

国际私法上的物权不同于国内民法上的物权,因为国际私法上的物权含有涉外因素,但这并不等于说两者之间毫无联系,事实上,国内民法上的物权制度是国际私法上物权制度的基础,国际私法上的物权制度是国内民法上物权制度的延伸和发展。含有涉外因素的物权关系即涉外物权关系,是国际私法的调整对象。在涉外物权关系中,由于各国关于物权的法律规定互不相同,往往会发生法律适用上的冲突,需要解决法律选择问题。涉外物权关系的法律适用在国际私法中占有十分重要的地位。

二、物之所在地法原则的产生和发展

物之所在地法,拉丁语表述为"*lex loci rei sitae*"、"*lex rei sitae*"或"*lex situs*",即物权关系客体所在地的法律。目前,在涉外物权关系中,物之所在地法是最普遍适用的法律。因此,物之所在地法也成为国际私法上经常用来解决有关涉外物权关系的法律冲突的一项冲突原则。

物之所在地法原则的产生可追溯到 13 世纪、14 世纪的意大利。当时,意大利"法则区别说"的集大成者巴托鲁斯(Bartolus),针对意大利北部城市之间物权的法律冲突问题,指出了不动产物权适用物之所在地法。但他认为,动产物权应依当事人属人法。

随着国际民事交往更加频繁和复杂,不动产物权依物之所在地法这一做法得到国际私法学者的广泛支持和肯定。许多学者主张,不动产物权的法律适用问题,不管有关案件在哪个国家的法院审理,都应依物之所在地国家的法律来解决。在立法上,1804 年《法国民法典》第 3 条第 2 款规定:"不动产,即使属于外国人所有,仍适用法国法律。"1811 年《奥地利民法典》和 1865 年《意大利民法典》同样确定了不动产物权依物之所在地法的原则。英国和美国在审判实践中也采纳了这一做法。1948 年《埃及民法典》第 18 条也规定："占有、所有以及其他物权，不动产适用不动产所在地法。"

我国 1986 年颁布的《民法通则》第 144 条明确规定："不动产所有权，适用不动产所在地的法律。"1988 年的最高人民法院《关于贯彻执行〈中华人民共和国民法通则〉若干问题的意见（试行）》第 186 条更加具体、明确指出："土地、附着于土地的建筑物及其他定着物、建筑物的固定附属设备为不动产。不动产的所有权、买卖、租赁、抵押、使用等民事关系，均应适用不动产所在地法律。"

由此可见，不动产物权依物之所在地法已成为国际私法上的一项得到普遍承认和争执最少的规则。

至于动产物权的法律适用，目前国际上一般主张同样适用物之所在地法。但取得这样的共识却经历了一个漫长的发展过程。我们知道，物之所在地法这一冲突原则是 13 世纪、14 世纪的意大利的"法则区别说"的代表人物巴托鲁斯首先提出来的。但他主张这一冲突原则只适用于不动产物权，而动产物权则依属人法决定。随后，在意大利"法则区别说"的影响下，欧洲各国发展和流行这样的规则，即"动产随人"（*mobilia personam sequuntur*）或"动产附着于骨"（*mobilia ossibus inhaerent*）或"动产无场所"（*personalty has locality*）。这也就是说，动产物权适用所有人或者占有人的住所地法来解决。近代的一些法典曾采用了这一规则，如 1794 年《普鲁士法典》。在美国，学者兼大法官斯托里（Story）曾说："动产的转移，如果依照所有人的住所地法是有效的，那么不论该财产在什么地方，都是有效的。"[①]这句话被视为"一般规则"。当时，之所以广泛适用动产物权依住所地法的原则，是因为那时涉外民事关系相对来说还比较简单，动产的种类还不是很多，其经济价值与不动产相比较小，不具有不动产同样的重要性，而且它们一般存放于所有者的住所地。

然而，到 19 世纪随着资本主义经济和国家商品流转的进一步发展，涉外民事关系越来越复杂，流动资本增加，动产数目增大，资本的国际活动范围日趋扩展，动产所有者住所地与动产所在地经常不一致，一个动产所有者的动产可能遍及数国，并涉及数国的经济活动，而动产所在地国也不愿意用所有人的属人法来解决位于自己境内的动产物权问题。这样，"动产随人"这一古老规则已不能适应调整动产物权关系的实际需要，于是，遭到许多学者的反对和批判。德

① 参见［美］斯托里：《法律冲突论》，1885 年英文第 8 版，第 384 页。

国法学家萨维尼就是其中之一。他倡导动产物权的设定和转移适用物之所在地法,推翻了旧的“法则区别说”所主张的规则,认为传统的规则至多只能适用于动产的继承和夫妻财产制。①

从19世纪末开始,许多国家逐渐在立法和司法实践中抛弃了“动产随人”原则,转而主张不分动产和不动产,物权关系一律适用物之所在地法。例如,日本1898年颁布的《日本法例》第10条规定:“关于动产及不动产的物权及其他应登记之权利,依其标的物所在地法。”1939年《泰国国际私法》第16条规定:“动产及不动产,依物之所在地法。”1982年《土耳其国际私法和国际诉讼程序法》第23条规定:“动产和不动产的所有权以及其他物权适用物之所在地法律。”可以肯定地说,自20世纪以来,物之所在地法也成为解决有关动产物权法律冲突的基本冲突原则。

三、物权关系适用物之所在地法的理论根据

毫无疑问,物之所在地法原则已成为解决物权关系法律适用的普遍冲突原则,但其理论根据何在呢?学者们提出过种种学说对这个问题加以回答和论证。主要有以下几种:

1. 主权说。这是法国学者梅兰提出来的。他认为,任何国家都有自己的主权,而主权是不可分割的。物权关系依物之所在地法是主权在物权关系法律适用方面的体现,因为任何国家都不愿意外国法适用于本国境内的物,如果在物权关系上适用外国法,那么,主权将丧失其不可分割的性质。

2. 法律关系本座说。德国法学家萨维尼(Savigny)于1849年在他的著作《现代罗马法体系》一书第八卷中提出了国际私法上著名的“法律关系本座说”。他从“法律关系本座说”出发,认为物权关系之所以依物之所在地法,是因为物权关系的“本座”在标的物所在地,任何人要取得、占有、使用或处分某物,就必须委身于该物之所在地,并自愿受制于该地区所实施的法律。因此,有人又称这种主张为“自愿受制说”。

3. 利益需要说。德国学者巴尔(Von Bar)和法国学者皮耶(Pillet)持这种主张。他们认为,法律是为了集体利益而制定的,物权关系适用物之所在地法是“集体利益”和“全人类利益”的需要。如果包括动产和不动产在内的物权不

① 参见[德]马丁·沃尔夫:《国际私法》,李浩培、汤宗舜译,法律出版社1988年版,第721页。

受物之所在地法的支配,则物权的取得和占有都将陷入不确定的状态,全人类的利益将因此受到损害。

总的说来,上述学说都未能充分揭示物权关系适用物之所在地法的客观根据,但其中不乏合理的成分。笔者认为,物权关系依物之所在地法,是物权关系本身的性质决定的,而归根到底取决于社会物质生活条件。第一,从表面上看,物权关系是人对物的关系,但其实,物权关系同其他民事关系一样,是人与人之间的社会关系,各国统治者从维护本国利益出发,总是希望以自己的法律来调整与支配同位于本国境内的物有关的物权关系。第二,物权关系也是一种人对物的直接利用的权利关系,权利人为了最圆满实现这种权利,谋取经济上的利益,只有适用标的物所在地的法律最适当。第三,物权关系的标的只是物。故标的物在物权关系中居于十分重要的地位,而物权就是人对标的物的权利,标的物只有置于其所在地的法律控制下,物权才能得到最为有效的保障。第四,物权具有排他性,权利人对物有无须借助他人行为的直接支配权,如果物权受到侵犯或权利人行使物权本身产生的优先权、追及权和物上请求权,或其他人对标的物提出请求,也只有适用标的物所在地法律才能实现。最后,对处于某一国家的物去适用其他国家的法律,在技术上有许多困难,会使物权关系变得更为复杂,影响国际物权关系的稳定。正是基于上述情况,在物权关系的法律适用上,物之所在地法原则在各国的立法和司法实践中得到普遍的支持和肯定。

四、物之所在地的确定

既然物之所在地法是物权关系最普遍适用的法律,那么,物之所在地的确定在物权关系法律适用中的意义就自不待言了。可以说,要用物之所在地法来调整物权关系,首先需要解决一个如何确定物之所在地的问题。

物作为物权的客体,是存在于人身之外、为人力所能支配且能够满足人类的某种需要的物体。物之所在地的确定,相对来说,不动产容易,而动产难;有体物容易,而无体物难。就有体物而言,物之所在地应为有体物在物理上的处所。

不动产是不能移动或移动就会损失其经济价值的物,其处所是固定的,其所在地的确定自然十分容易。而动产是可以移动的物,其处所常常带有短暂性和偶然性,不易确定,对于那些处于运动状态的动产来说尤其如此,故过去有

“动产无场所”之说。动产的这种特性给其所在地的确定带来了困难。但如前所述,当今在动产物权关系的法律适用方面,物之所在地法原则已取代了传统的属人法原则。动产所在地的确定对物之所在地法原则适用于动产物权关系十分重要。在实践中,对动产所在地的确定,一般采取如下两种办法加以解决:一是在冲突规范中对动产的所在地加以时间上的限定。例如,1948 年《埃及民法典》第 18 条规定:“占有、所有以及其他物权,不动产适用不动产所在地法,动产适用导致取得或丧失占有、所有或其他物权的原因发生时该动产所在地法。”又如 1982 年《土耳其国际私法和国际诉讼程序法》第 23 条第 3 款规定:“动产场所的变化和尚未取得的物权,适用财产最后的所在地法律。”再如,1984 年《秘鲁民法典》第 2091 条规定:“在诉讼时效期间变更所在地的财产,其诉讼时效,由财产所在地法规定的时效届满时该财产所在地法确定。”二是在冲突规范中对一些特殊的动产物权关系的法律适用作例外的规定,即不以物之所在地这一连结点为法律适用的根据,而以其他的连结点代替,也就是不采用物之所在地法原则,而用其他的冲突原则取而代之。如上述《土耳其国际私法和国际诉讼程序法》第 23 条第 2 款规定:“运输中财产的物权适用财产送达地法律。”

总而言之,物之所在地的确定就是对物之所在地的识别,也可以说是对有关物权的冲突规范中的物之所在地这一连结点的解释。原则上,物之所在地的确定应依法院地法来判定。对于物之所在地加以时间上的限定,在物之所在地的确定中有着重要的意义,这在立法和司法实践中都应给予重视。至于有些国家的有关物权的冲突规范对其中的物之所在地没有进行时间上的限定,如何确定物之所在地就只有留待法官在司法实践中去解决了。

五、物之所在地法的适用范围

物之所在地法的适用范围包括下列几个方面:

第一,物之所在地法适用于动产与不动产的区分。在通常意义上讲,动产和不动产的区别在于物是否能从一个地方移动到另一个地方,能移动之物为动产,不能移动之物为不动产。不过,在现实中,尽管各国法律对物之属于动产或不动产一般都有明文规定,但往往并不只作上述这种简单的划分,且不尽相同。例如,1811 年《奥地利民法典》规定池塘里的鱼和森林中的野兽为不动产。德国民法将临时房屋如展览用房屋视为动产。英国法视土地权利证书为不动产。在我国,1988 年最高人民法院《关于贯彻执行〈中华人民共和国民法通则〉若干问题的意见（试行）》第186条规定："土地、附着于土地的建筑物及其他定着物，建筑物的固定附属设备为不动产。"这意味着其他物均为动产，由于各国在动产和不动产的区分上不完全一致，在国际民事交往中，当要决定某物为动产还是不动产时，国际上一般都主张依物之所在地法来进行识别。如1978年《奥地利国际私法法规》第31条第2款规定："物的法律识别……依物之所在地国家的法律。"

第二，物权客体的范围由物之所在地法决定。笼统地讲，作为物权客体的物在范围上是十分广泛的，凡是存在于人身之外，能为人力所支配和控制并能够满足人们的某种需要的物，都能够成为物权的客体。但各国在这方面的规定并不是完全相同的。例如，对于作为物权客体的物是否限于有体物，各国法律就有不同的规定。普通法系国家的法律和法国民法明确规定物为有体物和无体物。这样，物权的客体既包括有体物，也包括无体物。而在德国民法和日本民法中，法典明确规定物为有体物，从而排除了无体物的概念，但在物权中明确规定权利可以作为物权的客体。此外，在哪些物可以分割作为自然人、法人或国家物权的客体方面，各国的规定也不尽相同。但无论如何，物权客体的范围只能由物之所在地法规定。

第三，物权的种类和内容由物之所在地法决定。根据物权法定主义原则，物权的种类是由法律具体规定的。但是，在不同的历史时期和不同国家的法律中，物权的种类是不一样的。例如，1804年《法国民法典》规定了所有权、役权和担保物权三大类。1900年《德国民法典》则规定物权包括所有权、地上权、役权、先买权、土地负担、抵押权、土地债务、定期金债务、动产质权和权利质权10类。对于物权的种类和内容，各国一般都主张依物之所在地法确定。如1987年《瑞士联邦国际私法法规》第100条第2款规定："动产物权的内容与行使，适用动产所在地国家的法律。"1978年《奥地利国际私法法规》第31条第2款和1984年《秘鲁民法典》第2088条也有类似规定。

第四，物权的取得、转移、变更和消灭的方式及条件，一般由物之所在地法决定。物权的取得、转移、变更和消灭是基于一定的法律行为或法律事实而发生的。各国法律对其方式及条件都有自己的规定。这些问题在实践中一般根据物之所在地法决定。例如，1978年《奥地利国际私法法规》第31条第1款规定："对有形物物权的取得与丧失，包括占有在内，依此种取得或丧失所依据的事实完成时物之所在地国家的法律。"

对于物权变动的方式及条件，也有主张区别因法律行为而变动和因事实行为而变动而分别确定准据法的。在因法律行为而发生物权变动时,物权法律行为的成立和效力,一般应依物之所在地法。如 1946 年《希腊民法典》第 12 条规定:“物权的法律行为的方式适用物之所在地法。”但对当事人行使物权的行为能力,大陆法系各国一般主张适用当事人属人法。德国《民法施行法》出于对本国贸易的保护,也主张兼采行为地法。英美普通法系国家则主张,物权的法律行为方式,例如,登记或进行处分的法律行为方式(如土地抵押设定方式、房屋让渡方式、财产租赁方式等),概依行为地法。但也有主张依行为属于物权行为还是债权行为而分别确定准据法的。在因法律行为以外的事实(如果实分割)或事实行为(如无主物的占有、遗失物的拾得、埋藏物的发现等)而发生物权变动时,一般都主张只适用物之所在地法,物遭灭失的风险承担,由于各国均认为应属所有权人,因而依何种法律确定所有权转移的时间是非常重要的。对此,一般主张依物权准据法(物之所在地法)而不是依债的准据法来判定所有权的转移时间。但 1958 年订于海牙的《国际有体动产买卖所有权转移法律适用公约》第 2 条主张适用买卖合同准据法。

第五,物权的保护方法由物之所在地法决定。当物权人在其物权受到侵害时,他要依法寻求对其物权的保护。在民法上,物权的保护方法主要有物权人请求停止侵害、排除妨碍、恢复原状、返还原物、消除危险、确认其所有权或其他物权存在、损害赔偿等。物权人是否有上述请求权以及如何行使均应依物之所在地法决定。

我国《民法通则》第 144 条规定:“不动产的所有权,适用不动产所在地的法律。”1988 年最高人民法院《关于贯彻执行〈中华人民共和国民法通则〉若干问题的意见(试行)》第 186 条指出,“不动产的所有权、买卖、租赁、抵押、使用等民事关系,均应适用不动产所在地法律”。该意见还规定,动产的租赁关系应适用出租人营业所在地法。

六、物之所在地法适用的例外

虽然物之所在地法原则在物权关系的法律适用上运用得非常广泛,但由于某些物的特殊性或处于某种特殊状态之中,使某些物权关系适用物之所在地法不可能或不合理,因而在各国实践中,这一原则并不是解决一切物权关系的唯一的冲突原则。归结起来,物之所在地法适用的例外主要有如下几个方面。

(一)运送中的物品的物权关系的法律适用

运送中的物品处于经常变换所在地的状态之中,难以确定到底以哪一所在地法来调整有关物权关系。即使能够确定,把偶然与物品发生联系的国家的法律作为支配该物品命运的准据法,也未必合理。而且,运送中的物品有时处于公海或公空,这些地方不受任何国家的法律管辖,并不存在有关的法律制度。因此,运送中物品的物权关系不便适用物之所在地法。在实践中,运送中的物品的物权关系的法律适用问题主要有如下解决办法:(1)适用送达地法。如1987年《瑞士联邦国际私法法规》第101条规定:"运输途中的货物,其物权的取得与丧失适用货物送达地国家的法律。"土耳其的国际私法也作了类似规定。(2)适用发送地法。如1964年捷克斯洛伐克《国际私法及国际民事诉讼法》第6条规定:"依照契约运送的货物,其权利之得失,依该标的物发运地法。"(3)适用所有人本国法。如1939年《泰国国际私法》第16条第2款规定:"把动产运出国外时,依起运时其所有人本国法。"在理论上,还有学者主张适用交易时物品实际所在地法或转让契约的准据法。

不过,运送中的物品并不是绝对不适用物之所在地法的。在有些情况下,如运送中物品的所有人的债权人申请扣押了运送中的物品,结果运送暂时停止,或运送中的物品因其他原因长期滞留于某地,该物品的买卖和抵押应适用该物品的现实所在地法。

(二)船舶、飞行器等运输工具之物权关系的法律适用

由于船舶、飞行器等运输工具处于运动之中,难以确定其所在地,加上它们有时处于公海或公空,而这些地方无有关法律存在,因此,有关船舶、飞行器等运输工具的物权关系适用物之所在地法是不恰当的。国际上,一般主张,有关船舶、飞行器等运输工具的物权关系适用登记注册地法或者其旗国法或标志国法,如1978年《奥地利国际私法法规》第33条第1款规定,水上或空中运输工具的物权依注册国的法律,但铁路车辆依在营业中使用该车辆的铁路企业有其主营业所的国家的法律。应当注意的是,上述一般主张并不排除权利人行使法定留置权或法定扣押权时依物之所在地法,或者有关债权人把在外国领水内的船舶依其实际所在地法予以处置的权利。

(三)外国法人终止或解散时有关物权关系的法律适用

外国法人在自行终止或被其所属国解散时,其财产的清理和清理后的归属问题不应适用物之所在地法,而应依其属人法解决。不过,外国法人在内国境内因违反内国的法律而被内国取缔时,该外国法人财产的处理就不一定适用其属人法了。

(四)遗产继承的法律适用

遗产继承的法律适用分别为两类。一类为单一制,即不将遗产区分为动产和不动产,遗产继承适用同一法律。在实行单一制的国家中,有的根本不考虑遗产继承适用物之所在地法,而主张适用被继承人的属人法。如《布斯塔曼特法典》第 144 条规定:"法定继承和遗嘱继承,包括继承顺序、继承权利的数量和处分的内在效力,不论遗产的性质及其所在地、均受权利所由产生的人的属人法支配。"另一类为区别制,即将遗产区分为动产和不动产,分别适用不同的法律。一般来说,实行区别制的国家主张,动产遗产的继承适用被继承人死亡时的属人法,不动产遗产的继承适用不动产所在地法。例如,1972 年《加蓬民法典》第 53 条明确规定:"继承关系,(1)不动产、依不动产所在地法;(2)动产,依死者最后住所地法。"上述可见,在遗产继承方面,物之所在地法并不是处处适用的。

七、结语

国际私法上的物权问题是国际私法中的一个十分重要的问题,笔者只对这个问题作了一些粗浅的讨论。目前,我国学界对这个问题的研究尚不深入,对不少分支问题几乎没有涉及。例如,对与无形动产转让、流通票据、信托等有关的国际私法问题研究得还不够。因此,笔者希望学界同仁一起努力,加强对这个问题的研究,使更多高质量的研究成果问世。

电子商务与冲突法的变革*

一、电子商务引起的冲突法适用的理论分歧

由互联网带来的技术革命使我们的生存领域由物理空间延伸到无形的网络空间。网络空间所具有的许多与物理空间截然不同的特质，尤其是互联网自身所具备的非中心化倾向、全球性、虚拟性以及高度自治性特征，对传统的法律制度提出了挑战。非中心化倾向在一定程度上否定国家的控制和管辖；全球性特征使互联网产生大量的跨国法律问题，也使司法管辖区域的界限变得模糊；由于网络空间的虚拟性，许多传统的观念，如国家、国界等，难以套用到网络空间，当事人的住所、国籍、财产、行为、意志等因素将丧失与物理空间的关联性。正像史蒂芬·考伯林教授所言："在新的数字经济时代，边界和管辖权失去了意义，交易不再有空间意义，因为它们不在那儿发生。电子贸易看起来不在任何确定的地点进行，而是发生在不定形的电子空间。"①在这种背景下，以物理空间属地主义为主导的传统法律制度面临着极大的挑战，冲突法的适用也面临着生存与发展的问题。

---

* 与何其生（武汉大学法学博士，北京大学法学院教授）合作撰写，本文原载于《中国法学》2003 年第 1 期。

① 参见［美］唐·泰普斯科特、亚历克斯·洛伊、戴维·泰科尔：《数字经济蓝图——电子商务的勃兴》，陈劲、何丹译，东北财经大学出版社 1999 年版，第 371 页。

关于冲突法在网络空间的适用,学者分歧较大,归纳起来大致有以下几种观点。

(一)激进型主张

激进型主张要对适用于网络空间的法律进行革命性的变革,否定传统法律的适用,其理论主要有两种:网络空间自治说和国际空间说。

1. 网络空间自治说。网络空间自治说以美国的约翰逊(David R. Johnson)和波斯特(David G. Post)为代表。网络空间自治说反对把传统的法律规则适用于互联网,①他们认为,网络空间正在形成一个新的全球性的市民社会,这一社会有自己的组织形式、价值标准和规则,完全脱离于政府而拥有自治权力。② 而且,虚拟空间的自治规则不是一套孤立的本地化协议,而是一种优于物理空间的示范法和一个对我们理想的政治制度进行根本性重构的暗示。相对于物理空间中的那些各主权国家而言,互联网非集中化的特征和自下而上的管理模式决定了这些规则能够比物理空间中各主权国家的制定法更能有效调整网络空间。③ 网络空间自治说主张,应当尊重网络空间按自己的法律规则运行,当出现争议时,就像中世纪法院对跨国交易争议适用商人法一样,由"网络法院"适用"网络法",从而否定了传统冲突法的适用。

2. 国际空间说。国际空间说认为,现在的物理世界存在三个国际空间:极地、公海、外层空间。它们与网络空间最本质的区别在于后者的虚拟性,但它们之间也有共性,即国际性和无主权性特征,因此,网络空间也应该是国际空间的一种。④ 在法律适用的问题上,网络空间应该像其他三个国际空间一样,由国际条约来调整。就冲突法而言,这种理论否定了一国国内冲突法适用于网络空间

---

① See, e. g. , David R. Johnson & David G. Post, "Law and Borders—The Rise of Law in Cyberspace", 48 *Stant. L. Rev.* 1367, 1402 (1996); John Perry Barlow, "A Declaration of the lndependence of Cyberspace", available at http://www. eff. org/pub/publications/John-Perry Barlow/barlow - 0296. declaretion(visited on Apr. 19, 1999).

② See Howard H. Friedrich, "Computer Networks and the Emergence of Global Civil Society: The Case of the Association for Progressive Communicaion", available at http:// www. eff. org/pub/Legal/.

③ See David R. Johnson & David G. Post, "Chaos Prevailing on Every Continent in the Emerging Internet: A New Theory of Decentralised Decision-making in Complex Systems", 23 *Chiknt. L. R.* 1055 (1998).

④ See Darrel Menthe, "Jurisdiction in Cyberspace: A Theory of International Spaces", 4 *Mich. Telecomm. Tech. L. Rev.* 69 (1998), available at http://www. mttlr. org/html/volume _ four. html/menthe. html(visited on April 23, 1998).

的可能性，但并不排除在国际条约中制定统一的冲突法规范。

（二）保守型主张

保守型主张认为，互联网对现有法律体系并未形成真正的挑战，适用既存的法律于互联网是明确的和肯定的。① 互联网可能成为"革命性的"技术，需要各种形式的国家干预和管理，但是，正像主权国家制度曾经能够适应早些时候的通信技术（电话、广播、电视等）"革命"一样，现存的国家管理制度和法律制度也能够适应这一新的技术"革命"。② 有学者还认为，脱离现实空间的网络空间并不独立存在，网络空间也存在对法律秩序的渴望，因此，互联网并未带来本质变化，没有理由害怕法律不能应付新的事件。③ 保守型主张在2000年海牙国际私法会议在加拿大渥太华召开的工作组会议上也有所反映，法国、德国、丹麦等国的一些代表就认为，没有必要就电子商务制定专门的管辖权规则，现有的以物理空间为基础的管辖权公约草案仍可以用来解决电子商务中的管辖权问题。④

（三）改良型主张

目前，国内外的大多数国际私法学者都持这种观点。⑤ 他们肯定互联网对现有法律体系的挑战，但否认完全脱离现实空间的虚拟社会的存在。就像安德鲁·斯帕罗所言，"作为全球电子商务生存空间的数字化空间，与根本没有任何

---

① See Frank H. Easterbrook, Cyberspace and the Law of the Horse, 1996 *U. Chi. Legal F.*, 207 - 208 (1996).

② See, e. g., Jack L. Goldsmith, "Against Cyberanarchy", 65 *U. Chi. L. Rev.* (1998); William H. Lash, "The Decline of the Nation State in International Trade and Investment", 18 *Cardozo L. Rev.*, 1011, 1023, 1025 (1996); Symposium, "The Future of the Federal Court: The Development and Practice of Law in the Age of the Internet", 46 *Am. U. L. Rev.*, 327, 391 - 392 (1996); Bruce W. Sanford & Michael J. Lorenger, "Teach-ing on Old Dog New Tricks: The First Amendment in an Online World", 28 *Conn. L. Rev.*, 1137, 1141, 1170 - 1171 (1976).

③ 参见肖永平、李臣：《国际私法在互联网环境下面临的挑战》，载《中国社会科学》2001年第1期。

④ 参见外交部条法司三处：《管辖权公约电子商务问题工作组会议小结》，2000年3月10日。文中的管辖权公约是指海牙国际私法会议目前正在起草的《关于民事和商事案件管辖权和判决的承认和执行公约》。

⑤ 目前，中国学者关于网络空间中的冲突法问题的论述并不是很多，现有的一些作品基本上都强调了互联网对冲突法的挑战，并对网络空间中冲突法的适用提出了一些建议，因此，基本上都属于改良型主张。比较有代表性的作品有肖永平、李臣：《国际私法在互联网环境下面临的挑战》，载《中国社会科学》2001年第1期；王德全：《Internet引起的国际私法问题》，载《知识产权研究》（第5卷），中国方正出版社1998年版。

地理位置完全不同的是,它事实上是一个有着多重地理位置的空间。全球范围的数字化空间是一个没有边界的空间,但并不是没有地理位置。这正是产生问题的根源所在。当与互联网有关的争端发生时,问题的出现并不是因为没有可适用的法律,也不是因为当事方不愿意通过法律途径来解决争端,而是因为并没有明确的法律规定来确定该适用哪国的法律"。① 安德鲁强调通过变革连结点来确定电子商务案件应该适用的法律。改良型主张依然强调冲突法在电子商务领域的重要作用,但认为冲突法需要进一步改良,以适合电子商务的发展。

对于冲突法在电子商务领域的适用,笔者认为,就像 1997 年海牙国际私法会议所达成的共识那样,"互联网本质是跨国性的;互联网中也许真正存在的是法律过剩,而并非法律真空,这就有必要重新定义国际私法规则"。② 美国、欧盟和一些国际组织新近的有关电子商务冲突法的立法,进一步证实了冲突法在电子商务领域的巨大生存空间。但考虑到网络空间的特点,冲突法为回应电子商务的发展也将发生一些重大变革。

二、新近电子商务的冲突法立法

(一)美国

1. 管辖权。在电子商务案件管辖权问题上,美国法院一般承认当事人协议选择管辖法院。1999 年 7 月通过的《统一计算机信息交易法》(Uniform Computer Information Transaction Act,UCITA)第 110 条规定:"……双方可以协议选择一个排他性的管辖法院,除非此种选择不合理且不公平。(2)除非双方协议明确规定,双方协议选择的管辖法院不具有排他性。"该条认可了在线交易当事人协议选择法院的效力,但在当事人没有有效的商业目的,并且对其他当事人有严重的和不公平的损害时,则协议无效。③ 在当事人没有协议选择管辖法院的情况下,UCITA 没有作出规定。美国法院通过大量的判例就网络空间的属人管辖权问题初步形成了一些规则,即将网络"对人管辖权"案件大致分为被告在法院管辖地有实际营业活动和无实际营业活动两种类型,对前一类案件,法院对被告有管辖权并无疑义,但对后一类案件,则视具体情形由法院决定可

① [英]安德鲁·斯帕罗:《电子商务法律》,林文平等译,中国城市出版社 2001 年版,第 68 页。

② Katharina Boele-Woelki and Catherine Kessedjian, "(Under the Direction of) Internet, Which Court Decides, Which Law Applies?", *Kluwer Law International*, 179(1998).

③ See UCITA § 110 cmt. 3.

否对被告行使“长臂管辖”。[①]

2. 法律适用。关于准据法的选择，UCITA 的立法理由指出，此系 UCITA 对电子商务最重要的贡献之一。[②] UCITA 第 109(a)条规定：“双方可以协议选择应适用的法律，但如果在一项消费者合同中作出的此种选择改变了根据有管辖权地区的法律不得以协议加以改变的规则，则此种选择无效。”[③]在当事人没有选择的情况下，UCITA 第 109(b)条规定：“如没有关于法律选择的有效协议，则下列规则将决定在合同法范围内应适用的法律：(1)访问合同或规定拷贝的电子交付的合同应适用缔约时许可方所在地法律；(2)要求以有形介质交付拷贝的消费者合同应适用向消费者交付拷贝的地方或本应向消费者交付拷贝地方的法律；(3)在其他任何情况下，合同应适用与该交易有最密切联系的法域的法律。”UCITA 第 109(c)条进一步规定：“在(b)款得以适用的情形下，如其法律应予以适用的法域在美国境外，则该法域的法律只有向没有位于该法域的一方当事人也提供了与本法类似的保护和权利时，才应予以适用。否则应适用美国与该交易有最密切联系的州的法律。”应该说 UCITA 第 109(c)条是第 109(b)条适用的例外。但有关该条的立法评论认为，法院只有在极其例外的情况下才能推翻第 109(b)条的结果，适用第 109(c)条的规定。[④]

另外，修订后的美国《统一商法典》的第 1 - 301 条除了在消费者合同中要考虑公共政策和合理联系的规定外，还将无条件地允许当事人意思自治。[⑤] 在当事人没有进行法律选择时，《统一商法典》允许管辖法院直接适用法院地的冲突规则。

---

① 美国法院在决定是否行使“长臂管辖”时，通常会考量被告行为在法院管辖地所造成的损害程度和被告对于法院管辖地所造成的影响是否为其合理期望等因素，即被告在法院地行为及该行为所造成的后果，是否为被告“有目的利用”，被告是否与法院地有连续的和系统的接触行为(continuous and systematic acts)。而且法院在衡量“最低限度联系”时，不可违反宪法规定的“正当程序”，也不可违反公平原则与实质正义。除上述外，美国法院的其他考量因素，尚有被告至管辖地应诉的负担轻重、管辖地所在州就争议的利害关系深浅、原告能否获得便利及有效救济的利益和在法庭地审理能否有效解决争端四个方面。See EXPO’98 2/10/98. 转引自卓翔：《对网络侵权案件的司法管辖权》，载《法学论坛》2001 年第 3 期。

② See SECTION 2B - 107, Reporter’s Note: 2. Purpose of Rules.

③ See UCITA §109(a). 该条承认在线当事人的意思自治原则，基本上可以说是美国《统一商法典》第 1 条和《冲突法第二次重述》第 187 节的延伸。

④ See UCITA § 109 cmt. 5.

⑤ See Rev. U. C. C. § 1 - 301. If one of the parties is a consumer, then the choice of law is enforceable only if the chosen jurisdiction has some connection to the consumer. See id. §1 - 301(b).

(二)欧盟

1. 管辖权。欧盟关于管辖权的规定可以追溯到欧洲经济共同体 6 个成员国于 1968 年在布鲁塞尔签署的《关于民商事件管辖权及判决执行的公约》(以下简称《布鲁塞尔公约》)之中,考虑到电子商务的迅速发展给司法管辖所带来的挑战以及《布鲁塞尔公约》的滞后性,欧盟理事会决定制定一部新的条例。为此,欧盟委员会于 1999 年 7 月 14 日正式提交了《关于在民事和商事领域的司法管辖以及相互承认和执行裁决的条例草案》(以下简称《条例草案》)。① 同《布鲁塞尔公约》相比,《条例草案》主要在以下几个方面进行了修订。首先,《条例草案》重申了被告住所地管辖的一般原则,同时增加了有关消费者合同纠纷管辖的特别规则。《条例草案》规定,在有消费者参与订立的合同出现纠纷时,消费者可选择在自己住所地成员国法院或对方住所地成员国法院对合同另一当事方提起诉讼;反之,当消费者作为被告方时,诉讼只能由消费者住所地成员国法院管辖。根据这一规定,从事电子商务的企业在同消费者发生合同纠纷时,势必将面临在各成员国被提起诉讼的局面。鉴于此,《条例草案》区别了两种情况:一是当事企业所从事的商业活动"直接指向消费者所居住的成员国"时,作为原告,消费者有权选择管辖法院;二是当事企业得以证明所从事的商业活动并非"直接指向"该消费者住所地成员国时,则消费者只能接受法定法院的管辖。然而,问题在于,试图说明一企业所售商品或提供的服务并非"指向"特定成员国,在电子商务的环境下是十分困难的。因此,《条例草案》这一旨在保护消费者的条款,在实践中将导致针对电子商务经营者的有差别的、更严格的限制性制度。②其次,《条例草案》对所有各类消费者参与订立的合同都规定了司法管辖,同时补充了对个人劳动合同管辖的规定,并增加了在诉讼未决期间

---

① Available at http://bscw2. ispo. cec. be/e-cnmerce/legal/favorit. html (visited on Dec. 20, 1999).《条例草案》已有 2000 年的修订本,资料来源:http://europa. eu. int/eur-lex/en/com/dat/index. html。

② 欧盟所采取的消费者住所地管辖原则受到许多美国学者的批判。有学者指出,"也许,在因特网国际管辖权方面最令人头痛的发展就是最近欧盟指令草案了。它对消费者实行'原地管辖'(home jurisdiction)。一些观察家声称,这种管辖权方法可能严重阻碍电子商务的发展,并导致与美国之间破坏性的贸易纠纷"。"如果消费者有权声明,管辖权的确立不应考虑因特网商业冒险合同与法院地的紧密联系,则会抑制电子商务的蓬勃发展。或者,源自指令草案的法律风险可能会迫使因特网企业将欧盟消费者排除在网站之外。"参见[美]罗伯特·L. 霍格、克里斯托夫·P. 博姆:《因特网与其管辖权——国际原则已经出现但对抗也隐约可见》,何乃刚译,载《环球法律评论》2001 年春季号。

管辖的一般原则。最后,《条例草案》规定了简单快捷的执行程序,而且还对法人住所的概念作了统一的定义。

2. 法律适用。关于法律适用,1980 年订于罗马的《关于合同义务法律适用的公约》要求欧洲法院适用当事人选择的法律,但有关国家的强制性规则,如消费者保护法,不得因合同中的约定而被排除适用。在当事人未作选择时,适用与之有最密切关系的国家的法律。[①] 电子商务跨国界的性质使其法律适用成为一个难点,欧盟虽然不主张建立任何新的冲突法规则或者管辖权规则,但认为依照原有规则适用的法律不应限制提供信息社会服务的自由。2000 年 6 月 8 日,欧盟发布《关于互联网市场中信息社会服务特别是电子商务的若干法律问题的第 2000/31 号指令》(以下简称《欧盟电子商务指令》)。[②] 根据该指令第 2 条"定义"的内容,当某一在线商人在成员国内设立机构时,该成员国应保证在其领土内设立的信息服务供应商所提供的信息服务遵守根据指令协调一致规则而制定的本国国内法律。上述规定实际意味着适用于信息服务供应商的法律是其设立国法,其他欧盟成员国无权规制该信息服务供应商的活动。在保护消费者的问题上,欧盟依旧强调适用消费者住所地国法作为适用信息服务商所在地法的前提,旨在加强对消费者的保护。

(三)海牙国际私法会议

海牙国际私法会议作为一个以逐渐统一国际私法规范为目的的政府间组织,近年来对电子商务领域中的国际私法问题给予了特别关注,举办了多次国际会议。1997 年召开的"互联网中国际私法问题"的研讨会达成了以下共识:(1)互联网本质是跨国性的;(2)互联网中也许真正存在的是法律过剩,而并非法律真空,这就有必要重新定义国际私法规则;(3)当虚拟空间与现实空间存在某种联系时,确定在线活动的位置是可能的;(4)当私人利益和公共利益的平衡被打破,而政府的角色并非不可替代以前,网络空间的自治规则可能更受当事人的欢迎和喜爱;(5)各国应该合作制定国际性普遍接受的规则,而并

---

① See Convention on the Law Applicable to Contractual Obligation, 1980 O. J. (L 266), Arts. 3, 4, 5.

② See Council Directive on Certain Legal Aspects of lnformation Society Services in Particular Electronic Commerce, in the Internet Market, 2000/31/EC, Art. 3(3) & Annex, Recital 23, 2000 O. J. (L178). See also Amended Proposal for a European Parliament and Council Directive on Certain Legal Aspects of Electronic Commerce in the Internet Market, COM(99)427 final.

非单独行事。①

1999 年 9 月日内瓦圆桌会议上,共有 7 个工作委员会分别就合同、侵权、法院选择和法律选择、数据保护的法律适用、国外送达、国外取证、在线争议解决机制和程序标准进行了分组讨论。2000 年 2 月海牙国际私法会议又在加拿大渥太华召开了工作组会议,以便决定是否修改管辖权公约的内容来适应电子商务的迅速发展。在这次会议的讨论中,各国除在法院选择和法律选择领域基本态度一致外,尚未在其他领域达成一致意见。②

(四)国际经济合作与发展组织(Organisation for Economic Cooperation and Development,OECD)

OECD 近年对电子商务的法律问题也给予了很大的关注,其《电子商务条件下消费者保护指南》规定,"B2C 跨界交易,无论是否以电子形式或其他形式执行,受有关法律适用和准据法的既存法律框架的支配","电子商务对既存的法律框架提出了许多挑战,因此,随着电子商务的不断发展,有必要考虑是否修改既存的法律适用和管辖权的法律框架,或者适用不同的规定,以保证消费者保护的有效性和透明度"。该指南还规定,在考虑是否修改既存的框架时,政府应该在消费者和公司之间提供公平救济,促进电子商务的发展。特别是对消费者的保护,能够提供公平、及时的争议解决机制和救济方法,而不应过多地增加消费者的诉讼成本和负担。

三、电子商务与冲突法的变革

上述美国、欧盟、海牙国际私法会议和 OECD 有关电子商务冲突法的规定和讨论,呈现与传统的冲突法许多不同的特点,笔者试对之分析并对电子商务冲突法的发展予以展望。

(一)管辖权的重构

1. 协议管辖得到国际社会的一致认可

当事人协议选择解决争议的法院在传统的商事领域得到了国际社会的一

---

① See Katharina Boele-Woelki and Catherine Kessedjian, "(Under the Direction of) Internet, Which Court Decides, Which Law Applies?", *Kluwer Law International*, 179(1998).

② See Catherine Kessedjan, Electronic Data Interchange, Internet and Electronic Commerce, Preliminary Document No. 7 of April 2000. 另可参见外交部条法司三处:《管辖权公约电子商务问题工作组会议小结》,2000 年 3 月 10 日。

致认可,在电子商务领域,也得到了普遍的认同。美国的 UCITA 第 110 条肯定了当事人选择法院的权利,欧盟的《条例草案》也没有改变 1968 年《布鲁塞尔公约》有关协议管辖的规定。[①]而且,在海牙国际私法会议的日内瓦和渥太华会议上,各国也对当事人协议选择管辖法院达成了一致意见。协议管辖之所以得到国际社会的一致认可有其内在的合理性。

协议管辖作为意思自治原则在司法管辖权中的扩张,首先,体现了对人的尊重。在私法关系领域,由当事人自己来处理他们之间的权利义务关系、解决他们自己的纠纷,不仅符合私法关系的本质,而且是对人作为社会主体的尊重。由当事人自己决定其纠纷的管辖法院,既可以回避主权者意志的冲突,又可以调动民商事活动主体的积极性。其次,协议管辖可以减少管辖权冲突。承认当事人协议选择管辖法院的权利,实际上是允许当事人根据案件所涉及的各方面情况,选择在他们看来最合适、最方便的法院来处理案件。[②] 这样,就排除了与案件有关的其他国家的法院管辖权,解决了管辖权冲突。最后,协议管辖有利于实现诉讼公平和效率。协议管辖融合了原、被告双方的意志,可以防止原告单方面挑选法院,即防止因原告的故意设计而给被告造成不必要的负担和困难。协议管辖还可消除管辖权、程序规则以及其他问题的不确定性,从而大大提高通过诉讼解决争议的效率。但各国为了防止意思自治泛滥而可能产生的弊端,都在立法和实践中对其进行一定的限制。UCITA 第 110 条排除了当事人的选择不合理、不公平时协议管辖的效力。欧盟不仅排除了当事人选择不公平时协议管辖的效力,而且要求当事人的选择要有书面证明。

2. 管辖权本位主义再度扩张

在国际民商事领域,各国从本国利益出发,竞相扩大本国法院的管辖权。在新兴的电子商务领域,管辖权本位主义再度扩张,其主要表现在以下几个方面:

(1)采用弹性管辖权标准来主张本国法院的管辖权。在近年的电子商务案

---

① 该公约第 17 条规定:"如当事人的一方或数方在一个缔约国有住所,以书面协议或有书面证明的口头协议,约定某一缔约国的某一法院或某些法院有管辖权以解决因某种特定法律关系而产生的或可能产生的争端,则只有该被指定的法院或各该法院有管辖权。指定管辖权的协议如果违反第 12 条或第 15 条的规定,或者其所要排除管辖权的法院,根据第 16 条的规定应该具有专属管辖权者,则其协议无法律上的效力。如果指定管辖权的协议只是为了当事人中一方的利益而订立的,另一方当事人可以保留在本公约规定有管辖权的任何其他法院提起诉讼的权利。"

② 参见韩德培主编:《中国冲突法研究》,武汉大学出版社 1993 年版,第 373 ~ 374 页。

件中,弹性管辖权标准得到了最大限度的推广。尤其是在美国,“最低限度联系”标准以其灵活性、包容性和软性特征,使美国法院不必拘泥于传统的硬性规则,而是根据具体案情作出符合网络案件特性和本国需要的管辖权判断,并进而形成了一些判例和规则。在权衡“最低限度联系”标准时,网址的特性(交互性或被动性)、管辖地所在州与争议的利害关系的深浅,甚至访问网址的数量等都将构成美国法院行使管辖权的重要因素。另外,弹性管辖权标准在海牙国际私法会议的讨论中也得到了响应,有一些委员在确定侵权行为管辖权问题上就认为应该考虑重力中心说和最密切联系原则。①

(2)在 B2C(Business to Customer,商对客)合同中,各国都侧重于对本国消费者的保护,消费者住所地这一管辖标准得到了许多国家的首肯。前述欧盟与美国在管辖权问题上的分歧,其主要原因之一是,美国的电子商务市场起步较早,相对成熟,整体上处于信息输出者地位,而且美国国内许多大公司分别经营有自己的网站,以销售自己的产品。美国从本国的整体利益出发,主张立法要注重公司的利益。而欧盟国家的电子商务市场起步相对晚于美国,主要处于信息输入者——消费者的角色,因此,为了在国际经济交往中保护自身的利益,欧盟在立法中坚持保护消费者的价值取向也就不难理解了。实际上,在 OECD、美国和其他一些国家的立法文件中,也都强调对本国消费者的保护。

(3)传统属地管辖权标准含义的多样化。由于网络空间所具有的独特性,许多传统的管辖权标准的含义将发生变化。如就合同签订地而言,就可能被理解为信息发出地、信息收到地、信息所经过的 ISP(Internet Service Provider,互联网服务提供商)所在地;而信息发出(收到)地又可以被理解为发出(收到)信息的计算机所在地、发出(收到)信息者的住所地、发出(收到)信息的网址所在地,等等。某一管辖权标准如此多样化的含义在传统的冲突法中是很难想象的,而在现在的司法实践中却成为现实。中国 2000 年 12 月 21 日起施行的最高人民法院《关于审理涉及计算机网络著作权纠纷案件适用法律若干问题的解释》(以下简称《解释》)就力图使“侵权行为地”的含义尽量广泛,其第 1 条规定:“网络著作权侵权纠纷案件由侵权行为地或者被告住所地人民法院管辖。侵权行为地包括实施被诉侵权行为的网络服务器、计算机终端等设备所在地。

---

① See Katharina Boele-Woelki and Catherine Kessedjian, “(Under the Direction of) Internet, Which Court Decides, Which Law Applies?”, *Kluwer Law International*, 179(1998).

对难以确定侵权行为地和被告住所地的,原告发现侵权内容的计算机终端等设备所在地可以视为侵权行为地。”①

3. 许多新的管辖权标准将得以确立

由于网络空间具有与物理空间不同的特性,一些新的管辖权连结因素将可能因此而产生。例如,有学者就认为,在没有统一的有关互联网的国际法的情况下,各国在理论上可以对处于其领土上的网址及这些网址的内容适用其本国法。而且,网址、服务器所在地等连结因素已在美国的司法实践中得以运用。②一般来说,一个新的事物的产生总会对所涉及的规则、制度带来一些新的变化,因网络和电子商务的出现而产生的新的管辖权标准,也具有一定的必然性。

(二)连结点的嬗变

现代的冲突法立法,在确定连结点上趋于灵活、多样和弹性化,电子商务冲突法更加深化了这一特性。尽管由于网络空间的特殊性传统连结点受到前所未有的挑战和冲击,但这并不意味着发生在网络空间的案件没有可以选择的连结点。首先,对于立法者来说,他们必须根据法律关系的组合情况,运用抽象的方法,对连结点作出选择,而不可能首先考虑被选择法律的具体规则是否符合案件的需要。对于法官来说,他首先也要根据具体法律关系的构成要素的指引,确定个案的法律适用,而且对某一种法律关系的法律选择必须具有一定规律,否则,就可能导致法官自由裁量权的滥用和法律虚无主义的产生。其次,连结点的构成及其含义不是一成不变的,而是随着客观情况的变化而变化的。最后,一个新的连结点的形成与发展都有其客观依据,它与客观民商事法律关系的发展密切相关。比如,意思自治原则就是商品经济发展到一定阶段的产物。因此,对于网络案件来说,连结点的确定不仅十分必要,而且将会发生一些重要

---

① 该条在内容上有利于保护原告人的利益。从涉外的角度来看,似乎为中国法院行使管辖权留下很大的余地。但是,该条的规定依然存在一些缺陷,并受到了一些学者的批评。有学者认为:“如此扩大‘侵权行为地’的外延是错误的,因为对于‘侵权行为地’的理解和解释应当坚持‘行为’性。在‘行为’性的前提下,将‘侵权行为地’解释为‘侵权行为实施地’和‘侵权结果发生地’是合理的。但是,将实施某一‘行为’的工具、载体所在地也纳入‘侵权行为地’的范畴,这是不科学的、不合理的。”参见陈潜等主编:《电子商务政策法律理论与实践》,百家出版社 2001 年版,第 271 页。另外,该条的规定主要在于扩大对“侵权行为实施地”的解释,而对于“侵权结果发生地”则没有作出规定,有排除“侵权结果发生地”管辖之嫌,在某些特殊的涉外案件中,似乎对中国法院主张管辖权不利。

② 参见[法]埃马纽埃尔·米修主编:《法国与欧洲信息技术法律实务指南》,卢盛辉译,中国法制出版社 2000 年版,第 313 页。

变革。

1. 主观性连结点将发挥重要作用,对它的限制逐渐减少

对于电子商务争议,在新的连结点尚未得到各国立法认可前,要选择一个能较好地适用于电子合同的法律,既不能通过机械的立法一蹴而就,也不能由法院自作主张地实现。因此,允许当事人就他们之间的电子商务争议的法律适用达成协议,无疑是解决问题的最好办法,而且,这在目前已有的立法文件中已得到了体现,如前述 UCITA 第 109(a)条的规定。在海牙国际私法会议的讨论中,人们唯一达成一致的就是法院选择条款和法律选择条款。在欧盟,《欧盟电子商务指令》并没有制定新的国际私法规则,罗马公约的法律选择条款依然适用。也许有学者会质疑拆封授权合同(shrink-wrap contract)①和点击包装合同(click-wrap contract)②中意思自治的效力,③但我们认为就像提单中的法律选择条款一样,这些特殊合同中的法律选择条款并不构成对意思自治原则的否定。在电子商务领域,当事人既然有权按照他们的意志协议各自所享有的权利和承担的义务,也应有权决定适用于他们之间权利义务关系的法律,二者是统一的。

在美国,UCITA 不仅允许当事人协议选择法律,而且,起草者认为,在全球进入信息社会的背景下,要求当事人所选择的法律和在线交易有"合理联系"是十分不合适的和武断的,并将增加电子商务的成本和不确定性。④ 修订后的美国《统一商法典》的第 1 – 301 条规定,除了在消费者合同中要考虑公共政策和

---

① 拆封授权合同,即软件厂商在销售其产品时,在软件产品的外包装上印明,如果购买者打开该包装,须受印在该包装上或里面的协议约束的合同。拆封授权合同源自美国,由于在付款之前,消费者无暇阅读、甚至无法得知拆封授权合同之内容,因此,消费者能否主张不受该合同条款的约束就成了争议的焦点。美国第三巡回上诉法院在 Step-Saver lnc. v. Wyse Technology(939 F. 2d 91, 3rd Cir 1991)案中否认了该合同的效力,而在 ProCD Inc. v. Zeidenberg(86F. 3d 1447, 7rd Cir. 1996)案中承认了该合同的效力。

② "点击包装合同"在网络交易上与"拆封授权合同"概念十分相似,许多网络商店会将交易双方之权利义务订在网页上,欲进行交易必须触按鼠标点击"同意",表示接受该合同条款之内容,然后才能继续完成交易的后续程序。一旦完成一定程序后,即视为接受该合同条款的内容。1998 年美国加州北区联邦地方法院在 Hotmail Corporation v. Van Money Pie Inc. 一案中作出了首例确认点击包装合同效力之判决,但该合同的效力仍然受到人们的广泛质疑。

③ 参见肖水平、李臣:《国际私法在互联网环境下面临的挑战》,载《中国社会科学》2001 年第 1 期;See Raymond A. Kurz, etc. Internet and the Law, 147(1997)。

④ See UCITA, § 109(a); Rev. UCC, § 1 – 301.

合理联系的规定外,还将无条件地允许当事人意思自治。[①] 这是因为,“合理联系”的标准在在线交易的情况下将很难得以适用。例如,当交易完全发生在网络空间时,当事人的位置不易确定,交易信息在网络空间里也没有固定的行进路径,或者说难以确定交易信息的行进路径,因此,也就很难判断哪一个国家或地方的法律与交易有合理的联系。[②] 笔者认为,抛弃“合理联系”标准,减少对当事人意思自治的限制将成为主观性连结点发展的一个重要特征,但意思自治原则将依然受适用于在线交易的强行法,如消费者保护法、产品责任法的限制,这在前述美国、欧盟以及 OECD 的立法文件中均有所体现。

2. 连结点所体现的法律与地域的联系将相对薄弱化,连结点弹性化的倾向将更加明显

连结点作为把冲突规范中“范围”所指的法律关系与一定地域的法律联系起来的纽带或媒介,反映了该法律关系与一定地域的法律之间存在内在的、实质的联系或隶属关系。[③] 就电子商务,特别是就在线交易而言,由于网络空间与物理空间不具有对应关系,当事人上网的位置具有很大的随意性,信息在网络中的行进路径也难以确定,连结点所反映的法律与地域之间的联系将相对薄弱化。值得指出的是,这种“薄弱化”是相对于物理空间来说的,但就网络案件而言,依然会强调连结点所指向的法律与特定地域的紧密性。

连结点所体现的法律与地域之间联系的相对薄弱化以及网络空间的虚拟性,也将促进连结点的软化处理。比如,意思自治原则的出现本身就是连结点软化处理的一个体现,而在网络环境中,“合理联系”限制的解除无疑在一定程度上扩大了意思自治原则的适用范围。“最密切联系”是另一个灵活性连结点,由于法律关系适用与其有最密切联系的国家或地区的法律是连结点的自然要求,“最密切联系”作为连结点不仅被许多国家的立法认可,而且被应用于广泛的领域。在网络案件中,由于传统属地性、属人性连结点受到挑战和冲击,“最密切联系”以其自身内在的弹性必将更加广泛地得到运用。例如,在一个网上履行合同中,合同签订地、合同履行地等失去了其在物理空间的意义,其作为连

---

① See Rev. U. C. C §1 - 301. If one of the parties is a consumer, then the choice of law is enforeeable only if the chosen jurisdiction has some connection to thee consumer. See id. §1 - 301(b).

② See Raymond T. Nimmer, *UCITA: Modern Contract Law for a Modern Information Economy*, 574 PLI 255(1999).

③ 参见韩德培主编:《国际私法新论》,武汉大学出版社 1997 年版,第 142 ~ 143 页。

结点也不再能反映范围与系属之间的本质联系,而此时采用“最密切联系”连结点,由法官根据具体案情去找寻可适用的法律,无疑更加灵活,又不失连结点的本质要求。如前述美国 UCITA 第 109(b)条就规定,除两种情形外,其他均采用“最密切联系”的连结点。①

3. 传统属地性、属人性连结点将继续适用,但许多连结点的内涵和外延将需要重新界定,连结点的含义呈多样化趋势

网络空间的虚拟性以及与物理空间的非对应性,使发生在网络空间的案件与发生在物理空间的案件有着重要的区别。但需要注意的是,发生在网络空间的案件依然要由现实中的法院来解决,网络案件的主体也是物理空间的人,网络法律关系的最终结果也可以在物理空间中得以显现。因此,在网络空间尚没有自治规则或自治规则难以适用的情况下,法官最终要以传统的法律意识来识别网络案件的法律事实,并最终适用物理空间中某一国家或地区的法律。而法官在进行识别时,一方面,传统的连结点的含义已根深蒂固,而且具有适用的必要性;另一方面,又不得不考虑网络环境的特殊性。在虚拟与现实的交融中,对连结点的解释必将多元化,也即连结点除其具有传统的含义外,还增加了在网络环境下它所应具备的含义。就“侵权行为地”的含义而言,在网络侵权案件中,就可能会突破传统的侵权行为实施地和侵权结果发生地的两分法,考虑丰富其内涵和扩大其外延,如 2000 年中国最高人民法院的《解释》就规定,侵权行为地包括实施被诉侵权行为的网络服务器、计算机终端等设备所在地。对难以确定侵权行为地和被告住所地的,原告发现侵权内容的计算机终端等设备所在地可以视为侵权行为地。这一界定无疑超出和改变了传统的侵权行为地的内涵和外延,侵权行为地的含义呈多样化。

4. 对同一法律关系的不同方面进行分割将进一步细化,对电子商务的不同部分或不同环节将规定不同的连结点

连结点的这一变化在海牙国际私法会议的有关讨论中已得到体现。就合同领域中当事人没有进行法律选择这种情形而言,在日内瓦会议上,第一委员会认为,对于 B2B(Business to Business,商对商)合同,最好分为“非网上履行合

① 但在确定最密切联系原则时,起草者也列出了所要权衡的标准,以限制法官自由裁量权的滥用。这些标准是:(1)合同缔结地;(2)合同谈判地;(3)合同履行地;(4)合同标的物所在地;(5)当事人的住所、居所、国籍、公司成立地以及营业地;(6)州际或国际体制的需要;(7)法院地州和其他州的相关利益……

同”和“网上履行合同”。对于前者,除了合同缔结地外,合同履行地等仍然是有效的和恰当的,而且传统“特征性履行”方法亦可以用来确定各种不同合同的法律适用。对于后者,合同缔结地、合同履行地及其他行为地都不适当。[①] 对于B2C合同,有专家认为在在线环境下,传统消费者的概念是否有效有待考虑。有的甚至认为应区分“消极”(passive)和“积极”(active)消费者等。[②] 从上述的讨论可以看出,对于电子合同首先分为B2B合同和B2C合同,B2B合同又可以分为“网上履行合同”和“非网上履行合同”,后者又可以划分为各种不同性质的合同。B2C合同根据消费者的情况又可以分为“消极”和“积极”的消费者合同。合同种类不同,相应的连结点也不一样。电子商务的复杂性将使法律关系的划分更加细化,连结点的确定也将更加复杂。

(三)冲突规范的发展

1. 规则趋向——在现代灵活的法律选择方法框架内发展定型化的电子商务冲突规则

现代冲突法立法,趋向灵活化、弹性化,但并没有在“灵活化”和“弹性化”的大潮中完全抛弃传统冲突法的理念。即使是“当事人意思自治原则”和“最密切联系原则”,依然是传统与现代、灵活与稳定相结合的表述。在复杂多变的电子商务法律关系中,电子商务的冲突法规则依然会在灵活的法律选择方法的框架内趋向定型化。

(1)当事人意思自治原则

电子商务是一种自由的商务,而当事人意思自治原则则是私法上契约自由和私法自治原则的重要体现,是契约自由原则在国际私法领域的延伸。[③] 它以内在的自由理念,必将在调整电子商务法律关系中发挥重要作用。这是因为,在平等的电子商务主体之间订立的电子合同中,当事人既然有权按照他们自己的意愿约定自己各自承担的权利义务,当然也有权来决定适用于他们之间权利义务关系的法律,二者应该是一致地、有机地结合在一个合同中。这也是当事人意思自治原则在传统的民商事领域得到各国立法普遍认可的重要原因。另外,互联网的法律特征之一是管理的非中心化。网络空间没有集权、没有中心,

---

① See Catherine Kessedjan, Electronic Data Interchange, Internet and Electronic Commerce, Preliminary Document No. 7 of April 2000, p. 14.

② Ibid., p. 13.

③ 参见黄进主编:《国际私法》,法律出版社1999年版,第402页。

每一台计算机都可以作为其他计算机的服务器,网络空间是一个高度自治的空间,用户的自主选择是开展网上活动的前提。而作为一种规范当事人行为的法律制度,意思自治原则毫无疑问也体现着当事人选择的自主性。

当事人意思自治原则的确立,在立法上认可了当事人在合同中选择适用法律的效力,本身也是当事人意思自治原则这一法律选择方法在电子商务领域定型化的表现。尽管当事人意思自治原则主要体现着法律选择的灵活性,但也有着可预见性和稳定性的因素。这是因为当事人在进行法律选择时,一般是选择自己比较熟悉或了解的法律,而不会选择自己根本不了解的法律,从而有利于当事人预知行为的后果和维护法律关系的稳定性。当事人意思自治原则并非当事人的胡乱选择,它还要受到各国强行法、公共秩序的限制。另外,在部分国家,“合理联系”的标准依然会限制当事人的选择范围。

(2)最密切联系原则

“最密切联系原则”作为一个灵活的法律适用原则,在现代商事领域得到了广泛的应用。法律关系适用与其有最密切联系的国家的法律不仅是连结点的自然要求,还反映了连结点的本质属性。它通过赋予法官自由裁量权,由法官根据客观的案件事实,作出相对理想的选择。即使是在复杂多变的电子商务案件中,通过法官对“最密切联系”的权衡,依然能够相对合理地确定案件的法律适用。特别是在目前各国都害怕阻碍电子商务的发展而不愿立即着手进行新的立法的情形下,“最密切联系原则”无疑有着广阔的适用空间。

灵活性是最密切联系原则的优点,也是它的缺点。因为赋予法官自由裁量权,足以应付各种例外情况,使个案公正得到较充分的保证。但若是没有对法官自由裁量权的限制,这种内在的合理性很容易转化为法官的肆意裁决,破坏法律的统一性,损害个案的公正。特别是在目前电子商务的各种法律关系尚未定型的情况下,这种损害将会尤为严重。因此,对最密切联系原则中法官自由裁量权的适当限制,将是保证该原则合理性的重要措施。而这种限制就表现为最密切联系原则的定型化。最密切联系原则的定型化在电子商务领域主要有两种方式:一是大陆法系国家的“特征履行方法”,对各种不同的合同分别适用其特征履行方的法律;二是美国的做法,即在有关法律文件中,规定一些判断标准,供法官在分析案件时加以采用。

其一,特征履行方法的适用。[1] 在电子商务领域,特征性履行方法表现为当事人未选择适用于电子合同的法律时,通过考察电子合同的功能,尤其是电子合同企图实现的具体的社会目的,确定代表其本质特征的当事人履行合同的行为,即它的特征性履行,并最终适用与特征性履行人联系最密切的法律。

在电子商务领域,特征性履行方法依然有适用的空间。特别是对于那些不完全电子商务合同或非网上履行合同来说,由于合同只是在网上订立,而合同的具体履行,则必须在物理空间中完成,有相对具体的地理位置可以确定。因此,特征性履行方法依旧可以适用。而对于完全电子商务合同,也有学者主张适用所选择的 ISP 作为确定特征性履行的标准,[2]即考虑适用卖方的 ISP 的住所地法或该 ISP 自己所选择适用的法律。法官在行使自由裁量权时,将当事人的 ISP 住所地或 ISP 的选择作为适用最密切联系原则的新的连结因素。对于以 ISP 作为确定特征性履行方法的判断标准,笔者虽不敢贸然苟同,但它至少可以成为判断电子商务特征性履行的方法,而且,上述学者的理论,至少反映了电子商务对最密切联系原则定型化的需求和要求。

其二,确定一些判定最密切联系原则的标准或权衡因素。在一些电子商务案件中,亦可以通过确定法官在行使自由裁量权时所应权衡的要素,来定型最密切联系原则的适用。具体而言,就像美国《冲突法重述(第二次)》第 6 条的规定一样,列出一定的判断标准,由法官根据这些标准对最密切联系原则进行权衡。前述美国的 UCITA 第 109 条就采取了这种做法。这种方式虽然表面看来,没有具体确定有关国家的法律适用,但在具体的案件中,它可以限制并排除一些国家法律对该案件的适用,使真正应该适用的法律得以显现。这实际上是对最密切联系原则的变相定型化。

---

① 为了解决最密切联系原则的广泛的自由裁量权,自 20 世纪 60 年代开始,许多国家尤其是大陆法系国家大都采用特征性履行方法来贯彻最密切联系原则。即将最密切联系原则与特征性履行方法相结合,以最密切联系原则为合同法律适用的原则,而以合同的特征性履行作为确定最密切联系的客观依据。例如,奥地利、丹麦、德国、比利时、瑞士和中国的立法,以及 1980 年罗马《关于合同义务法律适用的公约》和 1986 年海牙《国际货物销售合同法律适用公约》,都采用了这种做法。

② See, e. g., David R. Johnson & David G. Post, "Law and Borders—The Rise of Law in Cyberspace", 48 *Stan. L. Rev.* (1996). David R. Johnson, "Law-making and Law Enforcement in Cyberspace", available at http://www.eff.org/pub/legal./.

2. 价值取向——在形式正义向实质正义发展的走势中,实质正义将备受关注,[①]对弱势群体利益的保护将是电子商务冲突法立法的一个重要特色

对社会正义的不懈追求是法学最崇高的理想和最神圣的目标之一,也是推动人类法制不断演进的最强大的动力。国际私法从巴托鲁斯到萨维尼,尽管他们完全从不同的角度出发来解决法律冲突问题,但他们最终都以构造基本相似的普遍适用的冲突规则来解决各种法律冲突,追求的是法律适用的明确性、一致性和稳定性,是形式正义的实现。在传统的法律选择规范中,连结点如同"路标",法官只需沿着相关的"路标"前进,就能迅速准确地找到应适用的法律,至于这个法律的内容如何,法官在作出选择时并不一定知晓。具体案件所涉及的当事人能否得到实质公平的处理结果,学者及法律事务家们则关注甚少。

随着人类社会的不断发展,法治文明的不断提高,实质正义越来越受到重视。国际上出现了以卡弗斯为代表的革命性学说,企图通过"结果选择"来达到实质正义,并出现了一股对冲突规范进行"软化"处理的潮流,其主要目的在于提升国际私法案件处理的个案公正性。

现代国际私法得以确立的最主要的标志之一是"最密切联系原则"的导入,以及其与"意思自治原则"的结合,二者共同构筑了现代国际私法体系的重要支柱。它们的广泛采用是对当代国际私法复杂多变的社会生活条件的一种折射,也是对近代法治推崇备至的形式正义的一种扬弃。从某种意义上讲,当事人自愿选择的法律必能维护自己的正当权利。而最密切联系原则也体现着现代国际私法的一种理想主义,是对实质正义的表征。它以自身的灵活性和内在弹性,导致国际私法的司法化,并希望通过法官对具体案件事实的权衡确定相关的法律适用,使案件得以公正、公平地解决,从而构筑国际私法的实质正义之路。

在电子商务中,由于网络空间的虚拟性和全球性,互联网不仅将全球100多个国家的成千上万个用户联系在一起,而且彻底打破了物理空间的有形界限。"跨国"交易变得极为容易,用户只要在计算机上轻轻敲击几下,就可以自由地相互访问、交流、共享信息、开展跨国商业活动。而且,由于网络空间与物理空间不具有相互对应的关系,根据当事人在网上的活动,也很难确定其在物

---

① 此处"形式正义"是指法律作为一种普遍性规则平等地适用于一切法律主体;"实质正义"则是指对任何具体法律关系中的法律主体适用法律应对象化、个别化、具体化,符合特定的目的需求。

理空间中所对应的地理位置。互联网使电子商务多了许多随意性、复杂性,这就要求冲突法在应对复杂多变的电子商务法律关系时,连结点所体现的不应是单一性与确定性,而是多元性、灵活性和变动性。在互联网法律冲突案件中,对理想化的"一致性"的目标追寻,将成为一种徒劳,形式正义将在电子商务中再度失落。在立法尚不健全的情况下,人们必将更多地关注个案的公平与公正,实质正义将是电子商务冲突法追寻的重要目标。特别是通过灵活多变的弹性连结点,如当事人意思自治原则、最密切联系原则等,来确定电子商务法律冲突的法律适用,必将得以凸显。这是因为,这些连结点自身体现着对贸易自由的渴望、对当事人意思的尊重和对理想中实质正义的不懈追求。

另外,互联网的出现为外国法的查明带来了极大的便利,①而外国法查明的便利将为法官对电子商务案件进行"结果选择"提供更大的可能性。在过去,由于信息技术尚不发达,要查明一部外国法的内容是很困难的,更不用说查明多部外国法律的内容。但随着互联网的出现,法官在掌握了案件所涉及的客观事实后,可以通过互联网查明所涉各国的法律规定,并在比较分析后,根据公平和公正的需要,确定案件的法律适用。"结果选择"将可能从一种理论上的探索转化为一种法律选择的现实。

电子商务冲突法对实质正义的追求,不仅体现为对个案处理的公正和公平,而且体现为对社会弱势群体的保护。特别是在 B2C 合同中,由于消费者常常处于被动选择和交易的角色,在管辖权和法律适用上对消费者给予特别规定,并强调以某些消费者保护法作为强行法的适用,无疑对维护消费者的合法权益有着重要的作用。对社会弱势群体的保护,将是电子商务冲突法追寻社会公正的一个重要体现,是电子商务冲突法立法的一个重要特色。

---

① 互联网的出现为外国法的查明提供了极大的便利。首先,在互联网上流动的是大量的信息,其中当然不乏法律方面的资料。各国在制定法律后,一般要告示天下,而互联网则毫无疑问就像电视、报纸一样,成为信息发布的理想媒体。另外,对于世界贸易组织的成员国而言,根据《关税与贸易总协定》第 10 条等的规定,各成员国政府都必须遵守透明度原则。当成员国政府实施有关过境货物的法律和规章时,必须予以公布,并能够使外国贸易商了解或得到这些法律和规章。每一个成员国为实施上述原则,应建立一个或多个咨询机构,以答复其他成员国的资料要求及有关询问。而在当今各国的实践中,互联网已成为各成员国根据《关税与贸易总协定》的要求发布法律的重要地方。因此,这就为通过互联网查明外国法律提供了可能。其次,对于外国法的查明,在互联网上可以通过下列途径进行:(1)法院可以向准据法所属国的立法机关发送电子邮件,请求对方给予协助;(2)直接通过远程登录,查获准据法所属国有关法律网站的法律信息,获取所需要的资料;(3)通过互联网上的各种信息查询工具查明外国法的内容,等等。

3. 立法基础——从国家利益优先向国际社会利益保护转换的过程中,国际社会利益保护的观念将得到大大提升,电子商务冲突法的统一化将得到加强

美国法学家博登海默曾指出:“任何值得被称为法律制度的制度,必须关注某些超越特定社会结构和经济结构相对性的基本价值。”①在传统的国际私法中,以柯里“政府利益分析说”为代表的一批学者,坚持国家本位主义,强调国家利益的保护。但随着国际经济贸易的发展和民间交往的日益频繁,国际社会的联系越来越紧密,国际社会利益保护得到了越来越多国家学者的认可。② 这一主张在新近的一些国家的立法中也得以体现。电子商务的全球性特点使其在冲突法制度方面必将更加深入地体现这一趋势,一国的法律遵循某些国际社会公认的准则成为客观要求。个人以至国家为一定电子商务法律行为时,都应考虑到不损害国际社会的共同利益。国际社会利益保护将会得到前所未有的关注和发展。

(1)注重国际社会利益保护是电子商务的内在需求。

首先,电子商务是经济全球化的产物,而且,正是由于它的兴起促进了经济全球化的加速。电子商务是通过计算机和网络的方式进行的商务活动,它通过虚拟手段创造了一个遍及世界各个角落的大市场,这一虚拟市场没有传统市场那种时间和空间上的局限性,③它是一种开放性的、全球性的市场。

其次,电子商务作为一种服务业,是国际服务贸易的重要内容之一。而作为一种新的贸易方式,电子商务也已经成为国际贸易中不可分割的一部分。换

---

① [美]E. 博登海默:《法理学:法哲学及其方法》,邓正来等译,华夏出版社1987年版,“中文版前言”。

② 在美国,许多学者都主张在法律规则的选择过程中,不应该仅考虑本国的利益,如卡弗斯(Cavers)的“结果选择说”主张从案件的结果公正来进行法律选择,冯·迈伦(A. T. Von Mehren)和特劳特曼(D. T. Trautman)的“功用分析说”、克雷默(L. Kramer)的“政策选择规则说”[主要体现在其文章“Rethinking Choice of Law”,90 *Columbia L. Rev.* 278 - 345(1990).]则主张在进行法律选择时要考虑多州或多国的利益。欧洲大陆学者也提出了“利益论”,但他们主张国际私法不仅应研究国家利益,还应该研究国际利益,并将两者结合起来加以考虑,从而确定法律适用。(参见韩德培主编:《国际私法新论》,武汉大学出版社1997年版,第76页。)在我国,李双元教授在论述“国际民商新秩序”“法律的统一化”“法律的趋同化”的过程中,对现代国际私法的价值转换,特别是对国际利益的保护,进行了详细的论证。(参见李双元等主编:《国际民商新秩序的理论构建》,武汉大学出版社1998年版;李双元主编:《中国与国际私法统一化进程》,武汉大学出版社1993年版;以及李双元教授近年来发表的一些论文)。

③ 参见杨坚争等:《虚拟市场:经济全球化中的电子商务》,上海社会科学院出版社、高等教育出版社2001年版,第34页。

句话说,电子商务本身就是贸易全球化的一项内容。因此,关于电子商务的立法也应该具有全球性视角,立足于国际社会电子商务的整体发展,那种以本国利益为出发点的立法,其最终必将阻碍本国电子商务的发展。

最后,电子商务所依托的互联网是由用户、服务器、局域网、广域网等相互联结而成的网络,是当今世界规模最大、覆盖面最广、资源最丰富、使用最为迅捷的网络信息库,是电话系统、邮政服务、新闻媒体、购物中心、信息集散地、音像传播系统等功能结合而成的一个整体。[①] 互联网的价值在于其整体功效,在于丰富的信息在互联网中的自由流动。如果互联网是一个个封闭性的区域,必将降低其效用和价值。因此,在互联网中不能单从国家利益的角度出发,而要从有利于整个人类社会的发展出发,探求国际社会之间所需的多边共同政策。

因此,电子商务环境下的冲突法立法,要从国家本位向国际社会本位延展,从国家利益优先向国际利益保护转变。电子商务所依据的价值准则应突破传统的以国家利益为出发点的观念,寻求整个国际社会利益与不同国家利益之间的平衡,并注重国际社会利益的保护。

(2)在注重国际社会利益保护的背景下,电子商务冲突法规则的统一化将会不断推进。

电子商务是一种全球性商务,电子商务的健康发展也同样有赖于国际合作。而且,由于互联网本身不是国家进行自我维护的工具,它体现的是国际社会的整体需求,所以,要真正有效地解决电子商务所带来的一系列具有全球性的法律问题,必须进行国际合作。在注重国际社会利益保护的背景下,电子商务冲突法规则的统一化将会不断推进。

一些学者认为,在电子商务下,制定一些统一的冲突法规则比达成一部实体法条约,具有更大的可能性。[②] 实体法的国际条约实际上是对当事人强加了一个固定的交易模式,而在当事人违反该交易模式时,将受到一定的制裁。一个强加一些违约责任于当事人契约关系的国际条约,最后可能强加了一些当事人本想避免的风险,也就可能增大当事人的交易成本。而且,国际条约中规定

---

① 参见张楚:《电子商务初论》,中国政法大学出版社2000年版,第6页。

② See Paul B. Stephan, "The Futility of Unification and Harmonization in International Commercial Law",39 *Va. J. Int'l. L.*, 785(1999); Maureen A. O'Rourke,"Progressing towards a Uniform Commercial Code for Electronic Commerce or Racing towards Nonuniformity?",14 *Berk. Tech. L. J.*,653-655(1999).

的实体规则越细越确定,就可能增加比较多的当事人不想遵守的义务,各国之间达成国际条约的可能性就越小。相反,如果在条约中规定一些允许当事人可以进行法律选择的冲突法条款,而当事人又保证承担经过冲突法条款所指向的准据法所规定的义务,则不仅可以降低当事人交易的法律风险和交易成本,而且可以增大交易结果的相对确定性。

另外,在互联网上查明外国法的便利与快捷也将对电子商务冲突法的统一化产生一定的影响。由于互联网的便利,为各国法律文化的交流提供了便利,各国在制定本国的电子商务冲突法时,就会充分了解其他国家的规定,吸收其合理内核,从而促进各国在电子商务冲突法领域采纳相同的制度和规则,为电子商务冲突法的统一化打下了基础。

因此,通过国际条约规定一些冲突法条款不仅存在必要性,还存在很大的可能性。实际上,在海牙国际私法会议正在起草的《民商事管辖权和外国判决公约》中,起草小组正在考虑制定一些有关电子商务规则。因此,我们认为,随着各国电子商务市场的日渐成熟,相关国际私法问题将会越来越多,国际协调与合作的范围将会不断扩大,水平将会不断提高。达成一致的冲突法规则、制定统一的冲突法条约将是电子商务冲突法发展的重要趋势之一。

(四)准据法的变革

技术的发展常常带来法律的变革,网络的出现也对现存空间的实体法提出了挑战。而且,由于法律的相对滞后性,许多网上的法律行为将可能缺乏法律的规范。于是,有学者认为,互联网的出现已经使传统的法律在适用于互联网的案件时发生了困难。① 也有学者认为,即使我们运用现有的法律选择规范,确定应适用那一国法律作为准据法,最后却发现这一切都是徒劳的,因为该国根本就没有相应的立法,这就出现了准据法“落空”的现象。②

笔者认为,对于电子商务案件,准据法“落空”的可能性是存在的,但不能说没有相应的实体法可以调整。首先,目前世界各国和相关国际组织都在加紧进行电子商务的立法。许多国家或地区,诸如美国、新加坡、中国香港特别行政区等都已经制定了相关电子商务法,而且更多国家或地区的电子商务立法正在起

① 参见张瑞星:《Internet法律问题上线》,台北,永然文化出版股份有限公司1997年版,第159页。

② 参见肖水平、李臣:《论INTERNET对国际私法的挑战》,中国国际私法学会2000年年会论文,第17~18页。

草中。许多国际组织,如联合国、OECD、国际商会等都在起草、制定或编纂有关电子商务的国际条约或惯例。电子商务的实体法立法必将得到飞速发展。其次,从前述立法和海牙国际私法会议的讨论中可以看出,人们依旧用传统的"合同""侵权"等法律概念来对电子商务的各种法律关系进行分类,电子商务并非另类法律关系,传统商事法律的原则和规则,依旧有适用的空间,现实世界的法律并非完全不能适用于虚拟空间或规范网络交易中的行为。① 最后,在传统的国际私法中,当外国法不能查明时,常常以内国法取而代之,或者适用与本应适用的外国法相近似或类似的法律,或者适用一般法理,通过这些措施来弥补外国法不能查明时留下的空白。②同样道理,当某一网络案件没有可以直接适用的准据法时,也应该适用相近似或类似的法律,或者适用一般法理,来填补空白,以使案件妥善得到解决。

考虑到电子商务的迅速发展,加强电子商务的实体法立法是急需的。由于电子商务与传统商务相比存在诸多不同,我们认为,电子商务所适用的准据法在重构过程中将呈现如下特点。

1. 电子商务实体法的趋同化和统一化的趋势更加明显

电子商务实体法的趋同化和统一化,既有利于有关电子商务的法律冲突的解决,也为电子商务准据法的确定提供了物质基础。

电子商务实体法的趋同化,主要是指各个不同国家在进行电子商务实体法立法时,相互吸收,相互渗透,从而趋于接近甚至趋于一致的现象。其表现形式是在国内法律的创制和运作过程中,越来越多地涵纳国际社会的普遍实践与国际惯例,并积极参与国际法律统一的活动等。电子商务实体法的趋同化主要来源于以下几点原因。首先,在法律的趋同化过程中,法律文化的交流毫无疑问将发挥决定性的作用。如果说在过去通信设施不发达的时代里,由于收集别国的法律文化资料很不方便,进而减少了各国法律文化相互交流的机会,从而阻碍了法律的趋同化进程,那么,在当今的互联网时代,互联网的便捷为人们查询资料提供了极大的方便,这一障碍将不再存在或大大削弱。其次,在调整国际贸易的各国法律制度中,无论是资本主义国家还是社会主义国家,无论是发达国家还是发展中国家,都存在各国都能接受的共同的或相似的基本原则、规则

---

① 参见万以娴:《论电子商务之法律问题》,法律出版社2001年版,第182页。

② 参见黄进主编:《国际私法》,法律出版社1999年版,第276~279页。

和制度。[①] 各国在进行商事立法的实践中,也不再只考虑自己国家的法律制度,而是通过比较分析,吸收共同的法律原则和理念,消除彼此的差异,以维护商事活动的自由,促进本国国际贸易的发展。电子商务是一种商务活动,而其本质又是全球性的,[②]支配电子商务的法律要具有兼容性和共同性也就成了其内在需求。因此,在进行电子商务立法时,毫无疑问地要遵守商事法律许多共同的或相似的基本原则、规则和制度。电子商务实体法立法的趋同化,目前已经在各国的电子商务立法上得到体现,如由于受1996年联合国国际贸易法委员会的《电子商务示范法》(以下简称《示范法》)的影响,美国、加拿大、新加坡、澳大利亚等许多国家和地区(如中国香港特别行政区)的电子商务立法都具有高度的一致性。

电子商务实体法的统一化,主要是指有关电子商务实体法条约的制定问题。统一化是目前商事领域国际造法活动的重要发展趋势之一,必将在电子商务领域得到体现。首先,互联网本身是国际合作的产物,互联网的健康发展也同样有赖于国际合作。[③] 互联网的跨国性的特点要求其立法模式所依据的价值准则应突破传统的以国家利益和国家内部的社会利益和个人利益为出发点的观念,转而寻求整个国际社会利益与不同国家利益及个人利益之间的平衡。其次,电子商务是发生在网络空间或与网络有关的商事活动,由于商事活动的相似性和反复性,目前商事领域是法律规则统一化程度最高的一个领域,国际社会已经在商事领域制定了大量的国际条约。而且,电子商务的存在是以网络技术为基础的,同一领域的技术规范本身就具有高度的统一性。因此,我们认为,电子商务领域的实体法条约将在规范电子商务活动方面发挥重要的

① 参见黄进、胡永庆:《现代商人法论》,载《比较法研究》1997年第2期。

② 在国际经济合作与发展组织1998年《全球电子商务行动计划》第一部分"OECD电子商务部长级会议结论"中就有"电子商务本质上是全球性的"结论。

③ See Paul B. Stephan, "The Futility of Unification and Harmonization in International Commercial Law", 39 *Va. J. Int' l. L.*, 785 (1999); Maureen A. O' Rourke, "Progressing towards a Uniform Commercial Code for Electronic Commerce or Racing towards Nonuniformity?", 14 *Berk. Tech. L. J.*, 653 - 655 (1999).

作用。①

2. 电子商务的自治规则将在规范电子商务活动方面发挥重要作用

在网络的发展中,许多不成文的网络规则实际上发挥了相当程度的网络规范作用。随着网络的商业化及普及化,大量使用者涌入网络社会并将其在现实世界中所接受的法律观念与制度,有意无意地移植到网络空间中,这些受到移植的法律观念、法律制度,逐渐形成多数网络使用者所认同的网络习惯法与网络礼仪(netiquette),②成为许多网络社区形成的基础。③ 就像商人习惯法的产生和适用一样,这些网络习惯法,由于是网络空间活动主体自发形成的一些规则,将在规范电子商务活动方面起到重要的作用。特别是在私人利益和公共利益的平衡被打破,而政府的角色并非不可替代以前,网络空间的自治规则可能更受当事人的欢迎和喜爱。④

电子商务自治规则生命力的源泉根植于商人们之间的电子商务实践,它是电子商务的主体和有关国际组织根据实践的需要而形成的一种调整当事人间关系、解决他们之间争议的法律手段。在电子商务活动中,商人们用它来弥补现实法律许多电子商务领域的"真空"、协调不同国家有关法律之间的矛盾或冲突,以保证电子商务活动的顺利进行。电子商务自治规则是当事人协商一致的产物,代表了当事人自己的意志和愿望,对当事人之间的权利义务关系具有法律上的约束力,成为当事人调整电子商务关系、解决电子商务争议和促进电子

---

① 1998 年美国政府向联合国国际贸易法委员会电子商务工作组提出了制定一个电子交易国际条约的建议。美国政府认为,尽管联合国《示范法》已经产生了很大影响,但许多国家在进行电子商务立法时仍违反了该《示范法》所确立的原则,因此,有必要根据该《示范法》中的授权条款(enabling principles)来达成一个有约束力的国际协议,以形成电子商务统一原则的国际体制。See Proposal by the United States of America, U. N. GAOR Comm'n on lnt'l Trade Law, 33rd Sess., Note by the Secretariat, U. N. Doc. A/CN. 9/WG. IV/WP. 77 (1998). Available at http://www. un. or. at/uncitral/en-index. html(visited on Sept. 12, 2000). 另外,在 1999 年美国电子商务工作组第二年度工作报告中,也提到了制定国际条约的努力。欧盟也有类似的表示。See The Need for Strengthened International Coordination, COM(98)50 Final. See also Electronic Commerce Directive.

② See Susan B. Ross, "Department: Technology & Law: Netiquette, Etiquette over the Abn and the Internet", 33 *AZ Attorney* 13(1996), available at http://www. fau. edu. rinaldi/netiquette, html.

③ See Roger Clarke, "Encouraging Cyberculture", available at http://www. anu. edu. au/people/.; See also Lawrence Lessig, "Social Meaning and Social Norms", 144 *U. Pa. L. Rev.* 2181 (1996).

④ See Katharina Boele-Woelki and Catherine Kessedjian, "(Under the Direction of) Internet, Which Court Decides, Which Law Applies?", *Kluwer Law lnternational*, 179(1998).

商务发展的重要的法律工具。从这个意义上来讲,电子商务领域的这一“法律”的唯一驱动力就是当事人之间的协商一致。前述已论述在电子商务领域,当事人意思自治原则将成为电子商务合同法律选择的首要性原则,而在各国出于维护电子商务发展尚没有进行电子商务立法,或所立法律为对方当事人不熟悉的情况下,电子商务自治规则无疑将成为当事人的首选。

3. 在准据法的选择中,公法适用的可能性增加

在传统的国际私法中,尽管适用外国公法性质的法律不乏其例,有些国家在立法上也作出过规定,[①]有的学者还特别对经济法这一明显具有公法性质的法律部门域外适用的可能性进行了分析。[②] 在互联网中,公法适用的机会将大大增加。由于互联网的虚拟性和全球性,网络上的大量信息可能泥沙俱下、鱼目混珠。由于各国历史背景和文化传统的不同,有些信息在一些国家是违法的,而在另一些国家则可能是合法的。如果以这些信息为交易对象,必将涉及各国之间公法的冲突,公法的选择适用就将成为冲突法的一个重要任务。

例如,在对待纳粹物品问题上,2000 年 4 月在法国的国际反种族主义协会和法国犹太学生联合会共同向法国法院起诉美国雅虎公司一案[③]中,原告认为雅虎公司收录的一个网站拍卖纳粹物品,而该网站在法国可以自由地登录,其违反了法国不允许展示或出售纳粹物品的有关规定。法国法院最后也适用了本国法律,要求雅虎公司必须在 3 个月内采取措施,阻止法国用户进入该网站,并请求美国法院对该项裁决予以承认和执行。在这个案例中,不仅涉及美国和法国的公法冲突,即法国法律认为展示或出售纳粹物品是违法的,而美国法律则不予禁止,还涉及公法的域外效力,即美国法院对法国的该项裁决的承认和执行问题。再如,在对待目前网络上泛滥的色情读物上,在美国,色情读物在言论自由的保护范围之内,它只是简单地交给民众自己去判断。[④] 而在中国,在网

---

① 1987 年《瑞士联邦国际私法法规》第 13 条也曾指出:“本法对外国法的指定,包括所有依据外国法适用于该案件的法律规定,不得仅以该外国法律规定被认为具有公法性质而排除其适用。”

② 参见[德]尤尔根·巴塞多:《论经济法上的冲突规则》,载《外国法译评》1996 年第 3 期。作者分析了经济法这一明显具有公法性质的法律部门所引起的法律冲突问题,并以竞争法为例,分析了在经济法的冲突中效力原则和来源国规则的运用,指出双向冲突规范不可避免地出现于经济冲突法之中。

③ 资料来源:http://news. yahoo com,最后访问日期:2001 年 5 月 24 日。

④ 但有一点是共同的,色情图片与儿童色情图片以及性虐待、非自然性交图片是不同的,对于后者,世界各国的态度一般都是一致否定并视为犯罪行为。

上展售色情读物是违法行为。因此,如果在美国及与其相似制度的国家的当事人之间,进行色情读物的交流可能是正常的电子交易,而要是发生在美国人与中国人之间的这种交易,就有可能被视为犯罪行为,涉及公法的冲突与适用。①

另外,在电子商务的财政税收、反垄断法的效力、②电子商务的认证等方面,都将涉及各国公法的规定,并可能引发公法适用的冲突。在电子商务中所涉公法冲突大量增加的情况下,不管适用哪一国的法律,其结果都是导致公法在电子交易活动中适用的概率增大。因此,笔者认为,在电子商务准据法的选择中,公法适用的可能性增加。

① 公法冲突有时并不仅仅局限于国与国之间,在一国之内,由于各个法域间法律规定的不同,也会发生公法上的冲突。如 1996 年美国诉汤玛斯夫妇案(U. S. v. Thomas,74. F. 3d 701 6th Cir.,1996. 资料来源:http://www. eff. org. pub/legal.)。1991 年汤玛斯夫妇在加州设置了一个网址,经营一个名为"世界上最龌龊的地方"(the nastiest place on earth)的 BBS,为付费的用户传送色情图片和色情录像带。田纳西州的一邮政检查员下载了数个图形文件并订购了数套录像带后,向田纳西州法院提起诉讼,指控汤玛斯夫妇违反了田纳西州的法律。在本案中,汤玛斯夫妇的行为如依加州的法律不构成犯罪,而根据田纳西州的法律则构成淫秽罪。检察官坚持适用田纳西州的社区标准,即色情录像带送达地的社区标准。辩方律师则主张适用加州的社区标准,即材料发送地的社区标准。联邦第六巡回法庭裁决认为,即使某一州的社区标准与被告本州的社区标准有实质上的差异,该州法院仍可依据自己的社区标准进行判决,并最终适用了田纳西州的法律判决汤玛斯夫妇有罪。

② 美国与欧盟之间已经有这方面的争议,并开始了对网络交易中反垄断问题的讨论。参见邵宇奇:《美国企业间(B2B)电子交易市集与反托拉斯法之探讨》,载《行政》(澳门)2000 年第 4 期。

论 WTO 法对我国国际私法的影响*

一、序言

中国加入 WTO(World Trade Organization,世界贸易组织),融入以自由市场经济为主要特征的全球经济体系,表明了中国走向国际社会的决心和在自由竞争的国际环境中发展自身的愿望。这一事件深深触及国家和所有公民个人的利益,其影响将是广泛和深远的。本文的目的即在论述 WTO 法对我国国际私法的影响,以期对中国国际私法的立法与实践有所裨益。

1994 年 WTO 协议与 1947 年 GATT(General Agreement on Tariffs and Trade,关税及贸易总协定)不同,它涵盖了更广泛的国际贸易。除货物贸易之外,WTO 协议还扩及服务贸易、知识产权、政府采购、投资和农业等领域。新的贸易体系不再由临时适用协议、专家组报告和参加者的谅解协议组合而成,所有协议的贸易义务必须"一揽子"接受,而不能"挑挑拣拣"(pick and choose)。不仅如此,WTO 体系大大加强了原 GATT 的法律性质和"规则取向"(rule orientation),新的 WTO 争端解决程序即是很好的证明。[①] 也就是说,WTO 体系促使贸易关系中原本更受注重的"权力取向

---

* 与宋晓(武汉大学法学博士,南京大学法学院教授)合作撰写,本文原载于《中国司法评论》2002 年冬季卷(总第 5 卷)。

① See John H. Jackson, *The Jurisprudence of GATT and the WTO: Insights on Treaty Law and Economic Relations*, Cambridge, 455 (2000).

的外交方法”(power-oriented diplomatic approach)向“规则取向”的法律方法和公平的争端解决机制转变。① 关于 WTO 的相对独立的法律体系目前已经形成,本文所指的 WTO 法,就是这一法律体系,它不仅包括 1994 年《马拉喀什建立世界贸易组织协议》及其附件,还包括所有以后制定的新协议,甚至可以包括争端解决机构对协议的解释和判决。②

传统国际私法,在 20 世纪后半叶受到了美国现实主义法学者发起的“冲突法革命”的巨大冲击,与此同时,欧洲大陆国际私法也静悄悄地进行渐进性的变革。21 世纪伊始,国际私法又受到了以 WTO、电子商务等为代表的经济全球化和法律全球化的冲击,国际私法的调整与变革远未停止。③ 本文讨论 WTO 法对中国国际私法的影响,自然不能脱离国际范围的国际私法的变动与发展(至少在国际私法领域,是没有所谓“法律本土资源”可资利用的),WTO 法对“普遍”国际私法的影响,同时也是对我国国际私法的影响。

从法律功能主义的观点出发,WTO 法调整国际贸易中“公法”性质的法律关系,一般只规定国家之间的权利义务关系,用以减少国家的单边贸易措施和国家设置的其他贸易壁垒对国际自由竞争的扭曲;国际私法则调整国际贸易中的“私法”性质的关系,一般只规定私人之间的权利义务关系。以 WTO 法为主体的“公法性”法律与包括国际私法在内的“私法性”法律,是拉动国际贸易这辆马车的并驾齐驱的两匹马。WTO 规则之所以存在,主要是为了给国际贸易建立一个可预测的和自由的经济、法律环境。④ 这同样也是国际私法存在的理由,维护国际贸易当事人在国际社会“私法林立”的环境中的合理期望和正当的法律利益,一直是国际私法的首要目标。因此,法律功能主义说明,WTO 法与国际私法相互平行、相互补充,同时也相互影响、相互渗透。

---

① E. U. Petersman, “The GATT/WTO Dispute Settlement System”, *Kluwer Law International*, 64 (1997). Cited also in James Cameron & Kevin R. Gray, “Principles of International Law in the WTO Dispute Settlement Body”, 50 *International and Comparative Law QuarterJy*, 248 (2001).

② WTO 争端解决机构对协议的解释和判决不具有普遍的法律效力,鉴于它们在国际贸易中的实际作用和影响,本文也将它们纳入 WTO 法的广义的界定中。

③ 关于 20 世纪国际私法发展与变化的总结性文论,较为著名的有 Symeon C. Svmeonides, “Private International Law at the End of the 20th Century: Progress or Regress?”, *Kluwer Law International* (2000); Peter North, “Private International Law: Change or Decay?”, 50 *International and Comparative Law Quarterly*, 477 – 508 (2001)。

④ 参见世界贸易组织秘书处编:《乌拉圭回合协议导读》,索必成、胡盈之译,法律出版社 2000 年版,第 46 页。

WTO 法对国际私法各部分的影响并不停留在同一层面上,而有大小轻重之分。本文接下来首先探讨 WTO 法对国际私法一般理论问题及方法论的影响。其次渐次论述对国际法律适用、管辖权及判决的承认与执行部分的影响。最后在经济全球化和法律全球化的背景下,笔者试图阐明国际私法有着更深层次的价值基础。

二、WTO 法对我国国际私法基本理论问题的影响

就法律性质而言,一方面,WTO 协议是国际条约,WTO 法应属国际公法范畴;另一方面,除国际私法条约外,国际私法则完全是主权国家的国内法。就法律效力而言,WTO 法高于国际私法,两者在绝大多数场合下不会发生冲突。如果发生冲突,WTO 法应居优先地位。WTO 法的效力高于国际私法的结果是,一国制定自己的国际私法规则时,必须遵循 WTO 法的两项基本原则:一是国内透明度原则,由于国际私法的大部分规则是用来调整国际贸易关系的,必须按照 WTO 法的要求予以公开透明;二是非歧视原则(包括国民待遇原则和最惠国待遇原则),一国的国际私法不能用来片面地保护本国商人的利益或特定第三国商人的利益。至于 WTO 法对国际私法基本理论问题或方法论的影响,更多的是间接的。

(一)WTO 法在国际私法案件中的可适用性问题

国内法院在审理国际私法案件时,能否直接援引 WTO 法?其前提问题是,国际私法案件有援引 WTO 法的可能性与必要性吗?

WTO 法与国际私法分别调整国际贸易的不同方面,国际私法案件关系到国际贸易的私人主体之间的民商事权利义务,似乎没有直接诉求 WTO 法的必要。但是,WTO 法中的许多规则,明确地涉及了私人主体法律上的权利义务,具体说来,在反倾销、补贴与反补贴、保障措施和 TRIPs(Agreement on Trade-Related Aspects of Intellectual Property Rights,《与贸易有关的知识产权协定》)保护的知识产权诸领域,私人极有可能从中获得一定的权利。[①] 而且,上述权利也极有可能和当事人通过贸易合同的民商事权利义务交织在一起,或者成为合同民商事权利义务的先决条件。例如,出口商以进口国征收反倾销税和反补贴税为由中止合同;又如,知识产权侵权案中首先需要查明 TRIPs 的保护范围等,

---

① See James Cameron and Kevin R. Gray, "Principles of International Law in the WTO Dispute Settlement Body", 50 *International and Comparative Law Quarterly*, 295 (2001).

此类国际私法案件就可能同时涉及 WTO 法。

当我国法院在审理涉及 WTO 法的国际私法案件时,能否直接援引 WTO 法的问题,其实是国际条约是否在我国法院直接适用的问题。综观国际社会,许多重要的国家都从总体上否认了国际条约在国内的直接效力;同时也有不少的国家实践表明,那些可以明确推导出个人权利的具有"自动执行"(self-executing)性质的国际条约可以直接予以适用。① 我国国际私法规则大多规定在 1986 年的《民法通则》及 1991 年的《民事诉讼法》中,这两部法律都规定了国际条约具有优先的法律地位。② 因此,我们认为,WTO 法中那些可以明确推导出个人权利的具有"自动执行"性质的规则可以在国际私法案件中直接援引,并且享有优先的法律地位。

(二)政策分析方法的强化及国际私法的实体取向

WTO 法的方法论基础是经验主义的政策分析方法。政策虽不能脱离法律规则而存在,但政策与法律规则的不可分性已为当代法哲学所证明。③ 政策对法律规则的形成和解释有极其重要的作用。WTO 规则可视为对某种经济政策的选择,其中,大多数经济政策反映了人们消除贸易壁垒、开展自由贸易的愿望。美国的杰克逊(Jackson)教授在谈到国际经济法的方法论时说:"政策分析应优先于法律概念和法律规则的理论分析,虽然理论分析在很多情况下与政策紧密相连,但理论必须是'好理论',而'好理论'通常需要经验观察加以证明。"④WTO 法的发展虽然走上了抑制"权力取向"、强化"规则取向"的道路,但规则的形成和解释更多的是依赖于政策分析方法,而绝不是法律概念与法律逻辑,因此,更谈不上对 WTO 协议与规则的体系化。就法的形式而言,WTO 协议与规则更接近以《美国商法典》为代表的普通法系法典编纂,而甚于接近以《德国民法典》为代表的大陆法系的法典编纂。

---

① 参见[英]詹宁斯、瓦茨修订:《奥本海国际法》(第 1 卷第 1 分册),王铁崖等译,中国大百科全书出版社 1995 年版。

② 参见我国《民法通则》第 142 条、《民事诉讼法》第 238 条。

③ 政策法学派的代表人物麦克杜格尔(McDougal)指出:"法律规则——无论是从习惯、惯例还是根据其他什么渊源派生出来的——在特定案件中的每次适用,事实上都要求进行政策选择。"参见[美]博登海默:《法理学:法律哲学与法律方法》,邓正来译,法律出版社 1999 年版,第 186 页。

④ See John H. Jackson, *The Jurisprudence of GATT and the WTO: Insights on Treaty Law and Economic Relations*, Cambridge, 14(2000).

国际私法的政策分析方法,即美国柯里(Currie)教授倡导的"政府利益分析说",是美国20世纪"冲突法革命"的最大贡献之一。深受柯里影响的新的冲突法的正统学说,至少在美国的学术界渐渐地形成了。① 柯里教授的理论也是整个20世纪最富有创新精神的国际私法学说,在某种意义上复兴了国际私法的单边主义传统。②

对传统国际私法双边主义方法漠视法律选择的实体结果及个案的公正解决,美国现实主义冲突法学者深刻地予以了批判。早在20世纪30年代,卡弗斯(Cavers)教授就指出:"无论是理论上的冲突规则,还是实在法上的冲突规则,只努力地把法律问题分配到立法管辖范围内,而不是致力于特定案件的公正解决……法院的职责不是随意地选择法律,而应是解决特定争议……对法律选择将怎样影响争议解决的问题视而不见,又如何作出明智的选择呢?"③第二次世界大战后,柯里教授进一步批判道:"法律选择规则是法律世界的怪物,它从不告诉我们结果将是什么,只告诉我们到哪儿去寻找结果,规则的制定者也并不能预见规则。"他又说:"法律选择规则是空洞的没有血性的东西。它事实上并未指明重要的法律政策,导致国家对诉讼结果漠然无视……政府的一般政策被忽视了。"④

柯里教授在批判的基础上,依据政策分析方法提出了著名的"政府利益分析说"。他主张,解决法律冲突,首先需要认定与争议有关的国家是否真正因为存在某种"利益",所以需要适用本国的法律。通过考察相互冲突的法律规则的内容,可以判断上述利益存在与否,继而决定法律规则隐含的那些目的与政策能否在特定案件中得以实现。也就是说,通过规则的解释来决定相关国家是否

---

① See Lea Brilmayer, *The Role of Substantive and Choice of Law Policies in the For-mation and Application of Choice of Law Rules*, 252 Recueil des couts, 20(1995).

② 国际私法的三种基本方法分别为:单边主义方法、双边主义方法和当事人意思自治方法。单边主义方法从实体法律规则的内容的性质出发,考察它们的空间范围和时间范围,以此决定它们是否适用于特定国际民商事诉讼案件;双边主义方法则从法律关系的性质出发,通过连结因素,将国际民商事案件"分配"到特定国家的私法体系内;当事人意思自治方法是由当事人合意选择国际民商事关系所应适用的法律。

③ See Cavers, "A Critique of the Choice-of-Law Problem", 37 *Harvard Law Review*, 18(1933).

④ See Brainerd Currie, *Selected Essays on the Conflict of Laws*, Duke University Press, 180, 52(1963). 柯里教授总结说:"要是彻底抛弃法律选择规范,我们会更好。"参见该书第183页。

有意愿将自己的法律适用于特定案件。[1] 政府政策之所在,也就是政府利益之所在,这两个词一般来说是可以相互替换的。

柯里教授的学说虽有广泛影响,但并未被后来的学说与立法全盘接受。主要原因是“政府利益分析说”完全抛弃了冲突规则,而它本身又不具备法律规则的形式,其适用存在法律技术上的难题;而且它过于偏袒法院地法。现在各国的普遍做法是,将柯里的理论和传统的双边规则结合起来,将法院地国的实体政策预先规定在双边规则之中,创造出大量的选择性冲突规则、重叠性冲突规则、保护性冲突规则;同时依据法院地国的实体政策,重新制定一些单边冲突规则;还有赋予法院地国的某些实体规则以“直接适用的法”的性质,避免冲突规则的指引,从而直接实现这些规则中的实体政策。这些新发展可以称为当代冲突法的“实体取向”。

WTO 法的政策分析有别于国际私法的政策分析:前者更多地追求国际性目标,而后者更多着眼于国内目标的实现;前者维护的是国际利益,而后者主要维护国家利益。但同为调整国际贸易关系的 WTO 法和国际私法,两者的政策应取得协调。至少,WTO 协议的基本目标和基本原则,[2]理应成为国家在制定国际私法规则时予以尊重的基本政策,这样才能从不同层面协调地推动国际贸易的发展。因此,WTO 法的政策分析方法强化了国际私法的政策分析方法和实体取向。

(三) WTO 法对设定新型法律关系和新的连结点的启示

13 世纪意大利“法则区别说”的形成,标志着国际私法历史的开始。在随后的 5 个世纪里,法国和荷兰的法学家丰富了“法则区别说”。“法则区别说”致力于探究法律的内在性质,按照法律的内在性质的不同,可将一国法律大致划分为物法、人法和混合法,它们各自有不同的空间适用范围和时间适用范围。[3] 可以说,早期国际私法的识别(定性)对私法进行了创造性分类,我们可称其为“创造性识别”。而德国法学家萨维尼(Savigny)则将“法则区别说”的单

---

① 这就是“政府利益分析说”主要的推理过程。See Symeon C. Symeonides, “Private International Law at the End of the 20th Century: Progress or Regress?”, *Kluwer Law International*, 13 (2000).

② WTO 协议的基本目的是促进国际贸易自由化,基本原则主要有国民待遇原则、最惠国待遇原则、关税减让与市场准入原则和透明度原则。

③ 关于法则区别说及其定性问题的发展,可以参见[法]亨利·巴蒂福尔、保罗·拉加德:《国际私法总论》,陈洪武等译,中国对外翻译出版公司 1989 年版,第 303 ~ 331 页。

边主义发展成双边主义,创立了“法律关系本座说”。他通过对罗马私法长期深入的研习,总结罗列了具备现代规模的各种法律关系,每一种法律关系都有唯一的“本座”,“本座”所在国的法律体系应适用于该法律关系的具体案件。双边主义方法的识别,是将发生的事实和已有的法律关系的特征相对应的过程,我们可以称其为“描述性识别”。双边主义方法获得巨大成功,占据了国际私法的主导地位。但就识别而言,它在一定程度上使国际私法失去了独立创造的品格,而对民商法依赖过大。

国际私法的历史表明,对私法关系性质的识别,应该考虑各国私法自身的分类和发展,并尽可能主动地与之衔接,但是,也没有必要与私法自身的分类和发展完全保持一致。国际私法可以在比较法的基础上从各国私法、现代商人法以及 WTO 法中汲取新的思想资源,创设新的私法关系,这也是对整个私法的丰富和发展。[①] WTO 法是世界贸易最真实的反映,它不带有法律概念主义和形式主义的积弊,所创造的新的法律概念和法律关系普遍具有国际性格。而这些新的东西可资国际私法借鉴和利用。例如,GATS(General Agreement on Trade in Service,服务贸易总协定)对服务贸易的四种划分,分别是跨境交付、境外消费、在服务消费国的商业存在和自然人流动,[②]各国私法体系中并没有这种划分,但各国国际私法可以超越本国的私法体系,直接在上述四类服务贸易法律关系划分的基础上创设管辖权规则和冲突法规则。当然,这样的例子还有很多。

同理,国际私法也可以从 WTO 法中寻找到富有时代气息又贴近现实国际贸易的连结点。寻找最能体现法律关系性质的法律事实(连结点),仍然是国际私法双边主义方法的重心所在。连结点不能一成不变,必须随着时代的变迁而不断地更新、替换和丰富。当代国际私法的改进和发展,很大程度上是通过增加、丰富、软化连结点而实现的。WTO 法对国际私法来说,是蕴含大量新的有生命力的连结点的宝藏,有待于国际私法去勘探和深掘。例如,“货物原产地”、[③]在服务消费国的“商业存在”等法律事实和概念,就具备作为国际私法连结点的条件。

---

① 例如,我国《民法通则》第 148 条关于扶养的冲突规则中,扶养法律关系就有别于国内扶养法律关系的内涵,这已被众多的国际私法学者所接受和赞同。

② 参见《服务贸易总协定》第 1 条。

③ 参见《原产地规则协议》第 1 条。

三、WTO 法对国际法律适用的具体影响

WTO 法调整国际贸易"公法"层面的问题,国际私法调整国际贸易"私法"层面的问题,两者各司其职,不能相互取代。因为调整对象具有同一性,两者自然地相互渗透、相互影响。具体到国际法律适用领域,对不同的法律关系,WTO 法的影响也有直接与间接、强与弱之分。下面选择至为明显的几方面加以论述。

(一) WTO 法的框架结构对照出我国商事冲突法框架结构的分散与不完整

从 GATT 到 WTO 的五十年历程表明,WTO 的管辖范围越来越大。开始旨在削减各国的关税壁垒,后来的重心渐渐移转到削减非关税贸易壁垒方面;管辖的贸易领域从货物贸易扩及到了服务贸易、知识产权贸易和与贸易有关的投资领域,而且似乎还有不断扩展的趋势。乌拉圭回合结束时达成的 WTO 协议就表明,WTO 法几乎已经扩展到国际贸易的所有方面,其框架结构全方位地反映了国际贸易的市场活动和市场结构。①

调整国际贸易的"公法"性质的法律理应与"私法"性质的法律相携并进。但加以对照,我国的国际私法立法,尤其是商事冲突规则,分散且不完整。首先,我国缺少统一的国际私法立法,已有的国际私法规则分散在许多部门法之中,不成体系;其次,我国国际私法立法仍存在一些立法真空,尤其是商事冲突规则大量缺失;最后,WTO 法给国际私法提出了新的国际法律适用问题,对于反倾销、四种类型的服务贸易、电子商务等新型法律关系中的国际私法问题,我国还缺乏相应的立法,它们能否沿用传统的国际私法规则还有待深入研究。

总之,应加紧完善市场经济条件下的各类国际民商事法律关系的冲突规则,与 WTO 法的立法框架相对称,从而为国际贸易建立一个可预测的和自由的经济和法律环境。

(二) 当事人意思自治与 WTO 法及外国公法

意思自治是各国国际私法公认的法律选择的基本方法。当事人通过合意,自主地选择适用于国际商事合同的法律,可以直接预见国际商事交易的法律结果。不同国家的当事人可以围绕预见的结果协商谈判,从而减少交易成本,增

---

① 关于 WTO 法的框架结构,参见世界贸易组织秘书处编:《乌拉圭回合协议导读》,索必成、胡盈之译,法律出版社 2000 年版,第 7 ~ 8 页。这里仅就 WTO 法的框架结构而言。事实上,WTO 法是"不会停止的法",其内容会随着服务贸易领域自由化程度的加深,不断地调整和变化。

强交易的稳定性。同时,意思自治避免了使复杂的国际合同同时受制于不同国家法院和不同国家私法管辖的危险。[①] 因此,就促进自由贸易而言,意思自治原则与 WTO 法的基本精神是一致的。但这里也有两个问题有待解决:第一,WTO 法对当事人的意思自治构成限制吗?第二,能否以 WTO 法的基本政策为依据,解决合同自体法能否包括外国强制性法律规则甚至是公法规则的理论困境?

当事人意思自治的权利并非漫无边际的,一般来说,它受到以下三个方面的限制:第一,意思自治须是善意的且不损害第三者的利益;第二,意思自治不违反法院地国的公法规则(如刑法、税法)的规定,法院地国的"直接适用的法"性质的规则亦可以排除意思自治而径直适用;第三,意思自治不能违反法院地国的公共政策。另外,有的国家的法律要求,当事人选择的法律应与合同有"合理的"或"实际的"联系。[②]

除上述限制外,意思自治在我国是否应受到 WTO 法的限制?由于意思自治所体现的贸易自由精神和 WTO 法的基本政策是一致的,所以在司法实践中,WTO 法和意思自治相抵触的情形不大可能发生。WTO 法中那些可以直接产生个人权利的具有"自动执行"性质的规则可以在我国国际私法案件中直接援引,并且享有优先的法律地位,因此,如果合同自体法与这些规则相抵触,则应该服从于这些规则。事实上,将 WTO 法纳入我国的法律体系过程中,其中,可以直接产生个人权利的具有"自动执行"性质的规则很大部分会转化成"直接适用的法"性质的规则。WTO 法在例外情况下对意思自治构成的限制,事实上将等同于我国"直接适用的法"对意思自治构成的限制。

合同自体法能否包括外国"直接适用的法"性质的规则或公法规则?这实际上牵涉了当代国际私法的一个理论困境,即外国公法在本国法院的可适用性问题。国际私法从产生时起就一直排除外国公法在内国法院的可适用性,直到第二次世界大战以后,这个问题才开始提出,成为国际私法左右为难的理论困境。原因是第二次世界大战以后"公法"和"私法"的界限趋于模糊,为了保障市场经济安全有效地运行,各国法律对以契约为主要行为方式的私人经济活动设定种种条件和约束,这些法律既具有国家管理的"公法"性质,又直接影响了

---

① See P. J. Meconnaughay, "The Scope of Autonomy in International Contracts and Its Relation to Economic Regulation and Development", 39 *Columbia Journal of Transnational Law*, 600(2001).

② 参见黄进主编:《国际私法》,法律出版社 1999 年版,第 405 ~ 406 页。

合同当事人的权利义务关系,具有"私法"性质。在国内,它们常常构成"直接适用的法",得以排除相应的冲突规则直接予以适用。至于外国的此类规则,学术界争论不休。越来越多的国际私法学者主张应考虑外国的"直接适用的法",甚至公法规则。1987 年《瑞士联邦国际私法法规》也大胆地突破传统国际私法的樊篱,明确主张外国公法的可适用性。[①] 1980 年欧洲经济共同体《关于合同义务法律适用的公约》也有类似规定,但在实践中绝大多数国家对公约的上述规定提出了保留。[②] 到目前为止,承认外国的"直接适用的法"乃至公法规则在本国的效力,国际社会的实践仍然趋于保守。

我们认为,在各国"公法"和"私法"日益混同、私人的市场行为对整个社会福利的影响日渐增大的今天,允许当事人通过意思自治规避有关国家的管制法规,或者完全否定合同自体法包括外国的"直接适用的法"的做法,均不利于有关国家的经济安全和法制的完整。如今的国际社会紧密依存,每个国家都存在一定的义务去考虑外国的"直接适用的法",乃至"公法"性质的规则。但不能否认,有些国家的管制规则管辖过远,是为别的国家所不能接受的,[③]这也是当今国家实践趋于保守的一大原因。WTO 法是全世界普遍接受的贸易管制规则,内国法院在审查外国"直接适用的法"和"公法"性质的规范时,可以用 WTO 法的基本原则作为衡量其可适用性的依据。这样,既能帮助各国国际私法走出这一理论困境,又减少了法院地国对外国"直接适用的法"乃至"公法"规范管辖过远而损害本国利益的担忧。

(三)TRIPs 的国民待遇原则与知识产权冲突规则的关系

与国际私法其他分支的国际法律适用问题相比,关于知识产权的冲突法发展较晚。原因是知识产权法具有严格的属地特性,知识产权的产生和保护范围均依据本国法律,各国对知识产权的跨境交易也施加了较为严格的限制,这样就减少了各国知识产权的法律冲突。但在最近几十年,随着技术贸易总量的增加,以及有形货物贸易常常伴随无形知识产权的转让,与贸易有关的知识产权

---

① 《瑞士联邦国际私法法规》第 13 条规定:"根据本法规定适用外国法时,包括适用外国法的所有条款。外国法律的规定,即使具有公法性质,也可以予以适用。"

② 参见 1980 年《关于合同义务法律适用的公约》第 7 条第 1 款。同时参见 C. Parra-Aranguren, *General Course on Private International Law*, Recueil des conrs, 133(1988 – Ⅲ)。

③ 例如,美国发布的贸易禁令的效力常常及于本国公司在外国设立的子公司,这是为子公司所在地国不能接受的。See O. Lando, *The Conflict of Laws of Contracts: General Principles*, 180 Recueil des cours, 405(1984).

的保护问题于是成为举世关注的热点,这些都促使了这一领域法律冲突问题的频繁发生。

TRIPs与GATS一样,在乌拉圭回合“一揽子”交易中最具开拓性。它不仅巩固了原有的知识产权保护的国际多边协定,[①]而且有了新的突破。该协定对七大类别的知识产权逐一规定了每个WTO成员必须在其国内法律中提供的最低保护水平,这可以说是解决知识产权法律冲突的统一实体方法。

TRIPs同时也将国民待遇标准扩及对各大类别知识产权的保护。知识产权保护的国民待遇原则与知识产权的冲突规则的关系是一个非常有争议的问题。国民待遇原则在GATT和GATS中涉及的是“公法”问题,如税收、市场准入等,因此,它与调整私法关系的冲突规则没有多大的纠葛。但在知识产权领域,国民待遇针对的是知识产权这一私法权利本身,因而它与冲突规则的关系便引发了争论。[②] 它是指向法院地法的单边冲突规则吗?如果是的话,它是单独适用还是与其他冲突规则重叠适用?

国民待遇原则是协定所规定的各成员国必须履行的基本义务之一,但它本身并没有确定外国知识产权权利人的实体权利,而是留下一段空白,需要法院地的知识产权实体法予以填补。由于这种间接调整的性质,我们可以把国民待遇看作统一指向法院地法的单边冲突规则。

但是,这种单边规则并不能单独适用,也不能最终决定法院地法是唯一的准据法。这是因为:其一,国民待遇常常和TRIPs的最低保护标准联系在一起,结果是法院地国的知识产权法对外国知识产权权利人提供的保护不得低于最低保护标准所提供的保护;[③]其二,WTO成员可以完全自由地对知识产权提供更高的保护水平,当知识产权冲突规则指引的准据法和TRIPs的最低保护标准对外国人所提供的保护低于法院地国对本国人提供的保护,则应重叠适用国民待遇原则。

因此,我们可以说,国民待遇原则是和TRIPs的最低保护标准以及法院地国的知识产权冲突规则重叠适用的特殊的单边冲突规则。重叠适用的结果是,

---

① 包括《保护工业产权巴黎公约》《保护文学和艺术作品伯尔尼公约》《保护表演者、录音制品制作者和广播组织公约》。

② See William Patry, "Choice of Law of and International Copyright", 48 *The American Journal of Comparative Law*, 402 - 409 (2000).

③ Ibid., 405 (2000).

保证外国权利人所享有的权利同时不低于 TRIPs 的最低保护标准和法院地所提供给本国人的保护标准。

（四）WTO 法对电子商务法律适用问题的启示

广义的“电子商务”，是用来描述利用电子技术完成的商业行为，即利用数字技术，或其他功能等同的数字中介技术来完成货物、服务和信息的商事交易。而狭义的电子商务，是指以互联网为运行平台的商事交易。互联网电子商务是当前发展最快、未来用途最广泛的电子商务形式，是电子商务的主流。本文所讨论的主要是互联网电子商务问题。

数字化和全球化是互联网电子商务的基本特征，它给已有的法律秩序和法律技术带来了冲击和挑战，其深度和广度还在不断地延伸下去。到目前为止，依然没有形成有法律约束力的关于互联网电子商务的国际立法，许多国家和国际组织正在为此不懈地努力。①

互联网国际商务对几百年来以属地性为基本特征的国际私法的冲击和挑战将是深远的，因为互联网电子商务本身难以地域化、场所化。美国国际私法学家塞缪尼德斯（Symeonides）教授指出：“20 世纪行将结束，我们才刚刚意识到，互联网的出现可能需要我们对本学科的某些基本的理论前提进行根本性的反思。这是新近来临的挑战，但没有理由假定我们在适当的时刻不会与它正面相遇。”②

因此，互联网电子商务对国际私法的冲击与挑战仅是一个开端。法律的生命力在于保留久已沉淀的理性因素的同时，又向变动中的社会现实开放，不断地更新、生长、创造。在互联网电子商务环境下，有生命力的国际私法一成不变或彻底改变都是不可能的。世界贸易组织也一直关注着互联网电子商务法律问题，对互联网电子商务与 WTO 法的关系作了如下阐述：

“在互联网上购买和付款的产品，需要实际送达的，则仍受 WTO 既有的货

---

① See Francesco C. Mazzatte, “A Cuide to E-commerce: Some Legal Issues Posed by E-commerce for American Business Engaged in Domestic and International Transactions”, 24 *Suffolk rransnational Law Review*, 249 - 250, 259 (2001).

② See Symeon C. Symeonides, “Private International Law at the End of the 20th Century: Progress or Regress?”, *Kluwer Law International*, 78 - 79 (2000). Peter North 也表达了同样的观点：“急剧发展的商业环境、全球信息的普遍化带来的挑战在于：我们需要在多大程度上改变我们已有的国际私法的结构？” See Peter North, “Private International Law: Change or Decay?”, 50 *International and Comparative Law Quarterly*, 502 (2000).

物贸易规则管辖。但产品是通过互联网的电子信息送达的,这种情况就复杂得多了,因为产生的许多问题与寻找合适的可适用的政策制度相关。提供互联网的链接服务和其他在网上可直接送达的产品,都在 GATS 的管辖范围内,但有必要澄清哪些活动是在成员国允诺的市场准入的范围内。”①

从以上我们可以看出,WTO 处理互联网电子商务的基本思路是“在线”与“离线”相分离。通过“在线”方式订立的,但实际履行需用“离线”方式进行的合同,属于“离线”电子商务,受一般规则管辖(GATT 规则);而完全通过在线方式的商务活动,属于“在线”电子商务,应该采用特殊规则(GATS 规则)。国际私法可以从中得到启示,那就是“离线”电子商务应更多地受制于传统国际私法规则;国际私法对互联网电子商务的应战,也只需要努力寻求“在线”电子商务的特殊规则。只有“离线”与“在线”的国际私法问题相分离,这样才能在国际私法的稳定和变革之间达致平衡。英国国际私法学家诺斯(North)教授也说:“在我们考虑冲突规则是否适合于因电子商务而变化的世界时,我不相信有关财产的冲突法规则会从实际需要中剔除出去。”②

四、WTO 法对管辖权和判决执行问题的影响

管辖权、法律适用和司法协助(包括判决的承认与执行)共同组成国际私法的统一体。管辖权问题是任何领域法律适用的起点,如果管辖权问题尚未确定,准据法也就不能最后决定下来。同样地,如果司法协助特别是判决的承认与执行不能在国际社会得到保障,国际判决的价值就微乎其微了。国际私法就是围绕着这三个基本问题展开的。萨维尼(Savigny)已强调指出,管辖权和法律适用只是同一个法律问题的不同方面,这个共同的法律问题就是要实现国际民商事争议的场所化(localization)。③

从 20 世纪的后半叶开始,国际私法的内部逐渐开始一场结构性的调整,那就是研究重心逐渐从国际法律适用方面向国际民商事诉讼的管辖权及司法协助方面转移。这并不是因为国际法律适用问题的重要性下降了,而是以往各国

---

① See World Trade Organization(WTO),“Electronic and the WTO”,available at http://www.wto.ort/wto/eom/e.intro.html(last visited on June 6,2000).

② See Peter North,“Private International Law: Change or Decay?”, 50 *International and Comparative Law Quarterly*,507(2001).

③ Cited from Vischer,General Course on Private International Law,Recueil descours,199(1992 - Ⅱ).

过于注重这方面的协调和统一,却不适当地忽略了其他两方面的同等的重要性。无论从立法上还是学说上看,这种内部结构调整的趋势在今天都更为明显了。[①] 本文这里主要讨论 WTO 法对管辖权和判决执行问题的影响。我们要理解 WTO 法对管辖权及判决的承认与执行两方面的影响程度,首先必须了解国际私法自身的这一发展背景。

(一)海牙公约草案对 WTO 法立法技术的借鉴

WTO 法既未扩大也未缩小各成员国对国际民商事诉讼的管辖权。成员国在行使行政管辖权时,有可能援引"用尽当地救济"原则来对抗 WTO 法的管辖,但在行使国际民商事诉讼管辖权时,成员国完全可以自由地依自己的法律,而没有援引此项原则的必要。

从 1994 年以来,海牙国际私法会议就把工作重心转向《民商事管辖权和外国判决公约》的准备工作,我国政府自始就积极地参与谈判。该公约的基本目标是在民商事诉讼的管辖权和判决的承认与执行方面制定全球性的统一规则,保证各国判决的"自由流通",以适应经济全球化的需要。1999 年 10 月初步形成公约案文。[②]

根据美国代表的提议,关于国际民商事诉讼管辖权规则的公约草案主要借鉴了《补贴与反补贴措施协定》(《SCM 协定》)的立法技术。《SCM 协定》采用所谓"交通信号灯"的方法,将补贴分为三类:(1)明确允许的"不可诉"(non-actionable)补贴("绿灯"补贴措施);(2)明确禁止的补贴("红灯"补贴措施);(3)介于中间类别的"可诉"(actionable)补贴,被允许抑或被禁止则取决于它们对贸易产生的具体结果。[③] 相应地,国际民商事诉讼的管辖根据也可以分为三类:(1)明确允许的管辖标志,相应的判决应在各缔约国得到承认与执行;(2)禁止的管辖标志,相应的判决不能在各缔约国得到承认与执行;(3)介于中间状态的可允许的管辖标志,各缔约国可自由决定是否承认与执行相应的判

---

① 目前,海牙国际私法会议正在努力制定全球性的《民商事管辖权和外国判决公约》。关于学说重心的转移,诺斯教授用两部英国的国际私法经典著作作了很好的说明,他说:"一个粗略的比较可以说明这个问题。30 年前,讨论管辖权及判决问题的部分只占了戚希尔和诺斯(Cheshire and North)著作的 1/8,戴赛和莫里斯(Dicey and Morris)著作的 1/6,今天则分别增加到 1/3 和 1/4。" See Peter North, "Private International Law: Chang or Decay?", 50 *International and Comparative Law Quarterly*, 500(2001).

② See http://www.hcch.net/e/conventions/draft36e.htm.

③ 参见《补贴与反补贴措施协定》第 3 ~9 条。

决。公约草案对《SCM 协定》成功的立法技术的借鉴,目的在于协调不同国家分歧较大的国内立法。[①] 但是,主要因为美国和欧洲国内立法的矛盾和对公约的实质政策的分歧,该公约的谈判陷入僵局,前途难料。[②]

(二)外国判决的承认与执行成为一个贸易问题

WTO 法对国际民商事诉讼的实质理论并没有改变,但国际社会新近有一种观点,尤其是美国的学者认为,应该把外国判决的承认与执行看作一个贸易问题,甚至应将它纳入 WTO 法的框架内,利用WTO 的已有的多边体制达成一个关于执行外国判决的新的 WTO 协议。[③]

如果国际社会普遍承认这种观点并付诸实施,那意味着外国判决的承认与执行问题将告别国际私法而成为"国际公法"的一部分,无疑对国际私法的这部分造成根本性的改变。这种观点产生的现实与理论背景主要包括下述三个方面:一是我们已经提到的管辖权与判决问题得到更多关注,国际私法内部正进行一场结构性调整;二是不同类型的国家关于外国判决的承认与执行的立法的分歧和矛盾,不能适应经济全球化的客观要求,导致分歧和矛盾更为尖锐;三是海牙国际私法会议关于管辖权及判决的公约谈判陷入僵局。

在外国判决的承认与执行问题上的政策分歧,大致集中在美国、欧盟及经济发展势头良好的发展中国家这三种国家类型中。美国作为当今世界经济贸易的中心,在海外和国内的国际投资和贸易量均居首位。与此经济地位相适应,美国一方面通过"一般性经济活动管辖权"扩大本国法院的管辖权,另一方面鼓吹外国判决的"自由流动"来保障本国法院的判决能在其他国家得到执行。因此,美国法院渐渐单方面地放弃了最高法院在 1895 年的"希尔顿诉盖奥特"(Hilton v. Guyot)案中确立的"互惠要求"的执行外国判决的条件,希望其他国家也同样放宽对美国法院判决的执行条件。但事实上,美国公司在其他国家遍地都是,其他国家的判决较易用这些美国公司在本国的财产得到执行,而不需要申请美国法院执行,因此,其他国家就不愿放宽对外国判决(尤其对美国判

① See Antonio F. Perez, "The International Recognition of Judgmerits: The Debare between Private and Public Law Solutions", 19 *Berkeley Journal of Internationul Law*, 90(2001).

② 欧洲国家想推行"布鲁塞尔－卢加诺"公约的欧洲模式,坚决反对美国的"一般性经济活动管辖权";美国则坚持主张其国内法所规定的"一般性经济活动管辖权",反对将此列入禁止的管辖权标志的清单。双方对此无法达成妥协,遂使谈判陷入僵局。

③ See Antonio F. Perez, "The International Recognition of Judgments: The Debate between Private and Public Law Solutions", 19 *Berkeley Journal of International Law*, 44－51(2001).

决)的执行条件。[①] 2000 年 12 月,欧盟理事会通过了《关于民商事案件管辖权及判决的承认与执行条例》,将 1968 年的布鲁塞尔公约正式纳入欧盟法。此举加强了欧盟成员国在相互承认与执行判决方面的协作与团结。[②] 随着中国、巴西和印度等发展中国家经济发展步伐加快,这些国家的产品更多地涌入美国等发达国家,在发达国家对发展中国家提起产品责任的诉讼案件将越来越多,因而发达国家开始更多地关心这些发展中国家对外国判决的承认与执行的政策。

美国意识到本国与欧盟等其他国家在判决执行条件上的不对称,所以,在 1992 年就倡导海牙国际私法会议制定全球性公约,试图改善他国对美国判决的执行条件。目前海牙国际私法会议的谈判陷入僵局,于是美国想利用其在 WTO 谈判中的成功经验,把判决执行问题与贸易问题进一步挂钩,提议放弃海牙谈判,转而利用 WTO 机制,达成一个 WTO 协议。所有 WTO 协议以"一揽子协议"著称,成员国不能挑挑拣拣,只能"一揽子"接受,而且各协议之间相互制约、相互补充,只要成员国违反其中一个协议,就有可能最终遭到其他利害国用不履行其他协议的方式进行报复,每个 WTO 协议的条约效力由此得以强化。[③] 因此,如果能在 WTO 框架中达成关于执行外国判决问题的协议,其最终效力势必能得到充分保证。

(三)中国应有之态度

随着世界经济相互依存的程度加深,外国判决需要在国际范围内得到承认与执行的情形也随之增多。如果各国在此方面采取保守和严格的立法政策,导致判决越出国界动辄无效,那必定会损害国际贸易与投资商对司法救济的信心,他们的合理期望和正当利益就得不到应有的保护,最终将给国际贸易和投资带来负面影响。因此,客观地说,国际判决问题成为一个贸易问题是有其内在的合理性的。

一般说来,除互惠条件之外,外国判决要在本国法院得到承认与执行,还须满足两个基本条件:第一,外国判决应当建立在合理的管辖权基础上;第二,外

---

① See Antonio F. Perez, "The International Recognition of Judgments: The Debate between Private and Public Law Solutions", 19 *Berkeley Journal of International Law*, 58 - 63 (2001).

② See http://europa. eu. int/cómm. /justice-home/pdf/com1999 - 348 - en. pdf > (visited on 15 Oct. 2000).

③ 参见《关于争端解决规则与程序的谅解》第 19 ~ 22 条。另外参见世界贸易组织秘书处编:《乌拉圭回合协议导读》,索必成、胡盈之译,法律出版社 2000 年版,第 37 ~ 38 页。

国判决不违反本国的公共政策。[①] 美国从本国利益出发,利用“一般经济活动管辖权”扩大自己的管辖权,为欧盟及其他许多国家所不能接受,这也是美国判决经常遭到外国抵制的一个重要原因。目前,国际社会要在管辖权方面取得共识,还有很长的路要走。至于各国的公共政策,包含贸易与非贸易的,分歧更为显著,尤其对于非贸易政策,涉及环境标准、劳工标准等,发达国家与发展中国家在 WTO 舞台上的矛盾与斗争是公开化的。因此,只要这两个基本条件不能在全球达成初步共识,国际判决即使与贸易有关,但就目前而论,要通过 WTO 机制达成一个新协议还是为时尚早。国际社会仍然需要通过传统的“私法”方法进行磋商和协调。

五、结语:WTO 法、法律全球化和国际私法的价值

全球化既是我们时代的趋势,又是我们时代的现实,它构成我们时代最基本的特征之一。全球化最集中地表现在全球经济和技术两方面,它既是世界经济整合成统一经济系统的过程,也是覆盖全球的信息网络的代名词。

法律全球化也主要集中在国际法特别是国际商事法律领域,既是对经济和信息全球化现实的描述,也是超越它们的价值规范过程。因此,不能把法律全球化等同于经济、信息全球化,后者是一个相对简单的客观过程,而前者却是相对复杂的、隐含价值判断的过程。比之经济全球化、信息全球化,法律全球化的程度显然要低得多,可以说只是一个开端。

WTO 法是法律全球化最集中的表现,它是对各国干预世界经济、世界市场的国内措施的统一立法,旨在消除贸易壁垒,最大限度地促进世界贸易的自由化。但从 GATT 到 WTO 的整部历史来看,WTO 法的管辖范围越来越大,从部分货物贸易到几乎全部的货物贸易,进而到服务贸易,与贸易有关的知识产权和投资措施;从关税壁垒到非关税壁垒;甚至从贸易政策扩张到诸如国内竞争政策的非贸易政策;[②]也甚至从贸易标准扩张到环境标准、劳工标准等非贸易标准。笔者不禁要问,何处才是 WTO 法的适当的外部界限?法律全球化将会无

---

① 我国按照国际条约的规定和互惠原则承认与执行外国判决。审查的对象只涉及公共秩序,没有涉及管辖权,这应当说是我国法律规定的不足。参见《中华人民共和国民事诉讼法》第 267 ~ 268 条。

② See Eleanor M. Fox,“Toward World Antitrust and Market Access”,91 *The American Journal of International Law*,1 -25(1997).

限进行下去吗？

我们可以从国际私法的角度间接地回答这个问题。国际私法的存在与发展是以多元私法的存在为前提的。在解决国际法律适用问题时，国际私法力图中立地看待各国私法，更不贬低任何国家的私法制度，从某个侧面看，国际私法的发展，就是与狭隘的“法院地法倾向”作斗争的历程。国际私法最终追求的是多元私法的“平等与民主”，这正是国际私法的伟大价值之所在。只有实现多元私法的“平等与民主”，才能为国际社会解决各种复杂的、难以预料的危机和难题提供多种选择方案。如果盲目冒进地追求私法统一，最终破坏的将是绝大多数市场主体的契约自由。

WTO 协议对政府干预国际经济的公法行为构成限制，无论是 GATT 还是 GATS，都不直接涉及私人的权利义务，也就是说，并不直接涉及私法内容。当 WTO 意欲将其管辖范围扩展至环境标准、劳工标准、国内竞争政策和国际判决的执行等领域时，就会大面积地涉及各国私法内容。无可否认，上述问题均与国际贸易有紧密联系，各国相关的立法与歧异确实会在一定程度上阻碍国际贸易的自由进行。虽然 WTO 法的“规则取向”不断地得到强化，但较之历史悠久的私法来说，WTO 法还是带有浓重的“权力取向”和政治妥协色彩。WTO 法“一揽子协议”的约束办法，用来削减各国政府的贸易壁垒，是非常有效的，但用“一揽子协议”来解决分歧和矛盾较大的私法问题，将私法问题公法化，最终将会抑制私法的发展和破坏多元私法的民主和平等。因此，法律全球化和 WTO 法都应该有合理的界限，那就是不破坏多元私法的存在和发展。私法的统一应是一个自发的、经久磨合的过程。

一国对环境标准、劳工标准和竞争政策的立法兼有“公法”和“私法”相混合的性质。这些法律以往具有严格的属地效力，并不容易产生法律冲突问题。在经济全球化和信息全球化席卷过来的今天，这些领域的法律冲突问题才开始引起人们的普遍关注。事实上，国际社会的一种尝试工作已经开始，那就是利用国际私法方法来协调上述领域的法律冲突。[①] 我们认为，目前应该选择国际私法方法来解决上述领域的法律冲突，而不宜将它们纳入 WTO 法的框架。

WTO 法管辖国际贸易“公法”层面的问题，国际私法管辖国际贸易“私法”

---

① 解决各国经济法律冲突，通过创设双边冲突规则是有可能的。See Jürgen Basedow, “Conflicts of Economic Regulation”, 42 *The American Journal of International Law*, 446 – 447 (1994).

层面的问题,两者各司其职,不能相互取代。我们应坚持法律功能主义的这种看法。WTO法对国际私法产生了许多积极影响,但是,许多与贸易有关的国内法领域目前仍应通过国际私法方法解决。中国在加入WTO、推动国际自由贸易和法律全球化的同时,也应当加强对本国私法和国际私法的完善和创新。

中国冲突法体系初探*

中华人民共和国成立以后，我国废除了帝国主义强加给我们的所有不平等条约，取消了外国人在华的一切特权，为独立自主地进行对外交往，乃至建立完善的冲突法制度创造了良好的条件。但是，在近 30 年里，由于种种原因，我国冲突法立法还没有被足够重视，我国法学界对冲突法的理论研究也比较落后。除 1959 年中苏领事条约有一条冲突规范外，[①]在我国缔结或参加的国际条约中未找到其他的类似规定，关于冲突规范的国内立法则还是空白。党的十一届三中全会后，随着我国对外开放向深度和广度发展，我国冲突法的立法工作终于从 1983 年开始提到国家立法工作日程上来。从 1983 年至 1987 年的短短 4 年多时间，我国陆续颁布了《中外合资经营企业法实施条例》《涉外经济合同法》《继承法》《技术引进合同管理条例》《民法通则》[②]《中国银行对外商投资企业贷款办法》等法律，其中都含有冲突规

---

* 本文原载于《中国社会科学》1988 年第 5 期，中国人民大学书报资料中心复印报刊资料《法学》1988 年第 10 期转载。

① 参见《中华人民共和国条约集》第 8 集（1959 年），法律出版社 1960 年版，第 24 页。

② 《中华人民共和国民法典》自 2021 年 1 月 1 日起施行。《中华人民共和国婚姻法》、《中华人民共和国继承法》、《中华人民共和国民法通则》、《中华人民共和国收养法》、《中华人民共和国担保法》、《中华人民共和国合同法》、《中华人民共和国物权法》、《中华人民共和国侵权责任法》、《中华人民共和国民法总则》同时废止。——编者注

范。特别是《民法通则》第八章专门规定了涉外民事关系的法律适用问题。这样,在中国现有的法律体系中,一个初具规模的中国冲突法分支体系已初步形成,并不断完善。本文试图就中国冲突法体系的原则、结构、内容和缺陷发表一些探索性的意见。应该指出的是,在国内和国外,冲突法常常被叫作国际私法,而对于国际私法的范围,学者们的主张是有分歧的,但有一点可以肯定,大家都认为冲突规范是国际私法的内容。因此,本文仅是根据中国现存的冲突规范及其有关立法对中国的冲突法体系进行探讨。

一、中国冲突法体系的原则

中国冲突法作为中国现行法律体系中的一个分支体系,必然受到一些基本原则的支配。这些原则既曾指导冲突法的制定,又将指导冲突法的实施。其原则有:

(一)国家主权原则

国家主权,是国家独立自主地处理自己的内外事务的权力。这种权力不可分割、不可让与、不从属于任何外来的意志。它在国内是最高的,领土内的一切人和事以及领土外的本国人都要受其管辖;在国际上则是平等独立的,不受任何外来干预。坚持国家主权原则是建设独立的冲突法制度的关键。因为立法权和司法权是国家主权的重要内容,而国家的立法权和司法权不能独立或没有得到应有的尊重,就没有冲突法存在和发展的条件。

我国冲突法充分体现了国家主权原则。首先,我国冲突法的制定与适用体现了国家主权原则。我国冲突法是我国在对外开放、国家主权独立和完善的情况下的自主立法,没有任何外来势力的干扰和影响。我们也承认在一定条件下适用外国法来处理涉外民事关系,但这是根据我国自己的冲突规范去选择适用,也就是说,适用外国法只是适用我国冲突规范的结果,适用外国法是为了公正、合理地处理涉外民事关系,促进我国的对外开放。这不仅不会有损于我国国家主权,反而是更好地坚持和维护了国家主权原则。其次,我国冲突法采用了公共秩序保留条款这一"安全阀"来保护国家主权。公共秩序保留是冲突法中一项重要的维护国家主权的制度。各国冲突法立法或司法实践无不肯定这一制度,我国冲突法也采用了这一制度。我国《民法通则》第150条规定:"依照本章规定适用外国法律或者国际惯例的,不得违背中华人民共和国的社会公共利益。"这表明,我国冲突法不容适用外国法或国际惯例时有损于我国的根本利益。当然,"公共秩序"是一个比较广泛的概念,公共秩序保留制度是一个具有弹性的制度,我国究竟如何在冲突法中运用公共秩序保留制度来维护国家主权,值得进一步深入研究。

(二)平等互利原则

在冲突法上平等互利意味着进行经济、民事交往的各国及其公民和法人在法律上互相平等和彼此获利。"相互性"在其中占有很重要的地位。而且,平等和互利是两个相互联系又不可分割的概念,只有平等才能互利,也只有互利才能实现真正的平等。

首先,平等互利原则要求各国民商事法律处于平等的地位。各国都有自己的民商事法律,而且各自的法律千差万别,因此,当各国人民在相互交往中发生冲突时,只有各国民商事法律处于平等的地位,才有冲突法的存在。因为这种平等的结果必然是各国互不歧视对方国家的民商事法律,彼此承认对方国家的民商事法律在本国的域外效力,承认依对方国家法律所产生的既得权,从而导致内外国法律的选择或适用问题的产生。如果在民商法领域,各国都坚持狭隘的属地主义,在法律适用上强调本国的法律优于他国的法律,对外国法一概采取排斥态度,那么,各国法律无平等可言,也就不需要冲突法了。我国现有的冲突规范,除少数单边冲突规范规定某种民事法律关系必须适用中国法外,大多为双边冲突规范,都可能结合涉外民事法律关系的具体情况需要适用外国法,体现了我国在对外交往中承认外国民商法与我国民商法的平等共存。

其次,平等互利原则要求中外当事人在涉外民事法律关系中处于平等的地位,它们的合法权益受到同等的法律保护。我国《民法通则》第 3 条规定:"当事人在民事活动中的地位平等。"我国《宪法》第 18 条第 2 款规定:"在中国境内的外国企业和其他外国经济组织以及中外合资经营的企业,都必须遵守中华人民共和国的法律。他们的合法的权利和利益受中华人民共和国法律的保护。"第 32 条又规定:"中华人民共和国保护在中国境内的外国人的合法权利和利益。"这些规定进一步保证了在冲突法中贯彻平等互利的原则。另外,我国冲突法的具体规定也保证了涉外民事法律关系的当事人之间的平等互利。例如,对于涉外合同的法律适用,我国冲突法规定,合同当事人有权自主选择应适用的法律,但这种选择不是当事人哪一方的独断选择,而应是当事人通过平等协商,就有利于双方的法律所进行的共同选择。

(三)国际条约优先原则

国际条约是国家及其他国际法主体间所缔结的确定其相互关系中的权利

与义务的一种书面协议。一国不仅通过制定国内法,而且常常通过缔结或参加国际条约来处理涉及本国的涉外民事法律关系。尽管各国在立法时会尽量使本国的法律与本国参加或缔结的国际条约协调一致,但由于国际关系的复杂性,由于国际条约不可能是一国单方面的意志的反映,由于考虑到具体的国家之间的关系和国家利益,因而出现国内法与国际法相冲突的情况是完全可能的。对于如何解决国内法与国际条约的冲突,各国实践并不一致。我国立法对此则明确确立了国际条约优先的原则。我国《继承法》第 36 条第 3 款在确定涉外继承的法律适用时规定:"中华人民共和国与外国订有条约、协定的,按照条约、协定办理。"后来,《民法通则》在"涉外民事关系的法律适用"这一章中又再次专门肯定了这一原则。众所周知,"条约必须遵守"是一项重要的国际法原则。我国冲突法确立的国际条约优先原则是与这一原则一致的。

(四)国际惯例补缺原则

我国的冲突法立法是近几年的事情,虽然我国冲突法作为一个体系的大框架已经搭建起来了,但它还不够健全和完善。鉴于我国的冲突规范不多,缔结或参加的含有冲突规范的国际条约较少,我国立法确定了国际惯例补缺原则。我国《民法通则》第 142 条第 3 款规定:"中华人民共和国法律和中华人民共和国缔结或者参加的国际条约没有规定的,可以适用国际惯例。"这表明,我国法院在处理涉外民事案件时,如在法律适用问题上我国法律和我国缔结或参加的国际条约对案件所涉问题未加规定,可以借用国际惯例来处理案件。

国际惯例,又称国际习惯,一般是指各国重复类似行为而形成的具有法律约束力的不成文原则或规则。在各国长期的实践中,冲突法领域内也形成了一些国际通行的惯例,如"不动产依物之所在地法原则""场所支配行为原则""公共秩序原则""当事人意思自治原则""既得权的保护和尊重原则""最密切联系原则"等。虽然其中的一些国际惯例已为我国冲突法立法所采纳,但对于那些我国立法尚未采取的国际惯例,在我国法律和我国缔结或参加的国际条约对相关问题又未作规定的前提下,我国法院也不妨借助这些国际惯例来裁断案件。此外,在国际商业领域,还有大量在长期商业实践的基础上发展起来的用于解决国际商事问题的实体法性质的国际惯例,国际惯例补缺原则也可以理解为借用这部分惯例来解决国际商业交往中的法律冲突问题。《涉外经济合同法》第 5 条第 3 款的规定,即"中华人民共和国法律未作规定的,可适用国际惯例",就有这种意义。不过,依据《民法通则》第 150 条的规定,适用惯例不得违背中华人民共和国的社会公共利益。

(五)最密切联系原则

所谓最密切联系原则,就是指某一涉外法律关系或某一涉外案件应适用与该法律关系或该案件有最密切联系的那个地方的法律。最密切联系原则实际上是在萨维尼的"法律关系本座说"基础上发展起来的。萨维尼认为,每一种法律关系都有其"本座"(seat),而"本座"就是该法律关系与某一法域的联系所在,该法律关系应适用其"本座"地法。这里,他强调了法律关系和某一法域的联系。后来,一些学者继承了萨维尼的学说,但又嫌"本座"一词太含糊,于是,吉尔克(Gierke)用"引力中心"(centre of gravity)一词代替"本座",强调用法律关系本身的"引力中心"地的法律来调整该法律关系。英国的韦斯特莱克则进一步抛弃地域观念,主张法律关系适用与该关系有最紧密的联系(the most closely connected)的法律。① 不过,最密切联系原则不是简单地继承了萨维尼的学说,而是对它的否定之否定。这是因为萨维尼认为任何法律关系只有一个"本座",一旦依这种学说制定出冲突规范,就是一种硬性的冲突规范,法院只得机械地依这种冲突规范去选择法律。相反,依最密切联系原则制定出的冲突规范,一般是一种弹性的或者说是一种更灵活的冲突规范,它并不硬性规定哪个地方的法律是最密切联系地法,只是提供或根本不提供一些可供选择的连接点,而让法院结合案件的具体情况去确定最密切地法作为准据法。不过,有的国家的立法也依最密切联系原则作硬性规定,如1978年的《奥地利国际私法法规》采取的做法即是如此,其理由是这种硬性规定体现了最密切联系原则。目前,最密切联系原则在许多国家的立法和司法实践中已得到反映,一些国际条约也采纳了这一原则。在学术界,这一原则更是受学者们的青睐。可以肯定地说,运用最密切联系原则进行法律选择已成为一种国际性的趋势。

我国冲突法立法是在最密切联系原则发展成熟的条件下开始的,故一开始就接受了最密切联系原则。在我国现有的冲突规范中,已有3项条款明确采用了最密切联系原则:一是《涉外经济合同法》第5条第1款,它规定,涉外经济合同的当事人对处理合同争议所适用的法律未加选择时,"适用与合同有最密切联系的国家的法律";二是《民法通则》第145条第2款,它规定,各类涉外合同的当事人没有选择处理合同争议所适用的法律时,"适用与合同有最密切联系的国家的法律";三是《民法通则》第148条,它规定:"抚养适用与被抚养人有最

---

① See M. Wolff, *Private International Law*, 371(1945).

密切联系的国家的法律。”有些其他规定虽然没有使用“最密切联系”一词,但其规定本身却体现了最密切联系原则。例如,《涉外经济合同法》第5条规定:“在中华人民共和国境内履行的中外合资经营企业合同、中外合作经营企业合同、中外合作勘探开发自然资源合同,适用中华人民共和国法律。”我国冲突法之所以以单边冲突规范的形式规定这三类合同只适用中国法,是因为在这三类合同中,除合同当事人一方是外方外,其他的有关因素都发生在中国或与中国有密切联系,如合同的缔结和履行地在中国,合营或合作企业所在地在中国,合同关系着中国重大的经济利益等。显然,这三类合同只可能与中国法律有最密切的联系,只有适用中国法律才是公平合理的。

二、中国冲突法体系的结构

从我国现有的冲突法立法来看,其立法结构可以从纵向和横向两方面来加以分析。

(一)纵向结构

在纵向结构方面,我国的冲突法立法具有以下三个层次:

1. 地方性法规中的冲突规范。地方性法规是地方权力机关及其常务委员会所制定的法规。根据早在1981年11月26日通过的《全国人民代表大会常务委员会关于授权广东省、福建省人民代表大会及其常务委员会制定所属经济特区的各项单行经济法规的决议》,广东省、福建省人民代表大会及其常务委员会,有权根据有关的法律、法令、政策规定的原则,按照各该省经济特区的具体情况和实际需要,制定经济特区的各项单行法规,并报全国人民代表大会常务委员会和国务院备案。[①] 后来,我国《宪法》第100条又规定:“省、直辖市的人民代表大会和它们的常务委员会,在不同宪法、法律、行政法规相抵触的前提下,可以制定地方性法规,报全国人民代表大会常务委员会备案。”近年来,我国各地制定了大量的地方性法规,其中一些法规中包含有冲突规范。例如,1984年1月11日由广东省第六届人民代表大会常务委员会第五次会议批准的《深圳经济特区涉外经济合同规定》第35条即属冲突规范,它规定:“在特区履行的合资经营合同、合作经营合同和自然资源的合作开发合同等与中国主权有密切

---

① 该决议参见《中华人民共和国法律汇编(1979~1984)》,人民出版社1985年版,第278页。

关系的合同,仲裁处理纠纷,必须适用中华人民共和国法律。”①总的来说,我国地方性法规中的冲突规范还比较零散,仅出现在关于经济特区的地方性法规中;就其内容而言,它们与中央立法中的冲突规范没有什么不同,只是有时比中央立法中的有关规定先行面世。

2. 国务院及其所属各部委制定的法规、规章中的冲突规范。我国《宪法》第89条规定,国务院有权“根据宪法和法律,规定行政措施,制定行政法规,发布决定和命令”;第90条第2款规定,国务院所属“各部、各委员会根据法律和国务院的行政法规、决定、命令,在本部门的权限内,发布命令、指示和规章”。随着我国实行对外开放政策,国务院及其所属部、委颁布了大量涉外经济法规和规章,其中含有冲突规范的主要有:1983年9月20日国务院发布的《合资经营企业法实施条例》(第15条)、1985年9月24日国务院发布的《技术引进合同管理条例》(第5条)以及1987年4月7日由国务院批准并于1987年4月24日由中国银行公布的《中国银行对外商投资企业贷款办法》(第25条)等。属于这一层次的冲突规范都是就有关法规所涉及的专门问题所作出的冲突法规定。而且,从现有的规定来看,几乎全是关于涉外合同的法律适用的规定,只不过不同法规中的规定涉及不同的合同而已。随着我国对外开放向深度和广度发展,属于这一层次的冲突规范还会逐步增多。

3. 全国人民代表大会及其常务委员会所颁布的法律中的冲突规范。这一层次的冲突规范是在上述两个层次的冲突规范已有一定的基础上发展起来的。到目前为止,已有3项法律含有冲突规范:一是1985年3月21日第六届全国人大常委会第十次会议通过的《涉外经济合同法》(第4条和第5条);二是1985年4月10日第六届全国人大第三次会议通过的《继承法》(第36条);三是1986年4月12日第六届全国人大第四次会议通过的《民法通则》(第八章)。由于这个层次的冲突规范在一定程度上是在总结上述两个层次的冲突法立法经验的基础上建立的,相对而言,它们更全面、更系统、更完善。另外,由于这个层次的冲突规范,包含在全国人大及其常委会的立法中,因而它们在效力上高于上述两个层次的冲突规范。还应该看到,前两个层次的冲突规范一般都是就专门问题所作的关于法律适用的规定,而全国人大则可以在民事基本法律中对冲突法的一般性的问题作出规定。这样,这个层次的冲突法就带有一般性和指导性的

① 广东省人民代表大会常务委员会法律委员会编:《广东省地方性法规汇编(1979.12~1986.6)》,广东人民出版社1987年版,第166页。

特点,成为前两个层次今后的冲突法立法和冲突法施行的基础与指针。

我国冲突法立法既有全国人大及其常务委员会的立法,又有国务院及其部、委的立法,还有地方立法。这种立法结构的多层次性是我国立法机关在对外开放中根据我国的具体情况,探索冲突法立法经验的结果,它从纵向方面使我国冲突法立法逐渐系统起来。

(二)横向结构

迄今为止,外国冲突立法有5种横向结构模式。(1)将冲突规范分别规定在民法典的不同篇章中。1804年的《法国民法典》以及受该法典影响的奥地利、意大利、比利时、葡萄牙、西班牙、墨西哥、巴西、智利、阿根廷等国的民法都采取或曾经采取这种做法。(2)在民法典中列入专章或专篇专门规定冲突法。例如,苏联于1961年颁布的《民事立法纲要》第八章和1968年颁布的《婚姻和家庭立法纲要》第五章分别专门规定了有关的法律适用问题。(3)以专门法典或专门法规的方式制定系统的冲突法。最早以这种方式制定冲突法的是德国,它于1896年颁布了德国《民法施行法》,专门对法律冲突的解决问题进行了规定。之后,日本1898年颁布的《日本法例》,波兰1926年和1965年颁布的《波兰国际私法》,泰国1939年颁布的《泰国国际私法》,德意志民主共和国1975年颁布的《关于国际民事、家庭和劳动法律关系以及国际经济合同适用法律的条例》,奥地利1978年颁布的《奥地利国际私法法规》等,都采取了这种立法方式。(4)将冲突规范和国际民事诉讼程序规定或外国人民事法律地位规范合并规定在一个专门的法典或专门的法规中。阿尔巴尼亚1964年颁布的《关于外国人民事权利地位和适用外国法的法律》,1979年匈牙利人民共和国主席团关于国际私法的第13号法令,南斯拉夫1982年的《法律冲突法》以及1987年通过的《瑞士联邦国际私法法规》等,都采用了这种立法方式。(5)在单行法规中就所涉问题规定专门的冲突规范。例如,英国《1882年汇票法》(Bills of Exchange Act l882)和苏联《海商法》内都含有相关的冲突规范。另外,在普通法系国家,冲突法大多为法官制定法,以判例法形式存在。

从第二次世界大战后世界各国冲突法立法情况来看,大多采用上述第三种和第四种模式,间或采用第五种模式。第二种模式主要是苏联和个别东欧国家所采取的模式。不过,由于第三种和第四种模式是采用专门法典或专门法规的方式制定冲突法,因而它们常常为那些冲突法立法经验比较丰富的国家所取。而对于那些冲突法立法经验相对不足的国家来说,则不适宜采用这两种方式。比较而言,第二种和第五种模式更加灵活和方便。

我国冲突法立法的横向结构采取了两种模式：首先是在单行法规中就所涉及问题规定有关的冲突规范，如《合资经营企业法实施条例》《涉外经济合同法》《继承法》等都采取这种方式；随后在《民法通则》中专辟一章（第八章）比较系统地规定了涉外民事关系的法律适用问题。可见，我国冲突法立法经历了一个从单行法规的单项规定迈向《民法通则》的集合规定的过程。可以肯定地说，由于《民法通则》的集合规定不尽完善，有时需要在单行法规中加以弥补，故我国冲突法立法所采取的这两种横向结构模式会在一定的时期内同时共存，互相协调，互为补充。在《民法通则》颁布后，经国务院批准由中国银行发布的《中国银行对外商投资企业贷款办法》对有关借款合同的法律适用问题又作规定，便是可资证明的例子。我国之所以同时采取这两种立法方式，首先是因为目前我国冲突法立法经验不足，颁布一部冲突法法典或专门法规的条件尚未成熟；其次是因为在对外开放过程中，必须先根据需要制定大量的涉外民事和经济法规，并在这些法规中对有关的法律冲突问题加以规定，在此基础上才可能对法律适用问题作集合规定；最后是因为这两种方式可以互相协调，互为补充。单行法规中的冲突规范是就法规所涉问题作出的规定，比较单一、不可能对冲突的一般问题加以规定，而《民法通则》中的专章规定则比较系统、全面，正好弥补前者之不足。另外，《民法通则》的冲突法规定还不够完善，也不及单行法规中制定冲突规范灵活，需要单行法规中的冲突法立法加以弥补。

通过对我国冲突法立法的纵、横两方面结构的分析，可以看出，我国冲突法在立法结构上已初步形成了和谐统一的体系。

三、中国冲突法体系的内容

根据我国现有的冲突法规范，我国冲突法的内容归纳起来有如下几个方面：

（一）一般性规定

一般性规定，或总则性规定，是对冲突法中带普遍性的原则、制度和其他问题所作的规定，它们对整个冲突法都具有指导作用。我国冲突法的一般性规定主要体现在《民法通则》之中。现有两条，即第 142 条和第 150 条。它们包含有四个方面的内容。（1）适用范围的规定。该通则第 142 条第 1 款确定了《民法通则》第八章的各项规定是用于解决含有涉外因素的民事关系适用何国法律的问题。（2）国际条约优先原则。该通则第 142 条第 2 款规定了这一原则。

(3)国际惯例补缺原则。该通则第 142 条第 3 款确立了这一原则。(4)公共秩序保留。一般来说,公共秩序保留条款或公共秩序条款或公共政策条款是各国冲突法的必备条款。《民法通则》第 150 条就是这样一种条款,但该条没有使用“公共秩序”或“公共政策”的措辞,而是规定:“依照本章规定适用外国法律或者国际惯例的,不得违背中华人民共和国的社会公共利益。”不过,在解释上,“社会公共利益”应与通用的“公共政策”或“公共秩序”同义。较之其他国家的同类法律条文,我国的公共秩序保留条款的矛头所向,不仅是依我国冲突规范本应适用却违背我国社会公共利益的外国法律,而且包括那些违背我国社会公共利益的国际惯例。这可以说是我国的公共秩序保留条款的独特之处。

(二)民事能力

民事能力包括民事权利能力和民事行为能力。我国《民法通则》第 143 条对定居国外的中国公民的民事行为能力的法律适用问题作了规定:“中华人民共和国公民定居国外的,他的民事行为能力可以适用定居国法律。”世界上通行依当事人属人法(或本国法或住所地法)解决涉外民事关系中自然人行为能力的法律冲突。但随着国际商业贸易的发展和扩大,为保证贸易关系的稳定,有些国家在当事人缔结合同的行为能力上主张选择适用当事人属人法或行为地法。该通则第 143 条讲的“定居国法律”,应理解为海外华侨住所地国家的法律,故这条规定实际只是以住所地法为属人法,并用之确定定居国外的中国公民的民事行为能力。它规定“可以”适用定居国法律,并用之确定定居国外的中国公民的民事行为能力。它规定“可以”适用定居国法律,意味着不是必须绝对适用之,也可以不适用之,在不适用时适用何国法律则无明文规定。至于定居中国或临时来华的外国人或无国籍人的民事权利能力和民事行为能力的法律适用问题,《民法通则》第 8 条规定:“在中华人民共和国领域内的民事活动,适用中华人民共和国法律,法律另有规定的除外。”“本法关于公民的规定,适用于在中华人民共和国领域内的外国人、无国籍人,法律另有规定的除外。”

(三)所有权

目前,世界各国解决所有权的法律冲突,无论是关于不动产所有权的法律冲突,还是关于动产所有权的法律冲突,广泛适用的是物之所在地法这一原则。但也有一些例外,如被继承的财产一般因继承关系而适用被继承人死亡时的属人法;运输中的货物所有权依目的地法或起运地法;运输工具的所有权依旗国法或登记注册地法。我国冲突法关于所有权的法律适用有一条规定,即《民法通则》第 144 条的规定:“不动产的所有权,适用不动产所在地法律。”这条规定只确定了不动产所有权的法律适用问题,而对于动产所有权的法律适用以及物之所在地法原则适用的例外却未加明确。有的学者认为,这是因为对动产所有权的法律适用,在买卖合同或其他有关合同中当事人双方一般可以自由选择,没有选择时可以按最密切联系原则解决,故不作规定而留待实践中分不同情况具体解决。笔者认为,我国冲突法中没有关于动产所有权法律适用的规定是一个缺陷。

(四)债权

1.合同之债

自从法国法学家杜摩兰在其著作《巴黎习惯法评述》中首倡由合同当事人合意选择支配合同的法律以来,当事人意思自治原则已成为当今世界各国立法和司法机关确定合同准据法所遵循的原则。我国《涉外经济合同法》第5条和《民法通则》第145条分别规定了涉外经济合同和涉外合同的当事人"可以选择处理合同争议所适用的法律"。这里,"处理合同争议所适用的法律"就是指"适用于合同的法律"、"合同的准据法"或"对合同适用的法律"。[①] 但对于当事人的选择除了明示选择外能否默示选择,则未加规定。

我国《民法通则》第145条对当事人的意思自治有一个限制,即"法律另有规定的除外"。这表明并不是所有涉外合同都可以由当事人选择处理争议所适用的法律,对于有些涉外合同,我国法律可以直接规定应适用的准据法。到目前为止,"另有规定"有四,即《中外合资经营企业法实施条例》第15条、《涉外经济合同法》第5条第2款、《深圳经济特区涉外经济合同规定》第35条和《中国银行对外商投资企业贷款办法》第25条。归纳起来,中外合资经营企业合同、中外合作经营企业合同、中外合作勘探开发自然资源合同和中国银行与外商投资企业之间的借款合同等四种涉外合同为法律另有规定者;前三种合同是必须适用中国法律,而后一种合同既可能在中国银行同意的前提下,实行意思自治,又可能在中国银行不同意的情况下而必须适用中国法律。今后,我国立法还可能依实际情况对其他一些合同的法律适用另作规定。

在当事人对合同准据法缺乏明示或默示选择时,对于合同应适用什么准据法,各国的立法和司法实践不一。从最近国际和国内的立法来看,主要采取两种解决办法:一种如欧洲经济共同体1980年《关于合同债务的法律适用公约》

---

① 参见最高人民法院《关于适用〈涉外经济合同法〉若干问题的解答》,载《中华人民共和国最高人民法院公报》1987年第4号,第4页。

第 4 条,联邦德国国际私法草案第 28 条和《瑞士联邦国际私法法规》第 114 条所规定的那样,在当事人未选择合同准据法时,适用与合同有最密切联系的国家的法律;另一种则如 1964 年南斯拉夫《法律冲突法》所规定的那样,分别对各种不同的合同规定应适用的准据法。不过,《奥地利国际私法法规》和南斯拉夫《法律冲突法》的具体规定都被认为体现了最密切联系原则。我国的立法采取了前一种做法。《涉外经济合同法》第 5 条第 1 款和《民法通则》第 145 条第 2 款规定,合同当事人没有选择"处理合同争议所适用的法律"的,"适用与合同有最密切联系的国家的法律"。这样的规定是一种原则性的规定。法院在运用这一规定时应根据最密切联系原则并结合涉外合同的具体情况去确定应适用的法律。

2. 侵权行为之债

在"场所支配行为"(*locus regit actum*)原则的影响下,侵权行为之债依侵权行为地法成为各国立法的通例。有的国家为了保护法院地的利益,主张对侵权行为之债重叠适用侵权行为地法和法院地法,如《日本法例》、《泰国国际私法》、德国的《民法施行法》便采取这种立场。不过,在侵权行为之债的法律选择上最近出现了一些新的动向,如美国司法实践自纽约州法院审判了巴布科克诉杰克逊(Bab-cook v. Jackson)一案以后,广泛采用依据最密切联系原则确定侵权行为之债的准据法的做法。我国《民法通则》第 146 条关于侵权行为之债的法律适用的规定是一种传统式的规定。它首先规定,"侵权行为的损害赔偿,适用侵权行为地法律",然后通过规定"当事人双方国籍相同或在同一国家有住所的,也可以适用当事人本国法律或者住所地法律",使这一规范成为一项有条件的选择性冲突规范。该条第 2 款进一步规定:"中华人民共和国法律不认为在中华人民共和国领域外发生的行为是侵权行为的,不作为侵权行为处理。"这意味着对发生在我国境外的行为是否构成侵权行为的问题,必须重叠适用该行为发生地法和我国法律加以确定。如果该行为在我国域外的行为地被视为侵权行为,而我国法律不认为是侵权行为,则不以侵权行为论处。另外,对于"侵权行为地"这一概念,国际上历来有两种不同的理解:一是加害行为地;二是损害发生地。在实际生活中,有时加害行为地和损害发生地同在一地,有时两者则出现在不同的地方。我国《民法通则》第 146 条对如何确定侵权行为地未加规定。笔者认为,一般来说,加害行为地和损害发生地均可作为侵权行为地;在两者不一致时,可以考虑优先适用对受害人最有利的地方的法律。1979 年《匈牙利国际私法法令》(第 32 条第 2 款),南斯拉夫 1982 年的《法律冲突法》(第

28 条第 1 款)也都采取这种做法。

(五)婚姻家庭关系

关于婚姻家庭关系,我国冲突法中现有两条规定,即《民法通则》第 147 条和第 148 条。

1. 结婚与离婚

我国《民法通则》第 147 条是将结婚和离婚的法律适用问题结合起来规定的:“中华人民共和国公民和外国人结婚适用婚姻缔结地法律,离婚适用受理案件的法院所在地法律。”

从结婚方面来看,规定中所指的“中国公民和外国人结婚”,可以从三个方面来理解:(1)它只涉及涉外婚姻的一种,即中国人与外国人之间的结婚,至于中国公民之间在国外结婚或外国人、无国籍人相互之间在中国结婚则不是该条所调整的对象;(2)它既指中国公民和外国人之间在中国境内的结婚,也指在中国境外的结婚;(3)它是就结婚的实质要件和形式要件这两方面所作出的规定。在国际上,各国冲突法一般都是就结婚的实质要件和形式要件的法律适用问题分别作出规定。关于结婚实质要件的准据法,有的国家采用当事人本国法。对于解决结婚形式要件方面的法律冲突,目前世界上多数国家适用婚姻举行地法,有的国家采用当事人住所地法,但也有一些国家适用本国法,还有一些国际和国内立法则采用以婚姻举行地法为主兼取属人法的做法。我国《民法通则》第 147 条规定,中国公民和外国人结婚,无论在实质要件方面还是在形式要件方面均适用婚姻举行地法。至于如何确定其他各类涉外婚姻当事人结婚的法律适用,还有待于今后加以规定。

从离婚方面来看,我国《民法通则》第 147 条规定中国公民和外国人“离婚适用受理案件的法院所在地法律”,也就是适用法院地法。这一规定只涉及中国公民与外国人在中国境内或在中国境内的离婚的法律适用问题。至于外国人之间在中国离婚,中国人之间在外国离婚,或当事人一方在外国、而另一方在中国境内的离婚的法律适用问题则未涉及。我国冲突法关于离婚的法律适用的规定,是我国多年来处理这类涉外离婚案件的实践经验的总结。从各国的实践来看,对于涉外离婚的法律适用,分别采用两种冲突原则加以解决:一种是适用法院地法,如美国、英联邦国家以及一些拉丁美洲国家等;另一种是重叠适用当事人本国法和法院地法,如大多数欧洲大陆国家以及日本、泰国等。由此可见,我国的规定也是符合国际习惯做法的。

2. 扶养

我国《民法通则》第 148 条规定:“扶养适用与被扶养人有最密切联系的国家的法律。”这是我国冲突法中关于扶养的规定。它包容性大,概括性强,既灵活,又有利于保护弱方当事人。这里的“扶养”显然是广义的,如按照我国法律进行识别的话,它至少包括夫妻之间的扶养、父母对子女的抚养以及子女对父母的赡养。外国立法有的将夫妻之间的扶养与父母子女相互之间的扶养所适用的法律分别加以规定,如 1979 年的《匈牙利国际私法法令》和 1982 年的南斯拉夫《法律冲突法》;有的则将两者合并加以规定,如 1898 年《日本法例》第 21 条和 1939 年《泰国国际私法》第 36 条的规定。关于扶养的法律适用,各国要么规定适用被扶养人的属人法,要么规定适用扶养人的属人法,或者规定适用扶养人和被扶养人共同的属人法。1973 年订于海牙的《扶养义务法律适用公约》第 4 ~ 6 条规定,扶养义务依扶养权利人惯常居所地法,如不能从扶养义务人获得扶养,则依双方共同的本国法,如还不能从扶养义务人获得扶养,则依受理机关的国内法即法院地法。不过,我们尚未发现直接依最密切联系原则来确定涉外扶养应适用的法律的立法。由此可以说,我国《民法通则》规定扶养适用与被扶养人有最密切联系的国家的法律,是一个创举。它强调适用与被扶养人而不是与扶养人有最密切联系的法律,意在保护弱方当事人。当然,法院在适用这条规定时,是根据对被扶养人有利还是根据有关联系因素,或者是综合考虑两者来确定与被扶养人有最密切联系的国家,仍有探讨的余地。

(六)继承

我国冲突法关于涉外继承的法律适用的国内立法先后有两条规定。一是《继承法》第 36 条,其第 1 款规定:“中国公民继承在中华人民共和国境外的遗产或者继承在中华人民共和国境内的外国人的遗产,动产适用被继承人住所地法律,不动产适用不动产所在地法律。”其第 2 款规定:“外国人继承在中华人民共和国境内的遗产或者继承在中华人民共和国境外的中国公民的遗产,动产适用被继承人住所地法律,不动产适用不动产所在地法律。”二是《民法通则》第 149 条,它规定:“遗产的法定继承,动产适用被继承人死亡时住所地法律,不动产适用不动产所在地法律。”这两条规定比较起来,有些细微的差别:首先,前者没有明确区分涉外法定继承与涉外遗嘱继承,有的学者认为可以视之为关于涉外法定继承和涉外遗嘱继承的法律适用的总的规定，[①]而后者明确了是关于遗产法定继承的法律适用的规定；其次，前者对于适用于动产继承的“被继承人住所地法律”未加时间限制，而后者明确规定动产继承适用被继承人“死亡时”住所地法律。另外，前者表述复杂，而后者则简明扼要。不过，两者在确定涉外继承的准据法上都采取了“区别制”（或称“分割制”），而没有采取“单一制”（或称“同一制”），即将遗产区分为动产和不动产，动产继承适用被继承人住所地法，不动产继承适用不动产所在地法。

应该提到的是，1959 年我国同苏联缔结的领事条约第 20 条规定：“缔约任何一方公民死亡后遗留在缔约另一方领土上的财产，包括动产和不动产，均按财产所在地国家的法律处理。”这一条约规定显然与上述国内立法规定有所不同，根据我国冲突法体系的国际条约优先原则，我国在处理涉及苏联的继承案件时，应优先适用这一条约规定。

上述可见，虽然我国冲突法的内容在目前还不够全面完善，但它从我国目前对外开放的实际需要和国情出发，在总结已有实践经验的基础上，吸收了国际上冲突法立法的一些最新成果，并且在立法上有所创新。另外，我国现有冲突法既有总的一般性规定，又有具体的法律适用规定。而且，这些具体的规定涉及民事能力、财产所有权、债权、婚姻家庭关系以及继承等涉外民事法律问题的各个大的方面。虽然各项具体规定散布在近 10 部法律中，但总的说来，它们各自既发挥独特的作用，又和谐统一，从而在内容上使我国冲突法初步构成一个有机的体系。

四、健全和完善中国冲突法体系的方向和途径

无疑，我国的冲突法作为我国整个法律体系中的一个分支体系已经建立起来，但我国冲突法体系还有待进一步的健全和完善。为了健全和完善我国的冲突法立法，笔者拟从学术研究的角度分析我国现存冲突法体系的不足，进而找出健全和完善中国冲突法体系的方向和途径。

（一）我国冲突法立法需要应有的预见性、及时性

任何法律都是随着实际生活对它的需要而产生的，同时，立法一般是在已有实践经验基础上的总结和发展。但我国目前的冲突法立法似乎太注重现存

① 参见余先予主编：《简明国际私法学》，中央广播电视大学出版社 1986 年版，第 354 页。

实践经验的丰富和立法条件的成熟,每一条具体规定似乎都要等实践经验丰富和立法条件成熟后再制定成法律,忽略了立法所需要的应有的预见性和超前性。对外开放是我国既定国策,我国的对外开放会向全方位发展,在对外开放中产生的涉外民事关系需要冲突法加以调整,而国际上在冲突法立法方面已有相当多可资借鉴的经验,因此,笔者认为,我国立法机关完全可以在已有立法和司法实践的基础上有预见性地就许多涉外民事关系制定更多的冲突规范,使当事人和我国执法机关有法可依,有章可循。事实上,在我国对外开放中已出现一些涉外民事问题,迫切需要制定相应的冲突规范加以调整,如一方在国内、另一方在国外的中国公民之间的离婚问题;中国公民在国外结婚问题;外国人在中国的结婚问题等。但现有立法对这些问题的法律适用还没有规定。法律作为规范人们行为的准则,它要告诉人们应该怎么做,不应该怎么做,因而它应该是对社会生活需要和人们的实践的一种能动的反映,因此,在健全和完善我国冲突法体系的过程中,加强冲突法立法的预见性和及时性是非常重要的。

(二)充实不详尽的内容

我国目前冲突法体系中的规定虽然已涉及涉外民事法律问题的各个大的方面,但其具体内容还不够详尽。在一般性规定中,虽有关于适用范围、原则和公共秩序保留的规定,但对识别,外国法内容的查明,错误适用外国法的补救,反致,先决问题的准据法,与国际冲突法有关的时际、人际以及区际法律冲突问题,法律规避等都未加规定。在民事能力方面,只对自然人作了规定,而对法人未作规定;而且,对自然人的规定,只对定居在国外的中国公民和在中国的外国人作了规定,而对临时在国外的中国公民和不在中国境内的外国人却未作规定,且只就民事行为能力作了规定,而对民事权利能力则未加规定。在所有权方面,只对不动产所有权的法律适用问题作了规定,而对动产所有权以及与财产所有权有关的财产权的法律适用问题未加规定。在债权方面,只有关于合同之债和侵权行为之债的法律适用的规定,而没有关于不当得利和无因管理之债的法律适用的规定。在结婚和离婚方面,只有关于中国公民和外国人之间结婚或离婚的法律适用的规定,而无中国公民之间在国外结婚或离婚、外国人之间在中国结婚或离婚,以及居住在国外的中国公民同在国内的中国公民之间的离婚的法律适用规定。在家庭关系方面,目前只就扶养关系的法律适用作了规定,其他如夫妻人身关系和财产关系、亲子关系、非婚生子女的准正、子女的认领和收养以及监护等的法律适用问题都未加规定。在继承方面,虽然对法定继承的法律适用作了比较完善的规定,但对遗嘱继承的规定比较含糊,关于立遗嘱人的能力和立遗嘱方式的准据问题尚需进一步澄清；而且，对涉外无人继承财产问题也未作规定。至于对目前冲突法中的一些新领域，如产品责任的法律适用、知识产权的法律适用等问题，也尚未触及。因此，充实不详尽内容是健全和完善我国冲突法体系不可少的步骤。

（三）消除冲突法本身的冲突

初具规模的我国冲突法虽然从总的方面来说是协调统一的，但由于我国冲突法立法工作起步较晚，立法经验不足，在个别问题上忽视了冲突法体系内有关规定之间的协调，导致冲突法本身的冲突。例如，我国《涉外经济合同法》第4条规定，中国企业或其他经济组织同外国企业和其他经济组织或者个人之间“订立合同，必须遵守中华人民共和国法律”，这表明涉外经济合同的订立依中国法。该法第5条第1款接着规定，“合同当事人可以选择处理合同争议所适用的法律”，这显然是采用了国际上通行的意思自治原则。按照这一原则，合同当事人可以选择适用于合同的法律或者说合同的准据法，但根据国际上通行的理解，合同当事人选择的合同的准据法不仅是解决合同争议的依据，而且是订立合同、解释合同、履行合同、消灭合同以及确定合同效力的依据。而我国《涉外经济合同法》这一条款以及后来颁布的我国《民法通则》第145条第1款却规定当事人只“可以选择处理合同争议所适用的法律”。那么，联系我国《涉外经济合同法》第4条来看，就可能发现这样一种情况：一项合同的订立适用的是中国法律，当该合同出现争议后合同当事人则选择某一外国法来处理合同争议，这样，订立合同和处理该合同争议所适用的法律各不相同。这样的规定显然是自相矛盾的。既然订立合同必须适用中国法，那就意味着该合同的解释、履行和争议的解决也应该适用中国法，不容许适用另一个国家的法律来处理该合同争议。如果按现在的规定，那么，订立合同时适用的中国法和当事人合意选择的用于处理合同争议的法律之间的冲突又如何解决呢？我们希望立法机关在适当时候能对此加以修正，并在以后的冲突法立法中注意避免类似问题，使我国冲突法体系内部更加和谐一致。

（四）加强区际冲突法立法

我国目前已有的冲突法，严格讲是解决国际民事法律冲突的国际冲突法，而不涉及区际法律冲突的解决。随着“一国两制”构想的提出，以及中英《关于香港问题的联合声明》和中葡《关于澳门问题的联合声明》的签订，中国的区际法律冲突问题将越来越受到人们的重视。因为按照“一国两制”的构想和上述两个声明，中国分别于1997年和1999年对香港和澳门恢复行使主权后，香港、澳门特别行政区的现行法律基本不变,再加上两岸和平统一后的情况,则中国今后会出现一国两制四法域的局面。我国上述三个地区的法律和内地的法律相互之间不可避免地会产生区际法律冲突,需要制定区际冲突法加以解决。虽然国际冲突法和区际冲突法有许多相似之处,但前者毕竟是解决不同主权国家之间的法律冲突的冲突法,而后者只是解决一个主权国家内部不同地区之间的法律冲突的冲突法,两者之间存在本质差别。因此,区际冲突法需要另行加以规定。从现在开始,我们就应该对我国区际法律冲突问题及其立法进行研究,为制定我国的区际冲突法做好准备。建立我国的区际冲突法是健全和完善我国冲突法体系的一个重要方面。

(五)积极开展国际立法协作

我国现有的冲突法体系仅是一个国内立法体系。如前所述,虽然早在 1959 年我国和苏联缔结的领事条约已有关于涉外继承的法律适用的规定,但也仅限于此。近几年,我国有关政府部门在冲突法领域的国际立法协作方面已开展了一些工作,如参加海牙国际私法会议等。但到目前为止,我国尚未参加或缔结任何关于法律适用的国际公约,除中苏领事条约外,在我国同其他国家缔结的双边条约中也无解决法律冲突的规定。这是我国的冲突法体系的不足,因为一国的一个完善的冲突法体系应该由国内立法和条约法这两部分构成。我们应该看到,尽管在大多数情况下,各国都制定自己的冲突法来解决国际法律冲突,从而达到间接调整涉外民事法律关系的目的,但是,由于这种国际冲突法调整的社会关系超越本国范围,涉及他国及其法人或自然人,因而为了实现其效力,各国在制定这类法律时不得不考虑遵守国际法的一般原则和尊重其他国家的权益,争取他国在平等互利的基础上对本国法律的尊重。因此,各国在制定自己的冲突法的同时,往往在冲突法立法方面寻求国际合作,并在此基础上缔结多边或双边国际条约,从而更有效地解决国际法律冲突。1893 年成立的海牙国际私法会议就是应这种要求而建立的,它是该会议成员国进行国际私法立法协作的重要场所。为了进一步健全和完善我国冲突法系统,促进我国同其他国家国际民事交往更进一步的发展,我国应积极参加其活动,并在其他方面开展冲突法国际立法协作。

中国近来国际私法之发展*

自实行改革开放以来，我国的国际私法法制建设、国际私法教学和国际私法研究有了长足的发展。近年来，随着我国对外开放不断深化，涉外民事、经济交往日益频繁，我国国际私法在立法、司法、教学和科研等方面有了更进一步的发展。

一、我国国际私法的立法和司法实践

众所周知，在立法方面，从 1979 年到 1987 年，我国陆续颁布的《民事诉讼法（试行）》《中外合资经营企业法》《中外合资经营企业法实施条例》《涉外经济合同法》《继承法》《技术引进合同管理条例》《民法通则》《中国银行对外商投资企业贷款办法》等许多法律都含有各种国际私法规范。近年来，我国国际私法立法工作得到进一步加强。尤其是 1991 年 4 月 9 日第七届全国人民代表大会第四次会议会通过的新的《民事诉讼法》，对原来试行的《民事诉讼法》关于涉外民事诉讼程序的特别规定作了许多重大的修改和补充，使我国涉外民事诉讼法制更加完善。

在司法方面，我国最高人民法院继 1984 年发布《关于贯彻执行〈民事诉讼法（试行）〉若干问题的意见》、

---

* 本文原载于《武汉大学学报（社会科学版）》1992 年第 4 期，中国人民大学书报资料中心复印报刊资料《法学》1993 年第 1 期转载。

1985 年发布《关于贯彻执行〈中华人民共和国继承法〉若干问题的意见》和 1986 年发布《关于涉外海事诉讼管辖的具体规定》等,对涉外民事诉讼、涉外继承和涉外诉讼管辖问题作了进一步规定之后,又于 1987 年发布了《关于适用(涉外经济合同法)若干问题的解答》,于 1988 年发布了《关于贯彻执行〈中华人民共和国民法通则〉若干问题的意见(试行)》。前者对我国涉外经济合同的实体法和冲突法规定都进行了充分的解答,使我国涉外经济合同法制,尤其是涉外经济合同的法律适用制度日臻完善。而后者关于涉外民事关系的法律适用的第七部分从司法解释上创造性地丰富和完善了我国国际私法法制。特别值得一提的是,在实施我国现行国际私法的过程中,我国人民法院和专门法院审理了大量的涉外民事、经济案件,已有不少典型的国际私法案例。例如,大连海事法院初审后经辽宁省高级人民法院审判的中国广州海运管理局诉美国金鹰航运公司案就是关于涉外管辖权的一个典型案件。而广州海事法院审理的海南省木材公司诉新加坡泰坦船务公司和达斌私人有限公司案则开我国法院运用公共秩序保留这一国际私法制度的先河。

此外,为了更好地适应国际经济贸易和国际仲裁发展的要求,1988 年 6 月 21 日经国务院批复,“中国国际贸易促进委员会对外经济贸易仲裁委员会”已改名为“中国国际经济贸易仲裁委员会”,“中国国际贸易促进委员会海事仲裁委员会”已改名为“中国海事仲裁委员会”。而且,1988 年 9 月 12 日中国国际贸易促进委员会(中国国际商会)修改了原有的《对外贸易仲裁委员会仲裁程序暂行规则》和《海事仲裁委员会仲裁程序暂行规则》,改称为《中国国际经济贸易仲裁委员会仲裁规则》和《中国海事仲裁委员会仲裁规则》。两个新的仲裁规则在受理案件的范围、仲裁员的聘请、首席仲裁员的选定、仲裁员的回避、设立仲裁委员会分会和仲裁费收取标准等方面作出了新的规定。这些修改完善了我国涉外仲裁体制,使我国涉外仲裁制度更加国际化、规范化和现代化。我国还于 1986 年 12 月加入了 1958 年在纽约订立的《承认和执行外国仲裁裁决公约》,该公约已从 1987 年 4 月 22 日起对我国生效。加入该公约为我国和其他缔约国之间相互承认和执行各自的仲裁裁决开辟了道路。

近年来,我国政府在国际私法领域的国际立法协作方面也开展了许多工作,取得了很大的进展。自 1981 年起,我国曾多次应邀派代表作为观察员出席海牙国际私法会议的特别委员会会议。1986 年 10 月我国向海牙国际私法会议提交了加入申请。1987 年 7 月 3 日我国正式成为了海牙国际私法会议的成员国。1988 年 10 月我国第一次派出政府团参加了海牙国际私法会议的第十六届大会。会议期间,我国代表团积极参与了确定第十七届海牙国际私法会议的工作议题以及审议通过《死亡人遗产继承的法律适用公约》的工作。尤为可喜的是,我国于1991年正式加入了迄今国际上有关司法文书和司法外文书域外送达方面最为完备的1965年海牙送达公约,即海牙国际私法会议于1965年11月15日订立的《关于向国外送达民事或商事司法文书和司法外文书公约》。这是我国加入的第一个海牙国际私法会议订立的公约。总部设在意大利罗马的国际统一私法协会是国际上另一个以统一和协调不同国家以及国家集团的私法规则为宗旨的政府间组织。1983年年初,中国政府应该组织的邀请派代表参加了在日内瓦召开的讨论国际货物销售代理公约的外交会议,同该组织建立了联系。1985年6月中国正式加入了该组织,随后就一直积极参与该组织统一私法的国际活动。而且,自1987年以来,我国还分别同法国、比利时、波兰、蒙古、意大利、罗马尼亚等国正式签订了司法协助协定,同古巴和土耳其等国草签了司法协助协定。大家知道,在过去的实践中,我国主要通过外交途径来开展一些司法协助工作,而近年来我国通过参加或缔结多边和双边有关司法协助的协议,使我国司法机关开展国际司法协助工作迈开了新的步伐。总而言之,我国开始积极参加国际上在国际私法领域的统一化活动,大大推动了我国国际私法制度的国际化和现代化,增进了中外国际私法界的了解和交流,弥补了我国国际私法国内法制的空缺和不足,有利于我国依法调整涉外民事、经济法律关系,及时解决有关涉外法律纠纷,保护当事人的合法权益,对于促进改革和开放的进一步深入,促进中外经济贸易的进一步发展,促进文化交流和人员来往,都具有积极意义。

二、我国国际私法的科研和教学情况

近年来,我国国际私法的科研和教学工作也出现了十分可喜的形势。在中华人民共和国成立后前30年里,我国没有中国人自己撰写的国际私法著作出版,仅有屈指可数的基本翻译的国际私法著作和文集问世。1981年由中国社会科学出版社出版的姚壮和任继圣所著的《国际私法基础》是我国国际私法的拓荒之作。而由我国著名法学家韩德培教授主编并由武汉大学出版社于1983年出版的高等学校法学教材《国际私法》,则是中华人民共和国成立以后的第一本国际私法全国统编教材。从1985年开始,我国国际私法著作的出版犹如雨后春笋。据不完全统计,已公开出版的国际私法著作主要有:邓正来编著的《昨

天、今天、明天——新技术革命与国际私法》(1985 年 4 月)、刘振江著的《国际民事诉讼法原理》(1985 年 12 月)、余先予主编的《简明国际私法学》(1986 年 3 月)、张翔宇编著的《现代美国国际私法学说研究》(1986 年 6 月)、李双元编著的《国际私法》(1986 年 8 月)和《国际私法(冲突法篇)》(1987 年 6 月)、刘慧珊编著的《涉外民事关系》(1987 年 2 月)、黄进著的《国家及其财产豁免问题研究》(1987 年 6 月)、黄惠康和黄进编著的《国际公法国际私法成案选》(1987 年 7 月)、邓正来著的《美国现代国际私法流派》(1987 年 8 月)、唐表明著的《比较国际私法》(1987 年 10 月)、高树异主编的《国际私法》(1987 年 12 月)、董立坤著的《国际私法论》(1988 年 3 月)、人民法院出版社出版的全国法院干部业余大学教材《国际私法讲义》(1988 年 4 月)和《国际私法教学案例选编》(1988 年 6 月)、袁成弟编著的《涉外法律适用原理》(1988 年 7 月)、钱骅主编的《国际私法》(1988 年 8 月)、刘振江和张仲伯等主编的《国际私法教程》(1988 年 8 月)、陈力新和邵景春著的《国际私法概要》(1988 年 12 月)、余先予主编的《冲突法》(1989 年 3 月)、孟宪伟主编的《冲突法学》(1989 年 5 月)、李双元等编著的《涉外婚姻继承法》(1989 年 8 月)、赵喜臣主编的《国际私法教程》(1990 年 1 月)、董立坤编著的《国际私法学》(1990 年 2 月)、杨贤坤编著的《国际私法教程》(1990 年 3 月)、李双元和谢石松著的《国际民事诉讼法概论》(1990 年 5 月)、侯军主编的《当代海事国际私法》(1990 年 12 月)、李双元和金彭年著的《中国国际私法》(1991 年 3 月)、黄进著的《区际冲突法研究》(1991 年 6 月)、李双元主编的全国高等教育自学考试教材《国际私法》(1991 年 9 月)等。韩德培教授主编的我国高等学校统编教材《国际私法》也于 1989 年出版了修订本。在国际私法参考资料方面,继法律出版社出版了高等学校教学参考书《国际私法资料选编》(1984 年 6 月)后,先后有余先予主编的《国际私法学参考资料》(1986 年 7 月)、卢峻主编的《国际私法公约集》(1986 年 10 月)、刘慧珊和卢松主编的《外国国际私法法规选编》(1988 年 5 月)、余先予主编的《冲突法资料选编》(1990 年 5 月)、司法部司法协助局编译的《国际司法协助条约集》(1990 年 7 月)、韩德培和李双元主编的《国际私法教学参考资料选编》(上下册)(1991 年)等问世。尤其可喜的是,在此期间,有几本重要的国际私法译著问世,这就是吴云琪等和袁振民等分别翻译出版的苏联著名国际私法学者隆茨等著的《国际私法》、王明毅等翻译的苏联著名国际私法学者波古斯拉夫斯基著的《国际私法》、侯军翻译的挪威学者布雷柯斯所著的《国际海事法律选择》、李浩培教授等翻译的德国著名国际私法学者马丁·沃尔夫所著的《国际私法》、陈洪武等翻译的法国当代著名国际私法学者亨利·巴蒂福尔和保罗·拉加德合著的《国际私法总论》、姚梅镇教授翻译的日本著名国际私法学者北胁敏一所著的《国际私法》,以及李东来等翻译的英国著名国际私法学者莫里斯所著的《法律冲突法》。以上著作、译著的出版,极大地丰富了我国国际私法文库,标志着中华人民共和国成立以来我国国际私法著作、译著的出版进入了一个空前的繁荣时期。

在众多国际私法著作、译著问世的同时,近年来,我国各种法学报刊还发表了大量的国际私法论文和译文。这些论文和译文大多涉及国际私法中的重大理论问题或新的领域,或者与我国对外开放中以及香港、澳门回归祖国后需解决的法律问题密切相关,如国际私法的晚近发展趋势;国际私法的统一化和趋向化;海事国际私法;中国冲突法的立法和司法实践;公司、票据、知识产权;法律行为和代理的法律适用;"一国两制"与区际法律冲突;国际私法上的最密切联系原则;涉外民事、经济、海事案件的管辖权;国际和区际司法协助;外国判决和裁决的承认和执行等。这表明我国国际私法研究水平在不断提高,理论研究更加务实。

在国际私法教学方面,近年来,国际私法课程不仅在正规高等学校法律院系开设,而且在一些学校,如在武汉大学,已被确定为主干课程。同时,国际私法课程还进入了电大、职大、业大、函大、自学考试以及各省、直辖市、自治区的政法管理干部院校的教学领域。在国际私法教材方面,现在不仅有高等学校统编教材,而且有许多具有地方特色或院校特色的教材,以及中央电大统编教材和全国自学考试统编教材。在国际私法专业研究生培养方面,我国许多高等学校法律院系不仅培养了一大批国际私法专业硕士研究生,而且自1984年武汉大学国际法研究所开始招收国际私法博士专业研究生以来,已先后招收20名国际私法专业博士研究生。并且,自1988年以来已先后有6人获得国际私法专业博士学位,他们是我国自己培养的第一代国际私法学博士。武汉大学法学院国际私法研究所是目前国内唯一有国际私法专业博士学位授予权的单位。韩德培教授和李双元教授则是目前国内仅有的两位国际私法专业博士研究生导师。1991年国务院学位委员会和国家教委还正式确定国际私法为法学学科中独立的二级学科。

三、全国性的国际私法学术活动与中国国际私法研究会

中华人民共和国成立后的全国性的国际私法学术活动的开展始于1985

年。同年 8 月,武汉大学国际法研究所发起并和贵州大学法律系联合主持召开了首届全国国际私法学术讨论会。这次会议基本上聚集了我国从事国际私法教学、研究和实际工作的骨干力量,是我国国际私法学界的一次空前盛会。原司法部部长和贵州省省长曾到会祝贺。在这次会议上,与会代表即开始酝酿成立全国性的国际私法学术团体,并成立了“中国国际私法研究会筹备组”。

1987 年 10 月,在国家教委和司法部的大力支持下,武汉大学国际法研究所发起并在武汉大学主持召开了全国国际私法教学研讨会,它是我国国际私法学界继贵阳会议后的又一次盛会。在这次会议上,经与会代表民主协商,成立了全国性的国际私法民间学术团体——“中国国际私法研究会”,并选举产生了研究会理事会。理事会选举韩德培教授为会长,刘振江教授、任继圣律师、李双元教授、钱骅教授、姚壮教授、余先予副教授、董立坤副研究员等为副会长,黄进为秘书长,并组成常务理事会,还决定聘请卢峻教授、任建新院长、李浩培教授和倪征日奥教授为研究会顾问。这次会议一致通过了《中国国际私法研究会章程》。该章程确定,中国国际私法研究会是民间学术团体,“本会的宗旨是坚持四项基本原则。贯彻‘百花齐放、百家争鸣’的方针,团结广大从事国际私法科研、教学和实际工作的同志,积极开发国际私法的研究和学术活动,促进国际私法学科的不断发展,为推进我国对外交往和社会主义现代化建设服务”。

此后,中国国际私法研究会相继召开 3 次学术讨论会和一次特别研讨会。1988 年 10 月,中国国际私法研究会 1988 年年会在西北政法学院举行。1989 年 11 月,中国国际私法研究会 1989 年年会在中山大学召开。1990 年 9 月在武汉召开了“内地与港澳地区司法协助问题研讨会”。1991 年 5 月,中国国际私法学术讨论会在济南举行。在这次会议上,研究会进行了换届选举,重新选举了理事、常务理事、会长、副会长和秘书长。并且,按照国务院颁布的《社会团体的登记管理条例》的规定修改了《中国国际私法研究会章程》的部分条款。

从 1985 年贵阳会议开始,历次会议主要研讨了如下问题:(1)国际私法的范围;(2)国际私法和国际经济法的关系;(3)如何建立和健全我国涉外民事关系的适用法;(4)国际私法的晚近发展趋势;(5)国际与区际司法协助;(6)区际法律冲突及其解决;(7)涉外经济合同的法律适用和涉外侵权行为的法律适用;(8)国际私法的教学与改革;(9)内地与港澳地区司法协助问题;(10)涉外民事案件的管辖权;(11)海峡两岸的民事法律适用。通对上述问题的讨论,大大促进了我国国际私法学界的学术交流和理论工作者与实际部门的沟通,提高了我国国际私法的研究水平。特别值得一提的是,研究会与司法部司法协助局合作将1988年学术讨论会的论文编辑成集,定名为《国际司法协助与区际冲突法论文集》,已于1989年由武汉大学出版社正式出版。1991年年会论文集《海峡两岸法律冲突及海事法律问题研究》也已于同年由山东大学出版社出版。1989年年会论文集也正在编辑出版中,将由中山大学出版社出版。

在上述6次全国性的国际私法学术会议上,每次出席会议的代表约60人。派代表参加会议的单位有:全国人大法制工作委员会,最高人民法院,外交部条法司,原外经贸部条法司,司法部,原国家教委,大连、天津、青岛、上海、广州和海口海事法院,众多的涉外律师事务所,大专院校法律院系,各省政法管理干部学院,中国社会科学院法学研究所,上海社会科学法学院研究所等。

中国国际私法研究会还先后接纳了福建东方律师事务所、安徽对外经济律师事务所、广州第二对外经济律师事务所、广州岭南律师事务所、济南市涉外律师事务所、深圳市金融房产律师事务所、广东省中山市对外经济律师事务所、广州市律师事务所、宁波市对外律师事务所和广州白云律师事务所10家律师事务所为团体委员,有力地推动了我国国际私法理论界与实际部门的结合和交流。

1990年3月,经中国国际私法研究会申请,司法部已同意为研究会的主管部门。

综上所述,笔者认为,国际法是一个与国内法相对应的体系,而不仅是某一个分支。国际私法是这个体系中的一个传统的、重要的并日益发展的分支。显而易见,自改革开放以来,我国国际私法在立法、司法、科研和教学等方面已取得令人瞩目的成绩,开始进入一个初步发展和繁荣的时期。但我们应该看到,随着改革开放的深化,我国对外经济贸易和民事交往必将更加频繁和错综复杂,这也就要求国际私法在我国得到进一步的发展,我国国际私法的整体水平应更上一层楼。因此,我国国际私法学界任重而道远,应该为进一步繁荣中国国际私法,使中国国际私法走向世界而不懈努力,艰苦奋斗。

"九五"期间我国国际私法研究的回顾与展望*

"九五"期间正值世纪之交,是承前启后的五年。总结"九五"期间我国国际私法研究的成就和存在的问题,展望未来我国国际私法研究的发展趋势,可收继往开来之效。

一、"九五"期间我国国际私法研究的回顾

(一)"九五"期间我国国际私法的研究成果

"九五"期间,我国国际私法的研究较以前有了进一步的发展,在若干领域取得了重要进展和一系列的研究成果,主要表现在以下方面。

其一,国际私法研究领域进一步拓展,研究的内容不断深化、细化。

对"九五"期间的国际私法研究成果与在此之前的国际私法研究成果进行比较,可以发现一个十分突出的现象,即"九五"期间的国际私法研究不再只局限于宏观的、框架性的、基础型的研究,而是在以前粗线条的研究框架下进一步深化研究,其主要表现为:

1. 国际统一实体私法的研究进入实质性的阶段。

---

* 本文是作者应全国哲学社会科学规划办公室的要求而写的调研报告,与程卫东(武汉大学法学博士,中国社会科学院欧洲研究所研究员)合作撰写,原载于《中国国际私法与比较法年刊》2001 年第 4 卷。

长期以来,对于国际私法研究的范围问题,尤其是国际统一实体私法是否归属其中的问题,国际私法学界一直存在争论。但“九五”期间,国际私法学界对此问题已基本上达成共识,即国际统一实体私法是国际私法的重要组成部分。此种共识促进了国际统一实体私法的研究。对国际统一实体私法的研究主要集中在两大领域:一是对国际统一实体私法的基本理论的研究,包括国际统一实体私法的概念、性质、渊源、范围、内容、历史发展及地位与作用等;二是对相关具体领域的统一实体私法内容的研究,主要涉及国际货物买卖、国际货物运输、国际保险、国际支付、国际代理、国际担保、国际知识产权、国际收养等领域。“九五”期间国际统一实体私法研究的重要成果有:郑自文的《国际代理法研究》(法律出版社 1998 年版)、王瀚的《华沙国际航空运输责任体制法律问题研究》(陕西人民出版社 1998 年版)、蒋新苗的《国际收养法律制度研究》(法律出版社 1999 年版)、笪恺的《国际贸易中的银行担保法律问题研究》(武汉大学 1998 年博士论文)、贺万忠的《国际多式运输法律制度研究》(武汉大学 2000 年博士论文)等。在国际统一实体私法的基本理论的研究方面,较有代表性的论文有黄进教授的《论国际统一实体私法》(《中国国际私法与比较法年刊》1998 年创刊号)等。

2. 国别国际私法研究取得了丰硕的成果。对各种国际的和国内的国际私法加以比较、鉴别、借鉴、吸收,是发展中国自己的国际私法的一个重要途径,而国别国际私法研究则是比较、鉴别、借鉴、吸收的一个重要方面,是对各国国际私法进行比较研究的基础之基础。因此,国别国际私法研究具有重要的理论意义与现实意义。改革开放以来,我国国际私法学界一直非常注重对国际私法进行比较研究,只要稍加阅读我国近 20 年来的国际私法著作就不难发现这一点。但是,在前期,相对而言我们的国别国际私法研究比较薄弱。不过 20 世纪 90 年代以后,在我国著名法学家和国际私法专家韩德培教授的领导下,国别国际私法研究在武汉大学国际法研究所的师生中受到重视,并渐入佳境。在我国,国别国际私法研究的领头之作是韩德培教授和韩健教授合著的《美国国际私法(冲突法)导论》(法律出版社 1994 年版)。“九五”期间,国别国际私法研究进一步受到国际私法学界的重视,代表性的成果有:陈卫佐的《瑞士国际私法法典研究》(法律出版社 1998 年版)、董丽萍的《澳大利亚国际私法研究》(法律出版社 1998 年版)、刘仁山的《加拿大国际私法研究》(武汉大学 1997 年博士学位论文)、袁泉的《荷兰国际私法研究》(法律出版社 2000 年版)等。

3. 区际法律冲突问题的研究继续得到重视。“九五”期间,随着香港与澳门分别于 1997 年和 1999 年回归祖国,我国的区际法律冲突及其解决问题成为国际私法学界研究的一个热点。对区际法律冲突及其解决问题的研究既有涉及宏观问题的,也有涉及具体问题的。前者如对我国区际法律冲突的特点及协调模式的研究,后者涉及具体领域如公司、合同、侵权、知识产权、海事、婚姻家庭等方面的法律冲突及其解决。区际司法协助研究也是其中的一个重要内容。这一时期国际私法学界对区际法律冲突及其解决的研究较以前更加具体、务实和深入,尤其注重对具体领域的区际法律冲突解决方案的研究。有关此问题的重要研究成果有:沈娟的《中国区际冲突法研究》(中国政法大学出版社 1999 年版)、赵国强的《基本法与区际司法协助》(中国社会科学出版社 2000 年版)以及黄进主持的《中国区际法律问题研究》("九五"国家社会科学基金重点项目成果)等。

4. 国际民事诉讼与国际商事仲裁法律问题的研究空前活跃。尽管此前国际私法学界对这两个问题的研究由来已久,但研究的内容较为泛化,视野也较窄,专门性的深化研究成果不多。"九五"期间,这两个领域的专题研究成果不断涌现,扩大了研究范围。其中,比较重要的研究成果有韩德培教授和黄进主编的《国际商事仲裁丛书》,包括朱克鹏的《国际商事仲裁的法律适用》(法律出版社 1999 年版)、宋航的《国际商事仲裁裁决的承认与执行》(法律出版社 2000 年版)、赵健的《国际商事仲裁的司法监督》(法律出版社 2000 年版)和宋连斌的《国际商事仲裁管辖权研究》(法律出版社 2000 年版)等。韩健教授修订的《现代国际商事仲裁法的理论与实践》(法律出版社 2000 年版)也是"九五"期间的重要成果。此外,还有王瀚的《国际私法之程序法比较研究》(陕西人民出版社 1998 年版)。

5. 对国际私法的老问题有了新的研究。在"九五"之前研究过的许多国际私法问题,尤其是基本理论问题,在"九五"期间的国际私法研究中也占有一席之地。"九五"期间,此类研究是对以前研究的深化与拓展,一方面是根据当代国际私法发展的新理论、新动向对国际私法的有关问题进行重新认识,另一方面是根据其他学科的研究成果对国际私法的有关问题提出宏观上的认识与思考。前者如金彭年的《国际私法上的公共秩序研究》(《法学研究》1999 年第 4 期),后者主要集中在国际私法的价值取向、功能定位及发展趋势等问题上,如郭玉军的《把握 21 世纪国际私法的发展趋势》(《法学研究》1999 年第 3 期)。

其二,确立了国际私法学科新体系,并在若干问题上提出了新的理论观点。

1. "一体两翼"理论与国际私法学新体系的建立。"一体两翼"理论是韩德培教授就国际私法范围问题所提出的一种理论,其中的“体”指的是冲突法与统一实体法,“两翼”分别指国籍与外国人的法律地位问题和解决国际民商事纠纷的程序问题。此种观点经过多年的讨论和研究,“九五”期间已得到国际私法学界普遍的认同,国际私法学的新体系亦随之而确立,这主要反映在韩德培教授主编的普通高等教育“九五”国家级重点教材《国际私法新论》(武汉大学出版社 1997 年版)和面向 21 世纪课程教材《国际私法》(高等教育出版社 2000 年版)以及黄进教授主编的“九五”规划高等学校法学教材《国际私法》(法律出版社 1999 年版)这三部教材上。国际私法学新体系包括总论、国际冲突法、国际统一实体法、国际民事诉讼法与国际商事仲裁五个部分(或把后两个部分合并为国际民商事争议的解决)。

2. 国际民商新秩序理论。此理论为李双元教授所倡导。此种观点认为,在市场经济和市场全球化的时代,国际私法正面临一场真正的革命,其自身正在完成从古典的传统阶段到当代的完全符合现实生活需要的阶段的转变;国际私法的功能由单纯地解决法律冲突向构筑国际民商新秩序转换。为此,国际私法体系亦须创新、变革和改变。在提倡、构建国际民商新秩序理论方面代表性的著作为李双元、徐国建主编的《国际民商新秩序的理论建构》(武汉大学出版社 1997 年版)。尽管国际民商新秩序理论还未得到国际私法学界的普遍认同,但“九五”期间这方面的文章较多,产生了广泛的影响。

其三,致力于探索中国国际私法的立法体系。

早在 1993 年中国国际私法学会年会上就成立了以韩德培教授为组长的《国际私法示范法》(以下简称《示范法》)起草小组,并于 1994 年 7 月完成了《示范法》的第一稿。“九五”期间,中国国际私法学会继续致力于《示范法》的修订与完善工作。《示范法》在经过多次讨论,反复修改,易稿数次后,最后定稿为第六稿。《示范法》(第六稿)共分五章,即第一章“总则”、第二章“管辖权”、第三章“法律适用”、第四章“司法协助”和第五章“附则”,共有 166 条。起草小组还对《示范法》的每一条条文作了适当的说明,并将各条文译成英文。《示范法》已于 2000 年在法律出版社以中文、英文两种文字出版。《示范法》是我国法学界第一部完全由学术研究团体起草的示范法典,在我国法学界产生了很大的影响,也引起了国外一些学者的注意。《示范法》的公开出版,对我国国际私法理论发展以及立法与司法实践将会产生深远的影响。

其四,翻译、出版了若干影响广泛的外文著作和外国国际私法法规。

“九五”期间翻译出版的最有影响的国际私法著作有:英国莫里斯主编的

《戴西和莫里斯论冲突法》(三卷本,李双元、胡振杰等译,中国大百科全书出版社 1998 年版)、德国弗里德里希·卡尔·冯·萨维尼所著的《法律冲突与法律规则的地域和时间范围》(李双元、张茂等译,法律出版社 1999 年版)。这两部国际私法的经典著作对国际私法理论的发展都起到了极大的推动作用,对我国国际私法理论与实践的发展无疑会发挥积极作用。

此外,在"九五"期间,一些国家新近通过的国际私法立法被译介到中国,如 1992 年《罗马尼亚关于调整国际私法法律关系的第 105 号法》、1995 年《意大利国际私法制度改革法》、1996 年《列支敦士登国际私法》、1998 年《突尼斯国际私法典》、1999 年德国《关于非契约之债和物权的国际私法法律》等。这些晚近国际私法立法的译介对我们了解外国立法动态,推动我国国际私法立法与理论研究都具有重要的意义。

其五,《中国国际私法与比较法年刊》正式出版。

"九五"期间,由韩德培、余先予和黄进教授主编的《中国国际私法与比较法年刊》于 1998 年创刊,法律出版社出版。该年刊每年一期,已出版 1998 年卷(创刊号)、1999 年卷和 2000 年卷。由于该年刊集中反映了国际私法的最新研究成果和学术动态,无疑会推动我国国际私法理论与实践向前发展。

其六,中国国际私法学会网站正式建立。

2000 年 8 月中国国际私法学会在其总部所在地——武汉大学国际法研究所建立了我国第一个国际私法网站,即 http://www.Chinapil.whu.edu.cn 或者 http://www.Chinapil.org。学会借此在网上传播国际私法的知识,及时反映国际私法的学术研究动态,讨论国际私法的热点问题,公布各种最新的国际私法资料,今后还将发展远程国际私法教学,从而推动我国国际私法教学和研究的网上合作与交流。中国国际私法学会网站的建立为我国国际私法研究提供了新的媒介和桥梁。

(二)"九五"期间我国国际私法研究的特点

综观"九五"期间我国国际私法研究的发展,它具有以下几个特点。

1. 国际私法研究努力做到求同存异。学者们在国际私法诸多理论问题上争论较多,分歧较大。虽然经过几年的探索和讨论,学者们在认识上的一致性有所加强,但并未形成定论。在许多国际私法的具体问题上,如关于国际私法的范围、国际私法的性质、最密切联系原则、合同自体法、国际民商事管辖权、国际商事仲裁协议的效力等问题上,学者们的观点仍然存在分歧,但研究较以前更深入、具体。

2. 国际私法研究力求与我国的实际相结合。很多论文和著作对我国国际私法相关的立法现状与存在的问题作了详尽的分析,并提出了若干具体的立法建议。在推动我国国际私法立法完善方面,《示范法》这一成果是其中最突出的代表。在司法实践方面,国际私法的研究者亦开始注重对有关案件进行评析。"九五"期间,我国区际法律冲突问题是急需解决的重大现实问题,相关的研究成果十分丰富。此外,就一些具体问题,国际私法学者向有关部门提供了一些有价值的咨询意见和建议。

3. 国际私法研究致力于开拓新的领域。对于以前未涉及或语焉不详的领域,国际私法研究者倾注了相当程度的关注,如互联网兴起对传统国际私法的影响以及相应的对策研究受到重视,朱军的《国际互联网络知识产权法律研究》(武汉大学 1999 年博士学位论文)和吕国民的《国际贸易中电子数据交换法律问题研究》(武汉大学 2000 年博士学位论文)就是这方面研究成果的代表。关于我国加入 WTO(World Trade Organization,世界贸易组织)对国际私法理论与实践带来的影响和挑战问题也受到关注。以前关注较少的一些国家的国际私法,"九五"期间也得到重视和被研究。

4. 国际私法研究的重点由国际冲突法转向国际统一实体私法和国际民商事纠纷的解决。

5. 国际私法研究开始向国际舞台迈进。"九五"期间,我国一些国际私法学者不仅利用各种机会参加国际会议或其他国际学术交流活动,推介我国国际私法的理论与实践,而且在国外期刊上发表了一定数量的国际私法论文,受到国际上一些著名的国际私法学者的注意。

(三)"九五"期间我国国际私法研究存在的问题

"九五"期间,我国国际私法研究无疑取得了丰硕的成果,成绩是优秀的,但是仍存在一些研究的不足,存在的主要问题包括:

1. 国际私法理论上创新不足。"九五"期间,我国国际私法研究基本上沿袭了改革开放以来国际私法研究的模式,主要仍集中在学科体系建设及若干具体问题的介绍、补充与完善上,理论上创新不足,尤其是尚未形成在国际上有影响的理论观点与理论体系。

2. 在注重理论联系实际的同时,对国际私法的基本理论的研究则相对忽视。在我国改革开放早期,当时的国际私法理论研究过分注重讨论国际私法的基本理论问题,如国际私法的概念、性质、范围、与其他部门法的关系等,较少探讨具体的实际问题。后来,我国国际私法学界逐渐注重理论与实际相结合。然而,在研究具体问题十多年后,我国国际私法学界有必要回过头来反思国际私法的基本理论问题。

3. 在研究成果服务应用于实践上,国际私法的影响尚显不足。尽管我国国际私法理论研究成果对实务界的潜移默化的影响在逐渐增加,但其应用的广度和深度还较为有限。当然,造成这种情况的原因是多方面的,比如,研究者和实践者之间没有畅通的、双向的和互动的交流渠道,一些研究成果脱离我国实际,等等。这些情况在一定程度上限制了国际私法研究的本土化和实践化。

4. 国际私法研究存在观点上的分歧,但缺乏真正的争鸣,因而在诸多问题上存在理论上的混乱但无法解决、澄清的现象。国际私法研究期待更多实质意义上的进步。

5. 我国国际私法研究与国际同行间的直接交流较少,部分学者只能根据在国内得到的较少的第二手资料了解国外国际私法研究动态与成果。即使出现较有创意的研究成果,由于没有或没有条件向国际同行宣示,不可能得到国际学术界的认可和肯定或者在国际上产生影响。资料的缺乏和国际交流的欠缺,限制了我国国际私法研究走向国际舞台和向更高水平的发展。

二、"十五"期间我国国际私法研究的展望

(一)"十五"期间国际私法研究的发展趋势

首先,在与国际社会普遍实践同步发展的同时,具有中国特色的国际私法学将逐步形成。随着我国即将加入 WTO,对外开放进一步扩大,国内经济与国际经济进一步接轨,我国各方面的对外交流,尤其是民商事交往必将进一步频繁,涉及面越来越广,如何解决民商事交往中的纠纷将会直接影响我国与世界的交流及与国际社会的接轨。因此,国际私法的作用会受到越来越广泛的关注,而国际私法应有作用的发挥,离不开本学科理论上的发展与繁荣。吸收国际上的先进研究成果是发展和繁荣我国国际私法学的一个必要手段,但更为关键的是建立具有中国特色的国际私法学。具有中国特色的国际私法学不是仅仅立足于本国的国际私法学,而是借鉴、扬弃、吸收各国国际私法研究成果,并结合我国的文化、法律传统与实际情况而形成的既反映国际私法总体发展趋势,又适应我国对外开放需要的学科体系与理论。

其次,国际私法研究将日益与我国及国际社会的实践紧密结合。从与国内实践相结合的角度来说,国际私法研究将密切关注我国的立法与司法实践以及

我国独特的区际法律冲突问题。我国的国际私法立法尚有待健全和完善,"十五"期间的国际私法研究将致力于促进我国国际私法的立法及分析、检讨司法实践中的问题并提出对策和建议。对于国际社会普遍存在的新问题,我国学者也会积极参与研究。由于科学技术的发展和经济全球化,人类共同关心的问题越来越多,如和平与发展问题、全球与区域合作问题、环境与资源问题、可持续发展问题、WTO 问题、互联网与电子商务问题,等等,这些新情况和新问题对国际私法研究也提出了新的挑战。"十五"期间的国际私法研究对这些问题必然会作出积极的反应。

最后,国际私法学内部将出现分化,国际冲突法、国际统一实体私法和国际民商事争议解决,包括 ADR(Alternative Dispute Resolution,替代性纠纷解决机制)、国际商事仲裁法和国际民事诉讼法,将成为国际私法研究鼎足的三个领域。研究的问题将会进一步具体化,不再只局限于宏观的、抽象的问题,研究将以为实践提供参考、建议和对策为主要目的。

(二)"十五"期间国际私法研究的重要领域和重点课题

"十五"期间,我国国际私法研究的重要领域和重点研究课题包括:

1. 新形势下我国国际私法立法的完善研究。改革开放以来,我国国际私法立法有了长足的进步,学者们对相关的立法完善问题也做了许多研究。随着我国对外开放的进一步深入,尤其是即将加入 WTO,我国国际私法立法研究更有待进一步深化。加强相关的研究,尤其是为立法提供切实可行的成果与建议,是完善我国对外交往之法制环境的一个不可缺少的方面。

2. 我国国际私法司法实践研究。研究实践、服务于实践、引导实践是国际私法研究的一项重要指导原则。我国国际私法学要应对实践的需要、研究实践中存在的问题,只有这样,国际私法理论与实践才能共同发展。为此,我国国际私法学界要大力开展国际私法判例研究。

3. 我国的区际法律冲突及其解决问题研究。随着香港与澳门的回归,我国的区际法律冲突已成为一个现实问题。对我国的区际法律冲突问题,尽管目前已有较多的研究,但是到目前为止,在解决区际法律冲突问题上还没有明确的法律,国际私法学界仍有必要对此问题做深入研究,以提出更切实可行的建议和具体解决方案。

4. 我国的区际民事诉讼法律问题研究。这也是"九五"期间新出现的一个问题,此问题的研究包括区际民事管辖权的确立与协调、区际民事诉讼的具体程序、区际司法协助等诸多问题。这些问题已引起了研究者的注意,但对这些问题的研究尚需具体、深入。

5. 我国国际商事仲裁制度的改革与完善研究。“九五”期间,国际商事仲裁在我国一直在稳步发展,呈现良好的发展走势,相关的仲裁法律制度也日趋成熟,但在实践中还是暴露出了一些问题,如某些仲裁协议的效力问题、仲裁管辖权问题、法院对仲裁的适度监督与支持问题等。改革和完善我国国际商事仲裁制度对于增强我国国际商事仲裁机构的竞争力,优质高效地解决有关国际商事纠纷是至关重要的。

6. 加入 WTO 与我国国际私法的完善研究。我国即将加入 WTO,这对我国各方面都将会产生一定的影响。加入 WTO 对我国国际私法的理论与实践会产生怎样的影响,会提出怎样的要求,会带来哪些问题,以及国际私法在我国加入 WTO 后能发挥怎样的作用及如何发挥作用,都值得深入研究。

7. 互联网与国际私法的发展研究。其中最主要的两个问题是,跨国电子商务中的国际私法问题和跨国网络侵权中的国际私法问题。电子商务是利用现代信息网络进行商务活动的一种先进手段,作为一种创新的经济运行方式,其影响远远超过商业领域,在法律上也产生了许多新的问题。对这些问题进行研究无疑具有现实意义。而网络侵权所涉及的问题比较特殊,也很广泛。随着网络的扩张,网络侵权现象越来越突出,国际私法对此问题应有具体的对策。

8. 新型国际民商事关系中的国际私法问题。近几十年来,国际商贸往来中出现了许多新型的交易形式,如国际保理、国际融资租赁、国际版权贸易等,这些新型的交易形式已逐渐被引入中国,但是对相关的特殊法律问题的研究尚不充分。

9. 国际民商事争议解决机制研究。除了要加强对国际商事仲裁和国际民事诉讼进行研究外,有必要对 ADR,包括协商和调解等,进行全面、系统和深入的研究。同时,对那些个性化的、特殊领域的争议解决机制进行分门别类的研究也是十分必要的,如对国际投资争议解决机制、海事争议解决机制、信用证争议解决机制、网上在线争议解决机制等进行深入的研究,有非常重要的现实意义。

10. 国际私法的统一化与本土化研究。目前,在世界范围内,法律统一化的趋势在逐渐加强,但同时也并存各国法律本土化的倾向,各国法律并未完全统一,甚至存在巨大的分歧。在国际私法领域亦是如此,虽然相关的国际公约和国际惯例在不断增多,但各国更多是通过本国的相关法律机制来处理国际民商事纠纷。因此,我国国际私法学界有必要研究国际私法统一化与本土化之间的关系及未来走势。

11. 海牙国际私法公约研究。第二次世界大战后,海牙国际私法会议推动订立了30多个国际私法公约,还正在加紧制定新的公约。我国国际私法学界对这些公约的研究还非常不够,有必要全面、系统和深入地研究这些公约。不过,研究的重点应该放在那些其缔约国或参加国较多,或者说被较为普遍接受的公约,以及那些正在制定的公约上。

12. 国际私法学说史和法制史研究。到目前为止,我国尚没有完整的、专门的国际私法学说史和法制史的著作。国际私法学说史和法制史的系统研究有助于更全面地认识国际私法的价值、功能、发展轨迹以及它与其他学科的关系,并在此基础上发展国际私法。

13. 欧盟国际私法研究。欧盟的发展壮大是当今国际社会一个引人注目的现象,其独特的法律机制为法学界提供了新的研究课题。欧盟国际私法是一个较为独特的现象。对欧盟国际私法的研究既有助于我们认识区域性国际私法发展的现状,又有助于我们认识国际私法的未来发展趋势,对国际私法基本理论的研究也将起到积极的推动作用。

14. 国外国际私法发展的跟踪与比较研究。目前,国外国际私法理论与实践的发展非常迅速,新的立法、新的判例、新的理论成果不断涌现。特别值得一提的是,从20世纪70年代开始,国外新的国际私法立法浪潮一浪高过一浪,法典化成为趋势。我国国际私法研究有必要进一步跟踪研究国外国际私法的发展,加强比较国际私法研究,深化国别国际私法研究,从而掌握国外国际私法的最新发展动向。

15. 21世纪国际私法的发展趋势研究。人类刚刚迈入的21世纪是一个崭新的世纪,随着科学技术日新月异的进步,人类正在步入信息时代、知识经济时代和网络时代,经济全球化日益明显,各国人民之间的交往和联系更加密切,永久和平与可持续发展已成为时代的最强音。面对这样一个崭新的世纪和时代,国际私法如何发展,如何推动建立适应时代要求的国际民商事新秩序,如何为世界和平与发展服务,备受国际私法学界的关注。

中国国际私法领域内重要理论问题综述[*]

中国的全国性国际私法学术活动始于1985年。该年8月,武汉大学国际研究所发起并和贵州大学法律系在贵阳市共同主持召开了首届全国国际私法学术讨论会。在这次会议上,与会代表开始酝酿成立全国性的国际私法学术团体,成立了“中国国际私法研究会筹备组”。1987年10月全国国际私法和国际经济法教学研讨会在武汉大学召开,会上正式成立了中国国际私法研究会。中国国际私法研究会已先后于1988年10月、1989年11月在西安和广州召开了两届年会。上述各次会议就我国国际私法学的建立及我国实行对外开放所面临的一些重要国际私法理论问题展开了讨论。本文将从这些会议的讨论情况出发,结合各种国际私法专著、教材和论文,对中国国际私法领域中一些重要理论问题的研究状况进行扼要述评。

一、关于国际私法的调整对象

国际私法的调整对象是涉外民事法律关系。这一

---

* 与肖永平(武汉大学法学博士,武汉大学法学院教授,国家高端智库武汉大学国际法研究所所长)合作撰写,本文原载于《中国社会科学》1990年第6期,中国人民大学书报资料中心复印报刊资料《法学》1991年第1期转载,后收录于韩德培主编:《中国冲突法研究》,武汉大学出版社1993年版。

观点在20世纪50年代开始得到公认。直到1983年,作为全国统编教材的《国际私法》仍明确指出:"国际私法所调整的对象是……国际民事法律关系,从一个国家的角度来说,可以称之为涉外民事法律关系。"①1983年后,一些学者就此问题提出了不同主张,并引发了热烈的讨论。分歧的焦点主要有两个:(1)调整的对象到底是涉外民事法律关系还是涉外民事关系;(2)调整对象究竟是整体的涉外民事关系还是特定部分的涉外民事关系。

对于第一个问题,有的学者认为,"民事法律关系"和"民事关系"是两个不同质的概念。民事关系是指社会关系中的财产关系和人身关系,它本身不存在固有的权利和义务内容;民事法律关系则是一种意志社会关系,它是指民事关系中具有权利、义务内容的财产关系和人身关系,是法律调整的结果。因此,国际私法的调整对象应该是涉外民事关系,而不是涉外民事法律关系。② 我国《民法通则》第八章也采用了"涉外民事关系"这一措辞。但有的学者认为,"涉外民事关系"和"涉外民事法律关系"并没有实质性的区别,"涉外民事法律关系"就是指需要通过法律去调整的那一部分涉外民事关系。在已出版的国际私法专著和教材中,混用这两个概念的情况较多,但也有少数教材只使用"涉外民事关系"这一概念。③

对于第二个问题,主要有两种观点:一种观点认为,国际私法以涉外民事关系作为自己的调整对象,另一种观点主张,国际私法只调整特定的或特殊范围的涉外民事关系。④ 已故的国际私法学家陈力新先生认为,"特定的涉外民事关系"就是指涉及外国法适用的涉外民事关系。它把实体性问题和程序性问题有机地联系在一起。⑤ 笔者认为,这种"整体论"与"部分论"的争论,一方面是由于学者们对"涉外民事关系"这一概念或国际私法的范围有不同的理解,另一方面也是由于国际经济法、国际贸易法、海商法等法律部门的兴起而提出的新问题,因为这些法律部门也调整一定范围的涉外民商事关系。应该指出的是,这些法律部门与国际私法的存在并不矛盾,它们是国际民商事关系复杂化、多

---

① 韩德培主编:《国际私法》,武汉大学出版社1983年版,第2页。

② 参见陈力新提交国际私法首届年会的论文《国际私法对象新论》。

③ 参见余先予主编:《简明国际私法学》,中央广播电视大学出版社1986年版,第2页;刘振江等主编:《国际私法教程》,兰州大学出版社1988年版,第60页。

④ 参见刘振江等主编:《国际私法教程》,兰州大学出版社1988年版,第59~60页。

⑤ 参见陈立新、邵景春:《国际私法概要》,光明日报出版社1988年版,第3~5页、第22~39页。

样化的结果。因此,要注意协调这些法律部门与国际私法之间的关系,使它们共同发展、相得益彰。同时,在现有条件下,要在这些法律部门与国际私法间划出清楚的界限是相当困难的。

二、关于国际私法的性质和名称

对于国际私法的性质问题,国内外学者争论的问题有三个:(1)国际私法是公法还是私法;(2)国际私法是程序法还是实体法;(3)国际私法是国际法还是国内法。我国学者的争论主要集中在第三个问题上,归纳起来有以下几种观点:(1)认为国际私法是国内法,不是国际法;①(2)认为国际私法是国际法,不是国内法;②(3)认为国际私法是介乎国际公法与国内民法之间的一个法律部门;③(4)认为国际私法主要是国内法,将来会向国际法方向发展;④(5)认为国际私法不是一个部门法,而是一个体系,国际私法作为调整国际民事关系的法律,是国际法体系中的一个分支。⑤

众所周知,给国际私法以科学的定性,对开展国际私法理论研究和有关立法、司法工作有重要意义。由于国际私法调整对象的复杂性,各学者在定性时的角度和侧重点不一样,导致了以上种种分歧。笔者认为,在给国际私法定性时必须注意以下两点。

1. 在意大利学者孟西尼(Mancini)和荷兰学者阿塞尔(Asser)倡导通过国际条约制定统一冲突规范以前,人们从来就认为国际私法——冲突法是一个国家的国内法,只是随着统一国际私法的出现和发展,人们对国际私法性质的认识才有了种种分歧。因此,给国际私法以科学的定性,必须具有历史的眼光和发展的观点。

2. 从国际私法的发展历史看,国际私法越发达,其国际因素就越强。我们认为,国际私法的整个发展过程是从国内法向国际法转变的漫长的历史过程,

---

① 参见董立坤:《国际私法论》,法律出版社 1988 年版,第 5 ~ 7 页;唐表明:《比较国际私法》,中山大学出版社 1987 年版,第 25 ~ 27 页;《中国大百科全书 · 法学卷》,中国大百科全书出版社 1984 年版,第 228 ~ 229 页。

② 参见高树异主编:《国际私法》,吉林大学出版社 1987 年版,第 23 页;刘振江等主编:《国际私法教程》,兰州大学出版社 1988 年版,第 48 页。

③ 参见余先予主编:《简明国际私法学》,中央广播电视大学出版社 1986 年版,第 14 ~ 15 页。

④ 参见李双元:《国际私法(冲突法篇)》,武汉大学出版社 1987 年版,第 38 ~ 42 页。

⑤ 参见黄进:《宏观国际法学论》,载《法学评论》1984 年第 2 期。

而我们现在的任务则是要说明当代国际私法处于这个历史过程中的什么阶段。为此,就应该采用定性分析和定量分析相结合的方法,努力求得一个比较明确的数量关系,在揭示国际私法由国内法变为国际法的程度的基础上,对其性质作出相应的界定。

对于国际私法的名称,不同时期的学者曾先后提出过几十个不同的称谓,但唯有“国际私法”这一名称比较广泛地为人们所接受和使用。我国学者目前对“国际私法”这一名称普遍表示不满,但仍基本保持了它的实际运用;有一些学者则接受和使用了“冲突法”这一名称。① 我们认为,国际私法的名称问题与其性质和范围问题密切相关,科学的名称应该反映事物的性质,因此,在性质和范围还没有定论的情况下,要彻底地解决名称问题是不现实的。

三、关于国际私法的范围

国际私法的范围,是指国际私法作为一个法律部门,到底应包括哪几类规范的问题。对此,我国学者主要有五种不同主张。

1. 认为国际私法就是冲突法,因此,它只包括冲突规范;②

2. 认为国际私法主要是冲突法,它是在所涉国家民法发生冲突时解决法律适用问题的法律,除冲突规范外,还应包括规定管辖权和外国判决的承认与执行的规范;③

3. 认为国际私法除冲突规范外,还应包括规定外国人民事法律地位和国际民事诉讼程序的规范;④

4. 认为国际私法除应包括第三种观点中的三类规范外,还应包括通过双边或多边条约所规定的调整国际贸易关系的统一实体规范和国际惯例;⑤

5. 认为国际私法除第四种观点所包括的几类规范外,还应包括国内法中专

---

① 如孟宪伟主编的《冲突法学》、余先予主编的《冲突法》。

② 参见《中国大百科全书 · 法学卷》,中国大百科全书出版社 1984 年版,第 228 页;中国人民大学国际法教研室编:《国际私法》,1981 年版,第 3 页。

③ 参见唐表明:《比较国际私法》,中山大学出版社 1987 年版,第 11 ~ 12 页。

④ 参见董立坤:《国际私法论》,法律出版社 1988 年版,第 23 ~ 31 页。

⑤ 参见韩德培主编:《国际私法》,武汉大学出版社 1989 年版,第 6 ~ 13 页;李双元:《国际私法(冲突法篇)》,武汉大学出版社 1987 年版,第 23 ~ 31 页。

门适用于涉外民事关系的实体规范。[①]

在以上五种观点中,人们通常把第一种观点称为“小”国际私法,把第二种、第三种观点称为“中”国际私法,把第四种、第五种观点称为“大”国际私法。它们现在基本上呈三足鼎立之势。事实上,问题的焦点在于:国际私法是否应该包括直接调整涉外民事关系的实体法规范。对此要作出正确回答,应该注意以下几点。

1. 要从实际出发。历史发展到今天,国际私法调整对象的复杂性已远非“法则区别说”时代所能比拟,任何一项国际民事争议的解决都牵涉多方面的法律问题,须借助多方面的法律手段和途径。如果在国际私法的范围和体系方面所持的观念太狭隘,那势必会影响国际私法的适用性。实际上,冲突法规范和实体法规范在国际私法的不同领域发挥着特殊的作用。近几十年来,两者都有了飞速的发展,它们相辅相成,共同担负着调整和稳定涉外民事关系的任务。如果人为地把它们分开,就会使国际私法变得残缺不全,不能很好地调整涉外民事关系。

2. 要有发展的观点。国际私法无论是作为一门学科还是作为一个法律部门,在世界上从来就没有一个统一的体系,也不必强求一个统一的体系。但有一点是可以肯定的,即国际私法在不断地发展演变中。国际私法的主体部门确实是冲突规范,但我们也不能囿于这种观念的束缚。在国内外,冲突规范的机械、刻板和缺乏预见性受到人们越来越多的批评,所以,我们在改造冲突规范本身的同时,还必须寻找一条新的途径来发展和繁荣国际私法,这就是通过实体法规范来弥补冲突法规范之不足。

3. 随着社会关系的复杂性和多样化,出现了许多新的法律部门,原有的法律部门也增添了新的内容,因此,学科之间的交叉与重叠已在所难免。对于同一对象,如果从不同的角度采用不同的研究方法进行研究,就可以把它归属到不同的法律部门中去。我们没有必要为了保持国际私法的“纯洁性”而砍掉统一实体法部分。

4. 国际私法作为一门学科,其范围同某一项具体的国际私法立法的内容是

---

① 参见姚壮、任继圣:《国际私法基础》,中国社会科学出版社1981年版,第3~7页;刘振江等主编:《国际私法教程》,兰州大学出版社1988年版,第12页;高树异主编:《国际私法》,吉林大学出版社1987年版,第6~11页;余先予主编:《简明国际私法学》,中央广播电视大学出版社1986年版,第13页。

不能相提并论的，因为国际私法规范常常包含在多项国际和国内立法中。我们不能简单地从具体的国际私法立法体系来推定国际私法学科的体系和国际私法的范围。

5. 国际私法范围问题与国际私法调整对象问题密切相关。如果说国际私法调整的是含有国际因素的一定范围的财产关系和人身关系，那么，只要我们给"一定范围"一个明确的界定，国际私法的范围问题也随之迎刃而解。所以，这个问题的解决有赖于对国际私法调整对象的深入研究。

四、关于国际私法与国际经济法的关系

随着国际经济法日益被接受为一个独立的法律学科和法律部门，[①]关于国际私法与国际经济法的关系问题引起了我国国际私法学界和国际经济法学界的共同关注。在1985年贵阳召开的首届全国国际私法学术讨论会和1987年武汉大学召开的全国国际私法、国际经济法教学研究会上，与会代表就国际私法与国际经济法的关系问题进行了热烈的讨论。特别是在后一个会议上，两个学科间的直接对话促进了各种不同观点的接近，并使学者们达成了以下共识：国际私法与国际经济法之间是联姻关系、结盟关系，它们是我国贯彻对外开放政策时两种不可或缺的法律手段和法律部门，既有区别又有联系，两者应携手合作，共同发展。当然，学者们在这个问题上的分歧仍然存在。有的学者从国际私法就是冲突法的"小"国际私法观点出发，认为国际私法与国际经济法的主要区别在于：国际经济法的主体不仅包括国家、国际组织，也包括个人、法人及其他团体，国际经济法规范既有国际法，又有国内法，既有公法，又有私法，既有实体法，又有程序法；而国际私法仅间接地调整国际民事关系，主要解决民事法律冲突或法律适用问题。另一些学者则从"大"国际私法的观点出发，认为国际经济法就是"经济国际法"，它调整主权者之间的"国际经济关系"，是国际公法的一个分支；而国际私法是一个独立的法律部门，主要调整不同国家的自然人或法人相互间的民事关系。[②] 还有学者认为，国际私法与国际经济法是一般法与特殊法的关系，但国际经济法主要通过国际统一实体法规范进行直接调整，而

---

① 参见姚梅镇主编：《国际经济法概论》，武汉大学出版社1989年版，第2~18页。

② 参见黄进：《关于国际私法范围及其他理论问题》，载《中国法制报》1985年11月11日。

国际私法则主要通过冲突规范间接调整。① 我们认为,应该从国际经济关系的实际出发,深入研究国际私法与国际经济法的关系,要避免停留在烦琐的概念之争上。

五、关于区际私法问题

1984 年 12 月 9 日中英两国政府正式签署了《关于香港问题的联合声明》,它向全世界展示了具有政治远见的“一个国家、两种制度”的构想和模式。该联合声明规定,我国将于 1997 年 7 月 1 日恢复对香港行使主权,香港将成为特别行政区;在“香港特别行政区成立后,香港原有法律(普通法与衡平法、条例、附属立法、习惯法)除与《基本法》相抵触或香港特别行政区的立法机关作出修改者外,予以保留”;“香港特别行政区享有行政管理权、立法权、独立的司法权和终审权。”中葡两国政府于 1987 年 4 月 13 日正式签署的《关于澳门问题的联合声明》也有类似规定。与此同时,我国政府对台湾问题也将按照“一国两制”的模式加以解决。由此,中国将成为一个多元法域的国家,区际法律冲突不可避免。自 1985 年以来,我国国际私法学界对区际私法问题进行了广泛而深入的研究(1988 年 10 月在西安召开的中国国际私法研究会第二届年会将区际私法问题作为主要议题之一),涉及了区际私法的概念、中国区际法律冲突的特点、我国制定区际私法的迫切性以及关于解决我国区际法律冲突的原则和步骤等一系列问题。

1. 关于区际私法的概念,一些学者认为,区际私法是解决一国国内不同区域之间民事法律冲突规范的总称,区际法律冲突可以分为一国内两种不同社会制度下的法律冲突和一国内同一种社会制度下的法律冲突两种。② 另一些学者认为,区际私法是解决一国国内不同法域之间民事法律冲突的规范的总称,区际法律冲突不包括一国内同一种社会制度下的法律冲突。③

2. 关于中国区际法律冲突的特点,学者们的概括大同小异,大致有:(1)中国的区际法律冲突既有同一社会制度下的法律冲突,又有不同社会制度下的法

---

① 参见董立坤:《国际私法论》,法律出版社 1988 年版,第 20 ~ 21 页;刘振江等主编:《国际私法教程》,兰州大学出版社 1988 年版,第 85 ~ 86 页。

② 参见易俊:《“一国两制”与中国区际私法》,载《国际司法协助与区际冲突法论文集》,武汉大学出版社 1989 年版,第 168 页。

③ 参见丁伟:《中国的区际法律冲突与区际私法刍议》,载《国际司法协助与区际冲突法论文集》,武汉大学出版社 1989 年版,第 187 ~ 189 页。

律冲突;(2)中国的区际法律冲突表现了社会主义法系、英美法系和大陆法系三者之间的冲突;(3)中国的区际法律冲突不仅包括各法域法律适用上的冲突,还有国际条约适用上的冲突;(4)中国的区际法律冲突是单一制国家中特别行政区享有高度自治权情况下的法律冲突。①

3. 关于制定区际私法的迫切性问题,学者们的认识有很大差别。有的学者从实现国家的统一、对外开放、地区合作及加强法制建设的形势出发,呼吁中国区际私法应及早出台;②有的学者认为制定统一的区际私法还有困难,但可制定一些单行区际冲突法法规;有的学者认为制定统一区际私法的实现可能性不大,可通过一些实体协议来解决个别问题。③ 我们认为,制定全国统一的区际私法最为可取,考虑到目前在立法上解决这个问题尚有许多困难,在全国统一的区际私法制定出来前,可通过类推适用国际私法来解决区际法律冲突问题。

4. 关于解决中国区际法律冲突的原则,一般认为应包括促进和维护国家统一原则、"一国两制"原则、平等互利原则、促进和保障正常区际民事交往原则。④

5. 关于解决我国区际法律冲突的步骤,大部分学者认为应首先由我国内地、香港、澳门、台湾地区类推适用各自的冲突法规则来解决区际法律冲突,然后在各地区充分协商和协调的基础上,制定全国统一的区际私法。与此同时,可以在某些具体问题上制定全国统一的实体法或各地区分别采用相同或类似的实体法,进而逐步实现全国法制统一,最后避免和消除区际法律冲突。⑤

上述可见,从长远看,我国法学界今后应该把区际私法作为一个独立的问题进行更深入细致的研究,而不是仅仅把它当成国际私法的附属问题来研究。因为国际私法与区际私法虽然有许多相似之处,但前者毕竟是解决不同主权国家之间的法律冲突的法律,而后者只是解决一个主权国家内部不同法域之间的法律冲突的法律,两者有着本质差别。此外,在研究过程中,我们应该联合我国

---

① 参见韩德培、黄进:《中国区际法律冲突问题研究》,载《中国社会科学》1989 年第 1 期;孟宪伟:《略论我国区际法律冲突及其解决途径》,顾倚龙:《坚持"一国两制",解决区际法律冲突》,丁伟:《中国的区际法律冲突与区际私法刍议》,分别载于《国际司法协助与区际冲突法论文集》,第 138 ~ 148 页、第 174 ~ 186 页、第 187 ~ 194 页。

② 参见余先予:《中国区际冲突法应该及早出台》,载《国际司法协助与区际冲突法论文集》,武汉大学出版社 1989 年版,第 119 页。

③ 上述两种观点参见《国际司法协助与区际冲突论文集》,第 107 ~ 187 页。

④ 参见韩德培、黄进:《中国区际法律冲突解决之展望》,载《国际司法协助与区际冲突论文集》,武汉大学出版社 1989 年版,第 108 ~ 111 页。

⑤ 同上书,第 115 ~ 118 页。

台湾地区、香港特别行政区、澳门特别行政区的国际私法专家、学者,从我国实际情况出发,借鉴其他国家解决区际法律冲突的有益经验,以便找出解决我国区际法律冲突问题的最佳途径。

六、关于国际司法协助问题

实行对外开放以来,我国学者加强了对国际民事诉讼程序方面的问题的研究,除在教材和专著中对此作了介绍和阐述外,公开发表的有关专论就有 40 多篇。其中涉及司法协助问题的论文占了很大比例,它们为我国在这方面的法律实践提供了理论指导。同时,由于我国政府先后同法国、波兰、比利时等国订立了司法协助条约,并加入了 1958 年于纽约订立的《承认及执行外国仲裁裁决公约》,这又促进了法学界对司法协助问题的研究。1988 年 10 月在西安举行的第二届中国国际私法研究会年会着重讨论了国际司法协助的有关问题,对司法协助的概念、范围、实施、法律适用、拒绝给予司法协助的依据以及在无条约情况下的司法协助问题进行了讨论。[①] 有的学者认为,国际司法协助是指一国法院接受另一国法院的请求,代为履行某些诉讼行为,它包括送达诉讼文书、调查取证和承认与执行外国法院的判决和仲裁机构的裁决等,因此,国际司法协助的范围应是广义的司法协助。[②] 也有的学者认为,国际司法协助是指两个不同国家的法院或其他主管机关相互间按照对方的请求,依据国际公约或双边条约的规定,或在没有条约的情况下,依据互惠原则,在民商事和刑事方面,代为某些诉讼行为。[③] 还有的学者认为将国际司法协助表述为"一国司法机关应另一国司法机关或有关当事人的请求,代为履行诉讼中的一定的司法方面的行为"较为妥当。因为国际司法协助涉及的法律部门,在实践中已不限于民商事方面,还包括刑事领域;司法协助的主管机关,也并不仅指法院,还有其他"主管机关"。[④] 再有的学者指出,民商事领域中的国际司法协助主要是在条约的基础

---

① 参见黄进、肖永平:《中国国际私法研究会第二届年会综述》,载《法学研究动态》1988 年第 23 期。

② 参见谢石松:《国际司法协助问题的理论与实践》,载《国际司法协助与区际冲突法论文集》,武汉大学出版社 1989 年版,第 1 ~ 2 页。

③ 参见刘振江:《论国际司法协助的几个问题》,载《国际司法协助与区际冲突法论文集》,武汉大学出版社 1989 年版,第 23 页。

④ 参见徐宏:《关于我国开展司法协助的若干问题》,载《国际司法协助与区际冲突法论文集》,武汉大学出版社 1989 年版,第 60 ~ 62 页。

上进行的，但就一个国家而言，缔结的条约是有限的，在没有条约的情况下，涉外司法文件的送达就必须考虑国内的立法和实践经验。无条约情况下涉外司法文件的送达，通常需要符合文件发出国和文件送达地国双方的法律，才能保证充分有效。[①]

由上述可知，我国国际私法学界对司法协助问题的研究大致还处于宏观层次的认识上。在当前形势下，为了促进我国对外司法协助工作的进一步开展，我们必须加强对我国的实践经验的总结，完善国内有关立法，制定一整套有关国际司法协助的法律。与此同时，我们还应该加强对有关司法协助的国际条约的研究，与更多的国家订立双边司法协助条约，并考虑加入其他有关的国际公约，如1965年订于海牙的《关于向国外送达民事或商事司法文书和非司法文书公约》。此外，在我国实现了和平统一以后，开展区际司法协助将成为必然的事情。由于区际司法协助同国际司法协助相比，不但在性质上截然不同，在形式上和内容上也有很大差别，我们必须加强对这一问题的专门研究。

七、关于涉外合同的法律适用问题

涉外合同的法律适用问题是国际私法中最为困难的一个问题。近年来，我国国际私法学界对涉外合同的法律适用问题进行了较为全面、深入的研究，这些研究直接促进了我国的冲突法立法。1985年颁布的《涉外经济合同法》首次规定了涉外经济合同的法律适用规则，1986年颁布的《民法通则》第185条对所有涉外合同的法律适用作了相同的规定。目前学者们对涉外合同法律适用的一些问题尚有许多不同的见解。从中国国际私法研究会第三届年会有关这些问题的讨论来看，主要涉及如下几点。

1. 关于涉外合同法律适用的“统一论”和“分割论”问题[②]

涉外合同法律适用的“统一论”主张与合同有关的所有问题应受同一法律支配；“分割论”认为应对与合同有关的问题进行分解，让合同各方面的问题分别适用不同的法律。有的学者指出，我国《涉外经济合同法》的规定与最高人民法院《关于适用〈涉外经济合同法〉若干问题的解答》（以下简称《解答》）在内容

---

① 参见卢松：《无条约情况下涉外司法文件的送达——美国立法实践》，载《国际司法协助与区际冲突法论文集》，武汉大学出版社1989年版，第97～106页。

② 参见章尚锦提交中国国际私法研究会第三届年会的论文《关于合同法律适用的“分割论”和“统一论”》。

上有一些矛盾的地方,这是对合同法律适用的“统一论”和“分割论”的模糊认识在立法和司法解释文件上的反映,因此,应加强对这一问题的研究。有的学者认为,“分割论”是合同法律适用的传统理论,“统一论”是稍后发展起来的,从理论上说,两者各有利弊,在实践中,各国对它们的态度也不相同,但无论采取哪种主张,都免不了要作例外的规定,“统一论”尤其如此。但有的学者认为,在实践中,对与合同有关的各种问题历来是分别处理,绝少将一切问题统统归属于一个准据法支配;在学术界,大多数学者在合同的法律适用问题上都主张采用“分割论”,即使那些主张“统一论”的学者,也不得不承认有例外。“分割论”是对合同法律适用的复杂性的一种客观反映。[①] 事实上,合同的法律适用可以有广义和狭义两种不同的理解。广义的理解是指合同的成立和合同内容及效力的法律适用,其中,前者和后者的法律适用一般是不同的;狭义的理解单指合同内容及效力的法律适用,合同的准据法通常仅指支配合同内容及效力的法律。这样,如果从广义上理解合同的法律适用,则必定是分解的或分割的;如果从狭义上理解合同的法律适用,则应该是整体的或统一的。因此,合同法律适用的“分割法”和“统一论”也可以理解为合同准据法的含义问题或合同准据法的适用范围问题。

2. 关于“the proper law of a contract”的译法

有人认为“proper law”与“*lex causae*”和“applicable law”没有什么区别,都应该译为“合同准据法”。[②] 其他的译法有“合同自体法”[③]“合同特有法”[④]“合同宜用法”[⑤]“适合于合同的法律”“合同关系法”等。“the proper law of a contract”这一概念是英国学者戴赛(A. V. Dicey)于 1896 年首先提出来的。他认为,“the proper law of a contract”是“当事人意欲使合同受其支配的法律,而在当事人无此明示选择,且不能依情况推定当事人的选择的意图时,应是那个与合同有最密切、最实际联系的法律”。因此,“the proper law of a contract”只是适用于合同本体的准据法,并不适用于合同的各个方面,译为“合同自体法”比较

① 参见黄进、肖永平、崔峰:《中国国际私法研究会第三届年会综述》,载《汕头大学学报(人文科学版)》1990 年第 1 期。

② 唐表明:《比较国际私法》,中山大学出版社 1987 年版,第 60 页、第 73 页。

③ 韩德培教授即持此主张。参见《中国大百科全书·法学卷》,中国大百科全书出版社 1984 年版,第 474 页。

④ 参见李双元:《国际私法(冲突法篇)》,武汉大学出版社 1987 年版,第 344 页。

⑤ 参见朱学山提交中国国际私法研究会第三届年会论文《论合同宜用法》。

恰当。

3. 关于“意思自治”的限制问题

“意思自治”原则是指合同当事人可以合意选择合同应适用的法律,它由法国法学家杜摩林在16世纪首先提出的。由于“意思自治”揭示了合同关系的本质,符合商品经济发展的要求,因而到了18世纪以后它相继被许多国家采用,成为国际私法中解决涉外合同法律冲突的一项基本原则。我国《涉外经济合同法》第5条和我国《民法通则》第145条均肯定了这一原则,但学者们对“意思自治”原则的限制问题仍有不同看法。

(1)对“意思自治”原则要不要限制的问题。尽管西方有些学者鼓吹当事人的自由选择是无限制的,但我国学者普遍认为当事人的自由选择只能在任意性法律范围内进行,禁止选择适用违反公共秩序和强行性法规的法律。对其他方面的限制,学者间则存在不同见解。

(2)对当事人选择方式的限制问题。当事人选择法律的方式可分为明示选择和默示选择两种。对口头明示选择的有效性问题,一些学者认为,世界上许多国家的立法和实践,包括一些有关的国际条约,对书面和口头方式都是允许的,因此,我国也应该承认口头明示选择的有效性。另一些学者则认为,当事人选择适用法律的条款是合同的主要条款之一,根据我国《涉外经济合同法》第7条关于涉外经济合同应为书面协议的规定,只有书面的明示选择条款才有效。

默示选择方式是指在涉外经济合同中当事人未作明示法律选择的情况下,法官通过缔约行为或其他一些因素来推定当事人已默示同意合同受某种法律支配。这种“默示”的主要标志是仲裁条款、管辖仅条款、合同的语言、术语和格式等。有的学者主张我国应该肯定默示选择方式。也有一些学者认为,默示选择实际上并不一定代表当事人的意图,它可能只是法官的主观推测。根据我国《解答》第2条的规定,当事人的选择必须是明示的。

(3)对选择法律的时间的限制问题。有的学者认为,当事人不是单纯地选择一个解决争议的法律,而是选择一个债的关系赖以产生、变更和消灭的法律。因此,法律的选择应先于订约,至少应该与之同时完成,否则就会在理论上出现混乱,对当事人选择法律的时间应该作必要的限制。其他学者则认为,“意思自治”原则的目的是由当事人决定准据法,以便更好地保护当事人的合法权益,既然法律允许当事人选择,就应该允许当事人更改,在这里,至关重要的不是“时间”,而是当事人的意思,允许当事人废除以前的意思确立现在的意思,更符合“意思自治”的本意。我国最高人民法院在《解答》第2条第4款中明确指出:当事人在订立合同时或发生争议后,对于合同所适用的法律未作选择的,人民法院受理案件后,应允许当事人在开庭审理以前作出选择。

(4)对选择法律的空间限制问题。所谓空间限制,是指合同当事人能否选择与合同没有任何联系的国家的法律。对于这个问题,各国的立法与司法实践不尽一致,大多数国家从空间连结点上对当事人的"意思自治"作了一些限制,要求当事人选择与合同或当事人有一定联系的当事人属人法、缔约地法、履行地法、物之所在地法等。但有的国家(如英国)主张取消空间限制,只要当事人的选择是善意、合法、不违背公共秩序的,即使这种法律与合同没有任何联系,也承认其选择是有效的。我国有些学者也主张取消空间限制,[①]他们认为"当事人意思自治"实际上是人们寻找出来的一个新的连结点,它同其他连结点的作用是一样的,处于同等地位,不应该用其他连结点来限制、取消这一连结点;从实践来看,允许当事人选择与合同没有关系的法律,有时能更好地保护双方当事人的利益,实现"意识自治"的目的;我国最高人民法院在《解答》中也没有强调当事人选择的法律必须与合同有客观的联系。

4. 关于最密切联系原则在合同法律适用中的运用问题。

"最密切联系"原则是指处理涉外案件应适用与该案件有最密切联系的那个地方的法律。目前,最密切联系原则在许多国家的立法和司法实践中都得到反映,一些国际条约也采纳了这一原则。在学术界,这一原则更是受到学者们的青睐。虽然最密切联系原则适用于广泛的领域,但在决定合同法律适用方面尤为重要,它是仅次于"意思自治"原则的一项冲突法原则。但是,对于究竟如何运用这一原则来确定"最密切联系地"进而选择准据法的问题,仍值得进一步研究。我国大多数学者主张,在处理涉外合同纠纷案件时,如果当事人未就合同准据法进行选择,应依照最密切联系原则,以连结点的质量而不是以连结点的数量来决定最密切联系地,从而确定合同应适用的法律。也有学者主张,按照合同"特征性履行"理论,以合同特征性履行方的住所、惯常居所或营业地的法作为与合同有最密切联系地法,可以使权衡连结点的过程大为简化,加强运用最密切联系原则选择合同准据法的确定性。从我国最高人民法院在《解答》

① 参见杜新力向中国国际私法研究会第三届年会提交的论文《涉外经济合同的法律适用原则》。

第2条第6款的规定看,也基本上是采用了这种方法。[①] 我国国际私法学界应该加强对有关“特征性给付”或“特征性履行”的理论的研究,并对各种具体的涉外合同的法律适用进行专门研究。

八、关于涉外侵权行为的法律适用问题

在国际私法领域中,侵权法是一个长期不受重视的领域。到了20世纪,随着现代科学技术的发展和国际交通的发达,国际交通运输事故日渐频繁,国际性的产品责任案件日趋增加,跨国界的环境污染事件时有发生,国际性的诽谤案件也呈上升趋势,于是,侵权法成了国际私法中的热门课题。关于侵权行为的法律适用,目前国际私法学界大约有五种主张:(1)适用法院地法;(2)适用侵权行为地法;(3)重叠适用侵权行为地法和法院地法;(4)适用最密切联系地法;(5)适用当事人共同本国法和共同住所地法。我国《民法通则》第146条首次对侵权行为的法律适用作了明确规定,即“侵权行为的损害赔偿,适用侵权行为地法律。当事人双方国籍相同或者在同一国家有住所的,也可以适用当事人本国法律或者住所地法律。中华人民共和国法律不认为在中华人民共和国领域外发生的行为是侵权行为的,不作为侵权行为处理”。但是,我国学者在对下列问题的研究和讨论中,仍表现出见解上的分歧。

1. 关于侵权行为地的确定问题。对此,历来有三种不同观点:(1)侵权行为地是加害行为地;(2)侵权行为地是损害发生地;(3)凡有关事实发生的地方,包括行为发生地和损害发生地在内,都可认为是侵权行为地。有的学者认为我国《民法通则》未指明侵权行为地是加害行为地还是损害结果地,这使法院拥有较大的自由裁量权,便于对具体问题作出灵活处理;而另外一些学者则认为,这样的规定在某种程度上增加了侵权行为准据法适用的灵活性,但其是从双重适用标准为出发点,因此显得不够确定。

2. 关于我国是否采用“侵权行为自体法”理论的问题。侵权行为自体法(the proper law of the torts)是英国学者莫里斯在1951年首先提出的关于侵权行为准据法的一种理论。他认为,传统的侵权行为准据法的公式过于机械,而现实的侵权行为却千差万别,试图用一个机械的公式运用于所有不同类型的侵权行为显然是不能得到满意的结论的。因此,法院必须找到一个足够广泛和灵

① 参见黄进、肖永平、崔峰:《中国国际私法研究会第三届年会综述》,载《汕头大学学报(人文科学版)》1990年第1期。

活的冲突规则,既能适用于通常情况,又能适用于例外情况。“侵权行为自体法”这一公式便可满足这一要求,它主张根据每个案件的具体情况确定应适用的准据法,而不是机械地适用侵权行为地法。这一学说在国际上得到了许多学者的赞同,许多国家的立法也采用了这一理论。我国也应该借鉴这一学说,以完善我国关于侵权行为法律适用的立法。但一些学者认为,我国《民法通则》采用以侵权行为地法为基本的准据法,重叠适用法院地法,就排除了接受“侵权行为自体法”理论的可能性。

3. 关于侵权责任和合同责任竞合的冲突法调整问题。责任竞和(concurrence)是指某一法律行为或事实引发多种不同的法律关系,该法律关系主体一方就一定目的享有多重请求权,而另一方就其单一行为须负多重责任的特殊法律现象。对责任竞合案件权利人的保护,各国立法与实践采取的一致原则是,权利人在两个责任竞合根据中只能行使一个请求权,而不能行使两个独立的请求权。但有的国家实行竞合制度,有的国家不实行这种制度。在中国国际私法研究会第三届年会上,与会代表对这个问题产生了浓厚的兴趣。有些代表指出,我们应把责任竞合的法律适用作为一个独立问题加以研究。目前,有些国家和国际条约已开始对责任竞合作出独立的法律适用规定,有的规定责任竞合依合同准据法,有的规定责任竞合依侵权行为地法,有的规定责任竞合依最密切联系地法,还有的规定责任竞合依竞合法律关系不同连结点重叠所在地的国家的法律。这些规定增强了法律适用的明确性,有利于涉外案件的迅速处理。因此,我国也应该着手研究、制定一些涉外责任竞合的冲突规则,特别是可以先就某些特殊的涉外责任竞合制定法律适用规则,为我国今后开展全面立法打下基础。[①] 我们认为,责任竞合问题不是一个独立的冲突法问题,它实际上是一个识别问题,应该由法院在适用冲突规范的过程中通过识别加以解决,而不应由当事人通过选择请求权来解决。

---

① 参见胡晋南提交中国国际私法研究会第三届年会的论文《论合同与侵权责任竞合的冲突法调整》。

“外国法的查明和解释”的条文设计与论证*

一、条文具体设计

第　条【外国法的查明和解释】

“依照本法规定应当适用的法律为某外国法律，中华人民共和国法院、仲裁机构或者行政机关可以依职权查明该外国法律，也可以(1)由当事人提供;(2)由我驻该国的使、领馆提供;(3)由该国驻华使、领馆提供;(4)由与中国订立司法协助协定的缔约对方的中央机关提供;(5)由中外法律专家提供。

法院、仲裁机构、行政机关无法查明或者当事人、上述使领馆、中央机关和法律专家不能提供该外国法律的，可以适用与该外国法律相类似的法律、与当事人有最密切联系国家的法律或者中华人民共和国相应的法律。

外国法的解释，依照其所属国家的法律及其解释规则。”

二、条文释义与说明

本条是关于外国法的查明和解释的规定，共有三个条款，主要规定了三个方面的问题：一是外国法的查明

---

* 与杜焕芳(武汉大学法学博士，中国人民大学法学院教授)合作撰写，本文原载于《求是学刊》2005年第2期。

方法;二是无法查明时的救济方法;三是解释外国法的依据。在实践中,除了法院会碰到这些问题之外,仲裁机关或行政机关在审理涉外案件时也会涉及这些问题,因而同样需要解决外国法的查明问题。故本条规定也适用于仲裁机关或行政机关在审理涉外案件时对外国法的查明。

(一)名词释义

1. 外国法的查明(ascertainment of foreign law),亦称外国法的证明(proof of foreign law)或外国法内容的确定,是指一国法院在审理涉外民商事案件时,如果依本国的冲突规范(包括当事人基于意思自治原则而选择)应适用某一外国实体法时,如何查明该外国法关于这一涉外案件特定问题的规定或规则的问题。[①] 比如,如果冲突规范指向的是美国法,那么具体依据的是美国的合同法还是侵权法?如果是美国合同法,那么是美国成文合同法中的第X条还是第Y条?或者是美国判例合同法中的X判例还是Y判例?只有查明了具体外国实体法以及其中的具体规则后,法官才能对涉外案件中当事人的具体权利义务关系作出判断进而作出裁判。

2. 外国法的解释,即对冲突规范所指定的外国法及其具体规则的内容和性质作出解释和确认,以便对涉外案件中当事人的具体权利义务关系作出判断的问题。因为每个国家的法律体系、法律制度、法律传统、法律用语都各有特色,即使已经查明了外国法,也不等于法院、仲裁机关、行政机关就能够当然地适用好该外国法及其具体规则,这里就存在一个解释外国法的问题。

(二)条款说明

第1款:"依照本法规定应当适用的法律为某外国法律,中华人民共和国法院、仲裁机构或者行政机关可以依职权查明该外国法律,也可以(1)由当事人提供;(2)由我驻该国的使、领馆提供;(3)由该国驻华使、领馆提供;(4)由与中国订立司法协助协定的缔约对方的中央机关提供;(5)由中外法律专家提供该外国法律。"

说明:查明外国法的关键在于其查明的方法。在各国国际私法的实践中,外国法的查明大致有三种做法:一是由当事人举证证明;二是由法官依职权查明;三是由法官依职权查明,但当事人亦有提供和证明的义务。本条规定在采取第三种做法的基础上,还增加了外交机关、领事机关、中央机关以及法律专家

① 黄进:《国际私法》,法律出版社1999年版,第273页。

提供或查明外国法等四种方法，这是根据我国司法实践经验的积累，通过最高人民法院的司法解释加以确立的查明外国法的方法，在实践中具有重要作用，应当上升为立法，故本款作此规定。

第 2 款："法院、仲裁机构、行政机关无法查明或者当事人、上述使领馆、中央机关和法律专家不能提供该外国法律的，可以适用与该外国法律相类似的法律、与当事人有最密切联系国家的法律或者中华人民共和国相应的法律。"

说明：在一国法院依本国冲突规范的指定（包括当事人基于意思自治原则而选择）应适用外国法的情况下，如法官无法查明该外国法，当事人也不能举证证明该外国法的内容时，各国的理论和实践基本上采取如下解决办法：一是以内国法取而代之；二是驳回当事人的诉讼请求或抗辩；三是适用与本应适用的外国法相类似的法律；四是适用一般法理。本条规定在第 1 款的基础上综合了世界上不同国家的做法，兼采第一种和第三种做法，同时在查明外国法方面还引进了最密切联系原则，给予无法查明外国法时的多元化救济，即与外国相类似的法律、与当事人有最密切联系的国家的法律和中国相应的法律。这三种法律是相互并存而无孰优孰劣之分，取决于法院、仲裁机关、行政机关的自由裁量，主要是为避免以内国法取而代之的简单做法。

第 3 款："外国法的解释，依照其所属国家的法律及其解释规则。"

说明：外国法的解释，即对冲突规范所指定的外国法的内容和性质作出解释和确认的问题。因为每个国家的法律体系、法律制度、法律传统、法律用语都各有特色，即使已经查明了外国法，并不等于法院、仲裁机关、行政机关就能够当然地适用好该外国法及其具体规则，这里还存在一个解释外国法的问题。那么，在具体适用该外国法及其具体规则时对外国法的解释，其法律依据是什么？是法院地法还是该外国本身所属法律？由于每个国家的立法（包括判例法）的产生都是基于本国的实际，自然在立法的理念、立法的方法、立法的规则上都会有所差异，特别是立法的具体规则和内容。比如，合同是否成立，对于要约和承诺的问题，大陆法系一般采取收信主义，而英美法系一般采取发信主义。甚至有的法律概念在一个国家中有而在另一国家中却没有。又如，"信托"一般是英美法系上的概念，而"物权"一般是大陆法系的概念，等等。所以，对外国法的解释应当依据其所属国家（法域）的法律及其解释规则进行才比较可行。

三、条文论证与评论

我国加入世界贸易组织以后，涉外民商事纠纷日益增加。法院在处理涉外民商事案件时,适用外国法是不可避免的,而外国法的查明是正确适用外国法的前提。但由于世界各国的法律千差万别、纷繁复杂,任何法官都不可能通晓世界各国的法律。因此,当一国在审理涉外民商事案件时,如依本国冲突规范的指引应适用外国法,就必须通过一定的方式和途径来查明外国法的内容。关于外国法的查明主要涉及以下几个问题:所要查明的外国法是"法律"还是"事实"?外国法由谁提出和证明?外国法的内容不能查明时如何救济?外国法的错误适用能否上诉?对于已经查明的外国法如何进行解释?等等。

但在我国,民事诉讼采取"以事实为根据,以法律为准绳"的原则,人民法院在审理涉外民商事案件时,要作出切合实际、合理的判决,维护当事人的正当权益,促进我国对外开放事业的发展,无论是"事实"还是"法律",都必须查清。因此,将外国法看作"法律"还是"事实"的争论,在我国没有实际意义。同样地,在我国,法院对民商事(包括涉外的)案件实行两审终审制,无法律审与事实审之分。无论什么错误包括外国法的解释错误以及适用错误,当事人不服均可提起上诉。如果是明显的错误或造成了严重的后果,还可以通过审判监督程序予以纠正。因此,外国法的错误适用不存在能否上诉的问题。故此处主要谈谈外国法的查明方法、外国无法查明时的救济以及对已经查明的外国法的解释三个问题。

(一)外国法的查明方法

从各国的立法和实践来看,外国法的查明方法大致可以分为三类。

1. 当事人举证证明。英国和美国等普通法系国家和部分拉丁美洲国家采用这种做法。他们把外国法看作"事实",用确定事实的程序来确定外国法的内容,即关于外国法中有无相关规定和其内容如何,须由当事人举证证明,法官无依职权查明的义务。证明的方法可以是当事人提出的刊载有关法律内容的权威文件(如官方公报、法院判决书所引证的条款等),也可请专家证明。

2. 法官依职权查明,无须当事人举证。一些欧洲大陆国家,如奥地利、意大利、荷兰以及一些东欧国家,还有拉丁美洲的乌拉圭等国,都认为冲突规范所指引的外国法也是法律,依"法官知法"原则,法官应当负责查明外国法的内容。例如,1978 年《奥地利联邦国际私法法规》第 4 条第 1 款规定:"外国法应由法官依职权查明。可以允许的辅助方法有:有关的人的参加,联邦司法部提供的资料以及专家的意见。"

3. 法官依职权查明,但当事人亦负有协助的义务。采取这种做法的国家有德国、瑞士、土耳其、秘鲁等。它们主张对外国法内容的查明,既不同于查明内国法律的程序,又不同于查明"事实"的程序,原则上应由法官负责调查,当事人也应负协助义务。这种做法更重视法官调查,对当事人提供的证据既可以确认,也可以拒绝或限制。①

我国立法虽然没有明文规定外国法查明的方法,但最高人民法院《关于适用〈涉外经济合同法〉若干问题的解答》第 2 条第 11 款以司法解释的形式作了规定:"在应适用的法律为外国法律时,人民法院如果不能确定其内容时,可以通过下列途径查明:1. 由当事人提供;2. 由我驻该国的使、领馆提供;3. 由该国驻华使、领馆提供;4. 由中外法律专家提供……"而后,1988 年最高人民法院《关于贯彻执行〈中华人民共和国民法通则〉若干问题的意见(试行)》第 193 条又增加了一个途径:由与中国订立司法协助协定的缔约对方的中央机关提供。1988 年 2 月 8 日生效的《中华人民共和国和法兰西共和国关于民事、商事司法协助的协定》第 28 条也规定:有关缔约一方的法律、法规、习惯法和司法实践的证明,可以由本国的外交或领事代表机关或者其他有资格的机关或个人以出具证明书的方式提交给缔约另一方法院。我国的上述做法是切实可行的,立法上可以作出明确规定,故本条增加了这些查明途径。

(二)外国法无法查明的救济

查明外国法是适用外国法的前提,但在实践中,如果采用一切可能的办法仍不能查明外国法的内容,或者内国法律制度中不存在与外国法律概念相对应的概念,应怎么办?各国立法和司法实践有以下救济措施。

1. 直接适用内国法。这是大多数国家采取的办法。例如,1978 年《奥地利联邦国际私法法规》第 4 条第 2 款规定:"如经充分努力,在适用时期内外国法仍不能查明,应适用奥地利法。"1966 年《波兰国际私法》第 7 条规定:"无法认定外国法的内容或外国法的系属时,适用波兰法。"

2. 类推适用内国法。如英国法院,在当事人提不出关于外国法内容的证据,或法院认为该项证据不充分时,就推定该外国法与英国法内容相同,从而适用英国法。但这种推定仅限于普通法系国家的法律,诸如美国、加拿大、澳大利亚等国家的法律。② 不过,就连英国学者莫里斯也批评这种做法无非是一种矫揉造作(artificial)而已,倒不如直接适用英国法。③ 美国法院也采取类似方法。

① 参见肖永平:《中国冲突法立法问题研究》,武汉大学出版社 1996 年版,第 209 ~ 210 页。

② See R. Fentiman, *Foreign Law in English Courts*, 1998, pp. 3 - 4.

③ J. H. C. Morris, *The Conflict of Laws*, 1993, p. 40.

3. 驳回当事人的诉讼请求或抗辩。德国和美国在实践中采取这种做法。[①]《德国民事诉讼法典》第 293 条规定,德国法院依职权确定外国法的内容,但也有权要求当事人双方提供有关外国法的证据,如果负责提供有关外国法证据的一方提供不出证据,法院则以证据不足驳回其诉讼请求或抗辩。在美国的司法实践中,在外国法为普通法系国家的法律且不能被当事人证明时,法院推定外国法与美国法相同并适用美国法。但是,在外国法为非普通法系国家的法律且不能被当事人证明时,法院就会认为其诉讼请求或抗辩无根据而予以驳回或不加采纳。

4. 适用同本应适用的外国法相近似或类似的法律。德国司法实践中有一些判例采用了"最相近似原则"。例如,在早期的一个案例中,一个厄瓜多尔人依其父亲的遗嘱被剥夺了他对其父亲遗产的保留份的权利,为此而发生争议。当时,第一次世界大战刚刚结束,无法得到《厄瓜多尔民法典》。但是,法院知道,《厄瓜多尔民法典》是以《智利民法典》为模本的,认为适用同《厄瓜多尔民法典》相似的《智利民法典》比适用法院地法即德国法似乎更接近于正确的解决方法。[②] 日本也有判例采取这种做法。但在立法上明确规定外国法无法查明时适用与其相近似的法律的尚不多见。

5. 适用最密切联系国家的法律。1995 年《朝鲜人民民主主义共和国涉外民事关系法》第 12 条规定:"在外国国家的某一法律被确定为准据法而该法内容无法查明的情况下,可以适用与当事人有最密切联系国家的法律或朝鲜人民民主主义共和国的法律。"

6. 适用一般法理。这种主张认为,在外国法无法查明或欠规定时,应依据法理进行裁判。日本的学说和判例大多持此主张。日本大阪法院于昭和四十一年(1966 年)一月十三日关于亲子关系不存在的判决确认:母之夫的本国法不明,依法理裁判。[③]

我国在此问题上规定,前后有些细微变化。最高人民法院在 1987 年《关于适用〈涉外经济合同法〉若干问题的解答》中规定"可以参照我国相应的法律处理"(第 2 条第 11 款),但在 1988 年《关于贯彻执行〈中华人民共和国民法通则〉

---

① 参见黄进:《论国际私法中外国法的查明——兼论中国的实践》,载《河北法学》1990 年第 6 期。

② 参见[德]沃尔夫:《国际私法》,法律出版社 1988 年版,第 323~324 页。

③ 参见[日]北胁敏一:《国际私法——国际关系法Ⅱ》,法律出版社 1989 年版,第 63~64 页。

若干问题的意见(试行)》中改为“适用中华人民共和国法律”(第193条)。我国《国际私法示范法》规定“适用与该外国法律类似的法律或者中华人民共和国相应的法律”(第12条)。而我国《民法典》草案第9编第12条则规定“可以适用中华人民共和国相应的法律”。我们认为我国《国际私法示范法》的规定比较切实可行,可以作为今后立法的参考。同时,因为在实践中,我国有些法院往往并不按照上述司法解释规定的那些途径去认真地查明外国法,而是简单地经过查明后,就以外国法无法查明为由,适用中国法律代替,所以本条加上了“与该外国法律相类似的法律、与当事人有最密切联系国家的法律”作为选择,以增强法律适用的灵活性。

(三)外国法的解释问题

在涉外案件中,法官在对外国法加以查明后进而具体适用该外国法的过程中,还会存在对外国法如何解释的问题,即对冲突规范所指定的外国法的内容和性质作出解释和确认的问题。这个问题的产生主要是因为各国法官对外国法的认识和了解毕竟有限,而且外国法本身亦难免存在模糊和不清之处。

在国际私法上,有的学者将这个问题视为所谓“二级识别”问题,即对准据法的解释,但也有学者反对这种主张。① 对于外国法的解释,在立法上明确作出规定的并不多。一些国家的国际私法立法对这个问题作了规定,但没有将之放在识别条款下加以规定,而是将之同外国法的查明一同加以规定。有规定的立法主要是两种做法,一是依其所属法律体系进行解释,二是由审理案件的法官进行解释。前者如1966年《葡萄牙民法典》第23条第1款规定:“解释外国法,应在其所属法制范围内并按该法制所定之解释规则为之。”1984年《秘鲁民法典》第2055条规定:“对外国准据法的解释,依其所属的法律体系。”1998年《突尼斯国际私法》第33条规定:“对冲突规范所指定的外国法律的解释,应依照包含于其正式渊源中的应适用的规则的整体含义进行。”1995年《意大利国际私法制度改革法》第15条规定:“外国法应根据其本身的解释和适用标准予以适用。”后者如1972年《塞内加尔家庭法》第850条规定:“……(3)外国法的含义与范围由主审法官确认。”我国现行法律没有这方面的规定。

在理论上,学者们大都主张依外国法所属法律体系来解释外国准据法的有

---

① Dicey & Morris, *A Digest of the Laws of England with Reference to the Conflict of Laws*, 1973, p. 26.

关规定。[1] 准据法是经冲突规范指定援用来具体确定涉外民商事关系当事人双方权利和义务的特定实体法,既可能是内国法,也可能是外国法。对准据法的解释,只有依据其所属国家或地区的法律及其解释规则进行才是合理的。因为任何一种法律只有依其所属法律体系的原则、精神、概念、定义等进行解释,才可能作出正确的解释。准据法如为内国法,则依法院地法进行解释。准据法如为外国法,则依该外国法进行解释。如依法院地法对外国的准据法加以解释,只会似是而非。既然法官决定适用外国法,就应当像外国法官在适用其本国法时的做法一样来适用该外国法,对外国法的解释自然也要按照该国法律的解释规则和解释方法。因此,本条采用通说。

四、司法实践介绍

总体来看,我国有关外国法查明的立法还不完善,现有规定又缺乏可操作性,致使在外国法查明的司法实践上的混乱。我国有些法院往往并不按照最高人民法院的司法解释规定的途径去认真地查明外国法,而是简单地经过查明后,就以外国法无法查明为由,适用中国法律代替。其主要问题在于外国法查明的途径具有局限性,经不起推敲。当然,在这种情况下,我们仍应该看到,有些法院的司法实践还是为外国法的查明提供了新的方法和新的思考。

(一)原告美国某公司诉被告英国某公司欠款纠纷案[2]

原告美国某公司仅以一张欠款欠据为主要证据向中国法院起诉被告英国某公司。双方约定发生纠纷时,选择美国法律处理争议。在外国法的查明方面,一审法院委托了中国司法部委托美国的公证人某律师行的某律师就争议焦点问题出具法律意见,并采纳了该意见作出判决。被告英国某公司不服,上诉称:(1)一审法院将外国法的查明与适用问题交给美国的一家律师行及公证机关审查,并最终根据其出具的具有判决性质的法律意见书作出判决,缺乏法律依据,使美国的律师行和公证机关代行了部分审判权,并剥夺了被告英国某公司的答辩权;(2)一审法院根据中国法律的规定,可以通过五种途径查明外国法,但查明外国法后,应独立审查该外国法是否适用,一审法院违反了这一规定。该案上诉后,二审法院经审查认为,法院可以通过包括中外法律专家提供等五种途径查明外国法,一审法院委托美国律师行就应适用的美国法律作出解

① 参见黄进:《国际私法》,法律出版社 1999 年版,第 281 页。

② 参见张磊:《外国法的查明之立法及司法问题探析》,载《法律适用》2003 年第 1 ~2 期。

释,经审查后依据该法律下判并无不妥,遂维持原判。

(二)南京华夏海运公司诉澳非尔堤斯航运有限公司船舶碰撞损害赔偿纠纷案①

1. 案情

原告南京华夏海运公司(以下简称华夏海运公司)所属的“华宇”轮,船籍中国,船籍港为中国南京。该轮为完成曼谷至日本的航次租船合同,于1994年6月10日20时由印度尼西亚的雅加达港空载驶往泰国曼谷港锚地,于同月13日18时15分靠妥曼谷港湄南河南侧3号码头,准备装载运往日本国的12,800吨散装白糖。次日22时23分,“华宇”轮受载到2429.62吨时,被进港的被告塞浦路斯澳非尔堤斯航运有限公司(以下简称澳非尔堤斯航运公司)所属的“珊瑚岛”轮的左舷艏部撞击。1994年7月30日“珊瑚岛”轮驶抵中国南京港,经原告华夏海运公司申请,武汉海事法院于1994年8月1日对该轮实施扣押。

2. 审理

关于本案适用实体法的问题,在一审期间,武汉海事法院认为:根据我国《海商法》关于涉外关系的法律适用原则,本案法律适用的第一选择是《1910年统一船舶碰撞若干法律规定的国际公约》,因该公约对我国尚未生效故不能被选择适用;第二选择是泰国法律即侵权行为地法,但因双方当事人均不属泰国籍,又不主张适用泰国的法律,视为当事人对泰国法不举证,因此,泰国法律不能被选择适用;第三选择是法院地法,即我国《海商法》,双方当事人亦主张适用中国法,基于双方当事人的主张和以上两种选择不成立的原因,本案应适用我国《海商法》。根据我国《民事诉讼法》第5条第1款,第9条,第134条第1款、第2款,我国《海商法》第186条的规定,武汉海事法院于1994年12月28日判决:第一,澳非尔堤斯航运公司赔偿华夏海运公司船舶损失费251,007.65美元,人民币2万元;第二,澳非尔堤斯航运公司赔偿华夏海运公司因碰撞引起的其他损失573,821.52美元,人民币1万元;第三,以上2项合计824,829.17美元,人民币3万元,在本判决生效后10日内履行完毕。

澳非尔堤斯航运公司不服武汉海事法院的判决,向湖北省高级人民法院提起上诉。华夏海运公司表示服判。

湖北省高级人民法院审理认为:关于本案适用实体法的问题,根据我国《海

① 参见杜涛、陈力:《国际私法学》,复旦大学出版社2004年版,第229~230页。

商法》第 273 条第 1 款的规定,应当适用侵权行为地法律即泰国的法律。但本院依照最高人民法院《关于贯彻执行〈中华人民共和国民法通则〉若干问题的意见(试行)》第 193 条规定的途径未能查明泰国的有关法律。根据该条的规定,本案应适用中华人民共和国的法律。原审法院未完全依照前述规定查明泰国法即适用中华人民共和国的法律不妥,本院予以纠正。原审认定事实清楚,证据充分,处理恰当。依据我国《民事诉讼法》第 153 条第 1 款第 1 项的规定,湖北省高级人民法院于 1996 年 2 月 28 日判决如下:驳回上诉,维持原判。

3. 简评

确定准据法是人民法院审理涉外民事案件必须首先解决的问题,审理此案的一审、二审法院虽均将中国法确定为本案的准据法,但它们确定的依据不同。原审法院认为,本案法律适用的第一选择是《1910 年统一船舶碰撞若干法律规定的国际公约》,但因为该公约对我国尚未生效,故不能被选择适用;第二选择是泰国法律即侵权行为地法,因双方当事人均不属泰国籍,不主张适用泰国法,视为当事人对泰国法不举证,故泰国法不能被选择适用;第三选择是法院地法,基于双方当事人的主张和以上两种选择不成立的原因,本案应当适用我国《海商法》。二审法院认为,根据我国《海商法》第 273 条第 1 款"船舶碰撞的损害赔偿,适用侵权行为地法律"的规定,本案应当适用泰国法。但根据最高人民法院《关于贯彻执行〈中华人民共和国民法通则〉若干问题的意见(试行)》第 193 条,"对于应当适用的外国法律,可通过下列途径查明:(1)由当事人提供;(2)由与我国订立司法协助协定的缔约对方的中央机关提供;(3)由我国驻该国使领馆提供;(4)由该国驻我国使馆提供;(5)由中外法律专家提供。通过以上途径仍不能查明的,适用中华人民共和国法律"的规定,二审法院通过这些途径仍不能查明泰国法,遂决定适用中国法。可见,在如何确定本案准据法这个问题上,我国《海商法》和最高人民法院《关于贯彻执行〈中华人民共和国民法通则〉若干问题的意见(试行)》有明确规定。原审法院没有依照这些规定确定本案的准据法显然不当,故二审法院依法进行了纠正。这对今后类似案件的审理有一定的借鉴意义。

(三)江苏省轻工业品进出口股份有限公司与江苏环球国际货运有限公司、美国博联国际有限公司海上货物运输合同纠纷案①

1. 案情

原告江苏省轻工业品进出口股份有限公司(以下简称江苏轻工)与被告江苏环球国际货运有限公司(以下简称江苏环球)、被告美国博联国际有限公司(以下简称美国博联)海上货物运输合同纠纷,起诉至武汉海事法院。就法律选择和法律适用而言,该院经审理认定,双方当事人在提单首要条款中约定《1936年美国海上货物运输法》为处理本案的法律,符合我国《海商法》第269条关于合同当事人可以选择合同适用的法律的规定。本案所涉的主要争议是承运人能否不凭正本提单向记名收货人交付货物,而《1936年美国海上货物运输法》对此未作出明确规定,即当事人选择的法律不能适用合同所涉全部内容,只调整合同当事人部分权利义务关系,应视为双方当事人在合同中对该项争议的处理没有选择适用的法律。因此,根据我国《海商法》第269条规定,合同当事人对该项争议所适用的法律没有选择的,应依照最密切联系原则确定其所适用的法律。最密切联系原则注重法律关系与地域的联系,采用连结因素作为媒介来确定合同的准据法,且所有与某个特定的争议有关的连结因素都应在决定该争议适用的准据法时被考虑,只有与合同存在密切联系的法律才能被确定为准据法。本案所涉的海上货物运输合同主要有合同签订地、履行地(包括运输始发地和目的地)、当事人营业所所在地、标的物所在地等连结因素,而当事人之间争议的主要问题是国际海上货物运输合同履行过程中承运人交货行为的法律后果。该项争议是承运人在美国港口交货中产生,而非在提单签发地或运输始发地,由于承运人在运输目的地交货行为直接受交货行为地法律的约束,与交货行为地美国法律的联系比其与合同签订地或运输始发地中国法律的联系更真实具体,存在实质性联系,交货行为地法律是事实上支配争议最有效的法律。因此,合同签订地的中国法律不是与该项争议最密切联系的法律。同时,本案当事人之间的国际海上货物运输合同是采用由承运人提供的格式合同(提单),其首先必须符合承运人营业所所在地法的规定,承运人营业所所在地亦与国际海上货物运输合同联系最密切。本案运输目的地、标的物所在地、承运人营业所所在地均在美国,因此,本案应适用相关的美国法律为准据法。被告美国博

① 参见黄进、杜焕芳:《2002年中国国际私法的司法实践述评》,载《中国国际私法与比较法年刊》(第6卷),法律出版社2003年版,第459~461页。

联认为本案应适用《美国统一商法典》等美国相关法律的主张,应予支持。

2. 简评

法院面对这起涉外案件,首先尊重了当事人的意思自治,选择适用《1936年美国海上货物运输法》作为本案的准据法,但该法对案件争议的处理并没有相关规定。在当事人选法落空的情况下,法院及时作了法律适用调整,根据最密切联系原则,法院对与法律关系有联系的各种因素作了通盘考察,然后得出结论:美国与本案具有最密切的联系,本案应适用美国的相关法律(《美国统一商法典》)为准据法。实际上,本案主要涉及外国法的查明问题,也就是要解决在外国法无法查明时如何适用法律的问题。各国的司法实践关于外国法无法查明时的解决方法是多种多样的,但上升到立法上的规定则只有适用内国法和驳回诉讼请求两种。尽管最高人民法院在 1987 年《关于适用〈涉外经济合同法〉若干问题的解答》中规定"可以参照我国相应的法律处理"(第 2 条第 11 款),1988 年《关于贯彻执行〈中华人民共和国民法通则〉若干问题的意见(试行)》中规定"适用中华人民共和国法律"(第 193 条),但本案并没有按照上述做法,在当事人有法律选择但事实上所选法律不存在的情况下,最终是由法院运用最密切联系原则解决了有关争议的法律适用问题。这种司法实践是对上述司法解释的突破,也是对外国法无法查明时的解决方法的发展。因此,在中国法院法律适用透明度不高的背景下,该案在法律选择和法律适用方面的处理,应该说是一个极具意义的范例,这种外国法查明的方法也可以在今后的立法中予以明确。

中国涉外民事关系法律适用法的制定与实施*

一、涉外民事关系法律适用法的界定

涉外民事关系法律适用法是规范涉外财产关系和人身关系的基本法律,调整在国际民事交往中产生的包括涉外物权关系、涉外知识产权关系、涉外合同关系、涉外侵权关系、涉外婚姻家庭关系、涉外继承关系等各类涉外民事关系,主要解决上述各类涉外民事关系的法律适用问题。

涉外民事关系的法律适用是指通过涉外民事关系法律适用法规定的法律适用规范(又称为冲突规范、法律选择规范,有的国际公约称为"国际私法规范"),来援引、确定某一涉外民事关系应当适用的某一特定国家或地区的实体法或统一实体法,并将确定的法律应用于实际案件,从而规范涉外民事关系当事人之间的权利义务关系,解决其争议。

涉外民事关系法律适用法是一国国际私法的重要组成部分,而且是国际私法最主要和最核心的一部分。当然,也有少数国家和学者认为,涉外民事关系法律适用法就是国际私法。从世界各国国际私法立法实践来

---

* 本文受到国家社会科学基金项目资助,是2010年度国家社会科学基金重点项目"中国涉外民事法律适用法制定与完善研究"(批准号:10AFX015)的中期成果。原载于《政法论坛》2011年第3期。

看,国际私法主要规定外国人的民事法律地位、涉外民事关系的法律适用和国际民事争议的解决。其立法模式大致有三种:一是就涉外民事关系的法律适用作专门的规定,如奥地利 1978 年《关于国际私法的联邦法》、日本 2006 年《法律适用通则法》;二是将涉外民事关系的法律适用和国际民事诉讼程序问题规定在一个法律中,如 1982 年《土耳其国际私法和国际诉讼程序法》;三是将涉外民事关系的法律适用、国际民事诉讼程序和国际商事仲裁问题规定在一个法律之中,如瑞士 1987 年《关于国际私法的联邦法》。

二、涉外民事关系法律适用法的作用和意义

涉外民事关系法律适用法是一国法律体系中不可或缺的基本法律之一,对规范涉外民事法律关系、保护当事人合法权益、解决涉外民事争议、构建正常的涉外民事法律秩序具有十分重要的作用和意义。中国正在建设中国特色社会主义法律体系,同样地,涉外民事关系法律适用法也是中国特色社会主义法律体系中不可或缺的一部分。

首先,制定涉外民事关系法律适用法是保护涉外民事关系当事人的合法权益的需要。中国现行的有关涉外民事关系法律适用的法律规定,缺漏较多,不利于对涉外民事关系当事人合法权益的保护。比如,在现行的规定中,有不动产所有权法律适用的规定,但没有动产所有权法律适用的规定;有中国人和外国人结婚法律适用的规定,但没有中国人之间在国外结婚以及外国人之间在中国结婚的法律适用的规定;有法定继承法律适用的规定,但没有遗嘱继承法律适用的规定。在一些民事领域,虽有专门的立法,但对相关涉外民事关系的法律适用未作规定,如《物权法》和《侵权责任法》。

其次,制定涉外民事关系法律适用法是及时合理地解决日益复杂的涉外民事争议的需要。近 10 年来,中国涉外民事争议的数量急剧上升。据不完全统计,1979 ~ 2001 年,中国各级法院共受理涉外、涉港澳台民商事案件 23, 340 件,2001 ~ 2005 年,中国各级法院共受理涉外商事海事案件 63, 765 件。2009 年,中国法院一年就审结一审涉外民事案件 11, 470 件,涉港案件 6631 件,涉台案件 3953 件,涉澳案件 329 件。① 解决涉外民事争议的重要一环就是要确定案件的实体法律适用问题,而这一任务的完成需要完善而系统的涉外民事关系法律适

① 参见《人民法院工作年度报告(2009 年)》,人民法院出版社 2010 年版,第 18 ~ 19 页。

用法。

再次,制定涉外民事关系法律适用法是促进涉外民事关系正常发展的需要。随着中国对外开放进一步扩大和深化,对外交往中产生的涉外民事关系也得到快速发展,迫切需要相应涉外民事法治的保障。由于中国现行的有关涉外民事关系法律适用的法律规定散布在不同的民事法律法规中,它们不可能突破相关法律法规的适用范围去规定其他的涉外民事关系的法律适用问题。同时,分散立法必然导致不可能对涉外民事关系法律适用的一些共同性问题作出全面的规定。因此,制定涉外民事关系法律适用法有助于促进涉外民事关系的正常发展。

最后,制定涉外民事关系法律适用法是实现形成中国特色社会主义法律体系目标的需要。党的十七大报告在总结中国过去5年民主法制建设取得新进步时明确指出:“中国特色社会主义法律体系基本形成,依法治国基本方略切实贯彻。”这一判断一方面肯定了中国法制建设的巨大成就,另一方面则提出了要进一步加强和完善中国特色社会主义法律体系的任务。在第十一届全国人大组成之初,吴邦国委员长就明确提出,要确保到2010年形成中国特色社会主义法律体系并不断加以完善。[①] 而制定中国的《涉外民事关系法律适用法》就是其中的任务之一。涉外民事关系法律适用法是中国国际私法的重要组成部分,是中国特色社会主义法律体系中不可或缺的起支架作用的重要法律之一。制定涉外民事关系法律适用法也是在第十一届全国人大任期内形成中国特色社会主义法律体系的重要步骤。

三、国外涉外民事关系法律适用法的立法简况和趋势

20世纪以来,国外涉外民事关系法律适用法的立法得到迅速发展,成文化、法典化趋势十分明显。据不完全统计,世界上已有40多个国家或地区制定了国际私法法典或单行涉外民事关系法律适用法。同时,涉外民事关系法律适用法的统一化运动也得到了全面发展。

(一)各国国内立法

在欧洲,奥地利于1978年制定了《关于国际私法的联邦法》,开第二次世界大战后发达国家制定国际私法法典之先河。土耳其于1982年制定了《土耳其

---

① 参见《李建国同志在中国特色社会主义法律体系座谈会上的讲话》,载《法制日报》2010年8月30日。

国际私法和国际诉讼程序法》。瑞士 1987 年颁布的《关于国际私法的联邦法》有 200 条,是目前世界上条文最多的国内国际私法法典。德国于 1986 年和 1993 年两次对 1896 年《德国民法施行法》中的国际私法规定进行了重大修订。意大利于 1995 年公布了《关于改革意大利国际私法制度的法律》。2002 年起生效的《俄罗斯联邦民法典》第四编专门规定了国际私法。罗马尼亚、白俄罗斯、比利时等国家也相继制定了自己的国际私法。

在亚洲,较早制定的单行国际私法是日本 1898 年的《法例》,从 20 世纪 40 年代开始,日本又先后 7 次对该法例进行修订,2006 年最近一次修订后命名为《法律适用通则法》。泰国于 1938 年制定了《法律冲突法》。韩国于 1962 年制定了《关于涉外民事法律的法令》,并于 2001 年颁布了《2001 年修正国际私法》。朝鲜于 1995 年通过了《涉外民事关系法》。科威特于 1961 年制定了《涉外法律关系规范》,并于 1980 年作出修订。北也门、南也门等阿拉伯国家也分别在其民法典中规定了国际私法。

在美洲,美国 1934 年和 1971 年两部《冲突法重述》可以说是美国普通法中的国际私法规则的总结,美国路易斯安那州于 1991 年颁布了《冲突法法案》。加拿大魁北克省 1991 年通过了新的民法典,其第十编即国际私法。委内瑞拉于 1912 年起草了国际私法草案,1998 年最终正式通过了《委内瑞拉国际私法》。巴西于 1964 年起草了一项法律适用法草案。阿根廷于 1974 年起草了一项国际私法草案。1984 年秘鲁颁布了新的民法典,其第十编即国际私法。

(二)国际统一立法

海牙国际私法会议是专门从事逐渐统一各国国际私法工作的政府间组织,目前有 70 个成员。从 1893 年第一届会议到 1951 年第七届会议,在结婚、离婚、监护等方面制定了 7 个国际私法公约。自 1951 年至今,它已先后举行了 14 届会议,制定了 38 个国际私法公约,内容涉及货物买卖、代理、信托、交通事故、产品责任、婚姻财产、收养、扶养、继承、有价证券等领域。中国于 1987 年正式成为该组织的成员国以来,先后加入了 3 个海牙国际私法公约,即 1965 年《关于向国外送达民事或商事司法文书和司法外文书公约》(简称 1965 年《送达公约》)、[1]1970 年《关于从国外调取民事或商事证据的公约》(简称 1970 年《取证

① 中国于 1991 年 3 月 2 日加入。

公约》)①和《跨国收养方面保护儿童及合作公约》②。

欧洲联盟在促进27个成员国之间国际私法的协调和统一方面,表现十分活跃。其前身欧洲共同体主要通过制定条约、颁布指令和制定规则的方式来进行国际私法的统一活动,比较有影响的公约有1968年《关于相互承认公司和法人团体的公约》和1980年《关于合同义务法律适用的公约》。目前,欧洲联盟还采取条例的方式来统一成员国的国际私法,比较有影响的有2005年《关于合同义务法律适用的罗马条例Ⅰ》和2007年《关于非合同义务法律适用的罗马条例Ⅱ》。

美洲国家组织为统一35个成员国的国际私法进行了长期不懈且卓有成效的努力。自1975年在巴拿马召开第一届国际私法会议并制定了有关代理、票据等方面6个国际私法公约以来,至今已召开了7届会议,先后制定了有关国际私法通则、自然人住所、贸易公司、外国法查明、未成年人收养、国际合同、儿童诱拐、有价证券等方面20余个国际私法公约,从而为美洲地区国际私法的统一提供了一系列的规则,使美洲国家组织的统一国际私法自成一体。

四、中国涉外民事关系法律适用法的立法演变

(一)两个"两个阶段"

中国国际私法立法的历史大致可以用两个"两个阶段"来梳理:一是以1949年中华人民共和国成立为界,分为1949年前和1949年后两个阶段;二是1949年后又可以实行改革开放为界,分为改革开放前和改革开放后两个阶段。

中国是世界上最早制定单行涉外民事关系法律适用法的国家之一。早在1918年,当时的北洋政府就颁布了《法律适用条例》。1927年南京国民政府令暂准援用该条例。该条例是世界上最早的单行国际私法立法之一。

在1949年中华人民共和国成立后的最初30年里,由于众所周知的原因,我国涉外民事交往基本上处于停滞状态,加上法律虚无主义的盛行,涉外民事关系法律适用法在我国当时的法律体系中没有它的位置,几乎是空白。

改革开放以来,随着整个中国社会主义法治建设的进步和发展,涉外民事关系法律适用法的立法也日渐被人们所重视。我国先后制定的许多法律法规对相关的涉外民事关系的法律适用作了规定。比如,《涉外经济合同法》《继承

① 中国于1997年7月3日加入。

② 中国2005年4月27日批准该公约。

法》《民法通则》《收养法》《海商法》《票据法》《民用航空法》《合同法》等。特别是《民法通则》设专章(第八章)对涉外民事关系的法律适用问题作了 9 条规定。此外,最高人民法院在涉外民事审判工作中就具体应用法律问题所作的许多司法解释含有不少有关涉外民事关系法律适用的规定。

客观地说,在 2010 年我国《涉外民事关系法律适用法》颁布之前,中国涉外民事关系法律适用立法,从我国改革开放的实际需要和基本国情出发,在总结已有实践经验的基础上,吸收了国际上国际私法立法的一些最新成果,并且在立法上有所创新。从立法模式上看,采取了以专章规定加在有关单行法中列入相应涉外民事关系法律适用规范的模式。而且,涉外民事关系法律适用立法既有总的一般性规定,又有具体的法律适用规定。而具体的规定还涉及国籍和住所、权利能力和行为能力、时效、物权、合同、侵权、票据、海商、婚姻、收养、监护、扶养、继承等领域,涉及范围较广。虽然各项具体规定散布在许多法律法规和司法解释中,但总体来说,它们在各自的领域能发挥了独特的作用,对规范国际民事法律关系,解决国际民事争议,构建正常的国际民事法律秩序,促进我国的改革开放发挥了重要的作用。

(二)主要特点和经验

1. 与改革开放相伴而行

中国涉外民事关系法律适用法立法是在中国实行改革开放政策后复苏和迅速发展起来的,与改革开放相伴而生、相伴而行。我们现在回过头来看,中国改革开放的进程尽管是曲折的,但始终是滚滚向前的,并取得了巨大的成就。而中国法制建设的每一个进步,都得益于改革开放的深化和推进。随着改革开放以及整个中国法制建设的进步和发展,中国涉外民事法制建设也可以说是与时俱进,取得了很大的成绩。在 30 多年中,中国陆续颁布了许多含有国际私法规定法律法规。它们立足于中国的国情和实际,在总结自己已有经验的基础上,注意吸收世界上其他国家的国际私法立法和国际立法的成功经验,又不机械地照搬外国的或国际立法的经验,大胆探索并有所创新,具有鲜明的中国特色。

2. “摸着石头过河”

“摸着石头过河”,是在勇敢实践中不断总结经验、不断探索向前的一种形象性的说法,是中国改革开放三条经验——“猫论”“摸论”“不争论”中的一条。1980 年 12 月在中央工作会议上,陈云讲话称:“我们要改革,但是步子要稳。……随时总结经验,也就是要‘摸着石头过河’……”[①]邓小平对陈云提出的“摸着石头过河说”完全赞同。邓小平后来提出的“要坚决地试,大胆地闯”“杀出一条血路来”,都体现了这种思想。“摸着石头过河”,对大胆解放思想、积极稳妥地推进改革开放起到了巨大的指导作用。中国涉外民事关系法律适用法的立法实际上也是走的“摸着石头过河”的路子,体现出务实、实用的特色。比如,中国国际私法立法最理想的状态是法典式立法,但实际情况并不是这样的。中国国际私法立法不是以法典形式出现的,而是分散在不同的法律中。从结构上讲,中国国际私法立法含有多个层次,它以我国《宪法》的相关规定为基础,以全国人大及其常务委员会的立法为主体和基干,辅之以国务院及其部、委的立法,以及有立法权的省、自治区、市的地方性立法。这种立法结构的多层次性是中国改革开放渐进发展的反映。这是因为:一方面,中国在国际私法方面立法经验不足,不可能一开始就制定一部国际私法典;另一方面,制定一部国际私法典需要时日,而改革开放要求加快立法进程,在这种情况下只得从实际出发,“摸着石头过河”,边干边总结经验,在相关法律中对相关的国际私法问题加以规定。这种立法路径也就决定了中国国际私法分散性的特点。

3. 借鉴国外先进经验

在西方,国际私法作为学说已有600多年的历史,近代推行国际私法立法也已有200多年的历史。而中国实现改革开放后启动的国际私法立法却是在一张白纸上绘图,所以,从一开始,中国国际私法立法就十分重视对国别国际私法与比较国际私法的研究,重视借鉴国外先进经验,采取了“拿来主义”的做法。一方面,中国国际私法学界翻译了所有能找到的外国成文的国际私法立法和有关国际公约,特别是对外国国际私法立法中具有代表性的立法和有关国际公约进行了及时准确的介绍,同时,对国外国际私法的新发展和新趋势进行了深入研究,为立法机关提供了大量可资借鉴的参考资料。另一方面,立法机关也重视到境外调研,在立法中注意吸收外国和国际组织的国际私法立法先进经验,采用不少国际上通行又适合中国国情的一些原则和规则,比如,在合同领域对意思自治和最密切联系原则的采用。当然,中国积极地加入从事国际私法统一工作的国际组织并参与这些组织开展的国际私法统一活动以及参加或缔结了一系列的国际私法条约,也在一定程度上促进了中国国际私法立法的现代化。

---

① 《陈云文选》(第3卷),第279页。

4. 实践先行、立法跟进

中国涉外民事关系法律适用法的立法是基于中国的改革开放实践建立起来的,我们看到的图景常常是实践先行,特别是司法实践先行,然后对实践经验加以总结,再以立法跟进,固化规则。从法源上讲,中国涉外民事关系法律适用法分为法律法规和司法解释两大类,法律以全国人大及其常委会立法中的相关规定为主,同时更有大量的司法解释的相关规定。这些司法解释既是对司法实践的总结,也是立法的先导,它们基于立法又超越立法,构成了对立法的细化和立法缺陷的补充。

具体而言,最高人民法院在司法审判工作中就具体应用法律问题所作的许多司法解释含有不少有关涉外民事关系法律适用的规定。比较重要的有:最高人民法院 1985 年发布的《关于贯彻执行〈中华人民共和国继承法〉若干问题的意见》、1987 年发布的《关于适用〈涉外经济合同法〉若干问题的解答》、1988 年发布的《关于贯彻执行〈中华人民共和国民法通则〉若干问题的意见(试行)》、1992 年发布的《关于适用〈中华人民共和国民事诉讼法〉若干问题的意见》和 2007 年发布的《关于审理涉外民事或商事合同纠纷案件法律适用若干问题的规定》等。最高人民法院所作的大量的司法解释,不仅是针对司法实践中所遇到的新情况和新问题作出的,而且大多是对司法实践的总结概括,具有较强的实践性、针对性和可操作性。在中国涉外民事关系法律适用法立法尚不完备的情况下,这些司法解释,不但为法院处理涉外民商事案件提供了指南,也为中国涉外民事关系法律适用立法的进一步发展和完善提供了经验,可以说从司法解释角度创造性地丰富和完善了中国涉外民事关系法律适用法制度。

5. 民间立法推动官方立法

在中国国际私法立法进程中,民间立法的推动功不可没。中国国际私法学会拟订《国际私法示范法》(以下简称《示范法》)①并发挥影响是最突出的表现。

第二次世界大战以来,国际私法领域有了重大发展,不少国家纷纷制定本国的国际私法,国际私法成文化和法典化的发展很快。相比之下,中国的国际私法一直不是十分健全和完善,远不能适应国家改革开放和未来发展的需要。为了推进中国国际私法的法典化,中国国际私法学会在 1993 年深圳年会上决定起草《示范法》,并成立了以韩德培教授为召集人组成的起草小组,后经过 7

---

① 该示范法的中英文文本及条文说明参见中国国际私法学会:《中华人民共和国国际私法示范法》,法律出版社 2000 年版。

年的反复研讨和修改,数易其稿,最后定稿是第六稿,2000 年《示范法》在法律出版社出版发行。

《示范法》是中国第一部由学术团体拟订出来的示范法,是中国国际私法学界集体智慧的结晶。该《示范法》共分五章,即第一章"总则"、第二章"管辖权"、第三章"法律适用"、第四章"司法协助"、第五章"附则",共 166 条,每条都附有适当的说明。《示范法》的重要特点在于:其一,《示范法》采取法典的模式,顺应了国际私法立法的世界潮流;其二,《示范法》内容较全面,规定较科学合理;其三,《示范法》在立法的指导思想上具有一定的超前意识。

《示范法》出台后,受到国际社会的重视,先后被翻译成英、日等国文字,在国外出版和国际著名的《国际私法年刊》上发表,产生了良好的影响。更为重要的是,《示范法》通过民间立法的形式有效地推动了官方立法的进程,比如,2002 年 12 月 23 日提请全国人大常委会审议的《中华人民共和国民法(草案)》第九编"涉外民事关系的法律适用法"就是在参考《示范法》的基础上拟订的,不少条文实际上复制了《示范法》的条文。所以,我们可以毫不夸张地说,《示范法》在中国国际私法立法史上是一个标志性的成果。

(三)主要不足和缺陷

尽管改革开放以来中国的涉外民事关系法律适用立法取得了很好的成绩,但是,我们也应该看到,在中国《涉外民事法律适用法》颁布前相当长一段时间里,中国关于涉外民事关系法律适用的法律规定存在如下一些不足和缺陷。

第一,有关涉外民事关系法律适用的法律规定不系统。所谓"不系统",就是指有关涉外民事关系法律适用的法律规定散布在不同的民事法律法规中,不仅分散、难成一体,而且不便于统筹兼顾,对一些共同性的问题、需要协调的问题,如识别问题、外国法的查明问题等,难以作出统一的规定。有时即使有规定,又会造成不必要的重复,如我国《民法通则》第 142 条、《票据法》第 95 条和《海商法》第 268 条都规定了相同的内容,即规定中国缔结或者参加的国际条约同中国法律有不同规定的,适用国际条约的规定;但中国声明保留的条款除外;中国法律和中国缔结或者参加的国际条约没有规定的,可以适用国际惯例。

第二,有关涉外民事关系法律适用的法律规定不全面。这就是说,由于有关涉外民事关系法律适用的法律规定散布在不同的民事法律法规中,它们是针对相关法律法规所调整的民事关系所作出的法律适用规定,所以,它们不可能突破该法律法规的适用范围去规定其他的涉外民事关系的法律适用问题,只可能在该法律法规适用的范围作出有限的规定。同时,由于在一些民事领域,如侵权领域,中国没有较系统的专门立法,故在这些领域不可能有较全面的相关涉外民事关系的法律适用规定,或者虽有专门的立法,而对相关涉外民事关系的法律适用未作规定,如我国《物权法》。此外,分散立法必然导致不可能对涉外民事关系法律适用的一些共同性问题作出全面的规定,暂付阙如。

第三,有关涉外民事关系法律适用的法律规定不具体。这里讲的"不具体",就是尽管有关涉外民事关系法律适用的法律规定已涉及民事关系的大的方面,但对许多具体问题没有加以规定。比如,在现行的规定中,有关于民事行为能力法律适用的规定,但没有关于民事权利能力法律适用的规定;有不动产所有权法律适用的规定,但没有动产所有权法律适用的规定;有中国人和外国人结婚法律适用的规定,但没有中国人之间在国外结婚以及外国人之间在中国结婚的法律适用的规定;有法定继承法律适用的规定,但没有遗嘱继承法律适用的规定。

第四,有关涉外民事关系法律适用的法律规定不明确。我们这里讲"不明确",是指部分规定不精准、不周延、不严密,容易引起歧义,容易导致误解。关于合同法律适用的规定,就是典型的例子。早在 1985 年,我国《涉外经济合同法》第 5 条第 1 款规定:"合同当事人可以选择处理合同争议所适用的法律……"这显然是采用了国际上通行的合同当事人意思自治原则。按照这一原则,合同当事人可以选择适用于合同的法律或者合同的准据法。但根据国际上通行的理解,合同当事人选择的合同准据法不仅是解决合同争议的依据,而且是订立合同、解释合同、履行合同、消灭合同以及确定合同效力的依据。显然,用"处理合同争议所适用的法律"这样的表述是不周延的。不少学者在《涉外经济合同法》颁布后不久就指出了这一点。[①] 很可惜的是,当时中国立法机关并没有深刻认识到这一点。后来 1986 年颁布的我国《民法通则》第 145 条第 1 款仍然规定"涉外合同的当事人可以选择处理合同争议所适用的法律"。1992 年颁布的我国《海商法》第 269 条改变了这种表述,规定"合同当事人可以选择合同适用的法律",是一个进步。而 1999 年颁布的取代《涉外经济合同法》的统一的《合同法》第 126 条又倒退到我国《民法通则》第 145 条的规定。

第五,有关涉外民事关系法律适用的法律规定不科学。这里讲"不科学"并不是讲现行的所有规定都不科学,而是指其中有一些规定不科学,存在不科学

① 参见韩德培:《读〈涉外经济合同法〉后质疑》,载《韩德培文集》(上),武汉大学出版社 2007 年版,第 217～220 页。

的现象。比如,我国《民法通则》关于公共秩序保留的规定,不仅将外国法律,而且也将国际惯例作为可依公共秩序保留原则排除的对象。这种做法不仅在世界上绝无仅有,而且在法理上也是说不通的。因为在民商事领域存在的国际惯例,实际上就是国际商事惯例,它们是在长期的国际商事活动中反复实践而形成的国际商事行为规则,不涉及国家的社会公共利益,一般依当事人的选择而适用,不会发生违背一国社会公共利益的情形。

综上所述,从总体上讲,改革开放30多年来,中国在涉外民事关系法律适用法的立法方面取得了很好的成绩,初步建立了一个既有总的一般性规定,又有具体的法律适用规定,并涉及涉外民事法律问题各个大的方面的涉外民事关系法律适用法体系。但是,这个体系离新时期进一步扩大和深化改革开放的要求还有很大的差距,离成为一个健全的、完善的体系还有相当的距离,突出的表现就是"五不",即不系统、不全面、不具体、不明确、不科学。而要解决这些问题,一个最重要、最根本、最可行的途径就是制定我国统一的《涉外民事关系法律适用法》,对涉外民事关系法律适用的共性问题和现实生活中迫切需要规范的问题作出系统、全面、具体、明确、科学的规定。

五、中国涉外民事关系法律适用法的出台

(一)出台背景和过程

制定一部单行、统一、系统和完善的中国涉外民事关系法律适用法,不仅是中国国际私法学界的共识,更重要的是中国改革开放进一步扩大和深化的时代要求,而且是形成中国特色社会主义法律体系的必备条件。

进入21世纪后,中国立法机关明显加快了制定一部单行、统一、系统和完善的中国涉外民事关系法律适用法的进程。在酝酿相关立法的过程中,2002年2月时任中国国际私法学会会长的韩德培教授代表学会向国家有关部门提交了以《示范法》为基础订立的《涉外民商事关系法》建议稿及几点说明。4月,费宗祎、刘慧珊、章尚锦3位专家向全国人大法工委提交了专家建议稿《国际民商事关系法律适用法》。[①] 随后,其他一些学术机构和个人也草拟了一些自己的专家建议稿。全国人大法工委在这些建议稿的基础上形成了《中华人民共和国民

---

① 同时建议可选择的名称有"涉外民事关系法律适用法"和"涉外民商事关系法律适用法"。该建议稿注明:"本建议稿是在中国国际私法学会《涉外民商事关系法(专家建议稿)》基础上编纂。"

法(室内稿)·涉外民事关系的法律适用编》。2002 年 9 月全国人大法工委民法室邀请部分国内国际私法学者在北京召开了民法典研讨会,主要征求对民法涉外民事关系的法律适用编(民法室内稿)的意见。此时,国内国际私法学界基本形成共识,即借“民法典”之舟,推进出台一部单行、统一、系统和完善的涉外民事关系法律适用法,不再奢望出台一部类似《示范法》的国际私法法典。

2002 年 12 月 23 日中国立法工作部门提请全国人大常委会审议的《民法(草案)》可以说是制定一部单行、统一、系统和完善的中国涉外民事关系法律适用法的重要契机,因为该草案专设一编,即第九编“涉外民事关系的法律适用法”,为制定单行的、专门的涉外民事关系法律适用法埋下了伏笔。在笔者看来,2002 年提请全国人大常委会审议的《民法(草案)》与其说是民法典的编纂,不如说是民法汇编,因为从那时到现在中国要一气呵成制定一部民法典的时机不成熟,能力也不够,实际的结果是分门别类地制定合同法、物权法和侵权法等,当然也包括制定涉外民事关系法律适用法。事实上,中国立法机关在完成了《合同法》《物权法》《侵权责任法》的立法任务后,将《涉外民事关系法律适用法》的制定提上了议事日程。①

中国国际私法学会在《示范法》完成之后,一直继续致力于推动涉外民事关系法律适用法的制定。2008 年 4 月全国人大法工委在北京召开了进一步完善涉外民事关系的法律适用制度的研讨会,召集从事理论研究和涉外审判实务两方面的专家研讨了审判实践中主要有哪些涉外民事关系法律适用案件、国外在涉外民事关系法律适用方面有哪些新发展、完善涉外民事关系法律适用制度需要着重解决哪些问题,以及对涉外民事关系的法律适用法草案的修改补充意见等。这次会议实际上吹响了 2002 年 12 月公布民法草案后制定涉外民事关系法律适用法的“集结号”。

2008 年 7 月考虑涉外民事关系法律适用法立法工作的需要和紧迫性,中国国际私法学会在武汉大学国际法研究所主办了一个小型“涉外民事关系法律适用法高级研讨会”,对中国国际私法学会在《示范法》基础上重新拟定的《涉外民事关系法律适用法》建议稿(以下简称武汉建议稿)进行研讨。该武汉建议稿分“一般规定”“民事主体”“物权”“债权”“知识产权”“婚姻家庭”“继承”

---

① 2008 年 11 月 15 日,《全国人民代表大会常务委员会公报》公布了《十一届全国人大常委会立法规划(共 64 件)》,在“任期内提请审议的法律草案”(49 件)项目中,“民法商法类”有 6 件,其中之一就是“涉外民事关系法律适用法”,而提请审议或起草单位是全国人大法工委。

"附则"八章,共95条。中国国际私法学会2008年年会对该建议稿又进行了深入讨论。

2009年下半年,在全国人大法工委的建议下,中国国际私法学会对2008年7月的武汉建议稿进行了修订,形成提交中国国际私法学会2009年杭州年会讨论的90条建议稿(以下简称杭州建议稿)。这次年会对该建议稿进行了深入研讨,提出了许多修改建议。杭州年会之后,中国国际私法学会根据大家的建议对杭州建议稿进行了修订,形成中国国际私法学会涉外民事关系法律适用法北京会议讨论稿(以下简称北京建议稿),提交至2010年1月上旬学会和中国政法大学国际法学院在北京举办的"涉外民事关系法律适用法立法建议稿研讨会"讨论。北京建议稿还是八章,其中最大的变化是条文减至76条,同时在结构作了重大调整,即把"婚姻家庭""继承"两章提前到第二章"民事主体"之后、"物权"这章之前,把"知识产权"这一章放到"物权"和"债权"这两章之间。当月下旬,中国国际私法学会和中国政法大学国际法学院及国际教育学院在海南三亚再次举行"涉外民事关系法律适用法立法建议稿研讨会",讨论在北京建议稿基础上修订的三亚建议稿。三亚建议稿在结构上作了一些调整,根据中国民法立法已形成的格局,不设"债权"一章,单设"合同""侵权""其他民事关系"三章,全稿共10章、80条。在三亚会议上,经过与会专家深入研讨,形成大家基本认同的建议稿,特别是在立法结构、属人法以惯常居所地法为主、知识产权的法律适用、法定继承区别制等有分歧的问题上达成共识。在随后的春节期间,与会专家分工负责,完成了统稿工作和条文说明工作。最后,中国国际私法学会于2010年3月1日正式向全国人大法工委提交了名为《涉外民事关系法律适用法》的中国国际私法学会建议稿。①

2010年5月为配合全国人大法工委正在进行的"涉外民事关系法律适用法"的立法研究工作,就人民法院在涉外民事审判工作中法律适用方面的问题进行调研,最高人民法院民四庭在北京召开了部分法院涉外民事审判法官以及有关专家参加的座谈会,结合中国国际私法学会提交的建议稿,集中讨论了现

---

① 该建议稿是中国国际私法学会的正式建议稿,是中国国际私法学会的集体成果。在建议稿草拟期间,曾得到武汉大学国际法研究所和中国政法大学国际法学院大力支持。主持人:黄进。条文草拟人:刘慧珊、黄进、肖永平、郭玉军、宋连斌、何其生、邹国勇、乔雄兵、徐祥、刘仁山、向在胜、杜焕芳、杜涛、宋晓、许庆坤。核心参与人:费宗祎、李双元、刘慧珊、赵相林、黄进、肖永平、郭玉军、宋连斌、何其生、邹国勇、乔雄兵、徐祥、宣增益、杜新丽、姜茹娇、齐湘泉、曾涛、沈娟、许军珂、宋秀梅、刘仁山、向在胜、杜焕芳、杜涛、宋晓、许庆坤、肖凯。

行法律的相关规定、相关司法解释与即将制定的“涉外民事关系法律适用法”的关系,涉外司法实践对“涉外民事关系法律适用法”的期待等,与会法官和专家都主张将涉外民事关系法律适用的规定放在一个“统一的”涉外民事关系法律适用法为好。

全国人大法工委在2010 年上半年完成了自己的《涉外民事关系法律适用法(草案)》。[①] 2010 年6 月底7 月初,全国人大法工委组织理论和实务两方面的专家在北京召开座谈会,研究修改法工委的《涉外民事关系法律适用法(草案)》。该草案是6 月 28 日的修改稿,分“一般规定”“民事主体”“婚姻家庭”“继承”“物权”“债权”“知识产权”“附则”八章,共60 条。与会专家对该草案逐条进行了讨论,提出了许多有价值的修改建议。

2010 年8 月 17 日全国人大法律委员会对草案进行了审议。同月 23 日至28 日,在第十一届全国人大常委会第十六次会议上,全国人大法律委员会将《涉外民事关系法律适用法(草案)》(二次审议稿)提交审议。该二审稿已经再次修改,共八章54 条,结构同6 月 28 日修改稿。法律委员会在8 月 23 日的汇报中指出:“根据第十一届全国人大常委会立法规划和今年立法工作计划,法制工作委员会在民法草案涉外民事关系法律适用法编的基础上抓紧工作,认真研究了我国和德国、瑞士、日本等国家有关规定,以及欧盟、海牙国际私法协会等制定的有关条约性法律文件;赴香港、澳门特别行政区就涉港澳民事关系法律适用问题听取意见;并召开了全国人大外事委员会、最高人民法院、国务院法制办、外交部、商务部以及部分国际私法专家参加的座谈会。经认真听取各方面意见,反复研究修改,形成了涉外民事关系法律适用法草案。”“起草涉外民事关系法律适用法总的思路,是从我国的实际出发,适应改革发展稳定的要求,着重解决发生涉外民事争议较多,各方面意见又比较一致的法律适用问题。要把我国多年来行之有效的规定和做法吸收到草案中,同时体现国际上通行做法和新的发展成果,进一步完善我国涉外民事关系法律适用制度。要尽可能做到简明扼要,通俗易懂。”[②]在第十一届全国人大常委会第十六次会议结束的当天,该草案已全文公布在全国人大官方网站上,向全社会公开征求意见。社会各界群

---

① 先后有2010 年6 月10 日的修改稿(56 条)和同年28 日的修改稿(60 条),两稿的结构是不一样的。

② 参见中国人大网:http://www. npc. gov. cn/npc/flcazqyj/2010 - 08/28/content_1592751. htm,最后访问日期:2011 年1 月9 日。

众可以直接登录中国人大网(www. npc. gov. cn)提出意见,也可以将意见寄送全国人大常委会法制工作委员会,时间截至2010年9月30日。

两个月后,第十一届全国人大常委会第十七次会议于10月25日至28日在北京召开。在广泛征求意见的基础上形成的《涉外民事关系法律适用法》(草案三次审议稿)提交这次常委会审议。25日,常委会对三次审议稿进行了分组审议,委员们提出了一些修改意见,特别是他们普遍认为,草案已经比较成熟,建议进一步修改后提请本次会议表决通过。26日,法律委员会逐条研究了常委会委员的审议意见,再次对草案进行了审议。28日,常委会在审议之后高票通过了《涉外民事关系法律适用法》。同日,胡锦涛发布第36号主席令予以公布。该法分"一般规定""民事主体""婚姻家庭""继承""物权""债权""知识产权""附则"八章,共52条,自2011年4月1日起施行。

(二)对新法的评价

第十一届全国人大常委会第十七次会议通过《涉外民事关系法律适用法》,是中华人民共和国涉外立法史上的里程碑,具有十分重要的意义。

首先,它的出台结束了中国没有单行、统一的涉外民事关系法律适用法的历史。中华人民共和国成立60多年来,一直没有单行的国际私法立法,这与中国的大国地位是不相称的,也不能满足中国和平发展的需要。而该法从中国实际出发,适应国家对外开放和民众涉外交往日益扩大的需要,总结自己改革开放30多年的经验,借鉴国际通行做法,着重解决涉外民事争议发生较多、各方面意见又比较一致的法律适用问题,除一般规定外,对涉外民事关系的主体、婚姻家庭、继承、物权、债权和知识产权的法律适用问题也分别作了较系统的规定。它是中国涉外民事法制的新成果,促进了中国特色社会主义法律体系的形成。

其次,该法在一定程度上创新了中国的涉外民事关系法律适用制度。该法在起草制定过程中,既注意总结自己改革开放30多年来在涉外民事立法、司法、执法等方面的经验,把多年来行之有效的规定和做法纳入其中,又注意借鉴世界各国国际私法立法和国际公约制定的成功经验,参考国际上的通行做法和最新发展成果,同时,从中国本土实际出发,立足中国,进行涉外民事关系法律适用制度创新。这些主要表现在以下几点。(1)该法在结构上将"人法"部分即"民事主体""婚姻家庭""继承"三章置于"物法""债法"之前,体现该法坚持以人为本,强化人的主体性和权利,且优化了立法体系结构。(2)该法以最密切联系原则作为对法律未作规定的所有涉外民事关系法律适用的"兜底原则",避免了在涉外民事关系法律适用方面留下漏洞。[①] (3)该法采用经常居所地法作为属人法,以国籍国法辅之。一般而言,大陆法系国家采用国籍国法即本国法为属人法,英美普通法系国家采用住所地法为属人法。而海牙国际私法会议为协调两大法系在属人法上的对立,在许多海牙国际私法公约中采用经常居所地法作为属人法。这一做法是许多海牙国际私法公约成功的原因之一。而中国在国内立法中勇敢而坚定地采用经常居所地法作为属人法,独树一帜,必将在国际上产生重大影响。(4)该法扩大了涉外民事关系当事人选择法律的范围,也扩大了当事人意思自治原则的适用范围。考虑到当事人对民事权利享有处分权,并适应国际上当事人自行选择适用法律的范围不断扩大的趋势,该法分别规定在婚姻家庭、继承、物权、债权、知识产权等领域当事人对一些问题可以选择适用的法律。(5)该法第一次规定了国家对涉外民事关系所作的强制性规定直接适用。[②] 这是根据中国改革开放实际对国际上"直接适用的法律"理论[③]的吸纳和扬弃。(6)该法在动产物权的法律适用上,允许当事人先协议选择动产物权适用的法律。[④] 这是一个创举,是充分考虑动产的种类繁多,动产物权的变动常常与商事交易相连,且交易条件和方式不一等缘由所做出的安排。(7)该法在知识产权的法律适用方面采取了国际上先进的"被请求保护地法"原则,有利于知识产权的应用和保护,处理实践中发生较多的知识产权确权、转让、侵权三类纠纷。

最后,该法是一部以人为本、亲民的法律,也是一部充满自信、心胸开阔之法,向全世界展现了中国更开放的良好形象。该法多采用双边冲突规范,坚持内外法律平行,平等地保护内外当事人的合法权益,促进和谐的国际民事关系,追求更公平、更平等、更合理地解决涉外民事争议。该法关于收养、扶养、监护、消费合同、劳动合同、产品责任等的多处规定均充分体现了以人为本及对弱方当事人利益的保护。该法的法条避开了国际私法固有的晦涩词汇和专门用语,

---

① 《涉外民事关系法律适用法》第2条第2款规定:"本法和其他法律对涉外民事关系法律适用没有规定的,适用与该涉外民事关系有最密切联系的法律。"

② 《涉外民事关系法律适用法》第4条规定:"中华人民共和国法律对涉外民事关系有强制性规定的,直接适用该强制性规定。"

③ 参见韩德培:《国际私法的晚近发展趋势》,载《韩德培文集》(上),武汉大学出版社2007年版,第38~56页。

④ 《涉外民事关系法律适用法》第37条规定:"当事人可以协议选择动产物权适用的法律。当事人没有选择的,适用法律事实发生时动产所在地法律。"

以尽可能地做到简明扼要、简洁明快、通俗易懂,展现其亲民的一面。

当然,该法也不是十全十美的,也有一些值得商榷的地方,也存在一些不足和留下了一些遗憾。第一,该法还不是一部真正的统一、系统、全面和完善的涉外民事关系法律适用法,没有把海商法、民用航空法、票据法三部商事法律有关法律适用的规定纳入该法中来,也没有把司法解释中的成熟的规定纳入其中。第二,该法在处理新法和旧法的关系上,虽然有第 2 条关于"其他法律对涉外民事关系法律适用另有特别规定的,依照其规定"和第 51 条的规定,①但实际上没有明确除《海商法》《民用航空法》《票据法》三法和《民法通则》第 146 条和第 147 条以及《继承法》第 36 条外的其他法律中的法律适用规定同新法的关系。如果按该法第 2 条解释它们的关系,那等于新法的改进规定毫无意义。比如,《民法通则》第 150 条规定:"依照本章规定适用外国法律或者国际惯例的,不得违背中华人民共和国的社会公共利益。"而新法第 5 条规定:"外国法律的适用将损害中华人民共和国社会公共利益的,适用中华人民共和国法律。"两者最大的不同是,前者可以公共秩序原则为排除国际惯例的适用,而后者没有这样规定。两者不同的规定产生冲突时,是依新法呢还是依旧法?如果依照新法第 2 条解释,旧法适用,那新法就没有必要重新规定公共秩序问题了。第三,该法对一些理应规定的内容,如涉外民事关系的界定、法律规避、先决问题、国际条约和国际惯例的适用、连结点的认定和准据法的解释等,没有加以规定。第四,在结构体系和逻辑顺序方面有不当之处,如"知识产权"一章不应放在"债权"之后,而应放在"物权"一章之后、"债权"一章之前。又如,将仲裁协议的法律适用放在"民事主体"一章内规定也是不恰当的。而且,章内条文顺序安排、逻辑结构也有问题,有调整的空间。第五,该法的一些规定还可以进一步简化和优化。比如,该法第 3 条规定"当事人依照法律规定可以明示选择涉外民事关系适用的法律",法律既然已明确规定了当事人可以明示选择某一涉外民事关系适用的法律,那么这样的规定显然有些多余。

总而言之,中国涉外民事关系法律适用法的制定与完善是一个渐进的过程。这个过程是理论与实践交融的过程,是中西方法律文化碰撞的过程,是过去与现在的传承过程,是当下与未来的权衡过程,更是保守与创新的博弈过程。这实际上是中国当代立法的一个缩影。在这个过程中,中国的国际私法立法既

---

① 《涉外民事关系法律适用法》第 51 条规定:"《中华人民共和国民法通则》第一百四十六条、第一百四十七条,《中华人民共和国继承法》第三十六条,与本法的规定不一致的,适用本法。"

走得磕磕碰碰,又走得实实在在,但始终是向着太阳,向着光明前行的。随着中国新的《涉外民事关系法律适用法》自 2011 年 4 月 1 日起施行,中国涉外民事关系法律适用法的制定与完善步入了新的历程,这不仅仅是一个时期的结束,更重要的,这是一个崭新时期的开始。

第三编　国家豁免探讨

国家及其财产豁免问题刍议*

国家及其财产享受豁免是国际法上的一项重要原则。所谓国家以及财产豁免,是指一个国家及其财产未经该国家同意免受另一个国家的管辖和执行。就司法而言,一个国家及其财产不得在另一个国家的法院被诉,或者其财产不得被扣押或强制执行。在国际关系中,国家及其财产享受豁免既是源于国家主权原则,又是为了维护和巩固国家主权原则。

目前,关于国家及其财产豁免的理论和实践正处在一个大动荡的时代。一方面,一些国家单方面地制定了限制外国国家及其财产豁免的立法。而在一些国家的法院中,滥诉外国国家及其财产的案件日益增多,被告几乎都是发展中国家。它们或者拒绝应诉而被"缺席判决",或者出庭应诉后支付了昂贵的诉讼费用而结果败诉,或者要求通过外交途径解决而遭到无理拒绝,从而引起国家间的摩擦和国际关系的紧张。另一方面,由于国家及其财产豁免这一国际法原则受到一些国家——主要是西方国家的理论和实践的挑战,许多国家的主权和利益受到威胁或损害,便有更多的国家起来维护国家及其财产豁免权。在联合国国际法委员会,因编纂有关国家及其财产豁免的国际法时越来越接触到实质性条款而发生激烈的争论。因此,国家及其财产豁免

---

* 本文原载于《政治与法律》1985 年第 6 期。

问题正受到国际社会的普遍关注。

一

在国家及其财产豁免问题上,传统的绝对豁免主义,从总体上讲,是应该肯定的,但它有需要克服的不足之处和缺陷。在一些长期坚持绝对豁免主义的国家实践中,传统的绝对豁免学说正不断修正其不足之处和缺陷。而目前西方国家和一些学者奉行的以划分主权行为和非主权行为为基础的限制豁免主义则毫无可取之处。限制豁免主义不但在理论上有一系列难以克服的根本缺陷,而且更为严重的是,在一些持限制豁免主义的国家的实践中,它们的法院依照本国法律观念去审查另一个主权国家的行为是主权行为还是非主权行为,甚至直接传唤另一个主权国家本身去出庭应诉,这完全是违反国际法的。而且,实行限制豁免主义必然在国家及其财产豁免问题上导致混乱,同时也会带来讹诈、滥诉之风。因此,限制豁免主义已遭到许多国家特别是发展中国家的强烈反对。值得注意的是,曾经持限制豁免主义立场的亚非法律协商委员会也改变了态度,该委员会秘书处在 1982 年的一份文件中说,目前西方限制豁免的实践,“是否符合发展中国家的利益”,“是否应在国际法的编纂和逐步发展中占有地位,是非常成问题的”。在联合国国际法委员有关国家及其财产豁免的专题讨论中,也有不少委员指出,要使制定的国家豁免制度有效,它必须能反映各种不同的社会、经济利益,特别是发展中国家的社会、经济利益;不应单独以西方国家的观点和实践为依据,而应看到发展中国家和社会主义国家所持的不同观点和实践。由此可以肯定地说,西方国家目前所奉行的限制豁免主义绝不会在国际社会得到普遍接受。这种情况表明,世界各国、联合国国际法委员会、各国国际法学者在理论或实践上面临的任务是,克服绝对豁免主义的缺陷,并彻底否定限制豁免主义,开拓出一条符合世界各国利益,能为国际社会普遍接受的解决国家及其财产豁免问题的道路。民主德国的理论和实践所倡导的平等豁免正是这样一种尝试。

为了使国家及其财产享有豁免而使这一国际法一般原则真正得到各国的确认并在实践中认真加以贯彻,首先必须澄清人们的一些错误认识。例如,有人认为,国家及其财产豁免意味着参加国际民事法律关系的国家在任何情况下均可免除被追究的责任,这种错误认识加深了绝对豁免论者和限制豁免论者之间的隔阂。若按绝对豁免论者的观点,就会为一些国家逃避理应承担的法律责任提供依据;而若按限制豁免论者的观点,就会以此为借口,认为如对国家的所谓非主权行为予以豁免,势必造成当事人在国际民事法律关系中地位不平等和不公正。其实,坚持国家及其财产豁免这一国际法原则,只不过是使一个国家及其财产免受另一个国家法院管辖和执行,防止一个国家对其他主权国家滥用自己的司法权来干涉和侵犯后者的主权与利益,而并非表明国家在国际民事法律关系中可以不受法律约束,也并非实质上消灭国家在法律上理应承担的义务。英国国际法学者布朗利也这样认为:国家"豁免是指豁免于当地管辖权,而不是指豁免于法律责任"。

也有人在国家及其财产豁免问题上错误地把国家本身及其财产和以法人资格出现的国营公司或企业及其财产混为一谈,在理论和实践上造成一些不必要的混乱。我们认为,只有国家本身及其财产才能享有豁免,而以法人资格出现的国营公司或企业及其财产不能享有豁免。其理由有如下几点。(1)国家及其财产豁免权是国家主权派生出来的权利,因而只有主权者才能享有这样的权利,国营公司或企业虽为国家控制和经营,但它们本身并不是主权者,没有享有主权豁免的资格。(2)从国营公司或企业的组织形式来看,它们一般采取有限责任公司的形式,是独立的法人组织,具有不同于国家的法律人格。诚然,国营公司或企业的财产从所有权的角度讲是国家财产,但国家已把这一部分委托给国营公司或企业,它们对这一部分财产具有占有、使用和处分的经营管理权。国营公司或企业不是以国家的名义而是以自己名义参加民事法律关系,独立自主地经营自己所属的那一部分国家财产,享受权利和承担义务,在法院起诉或被诉。因此,不能把国营公司或企业同国家本身混为一谈。(3)从国营公司或企业的法律责任来看,它们是独立的经济实体,有权以自己的名义对外进行经济活动,因而独立承担民事法律责任。这主要表现在以下两个方面。从经济上讲,国营公司或企业实行经济核算制,而经济核算制则要求国营公司或企业在经济活动中独立自主、自负盈亏。这就使国家委托给国营公司或企业的财产具有相对的独立性,同国家的国库财产相区别,从而推导出国营公司或企业在经济活动中直接承担经济责任。从法律上讲,因为国营公司或企业一般都是有限责任,所以,它们对债务的责任仅以公司或企业的全部资产为限,只承担有限的风险,国家的国库财产或者其他国营公司或企业的财产不负连带责任。而国家作为特殊主体参加民事法律关系往往是以国库的名义出现的,以国库财产为基础承担法律责任。此外,国家及其财产对国营公司或企业这种独立法人的债务也不起担保作用,不负担保责任,即使是在实行对外经济贸易合同国家批准制的国家中亦然。(4)一国国营公司或企业与外国公司或企业的经济交往一般都是通过合同作为纽带进行的。我们知道,合同在法律上只能对签订合同的各方有约束力,这是一个基本法律原则。很显然,一国国营公司或企业同外国公司或企业之间订立的经济合同,当事人只能是签订合同的两国公司或企业。如果把国营公司或企业的所属国家或政府与国营公司或企业等同起来,一并视为合同当事人的一方,企图使之共同承担合同所规定的义务和法律责任,这是违反一般法律原则的。(5)国营公司或企业不享有豁免权是和在国际民事交往中贯彻平等互利并促进国际民事交往的原则相一致的。如上所述,国营公司或企业并非主权者,而是具有独立经济责任的法人。如果像传统的绝对豁免理论所主张的那样,国营公司或企业及其财产也具有豁免权,会造成两种后果:一方面,增加了商业风险,在一国自然人或法人同另一国的国营公司或企业进行经济交往时,前者就会顾虑更多,不利于促进国际民事关系的发展;另一方面,如果国营公司或企业享有豁免权,会造成当事人双方民事诉讼地位不平等。国营公司或企业不同于国家本身,不享有主权,因而它们参加国际民事交往就应该同当事人处于平等的地位。当然,这并不能和国家及其财产在国际民事诉讼中享有豁免权相提并论,因为国家既是民事法律关系的参加者,也是主权者,我们不能以在国际民事诉讼中国家当事人和自然人或法人之间的诉讼地位平等来否定国家与国家之间的平等。

由此可见,国营公司或企业不能享有豁免是由它们的法律地位和性质决定的。目前,德意志民主共和国的理论和实践表明,作为从国家分配到一定财产资金的独立法律实体的国营企业不享有豁免,但认为它们不享有豁免的根据在于国家已当然放弃了它们的豁免权,这同我们这里讲的国营公司或企业不享有豁免权是有区别的。

二

必须强调指出,国家本身从事的任何活动,或由国家组织的独立法人以国家名义从事的任何活动,无论活动的性质如何,未经该国家同意,它不得在外国法院被诉,它在外国的财产也不得被扣押或强制执行。当然,这并不是说可以免除国家参加国际民事活动依法应该承担的法律责任,更不是说涉及国家及其财产的民事纠纷不需要解决。而是说,一旦涉及国家及其财产的国际民事纠纷产生时,可以通过以下方式来解决。

第一,友好协商解决。一般来说,为了发展和促进本国的对外经济关系,参加国际经济活动的独立的主权国家是守信义的,有诚意履行其承担的义务;而且,为了维护商业信誉,许多商人或商业组织并不愿意通过司法途径解决纠纷。因此,一个国家同其他国家私人进行经济交往,一旦发生纠纷,双方完全可能友好协商解决。用这种方式解决纠纷的实例也是很多的。

第二,以国家同意为前提通过司法途径解决。在经一个国家同意的情况下,该国家同外国自然人和法人发生的民事法律纠纷,可以在该国家的法院解决,也可以在自然人和法人所属国家的法院解决,还可以在双方同意的第三国法院解决。国家同意自愿接受外国法院管辖可以是明示的,也可以是默示的。

第三,提出要求的一方通过外交途径同有关外国国家进行交涉,解决争议。一个国家的自然人和法人同外国国家在进行民事交往中发生争议,如果未经该外国国家同意,通常不得在法院对该国国家提起诉讼。也就是说,由于国家及其财产享有司法豁免权,自然人或法人不可能采取司法程序解决纠纷,即属于用尽当地救济,因而可以通过外交途径来寻求救济。然而,由于世界上各国直接参加国际经济交往日益增多,如果涉及国家本身及其财产的民事纠纷都通过外交途径来解决,显然有不方便之处,且不利于加速民事流转活动。因此,用其他办法或寻找新的途径来解决涉及国家及财产的国际民事纠纷是必要的。当然,外交途径并不失为解决问题的重要途径,特别是在涉及重大疑难案件的时候。

第四,根据协议提交仲裁解决。由于国际经济合同方式多样化和复杂化,解决这方面的争议,要求审理人员具备经济和技术方面的丰富知识。通过选择适宜的仲裁员仲裁这方面的争议,能够适应这种要求。而且,一般来说,仲裁审理具有办案迅速、程序简便、费用较为低廉的特点。因此,仲裁作为解决国际经济贸易和海事争议的一种方式,在国际上已被广泛采用。一国自然人和法人同外国国家进行经济贸易往来,双方可以协商就具体问题订立仲裁协议(包括合同中的仲裁条款和专门仲裁协议书),一旦发生争议,提交仲裁解决,从而避免国家及其财产豁免问题的提出。

第五,通过缔结国际条约来解决国家及其财产豁免问题。由于各国在社会制度、法律制度、意识形态等方面的差异,它们在国家及其财产的国际法律地位问题上还有很大分歧和矛盾,因而它们在互相尊重主权和平等互利的基础上订立条约来协调它们的分歧和矛盾是十分必要的。不少学者建议,防止和解决国家及其财产豁免问题的争议的较好办法是订立有关双边和多边条约。这一途径几乎得到绝对豁免论者、限制豁免论者、废除豁免论者和平等豁免论者的普遍赞同,尽管他们各自的出发点不同。到目前为止,专门规定国家及其财产豁免问题的国际公约只有 1926 年关于国有或国营船舶豁免问题的《布鲁塞尔公约》和 1972 年《欧洲国家豁免公约》,它们对西欧、美洲国家的实践产生了很大的影响。目前,美洲国家组织正在编纂有关国家豁免的公约,已拟定出《美洲国家间关于国家管辖豁免的公约草案》。联合国国际法委员会也正在致力于编纂和逐渐发展有关国家及其财产豁免的国际法。只要这些国际立法活动,坚持国家及其财产豁免这一基本原则,结合当前国际现实和一般实践,特别是发展中国家的实践,充分协商和协调不同的观点和立场,制定出能为国际社会普遍接受的国际法规则,必将会对国际法的发展和国际关系的开展产生积极的影响。不过,我们应该明确这样两个问题。一是国家基于自由同意在国际条约中放弃自己的某些豁免权,或者说对自己的豁免权加以限制,并不等于从整体上放弃国家及其财产豁免这一原则,这仍然是国家行使主权的表示,不同于持限制豁免立场的国家单方面对其他国家及其财产的豁免权加以限制,从而侵害其他国家的主权。二是国际条约关于国家及其财产豁免的规定,特别是关于在某些情形下国家不享有豁免的规定,只在条约当事国之间有效,非条约当事国不受其约束,绝不能把基于国家自由同意限制条约当事国豁免权的规定强加于非条约当事国。

第六,基于互惠原则来解决。在没有条约或者其他协议的情况下,各国可以根据互惠原则来决定对某一外国国家及其财产是否予以豁免,也可以在互惠的基础上,寻求妥善的办法来解决一个国家与外国私人的法律纠纷。在这里,互惠原则是平等互利原则在国家及其财产豁免问题上的具体化。不过,基于互惠解决问题只是一种补充手段,它远不及条约规定来得明确。

在上述这些途径和方法中,最值得提倡的是制定有关国家及其财产豁免的国际条约,特别是国际公约,来协调各国在国家及其财产豁免问题上的立场。这是因为,这种国际条约是基于国家同意自愿缔结或参加的,反映条约当事国的意志,且明确规定条约当事国的权利和义务,具有明确性和稳定性,便于缔约国执行,这显然有利于促进各国在国家及其财产豁免方面的立场趋于统一。另外,上述列举的其他途径和方法也都可以在国际条约中明确规定下来。

三

中国面对世界上关于国家及其财产豁免的理论和实践的大动荡,如何采取对策呢？这是摆在中国国际法学界和有关实际工作部门面前的一个亟待解决的问题。这里，笔者谈谈自己的看法。

首先，我国应该坚持和维护国家及其财产享有豁免这个长期确立的国际法一般原则。我国政府在“湖广铁路债券案”中的实践已表明我国的这一立场。但我国是否继续在提法上坚持绝对豁免原则，值得重新考虑。如前所述，传统的绝对豁免理论有其不足之处和缺陷，“绝对豁免”这种提法本身就不科学。在实践中，无论是资本主义国家还是社会主义国家，若其本身同外国自然人或法人进行民事交往，并且为了促进和发展这种交往，必然要在许多场合通过明示或默示的方式放弃自己的豁免权，加上一些持绝对豁免立场的国家还主张国家及其财产豁免原则有其他的例外，因此，从这种意义上讲，国家及其财产豁免不可能是“绝对的”。笔者认为，我国应该抛弃“绝对豁免”的概念，而采用“国家及其财产享有豁免是国际法上的一项普遍原则”的提法。

其次，在国家及其财产豁免问题上，我国必须把国家本身及其财产和国营公司或企业及其财产明确区别开来。国家本身及其财产在任何情况下都应享有豁免，非经我国同意，外国国家不得对我国国家及其财产行使司法管辖权。这是我国必须坚持和恪守的立场。由于作为法人的国营公司或企业不是主权者，而是具有独立的法律人格并能单独承担经济责任的实体，这决定了它们不是享有国家豁免的主体，其地位与一般法人相同，因而我们不能把它们同国家本身混为一谈。在我国实践中，有的外贸公司或远洋运输公司在碰到纠纷时，常常以为自己是国营公司，其所持的财产为国家财产，就到外国法院主张国家豁免。这种脱离实际的做法是行不通的。今后，为了进一步扩大和发展我国对外经济交往，我国应通过立法来明确国家本身及其财产和国营公司或企业及其财产的区别。同时，注意避免国家及其所属行政机构直接出面从事普通商业活动，例如，避免由政府的部、局直接出面与外商订约，以免造成被动局面，而应更多地通过国营公司或企业来开展对外经济活动。目前，在对外经济交往中，有的外国当事人，甚至外国立法和司法机构混淆上述这种区别，千方百计地企图从法律上把我国国营公司或企业与国家或政府联成一体，使之共同承担民事法律责任。这样，一旦诉讼产生，根据西方国家的衡量标准，我国国营公司或企业不仅不可能享受国家豁免，而且它们所承担的责任还要我国国家负连带的无限责任。为了避免这种情况产生，我国应从法律上确定我国从事对外经济贸易的国营公司都是有限责任公司，即实行独立经济核算和自负盈亏，对外只负有限责任，并能独立地在法院起诉和被诉，它们与国家和其他国营公司或企业在经济和法律责任上互不相干。

最后,加强有关国家及其财产豁免问题的立法。国家及其财产豁免是一个很复杂的跨国法律问题,它既涉及国际法,也涉及国内法。因此,一方面,我国应积极参与国际立法活动,缔结或者参加有关国家及其财产豁免的双边协定或国际公约,协调我国和其他国家在这个问题上的利害关系。特别是在联合国编纂和逐渐发展有关国家及其财产豁免的国际法的立法活动中,我国要充分发挥积极作用。另一方面,我国应该加强有关的国内立法,尤其应首先在民事诉讼法有关涉外民事诉讼程序的特别规定中对国家及其财产豁免问题作出明确的规定,申明我国的立场。虽然我国在一些具体场合曾表明过自己在国家及其财产豁免问题上的态度,但在许多方面并未通过立法加以明确规定。我国法律中对此明确加以规定,既可使我国法院在今后碰到这种问题时有法可依,也可使同我国交往的外国及其自然人和法人了解我国的具体做法,还可因我国的立法规定符合公认的国际法原则和发展中国家的一致立场而促进有关国家及其财产豁免的国际制度朝进步方向发展。

略论国家及其财产豁免法的若干问题*

国家及其财产享受豁免是国际法上的一项重要原则。所谓国家及其财产豁免是指一个国家及其财产未经该国同意免受另一个国家的管辖和执行。在国际关系中,国家及其财产享受豁免既是源于国家主权原则,又是为了维护和巩固国家主权原则。

国家及其财产豁免问题既是一个国际公法要研究的问题,也是一个国际私法要研究的问题。从国际公法方面来说,国家及其财产豁免权的法律根据是国际公法的最基本的原则——国家主权原则,即国家及其财产豁免原则是国家主权原则派生来的。另外,国家及其财产豁免问题涉及一国领土管辖权和他国国家豁免权的关系问题,这实际上是两个主权者的关系问题,正是国际公法所要调整的对象。从国际私法方面来说,国家及其财产豁免问题是在国际民事诉讼中,或者就一国而言是在涉外民事诉讼中产生的,这就涉及国际民事诉讼中的管辖权的问题,需要国际民事诉讼法确定外国国家及其财产在国际民事诉讼中的地位。而且,从法律适用的角度讲,由于国家财产豁免权是国家作为所有权主体的特殊地位而享有的一种特殊待遇,根据这种权利,主权国家的任何财产不受其他主权者的管辖。因此,国际私法

---

* 本文原载于《法学研究》1986 年第 5 期,中国人民大学书报资料中心复印报刊资料《法学》1987 年第 1 期转载。

中解决所有权法律冲突的物之所在地法原则不适用于国家财产。

一、国家及其财产豁免问题的提出

国家及其财产豁免问题是国际民事关系发展的产物。任何国家不可能完全“闭关自守”,不同其他国家发生关系,在人类社会文明高度发展的今天更是如此。国家除了同其他国家进行政治、军事、文化等交往外,也不可能不为公共目的参与国际经济、民事交往,如一国政府向外国公司购买军用物资。国家参加经济、民事交往,具有双重身份,它既是民事法律关系的当事者,又是主权者。根据民事法律关系的特点,国家应该与对方当事人享受同等的民事权利和承担同等的民事义务。但是,国家毕竟是主权者,根据主权平等原则,除非国家同意,否则国家及其财产不受外国法院管辖。这样,在涉及国家的民事法律关系发生争议的时候,就必然要提出国家及其财产在诉讼中的法律地位问题,[①]亦即一个国家是否能在外国法院被诉或国家财产是否能在外国法院作为诉讼标的的问题。国家及其财产的豁免问题可能在下列情况中提出来。

1. 国家及其财产在外国法院直接被诉。

2. 国家及其财产虽然在外国法院没有直接被诉,但在某诉讼中涉及该国家或其财产,该国家为了维护其权利而主张豁免。

3. 在有的案件中,国家通过明示或暗示的方法放弃了管辖豁免,但在判决作出以前或以后,如果牵涉对它的财产进行扣押或执行,也会提出国家豁免问题。因为依照惯例,放弃管辖豁免并非意味着同时放弃了扣押或执行豁免。

4. 一国在他国法院提起的诉讼中,由于对方当事人提出反诉,便提出该国家是否对反诉享有豁免的问题。一般来说,如果对方当事人的反诉是基于与提出主诉相同的法律关系或事实提起的,提起主诉的国家对反诉不享有豁免,视为该国家已放弃了对这种反诉的豁免权。

二、国家及其财产豁免权的内容

国家及其财产豁免权的内容一般认为包括这两方面:第一,管辖豁免,系指未经一国同意,不得在另一国法院对它提起诉讼或将该国财产作为诉讼标的;第二,执行豁免,系指即使一国同意在他国法院作为被告或主动作为原告参加

---

① 参见李双元:《美国 1976 年〈外国主权豁免法〉所奉行的“限制豁免论”批判》,载《法学评论》1983 年第 2 期。

民事诉讼，在未经前者同意时，仍不得对它的财产采取诉讼保全措施和根据法院判决对其实行强制执行。也有学者把国家及其财产豁免权的内容一分为三，即管辖豁免、诉讼程序豁免和强制执行豁免。① 这里讲的诉讼程序豁免，其含义主要是即使一国放弃管辖豁免，未经其同意，不得对它的财产采取诉讼保全措施，也包括不得强制它出庭作证或提供证据以及为其他诉讼行为。这实际上是把上述的执行豁免细分为诉讼程序豁免和强制执行豁免。西方有些学者则把管辖豁免称之为属人理由的豁免（*immunity ratione personae*），因为管辖豁免主要涉及具有法律人格的国家；而把执行豁免称为属物理由的豁免（*immunity ratione materiae*），因为执行豁免主要涉及国家财产。②

关于国家及其财产豁免权的内容，西方一些学者还有其他的表述。美国的国际法学者亨金（L. Henkin）等的表述值得一提。他们根据豁免权和管辖权的对应关系，指出：因为一个国家的管辖权可分为立法管辖权、司法管辖权和执行管辖权，与此相适应，国家豁免权包括立法管辖豁免权、司法管辖豁免权和执行管辖豁免权。当在一国法院对另一个国家或它的机构或它的财产提起诉讼，首先提出的问题是当地法院是否对该外国国家享有司法管辖权。这是一个司法管辖豁免的问题。接着提出的问题是当地法院是否有权根据法院地的法律规则对该外国国家的行为作出裁判。这是一个立法管辖豁免的问题。提出的第三个问题是当地法院作出的判决是否能对外国国家及其财产予以强制执行。这是一个执行管辖豁免的问题。他们认为，传统上主要考虑司法管辖豁免和执行管辖豁免，而立法管辖豁免没有引起人们的足够重视。③ 另一个美国国际法学者毕晓普（W. Bishop）则认为，国家及其财产豁免权的内容为管辖豁免和法律适用豁免（exemption from the application of the law），后者是指领土国的法律不适用于外国国家的行为。他还认为，这两种豁免可以单独出现，也可能同时提出。④

笔者倾向于用管辖豁免和执行豁免来表述国家及财产豁免权的内容，因为这两者集中反映和高度概括了国家及其财产豁免权的内容。

---

① 参见韩德培主编：《国际私法》，武汉大学出版社 1983 年版，第 388 页。

② See L. J. Bouchez, "The Nature and Scope of State Immunity from Jurisdiction and Execution", 10 *Netherlands Yearboook of International* Law, 3 (1979).

③ See L. Henkin, R. C. Pugh, O. Schachter & H. Smit, *International Law: Cases and Materials*, 420, 490 (1980).

④ See W. Bishop, *International Law: Cases and Materials*, 658 (3rd ed. 1962).

管辖豁免和执行豁免作为国家及其财产豁免的两项内容,既有区别又有联系。其区别在于它们的含义各不相同,各自在民事诉讼中与不同的诉讼阶段相联系。当任何国家自愿放弃某一方面的豁免时,并不等于它同时放弃了另一方面的豁免。其联系表现在:它们都来自国家主权原则,共同构成国家及其财产豁免原则;且管辖豁免为执行豁免的前提条件,一个国家只有在他国享有管辖豁免,它才当然在该他国享有执行豁免;只有一个国家在他国法院放弃了管辖豁免,才可能提出执行豁免的问题。

三、享有国家及其财产豁免权的主体

根据国际惯例,国家是享有国家豁免权的主体。就国家豁免而言,"国家"概念的外延多大呢?英国 1978 年《国家豁免法》第 14 条第(1)款规定"国家"应理解为包括:(1)行使公职的君主或元首;(2)政府;(3)政府各部。这不包括区别于政府的行政机构且具有起诉和被起诉能力的"独立实体"。这种"独立实体"仅在它行使主权权力并在所属国家本身也享有豁免的情况下才享受豁免。美国 1976 年《外国主权豁免法》第 1603 条规定,该法所指的外国国家包括外国国家的分支机构和外国国家的代理或媒介;外国国家的代理或媒介指兼作为外国国家的政治分支机构的独立法人,或者由外国国家或其政治分支机构拥有大部分股份或其他所有权利益的独立法人。联合国国际法委员会委员颂蓬·素差伊库(Sompong Sucharitkul)认为,"外国包括国家本身、它的拥有主权的首脑,诸如一位国王或皇帝或者其他国家首脑,如共和国的总统、中央政府、政府各部门以及国家的其他机构或媒介"。[①] 笔者认为,享有国家豁免权的主体为国家本身,包括构成国家本身的国家元首、中央政府、政府各部以及其他直属机构。为国家所有和控制的具有独立法律人格的经济实体不应享有豁免,除非它们经国家授权代表国家行使主权权力。应该说明的是,我们这里把国家元首也视为国家本身,是因为国家元首经常被视为国家的主要机关,如一些社会主义国家实行集体元首制,国家元首就是国家机关。另外,在许多国家,给予外国君主或外国统治者豁免的惯例,其形成远在给予外国国家或外国政府豁免的惯例之前。现在所讲的国家豁免,在许多国家的法律体系中,可以说是君主豁

---

① Sompong Sucharikul, "Developments and Progress of the Doctrine of State Immunity—Some Aspects of Codification of and Progressive Developments", 29 *Netherlands International Law Review*, 258 (1982).

免的延伸。不过,在封建制时代,“朕即国家”,国家财产也就是君主的财产,因此,在那个时候国家元首的豁免是同国家豁免一致的。但到资本主义时期,这种一致已不复存在,国家豁免的概念的广泛性已大大超过封建制时的君主豁免概念。因此,我们不能把国家豁免和国家元首豁免等同起来。

在涉外民事诉讼中,确定某一机构是否为国家机构是依国际法还是依国内法?显然,国际上还没有这样的统一的国际准则。如依国内法,是依法院地法还是依有关机构所属国家的法律?一般来说,一个国家设置什么国家机构是该国的宪法和其他有关法律确定的事情,不应由其他国家妄加评判,因此,依有关机构所属国家的法律即本国法律确定它是否为国家机构是适当的。苏联1933年颁布的《关于苏联驻国外的商务代表处和商务代理处的条例》规定,苏联商务代表处是苏联的国家机关,是苏联全权外交代表机关的组成部分,享有外交代表机关的特权。[①] 诸如这类国内法律规定,理应成为他国法院判断有关国家的某一机构是否为该国国家机构的依据,以便确定是否准予豁免。

我们说国家本身是国家及其财产豁免权的享有者与“国家及其财产豁免权”的提法并不矛盾。“国家及其财产豁免权”实际上是“国家豁免权”和“国家财产豁免权”的概括表述,并不意味着享有豁免权的主体有两类,即外国国家和外国国家财产。“国家财产豁免权”的享有者仍然是国家,因为国家财产不能作为国家豁免权的拥有者而被赋予人格,它们不是法律关系的主体,更不必说是国际法的主体了。本来,“国家豁免权”包含有“国家财产豁免权”,但由于国家豁免每每是以国家财产的豁免问题提出来的,故提“国家及其财产豁免权”以强调国家财产豁免问题在国家豁免问题中的重要地位,未尝不可。而且,在国际私法上,“国家豁免权”一词主要是从管辖权的角度来讲的,强调国家在国际民事诉讼中的地位;而“国家财产豁免权”则是从所有权或财产权角度来讲的,研究的是国家财产在他国的地位,强调国家财产未经所有国同意,在他国法院不得作为诉讼标的,不得对之实行诉讼保全措施,不得为实现法院判决而强制执行这些财产。正在编纂有关国家豁免法律的联合国国际法委员会也使用“国家及其财产的管辖豁免”作为专题的名称。至于什么为“国家财产”,联合国国际法委员会拟定的《关于国家及其财产的管辖豁免权的条款草案》第2条称:“‘国家财产’指一个国家按照其国内法拥有的财产、权利和权益。”这个定义最

① 参见[苏联]卡留日娜娅:《苏联对外贸易垄断制法律形式的历史发展》,俞大鑫等译,法律出版社1957年版,第163页。

重要的是表明,什么为国家财产依国内法规定,因而是可取的。[①]

四、国家及其财产豁免与外交豁免及领事豁免

外交豁免和领事豁免与国家豁免是既有区别又有联系的两个问题,不可混为一谈。外交豁免和领事豁免是为正常实现国家间外交关系所必需的,由驻在国给予派遣国外交和领事人员的一种优惠待遇。它们主要包括使馆和领馆的豁免以及外交人员和领事人员的豁免这两方面。一般认为,在各国实践中,外交豁免和领事豁免的概念早于国家豁免概念出现。[②] 外交豁免和领事豁免的根据在于执行职务的需要,[③]而国家豁免的法律根据是国家主权原则,即一切国家都是平等和独立的,平等者之间无管辖权。而且,外交豁免和领事豁免所包括的一些内容不为国家豁免所涉及,例如,外交豁免所包括的对外交人员的非公务行为给予豁免。反过来说也是如此。应该看到,由于享有外交豁免的机关有国家元首、政府、外交部门、驻外外交代表机关等,它们为国家机关的一部分,它们享有的外交豁免,实质上也是国家豁免的一部分;外交人员代表国家行使公务的行为所享有的外交豁免也属国家豁免;作为国家财产的使馆和领馆馆舍、档案、文件、交通工具,以及活动经费所享有的豁免包括在国家及其财产豁免的范围中更自不待言。因此,外交豁免和领事豁免同国家及其财产豁免在许多方面是重叠的。有人从给予外交豁免权不是为了个人利益,而是为了国家利益的观念出发,认为从广义上讲,外交豁免仍属国家豁免的范畴,是国家豁免权的一种表现形式。[④] 尽管如此,外交豁免和领事豁免,由于长期的国家实践形成国际惯例,加之《维也纳外交关系公约》和《维也纳领事关系公约》的国际法编纂,各自已成为国际法中与国家及其财产豁免问题并列的一个部分。而且,各国在这两个问题上分歧较小。

五、国家及其财产豁免问题的历史与现状

国家豁免权的观念在十三四世纪便已提出。据考证,在格里高里九世的教

---

① 参见联合国国际法委员会第 33 届会议工作报告,中文本,第 357 页。

② 同上,第 338 页、第 369 页。

③ 关于外交特权和豁免的根据,有三种学说:治外法权说、代表性说、职务需要说。职务需要说是被比较普遍接受的一种学说,《维也纳外交关系公约》也采取此说,同时也考虑到外交人员的代表性。参见王铁崖主编:《国际法》,法律出版社 1981 年版,第 284 页。

④ 参见联合国国际法委员会第 33 届会议工作报告,中文本,第 357 页。

令(1234年)中,第一次指出国家享有豁免权,这部教会法汇集提出了“平等者之间无管辖权”。[①] 巴尔托著的《论报仇》也指出:“没有一个国家能在其他国家之上立法,因为平等者之间没有统治权。”[②]第一个著名的承认外国国家及其财产豁免权的法院判例发生在1668年。在该案中,3艘西班牙军舰因西班牙国王欠债而在外国港口被扣押,但法院关于扣押军舰的判决后来被宣布是不能容许的。[③] 到19世纪,国家及其财产豁免原则在国际法的理论和实践中已得到普遍承认。[④]

但是,在19世纪末叶及20世纪初,随着垄断资本主义在西方国家的发展,国家参加通常属于私人经营范围的事业逐渐增多,一些国家的法院为了保护私人的利益,已开始对国家及其财产的豁免实行限制,只对外国国家的统治权行为(或主权行为或公法行为)予以豁免,而对其事务权行为(或非主权行为或私法行为,)则不予以豁免。例如,意大利法院在1886年,比利时法院在1903年,埃及法院在1912年都作出了限制国家及其财产豁免的判决。[⑤]

这样,在国际法的理论和实践中逐渐形成绝对豁免主义和限制豁免主义两大派。

十月社会主义革命胜利后,世界上出现了以社会主义公有制为基础的社会主义国家。由于社会主义国家直接参加对外经济贸易活动,国家财产在国际民事流转中具有重要地位。这时,在国家及其财产豁免问题上,除了在资本主义国家内部存在国家与私人之间的矛盾外,还出现了社会主义国家与资本主义国家及其私人在利益上的冲突。第二次世界大战后,世界经济形势起了新的变化。除实行公有制经济的社会主义国家的队伍壮大发展外,其他第三世界国家也蓬勃兴起,由于第三世界国家长期受帝国主义和殖民主义的剥削和掠夺,它们必须依靠国家的力量来发展本国民族经济。而且,在主要资本主义国家,出现了新的科技革命,生产进一步集中和垄断化程度不断提高,生产社会化高度发展,资本主义的基本矛盾日益深刻化,垄断资本同国家政权不得不密切结合起来,因而国家垄断资本主义得到迅猛发展。第二次世界大战后国家垄断资本

---

① 参见联合国国际法委员会第31届会议工作报告,中文本,第181页、第503页。

② 《国际私法论文集》,世界知识出版社1959年版,第121页,脚注①。

③ 参见[奥]菲德罗斯等:《国际法》(上册),李浩培译,商务印书馆1981年版,第278页,脚注②。

④ 参见《国际私法论文集》,世界知识出版社1959年版,第121页,脚注①。

⑤ 参见联合国国际法委员会第32届会议工作报告,中文本,第338页、第369页。

主义发展的过程中,国家的经济职能不断加强。资本主义国家通过直接投资兴办企业或实行国有化,大大增加了国家所有制在资本主义所有制中的比重。拥有庞大财产资金的各国政府,开展日益广泛的经济活动。在许多场合下,资产阶级国家变成巨大的生产资料所有者、投资者、购买者和资本输出者,变成整个经济生活的主要调节者。由于上述原因,国有财产在世界财产总额中所占的比重越来越大,国家及其分支机构以这些财产参加国际经济贸易活动日益频繁。因此,在国际经济交往中,如果出现争议,引起诉讼,国家及其财产豁免问题便成为一个涉及各国利害关系的大问题,引起各国的关注。

面对世界经济形势的新发展,各国在国家及其财产豁免问题上,都在考虑自己的应变措施,以便维护自己的国家利益。一些国家通过制定国际条约来调节在国家及其财产豁免问题上的矛盾。专门规定国家及其财产豁免的公约有:1926 年在布鲁塞尔签订的《统一国有船舶豁免的某些规则的国际公约》及其 1934 年签订的补充议定书、1972 年的《欧洲国家豁免公约及补充议定书》。在具体方面涉及国家及其财产豁免的公约有:1923 年在日内瓦签署的《关于仲裁条款的议定书》、1927 年的《关于外国仲裁裁决执行的公约》、1928 年美洲国家会议通过的《国际私法法典》(又称《布斯塔曼特法典》)、1940 年在蒙得维的亚签署的《国际海商法条约》、1958 年的《公海公约》和《领海及毗连区公约》、1958 年在纽约制定的《外国仲裁裁决的承认与执行公约》、1965 年的《关于解决各国和其他国家的国民之间的投资争端的公约》、1969 年的《国际油污损害民事责任公约》等。[①] 1982 年通过的新的《联合国海洋法公约》也有这方面的规定。[②]许多国家在有关的双边条约中对国家及其财产豁免问题加以规定,以求得双方在这个问题上的一致。基于国家同意以国际条约的方式规定国家及其财产豁免问题,是协调各国在这个问题上利益冲突的有效方法之一。自 1978 年联合国国际法委员会第 30 届会议以来,该组织一直在从事有关"国家及其财产管辖豁免"专题的国际法编纂工作。到 1982 年,该委员会已拟定 12 条案文。尽管该委员会的委员们对已拟定的案文还有很大的分歧,但在协调的基础上取得一

---

① 关于意大利,参见劳特派特:《外国国家的管辖豁免问题》,载《英国国际法年刊》,1951 年,英文版,第 251 页;关于比利时,参见弗霍文(Joe Vehoeven):《在比利时法律中外国国家享有的执行豁免》,载《荷兰国际法年刊》,1979 年,英文版,第 78 页;关于埃及,参见斯威尼(J. Sweeney):《主权豁免的国际法》第 1 卷,1963 年,英文版,第 20 页。

② 各公约有关规定见联合国出版物:《关于国家及其财产管辖豁免的资料》(Sales NO. E/F · 81 · V · 10),1982 年,第 150 ~ 178 页,第 1 部分。

致的可能性还是存在的。

另外,西方发达国家和少数发展中国家都支持限制豁免,这些国家有瑞士、西班牙、奥地利、希腊、荷兰、法国、以色列、英国、美国、加拿大、新加坡、南非等。同时,主张限制豁免的国内立法、司法判决或学者论著,在这些国家大量出现。美国和英国皆是长期坚持绝对豁免主义的国家,但它们分别于20世纪50年代和70年代改弦易辙转向限制豁免主义。美国于1976年率先制定了所谓《外国主权豁免法》,1978年英国也制定了《国家豁免法》。随后,新加坡于1979年制定了《国家豁免法》,南非于1981年制定了《外国主权豁免法》,加拿大议会于1982年通过了《外国国家在加拿大法院豁免法》。① 这些关于国家及其财产豁免的国内法有一个共同的特点,就是采取限制豁免的立场。就一些发达国家而言,它们之所以采取限制豁免立场,主要是因为它们在国内外的经济贸易活动较多,而且这种活动大多是由其国民组成的私人企业进行的,交易的对方经常是社会主义国家或发展中国家。为了保护其国民的经济利益,它们就主张限制豁免,力图把在国际法上享有主权平等和独立的外国国家降到一个普通诉讼当事人的地位。鉴于西方国家的理论与实践,一些国际法人士认为,"由于国家已日益卷入商业活动,走向限制豁免的推动力迅速增长。目前,一般来说,对管辖豁免的绝对主义态度已在改变"。② 英国外交和联邦事务部法律顾问辛克莱(I. M. Sinclair)甚至认为,至少在西欧,已出现向国家豁免的限制观点发展的趋势。③

西方国家和少数发展中国家在国家及其财产豁免问题上态度的改变,也使在这个问题上的国际法理论有了发展。除了传统的绝对豁免理论和相对豁免理论外,以英国国际法学者劳特派特、荷兰国际法学者鲍切兹和瑞士国际法学者拉利弗为代表的"废除豁免论",以及以民主德国国际经济法学者弗里兹·恩德林为代表的"平等豁免论"相继产生。虽然新的理论在国家豁免问题上不及两种传统的理论那样有影响,但它们反映了世界国际法学者面对现实,正在试图寻找新的途径。

---

① 如该公约第32条、第95条、第96条、第236条的规定即是。该公约载于1983年《中国国际法年刊》。

② 各公约有关规定见联合国出版物:《关于国家及其财产管辖豁免的资料》(Sales NO. E/F·81·V·10),1982年,第150~178页,第1部分。

③ See L. Henkin, R. C. Pugh, O. Schachter & H. Smit, *International Law: Cases and Materials*, 420,490(1980).

中国是一个发展中国家,在国家及其财产豁免问题上,历来坚持国家及其财产享有豁免是一项国际法原则。不过,应该指出的是,直至不久以前,中国国际法学界对这个问题还没有给予应有的重视。1979 年“湖广铁路债券案”出现以后,国家及其财产豁免问题才引起国际法学界的足够重视。在实行对外开放的今天,我国对外经济贸易交往和其他民事交往日益频繁,达到了远非昔日可比的程度。因此,国家及其财产豁免问题是今后我国对外关系中的一个重要的法律问题。和其他社会主义国家和发展中国家一样,我国也面临着正视在国家及其财产豁免问题上正在发生重大变化的问题,应该积极采取灵活的措施,坚持维护和发展国家及其财产豁免原则的理论。我们既要研究国家及其财产豁免问题的历史与现状,又要研究它的理论与实践;既要研究目前西方发达国家所持的限制豁免的立场,也要研究社会主义国家和发展中国家在这个问题上的实践,从而建立我们自己的理论,确立我们自己的立场,采取我们的相应对策,以达到维护国家利益的目的。

论限制国家豁免理论*

国家及其财产豁免问题是国际法上的一个重大问题。关于这个问题的理论主要有绝对豁免论、限制豁免论、废除豁免论和平等豁免论。限制豁免论,又称为相对豁免论、有限豁免论,苏联及其他东欧国家的学者则称其为"职能豁免论"。它是目前在西方国际法学界颇为流行的关于国家及其财产豁免问题的理论,并得到西方国家国内立法和司法实践的支持。

一、限制豁免论的产生及其发展过程

限制豁免论产生于19世纪。早在1840年,比利时布鲁塞尔上诉法院的检察长费尔勒蒙特在一个案件中主张,当外国国家不充当"独立的政治权力机构"时,比利时法院得对该外国国家行使管辖权,并主张执行对这种案件的判决(但上诉法院并没有支持他的意见)。① 1873年英国法官菲利莫尔在"查凯号案"中表示了租给英国臣民并参加商业活动的国有船舶不应享受豁免的思想。② 1880年在著名的"比利时国会号案"中,作为

---

* 本文原载于《中国国际法年刊》(1986年)。

① 关于比利时,参见J. Vehoeven,"Immunity from Execution of Foreign States in Belgian Law",10 *Netherlands Yearbook of International Law*,78(1979)。

② I. M. Sinclair,"The European Convention on State Immunity",22 *International and Comparative Law Quarterly*,266(1973).

初审法院法官的菲利莫尔进一步阐明了他的限制豁免观点。他认为,国家船舶参加运送货物和旅客的民事交往,应该和私有船舶处于同等地位。如果它与对方当事人平等地进行民事交往,而在发生争议时又享有豁免权,显然是不公正的。他按照这种观点作出了不予豁免的判决。不过,英国上诉法院推翻了他的判决,肯定了绝对豁免原则。① 意大利法院在限制豁免的道路上是走在前列的。1886 年,那不勒斯最高法院在判决中确立了对纯私法范围内的问题外国国家不能主张豁免的原则。有人认为该法院是肯定限制豁免原则的第一个法院。1887 年意大利卢卡法院在一项判决中开始运用"统治权行为"和"管理权行为"的划分来处理国家及其财产的豁免问题。②

随后,比利时最高法院于 1903 年在列日—卢森堡铁路股份有限公司诉荷兰案中采取了限制豁免立场。在这个案件中,原告和荷兰铁路局协议扩建一个双方均使用的车站,原告向被告请求一笔应由荷兰铁路局支付并已由原告预支的款项。该最高法院拒绝了被告对管辖权的抗辩,理由是,只有在外国国家的主权受到影响的情况下,外国国家对他国法院的管辖豁免才能发生;如果一个国家为了取得和占有财产,缔结协议,充当债权人和债务人,参加商业活动,该国就不能享受豁免;并且,在这种情况下,国内法院对外国国家的管辖权不是来自后者的同意,而是来自其行为的性质和从事这种行为的身份。③ 在第一次世界大战前,荷兰法院于 1900 年,埃及法院于 1912 年,继意大利、比利时之后也主张限制豁免。

值得一提的是,1891 年国际法学会在汉堡举行的会议上,通过了一项关于对国家、国家元首或政府首脑的诉讼方面法院管辖的决议案,该决议案第 3 条含有在某种情况下限制国家豁免适用的规定。④ 当时,国际法学会会员都是西方国家的一些著名的国际法学者。该学会通过限制豁免的决议,表明限制豁免理论在国际法学者中已很有市场。

---

① 参见 W. H. 希伯特:《冲突法中的主要案例》,1931 年,英文版,第 45 页。

② 关于意大利法院早期的限制豁免实践,see L. Henkin, R. C. Pugh, O. Schachter & H. Smit, *International Law: Cases and Materials*, 490 (1980). Sompong Sueharikul, "Developments and Prospects of the Doctrine of State Immunity—Some Aspects of Codification and Progressive Developments", 29 *Netherlands International Law Review*, 258 (1982)。

③ See L. Henkin, R. C. Pugh, O. Schachter & H. Smit, *International Law: Cases and Materials*, 500 (1980).

④ 参见《国际法学会年刊》,1891 ~ 1892 年(布鲁塞尔)(第 11 卷),第 436 ~ 437 页。

在两次世界大战期间，由于世界上出现了社会主义国家，在国家及其财产豁免问题上，社会主义国家和资本主义国家的私人资本之间的矛盾突出起来。一些国家为了维护本国私人资本的利益，抛弃了自己长期坚持的绝对豁免理论，实行限制豁免主义。这时，相继在司法实践上采用限制豁免立场的国家有瑞士（1918 年）、奥地利（1919 年）、罗马尼亚（1920 年）、法国（1926 年）、希腊（1928 年）。[①] 不过，奥地利、法国还处在犹豫阶段，还没有彻底抛弃绝对豁免理论。在英美的司法实践中，虽然它们仍持绝对豁免立场，但限制豁免的观念已经显现。例如，在著名的“克里斯蒂娜号案”（1938 年）中，英国法院尽管坚持了绝对豁免原则，但有法官表示不同意见。法官麦克米伦说，他怀疑下述一点是英国法的一部分，即仅仅根据一条普通的外国商船为该外国国家所有的事实，该船就在联合王国享有民事诉讼豁免。法官莫姆则指出，如果政府或政府组织的公司作为船主从事航运和贸易，它们应受制于同任何其他船主相同的法律救济和诉讼。[②]

在此期间，限制豁免理论在学术界得到了一些支持。1926 年为国际法协会准备的“史特鲁普法典草案”持限制豁免观点，它列举了主权豁免原则的一些例外。[③] 1932 年美国哈佛大学法学院国际法研究部主持拟定的《关于法院对外国国家的权限的公约草案》也肯定了限制豁免理论。该草案第 11 条规定：“如果一国在另一国领域内从事私人可从事的工业、商业、金融或其他商业企业，或在那里为某种与此等企业经营有关的行为，该国家可在该他国法院的诉讼中充当被告，只要诉讼是基于此等企业的经营或此类行为的。”[④]该草案对当时绝对豁免理论占优势的美国来说，犹如对平静湖面投入一块巨石，其影响可想而知。也许可以这样说，它为后来美国走向限制豁免提供了理论准备。

西方学者还认为，一些国家于 1926 年在布鲁塞尔签订的《统一国有船舶豁免的某些规则的国际公约》规定，国有商船和此种船舶所载的国有船货不享受豁免，以及一些双边条约当事国以条约规定来限制自己的某种豁免权，是限制豁免理论的反映，也是限制豁免趋势的一种重要表现。

---

① Cf. H. Lauterpacht, “The Problem of Jurisdictional Immunities of Foreign States”, *The British Yearbook of International Law*, 256 - 257, 260 (1950).

② See L. Henkin, R. C. Pugh, O. Schachter & H. Smit, *International Law: Cases and Materials*, 495 (1980).

③ 参见国际法协会第 34 届会议报告，1927 年，第 426 页。

④ 参见《美国国际法学报》（增刊），1932 年第 3 期，第 456 ~ 467 页。

第二次世界大战后,限制豁免理论得到很大的发展。其发展过程大致可分为两个阶段:第一个阶段是从第二次世界大战结束至 20 世纪 60 年代末;第二个阶段是从 70 年代开始到目前。

在第一阶段,值得注意的是美国、奥地利和联邦德国的实践。美国是长期奉行绝对豁免的国家,但第二次世界大战后一开始就向限制豁免立场转变。1945 年在“墨西哥共和国诉霍夫曼案”中,美国最高法院拒绝了墨西哥政府提出的国家财产豁免辩护并作出不予豁免的判决。① 1952 年美国国务院发表了其代理法律顾问泰特致司法部的一份公函,即著名的“泰特公函”,表示美国官方的政策决然采取限制豁免主义。公函提到美国国务院今后肯定要采取限制豁免理论,对国家的所谓非主权行为不予豁免。② “泰特公函”是美国从绝对豁免立场转向限制豁免立场的标志。“泰特公函”所表示的美国官方政策不仅在美国以后的司法实践中得到支持,而且也受到美国国际法理论界的赞同。

奥地利法院在 20 世纪初就曾作出过持限制豁免立场的判决,但后来曾一度转而支持绝对豁免主义。因此,一般认为,奥地利最高法院在 1950 年对“德雷利诉捷克斯洛伐克共和国案”的判决标志着奥地利真正转向限制豁免立场。奥地利最高法院在审理该案时指出:“不能再认为,根据国际法,所谓管理权行为免受国内法院管辖。”“古典的豁免学说产生于国家在外国的一切商业活动与其政治活动相联系之时,其商业活动或通过为在国外的外交代表购买商品,或通过为战争目的购买军用物资等来与国家的政治活动构成这种联系,因此,没有理由区别私性质交易和主权行为。但今天,情况完全不同了,国家参加商业活动,并同其国民或外国人进行竞争。因此,古典豁免学说已失去其意义,由于‘原因丧失’,它不再被视为一项国际法规则。”③由于德雷利案比较详尽地审查了各国实践和学者意见,讨论了限制豁免理论的产生与发展,从而成为坚持限制豁免理论的一个著名案例。

联邦德国在国家及其财产豁免问题上的态度引人注目。1963 年联邦德国联邦宪法法院审理了一起一家私人商号诉伊朗王国的案件,该案涉及原告向被告请求支付为伊朗驻波恩大使馆修理供暖设备的费用。在地方法院,伊朗提出

---

① See W. Bishop, *International Law: Cases and Materials*, 658 (3rd ed. 1962).

② See L. Henkin, R. C. Pugh, O. Schachter & H. Smit, *International Law: Cases and Materials*, 502 – 504 (1980).

③ 参见《国际法报告》,1950 年,英文版,第 155 页。

主权豁免问题。地方法院判决,按照国际法,被告作为主权国家享受德国管辖豁免。该案后来到了联邦宪法法院,该法院认为,订立一项修理使馆馆舍的合同并不属于国家权力范围内的事,不是主权行为,联邦德国法院对于外国国家的非主权行为提起的诉讼有管辖权。因此,它拒绝了伊朗提出的主权豁免抗辩。① 联邦宪法法院对这个案件的审判表明,在管辖豁免问题上它坚持限制豁免立场。

英国虽然这时从总体上讲仍坚持绝对豁免,但有迹象表明,它在向限制豁免转变。当时英国外交部法律顾问贝克特在 1951 年国际法学会上讨论国家豁免时,认为英国法院给予外国国家豁免的分量超过了国际法原则的要求,并且是不适宜的。②

在第二次世界大战后限制豁免理论发展的第一阶段,一个很重要的情况是,作为政府间组织的亚非法律协商委员会在 1960 年的会议上作出了一项关于采用限制豁免理论的建议。建议指出,"一个参加商业或私性质交易的国家,如果它在外国法院就此等交易被诉,不得提出主权豁免辩护。如果提出豁免辩护,不允许剥夺国内法院的管辖权"。③ 尽管该委员会的建议只是对参加国提供的咨询性意见,不具有法律效力,但由于该组织是政府性组织,它提出的限制豁免建议反映了当时其成员政府的一般态度和倾向性。

在此期间,一些学术团体也支持限制豁免理论。国际法协会在 1952 年的会议上通过了一项决定,建议"外国国家在以私的身份活动时不适用法律诉讼的豁免"。④ 国际法学会则在 1954 年的决议第 3 条规定,在诉讼涉及一项非主权权力行为的情况下,一国法院可以受理对从事这种行为的外国国家提起的诉讼。⑤

进入 20 世纪 70 年代后,限制豁免理论步入其战后发展的第二阶段。其标志就是所有西方国家完全持限制豁免的立场,美、英、新(加坡)、南非等国家颁布了专门规定国家及其财产豁免的国内立法,限制豁免理论在其中得到反映。

英国在 1976 年和 1977 年前,分别在"对物之诉"和"对人之诉"中坚持绝对

---

① 该案参见 W. 怀特曼:《国际法摘要》,1968 年,第 6 卷,第 567 ~ 569 页。

② 参见《国际法学会年刊》,1952 年,第 1 卷,第 54 页。

③ L. Henkin, R. C. Pugh, O. Schachter & H. Smit, *International Law: Cases and Materials*, 505 (1980).

④ 参见国际法协会第 45 届会议报告,1952 年,第 210 ~ 232 页。

⑤ 参见《国际法学会年刊》,1954 年,第 45 卷,第 293 ~ 295 页。

豁免。但自此以后,英国司法实践发生了变化。1976 年英国枢密院判决的“菲律宾海军上将号案”是英国第一个明确在对物之诉中肯定限制豁免主义的案件。枢密院在审理该案时,重新考察了关于外国国有商船豁免的英国实践以及美国和加拿大的实践,认为英国法院过去的一些判决是错误的,虽然菲律宾上将号为菲律宾政府所有,但它是一条普通的商船,因而不应享受豁免。枢密院同时指出,全世界已出现实行限制豁免的趋势,限制豁免论更符合正义。① 继而,在 1977 年英国上诉法院审判的“特伦德克斯贸易有限公司诉尼日利亚中央银行案”中,确立了在对人之诉中实行限制豁免原则。在该案上诉审中,上诉法院推翻了原审法院的判决,并指出,自菲律宾海军上将号等案件审判后,绝对豁免学说在英国已受到冲击,限制豁免学说得到接受;不能把绝对豁免学说作为“一块司法上的冻肉”在英国法院里保存下来。② 总之,在英国司法机关审判上述两个案件后,英国已彻底地从绝对豁免立场转向限制豁免立场。

联邦德国联邦宪法法院 1963 年对诉伊朗一案的判决,确立了在联邦德国实行限制管辖豁免,但未涉及执行豁免问题。1977 年 12 月 13 日联邦德国联邦宪法法院在对一起诉菲律宾共和国的案件作出的判决中确定有限执行豁免。其判决虽然肯定了大使馆的银行存款享受强制执行豁免,但同时肯定对外国国家的商业财产可以采取强制执行措施,并认为在强制执行方面也应该采取限制国家豁免学说。③ 联邦德国联邦宪法法院的这一判决,标志联邦德国在管辖豁免和执行豁免方面完全转向限制豁免主义。

在这一阶段,除了上述国家的司法实践外,限制豁免理论发展的另一重要表现是一些国家制定了持限制豁免立场的专门解决国家及其财产豁免问题的国内法。1976 年 10 月 21 日美国国会通过《外国主权豁免法》,第一个以国内立法的形式把国家及其财产豁免这一国际法问题纳入国内法的范围。该法继续奉行“泰特公函”所主张的限制豁免理论。④ 英国也于 1978 年 7 月 20 日颁布了《国家豁免法》。该法同样坚持限制豁免的立场。随后,新加坡、南非、巴基斯坦、加拿大分别制定了类似的国内法。了解这一情况应注意以下几点:(1)目前

---

① 参见[英]D. J. 哈里斯:《国际法案例与资料》,1979 年,英文本第 2 版,第 267 ~ 272 页。

② 该案参见凡怀特:《在英国法院中的国家豁免与国际法》,载《国际法和比较法季刊》,1977 年,第 26 卷,第 674 ~ 679 页。

③ 该案参见联合国出版物:《关于国家及其财产管辖豁免的资料》(ST/LEG/SER. B/20),1982 年,第 297 ~ 321 页。

④ 参见周晓林:《美国国家豁免问题的理论和实践》,载《法学研究》1981 年第 4 期。

制定这种法律的国家均是普通法系国家或深受普通法影响的国家;(2)这些国家也都是相对来说较晚从绝对豁免主义走向限制豁免主义的国家,但它们却在限制豁免的道路上迈的步子更大;(3)虽然这些国家的豁免法主张限制豁免,但它们并未否认国家及其财产享受豁免的一般原则,而不豁免是例外;(4)这些国家制定反映限制豁免理论的国内法,但限制豁免只是它们国内法上的一项制度,不能约束或强加于其他国家。

上述限制豁免理论的产生与发展过程表明,西方发达国家和少数发展中国家已成为限制豁免理论的支持者。因此,有的学者认为,绝对豁免学说已过时,“限制豁免学说在国际法中已日益站住脚了”。有的人甚至说限制豁免已成为国际法的一个原则。但是,应该注意到,有许多国家仍然坚持绝对豁免理论。因此,绝对豁免理论和限制豁免理论之间的“战斗正未有穷期”。

二、限制豁免论的主要内容

限制豁免论的基点是把国家行为划分为主权行为和非主权行为,或统治权行为和管理权行为,或公法行为和私法行为。按照这种理论,在国际交往中,一个国家的主权行为,或统治权行为或公法行为在他国享受豁免,而一个国家的非主权行为或管理权行为或私法行为在他国则不享受豁免。一般来说,限制豁免论仍然承认国家及其财产豁免是国际法上的一项原则,不享受豁免的情况是例外,只不过是把国家享受豁免的范围限于所谓主权行为以及与这种行为有关的国家财产。

限制豁免论的理论依据有以下两点。第一,由于各国越来越多地参加国际经济活动以及其他国际民事活动,国家活动的性质已发生变化,它们不再限于传统上认为属于国家责任和义务范围内的活动。因此,国家活动分为两部分,一部分是主权活动,另一部分是非主权活动。与此相适应,国家的主权活动享受豁免,国家的非主权活动则不享受豁免。第二,国家参加一般民事关系,它与对方当事人应该同等地受一般民事法律制度的约束。而民事法律制度要求民事关系的双方当事人的地位是平等的。一个国家既然参加一般民事关系,就不应该在发生争议时主张享受豁免,取得特权地位。作为自然人或法人的一方当事人在与国家进行交往中发生争议时,可以在适当的国内法院向对方国家提起诉讼,通过国内的司法程序求得争议的解决。否则,就会造成不公正。

限制豁免论认为它的实践依据是各国已在实践中普遍采取限制豁免主义。

首先,限制豁免论认为,1926 年的《布鲁塞尔公约》、1958 年的《领海及毗连区公约》和《公海公约》、1972 年的《欧洲国家豁免公约及补充议定书》等国际条约中有关国家豁免的规定,是限制豁免论在国际条约中的反映。其次,它认为,许多国家在立法、司法、甚至行政部门的实践中采取了限制豁免主义,已呈现出一种趋势。最后,即使那些仍然坚持绝对豁免的国家,在对外交往中也不得不适应向限制豁免发展的趋势,如通过条约或其他方式"放弃"在从事商业活动方面的豁免。这些国家形式上坚持绝对豁免,而实际上又愿意限制这种豁免。①

限制豁免论主要是把自己的立足点建立在对国家活动予以主权行为和非主权行为的划分上的。但是,何者为主权行为?何者为非主权行为呢?这是它必须首先在理论上加以解决的。在主权行为和非主权行为的划分标准上,限制豁免论者又可分为三派。第一派以国家行为的目的作为标准来划分主权行为和非主权行为。依照这一标准,如果国家的某一行为是为了公共目的,该国家即享受豁免;否则,反之。法国国际私法学者尼波耶在他 1949 年出版的《法国国际私法论》一书中持这种观点。② 尼日利亚国际法教授诺古古在分析英、美、联邦德国等国法院审理的诉尼日利亚中央银行的一系列案件时,也认为应依行为的目的来区别主权行为和非主权行为,认为尼日利亚政府为军队建筑营房而购买水泥应视为主权行为。③ 由于这一派所持的划分标准着眼于国家行为的特定目的,学者们把这一标准称为"主观标准"或"目的标准"。但是,一般说来,国家从事某一行为通常是为了公共目的,这使限制豁免论企图限制国家及其财产豁免的目的受到限制,促使一些限制豁免论者去寻找新的标准。于是,又提出了另外两种标准。第二派以行为的性质作为标准来划分主权行为和非主权行为。按照这一标准,主权行为是一国以主权者的身份依照公法行使的行为,而国家如果从事一切私人依照私法也能够为的行为,不管该行为的动机和目的如何,均属非主权行为。学者们称这种标准为"客观标准"或"性质标准"。第三派则认为划分主权行为和非主权行为,既要考虑国家行为的目的,也要考虑国家行为的性质,把两者结合起来,这实际上是一个"混合标准"。④

---

① 参见 B. 维塔伊:《国有船舶的豁免权》,载《荷兰国际法评论》1963 年版,第 176 页。

② 参见[法]尼波耶:《法国国际私法论》,1947 年,第 1758 ~ 1792 段。

③ 参见[尼日利亚]诺古古:《国家财产豁免——在外国法院的尼日利亚中央银行》,载《荷兰国际法年刊》,1979 年,英文版,第 149 页。

④ See J. C. , Starke, *An Introduction to International Law*, 279 (8th ed. 1977).

应该指出的是,上述的“客观标准”或“性质标准”受到持限制豁免立场的学者和国家占绝对优势的支持。早在1923年,曾任常设国际法院法官的魏斯就提出以行为的性质作为标准来区别主权行为和非主权行为。他说,一个国家的法院是否可以受理涉及外国国家的诉讼,只看该外国国家所从事的行为的性质。由此,法官无须对国家行为的目的加以追究,他的任务变得非常容易,因为他只需要简单地确认诉讼所涉的行为的性质是否只能由国家或以国家名义进行。如果行为的性质属于那些像缔结契约、履行债务一样可以由私人进行的行为,这种行为,无论其确定的目的如何、意图如何,均属于私的行为,其他国家的法院可以受理涉及这种行为的诉讼。[①] 魏斯的观点得到许多西方学者的支持,如英国学者阿库斯特,奥地利学者施鲁厄尔均持类似观点。[②]

“客观标准”或“性质标准”在实行限制豁免主义国家的司法实践中亦被采用。例如,1960年,美国在意大利法院被一家意大利公司起诉,该诉讼涉及那家意大利公司为美国后勤司令部建下水道。美国通过外交途径请求豁免,其理由是该案产生于具有主权者地位的美国政府活动。意大利最高法院判定对美国不予豁免,因为它认为尽管交易是为了军事目的,但该交易是私性质的。[③] 此外,英国、联邦德国、比利时、瑞士、奥地利、埃及、希腊等国法院也持相同或类似的立场。

美国1976年的《主权豁免法》也肯定了性质标准。该法第1603条第3款规定:“‘商业活动’是指某种正常做法的商业行为,或是指某种特殊的商业交易或行动。一项活动的商业性,应当根据行为的做法的性质,或特殊的交易和行动的性质决定,而不是根据其目的来决定。”[④]除了这一概括性规定的条款外,美国众议院在关于该法的立法报告中还列举了诸如政府贷款、租赁、买卖、投资之类的商业活动,并说一般营利的活动可以推定为具有商业性质,而且可参照私人或私营公司是否从事同样的活动来决定某活动的性质。该立法报告

---

① 参见[法]魏斯:《法院对外国国家的权限》,载《海牙国际法学院讲演集》,1923年,第546页。

② 参见[英]M. 阿库斯特:《现代国际法概论》(中译本),汪瑄等译,中国社会科学出版社1981年版,第130页、第216页。

③ See L. Henkin, R. C. Pugh, O. Schachter & H. Smit, *International Law: Cases and Materials*, 509(1980).

④ 联合国出版物:《关于国家及其财产管辖豁免的资料》(ST/LEG/SER. B/20),1982年,第57页。

还更明确地说:“通过合同取得的商品或服务将用于公共目的的事实是无关紧要的;一项活动或交易的基本商业性质是关键的。因此,外国政府订立一项为其武装力量购买粮食或设备,或建造一幢政府大楼的合同构成商业活动。即使这种合同的最终目的是为促进公共职能,它们仍应视为商业合同。”[①]不过,英国 1978 年的《国家豁免法》在这个问题上表示沉默,没有具体规定,尽管在该法的一个早期案文上含有拒绝目的标准的规定。然而,英国在司法实践中已采取性质标准,这实际上已成为普通法的一项规则。

由此可见,限制豁免理论中占优势的观点是以行为的性质来划分主权行为和非主权行为。持性质标准的人认为性质标准优于目的标准的主要理由有:(1)如果一个国家同另一个国家的私人或公司进行交易,并且此交易与有关私人或公司的本国领域有联系,那么,这个国家不应处于这样的特权地位,即它可以在法院对私人或公司起诉,而本身却对同样的行为享受诉讼豁免;(2)如果行为的目的具有决定意义,有关国家几乎可以把它的无论什么行为解释为和其公共责任有关,这就为国家主张豁免铺平了道路,因此,适用目的标准事实上会接近绝对豁免学说;(3)法院运用行为性质作为标准没有不可克服的困难;(4)任何希望在私性质行为方面排除外国法院干涉的国家,通过确定关于这种行为的争议提交某种形式的仲裁,仍然可以作出避免外国法院干涉的选择;(5)性质标准法院运用起来更方便。[②]

对限制豁免论来说,行为性质标准也许的确比目的标准和混合标准更符合它的宗旨。但是,实际上无论哪一种标准都有不可克服的困难,甚至一些持限制豁免论的人也有这种看法。为了避免区别主权行为和非主权行为的困难,他们主张,从方法上放弃对区分的一般标准的研究,而基于一般实践来确定豁免规则的例外。[③] 于是,在立法技术上出现了一种“否定式列举”或称为“详尽列举”的方法,即首先对国家及其财产豁免作为一般原则加以肯定,然后列举各种不予豁免的情况作为例外。英国、美国、新加坡、南非、巴基斯坦、加拿大等国家制定主权豁免法或国家豁免法,都采取了这种方式。1972 年的《欧洲国家豁免

① 联合国出版物:《关于国家及其财产管辖豁免的资料》(ST/LEG/SER. B/20),1982 年,第 107 页。

② See L. J. Bouchez, “The Nature and Scope of State Immunity from Jurisdiction and Execution”, 10 *Netherlands Yearbook of International Law*, 3(1979).

③ 参见[英]布朗利:《国际公法原理》,1933 年,英文第 2 版,第 324 ~ 325 页。

公约》也是采取此种做法。但是,对否定式列举也有人表示怀疑。他们以为,由于否定式列举认定在列举的范围之外的任何活动即应视为享受国家豁免的政府活动,所以,仍然存在一种风险,即对于那些其行为不具有公共性质的国家行为将须准予豁免,这意味着在对国家行为是主权行为还是非主权行为有疑问的情况下应准予豁免。[①] 持限制豁免论者在这些问题上有分歧,只能说明该理论依然是漏洞百出的。

按照限制豁免论,与主权行为和非主权行为的区别相联系,还有一个以什么法为准据法对区别标准进行识别的问题。如果以行为的目的为标准,存在什么目的为公共目的,什么目的为非公共目的的问题;如果以行为的性质为标准,存在什么样的行为只有国家能为,什么样的行为国家和私人都能为的问题。关于依什么法律识别主权行为和非主权行为的问题,限制豁免论者一致地认为应依法院地法。1954 年国际法学会通过的那项持限制豁免立场的决议第 3 条确定,以法院地法决定什么是主权行为和非主权行为。[②] 在实践中,联邦德国联邦宪法法院在 1963 年对一起诉伊朗王国的案件的判决中,对这个问题明确指出:“原则上必须按照国内法决定国家活动为主权行为或非主权行为。”其理由是国际法没有确定作出这种区别的任何标准;外国国家就其主权活动而享受国内法院管辖豁免的一般国际法原则,并不由于原则上将按国内法来区别主权行为和非主权行为而丧失效力和剥夺它作为一项法律规范的性质。该法院在判决中也不得不承认按国内法决定主权行为和非主权行为会使适用一般国际法更困难和造成法律上的不统一。因此,它指出用国内法来决定主权行为和非主权行为要受到国际法的限制,在大多数国家认为某一行为为主权行为时,即使按法院地国国内法该行为为私法行为,也应该视该行为为主权行为。该法院还认为,公认为属于主权活动范围的行为包括负责外交和军事事务、立法、行使警察权力和司法行政机关的活动。[③] 在这个问题上,一些学者也有相同看法。英国国际法学者辛克莱说:“决定国家活动是主权行为还是非主权行为,必须按照法院地法决定,但要服从从国际法推导出的这一限制,即国内法不能把大多数国

---

① See L. J. Bouchez, “The Nature and Scope of State Immunity from Jurisdiction and Execution”, 10 *NetherLands Yearbook of International Law*, 13 (1979).

② 参见《国际法学会年刊》,1954 年,第 45 卷,第 293 ~ 295 页。

③ 参见联合国出版物:《关于国家及其财产管辖豁免的资料》(ST/LEG/SER. B/20),1982 年,第 289 页。

家看来属于广义或狭义的公共权力范围的行为视为非主权行为。”①

最后,我们根据英国、美国、新加坡、加拿大等国的豁免法来谈谈限制豁免论所主张的对国家及其财产豁免的主要限制。限制豁免论认为国家豁免原则的例外,也就是说一国在他国法院不能享受豁免的情况如下:(1)一国自愿接受他国法院管辖。(2)涉及国家从事商业交易的诉讼。按照英国、新加坡等国的豁免法,“商业交易”系指:任何提供货物或服务的合同;任何贷款或其他提供资金的交易,以及就任何此等交易或其他金融债务提供保证或补偿;外国国家从事或参加非行使主权权力范围内的其他(无论是商业的、工业的、金融的、职业性的还是其他类似性质的)交易或活动。(3)涉及外国国家在法院所在地国缔结或履行的雇佣合同的诉讼。(4)涉及国家因作为或不行为造成的人身伤亡和财产损失的诉讼。(5)涉及不动产权益,或者对不动产的占有或使用,或者由此产生的任何义务的诉讼。(6)涉及国家通过继承、赠予或无主物占有方式取得的对动产或不动产的任何权益的诉讼。(7)涉及专利、商标、设计、著作权或商业称号等权益的诉讼。(8)涉及国家作为法人团体、非法人团体或合伙组织成员资格的诉讼,但以这种组织有非国家成员为条件。(9)涉及对诉因产生时正用于或拟用于商业目的的国有船舶提起的对物之诉,或为执行与该船舶有关的请求权而提起的对人之诉。(10)涉及仲裁的诉讼。由此可见,限制豁免的范围是相当广泛的,这样,就把国家豁免限定在非常狭小的范围。

三、对限制豁免论的评价

国家及其财产豁免是国际法上的一项原则,限制豁免论不适当地对这一原则加以限制,无论在理论上还是在实践中都是不妥当的。

其一,限制豁免论最根本的错误在于它是与国家主权原则不相容的。众所周知,国家主权原则是国际法上的最基本原则。按照国家主权原则,国家各自根据主权行事,不受任何其他权威的命令强制,也不容许外来的干涉;主权国家只有根据自愿,它的权力的行使才可以受到限制;主权国家不能被强制把它的国际争端提交仲裁和司法解决,并且非经它自己同意,它的行为或财产也不受外国法院管辖。国家及其财产豁免原则是国家主权原则派生出来的原则,国家及其财产豁免权是国家主权权力的具体体现。如果按照限制豁免理论,允许一

① I. M. Sinclair, “The European Convention on State Immunity”, 22 *International and Comparative Law Quarterly*, 266(1973).

国法院任意对另一个国家的所谓非主权行为以及国家财产进行管辖和执行，显然是对国家主权原则的极大蔑视。正如苏联国际法学者波格斯拉夫斯基指出的那样："不管国家活动的性质如何，强调国家主权不容侵犯是重要的。未经一个国家的同意在外国法院对该国提起诉讼，特别是对其财产采取强制措施，通常等于直接侵犯它的主权。"①

限制豁免论的基础十分薄弱。它的一个重要依据就是，在20世纪，由于国家直接从事大量的国际经济活动，国家活动的性质发生改变，国家行为已分为主权行为和非主权行为。但首先，国家及其财产豁免权源于国家主权原则，而不是取决于国家行为的性质。国家活动的具体性质可能是多种多样的，但都是国家行使主权权力的体现。因此，国家活动的最根本性质是其主权性。用国家活动的表面性质来决定国家及其财产是否享受豁免，实际上就是以国家活动的表面性来否定国家活动最根本的主权性。

其二，限制豁免论关于主权行为和非主权行为的划分是不科学的。主权是构成国家的要素之一。国家作为主权者无论从事什么活动，都是国家行使主权权力的具体体现，都是主权行为。我们之所以这样说，是因为国家根据自己的意志从事政治、经济、外交、文化等活动都是为了公共目的，为了实现国家的职能。关于这一点，一些西方国家的判例早就加以肯定。在美国最高法院1926年审判的"佩萨罗号案"中，该法院肯定一条意大利国有商船的豁免权。法官德万特在说明法院的立场时说："我们认为，（豁免）原则同样适用于一个政府为公共目的拥有和使用的一切船舶。为了促进其人民的贸易和增加国库收入的目的，一个政府在从事贸易活动中获得、掌管和经营船舶时，这些船舶和军舰一样都是国有船舶。据我们所知，不存在这样的国际惯例，即认为就公共目的而言，和平时期为维持和增进人民的经济福利逊色于战时维持和训练一支海军力量。"②诚然，在封建社会，甚至在资本主义社会早期，国家没有大规模地直接参加经济贸易活动，但并不等于说在那时国家不从事经济贸易活动，那时的国家仍具有经济职能。随着社会的发展，国家的经济职能在国家诸职能中的地位越来越重要，表现在国家通过各种不同形式干预经济。国家经济职能是国家主权活动所固有的，国家经济职能在20世纪的飞跃发展，是国家主权活动内在的发

① 参见［苏联］波格斯拉夫斯基：《国家豁免》，1965年，德文版，第44页。转引自L. Henkin, R. C. Pugh, O. Schachter & H. Smit, *International Law*: *Cases and Materials*, 490(1980)。

② See W. Bishop, *International Law*: *Cases and Materials*, 658(3rd ed. 1962).

展,完全不能因国家更多地从事经济贸易活动而否认这些活动是国家的主权活动,否认国家及其财产所享受的豁免。

一些国际法学者对限制豁免论区别主权行为和非主权行为的做法也提出了尖锐的批判。如英国的莫里斯说:“事实是这样的,一个主权国家并不因它从事私人可以从事的行为而不再是一个主权国家。”[①]劳特派特甚至更明确地指出:“一般不接受这种理论,即国家的经济活动,如国家管理工业、国家从事买卖,必然是纯‘私法性质’,是管理权行为,并且国家参加这些活动就像一个私人一样行为。”他还说,即使国家从事的行为与政治或行政无关,“国家仍然是作一个公人格者为全社会的一般目的而行事”。“在真实意义上,所有的管理权行为都是统治权行为。”“在现在社会,统治权行为和管理权行为的划分不能建立在稳固的逻辑基础上。”[②]

其三,即使承认限制豁免论关于主权和非主权行为的划分,其划分标准也是很成问题的。划分标准有三种,即“目的标准”、“性质标准”和“混合标准”。由于各自所持标准不一,对主权行为和非主权行为的理解就不同。例如,同一项为军队购买水泥建造军营的行为,按目的标准会被视为主权行为,因为其目的是公共目的;而按性质标准则会被视为非主权行为,因为其行为方式是通过合同来实现的,是私人也能从事的行为;如果按照混合标准,由于各自的观点不同,就更不确定了。同时,即使根据同一标准来划分主权行为和非主权行为,主权行为和非主权行为的区别仍然是不确定的,因为各国对主权行为和非主权行为的识别是不相同的。在坚持限制豁免主义的国家的实践中,不同国家的法院,甚至相同国家的法院对具体问题的处理是不一致的。这样,由于对什么是主权行为,什么是非主权行为难以明确界定,就给法院极大的灵活解释权。美国国会众议院司法委员会在关于美国外国主权豁免法的报告中也直言不讳地承认:“为本草案之目的,对什么是‘商业活动’,法院有很大的自由裁量余地。”[③]这实际上是为本国法院任意对外国国家及其财产行使管辖权大开方便之门。上述表明,限制豁免论区别主权行为和非主权行为,在理论上和实践上

---

① 参见[英]莫里斯:《国家在外国法院享有的诉讼豁免》,载《英国国际法年刊》,1933年,第121页。

② H. Lauterpacht, “The Problem of Jurisdictional Immunities of Foreign State”, *The British Yearbook of International Law*,251(1950).

③ 参见《国际法律资料》,1976年第6期,英文版,第1407页。

都是自相矛盾的。连一些持限制豁免论的学者也不得不承认:“弄清特定的活动是属于主权行为还是非主权行为仍然不是一件容易的事。”[①]“有限豁免规则比较严重的缺点是,政府行为和商务行为的区别并不总是明确的。”[②]

有人以为,在限制豁免理论中,目前占优势的观点是以行为的性质为标准来区别主权行为和非主权行为,这样,可以克服多标准造成的理论上的困难。其实不然。这是因为,即使主权行为和非主权行为可以依照国家行为的性质进行区别,但还有一个根据什么法律对国家行为作出识别的问题。目前,限制豁免论者几乎一致地主张以法院地法对国家行为的性质进行识别。由于各国政治制度、社会制度、历史、文化传统不同等原因,各国法律制度千差万别。因此,用各国自己的法律来识别外国国家行为的性质,在各国实践中会产生不同的结果是完全可能的。这仍然难以克服在划分上的不确定性。劳特派特曾尖锐地指出,划分主权行为和非主权行为无疑否定了豁免原则,因为划分标准依法院所在国法律,而不是国际法规则(他认为没有这样的国际法规则),这必然导致滥用。[③] 更重要的是,一个国家根据本国的法律来判定另一个国家行为的性质,必然会导致粗暴地侵犯他国主权的后果。而且,如果按照行为性质标准,凡是国家从事私人能为的行为,国家就不能享受豁免,那么,国家几乎没有什么行为能享受豁免,这无异于否定了国家及其财产豁免原则。

限制豁免论的另一个理论依据是,在涉及外国的民事诉讼中,对外国国家实行广泛的豁免,将使本国国民与外国国家处于不平等的地位。这一点也是值得商榷的。任何在国际交往中持严肃态度的国家,如果它参加国际民事关系,都会恪守有关法律,履行自己所承担的义务,因为这样有利于它维护自己的信誉,更好地开展对外经济交往。当然,在国家参加的国际民事交往中仍然会有争议产生。在争议发生后,有关国家可能主张豁免,使对方当事人不能利用国内法院并通过一般国内司法程序对它起诉,因而双方在民事诉讼地位上是不平等的。之所以这样,是因为国家既是民事法律关系的参加者,又是主权者,而各国主权是平等和独立的,平等者之间无管辖权。坚持国家及其财产豁免原则,

① 参见R.希金斯:《国家豁免法的某些未解决的方面》,载《荷兰国际法评论》1982年第2期。

② 参见[英]M.阿库斯特:《现代国际法概论》(中译本),汪瑄等译,中国社会科学出版社1981年版,第130页、第216页。

③ See H. Lauterpacht, "The Problem of Jurisdictional Immunites of Foreign States", *The British yearbook of International Law*, 251(1950).

只是为了防止一个国家对另一个国家未经后者的同意而滥用管辖权,从而侵犯后者的主权和其他权益,并非表明,实质上国家在一般民事关系中不受法律约束,或者说取消国家在法律上理应承担的义务。国家豁免不是法律责任的豁免。当争议发生后,提出要求的一方既可通过外交途径同有关外国进行交涉,也可同该外国协商采取司法程序以外的其他方法寻求解决。有的国家为了更好地促进对外交往还根据自己的意愿通过条约、合同或其他方式放弃自己的豁免权,以利于有效地解决法律责任问题。民事关系的当事人双方的平等,无非是在享有民事权利和承担民事义务上的平等。由于国家在国际民事交往中享受豁免并非法律义务的豁免,因此,国家及其财产享受豁免并不否定国家和私人在民事关系中的地位平等,至少在实质上没有造成国家和私人在民事关系中的不平等。

而且,即使按照限制豁免论,对外国国家的私法行为予以豁免可能会在民事诉讼关系(而不是民事关系)中导致国家和私人在诉讼地位上的不平等,会影响国际民事交往,但是,如果在这个问题上实行国家和私人在诉讼地位上的平等,外国国家和私人所属国却由于后者法院对前者的管辖而被置于不平等的地位,并因而破坏了主权国家之间的正常的平等关系。这实际上是为了使交易中一国私人和外国国家处于平等的民事诉讼地位而否定该外国国家与该私人所属国之间的平等。国家之间的正常关系遭到破坏,必然危及国际民事关系的健康发展。

限制豁免论还错误地认为,涉及外国国家的民事纠纷只有诉诸当地法院解决才能保证公正,而外交谈判不能像诉诸法院那样公正地解决问题。这种论点也是经不起推敲的。在涉及外国国家的民事诉讼中,如果有关外国国家自愿接受当地法院的管辖,当地法院有权解决有关纠纷自不待言。但是,在外国国家没有同意放弃豁免权的情况下,一国法院单方面地对外国国家强行管辖,并按照国内司法程序对外国国家强行判决,侵犯后者主权和尊严的行为,显然不能说保障了公平和正义。

有些限制豁免论者以为,在国家豁免问题上,每个国家既是豁免的“要求者”,又是豁免的“给予者”,因此,限制国家及其财产的豁免在权利和义务上对各国都是平等的。这种为限制豁免论辩护的理由同样是牵强附会的。从逻辑上讲,既然限制豁免在权利和义务上对各国是平等的,那么实行绝对豁免也在权利和义务上对各国是平等的,为什么偏偏要坚持限制豁免论呢?而且,如果实行限制豁免,在这个问题上每个国家也许在形式上看来是平等的,但实际上发展中国家常常处于不平等境地。发达国家从事对外经济交往主要是通过私人或私营公司进行的,而发展中国家和社会主义国家为了更好地促进本国经济的发展则更多地以国家名义开展国际经济活动。因此,在大多数情况下,是发展中国家和社会主义国家在发达国家的法院被诉,并因种种原因受到败诉的判决。而在发展中国家和社会主义国家的法院中,几乎没有外国国家被诉的案件。这样,正如劳特派特所指出的,限制豁免只能带来滥诉之风,①而对社会主义国家和发展中国家并无平等可言。

有人还武断地声称,限制豁免已成为普遍趋势,并最终会在国家豁免问题上取得统治地位。在这些人看来,国家作为豁免的授予者时处于主动地位,而国家作为豁免的要求者时则处于被动地位,虽然目前世界上还有持绝对豁免立场的国家,但已有相当数量的国家持限制豁免立场。诚然,持绝对豁免观点的国家在处于主动地位时可以对他国予以绝对豁免,但它在持限制豁免观点的国家处于被动地位时就无能为力了。持绝对豁免的国家也坚持互惠原则,当外国国家对它限制豁免,它会采取相应的报复措施,在同样的情况下拒绝外国国家的豁免。这样,持两种不同观点的国家在限制豁免方面一致起来,持绝对豁免观点的国家实际上抛弃绝对豁免理论,限制豁免理论最终会得到普遍接受。②对这种观点,首先应指出的是,限制豁免并没有成为普遍趋势。1952 年"泰特公函"只能举出十多个国家采取限制豁免理论。近年来,虽又有些国家转向限制豁免的立场,一些国家颁布了关于国家豁免的国内立法,但在整个世界范围内持限制豁免立场的国家只是少数,主要是少数西方发达国家。至于国家为了保护自己的权益,对实行限制豁免的国家采取报复性措施,正是为了维护国家及其财产豁免原则,实难推断出这种措施是支持限制豁免论的。总之,以主权行为和非主权行为的区别为基础来限制国家豁免在目前既不是普遍的趋势,在将来也不会得到世界各国的普遍接受。

其四,应该指出,限制豁免论的产生和发展有着深刻的经济和政治背景。自 19 世纪末以来,国家越来越多地参加国际经济活动,而在第一次世界大战后,社会主义国家以及后来出现的发展中国家则要更多地直接或间接地从事国际经济活动。这样,一些资本主义发达国家为了保护本国私人的利益,就主张

---

① See H. Lauterpacht, "The Problem of Jurisdictional Immunities of Foreign States", *The British Yearbook of International Law*, 251(1950).

② 参见 C. M. 巴德尔:《主权豁免的新发展趋势》,载《美国比较法杂志》1982 年第 4 期。

限制豁免。美国 1952 年的“泰特公函”说明了这一点。它明确地表示了实行限制豁免政策的用意,它认为,实行国营贸易的国家之愈加坚持绝对豁免的理由使美国有改变政策的必要,政府广泛和增多地参加商业活动的实践,使有必要发展由法院来决定同政府做生意的人的权利的惯例。① 奥地利学者施鲁厄尔也指出:限制豁免的“最主要成就之一,就是把保护私人对外国国家的请求权这件事,从变化莫测的在政治压力下的国家之间的竞争场所转移到更有效率的、不持偏见的国内诉讼场所”。② 在实行限制豁免的国家,其经济、贸易等活动主要是由私人经营的,国家本身很少从事它们所认为的“非主权行为”,限制国家在“非主权行为”方面的豁免权,不涉及经济、贸易等活动方面的问题。因此,限制豁免论的主要锋芒是针对社会主义国家和其他发展中国家的对外经济贸易活动的。既然限制豁免论包含这样的目的,无视广大社会主义国家和发展中国家的权益,理所当然会遭到它们的抵制、反对。一意坚持奉行限制豁免论只会造成国家间的摩擦和国际关系的紧张,不利于问题的解决。

---

① See L. Henkin, R. C. Pugh, O. Schachter & H. Smit, *International Law: Case and Materials*, 502 - 504(1980).

② See C. Schreuer, *State Immunity: Recent Development*, *Grotius Publications*, 224(1988).

国家及其财产管辖豁免的几个悬而未决的问题*

国家及其财产管辖豁免,已被国际习惯法承认为一般规则。[①] 关于此项一般规则的适用范围,有绝对豁免论和相对豁免论两种不同的学说和实践。一般说来,社会主义国家及一些发展中国家坚持绝对豁免论,西方发达国家主张限制豁免论。自从苏联解体和东欧剧变以来,越来越多的国家主张限制豁免论。现今,发达国家如美国、英国、法国、德国、荷兰等,发展中国家如阿根廷、埃及等以及1972年的《欧洲国家豁免公约》均采用了限制豁免论。[②] 自1978年以来,联合国国际法委员会一直在从事关于国家及其财产管辖豁免的法律编纂工作。该委员会于1991年通过的《国家及其财产的管辖豁免条款草案》的二读草案(以下简称草案)也明确采用了限制豁免论,规定除传统的国家同意构成管辖豁免的例外之外,商业交易、雇佣合同、知识产权和工业产权、国家拥有或经营的船舶等广泛领域内存在管辖豁免

---

* 与曾涛(武汉大学法学博士,中国政法大学国际教育学院副教授)、刘益灯(武汉大学法学博士,中南大学法学院教授)、宋晓(武汉大学法学博士,南京大学法学院教授)合作撰写,本文原载于《中国法学》2001年第4期。

① 参见[英]詹宁斯、瓦茨修订:《奥本海国际法》(第1卷第1分册),王铁崖等译,中国大百科全书出版社1995年版,第277页。

② 参见联合国文件,A/CN,4/SER,A/1991/Add. 1(Part 2),1991年中译本,注释111~123。

的例外。[①]

二读草案在 1991 年提交联合国大会后,大会决定设立第六委员会工作组,由来自各个国家的代表团对草案具体条文进行审议。最近的一次是 2000 年 11 月工作组会议。会议的讨论审议主要围绕五个尚未解决的实质性问题进行:(1)豁免目的的国家概念;(2)关于判断合同或交易的商业性质的标准;(3)关于国家企业或其他国家实体商业交易的概念;(4)雇佣合同;(5)针对国家财产的强制措施。

在上述五个问题中,"国家商业行为的判断标准""国家与国有企业的关系""免于强制措施的国家豁免"这三个问题与我国发展中国家性质和经济体制改革现状关系密切。本文结合公约的审议情况和我国现实国情对这三个问题进行探讨。

一、国家商业行为的判断标准

限制豁免论认为,国家行为应区分为统治权行为和事务权行为,前者免受外国国家法院的管辖,后者不享有外国国家法院的管辖豁免。国家的商业交易行为覆盖了大部分事务权行为,许多国内判例甚至把商业交易行为等同于事务权行为。[②] 关于商业交易行为的管辖豁免的例外,联合国大会第六委员会拟定的原则如下:如果国家参与同外国自然人或法人之间的商业交易,而且根据适用的国际私法规则,与该商业交易有关的争议属另一国法院管辖,则该国不能在该商业交易所引起的诉讼程序中援引司法管辖豁免权。[③] 但是,商业交易行为的具体内容应包括哪些,以及它的判断标准又是什么,各国莫衷一是。草案第 2 条第 2 款试图规定商业交易的判断标准:"首先应考虑合同或交易的性质,但是,如果在作为其缔约一方的国家的实践中该合同交易的目的与确定其非商业性质有关,则也应予以考虑。"

针对草案的规定,在以后的讨论中仍然存在很大的分歧。在第 55 届会议第六委员会工作组会议上,主要有四种不同的意见:其一是删除此款,将商业交易的判断标准留给国家立法及司法实践;其二是确定合同或交易是否属于"商业交易"时,与案件最相关的情况应予以考虑;其三是首先应顾及合同或交易的

---

① 参见 1991 年《国家及其财产的管辖豁免条款草案》(中译本),第 10 ~ 17 条。

② See C. Schreuer, *Scate Immunity: Recent Development*, Grotius Publications, 10(1988).

③ 参见联合国文件, A/C, 6/55/L. 12, 2000 年中译本,第 6 页。

性质,但如果在议定时作为其当事一方的国家已明示保留该种可能性而对方却没有明示异议,则其目的也应予以考虑;其四是应顾及合同或交易的性质和议定的目的,即它是否涉及执行一项公务任务。①

(一)性质标准与目的标准

首先应该指明,“商业交易”的意义比“商业合同”的意义广泛,前者包括商业谈判等非订立合同的活动。国家之间进行的商业交易,或商业交易的当事方另有明确协议的,则国家仍然享有管辖豁免的权利。只有商业交易的主体一方是国家,另一方是外国自然人或法人的情形下,才可能存在国家管辖豁免的例外。对此,似乎不存在任何争议。从上文所列的四种不同意见可以看出,争议主要是围绕商业交易判断标准的性质标准与目的标准展开的。

性质标准认为,国家与外国私人的行为是否构成商业行为,只需表面审查该行为是否属于私法上的行为,即如果能把国家视为普通的民事主体,国家与外国私人的行为是否和私人与私人的交易行为毫无二致。如果是的话,则国家与外国私人的行为构成商业交易行为,不得主张对外国法院的豁免。在这项交易中,私人一般以营利为目的,至于国家,甚至不需考虑是否以营利为目的的问题。

目的标准认为,如果根据性质标准,国家与外国私人的行为确定为非商业性质的或者是政府性的,则不必作进一步审查;如果审查的结果表明,国家与外国私人的行为构成商业交易行为,则须进一步调查国家行为的目的,调查其是否涉及政府的公共目的。国家的许多行为,从表面来看,与一般的商业交易行为无异,但如果进一步审查其实质性的具体内容,常可以发现它们完全排除了营利与否的目的,更重要的目的是国防、巩固统治或者重大社会公共利益。形象地说,它们是披着“商业外衣”的主权行为。例如,国家从外国私人手中购买军事设备、采购粮食赈济灾民、购买药品制止流行病的蔓延等行为,它们虽然采取了商业形式,但其目的显然不是通常的商业目的。这一类行为,按照目的标准,最后不应被认为是商业行为,而应认定是国家统治权行为,享有对外国法院的豁免。实质上,这等于给予国家第二次豁免的机会。②

依据性质标准,商业行为较为容易成立,国家的管辖豁免权受到了更大的限制,所以说,它是严格的限制豁免理论。其出发点在于保护私人的利益,甚于

① 参见联合国文件,A/C,6/55/L.12,2000年中译本,第5页。

② See C. Schreuer, *State Immunity: Recent Development*, Grotius Publications, 17(1988).

保护外国被告国家的利益。这种方法被西方发达国家所采纳,因为按照他们的政治体制,国家直接参与和控制的贸易与投资额相对较少,主要由私人进行,而一些发展中国家与社会主义国家则刚好相反。例如,美国法律明确拒绝了目的标准而采用性质标准,①美国1985年的一个法院判例指出:"商业例外根植于禁止反言与信赖的概念",②此即保护私人在与外国国家交易中的期望和信赖利益。

采用目的标准的限制豁免论趋于接近绝对豁免论。原本按照性质标准可以判断为商业交易行为的一部分,却被目的标准否决了。其结果是,目的标准扩大了国家豁免的范围。这是为了充分保障和保护发展中国家,尤其是在它们努力促进国民经济发展的时候给予充分的保障和保护。③ 最有说服力的反对意见认为,目的标准带有很大的不确定性,而且,国家的每个商业交易行为的背后似乎都可以找到一个公共目的的理由,从而能够享有对外国法院的豁免权。

但是,性质标准与目的标准之间并没有明确的界限,也即商业行为与非商业行为没有非常明确的界限。通常,它们之间存在一个模糊的灰色区域,很难认定。该灰色区域主要包括以下内容。

一是政府公共权力干预所导致的违约,这个时候,是否整个交易行为(包括违约)都可得到外国法院的豁免?例如,国有企业(stateowned enterprises)遵从政府指令而采取的违约措施;或者中央银行受政府紧急的外汇控制而不能实现对外国私人的如期兑现。

二是国家经营的大宗服务业,包括交通、电信、教育等领域的交易行为能否享受外国法院的豁免?

三是涉及一国重要自然资源的交易,特别是自然资源构成国家的主要资源从而构成支柱性产业的时候,这些交易行为是否能够依据建立国际经济新秩序的要求和国家对自然资源永久主权的国际公法原则从而享有对外国法院的豁免?

对以上列举的交易行为,各个国家的法院实践非常不一致。④ 有些国家的法院把它们判断为商业行为从而不给予豁免,有些国家则作出相反的认定。

(二)国家商业行为判断中的国际私法问题

国家及其财产管辖豁免的商业例外中的国际私法问题主要有两个:一是商

---

① See Foreign State Immunity Act, Section 1605.

② Practical Concepts Inc. v. Republic of Bolivia, 615F, Supp. 92 at 94(D. D. C. 1985).

③ 参见联合国文件,A/C. N. 4/SER, A/1991/Add. 1(Part 2),1991年中译本,第22页。

④ See C. Schreuer, *State Immunity: Recent Development*, Grotius Publications, 26-28(1988).

业与非商业,或者性质标准与目的标准应依被告国的法律还是法院地国的法律进行判断?二是法院地国的管辖权问题,法院地国与整个案件事实应具有何种程度的联系?

对于第一个问题,最简单易行的办法是依据法院地国的法律作出商业与非商业的判断。但豁免问题是一个国际法上的问题,仅仅依据一国国内法难以取得圆满公正的结果。如果法院地国完全采用性质标准,它就很难认同外国国家基于公共目的的抗辩。国际法委员会的二读草案的评注认为,决定一项合同或交易是否具有商业或非商业性质的是主管法院而不是被告国,①但其在第 2 条第 2 款中规定,对于目的标准的运用,应考虑缔约一方的国家的实践。在这点上,前后出现矛盾,因为考虑被告国的实践,最终依据的是被告国的法律,而且,法院地国在不同案件中考虑不同国家的实践,其结果是失去了判断商业或非商业的统一的标准。因此,后来的讨论删除了考虑被告国实践的规定。

一项合同或交易,是属于公法性质还是属于私法性质,世界各国的法律规定相当接近。也就是说,如果各国单一采用性质标准,冲突法问题就不是很重要。分歧在于各国对目的标准的不同看法。但是,如果被告国和外国私人在交易过程中就对目的标准达成协议,那么,法院地国就可将此作为一个事实问题从而绕开法律选择的困难。

对于第二个问题,涉及法院地国的管辖权。这是国际民商事诉讼中的基本问题,不独对国家及其财产管辖豁免有着重要的意义。有些国家,例如,德国、荷兰、澳大利亚等不要求合同或交易和法院地国存在联系;而另一些国家,例如,美国、英国等要求合同或交易和法院地国存在一定的联系。二读草案的第 10 条第 1 款规定,管辖权问题应由各国国际私法决定,并在评论中进一步指出,每一个国家在管辖问题上,包括其法院或其他法庭的组织和确定它们的权限方面,都是完全自主的。② 后来的数次讨论并没有改变此条规则。可见,草案对管辖权问题在实质上并没有作出任何规定。

为了防止不公正的挑选法院和原告对被告滥用诉权,规定诉讼案件和法院地国存在一定的联系,是合理而又必要的做法。同时,为了防止外国私人对一个主权国家滥用诉权,也应该要求豁免案件和法院地国存在一定的联系,甚至是实质性的联系。

---

① 参见联合国文件,A/CN,4/SER,A/1991/Add.1(Part 2),1991 年中译本,第 22 页。

② 同上,第 36 页。

(三)小结

如果中国主张绝对豁免论,那么,中国国家与外国私人之间的商业交易或中国私人与外国国家的商业交易都不构成豁免的例外。但是,在现今世界法律环境中,中国如一味地坚持绝对豁免论,势必是行不通的。

限制豁免论本身是伸缩性非常强的概念,留下很大的回旋余地,我们必须结合自己的国情和现状加以接受。基于上文的分析,针对第 55 届会议上的四种分歧意见,关于商业例外,现得出如下结论。

1. 我国是发展中国家,国家在经济生活中的地位和作用特别显著,所以在性质标准与目的标准的争论中,我们不能丢弃目的标准,应力图做到目的标准与性质标准的均衡使用。性质标准与目的标准不应该有先后之分,而应统筹兼顾。

2. 两种标准达至均衡的最好办法,是对各种标准的自身作出限制。考虑性质标准时,不应该仅仅考虑交易或合同的法律形式,而同时应考虑它们的内容,因为并非所有的交易与合同形式都具有商业性质的内容。同时,为了防止目的标准无限制地趋于绝对豁免论,也应加以限制。最好的办法是双方在合同或交易的过程中达成协议,通常是由当事一方的国家作出目的标准明示保留,而外国私人相应作出反对与否的意思表示。可见,第 55 届会议中形成的第三种意见是非常可取的,这也符合合同或交易的意思自治的本质。

3. 不能无限制地保护主权国家利益,而剥夺私人在私法关系中的正当期望和信赖利益;另外,也不能允许外国私人对一主权国家滥用诉权,应主张诉讼案件和法院地国之间存在"实质性"的联系。如果涉及经济主权和重要自然资源的,应趋向于允许国家享有豁免权。

4. 最为重要的是,中国采取限制豁免论之后,无论是国家还是私人,在对外商业交往方面都应采取积极的态度。外国私人对我国的合理起诉,我们应积极应诉;同时,也应鼓励和支持中国私人对外国国家的合理诉讼。总之,只有积极进取,融入代表世界趋势的法律环境中去,我们才能真正受益,才能更好地维护我国国家及国民的利益。

二、国家与国有企业的关系

在国家及其财产豁免问题中,关于国家与国有企业的关系,总的原则是,国有企业或国家设立的其他实体在订立商业合同方面不享有国家豁免,只要该国有企业或其他实体具有独立法律行为能力，而且有能力起诉或被诉，并有能力获得、拥有、占有或处置财产，包括国家授权其经营或管理的财产。[①] 公约的二读草案第10条第3款充分体现了该原则。但针对该条款，国际上仍然存在许多分歧：[②]如果国有企业或其他实体以国家代理人身份行事，或国家作为此一国有企业或其他实体所承担的赔偿责任的担保人时，国家豁免能否不受到任何影响？如果国有企业或其他实体不具有独立法律行为能力，那么其在商业交易中是否自动享有国家豁免？我国实行社会主义市场经济体制，国家和国有企业间的联系，特别是在财产问题上，目前仍处于转型期。在国家豁免问题中，我国国家和国有企业的联系引发了两个特殊重要的问题：其一，国有企业以其独立的法人资格行事，是否仍意味着我国的所有财产都要为该国有企业的对外债务负责？甚至其他的国有企业财产是否要为该国有企业的对外债务负责？其二，我国遭遇外国的诉讼时，外国法院是否可以扣押或执行中国任一国有企业财产以承担国家的对外债务？我国在国有企业的国家所有制和法人所有制问题上，立法存在矛盾和不足之处，这是导致我国企业财产被外国法院无端扣押和强制执行的重要原因，因此，完善我国的相关立法尤为重要。

（一）我国有关国家与国有企业的关系立法中存在的问题及其影响

1. 我国有关国家与国有企业的关系的立法中存在的问题

（1）两权分离，国有企业没有真正的独立法律人格。

两权分离是我国国有企业产权改革的主导思想，我国《全民所有制工业企业法》第2条规定："企业的财产属全民所有，国家依照所有权与经营权分离的原则授予企业经营管理。""全民所有制工业企业（以下简称企业）是依法自主经营、自负盈亏、独立核算的社会主义商品生产和经营单位。"可见经济功能是企业的最基本功能，即实现资产的保值增值、获取最大利润是企业与其他组织的根本标志。关于财产所有权，我国《民法通则》（已失效）第71条规定："财产所有权是指所有人依法对自己的财产占有、使用、收益和处分的权利。"关于经营权，《全民所有制工业企业法》第2条规定："企业对国家授予其经营管理的财产享有占有、使用和依法处分的权利。"比较而言，国家授予企业经营权以无收益权为"度"。企业无权支配收益，表明企业无独立的法律人格，是依附于国家的一个"单位"。企业的自主经营必须以企业拥有财产所有权为依托，不仅两权

---

① 参见联合国文件，A/C.6/55/L.12，2000年中译本，第8～9页。

② 同上，第9页。

分离理论忽视了这一点,而且有关法律的规定也自相矛盾。例如,《民法通则》第41条规定:"全民所有制企业、集体所有制企业有符合国家规定的资金数额,有组织章程、组织机构和场所,能够独立承担民事责任,经主管机关核准登记,取得法人资格。"《全民所有制工业企业法》第2条规定:"企业依法取得法人资格,以国家授予其经营管理的财产承担民事责任";"企业财产属全民所有,国家依照所有权与经营权分离的原则授予企业经营管理。"而《民法通则》第82条:"全民所有制企业对国家授予它经营管理的财产依法享有经营权,受法律保护。"以上均确认国有企业是法人,但无财产所有权,显然不符合企业法人的条件。正如《民法通则》第36条规定:"法人是具有民事权利能力和民事行为能力,依法独立享有民事权利和承担民事义务的组织。"两权分离理论之所以陷入困境,就在于它没有揭示企业法人与企业法人财产权之间的天然联系。虽然1993年《公司法》第4条规定,"……公司享有由股东投资形成的全部法人财产权,依法享有民事权利,承担民事责任。公司中的国有资产所有权属于国家",1994年国务院公布《国有企业财产监督管理条例》时对国有企业法人财产权作了进一步规定,但都没有脱离"两权分离"的"瓶颈",毕竟法人财产权只是法人经营权和法人财产所有权的一种过渡。

(2)政企不分,所有权人地位虚化。

政府集国家所有权和行政权于一身,不可避免地导致政企不分。我国《全民所有制工业企业转换经营机制条例》第41条规定:"企业财产属于全民所有,即国家所有。国务院代表国家行使企业财产的所有权。"我国《宪法》第85条规定:"中华人民共和国国务院,即中央人民政府,是最高国家权力机关的执行机关,是最高国家行政机关。"政府既是国家所有权主体,又是国家行政权主体,集所有权与行政权于一身,形成一个主体两种身份,为政府干涉企业提供了法律依据,使政府以所有权人身份凭借行政手段实现所有权,违背了所有权的行使应遵循的自愿、公平、等价有偿和诚实信用原则,违背了民事法律关系中财产所有者和其他民事主体的法律地位一律平等原则。

2. 我国相关立法的弊端所带来的负面影响

我国立法中存在的"两权分离"和"政企不分"等弊端,不仅制约社会主义市场经济的健康发展,而且使我国在国家及其财产豁免的理论与实践中授人以柄,失却国内法律依据,甚至陷入自相矛盾的尴尬境地,无法解释国家及其财产豁免中国家与国有企业的关系。在起草国家及其财产管辖豁免公约的过程中,中国代表阐述了自己的基本立场:如果国家以其名义从事以营利为目的的商业交易,则不应在外国主张管辖豁免,但如果国家是为了社会公共利益从事交易,外国法院在该国家没有明确放弃豁免的情况下对其行使管辖权,显然是不适宜的。对于国有企业依照法定的经营范围从事商业活动,国家不应承担责任。[①] 然而,从国家财产所有权的角度来看,上述主张失却法律依据,甚至自相矛盾。国有企业在法定范围内从事商业活动时不享有管辖豁免,其对债务的承担以国有企业的全部资产为限。而我国相关立法规定国有企业的财产所有权属于国家,由政府行使,因此,国家应对国有企业的债务承担连带责任。这实际上与"国家不应承担责任"的主张自相矛盾,使我国在国家及其财产豁免的外交实践中陷入极为被动的局面。

(二)我国关于国家与国有企业的关系的立法对策

1. 修订相关立法,使国家享有股权,国有企业享有法人财产所有权

在激烈的市场竞争中,公司法人人格及责任独立的基础是公司享有法人财产所有权。我国要建立现代企业制度,国有企业与私营企业一样享有法人财产所有权。因此,我国应修订《民法通则》《公司法》《海商法》《全民所有制工业企业法》《国有企业财产监督管理条例》等法律,推行公司制度,确立国有企业的法人财产所有权,实行股东所有权和企业法人财产所有权的分离。国家作为国有企业的股东,按投入国有企业的资本额享有所有者权益,包括资产受益权、重大决策权和选择管理者等权利,而国有企业享有由股东(包括国家)投资形成的全部法人财产所有权,这实际上是财产所有权和股权之间的交换。因此,通过立法认定国家对其投资于国有企业的财产只享有股权,不享有所有权,仅改变了国有资产的存在形式与实现方式,国家并未丧失任何财产或者财产权益,这种改变正是国有资产与现代企业制度的契合点,也是国家对国有企业从事商业活动时不承担责任的法律依据。

2. 实行政企分开,解除国家对国有企业承担的无限责任

由政府行使国家所有权的体制是计划经济的产物,完全背离市场经济对多元化利益主体的要求。所有权与行政权分属不同法律关系,其权利属性、实现途径完全不同。在民事法律关系中,财产所有者和其他民事主体的法律地位一律平等。行政机关以行政命令行使所有权,会使所有权受制于行政权,破坏市场经济的运行机制。因而,必须通过立法改变以政府为主导的计划体制,实现

---

① 参见高燕平:《联合国六委1997年工作情况》,载《中国国际法年刊》(1991年),第427~428页。

国家所有权与行政权主体的分离、使企业享有独立的法律地位,才能真正实行政企分开,转换企业经营机制,使企业摆脱对行政机关的依赖,也使国家解除对国有企业承担的实际上的无限责任。

(三)小结

以上主要分析了我国立法的不足。总结起来,我们应区分国家所有和法人所有,确立国有企业的法人所有制,法人对其财产享有完全的所有权、使用权和支配权,并以其财产为限对外承担责任。国家之于国有企业,作为投资者而享有公司法上的股东的全部权利和义务,以其所投资的限额对国有企业的对外债务承担责任。如果我国的国内立法能够按照上述理论厘清国家与国有企业的关系,那么,在国家及其财产的豁免中,我们就可以顺理成章地得出这样的结论:国有企业在外国法院的诉讼并不影响国家及其财产本身的豁免,更不能影响其他具有独立法人资格的国有企业的法律及财产现状,国家所有的财产并不需要对国有企业的对外债务负责;国家遭遇外国法院的诉讼,外国法院不能扣押或执行国有企业的财产以承担国家的对外债务。只有这样,我们才能以充足的理由反对我国国有企业财产被外国法院的无端扣押和强制执行,才能更好地维护国家和国有企业的利益。

三、免于强制措施的国家豁免

在联合国国际法委员会讨论的草案中,“在法院诉讼中免于强制措施的国家豁免”是作为草案的第四部分出现的。对于该部分所涉及的一般性问题和各条款的具体规定,在几次委员会的审议讨论中,各国代表进行了激烈的讨论并形成不同的备选案文,现结合我国现状对争议的焦点问题进行评述。

(一)该部分公约草案涉及的基本问题

在草案讨论中,各国对于几个基本问题达成了大体一致的意见,包括案文的立法目的、立法安排和基本原则,但对基本原则中“公共秩序”条款的问题则有分歧。

1. 关于立法目的

首先,草案在“免于强制措施的国家豁免”与“国家管辖豁免”两者关系上,采用了“区分说”,即免于强制措施的豁免与管辖豁免在性质、法律根据以及效果上都属于不同领域的问题,因而应区别对待或处理。在对两者进行区分的同时,对外国财产的强制措施问题采取了更为严格的限制。

草案的此种态度,一方面反映出了绝大多数国家的国内立法和实践。正如公约的工作报告所表述的"国家实践已证实若干支持免于执行的豁免是独立于管辖豁免并同其毫无关联的理论"。[①] 另一方面也是基于务实的考虑,由于免于执行的豁免可被视为国家豁免的最后阵地,对外国国家财产的任何执行措施都必然会直接触及该国家的重要利益。[②]

其次,草案在立法目的中明确表示对发展中国家的国家财产应予以特别关注。目前,尤其对发展中国家来说,国家在外国财产的执行问题是关系到这些国家利益的大问题。许多包括跨国公司在内的私人诉讼当事人在工业发达国家法院提起的诉讼中,近来越来越多地通过扣押发展中国家所有、占有或使用的财产,如使馆的银行账户款项、中央银行或其他货币当局的资金,来寻求补救。鉴于此,国家所有、占有或使用的这类财产的豁免对各国而言更为重要。[③] 我国作为对外民商事交往日益扩大的发展中大国,对草案的此种倾向无疑应予以肯定和重视。

2. 关于立法安排

对于此部分的立法,草案采用了以下三个层次的安排。首先,确立国家财产执行豁免的一般原则,即在诉讼任何阶段不得对国家财产实施执行权;其次,上述一般原则的例外,即豁免原则受几个条件制约,如符合其中任一条件,就会导致不豁免;最后,对于某些特定财产种类进行特别保护。由于这些财产基于本身性质决定,必须认为用于或意图用于排除任何商业考虑的政府性目的,所以将其排除在任何推定或默示同意强制措施的范围之外。公约案文中列举的这类财产有涉及国家外交职能的财产、军事性质的财产、中央银行的财产、一国文化遗产或档案、具有文化或科学或历史价值的物品展览五种。

3. 关于立法原则中的"公共秩序"问题

经几次委员会的讨论,确立了此部分的立法原则。[④] 但在讨论过程中,有个问题引起了代表们的争论,即是否有必要在原则中引入"公共秩序"的表述,并相应在立法中予以体现。

在 1991 年的二读草案中并未涉及公共秩序,但在之后的讨论中,有代表提

① 参见联合国文件,A/CN. 4/SER. A/1991/Add. 1(Part 2),1991 年中译本,第 59 页。

② 参见龚刃韧:《国家豁免问题的比较研究》,北京大学出版社 1994 年版,第 356 页。

③ 参见联合国文件,A/CN. 4/SER. A/1991/Add. 1(Part 2),1991 年中译本,第 59 页。

④ 参见联合国文件,A/c. 6/55/L. 12,2000 年中译本,第 25 页。

出了这一问题,并在 2000 年工作组第三次会议对草案的讨论中曾将“公共秩序”明确列入了原则和备选案文中,从而引起了关注。

公共秩序是一个抽象、笼统和含糊的概念,公共秩序制度的实质在于维护内国的根本利益,内国法律和道德的基本原则,以及内国社会的基本法律秩序。[①] 在对国家财产执行强制措施时,允许被执行国以公共秩序来对抗,实质上给予了其拒绝执行最终裁决以一定的自由裁量空间。而过大的自由裁量权可能成为滥用的根源,从而使公约对执行豁免的限制措施可能成为一纸空文。这也是反对者们最为担心的一点。这种担心并非没有依据。在公约的讨论中,一种适用“公共秩序”的极端看法即是主张不在国际法层面上对执行豁免进行规制,而考虑到公共政策,认为最好将执行判决的事务留交国家去做。[②] 此种看法显然背离了公约的立法初衷——制止各国就此问题广泛立法,编纂各国在此领域的现有做法并推动制定一部关于国家豁免的统一法。

另一种比较温和的建议是,对执行豁免原则及其限制作出规定的同时,加上“公共秩序”条款,或是进而提议在“公共秩序”一词前加上“国际”以限定其范围。从国际法委员会工作组的讨论来看,似乎反对规定“公共秩序”的主张占了上风。从 2000 年国际法委员会第六次会议确定的最后一轮订正案文看,条约草案未在原则及备选案文中采用“公共秩序”。

我国对此应持何种态度呢?由于国家财产的强制执行问题,直接影响一国国家的财产利益,我国应在此问题上采取比较慎重的态度。结合我国国情和公约的制定情况,笔者认为我国应积极主张在此部分条文中加入“公共秩序”的规定。

首先,立足于中国自身的角色定位。在当前国际社会实践中,许多私人诉讼当事人在欧美发达国家法院提起的诉讼中,越来越多通过扣押发展中国家的财产来寻求补救。我国作为日益开放的发展中国家,在当前涉及国家豁免问题上,处于被执行国一方。加之我国市场经济体制尚有待完善,国有企业改革正在进行之中,国家财产的界定与发达国家存有差异,也易引起国有财产在涉外诉讼中被强制执行。如增加公共秩序这个“安全阀”则有利于保护我国国家财产的合法权益。

其次,从整个公约草案来看,公约的制定体现了对国家及其财产豁免的众

---

① 参见黄进、郭华成:《再论国际私法中的公共秩序问题》,载《河北法学》1998 年第 2 期。

② 参见联合国文件,A/c.6/54/L.12,1999 年中译本,第 5 页。

多限制。由于对国家豁免问题的认识,各国的分歧是巨大而深刻的,如果在草案中规定过于严苛,无疑会损害普遍性国际公约的订立。而在此处设立“公共秩序”这一弹性制度,则会有助于减少分歧,消除一些国家的疑虑。

再次,就我国对公共秩序的立法、实践和理论研究而言,对于公共秩序保留制度,我国一贯持肯定态度,在立法上现已有较完备的规定,并在司法实践中有了重要案例。[①] 理论界也对此问题进行了较广泛的探讨。而且,随着我国立法体系的进一步完善,司法体制改革的深入,将会更好地运用这一制度为我国涉外经济交往提供法律保障。

最后,就国际法的遵守而言,各国在处理国际往来中所发生的各项问题时,正是基于各国间相互制约平衡的因素来进行考虑和作出决定的。[②] 因而,我们在设立公共秩序条款时,不必太过担心其成为自由裁量权滥用的根源。

(二)该部分公约草案涉及的具体问题

1. 关于对判决前和判决后强制措施的区分

公约1991年的二读草案并未区分判决前和判决后强制措施,只是笼统地将其列入调整范围,在豁免及限制上也未区别对待。而2000年最后订正的草案却对此在立法上进行了明确的区分,并对判决前对外国财产的强制措施予以更多的限制。在具体条文规定上,判决前强制措施豁免只受两个条件限制,即国家明示同意和国家确定以此财产清偿;而判决后强制措施,则进一步加大了对国家豁免的限制,即通过对国家财产的分类,确定为商业用途的,则不享有豁免。[③]

这一问题早在1985年第七次报告中就有反映,当时的第一任专题报告员素差伊库就主张对两者进行区分并赋予判决前强制措施豁免更为绝对的性质,并陈述了理由。[④] 但该主张在公约一读、二读草案中未被采纳。在之后的会议讨论中,又有代表提出这一问题并改变了原来草案的立法规定。当然,亦有代表对此种划分的意义提出了质疑。

由此看来,在判决前强制执行问题上,各国的实践还远远没有统一。该执行措施是在确定有无管辖权之前或判明诉讼当事人双方权利义务之前而采取

---

① 参见李健男、吕国民:《对公共秩序保留制度的反思与展望》,载《法学评论》1996年第4期。

② 参见李浩培:《国际法的概念和渊源》,贵州人民出版社1994年版,第38页。

③ 参见联合国文件,A/C.6/55/L.12,2000年中译本,第25~26页。

④ 参见联合国文件,A/C.N.4/388,1985年英文版,第20~21页。

的一种强制性措施,因而是一个更为敏感的问题。为了避免在此问题上引起争端,我国学者认为对判决前强制措施与判决后的执行作出区分还是有必要的。①

对于判决前强制措施,较之判决后强制措施予以更多限制,草案是采取这样一种方式加以实现的,即规定判决前强制执行问题上不能以财产的商业用途来制约豁免权。草案去掉了最容易引起争议的对国家财产的用途界定这一制约标准。这无疑有力地保护了被执行国一方,有效防止了判决前强制措施的滥用。这样的规定对我国是有利的:一方面,我国市场经济体制和产权改革未臻完善;另一方面,国有大中型企业对国际经济贸易法律和惯例缺乏充足的了解。现行案文的规定有助于减少我国被外国实施判决前强制措施的风险。

2. 对商业用途的国家财产的界定问题

草案对国家财产执行豁免进行了一项重大限制,即商业用途的国家财产不享有执行豁免。案文根据具体用途将国家财产分为政府非商业用途和商业用途,国家财产只能在前者范围内享有豁免。因此,如何确定国家财产为商业用途便成为一个关键问题。

从 1991 年二读草案来看,对国家财产的商业用途的界定主要通过以下三个方面:其一,确定国家财产与商业用途的时间关系,即国家财产现在正被用于或依"预定"用于商业用途;其二,国家财产与商业用途的地点关系,即要求国家财产须处于法院地国领土上;其三,国家财产与国家有关行为的关系,即要求财产和诉讼所基于的行为之间存在必要的联系。对于前两方面的界定,各国基本达成一致,但对于第三方面的界定,有代表持反对态度。

在这个问题上,对商业性用途在草案中界定得越清晰,相应各国在诉讼中的自由裁量权将越小。从最初的草案到新订的案文,各代表对此问题的分歧与不同也皆源于此。

早在对 1986 年一读草案的讨论中,一些发达国家即主张删除一读草案中关于财产与国家行为有关的上述内容。② 但国际法委员会最后还是根据多数委员的要求,在二读草案中坚持将财产与诉讼本身有关进行明确规定。在后几次的工作组会议上,仍不断有此问题的反对意见出现,并相应产生了不同的备选案文。③

---

① 参见龚刃韧:《国家豁免问题的比较研究》,北京大学出版社 1994 年版,第 400 页。

② 参见联合国文件,A/C. N. 4/415,1988 年英文版,第 110 页以后。

③ 参见联合国文件,A/C. 6/55/L. 12,2000 年中文版,第 18 ~ 20 页、第 25 ~ 26 页。

我国对草案此项规定应持赞同立场。草案此条款旨在防止国内法院任意扩大对外国财产的执行扣押范围和保护外国国家财产。而围绕是否规定该项条款的争论,实质上是发达国家力图扩大其内国在判断国家财产商业用途上的自由裁量,而发展中国家相应对其进行反限制。鉴于国际实践中发展中国家国家豁免权被发达国家屡屡侵蚀并引发争端,我国应对该条款的规定予以支持,以期将来运用该规定有效维护我国国家财产的合法利益。

3. 关于判决履行宽限期的问题

根据最后一轮订正案文,判决履行宽限期,是指当一国的法院针对另一国财产作出了终局判决后,在后者获得 3 个月的宽限期来执行该判决之前,执行国法院不得对后者的该项财产采取强制措施,除非适用的国际法规则另有规定。如果后者在这段期限内不服从该项判决,那么,就可针对后者的该项财产采取强制措施。在公约的一读、二读草案中并无此项规定,该规定是在近几次工作组会议中经过代表团讨论,并订入最后一轮订正的备选案文中的。①

这一规定的立法要旨在于在执行国和被执行国间求取两者利益的平衡。一方面,给予了被执行国一段合理的时间来履行判决;另一方面,又使执行国能及时保证有关当事人获得的胜诉判决得到履行。②

从当今国际政治经济关系看,此项安排有其独到的作用。21 世纪的全球图景展现出这样的画面:一方面,随着全球经济一体化,在“地球村”的时代,国家界限日渐模糊;另一方面,主权皇冠之下国家利益的维护却总在隐性地凸显,在主权林立的国际社会,主权仍是国家间交往的基石。两者必然会产生摩擦和矛盾。而在国家财产的强制执行问题上,设置履行宽限期可以缓冲两者之间的冲突,同时也是一个桥梁,可以将国际争端解决的法律方法和其他方法如政治方法结合起来,以期减少和避免国家间摩擦。

我国一贯主张和遵守国家间的和平共处原则,③对和平解决争端持积极态度。在国家执行豁免中,对履行宽限期的规定,有助于我国与各国在将来发生此类案件时减少纷争,因此,在以后的公约讨论中应对此规定持肯定态度。尽管有代表提出,宽限期的提法会给这一期间财产的地位增加不确定因素。④ 但

---

① 参见联合国文件,A/C. 6/55/L. 12,2000 年中译本,第 26 页。

② 参见联合国文件,A/C. 6/54/L. 12,1999 年中译本,第 5 页。

③ 参见千铁崖:《国际法引论》,北京大学出版社 1998 年版,第 226 ~ 233 页。

④ 参见联合国文件,A/C. 6/55/C. 12,2000 年中译本,第 20 页。

考虑到案文已对国家财产豁免中国家财产作了较全面的界定,这种担心似乎显得不太必要。

四、发展的趋向和我国的对策

1978年联合国国际法委员会开始编纂《国家及其财产的管辖豁免公约》,[①]虽然此公约草案的前景尚未明朗:究竟是通过外交会议订为有约束力的公约,还是成为一部示范法?但草案的制定过程无疑体现了该事项的国际法现状,给国内立法和实践尚处于发展和演变中的各国提供了交流和协调的讲坛。而公约案文本身是国际法委员会基于各国之间的协议和合意,对此领域国际法的"逐渐发展"。

通过国际层面的多元视角,可以看出下列趋势:

其一,在维护国家豁免的一般原则与发展对国家豁免的限制这两者之间,公约草案力图保持平衡。无论是从历次讨论发言还是形成的几次案文来看,坚持国家豁免的一般原则一直是各种立法设计的大前提。但与此同时,对国家豁免的限制亦充分得以体现。从管辖阶段到强制执行阶段,国家豁免都不再是无条件的。而从主观上讲,国家可以明示或默示放弃豁免;从客观上讲,对国家行为和国家财产的商业划分,也使国家豁免在商业领域受到重大限制。

公约的制定实质也是豁免和限制相互制约、妥协的过程。这也反映出当前国际实践中,大多数国家都已抛弃或者正在抛弃绝对豁免原则。[②] 限制豁免主义已成为一种世界性趋势,但限制豁免论却尚未被确立为国际习惯法上的规则。

其二,发展中国家与发达国家的潜在利益冲突,在公约制定中若隐若现。发展中国家由于其处于市场经济尚不完善阶段,加之在国际经济贸易分工中处于弱势地位,基于其自身的角色定位,更多关注对其本国的国家财产的保护。发达国家在外国有众多的投资,在对其跨国公司的利益保护的驱动下,则希望加强对国家及其财产豁免的限制。

其三,国际法与国内法的此消彼长。由于有关国家及其财产管辖豁免的公约的制定是对尚未确定的国际法规则进行"逐渐发展",对于许多关键性问题,

---

① 参见黄进:《国家及其财产豁免问题研究》,中国政法大学出版社1987年版,第277页。

② 参见[英]詹宁斯、瓦茨修订:《奥本海国际法》(第1卷第1分册),王铁崖等译,中国大百科全书出版社1995年版,第280页。

各国立法实践存在较大分歧。因此,一种倾向就是将这些争议的焦点问题交由国内法处理;而另一种倾向认为,公约的法典化形式本来就追求对该事项的全面规制,制定公约的一个初衷也即为完成一项国家豁免问题的国际统一法。两种倾向之间总会存有落差,未来完成的公约也终会反映出两者的相互渗透与制约。

对于公约的未来发展,我们将拭目以待。但我国不能坐等其成,在国家及其财产豁免问题上应该有所作为。当今世界,经济全球化趋势不断增强,国际民商事交往日益频繁,各国不可避免会遭遇国家及其财产豁免问题,因而不少国家先后制定国内立法,为自己的外交实践提供法律依据。目前,我国尚缺乏一部有关国家及其财产豁免的专门国内立法。即使将来公约对大多数国家产生效力,但仍会有许多问题留待各国国内法处理,因此,我们应借鉴国际立法和外国相关立法的经验,结合正在拟订中的公约草案,尽快出台一部中华人民共和国国家及其财产豁免法。

总而言之,国家及其财产豁免问题仍处在不断发展的过程中。在这个问题上,中国应解决好原则性和灵活性的关系,即既要坚持国家及其财产豁免这一国际法原则,推动关于国家及其财产豁免的普遍性国际公约的订立,又要在实际的国际民商事活动中采取灵活多样的措施来协调在这个问题上同其他国家及其自然人或法人的利害冲突,从而既起到在国际民商事交往中保护我国主权和利益,以及促进我国对外民商事关系顺利发展的作用。①

① 参见黄进主编:《国际私法》,法律出版社 1999 年版,第 202 页。

国家及其财产管辖豁免立法的新发展*

20世纪以来,国家从事商业活动已很普遍。在国家与外国自然人或法人的商业纠纷中,国际法在保护国家利益的同时,外国自然人或法人的利益也需要得到兼顾。但各国在国家及其财产管辖豁免(jurisdictional immunities of states and their property)方面的具体做法差异很大,发展中国家主张绝对豁免主义,而一些西方国家主张限制豁免主义,并体现在国内立法和区域性公约之中,从而导致各国在国家及其财产管辖豁免法律和实践方面的矛盾和分歧。鉴于在国家及其财产管辖豁免问题上国际社会应有统一而明确的规则的必要,按照联合国大会1977年12月19日作出的第32/151号决议,自1978年起,联合国国际法委员会着手起草有关《国家及其财产管辖豁免公约》(以下简称《公约》)的工作。[①] 经长期磋商,2004年12月2日第59届联大第59/38号决议通过公约草案并开放签署。[②] 2005年9月14日李肇星外长在纽约联合国总部举行的"条约活动"中代表我国政府签署了该公约。由于该公约既涉及我

---

* 与杜焕芳(武汉大学法学博士,中国人民大学法学院教授)合作撰写,本文原载于《法学家》2005年第6期。

① 参见黄进:《国家及其财产豁免问题研究》,中国政法大学出版社1987年版,第277页。

② 截至2005年9月17日,已有15个国家签署该项公约。公约将于第30份批准书、接受书、核准书或加入书交存联合国秘书长后第30天生效。

国与外国自然人或法人的法律关系,也涉及外国与我国自然人或法人的法律关系,因此,其是有关国家重大利益的重要公约。中国签署该公约的行动进一步表明,中国对通过法治促进国际和平与构建国际和谐社会的坚定支持。

一、约定俗成:习惯法迈向成文法

联合国国际法委员会编纂和逐渐发展关于国家及其财产豁免的国际法的工作,历时26年终成正果,通过了《公约》,这是十分有意义的。

首先,《公约》的通过意味着国家及其财产豁免这一习惯国际法原则由此迈向了成文国际法。习惯国际法虽然也是国际法的重要渊源之一,但它有一个缺点,即缺乏精确性和系统性。为弥补这一缺点,就有了编纂国际法的要求。国家及其财产享有豁免虽然是久已确立的国际法原则,但在这以前,它一直是以习惯国际法的形式存在的,同其他习惯国际法一样,缺乏精确性和系统性。这为各国的实施和执行造成一定困难,也是目前各国在国家及其财产豁免方面实践不一致的原因之一。而《公约》的目的正是把国家及其财产享有豁免这一习惯国际法原则以成文的形式规定下来,把这一原则在各国实际运用中的实践加以规范化、明确化、系统化,从而使习惯国际法迈向成文国际法。同时,对这样一个重要问题涉及的国际规则予以成文化,使之具有法律拘束力和可操作性,便于各国国内法院今后审理有关案件时在可能的情况下予以直接适用。正如《公约》序言所指出的,“一项关于国家及其财产的管辖豁免国际公约将加强法治和法律的确定性,特别是在国家与自然人或法人的交易方面”。

其次,公约的通过体现了国家及其财产豁免领域国际法的发展。联合国国际法委员会从事的有关“国家及其财产管辖豁免”专题的工作,不仅包括有关国际法的编纂,还包括有关国际法的逐渐发展,即对尚未为国际法所调整的或在各国实践中法律尚未充分发展的有关国家及其财产豁免问题制定成公约规则。正如《公约》序言所指出的,“一项关于国家及其财产的管辖豁免国际公约将有助于国际法的编纂与发展及此领域实践的协调”。从联合国大会通过的公约条款来看,许多条款规定的问题都属尚未为国际法所调整或在各国实践中法律尚未充分发展的有关国家及其财产豁免问题。例如,不得援引国家豁免的诉讼情形(商业交易、雇佣合同、人身伤害和财产损害、财产的所有、占有、使用、知识产权和工业产权等),在法院诉讼中免于强制措施的国家豁免情形等,这显然会促进有关国家及其财产豁免的国际法的进一步发展。

最后,公约的通过在很大程度上有利于解决各国在国家及其财产豁免问题上的矛盾和分歧。毫无疑问,世界各国都承认国家及其财产享有豁免是国际法上的一项原则,但从 19 世纪末开始,特别是在第二次世界大战后,随着限制豁免主义的蔓延,国际社会进入了关于国家及其财产豁免理论和实践的大动荡时代。特别是一些西方国家单方面制定了限制外国国家及其财产豁免的立法,各行其是,滥诉外国国家及其财产几乎都是以发展中国家为被告。在这类诉讼中,被告国家或者拒绝应诉而被“缺席判决”,或者出庭应诉但以败诉而告终,或者要求通过外交途径解决而遭到无理拒绝,从而引起国家间的摩擦和国际关系的紧张。如何解决各国在国家及其财产豁免问题上的利益冲突和分歧,途径应该有很多,①但最值得提倡的莫过于制订有关国家及其财产豁免的国际公约来协调各国的立场,消除矛盾。中国政府认为,“通过召开外交大会制定一项公约是真正实现使各国国家豁免领域的法律和实践得到统一的最佳途径”。② 而《公约》的通过正是顺应了国际社会在这方面的强烈愿望,不仅有利于公约当事国间产生的国家与私人的争议的解决,而且有利于防止和避免这种争议的产生。

二、相互妥协:豁免与限制

公约在肯定国家豁免作为一般原则的同时,作出了对国家豁免加以限制的具体规定,为统一各国相关立法和实践奠定了基础,是国家及其财产豁免原则演变过程的里程碑,代表了国家及其财产豁免立法的新发展。从联合国国际法委员会历次讨论来看,各国实际上始终围绕豁免或限制、限制范围多大这样一个核心问题来表明本国立场,尽可能实现协商一致。从公约最终通过的条款来看,公约的制定也始终体现出各种利益之间的妥协和平衡。

第一,公约力图保持在维护国家豁免的一般原则与对国家豁免的限制这两者间的平衡。无论是从历次讨论发言还是从形成的几次案文来看,坚持国家豁免的一般原则一直是各种立法设计的大前提。但与此同时,对国家豁免的限制

---

① 例如,友好协商解决,以国家同意为前提通过司法途径解决,提出要求的一方通过外交途径同有关外国国家进行交涉解决,根据协议提交仲裁解决,基于互惠原则解决,通过缔结国际条约解决等。参见黄进:《国家及其财产豁免问题研究》,中国政法大学出版社 1987 年版,第 297 ~ 301 页。

② 参见联合国文件:《第五十六届会议 国家及其财产的司法管辖豁免公约 秘书长的报告》,A/56/291,2001 年中译本,第 3 页。

亦得以体现。从管辖阶段到强制执行阶段,国家豁免都不再是无条件的。对国家行为和国家财产的商业划分,使国家豁免在商业领域受到重大限制。因此,公约的制定实质也就是豁免与限制相互制约、相互妥协的过程,并反映出在当前的国际实践中,大多数国家都已抛弃或者正在抛弃绝对豁免原则。[①] 当然,公约对限制豁免所作出明确规定,其实也意味着是对扩大限制豁免趋势的一种节制。[②] 例如,《公约》第 10 条第 3 款规定,“当国家企业或国家所设其他实体具有独立的法人资格,并有能力:(a)起诉或被诉;和(b)获得、拥有或占有和处置财产,包括国家授权其经营或管理的财产,其卷入与其从事的商业交易有关的诉讼时,该国享有的管辖豁免不应受影响”。这样就避免业已出现的对一国的国家企业和该国政府一并提起诉讼的现象,而这一点也与我国主张国有企业作为独立法人应独立承担责任的主张相一致。[③]

第二,公约力图保持发展中国家与发达国家这两者之间若隐若现的潜在利益冲突的平衡。发展中国家由于其处于市场经济发展不完善的阶段,加之,在国际经济贸易分工中处于弱势地位,基于自身的角色定位,更多地关注对其本国国家财产的保护。发达国家在外国有众多的投资,在对其跨国公司的利益保护的驱动下,则希望加强对国家及其财产豁免的限制。公约的通过,遵循了国际法的基本原则,并从国际社会的普遍实践出发,较真实地反映了整个国际社会的愿望,对发展中国家的国家财产在法院诉讼中免于强制措施的国家豁免问题予以特别关注,较好地协调了发展中国家与发达国家之间的利益冲突。随着签署国家的增多,公约所规范的有关国家及其财产管辖豁免的国际法规则一定能日益为国际社会普遍接受,从而促进国际法的发展以及正常的国际民商事交往。

第三,公约力图保持国际统一立法与国内各自规定和实践这两者间此消彼长的相互渗透和制约。由于有关国家及其财产管辖豁免的公约的制订是对尚未确定的国际法规则进行“逐渐发展”,对许多关键性问题,各国立法和实践存

---

① 参见[英]詹宁斯、瓦茨修订:《奥本海国际法》(第 1 卷第 1 分册),王铁崖等译,中国大百科全书出版社 1995 年版,第 281 页。

② 参见王可菊:《一个事关重大利益的国际公约——评我国签署〈国家及其财产豁免公约〉》,载法制网:http://www. legaldaily. com. cn/misc/2005 - 09/29/content_201071. htm,最后访问日期:2005 年 11 月 2 日。

③ 参见黄进:《国家及其财产豁免问题研究》,中国政法大学出版社 1987 年版,第 302 ~ 303 页。

在较大分歧。例如,国家商业行为的判断问题、公共秩序条款的去留问题、判决履行宽限期的问题等。[①] 因此,在公约制定过程中,有一种倾向就是将这些争议的焦点问题交由各国内法处理和解决。但是,公约的法典化形式本来就是追求对有关国家及其财产豁免事项的全面规制,其初衷也即为完成一项有关国家及其财产豁免问题的国际统一法。这两种倾向之间总会有落差,公约的最终出台也始终反映出两者的相互渗透和相互制约。一方面,公约的规定考虑了国家及其财产管辖豁免方面各国国家实践的发展;另一方面,公约也申明习惯国际法的规则仍然适用于该公约没有规定的事项。

第四,公约力图保持保护国家利益与保护私人利益之间的最大平衡。一般认为,国家主权平等是国家豁免的重要理论依据,即所谓"平等者之间无管辖权"(par in parem non habet imperium)。[②] 但是,在当代国家直接参加国际民商事活动越来越频繁的情况下,从一国发展国际经济交往的自身利益出发,不能片面地以主权为由无限制地保护主权国家利益,而剥夺私人在正常的国际民商事关系中的正当期望和信赖利益。《公约》的规定无疑较好地解决了保护国家利益与保护私人利益两者之间的平衡问题。《公约》第 10 条第 1 款规定,"一国如与外国一自然人或法人进行一项商业交易,而根据国际私法适用的规则,有关该商业交易的争议应由另一国法院管辖,则该国不得在该商业交易引起的诉讼中援引管辖豁免",以保护私方当事人在合同或交易中的正当利益。同时,为避免外国私方当事人对一主权国家滥用诉权,公约特别强调"一国应避免对在其法院对另一国提起的诉讼行使管辖"。对另一国提起诉讼,不仅是"被指名为该诉讼当事一方",而且也包括"该诉讼实际上企图影响该另一国的财产、权利、利益或活动"。

第五,公约力图保持保护执行国利益与保护被执行国利益之间的最大平衡。免于强制执行的豁免是国家豁免的最后阵地,对外国国家财产的任何执行

---

① 参见黄进、曾涛、宋晓、刘益灯:《国家及其财产管辖豁免的几个悬而未决的问题》,载《中国法学》2001 年第 4 期。

② 1812 年美国联邦最高法院对"交易号案"(The Schooner Exchange v. McFaddon)的判决,可以被认为是确立国家豁免原则的最重要的早期国内法院判例之一。联邦最高法院首席法官马歇尔在判决中指出了给予被告国家管辖豁免的基本理由,即"各国主权完全平等和绝对独立,共同的利益促使他们互相交往并和平相交,由此产生某种情况,即各主权国家放弃行使各自具有的一部分完全排他的属地管辖权"。参见梁淑英主编:《国际法学案例教程》,知识产权出版社 2003 年版,第 24 页。

措施都必然会直接触及该国家特别是发展中国家的重要利益。[①] 因此,公约第四部分“在法院诉讼中免于强制措施的国家豁免”中,对“国家管辖豁免”与“免于强制措施的国家豁免”以及“判决前强制措施豁免”与“判决后强制措施豁免”进行了区分,认为明示同意接受管辖并不构成默示同意采取强制措施,并对针对外国财产的强制措施采取了更严格的限制。对此,首先,公约确立了国家财产强制执行豁免的一般原则,即在判决前后的任何诉讼阶段,不得对国家财产实施强制措施。其次,公约设定了上述一般原则的例外,即执行豁免原则受一定条件的制约,如符合其中任一条件,就会导致不予豁免。最后,对于某些特定种类财产,如涉及国家外交职能的财产、军事性质的财产、中央银行的财产、一国文化遗产或档案、具有科学或文化或历史价值的物品展览等,公约设置了特殊保护规定。同时,公约对判决前强制措施较之判决后强制措施予以更多限制,即规定在判决前强制措施问题上不能以国家财产的商业用途界定这一制约标准。这无疑有力地保护了被执行国一方,有效地防止了判决前强制措施的滥用。

三、相互制约:原则与例外

在国际法上,国家及其财产豁免原则在19世纪初就已形成。时至今日,这项重要的国际法原则始终被国际社会所尊重,但实践也表明,绝对坚持毫无限制的国家豁免也是行不通的,不利于国家与外国自然人或法人之间进行正常的民商事交往,也不利于国家与外国自然人或法人之间的民商事争议的合理解决。正如澳大利亚法律改革委员会曾指出的那样:“对绝对豁免主义的一个主要批评是对于可能被否认有任何救济途径的私人诉讼当事人的不公平后果。这在当争端包含适用一般法律的普通规则的情形时更是如此。如果成功的可能性大,外国当事人便选择诉讼,但如果成功的可能小,便躲在豁免的屏障之后。”[②]因此,公约的通过实质上是各种利益相互妥协的结果,而在内容上是国家及其财产管辖豁免原则及其例外相互制约的确定。

公约重申了久已存在的国家及其财产管辖豁免原则。公约在序言中明确指出,它是“一项普遍接受的习惯国际法原则”,并在《公约》第5条中首先规定

---

① 参见[英]劳特派特:《外国国家的管辖豁免问题》,载《英国国际法年刊》1951年第28卷,第243页。转引自龚刃韧:《国家豁免问题的比较研究》,北京大学出版社1994年版,第356页。

② 参见龚刃韧:《国家豁免问题的比较研究》,北京大学出版社1994年版,第418页。

一般原则,即“一国本身及其财产遵照本公约的规定在另一国法院享有管辖豁免”;同时,《公约》第 6 条规定“一国应避免对在其法院对另一国提起的诉讼行使管辖,以实行《公约》第 5 条所规定的国家豁免;并应为此保证其法院主动地确定该另一国根据《公约》第 5 条享有的豁免得到尊重”。另外,《公约》第 18 条和第 19 条分别规定,“不得在另一国法院的诉讼中针对一国财产采取判决前的强制措施,例如查封和扣押措施”,“不得在另一国法院的诉讼中针对一国财产采取判决后的强制措施,例如查封、扣押和执行措施”。因此,公约的立场是非常明确的,即肯定国家及其财产享有管辖和执行豁免是原则和前提。同时,公约规定了管辖和执行豁免原则的若干例外。

就管辖豁免例外而言,例外分为两类,即主观例外和客观例外。主观例外有两种情形。一种是国家明示同意另一国法院行使管辖。《公约》第 7 条规定,一国如以国际协定、书面合同或在法院发表的声明或在特定诉讼中提出的书面函件的方式明示同意另一国对某一事项或案件行使管辖,则不得在该法院就该事项或案件提起的诉讼中援引管辖豁免。当然,“一国同意适用另一国的法律,不应被解释为同意该另一国的法院行使管辖权”。毕竟法律适用和管辖权的确定在国际私法中是两码事,适用一国法律并不意味着接受该法律所属国的管辖。另一种是国家接受仲裁解决有关争议。《公约》第 17 条规定,一国如与外国一自然人或法人订立书面协议,将有关商业交易的争议提交仲裁,则该国不得在另一国原应管辖的法院有关仲裁协议的有效性、解释或适用,仲裁程序或裁决的确认或撤销等事项的诉讼中援引管辖豁免,除非仲裁协议另有规定。在国际商事领域,仲裁作为一种行之有效的解决国际商事争议的方法,已被广泛用于解决国际商事交往中的各种争议。① 一份有效的仲裁协议,即排除了法院对争议事项的管辖权。因此,在以国家为一方,而以外国自然人或法人为另一方的商事争议中,按照公约的规定,国家享有的仅是法院的司法管辖豁免,而不能及于仲裁的管辖豁免。一国选择了仲裁,也就放弃了相关的管辖豁免。

客观例外就是《公约》第三部分规定的“不得援引国家豁免的诉讼情形”,包括商业交易,雇佣合同,人身伤害和财产损害,财产的所有、占有和使用,知识产权和工业产权,参加公司或其他集体机构,国家拥有或经营的船舶等。这里主要从国际私法的角度对商业交易例外作以分析,主要涉及两个问题。一是商

① 参见黄进主编:《国际私法》,法律出版社 2005 年第 2 版,第 603 页。

业行为与非商业行为是依被告国的法律还是依法院地国的法律进行识别的问题,或者说是依性质标准还是依目的标准判断国家行为的性质的问题。对此,早在联合国国际法委员会的二读草案的评注中就认为,决定一项合同或交易是否具有商业或非商业性质,是主管法院而不是被告国,也就是依据法院地国法律而不是被告国的法律进行判断。[①] 实际上,一项合同或交易是商业性质还是非商业性质,是私法性质还是公法性质,世界各国的法律规定相当接近。如果各国采用单一的性质标准,法律选择问题就不是很重要。分歧在于,各国对目的标准的不同看法。为减少法律选择问题,《公约》第 2 条第 2 款规定,法院地国在具体判断时,应主要参考该合同或交易的性质,但是,如果被告国和外国自然人或法人在合同或交易过程中就目的标准已达成一致,或者根据法院地国的实践而不是被告国的实践,合同或交易的目的与确定其非商业性质有关,那么,法院地国就可将此作为一个事实问题从而绕开法律选择的困难。二是法院地国的管辖权问题,即法院地国与整个案件事实应具有何种程度的联系。这是国际民事诉讼中的基本问题。《公约》第 10 条第 1 款规定,"一国如与外国一自然人或法人进行一项商业交易,而根据国际私法适用的规则,有关该商业交易的争议应由另一国法院管辖,则该国不得在该商业交易引起的诉讼中援引管辖豁免"。这意味着,国家及其财产豁免案件的管辖权问题应由各国国际私法决定,公约本身在实质上并没有对管辖权问题作出任何规定。我们认为,为了防止外国自然人或法人不公正地挑选法院和外国自然人或法人对一个主权国家滥用诉权,应该要求国家及其财产豁免案件和法院地国存在一定的联系,甚至是实质性的联系。这是合理而又必要的,也与一般诉讼案件与法院地国存在一定联系的要求相一致。

就执行豁免的例外而言,也有主观例外和客观例外之分。根据《公约》第 18 条、第 19 条的规定,主观例外是指对一国的财产无论是判决前还是判决后,国家在另一国法院的诉讼中,如果以国际协定、仲裁协议或书面合同或在法院发表的声明或在特定诉讼中提出的书面函件的方式明示同意该国采取查封、扣押或执行等强制措施,则其不得援引免于判决前后的强制措施的国家豁免。

客观例外有两种情形:一种是对于一国的财产来说,无论是判决前还是判决后,国家在另一国法院的诉讼中,如果已经拨出或专门指定该财产用于清偿

① 参见联合国文件,A/C. N. 4/SER,A/1991/Add. 1(Part 2),1991 年中译本,第 22 页。

该诉讼标的的请求,则其不得援引免于判决前后的强制措施的国家豁免;另一种是对一国财产判决后,已证明该财产被该国具体用于或意图用于政府非商业性用途以外的目的,并且处于法院地国领土内,则该国也不得援引免于判决后的强制措施的国家豁免。当然,只可对与被诉实体有联系的财产采取判决后强制措施。这里主要分析对强制执行措施中国家财产的商业性或非商业性的判断。公约根据具体用途将国家财产分为商业性用途和非商业性用途,国家财产只能在后者范围内享有豁免。因此,如何确定国家财产的商业性用途便成为一个关键问题。从《公约》第 19 条的规定来看,对国家财产的商业性用途的判断主要通过以下四个方面来分析:其一,国家财产与商业性用途的目的关系,即国家财产具体用于或意图用于政府商业性用途的目的;其二,国家财产与商业性用途的地点关系,即要求国家财产必须位于法院地国领土内;其三,国家财产与国家有关行为的关系,即要求国家财产必须与诉讼行为之间存在必要的联系;其四,国家财产是否属于《公约》第 21 条第 1 款规定的特定种类的非商业性用途的财产。实际上,在商业性用途这个问题上,公约界定得越清晰,相应地,各国在诉讼中的自由裁量权就越小。[1] 鉴于实践中发展中国家的豁免权屡屡被发达国家侵蚀并引发争端,我们认为公约的这种明确规定是比较合理的,有助于防止一国法院任意扩大对外国财产的强制执行范围,也有利于保护外国特别是发展中国家的财产。

四、中国对策:正视与应对

我国政府始终不渝地主张和坚持国家及其财产豁免原则,反对他国恣意破坏国家及其财产豁免原则的做法,并主张通过当事国之间达成国际协议的方式来消除有关国家间在国家及其财产豁免问题上的立场分歧。这一立场被我国代表在国际会议上的发言所阐明,并反映在我国参加的有关国际条约和我国的一些法律中。我国从 20 世纪 80 年代就派代表参加联合国国际法委员会关于国家及其财产管辖豁免草案的历次磋商会议,申明必须坚持国家豁免原则,但同时要考虑国际社会的实际情况,对国家豁免作出某些例外规定,并表示肯定和支持国家及其财产管辖豁免草案的基本规定。[2] 目前,我国正式签署《公约》

---

① 参见黄进、曾涛、宋晓、刘益灯:《国家及其财产管辖豁免的几个悬而未决的问题》,载《中国法学》2001 年第 4 期。

② 参见梁淑英:《浅论国家豁免的几个问题》,载《政法论坛》2000 年第 2 期。

的行动，更说明了我国在国家及其财产管辖豁免问题上的立场十分明确。

改革开放以来，有关国家及其财产豁免的案件在我国对外交往中时有发生。应当说，该公约的通过和我国的签署为我国今后解决这类案件带来了新的思维和新的途径。由于该公约涉及国家、自然人和法人的利益，受其影响的范围相当大，仅公约中“国家”一词就包括国家及其政府的各种机关，有权行使主权权力的联邦国家的组成单位、国家政治区分单位、机构、部门或其他实体，以及国家代表；同时，我国的国有企业众多，在国际民商事交往中可能涉讼的案件较多。因此，我国应高度关注这一公约的进展，采取一些有效的对策和得力的措施，积极正视和应对有关国家及其财产豁免的新案件和新问题。具体来说，应着重做好以下几个方面的工作。

首先，对公约进一步作深入细致的研究，积极探讨我国批准该公约的必要性和可行性。我国虽已签署了公约，但公约的签署只表示签署者所代表的国家初步同意成为该公约的缔约国。按照 1969 年《维也纳条约法公约》第 18 条第 1 款的规定，如果一国“已签署条约”“而须经批准、接受或赞同，但尚未明白表示不欲成为条约当事国”之意思，该国“负有义务不得采取任何足以妨碍条约目的及宗旨之行动”。再加上公约规定，除了在争端的解决方面（先谈判、后仲裁、再诉讼）允许缔约国保留外，其他方面均不允许作出保留。因此，我国在批准该公约之前，需要深入研究该公约，对该公约作进一步的审查，以便最终决定是否批准该公约，是否接受该公约的拘束。大致可从三个方面入手：第一，在确实把握公约的实质和精神的基础上，认真分析公约各部分条款之间的关系，客观看待公约中的具体规则，做到心中有数；第二，在广泛调研我国国家参与国际民商事活动的实际情况的基础上，积极探讨我国批准该公约后的实际效果和可能带来的影响，做到批准慎重；第三，在借鉴我国签署、加入或批准国际公约的既有经验的基础上，认真研究公约在我国生效后的国内执行问题，做到实施有效。当然，这些问题的具体研究工作，需要立法界、理论界和实务界的共同参与。

其次，积极借鉴国际立法和外国相关立法的经验，结合公约的规定，尽早制定一部完善的《中华人民共和国国家及其财产豁免法》。在历史上，对于尽快立法的重要性，英国大法官在审议英国国家豁免法法案时曾坦率地指出：“还有一个要求早日立法的强大的压力，因为与最近通过 1976 年《外国主权豁免法》的美国相比，英国正处在一个明显不利的地位。这在金融和商品市场上尤其显而易见。政府一直被催促，那些与各国从事交易的银行家和商人要求得到任何争端都能在法院诉讼的保证。”[①]目前,我国国内立法中关于豁免的规定仅散见于《民法通则》(已失效)、《民事诉讼法》、《外交特权与豁免条例》等法规中,缔结或参加的国际条约也只涉及有关外国国家船舶管辖豁免以及外交和领事人员的特权和豁免等,尚缺乏专门规定国家及其财产豁免的法律。这种立法状况远远落后于我国对外交往的实际需要,并使我国法院在处理涉及国家及其财产的诉讼案件上无法可依,在不断发展的国际交往中处于被动的地位。而一部明确完善的国家及其财产豁免法,在维护我国自然人或法人与其他国家进行民商事交往时不受非法侵害的同时,还能使外国的企业在我国的投资有一个明确预期,即我国能够保证它们在与我国政府在经济领域发生争端时能够顺利地通过司法途径得到救济。因此,全国人大及其常委会及早启动国家及其财产豁免方面的立法工作已是当务之急。虽然公约的批准和生效尚需时日,但我们不能坐视不顾、坐而不动,被动地等待批准公约后再来开展这项工作。当然,这方面的工作尤其应当发挥法律专家的作用,积极考察外国相关立法体例和立法内容,结合中国的实际拟订出较完善的国家及其财产豁免法。

再次,及时培训一大批有能力参与国际民商事诉讼的律师和法官,积极应对外国自然人或法人对我国国家及其财产提起的诉讼,公正地审理我国自然人或法人诉外国国家及其财产的案件,以最大限度地维护我国国家和自然人或法人的合法权益。到目前为止,虽然我国法院尚未审理过涉及外国国家及其财产豁免的案件,但自新中国成立以来,中国国家在其他一些国家或地区的法院遭到起诉的情况时有发生。比较著名的有“两航公司案”[②]、“贝克曼诉中华人民共和国案”(Beckman v. Chinese People's Republic)[③]、“湖广铁路债券案”[④]等,比较近的有“仰融诉辽宁省人民政府案”[⑤]等。今后,此类案件可能会常有发生,也有可能出现中国自然人或法人起诉外国国家的案件,甚至还会出现私人以侵害人身或财产为由起诉国家代表的案件。同时,随着公约的通过和生效,

---

① 参见龚刃韧:《国家豁免问题的比较研究》,北京大学出版社 1994 年版,第 450 页。

② 参见黄进:《国家及其财产豁免问题研究》,中国政法大学出版社 1987 年版,第 258 ~ 260 页。

③ 参见联合国出版物:《关于国家及其财产管辖豁免的资料》(ST/LEG/SER. B/20),1982 年,第 426 ~ 427 页。

④ 参见陈体强:《国家主权豁免与国际法——评湖广铁路债券案》,载《中国国际法年刊》(1983 年),中国对外翻译出版公司 1983 年版,第 31 ~ 53 页。

⑤ 参见冯彦辉:《从仰融案透视国家豁免制度理论》,载《广东科技》2004 年第 11 期。

各国在国家及其财产管辖豁免的国际公法方面的分歧会有所减少,而人们关心的焦点将会逐渐转向国际私法规则的适用方面。因此,大家尤其是法律界同仁要解放思想、更新观念,克服对国际司法和外国司法冷漠的态度,做好在国际司法机构和外国法院应诉起诉的准备,学会使用包括公约在内的法律武器,使我们国家以及我国自然人或法人有更强的信心来迎接全球化时代的挑战。

最后,努力解决好公约适用的原则性与灵活性的关系。当今世界,由于生产力的迅速发展、经济全球化趋势不断增强,国际民商事交往也日益频繁,各国不可避免地会遭遇国家及其财产豁免问题。考虑到我国的经济必须在世界市场上,通过与他国经济互相依存与平等竞争来获得发展,此时用立法的形式采纳限制豁免主义将有助于我国与其他国家之间的正常交往和合作,有利于我国改革开放政策和吸引外资政策的贯彻实施。同时,随着我国经济实力的逐渐增强,我国的资本和技术输出量也逐年增多,采纳限制豁免主义会更有利于保护我国自然人或法人的合法权益。因此,在这个问题上,既要坚持国家及其财产豁免这一公约所确定的国际法原则,明确限制豁免主义的立场,又要在实践中采取灵活多样的措施来协调在这个问题上同其他国家及其自然人或法人的利害冲突,按照公约所确立的规则公正、合理地处理好涉及国家及其财产的诉讼案件,从而既起到在国际民商事交往中维护我国国家主权和国家利益的作用,又起到促进我国对外民商事关系顺利发展的作用。

诉权的行使与国际民事诉讼管辖权*

一、诉权的行使简介

要讨论诉权的行使，首先必须弄清楚诉权的含义。关于什么是诉权，各国理论界并没有一致的观点，即使在一国内部，也是众说纷纭。自古至今，人们给诉权下过多种多样的定义，从而形成诸多诉权学说，例如，私法诉权说、公法诉权说（又有抽象诉权说、具体诉权说、本案判决请求权说和司法行为请求权说之分）、宪法诉权说、多元诉权说等。①

传统上，我国多数学者主张"二元诉权说"，即从程序意义上的诉权和实体意义上的诉权来界定诉权。笔者同意这样的观点，诉权是指基于民事权益受到侵犯或与他人发生民事争议，当事人请求法院行使审判权保护民事权益或者解决民事纠纷的权利。② 当然，需要注意的是，外国人在内国的民事法律地位一般也得到承认和保护，他们一般也与国民一样享有诉权。民事诉权要件包括两个方面：(1)主体方面要件，即有权请求诉讼救

---

* 与李庆明（武汉大学法学博士，中国社会科学院国际法研究所副研究员）合作撰写，本文原载于《政治与法律》2007年第1期。中国人民大学书报资料中心复印报刊资料《国际法学》2007年第8期转载。

① 关于各种学说的内容，参见江伟、邵明、陈刚：《民事诉权研究》，法律出版社2002年版，第5～43页。

② 参见江伟、邵明、陈刚：《民事诉权研究》，法律出版社2002年版，第150页。

济的主体，大陆法系诉权理论一般认为指当事人适格；（2）客体方面要件，即就特定的民事纠纷有运用诉讼救济的必要，亦即具有诉的利益，“无利益便无诉权”。[①]

权利总是有一定的范围，其行使有一定的限制，不能滥用。诉权也不例外，虽然诉权是一项重要的权利，然而其行使也不能滥用，更不能非法行使诉权。在实践中，当事人滥用诉权的情形时有发生，包括滥用起诉权、反诉权等。很多当事人明知自己不具备诉权的行使要件，却依然行使诉权，甚至虚构事实、伪造证据，诬告对方以达到自己的非法目的。

目前，世界上绝大多数国家都规定了禁止滥用诉权，在英美法上，滥用诉权可以构成侵权行为。《布莱克法律词典》（第八版）将滥用诉权（abuse of process，也称为 abuse of legal process；malicious abuse of process；malicious abuse of legal process；wrongful process；wrongful process of law）界定为不当地或者侵权性地使用合法签发的法院传票来获得非法或者超过传票范围的结果。1977年的《侵权法重述（第二次）》第682条规定，为了非法目的滥用诉权要承担因此而产生的损害责任。学界也对此问题进行了一些探讨。[②]

二、诉权的行使与送达

诉权要得到承认、行使要有效，有关案件必须为法院所受理，或者说法院要对有关案件行使管辖权，而法院受理同送达是联系在一起的。由于对送达的认识不同，对于其与管辖权的关系认识也存在不同。

（一）送达与管辖权

1. 送达建立管辖权

英美法系国家法院行使管辖权是以传统普通法的“效果”原则及这一原则的例外——自愿服从作为依据的。因此，这些国家常常通过送达而确立对人管辖权。在历史上，英美普通法认为，对被告的对人管辖权主要是法院司法强制力的一个功能。[③] 起初，英国普通法法院在对人诉讼中不会作出判决，除非被告

---

① 参见江伟、邵明、陈刚：《民事诉权研究》，法律出版社2002年版，第168页。

② See Michele Taruffo, *Abuse of Procedural Rights: Comparative Standards of Procedural Fairness*, Kluwer Law International, 1999.

③ ［美］Robert C. Casad：《论美国民事诉讼中的管辖权》，刘新英译，载《法学评论》1999年第4期。

已实际在法院出庭。[①] 在 19 世纪初的美国,法院要对对人诉讼作出判决,也必须抓住被告(get hold of the defendant)。[②] 后来,实际上的人身拘捕被象征性的拘捕所取代,法院不再像对待被起诉的刑事罪犯一样拘捕民事被告,而是通过传票传唤被告。

19 世纪和 20 世纪初的很多美国判例都表明,对出现在法院地的被告送达后就可以取得管辖权,并且作出判决,无论被告是居住在那里还是暂时出现。[③] 通过送达建立管辖权这个传统一直延续,在 1990 年的"Burnham v. Superior Court"一案中,传统的规则虽然受到挑战,但是美国联邦最高法院裁定送达完成后,就取得了管辖权。[④] 直到现在,美国联邦法院和各州法院仍然以传票的送达作为对人管辖权行使的依据。在"Kadic v. Karadzic"一案中,第九巡回法院裁定在被告与美国没有任何实质性联系(substantial contact)的情形下,被告即使是短暂过境美国,其也可以因此而被送达,法院也就取得管辖权。[⑤]

2. 送达与平行诉讼

在大陆法系国家,虽然送达没有像在英美法系国家那样重要,可以因此而建立管辖权,但仍然起解决平行诉讼的作用,这部分我们将在后面论述,这里不赘述。

(二)送达的有效性

那么,如何判断送达是合法有效的呢?美国法院认为,送达的核心功能是通知被告诉讼,以一定的方式在一定的时间内给被告提供了一个公平的机会提

---

① See Nathan Levy, Jr., "Mense Process in Personal Actions at Common Law and the Power Doctrine", 78 *Yale L. J.* 52, 58(1968).

② Hart v. Granger, 1 Conn. 154, 168(1814).

③ Vinal v. Core, 18 W. Va. 1, 20(1881); Roberts v. Dunsmuir, 75 Cal. 203, 204, 16 P. 782(1888); Smith v. Gibson, 83 Ala. 284, 285, 3 So. 321(1887); Savin v. Bond, 57 Md. 228, 233(1881); Hart v. Granger, 1 Conn. 154, 165(1814); Mussina v. Belden, 6 Abb. Pr. 165, 176(N. Y. Sup. Ct. 1858); Darrah v. Watson, 36 Iowa 116, 120 – 121(1872); Baisley v. Baisley, 113 Mo. 544, 549 – 550, 21 S. W. 29, 30(1893); Bowman v. Flint, 37 Tex. Civ. App. 28, 29, 82 S. W. 1049, 1050(1904). See also Reed v. Hollister, 106 Ore. 407, 412 – 414, 212 P. 367, 369 – 370(1923); Hagen v. Viney, 124 Fla. 747, 751, 169 So. 391, 392 – 393(1936); Vaughn v. Love, 324 Pa. 276, 280, 188 A. 299, 302(Pa. 1936).

④ Burnham v. Superior Court, 495 U. S. 604, 109 L. Ed. 2d 631, 110 S. Ct. 2105(1990).

⑤ 70 F. 3d 232(9th Cir. 1995). 这种管辖权依据是否合理,值得探讨和研究。

出答辩、抗辩和反对。[①] 因此,关键的问题是被告是否得到足够的通知。[②] 这样,甚至电子送达也是可以的。[③] 如果被告逃避送达,如拒绝接受文件,此时送达人只要非常接近被告,清楚地把送达法院文件的意图说明,并作出合理的努力把送达的文件留下给被告,送达就算完成了,就是合法、有效的。[④]

相反,如果送达意图不明确,被告没有得到有效的通知,则送达很可能被认定无效,不能行使管辖权。在"Weiss v. Glemp"一案中,[⑤]法院就认定对波兰红衣主教的送达无效,因为送达人仅拿着一个书面的东西,说"你要这个……",主教的随行人员说"不要,不要",并且将纸丢在地上,法院认为原告这样试图的送达"不是以合理的方法通知"被告,而且送达人所拿的文件不明确,可以是小册子、抗议信或者其他非法律性文件。而且,证据没有显示被告企图逃避送达。

由于美国认为送达是私人之间的事情,与国家主权无涉,所以允许向国外进行各种方式的送达,也允许其他国家在美国境内直接送达。而以德国、瑞士等为代表的国家则持相反的观点,认为送达程序属于"司法"或"公权力"行为,不能由私人完成,所以反对外国法院对其本国国民进行直接送达。我国也是持相同的看法。

(三)送达有效性的例外

英美法系国家对送达放得比较开,自由度比较大,一般只要有送达的意图并且将文件以合理的方式通知被告就构成送达。但在有些情形下,送达可能就是无效的。例如,对享有特权与豁免的人进行送达经常会被认定不合法、无效。在 1965 年的"Hellenic Lines, Ltd. v. Moore"案中,美国法院就认为:"在国务院已经通知法院对突尼斯驻美大使进行送达将会损害美国的对外关系和外交职能的正常履行后将本应送达给突尼斯的传票送达给突尼斯驻美大使就是不合

---

① Henderson v. United States, 517 U. S. 654, 672, 116 S. Ct. 1638, 134 L. Ed. 2d 880(1996).

② United Food & Commercial Workers Union v. Alpha Beta Co., 736 F. 2d 1371, 1382(9th Cir. 1984); Chan v. Soc'y Expeditions, Inc. 39 F. 3d 1398, 1404(9th Cir. 1994); Mullane v. Cent. Hanover Bank & Trust Co., 339 U. S. 306, 314, 70 S. Ct. 652, 94 L. Ed. 865(1950).

③ Rio Props., Inc. v. Rio Intern. Interlink, 284 F. 3d 1007(9th Cir. 2002).

④ See Errion v. Connell 236 F. 2d 447, 457(9th Cir. 1956); Novak v. World Bank, 703 F. 2d 1305, 1310 n. 14(D. C. Cir. 1983); Doe v. Karadzic, 1996 WL 194298(S. D. N. Y. Apr. 22, 1996); Trujillo v. Trujillo, 71 Cal. App. 2d 257, 162 P. 2d 640, 641 – 42(1945); In re Ball, 2 Cal. App. 2d 578, 38 P. 2d 411, 412(1934).

⑤ 792 F. Supp. 215(S. D. N. Y. 1992).

适的。”①

此外,对外国国家元首进行送达,常常构成对该外国及其领导人的冒犯。如果允许对在本国领域内进行国事访问的外国领导人进行送达并行使管辖权,那么本国政府及领导人在国外也可能遭遇同样的情况与问题,这对本国政府的外交政策、目标、利益都是不利的。因此,英美法系国家在实践中不允许在国内向来访的外国领导人进行送达,无论是送达给本人还是希望通过该领导人转交给第三人,更不能因此而行使管辖权。

(四)小结

上述可见,送达与诉权的行使密切相关,当事人要通过适当的送达来行使诉权。当事人不适当的送达既是滥用诉权,也不能实现其诉权。为了防止当事人滥用诉权,各国应从送达抓起,不能允许当事人违反有关法律规定滥用送达、诉权,也不能为当事人滥用送达、诉权留下便利的空间,更不能为当事人滥用送达、诉权提供协助。此外,通过过境送达而行使管辖权,这样的管辖依据是不合理的,是一种为世界大多数国家所反对的“过度管辖权”,这样的管辖权依据客观上鼓励了当事人挑选法院、滥用诉权,给被告造成困扰和压迫,很可能会损害被告的合法权益,是一种司法沙文主义(judicial chauvinism)②的表现,并不符合国际礼让和司法文明。如果减少这样的过度管辖权依据,那么正当行使诉权就更可能了。

三、诉权的行使与管辖权的冲突

在国际民事诉讼中,诉权的行使与管辖权冲突密切相关,管辖权冲突实际上为滥用诉权提供了便利。因此,我们要通过适当地解决管辖权冲突来防止诉权的滥用,鼓励当事人正当行使诉权。下面我们简单探讨一下二者之间的关系。

(一)管辖权冲突的概念

虽然理论界和实务界都认识到管辖权问题的重要性,但对什么是国际民事

---

① 120 U. S. App. D. C. 288,345 F. 2d 978,980 – 81(D. C. Cir. 1965).

② 也有学者翻译为“司法霸权”,参见杨良宜、杨大明:《禁令》,中国政法大学出版社2000年版,第570页;Donald J. Carney,“Forum Non Conveniens in the United States and Canada”,3 *Buff. Jour. Int'l L.* 117,131(1996)。

诉讼管辖权则有不同看法。[①] 我们认为,国际民事诉讼管辖权是指一国法院或具有审判权的其他司法机关受理、审判具有国际因素或涉外因素的民商事案件的权限。[②] 它旨在解决某一特定的国际民商事案件究竟应由哪一个国家的法院管辖的问题。至于在此后要确定由该国哪一级、哪一地的法院管辖,则是该国国内民事诉讼法所要解决的问题。所以,也有学者将国际民事诉讼法中的诉讼管辖权称为"国际管辖权"(international jurisdiction)。

关于如何确定国际民事诉讼管辖权,主要有国籍管辖、地域管辖、专属管辖、协议管辖、应诉管辖等规定。由于各国关于管辖权的立法不同,特别是关于管辖依据的规定不同,在国际民事诉讼中常常会产生管辖权冲突的问题。国际民事诉讼管辖权冲突是指在国际民事诉讼中,与某一国际民商事案件相关联的所有国家或者都主张管辖权或者都拒绝管辖的情况,前者被称为管辖权的积极冲突,后者被称为管辖权的消极冲突。[③]

管辖权冲突的存在,给诉权的行使和滥用提供了更多的机会与可能,使问题更复杂。由于管辖权的消极冲突的情形比较少,在此我们不作讨论,仅讨论管辖权的积极冲突与诉权的行使之间的相互关系问题。

(二)不方便法院

为了保护本国利益,各国都规定了广泛的管辖权依据,在一定程度上都存在司法沙文主义的问题,这是管辖权积极冲突的根源所在。为了克服管辖权积极冲突而导致的问题,一些国家在实践中便运用不方便法院(forum non conveniens)原则来拒绝行使管辖权、减少讼累,保护本国的利益。

不方便法院原则,源于苏格兰,之后开始为其他国家所采纳。[④] 虽然不方便法院原则的本来目的并不是用来解决国际民事管辖权的积极冲突的,而是为了解决因受诉法院的审理所产生的不方便问题,但由于受诉法院可以以不方便为由而拒绝审理,客观上的确有助于解决国际民事管辖权的积极冲突。

虽然不方便法院原则在不同国家有不尽相同的适用,但一般都是指当本国法院享有管辖权,但如认为它对案件行使管辖权非常不方便或不公平,且存在

---

① 参见蔡彦敏:《论国际民事诉讼的管辖权》,载《现代法学》1998 年第 5 期。其中列举了六种观点,作者本人也提出了一种观点。

② 参见黄进主编:《国际私法》,法律出版社 2005 年第 2 版,第 638 页。

③ 参见刘力:《国际民事诉讼管辖权研究》,中国法制出版社 2004 年版,第 184 页。

④ 参见袁泉:《不方便法院原则三题》,载《中国法学》2003 年第 6 期。

其他较方便审理该案的外国法院时,该法院可以拒绝行使管辖权。[①]

在美国,为了所有当事人的利益和正义的目的,防止原告滥用诉讼程序,选择对被告极为“烦扰”“压迫”的法院,在 1947 年的一个案件中确定了不方便法院原则。为此,法院采用两步分析法,第一步是确定有一个外国法院可以审理,第二步是平衡公共利益与私人利益。[②] 到了 1981 年的“Piper Aircraft Co. v. Reyno”一案中,美国联邦最高法院对不方便原则有了进一步的阐述。[③] 最高法院评价不方便法院的标准已从原来较严格的“滥用程序”的标准转变为较灵活的“最适当法院”的标准,限制部分外国原告进入美国法院,这为联邦下级法院以及州法院在国际案件中,拒绝由外国原告提起的诉讼创造了条件。[④] 现在,美国法院还是会以不方便法院原则撤销原告的诉讼。[⑤] 当然,对于在美国有住所的个人,法院一般认为自己是方便的法院,不会要求其去外国法院起诉,而会驳回被告援引不方便法院原则的抗辩。[⑥]

在英国、加拿大、荷兰、新西兰、比利时、希腊、瑞士、芬兰、阿根廷等国,也都确立了类似的制度,以防止原告挑选法院对被告造成不公平,也影响本国有限的司法资源。

(三)平行诉讼

平行诉讼,也称为未决诉讼,是指相同当事人就同一争议基于相同事实以及相同目的,同时在两个以上国家的法院进行诉讼的现象,包括重复诉讼和对抗诉讼两种。平行诉讼的存在是当事人行使诉权的表现之一,但也可能是当事人滥用诉权的表现,这对当事人的利益保护不利,也浪费司法资源。

关于平行诉讼,有些国家是允许平行诉讼继续进行的。有的国家让当事人自行选择审判法院。这两种方法并没有解决平行诉讼的问题。为了解决平行诉讼问题,《布鲁塞尔公约》第 21 条规定了“先受理原则”,其第 1 款规定:“相同当事人间就同一诉因在不同缔约国法院起诉时,首先受诉的法院以外的其他法院应主动放弃管辖权,让首先受诉的法院审理。”该公约第 23 条规定:“属于

---

① 参见徐卉:《涉外民商事诉讼管辖权冲突研究》,中国政法大学出版社 2001 年版,第 124 页。

② Gulf Oil Corp. v. Gilbert, 330 U. S. 501, 508, 91 L. Ed. 1055, 67 S. Ct. 839(1947).

③ See Piper Aircraft Co. v. Reyno, 454 U. S. 235, 254, 70 L. Ed. 2d 419, 102 S. Ct. 252(1981).

④ 参见徐伟功:《学术视野中的不方便法院原则》,载《东方论坛》2003 年第 3 期。

⑤ See ICC Indus. v. Isr. Disc. Bank, Ltd., 170 Fed. Appx. 766(2006); Carey v. Bayerische Hypo-Und Vereinsbank AG, 370 F. 3d 234(2004).

⑥ See Iragorri v. United Technologies Corp., 274 F. 3d 65, 75(2d Cir. 2001)(en banc).

数个法院有专属管辖权的诉讼,首先受诉的法院以外的其他法院应主动放弃管辖权,让首先受诉的法院审理。”至于如何判断“首先受理”,则看送达的先后,先送达者为先受理,就可以继续行使管辖权,而其他后受理的法院则应终止管辖。

对于未签订解决平行诉讼条约的国家之间,如何解决平行诉讼以更好地促进公平正义,更好地规制当事人行使诉权呢?除了前面提到的可以以不方便法院原则来解决之外,本国法院拒绝或者中止管辖权,还可以考虑借鉴英美国家的禁诉令(Anti-suit Injunction)制度。禁诉令是指由一国法院所作,对系属该国法院管辖而在外国法院诉讼的一方当事人下达的,禁止其在外国法院诉讼的命令。①

在我国,理论界、实务界对禁诉令的看法还是存在很大争议的。② 然而,无论如何,我们都还是有必要认真研究这种制度,对于当事人滥用诉权,我们可以考虑利用禁诉令来阻止。

(四)管辖权协议与仲裁协议

管辖权协议与仲裁协议存在很多不同的地方,但有一点是相同的,就是当事人约定了争议解决方式。因此,当事人之间存在管辖权协议与仲裁协议的,应该尊重当事人的意思,除非该协议本身有问题或者有其他可以否定的事由。由于《纽约公约》的存在,各国基本上都会对仲裁协议予以尊重,如果当事人订有仲裁协议,一方滥用诉权去起诉,那么法院就会不予受理、受理后也驳回起诉。对于管辖权协议,虽然各国观点不一,但我们认为应该尽可能地尊重当事人的意思,不允许当事人事后反悔、滥用诉权。

(五)小结

管辖权冲突的存在,客观上为当事人滥用诉权提供了机会和可能性。对此,各国应该加强在管辖权冲突方面的协调,通过订立国际条约来解决。同时,各国法院都应该从善意的立场出发,妥善地解决管辖权的冲突,自我抑制管辖权的行使,从而尽量减少当事人滥用诉权的机会,避免给相关人员造成困扰和不便。

---

① 参见徐卉:《涉外民商事诉讼管辖权冲突研究》,中国政法大学出版社2001年版,第177~178页;杨良宜、杨大明:《禁令》,中国政法大学出版社2000年版,第492~493页;刘卫国:《英美民事管辖制度中的“禁诉令”评析》,载《美中法律评论》2005年第4期;欧福永:《论中国对禁诉令的利用与应对》,载《中国国际私法学会2006年年会论文集》,第673~675页。

② 参见欧福永:《论中国对禁诉令的利用与应对》,载《中国国际私法学会2006年年会论文集》,第673~675页。

四、诉权的行使与管辖豁免

由于管辖豁免的存在,当事人的诉权的行使也会受到一定限制,有些当事人明知被告享有管辖豁免,却依然执意行使诉权,结果很可能是消耗自己的精力、财力和心血却没什么结果,同时也对被告带来困扰和不便,浪费了司法资源。目前,关于管辖豁免,公认的有外交特权与豁免、国家豁免。

(一)外交、领事特权与豁免

所谓外交特权与豁免,是指按照国际习惯法或有关协议,在国家间互惠的基础上,主要是为使一国的外交代表机关及其人员在驻在国能有效地执行职务,而由驻在国给予的特别权利和优惠待遇。① 所谓领事特权与豁免,是指为了领事馆及其人员能在接受国有效地执行领事职务,而由接受国给予的特别权利和优惠待遇。② 由于二者都有免于被诉、可以享受管辖豁免的权利,为了论述方便,下文将把外交、领事特权与豁免简称为外交特权与豁免。

关于外交特权与豁免,国际社会通过了《维也纳外交关系公约》和《维也纳领事关系公约》,为了履行由此而产生的国际义务,各国一般也都制定了相应的国内法。因此,如果对享有外交特权与豁免的人提起诉讼,其诉权的行使一般都难以实现。例如,在美国,外交人员和领事人员都可以享受豁免,不受美国法院的管辖。当然,外交豁免必须基于接受国的承认。③ 否则,就不能享受豁免。对于去美国的外国地方政府的官员,如果不是负有外交使命,那么一般是不能享受外交豁免的。"外交身份的全部特权与豁免一直以来都是这些受到承认、执行外交职能的外交人员。"④在"United States v. Foutanga Dit Babani Sissoko"案中,法院认为,被告作为"特别顾问"(special advisor)的身份并不能享受外交豁免,因为美国国务院并没有向其出具证明。⑤ 当然,法院注意到实践中美国国

---

① 参见梁西主编:《国际法》,武汉大学出版社2000年修订版,第387页。

② 同上书,第396页。

③ See United States v. Lumumba, 741 F. 2d 12, 15(2d Cir. 1984).

④ United States v. Enger, 472 F. Supp. 490, 506(D. N. J. 1978). See also Tabion v. Faris Mufti, 73 F. 3d 535, 536(4th Cir. 1996)(外交豁免给予苏丹大使馆的一秘和顾问); Logan v. Dupuis, 990 F. Supp. 26, 26(D. D. C. 1997)(外交豁免给予加拿大常驻美洲国家组织代表团的代表); Fatimeh Ali Aidi v. Amos Yaron, 672 F. Supp. 516, 516(D. D. C. 1987)(外交豁免给予以色列大使馆的军事参赞).

⑤ 995 F. Supp. 1469, 1470(S. D. Fla. 1997).

务院在诉讼中出具的证明。在"Republic of Philippines by Cent. Bank of Philippines v. Marcos"案中，国务院授予在美国作证的菲律宾总检察长外交身份；[①]在"Abdulaziz v. Metro. Dade County"案中，沙特王子及其家人在诉讼开始后获得外交身份。[②]

可以肯定，如果某一当事人针对享有外交特权与豁免的被告提起的诉讼：一方面，其是不正当地行使诉权；另一方面，有关法院应当不行使管辖权，驳回其起诉。

（二）国家豁免

1. 国家豁免原则及其新发展

国家豁免主要是指一个国家及其财产免受其他国家国内法院的司法管辖。[③] 作为一项古老的国际法原则，国家豁免一直以来都为世界各国所接受、奉行和遵守，至少各国在公开场合都不否认。

传统上，各国一般都主张绝对豁免，但现在多主张限制豁免。2004 年联合国通过了《国家及其财产管辖豁免公约》，也采取限制豁免立场。它在肯定国家豁免作为一般原则的同时，作出了对国家豁免加以限制的具体规定，规定国家从事主权活动享有管辖豁免，但国家从事商业活动，则不能享受豁免，其他国家可以行使管辖权。该公约较好地解决了保护国家利益与保护私人利益两者之间的平衡问题。该公约第 10 条第 1 款规定，"一国如与外国一自然人或法人进行一项商业交易，而根据国际私法适用的规则，有关该商业交易的争议应由另一国法院管辖，则该国不得在该商业交易引起的诉讼中援引管辖豁免"，以保护私方当事人在合同或交易中的正当利益。同时，为避免外国私方当事人对一主权国家滥用诉权，公约特别强调"一国应避免对在其法院对另一国提起的诉讼行使管辖"。对另一国提起诉讼，不仅是"被指名为该诉讼当事一方"，而且也包括"该诉讼实际上企图影响该另一国的财产、权利、利益或活动"。

可以肯定地说，虽然现在主张限制豁免的国家越来越多，但任何国家无论如何都不应以限制豁免为借口而对国家的主权行为进行管辖，不能受理、审理当事人针对国家主权行为提起的诉讼，应当制止当事人滥用诉权的

---

① 665 F. Supp. 793，799（N. D. Cal. 1987）.

② 741 F. 2d 1328，1329（11th Cir. 1984）.

③ 参见龚刃韧：《国家豁免问题的比较研究》，北京大学出版社 2005 年第 2 版，第 1 页；黄进：《国家及其财产豁免问题研究》，中国政法大学出版社 1987 年版，第 1 页。

行为。

2. 外国国家元首与政府官员的豁免

需要注意的是,在美国司法实践中,美国法院认为,尽管美国《外国主权豁免法》并没有明确规定豁免适用于个人,甚至包括国家元首,但法院在判例中已经指出,豁免适用于在自己权力范围内行使权力的外国官员。[①] 正如美国法院在判决中所指出的,《外国主权豁免法》并没有规定外国元首的豁免,而是规定国家的豁免,因此,法院就只好根据 1976 年之前的实践来作出判断,也就必须考虑行政部门的意见。[②] 在 1976 年以前的案件中,美国联邦最高法院和下级法院认为:"行政部门对豁免的意见是最终的,应该为法院所遵守,不受法院的司法审查。"[③]在 1945 年的"Republic of Mexico v. Hoffman"一案中,美国法院认定"法院并不拒绝政府认为合适的豁免理由,即使原来不承认某些豁免理由,但如果现在承认了,我们法院也不拒绝"。[④]

对于外国国家元首和政府官员授予豁免,这既是国际礼让的要求,也是国际法中国家豁免原则的应有之意,更是美国《外国主权豁免法》可以推定出来的精神。如果毫无限制地允许对行使权力的外国官员提起诉讼,这无异于减损外国主权豁免,毕竟美国《外国主权豁免法》是阻止直接对外国主权提起诉讼的。[⑤]

虽然美国法院承认外国国家元首和政府官员享有豁免,但却认为外国国家元首和政府官员的私人行为不能享受豁免。至于是否授予豁免,通常关键的问题是判断该外国官员是以个人身份行为还是作为政府官员行使权力的行为。[⑥] 对此问题,要考虑一个针对外国官员的诉讼是否"仅仅是一个对其所代表的国

---

① Chuidian v. Philippine Nat'l Bank, 912 F. 2d 1095, 1103, 1106 – 1107 (9th Cir. 1990).

② United States v. Noriega, 117 F. 3d 1206, 1212 (11th Cir. 1997).

③ Spacil v. Crowe, 489 F. 2d 614, 617 (5th Cir. 1974); Isbrandtsen Tankers, Inc. v. President of India, 446 F. 2d 1198, 1201 (2d Cir. 1971); Rich v. Naviera Vacuba S. A., 295 F. 2d 24, 26 (4th Cir. 1961); Ex Parte Republic of Peru, 318 U. S. 578, 589, 87 L. Ed. 1014, 63 S. Ct. 793 (1943); Compania Espanola de Navegacion Maritima, S. A. v. The Navemar, 303 U. S. 68, 74, 82 L. Ed. 667, 58 S. Ct. 432 (1938).

④ 324 U. S. 30, 35, 89 L. Ed. 729, 65 S. Ct. 530 (1945).

⑤ Chuidian v. Philippine Nat'l Bank, 912 F. 2d 1095, 1102 (9th Cir. 1990).

⑥ Chuidian v. Philippine Nat'l Bank, 912 F. 2d 1095, 1106 (9th Cir. 1990). See e. g., Jungquist v. Sheikh Sultan Bin Khalifa Al Nahyan, 115 F. 3d 1020 1028 (D. C. Cir. 1997) (认为是个人行为,不能享受豁免); Doe v. Bolkiah, 74 F. Supp. 2d 969, 974 (D. Haw. 1998) (认为是职务行为,授予豁免).

家的伪装的诉讼,因而实际上等于直接对主权提起诉讼"。在"Park v. Shin"一案中,第九巡回法院裁定,关键看是否会因此而干涉了雇用该官员的外国的主权或者政策制定权。[①] 此外,美国法院还认为如果外国官员超越了其权限,那么就是个人行为,就不适用于《外国主权豁免法》,也就无权享受豁免。[②] 即使在起诉时仍然在任也不例外。[③]

至于如何判断外国官员的行为是否合法、是否在其权限内,不应根据所谓的国际法或者法院地法来判断,只能根据该外国的国内法来判断。因此,菲律宾前总统马科斯被判不能享受豁免,因为其行为不是根据作为菲律宾总统的权力作出的。马科斯虽然是总统,但并不是国家,也必须遵守适用于他的法律。[④] 在"Trajano v. Marcos"一案中,Marcos-Manotoc 也不能享受豁免,因为她承认是擅自行事,而不是根据菲律宾法律。[⑤]

主权豁免的一个重要目的在于授予主权者免于被诉的权利,[⑥]如果根据国际法或者法院地法来判断外国主权者的行为是否合法,那么就必然需要实体审理,而这与免于被诉的目的和意义相背。[⑦] 因此,在"Siderman de Blake v. Republic of Argentina"一案中,第九巡回法院甚至裁定即使违反国际人权法的强行法也不减损《外国主权豁免法》对外国主权的豁免。[⑧] 在"Sampson v. Federal Republic of Germany"一案中,美国联邦第七巡回法院认为,违反国际强行法并不是《外国主权豁免法》规定的豁免例外,也即是说,即使外国违反了国

---

① 313 F. 3d 1138,1144(9th Cir. 2002).

② United States v. Yakima Tribal Court, 806 F. 2d 853, 859 (9th Cir. 1986); Chuidian v. PhilippineNat'l Bank,912 F. 2d 1095,1106(9th Cir. 1990);Re Estate of FerdinandMarcos,Human Rights Litig,25 F. 3d 1467,1472(9th Cir. 1994).

③ Cabiri v. Assasie-Gyimah,921 F. Supp. 1189,1198(S. D. N. Y. 1996).

④ Re Estate of Ferdinand Marcos,Human Rights Litig,25 F. 3d 1467,1471(9th Cir. 1994). See also Republic of the Philippines v. Marcos,862 F. 2d 1355,1362(9th Cir. 1988).

⑤ 978 F. 2d 493,498(9th Cir. 1992).

⑥ El-Fadl v. Cent. Bank of Jordan,75 F. 3d 668,671(D. C. Cir. 1996).

⑦ Ibid.

⑧ 965 F. 2d 699,717 -718(9th Cir. 1992).

际强行法,仍然可能享受豁免。[①] 当然如果损害发生在美国境内则除外。[②]

在实践中,必须要注意的是应准确适用、解释外国法,以免歪曲外国法的内容而视被告的行为违反了其本国法,并以此为借口不授予豁免。对于外国官员的行为的判断也必须慎重,不能以此为借口侵犯别国主权和内政。

3. 豁免的主动授予

虽然美国法院不时受理针对外国国家、国家元首、政府官员、国家财产的起诉,但在实践中法院也可能是依职权审查是否涉及国家豁免。在美国宪法的传统上,法院根据"政治问题理论"(political question doctrine)一般不会对政治问题进行司法审查,表现在国际民事诉讼中,由于可能影响外交关系,不利于行政部门解决对外交往这样的"政治问题",所以法院也会主动审查主权豁免的问题。即使外国被告没有出庭抗辩,对诉讼不理睬,法院仍然可能以国家豁免而裁定没有管辖权,宣布撤销案件。

虽然《外国主权豁免法》结束了"双轨制",把国家豁免问题的决定权完全转移到法院,但美国国务院不涉足外国国家豁免问题并不是绝对的。美国国务院法律顾问在 1976 年 11 月 2 日致司法部长的信中表示,美国国务院对在法院诉讼中涉及美国重大利益的外交关系问题仍将以"法庭之友"的身份进行干预。[③] 在实践中,美国国务院会出具一个利益声明(Statement of Interest),宣称法院如果行使管辖权可能会对美国的外交政策、对外关系、国家利益产生影响,要求法院撤销案件。

(三)小结

虽然当事人享有诉权,但故意对享有管辖豁免权的主体提起诉讼,是滥用诉权的表现。各国法院对这种滥用诉权的行为应该有所抑制。它们应该尊重其他国家的主权、遵守公认的国际行为准则,主动地审查管辖豁免的问题,不受理当事人滥用诉权的案件,以防止当事人滥用诉权的企图得逞。

---

① 250 F. 3d 1145, 1149 – 50(7th Cir. 2001). 相似的结论, See Smith v. Socialist People's Libyan Arab Jamahiriya, 101 F. 3d 239, 244(2d Cir. 1997); Princz v. Federal Republic of Germany, 307 U. S. App. D. C. 102, 26 F. 3d 1166, 1173(D. C. Cir. 1994); Siderman de Blake v. Republic of Argentina, 965 F. 2d 699, 719(9th Cir. 1992)。

② Letelier v. Republic of Chile, 488 F. Supp. 665, 672(D. D. C. 1980).

③ 黄进:《国家及其财产豁免问题研究》,中国政法大学出版社 1987 年版,第 140 页。

五、结语

随着国际民商事交往越来越频繁,国际民商事争议越来越多,当事人滥用诉权、挑选法院的机会和可能性也在增加。如何从管辖权的角度防止和消除当事人滥用诉权,以避免不必要的司法困扰,就成了一个在国际民事诉讼中需要正视和解决的问题。从上面的分析中可以看出,由于诉权的行使涉及送达、管辖权冲突、外交特权与豁免、国家豁免等问题,在实践中,对当事人滥用诉权还是有一定限制的,也可以采取一些措施来加以制止。当然,问题的关键是除了当事人不应滥用诉权以外,各国法院也要从国际法的原则规则、国际合作、国际礼让以及公平正义等的角度出发,恰当地行使管辖权,这样既能降低本国司法成本,节约本国司法资源,也是对当事人、其他国家负责任的态度,有利于保护其合法权益不受侵害。愿诉权正当行使。

2007年莫里斯诉中华人民共和国案述评*

一、案情简介

(一)诉讼过程

2005年5月6日美国公民莫里斯(Marvin L. Morris, Jr.)出示了旧中国1913年发行的“五厘金币善后贷款债券”,针对中华人民共和国和“中华民国”向美国纽约南区联邦地方法院(United States District Court, Southern District of New York)提起民事诉讼,要求偿还本金1.8亿美元。① 之后,2006年11月15日债券持有人庞斯(Gloria Bolanos Pons)和索里亚(Aitor Rodriguez Soria)也对中华人民共和国提起类似诉讼。②

---

* 与李庆明(武汉大学法学博士,中国社会科学院国际法研究所副研究员)合作撰写,本文原载于《法学》2007年第9期。中国人民大学书报资料中心复印报刊资料《国际法学》2007年第12期转载。

① 起诉书参见Marvin L. Morris, Jr. v. The People's Republic of China, http://www.globalsecuritieswatch.org/civil_complaint.pdf,最后访问日期:2007年2月4日;2005 WL 3824594 (Trial Pleading) Complaint (May 6, 2005)。如果没有另外指明,本文对相关案例、起诉书、答辩状等的援引均是通过Westlaw而获得的。

② 起诉书参见Gloria Bolanos Pons and Aitor Rodriguez Soria v. The People's Republic of China, http://globalsecuritieswatch.org/Complaint_Bolanos.pdf,最后访问日期:2007年2月4日;另见2006 WL 3703342 (Trial Pleading) Complaint (Nov. 16, 2006); 2006 WL 3884736 (Trial Pleading) Complaint (Nov. 16, 2006)。

对此,国内外都有媒体作了相关报道。[①] 美国纽约南区联邦地方法院对两案合并审理,并于 2007 年 3 月 21 日作出裁决。[②] 裁决认为:(1)美国的《外国主权豁免法》(Foreign Sovereign Immunities Act,FSIA)所规定的商业行为例外的"直接影响"(direct effect)标准没有满足;(2)商业行为例外的"在美国的直接影响"标准也没有满足;(3)原告提出的诉讼时效因"上级权力"(superior powers)而中断并重新起算的理由也被驳回了。因此,中国政府提出的要求撤销案件的动议得以批准。据此,长达 1 年多的诉讼有了初步的结果。在本案诉讼过程中,原告与被告双方数次提交材料进行攻守抗辩。下面,我们简单地列出了一个时间表。

2006 年 5 月 12 日中国政府提交答辩状,[③]要求撤销案件,理由如下:(1)中国政府应该享受主权豁免,而《外国主权豁免法》所列举的豁免例外无一适用;(2)根据《国际求偿解决法》(the International Claims Settlement Act)[④]和 1979 年 5 月 11 日中美签订的《中华人民共和国政府与美利坚合众国政府关于解决资产要求的协议》(Agreement Between the Government of the United States of America and the Government of the People's Republic of China Concerning the Settlement of Claims,以下简称《中美资产协议》)的规定,原告的诉讼请求是无效的;(3)原告的诉讼请求已经超过了诉讼时效;(4)原告的请求没有国际习惯法的依据。

2006 年 6 月 28 日原告就中国政府的答辩与动议提出反对意见,[⑤]认为:(1)被告在美国领域外从事了商业行为并且在美国有直接影响,所以法院拥有管辖权;(2)原告的诉讼请求没有被《国际求偿解决法》和《中美资产协议》所消灭;(3)原告的诉讼请求没有超过时效,因为这是原告第一次有机会来要求强制

---

① 参见 http://globalsecuritieswatch.org/Bondholders_Say_China_Owes__2.3_Billion.pdf;早在 2002 年,美国债券持有人就向中国政府提出清偿要求,参见田薇、卢四彬:《美国人翻出近百年老账》,载《世界新闻报》2002 年 4 月 15 日;丁刚:《袁世凯时发的债券 美国有人拿着胡闹 中国不付陈年烂账》,载《环球时报》2002 年 4 月 18 日。另外,在 2005 年,新浪网对美国债券持有人的一些动向作了报道,参见新浪财经网:http://finance.sina.com.cn/j/20050610/10231673887.shtml,最后访问日期:2007 年 2 月 4 日。

② F. Supp. 2d,2007 WL 851217(S. D. N. Y.).

③ See 2006 WL 1792563 (Trial Motion, Memorandum and Affidavit) Memorandum of Law in Support of the People's Republic of China's Motion to Dismiss(May 12,2006).

④ See 22 U. S. C. § § 1622,1643(2006).

⑤ See 2006 WL 2178532 (Trial Motion, Memorandum and Affidavit) Memorandum of Law in Opposition to Defendant's Motion to Dismiss(Jun. 28,2006).

执行其请求。

2006 年 8 月 11 日中国政府进一步提出反对主张,[①]认为:(1)原告没有证明《外国主权豁免法》废除、取消了本案的主权豁免;(2)《国际求偿解决法》和《中美资产协议》已经排除了原告的请求;(3)原告的诉讼请求超过了 6 年的时效规定,而且没有中止、中断、延长和重新起算的基础与依据。

2006 年 9 月 21 日 SOVEREIGN ADVISERS[②] 的 Kevin O' Brien、James H. Kay、Dr. Tulsi Uprety 和 Wynne Hall 作为法庭之友向法院提交了意见,[③]认为:(1)中国政府在美国从事了商业行为,而且这种活动在美国一直都有直接影响,所以法院有管辖权;(2)根据美国外国债券持有人保护理事会(Foreign Bondholders Protective Council)主席 John R. Petty 于 1979 年 7 月 11 日写给时任中国驻美大使柴泽民的信等证据,《国际求偿解决法》和《中美资产协议》并没有排除原告的请求。

(二)诉讼背景

1. 善后大借款之由来及偿还

辛亥革命后,西方列强承认中华民国政府的条件就是它必须承担清政府所欠外债(这一点,在原告莫里斯的诉状里面也提到)。当时的民国政府没办法,只好委曲求全。加上国内严重的财务危机,袁世凯政府与英国、德国、法国、俄罗斯等国谈判,达成了《中国政府重组贷款协议》(the Chinese Government Reorganisation Loan Agreement)。根据《中国政府重组贷款协议》,由英国、德国、法国、俄罗斯和日本 5 国财团组成的国际银行团向中国政府贷款 25,000,000 英镑;并为此发行了债券,利息 5 厘,期限 47 年,也就是 1960 年到期,以中国的盐税和山东、河南和江苏等省的税收为担保。在历史上,简称

---

① See 2006 WL 2581974(Trial Motion,Memorandum and Affidavit)Reply Memorandum of Law in Further Support of the People's Republic of China's Motion to Dismiss(Aug. 11,2006).

② 关于该组织的基本情况,载 http:// www. sov-advisers. com,最后访问日期:2007 年 2 月 4 日。

③ See http://globalsecuritieswatch. org/Friend_of_the_Court-Sep21. pdf,最后访问日期:2007 年 2 月 4 日。

为"善后大借款"。①

1913年3月18日美国总统威尔逊拒绝支持美国国内的银行参与此计划,表面的理由是该贷款的条款限制了中国的主权,所以没有一家美国的银行参与发行、销售债券。此后,中国政府一直按照约定在还款,直到1939年由于抗日战争的影响,国民党政府停止还款。1949年10月1日中华人民共和国成立之后,中国政府就一直没有支付利息,在1960年贷款到期后也没支付本金。1968年后,美国根据《国际求偿解决法》而建立的"对外求偿解决委员会"(Foreign Claims Settlement Commission)开始解决1949年10月1日后至1966年11月6日美国国民因中国的"国有化、征收、干预和其他占有"而引起的损失。此后,美国又开始处理1966年11月6日至1979年5月11日的请求,虽然当时的债券持有人也提出了请求,但最后都被驳回。1979年中美关系正常化以后,双方签订了"一揽子"解决协议,解决1949年至1979年双方的财产问题,特别是解决"受到中华人民共和国所采取的或授权采取的针对美国国民之财产进行的国有化、征收、干预或其他形式的征用或特别措施而蒙受的经济损失"。在湖广铁路债券案中,中国政府于1983年曾经向美国提交过一份备忘录,指出中国政府不承认旧政府所欠下的任何外债而且也没有义务来偿还。

2. 2000年后债券持有人的行动

2002年2月5日"美国债券持有人基金会"(the American Bondholders Foundation, ABF)②委托的美国斯泰茨—哈比森律师事务所的律师赖尼·格林(B. Riney Green)致函中国驻美大使馆与中华人民共和国财政部,称代表了来自美国25个州的150多名公民,共持有18,261份中国1913年袁世凯政府发行的"五厘金币善后贷款债券",其中面值20英镑的16,795份,100英镑的1466份,要求通过汇丰银行获得3,068,558,142英镑的本息。同年2月22日,赖

① 关于对善后大借款的认识与研究,可以参见张侃:《善后大借款债票发行之分析》,载《厦门大学学报(哲学社会科学版)》1999年第3期;宓汝成:《国际银团和善后借款》,载《中国经济史研究》1996年第4期;张侃:《20世纪中国近代外债史研究回顾》,载《中国经济史研究》2002年第2期;陈礼茂、马军:《妥协与抗争:熊希龄与善后大借款》,载《史林》2003年第4期;苏黎明:《"善后大借款"的恶债典型》,载《漳州师范学院学报(哲学社会科学版)》2001年第1期;苏黎明、柯其成:《六国银行团与"善后大借款"》,载《赣南师范学院学报》1997年第2期。当然,也有学者认为,有必要重评善后大借款,善后大借款在历史上的积极意义和成果不容抹杀,参见贺水金:《重评善后大借款》,载《江汉论坛》1995年第5期。

② ABF是一家根据特拉华州法成立的有限责任公司,自称是慈善性非营利机构。

尼·格林致函美国政府,要求美国政府协助支持他们获得清偿,并承诺将把要回的钱的 40% 捐给美国政府和慈善组织,用来支持美国经济复苏,并援助“9·11”事件遇难者家属等。另外,ABF 及其代理人还致函美国的国会议员、证券交易委员会等,要求调查中国政府的欺诈行为,颁发禁令冻结中国的款项。[①] 总之,以美国债券持有人基金会为代表的债券持有人,希望通过政治、经济和法律手段等来劝说中国政府与他们坐下来谈判,至少偿还这些债券的部分本息。

在 2004 年“Republic of Austria v. Altmann”案[②]中,美国联邦最高法院认为《外国主权豁免法》具有溯及力。此后,ABF 认为向中国政府主张偿付债券本息的时机已经成熟,所以发表声明,声称持有 892 亿美元的中华民国政府债券,要求得到清偿。然而,中国政府并没有满足他们的要求。于是,他们就酝酿通过诉讼来解决,随后便有了 2005 年 5 月 6 日莫里斯向美国纽约南区联邦地方法院提起的诉讼。

在介绍了相关的背景后,下面我们就本案所涉及的国家豁免、时效等问题进行评析。

二、中国政府享有国家豁免

(一)美国的国家豁免制度

国家豁免,主要是指一个国家及其财产免受其他国家国内法院的司法管辖。[③] 作为一项古老的国际法原则,国家豁免一直以来都为世界各国所接受、奉行和遵守,至少各国在公开场合都不否认。美国历史上曾主张绝对豁免,1952 年的“泰特公函”发布后,开始走上限制豁免的道路,即主张仅仅对外国的主权或者公法行为予以豁免。然而,在主张限制豁免后,鉴于美国政府对外国豁免的决定经常前后不一致,而且前后没有统一的标准,所以美国国会于 1976 年通过了《外国主权豁免法》,以统一规范国家豁免问题、减少行政部门对司法的干预。《外国主权豁免法》明确肯定了国家主权豁免,同时规定了对国家主权豁免

---

① ABF 的函件、备忘录和行动等都可以在网站上查找,载 http://www.globalsecuritieswatch.org,最后访问日期:2007 年 2 月 4 日。

② 541 U.S. 677,124 S. Ct. 2240,159 L. Ed. 2d 1,2004 U.S. LEXIS 4030.

③ 参见龚刃韧:《国家豁免问题的比较研究》,北京大学出版社 2005 年版,第 1 页;黄进:《国家及其财产豁免问题研究》,中国政法大学出版社 1987 年版,第 1 页。

的限制。[①] 在实践中,美国法院认为,《外国主权豁免法》是对外国进行管辖的唯一根据和基础。[②]

虽然美国现在主张限制豁免,在实践中,美国法院也声称接受外国人针对外国国家和政府提起的诉讼,只要满足《外国主权豁免法》的实质要件,[③]但那只是例外。在更多的情形下,首先推定豁免,在"Saudi Arabia v. Nelson"一案中,美国法院认为:"根据《外国主权豁免法》,推定外国是不受美国法院的管辖而是享受豁免的。"[④]当然,在另一案件中,美国法院认为"至于决定是否适用豁免例外的权限在于法院"。[⑤] 需要注意的是,在 2004 年的"Republic of Austria v. Altmann"案中,美国联邦最高法院认定《外国主权豁免法》具有溯及力,可以适用于生效前的行为。[⑥]

关于豁免的例外,除了商业行为外,还包括非商业性的侵权行为的例外[⑦]和恐怖主义例外[⑧]等。美国《外国主权豁免法》第 1605(a)(2)条规定了商业行为

---

① 关于对美国国家豁免制度的案例的简单评析,参见黄进、李庆明:《诉权的行使与国际民事诉讼管辖权》,载《政治与法律》2007 年第 1 期。

② See Argentine Republic v. Amerada Hess Shipping Corp., 488 U. S. 428, 434, 109 S. Ct. 683, 102 L. Ed. 2d 818(1989); Phaneuf v. Republic of Indon., 106 F. 3d 302, 304(9th Cir. 1997); Republic of Austria v. Altmann, 541 U. S. 677, 124 S. Ct. 2240, 159 L. Ed. 2d 1(2004).

③ Verlinden B. V. v. Central Bank of Nigeria, 461 U. S. 480, 489, 76 L. Ed. 2d 81, 103 S. Ct. 1962(1983).

④ 507 U. S. 349, 355, 123 L. Ed. 2d 47, 113 S. Ct. 1471(1993).

⑤ United States v. Noriega, 117 F. 3d 1206, 1212(11th Cir. 1997).

⑥ 541 U. S. 677, 124 S. Ct. 2240, 159 L. Ed. 2d 1, 2004 U. S. LEXIS 4030.

⑦ 《外国主权豁免法》第 1605(a)(5)条规定了非商业性的侵权行为的例外,在下列情形中外国政府不能享受豁免权:(并未包括在商业行为的例外中),针对外国政府提出来的人身伤害和财产损失损害赔偿,这种伤害和损失发生在美国,而且是由于该外国政府的官员或雇员在履行其职务行为时的侵权行为或过失行为所引起的。这一段不适用于下列情形:(1)诉讼是基于履行或不履行自由裁量权的行为,而不论这种行为是否属于自由裁量的范围;(2)诉讼是由于恶意的起诉、滥用权力、诬蔑、诽谤、虚假代理、欺骗或侵犯合同权利而引起。此外,只有当诉称的侵权行为和损害后果发生在美国时,非商业行为的侵权行为的例外才可以适用。另外参见 Princz v. Federal Republic of Germany, 307 U. S. App. D. C. 102, 26 F. 3d 1166(D. C. Cir. 1993)。

⑧ 恐怖主义例外的规定是 1996 年增加的。See Anti-Terrorism and Effective Death Penalty Act of 1996. 详细的分析与论述,参见 S. Jason Baletsa, "The Cost of Closure: A Reexamination of the Theory and Practice of the 1996 Amendments to the Foreign Immunities Act", 148 *University of Pennsylvania Law Review* 1247(2000)。

例外,不但要求原告的诉因与外国的商业行为有实质性的联系,[①]而且要求在美国境外发生的外国的商业行为在美国境内有"直接影响"。按照美国联邦最高法院的解释,所谓"直接影响",是指被告的行为的直接结果。[②]如果有其他因素干扰、干涉,则不构成"直接影响"。[③] 因此,外国国家完全可以据此主张管辖豁免,要求撤销案件。

虽然美国法院不时受理针对外国国家、国家元首、政府官员、国家财产的起诉,但在实践中法院也可能依职权审查是否涉及国家豁免。在美国宪法的传统上,法院根据"政治问题理论"(political question doctrine),一般不会对政治问题进行司法审查,表现在国际民事诉讼中,由于可能影响外交关系,不利于行政部门解决对外交往这样的"政治问题",所以法院也会主动审查主权豁免的问题。即使外国被告没有出庭抗辩,对诉讼不理睬,法院仍然可能以国家豁免为由裁定没有管辖权,宣布撤销案件。在这一点上,与国家行为理论有相似之处。

虽然《外国主权豁免法》结束了"双轨制",把国家豁免问题的决定权完全转移到法院中,但美国国务院不涉足外国国家豁免问题并不是绝对的。美国国务院法律顾问在 1976 年 11 月 2 日致司法部长的信中表示,美国国务院对在法院诉讼中涉及美国重大利益的外交关系问题仍将以"法庭之友"的身份进行干预。[④] 在实践中,美国国务院会出具一个利益声明(Statement of Interest),宣称法院如果行使管辖权可能会对美国的外交政策、对外关系、国家利益产生影响,要求法院撤销案件。

(二)本案中的管辖豁免

在本案中,美国国务院的态度较消极,不愿出具政治问题的声明。因此,中国政府就必须加强对管辖权的抗辩。对于中国政府提出的管辖权抗辩,法院援引了罗宾逊诉马来西亚政府案,[⑤]认为必须先决定《外国主权豁免法》所规定豁免条款是否适用。为了解决管辖权问题,法院也有必要审查案件的实体和证

---

① "Arriba Limited v. Petroleos Mexicanos"案也再次确认了这一点。See 962 F. 2d 528,533 (5th Cir. 1992). 相反,如果没有实质性的联系,则法院就不能主张管辖权。Federal Insurance Co. v. Richard I Rubin & Co. ,12 F. 3d 1270,1291(3d Cir. 1993).

② Republic of Argentina v. Weltover, Inc. ,504 U. S. 607,617,119 L. Ed. 2d 394,112 S. Ct. 2160 (1992).

③ See Virtual Countries, Inc. v. Republic of South Africa,300 F. 3d 230,237(2d Cir. 2002).

④ 参见黄进:《国家及其财产豁免问题研究》,中国政法大学出版社 1987 年版,第 140 页。

⑤ See Robinson v. Gov't of Malaysia,269 F. 3d 133,140(2d Cir. 2001).

据。虽然证明被告享有豁免的举证责任在被告，但原告也可以证明根据《外国主权豁免法》的例外，不应该授予被告豁免。[①]

美国《外国主权豁免法》规定下列情形下外国国家不能免受美国法院的管辖：被指称的行为"是该外国国家在美国进行的商业行为，或在美国发生的与该外国国家在别处的商业行为有关的某行为，或者在美国之外发生的与该外国国家在别处的商业行为有关，并且该行为对美国产生了直接影响"。在确定是否适用"商业行为"例外时，法院考查外国国家行使权力的性质而不是其效果。如果外国国家行使的"仅仅是那些公民私人也可行使的权利"而不是那些"主权独有的权利"时，则外国国家从事的行为是商业行为；如果主权者不是作为市场的管理者，而是作为市场内的私营者行事，主权者即从事了商业行为。问题在于，"外国国家的特定行为（无论其背后的动机如何）是否在类别上属于当事方据以进行贸易、运输或商业行为的行为"。[②] 法院经过审理后认为，法院不必查明违约发生在哪里，只要发生在美国领域之外就可以了。[③] 违反债券的条款与债券发行有关，自然也被认为是《外国主权豁免法》所规定的商业行为。[④]

本案所涉行为发生在美国外，这一点没有争议。争议的问题是该行为是否"在美国产生了直接影响"。[⑤] 原告援引判例[⑥]认为，中国政府的行为"在美国产生了直接影响"。那么事实究竟如何呢？原告 2000 年在收集市场上以数百美元购买了长期没有付款的债券，因此，可以认为原告没有直接财务损失。对于从 1939 年开始中国政府就停止支付利息的债券，原告予以购买的行为并不构成《外国主权豁免法》上所规定的商业例外所要求的"直接影响"。还有，美国证券交易委员会曾经明确禁止旧债券在债券市场的交易，[⑦]这进一步说明了本

---

① See Cargill Int'l S. A. v. M/T Pavel Dybenko, 991 F. 2d 1012, 1016 (2d Cir. 1993).

② See Mirza Shamim Ahmed Beg v. Islamic Republic of Pakistan et al., No. 03 – 10849, 11th Cir. (December 22, 2003).

③ See Texas Trading & Milling Corp. v. Federal Republic of Nigeria, 647 F. 2d 300, 311 n. 30 (2d Cir. 1981).

④ Shapiro v. Republic of Bolivia, 930 F. 2d 1013, 1018 (2d Cir. 1991).

⑤ 关于对"直接影响"的较新文献，参见杨松：《从仰融案看跨国诉讼中的国家豁免问题》，载《政治与法律》2007 年第 1 期。

⑥ See Republic of Argentina v. Weltover, Inc., 504 U. S. 607, 611, 112 S. Ct. 2160, 119 L. Ed. 2d 394 (1992).

⑦ See SEC Litigation Release No. 15989 (Dec. 1, 1998); SEC Litigation Release No. 18393 (Oct. 6, 2003).

案中不构成"直接影响"。另外,在原告声称的"直接影响"发生之前,有介入行为(an intervening act)或者延长的因果关系链而导致的影响就不再是"直接影响"。[①] 虽然本案是合同引起的,但仍然可以认为在中国政府数十年来都停止支付本息的情形下原告购买债券的行为是介入行为,中断了因果关系。因此,这不构成"直接影响"。没有直接影响,所以中国享有主权豁免。

此外,要看这样的"直接影响"是否"在美国"。对此,要满足"与美国的实质性联系"标准。[②]虽然原告主张美国人购买了这些债券,但仅有国籍这样一个联系是不够的。[③] 中华人民共和国在美国没有指定代理人来管理这些债券,与债券的发行、支付有关的协商和谈判也没有发生在美国;债券的发行与支付也不以美元来计算流通。另外,更重要的是,合同所指定的支付本息的城市全部在美国领域外。考虑到所有其他因素都在美国领域外,就不能认为有关行为对美国产生了直接影响,美国法院就不能根据《外国主权豁免法》的商业例外行使管辖权。

三、原告的请求已经超过时效

即使原告可以证明法院具有标的管辖权,但在本案中,由于时效已经超过,被告要求撤销案件的动议应该得到支持。如果原告根据《外国主权豁免法》的规定能够提起诉讼,那么关于时效问题就要适用法院地法。[④] 在纽约州的联邦法院将适用纽约的"借用法规"(borrowing statute)来决定适用什么样的时效规定。对于非纽约州居民因在纽约州外产生的诉因而提起的民事诉讼,法院将适

---

① See Virtual Countries, Inc. v. Republic of South Africa, 300 F. 3d 230, 237 (2d Cir. 2002); United World Trade, Inc. v. Mangyshlakneft Oil Prod. Ass'n, 33 F. 3d 1232, 1238 (10th Cir. 1994); Upton v. Empire of Iran, 459 F. Supp. 264, 265 (D. D. C. 1978).

② See Verlinden B. V. v. Central Bank of Nigeria, 461 U. S. 480, 490, 103 S. Ct. 1962, 76 L. Ed. 2d 81 (1983).

③ See Antares Aircraft, L. P. v. Federal Republic of Nigeria, 999 F. 2d 33, 36 (2d Cir. 1993). 在该案中,第二巡回法院认为,如果仅仅因为公司注册地就以为"在美国产生了直接影响",那么将导致与美国没有多少联系的诉讼在美国泛滥。类似的意见,参见 Virtual Countries, Inc. v. Republic of South Africa, 300 F. 3d 230, 240 (2d Cir. 2002); See also Gabay v. Mostazafan Found. of Iran, 151 F. R. D. 250, 255 n. 8 (S. D. N. Y. 1993)。在"Virtual Countries, Inc. v. Republic of South Africa"案中,法院明确表示仅仅具有国籍因素,就不能认为在美国的自然人受到了直接影响,就可以拒绝行使管辖权。

④ See N. Y. C. P. L. R. § 202,另见 Dar El-Bina Eng'g & Contracting Co. v. Republic of Iraq, 79 F. Supp. 2d 374, 388 (S. D. N. Y. 2000)。

用纽约州或行为地时效较短的规定。在本案中,原告被告双方当事人都同意适用纽约的时效规定。而纽约州对因合同义务或者责任产生的诉讼的时效规定是6 年。

原告提出,由于中国 1991 年才加入《关于向国外送达民事或商事司法文书和司法外文书公约》(以下简称《海牙送达公约》),所以之前一直无法对作为被告的中华人民共和国政府进行送达,这构成了中断时效的"上级权力"。这个理由是站不住脚的。《海牙送达公约》仅仅是方便和简化了对司法文书的域外送达,一国成为其缔约国并不意味着从此之后才可以对该缔约国进行送达。事实上,《外国主权豁免法》本身就规定了送达的途径和方法。[1] 此外,在 1976 年《外国主权豁免法》通过之前,联邦法院也有权在适当的情形下对外国政府进行送达。[2]

最后,原告认为,由于《外国主权豁免法》的存在,原告一直不能提起诉讼,但由于在"Republic of Austria v. Altmann"案[3]中美国联邦最高法院认为,《外国主权豁免法》具有溯及力,使原告提起诉讼成为可能。需要注意的是,在该案中,美国联邦最高法院认为,《外国主权豁免法》具有溯及力的理由是,"有证据表明国会意图让《外国主权豁免法》适用于其通过之前的行为",并不是美国联邦最高法院让《外国主权豁免法》具有溯及力。因此,换句话说,《外国主权豁免法》本身事实上就是具有溯及力的。然而,作为债券持有人的原告直到 2005 年才提起诉讼,这就已经超过了时效的规定。此外,美国联邦最高法院在该案中的意见并不是要重新激活原本已经超过时效的请求。相反,布瑞耶尔(Breyer)法官认为,让《外国主权豁免法》具有溯及力并不会导致诉讼泛滥成灾的原因就在于时效的规定会阻挡诉讼的数量。在该案之前,第二巡回法院已经表明,《外国主权豁免法》的通过并不会导致"古代过时的请求的大规模复活"。[4]

很明显,原告早在 1952 年"泰特公函"发布后就可以对外国政府提起诉讼,然而原告没有这么做。即使按照原告所说的,到中美建交、关系正常化以后才可以行使管辖权,那么时效在 20 世纪 80 年代也已经消灭了。因此,原告关于时效的主张是没有根据的,其诉讼请求不应得到支持。

---

① 参见 28 U.S.C. § § 1608(a),(b)。

② See Petrol Shipping Corp. v. Kingdom of Greece,360 F.2d 103,109 - 10(2d Cir. 1966).

③ See Republic of Austria v. Altmann,541 U.S. 67(2004).

④ See Schmidt v. Polish People's Republic,742 F.2d 67,71(2d Cir. 1984).

四、本案涉及的其他问题

(一)“中华民国”的诉讼地位

在起诉状中,莫里斯以中华人民共和国和“中华民国”为共同被告提起诉讼,这样的行为是十分错误的。1949 年 10 月 1 日后,中华人民共和国已经完全取代了“中华民国”。1971 年 10 月 25 日第 26 届联大以压倒多数通过了第 2758 号决议,恢复了中华人民共和国在联合国的合法席位。1979 年美国在中美建交的时候也已经承认中华人民共和国政府是中国的唯一合法政府。因此,原告以“中华民国”为共同被告是没有根据的,法院受理也是错误的。这直接导致本案人为的复杂化了。2006 年 11 月 26 日北京国际法学会 2006 年会在北京国际关系学院召开,最高人民法院副院长万鄂湘在报告中指出,本案的复杂之处在于,如果大陆不应诉,台独势力领导人陈水扁可能会积极应诉,这就为本案增加了政治上的复杂性……同时,本案的不确定因素还在于尚不知道台湾当局的态度。[①] 对于这个问题,原来的担心现在看来是多余的了。在案件的审理过程中,我国台湾地区并没有参与诉讼。在最后的判决书中,美国纽约南区联邦地方法院对“中华民国”的诉讼主体资格也没有涉及,最后以主权豁免和时效为由撤销了案件。因此,我们可以认为,法院事实上并不承认“中华民国”的主体地位,中华人民共和国政府才是中国的唯一合法政府。

(二)《中美资产协议》的地位

在本案中,原告提出《中美资产协议》并没有解决旧债券的问题。那么,我们有必要仔细分析《中美资产协议》的规定。1979 年 5 月 11 日中华人民共和国政府财政部部长张劲夫和美国财政部部长克雷普斯代表各自政府签订了《中美资产协议》,规定“产生于 1949 年 10 月 1 日或其后直到本协议签订之日以前对美国国民的财产实行的国有化、征收、干预和其他占有或特别措施,中国政府向美国政府支付 8050 万美元,作为对美国及其国民(包括自然人和法人)对中国资产要求的完全和最后的解决”。该协议还规定了“本协议签署生效之后,中、美两国政府均不再代表自己或他人向对方政府提出本协议范围内的任何资产要求”。

在本案中,原告提出债券所产生的债务不属于“被国有化、征收、干预和其他占有或特别措施的财产”。事实上,《国际求偿解决法》对“财产”一词已经作

---

① 参见《北京国际法学会 2006 年学术年会简报》,载 http://www.cuplfil.com/shownews.php? NewsID = 402,最后访问日期:2007 年 3 月 23 日。

了广义的界定,认为“财产”包括“任何财产、权利、利益……和古巴政府或者中国所欠的债务”。[①] 英文本的《中美资产协议》也规定:“The claims settled pursuant to this Agreement are:(a) the claims of the USA and its nationals (including natural and juridical persons) against the PRC arising from any nationalization, expropriation, intervention, and other taking of, or special measures directed against, property of nationals of the USA on or after October 1,1949 and prior to the date of this Agreement.”这与中文本是一样的,表明中美两国已经完全解决了相互之间的资产要求。而且,在此之前,已经有债券持有人的请求被驳回的案例。[②] 因此,原告的主张是没有根据的。

(三)恶债不予继承

“恶债”不予继承是得到国际社会所认可的。早在1898年召开的巴黎会议上,对于统治古巴的美国军事政府是否应该继承前古巴政府的债务问题,美国就主张西班牙对古巴的贷款并不是为了古巴的利益,而实际上违背了古巴的利益,属于恶债。对此,美国拒绝承认古巴对西班牙的债务。当时美国的行为得到了国际社会的认同。对于北洋政府和国民党政府欠下的恶债,中华人民共和国政府于1955年曾经声明不予继承。1982年1月18日我国财政部和外交部联合发布的《财政部、外交部关于处理我国旧政府发行的公债券问题的通知》[③]明确指出,关于处理我国旧政府发行的公债券的问题,前政务院1953年2月20日公布的《关于解放前银行业未清偿存款给付办法》第16条规定:“国民党反动政府通过伪行局会发行的‘节约建国储金’‘节约建国储蓄券’‘特种有奖储蓄券’‘美金节约建国储蓄券’‘乡镇公益储蓄券’等,属于公债性质,一律不予清偿”;国务院第五办公室1955年8月26日曾以(55)五办字第61号文批复:同意财政部“关于北洋政府和国民党反动政府所发行的一切公债,人民政府不能偿还”的意见。据此,今后凡外国个人或机构向我方提出这方面的问题,可按此酌情答复,并将情况函告财政部和外交部。上述精神,亦适用于持有旧政府发行的公债券的华侨。在湖广铁路债券案的诉讼过程中,中国政府于1983年曾

---

① See 22 U. S. C. § 1643a(3).

② See Carl Marks & Co., Claim No. CN-0420, Decision No. CN-0472, slip op. at 2-3(FCSC Mar. 11,1971).

③ 资料来源:http://www.chinalawedu.com/news/2003_10%5C5%5C1500489913.htm,最后访问日期:2007年1月23日。

经向美国提交过一份备忘录,指出中国政府不承认旧政府所欠下的任何外债而且也没有义务来偿还。

然而,在本案中,原告利用翻译的错误故意歪曲中国政府对恶债的态度,认为中国政府只是说“不能”(unable to)偿还,而没有说“不愿意”(unwilling to)偿还。即使 1955 年国务院的批复和 1982 年的《财政部、外交部关于处理我国旧政府发行的公债券问题的通知》使用了“关于北洋政府和国民党反动政府所发行的一切公债,人民政府不能偿还”(“不能”两字的重点为笔者所加)的措辞,但中国政府一直拒绝偿还恶债的实践以及 1983 年提交的备忘录都已经明确地表明了中国的态度,即不承认任何恶债。因此,原告的说法是一厢情愿,甚至是强加到中国政府头上。不过,这倒给我们一个教训,以后在国际交往中一定要时刻谨慎,绝对不能出差错。

五、结语

通过以上分析,我们可以得出如下结论:美国《外国主权豁免法》规定的商业例外,不但要求原告的诉因与外国的商业行为有实质性的联系,而且要求在美国境外发生的外国的商业行为在美国境内有“直接影响”,否则外国就可以享受国家豁免。如果原告根据美国《外国主权豁免法》的规定能够提起诉讼,那么关于时效问题就要适用法院地法。《中美资产协议》已经完全解决了相互间的资产要求。中国政府对 1949 年前旧政府所欠下的恶债不予继承,也没有义务偿还。

随着美国法院裁决撤销案件,善后大借款案暂时告一段落。然而,在本案中出现的一些问题也值得我们进一步思考。例如,原告有组织地利用各种经济的、政治的、舆论的以及法律的手段等来促进自己目标的完成,这一点就值得我们反思。随着我国对外开放进一步深入发展以及我国国民和企业更多地走出去,涉及我国的国际纠纷将会增加。[①] 对此,如何预防和化解风险,尽量利用国际法和各国的法律制度来减少损失,保护自己的合法权益将是一个急迫的任务。从目前的实际情况来看,我国政府、企业和国民在利用法律手段来促进国际交往,维护自身利益这一点上做得还远远不够,还有很长的路要走。

---

① 在本案之前,还有涉及中国地方政府的案件,例如,仰融案和加拿大天宇网络有限公司诉四川省政府和成都市青羊区政府案,前者因为影响较大,讨论比较多,而后者目前尚未见到国内有人评论,其判决书全文可以通过万律(Westlaw)找到,参见 2006 WL 3692663(D. Utah)。

第四编　区际私法探究

区际法律冲突初探*

一、区际法律冲突的产生及其条件

区际法律冲突是在一国内的涉外民事法律关系中产生的，是指在一个国家内部不同地区的法律制度之间的冲突，或者是在一个国家内部不同属地性法域之间的法律冲突。区际冲突法则通常通过解决区际法律冲突来实现调整这种涉外民事法律关系的目的。

所谓涉外民事法律关系，就是法律关系的主体、客体和内容这三个要素中含有一个或一个以上的涉外因素的民事法律关系。我们这里讲的"涉外因素"与国际私法上讲的"涉外因素"(foreign element)有所不同，后者讲的"涉外因素"一般是指涉及外国的因素，而前者讲的"涉外因素"是指涉及一国内"外法域"或者另一个法域的因素。不过，在英美普通法系国家，学者们把这两者等同起来，他们讲的"涉外因素"既是指涉及外国的因素，又是指涉及一国国内的外法域因素。例如，英国冲突法学者莫里斯从英格兰的冲突法角度讲："在法律冲突中，一个涉外因素和一个外国国家意味着一个非英格兰因素和一个非英格兰的国家。"①但是，我们在研究区际法律冲突时所讲的涉外民事法律关系只是指在一国内涉及外法域的民事法律关系。在这种涉外民事

---

* 本文原载于《法律学习与研究》(中国人民大学法律系、北京人文函授大学法律系合编)1988 年第 4 辑。

① J. H. C. Morris, *The Conflict of Laws*, 3(3rd ed. 1984).

法律关系中,或者主体的一方或双方是外法域的自然人或法人,或者作为民事法律关系的物或财产位于外法域,或者作为民事法律关系的内容即权利义务据以产生、变更或消灭的法律事实发生在外法域。

如果在一个国家内部,民商法在全国是完全统一的,或者法院在处理涉外案件时案件所涉问题上的民商法是全国统一的,或者案件所涉法域的民商法规定完全一致,那么,就根本谈不上法律冲突或法律选择问题。然而,由于种种原因,世界上许多国家形成复合法域国家,其国内各地区具有不同的民商事法律制度。犹如各国人民之间政治、经济、民事、文化交往不可阻挡一样,一国内各个地区的人民的政治、经济、民事、文化交往更是自然而然的事情,往往比国际交往更密切、更频繁。随着一国内具有不同法律制度的各地区人民之间的交往,涉外民事法律关系必然随之而生。但是,在一国内不同地区之间的不同民商事法律的存在,以及随着各地区人民之间的交往而产生的大量涉外民事法律关系,只为区际法律冲突的产生创造了客观条件。如果说这时有法律冲突存在的话,充其量不过是隐存的法律冲突或虚拟的法律冲突。因为虽然各法域的法律依其属地或属人管辖权有一种隐存的或者虚拟的域外效力,但假设各法域又互不赋予外法域人在自己法域的民事法律地位和承认外法域的域外效力,仅仅依本法域的法律处理涉外民事法律关系,其法律的隐存的或虚拟的域外效力便不可能变成现实的域外效力,法律适用上的冲突仍然不会产生。所以,区际法律冲突的产生除了必须具备上述两个客观条件外,还必须具备一国内各法域相互赋予他法域人的民事法律地位和承认外法域的法律的域外效力这两个主观条件。

历史上,法律适用上的冲突首先是以区际法律冲突的形式开始发展起来的。不过,从出现涉外民事法律关系到产生法律适用上的冲突,经历了一个漫长的历史发展过程。在奴隶制国家产生后,随着商品交换的发展,已出现一些涉外民事法律关系。在欧洲的罗马帝国时代,法律属人主义盛行。罗马人受市民法(*jus civile*)支配,即使罗马人不在本土而在被罗马征服的地区亦享有受市民法保护的权利。随着商业的发展和罗马征服地区的扩大,罗马人与外来人之间以及被征服地区居民之间关于法律适用的矛盾突出起来,于是万民法(*jus gentium*)应运而生,用来调整罗马境内外来人与罗马人之间以及外来人之间的民事法律关系。尽管万民法不同于调整罗马人之间的关系的市民法,但它仍然只是罗马帝国的国内法。可见,在罗马帝国,由于不承认外来人与罗马人的平等民事法律地位,也不承认外来法的域外效力,故当时根本就不会发生法律适用上的冲突。

在罗马帝国衰亡后，由于“蛮族”人入侵，在欧洲法律属人主义更加盛行。那时，各“蛮族”部落的人受本部落的法律支配，而罗马人的后裔仍受罗马法的支配，当时仅有的法律冲突是人际法律冲突，而无法律适用上的空间冲突。到8、9世纪，在欧洲，属地主义已开始出现，当时的法兰克王国国王颁布的法令施行于全国，这已是属地性而非属人性的法律了。到10世纪，至少在当时的法兰西和德意志，地区性的法律已取代属人性的法律。在12、13世纪，意大利北部的各城市，随着东、西方中介贸易、手工业、商业和银钱业的蓬勃发展，自治权力的不断增大，逐渐发展成为城市国家(city state)。这些城市把自己的习惯法编纂成“法则”(statute)，并加进一些新的内容，以适应各城市国家人民之间的经济往来。起初(大约在11世纪)，各城市国家完全用自己的“法则”来解决各城市国家之间的民事纠纷，并不承认其他城市国家的“法则”的域外效力。到12、13世纪，由于保护和促进各城市人民之间结成的涉外民事法律关系的客观需要，各城市国家开始承认其他城市的“法则”的域外效力，真实意义上的区际法律冲突便在这时产生了。[①] 随后，15、16世纪在法国和17世纪在荷兰出现的引人注目的法律冲突，皆主要为这种区际法律冲突。

归纳起来，区际法律冲突产生的各种条件有：(1)在一国内存在数个具有不同法律制度的法域；(2)各法域人民之间的交往导致产生众多的涉外民事关系；(3)各法域相互承认外法域人的民事法律地位；(4)各法域互相承认外法域的法律在自己的区域内的域外效力。

二、区际法律冲突的特征

我们所要探讨的区际法律冲突只是众多的法律冲突现象中的一种。为了把区际法律冲突同其他法律冲突区别开来，我们有必要分析一下区际法律冲突的特征。其特征如下。

1. 区际法律冲突是在一个主权国家领土范围内发生的法律冲突。

区际法律冲突只可能发生在一国领土范围之内。如果某一法律冲突超越一国领土范围，或者说它是一种跨越国界的法律冲突，那么，它就不是区际法律冲突，甚至一个国家内某一法域与另一个国家内某一法域之间，或者一个国家

---

① Cf. M. Wolff, *Private International Law*, 21 - 26(1945).

内的某一法域与一个法制统一的国家之间的法律冲突也不是区际法律冲突。澳大利亚国内各州之间的法律冲突,加拿大国内各省之间的法律冲突,英国国内的英格兰、苏格兰、北爱尔兰、海峡群岛及马恩岛相互之间的法律冲突,西班牙国内各地区之间的法律冲突,都是区际法律冲突。而美国的纽约州与日本法律之间的法律冲突,法国的法律与加拿大魁北克省的法律之间的冲突则是国际法律冲突。

2. 区际法律冲突是在一个主权国家领土范围内具有独特法律制度的不同地区之间的法律冲突。

我们知道,法域有属地性法域和属人性法域之分,我们讲的区际法律冲突是指一国内属地性法域之间的法律冲突。而属地性法域之间的法律冲突显然也具有属地性,也就是说,它是法律在空间上的冲突。国际私法和区际私法所解决的法律冲突都是这种空间上的冲突,只不过国际私法是解决法律在空间上的国际冲突,而区际私法是解决一国内部的法律在空间上的冲突罢了。有时,由于一种特殊情况的结果,在一个国家内部的同一地区的不同法律会产生法律冲突。例如,在 15 世纪,随着当时的德意志接受罗马法(Roman law)作为一般法律制度,用于解决同一问题的当地习惯法(local customary law)与罗马法发生冲突。对于这种在同一地区几种相对立的法律谁优先的问题,当时德意志的法院和法官确立了优先适用当地德国法的国内准据法原则。[①] 这种同一地方的不同法律之间的冲突,不是我们所讲的区际法律冲突,因为它们虽然同某一地区相联系,但它们不是不同地区之间的法律冲突,或者说它们不是法律在空间上的冲突。

3. 区际法律冲突是一个主权国家领土范围内不同地区的民商事法律冲突。

这也就是说,区际法律冲突是一种私法方面的冲突。对于这一点,学者们颇有分歧。英、美等普通法系国家的学者认为,区际法律冲突与国际法律冲突一样,包括法律选择冲突(主要是民商事法律方面的冲突)、管辖权冲突以及判决的承认和执行方面的冲突。法国的学者则认为国籍的积极冲突和消极冲突也属于区际法律冲突。因为在有些实行联邦制的复合法域国家内,公民除共有联邦国家国籍外还具有所在成员国的国籍。还有些学者如萨瑟则认为区际法律冲突不仅仅是民商事法律的冲突,他指出:“在发生冲突的法律制度内,可能

---

① Cf. R. H. Graveson, *Comparative Conflict of Laws*, Vol. 1, 328 (1977).

会有民事、商事、劳动法,民事或刑事诉讼法,政治或行政法,刑法以及财政法的法律规则之间的冲突。”①我们认为,刑法、行政法、财政法、程序法等都属公法领域,在这些领域中,由于世界各国(包括复合法域国家的各法域)历来从严格的属地主义出发,根本不承认外国法(或外域法)在本国(或本法域)的域外效力,而只适用自己的刑法、行政法、财政法、程序法,虽然也有法律冲突问题,但这种冲突不涉及外国法(或外法域法)的适用,只是一种隐存的冲突。而在民商法领域,各国(或各法域)承认外国(或外法域)的法律的域外效力,从而导致产生适用外国(或外法域)的法律的问题。因此,只有一国内部不同地区之间的民商事法律冲突才是我们所讲的区际法律冲突。严格来讲,区际法律冲突应称为区际民商事法律冲突或者区际私法冲突。

4. 区际法律冲突是一个主权国家领土范围内不同地区的法律制度在同一平面上的冲突(horizontal conflict)。

一般来讲,一国内各法域是平等的。既然在一国内各法域是平等的,各区域法律制度是平等的,那么,各区域法律制度之间的区际法律冲突必定是同一平面上的冲突。在一国内,非同一平面上的法律冲突,如中央法律与地方法律之间的冲突,特别是在联邦制国家内联邦法律与各州,或各成员国,或各省之间的冲突,则不是区际法律冲突。因为它们之间的法律冲突是不同层次的法律之间的冲突,是上下级法律之间的冲突,或者说是一种垂直冲突(vertical conflict)。

根据上述区际法律冲突的特征,更确切地说,区际法律冲突是在一个主权国家领土范围内不同地区之间的民商事法律之间在同一平面上的冲突。

三、区际法律冲突的种类

对于区际法律冲突,学者们已有种种不同的分类,我们择要加以介绍。

著名国际私法学者卡恩—弗罗恩德曾对国际冲突和国内冲突(internal conflicts)进行过比较研究,他将国内冲突分为三类:(1)联邦制国家内的州际或省际法律冲突(interstate or interprovincial conflicts in a federal country);(2)单一制国家内的地方间的法律冲突(interlocal conflicts in a unitary country);(3)从同一主权单位内不同团体共存中产生的人际法律冲突(interpersonal conflicts

① L. Szászy, *Conflict of Laws in the Western, Socialist and Developing Countries*, 26(1974).

arising from the symbiosis in the same unit of sovereignty of different groups)。[①] 从卡恩—弗罗恩德的这一分类可推断出他将区际法律冲突分为两类,即联邦制国家的州际或省际法律冲突和单一制国家的地方间的法律冲突。

匈牙利国际私法学者萨瑟根据他对区域法律制度的分类,将区际法律冲突分为六类:(1)在政合国与君合国内的区际法律冲突;(2)联邦制国家内的法律冲突(在联邦制国家领域内产生的冲突);(3)省际法律冲突(国家的自治管辖权内的冲突——conflicts within autonomous jurisdictions of the states);(4)地方间的法律冲突(国家的非自治管辖权内的冲突——conflicts within non-autonomous jurisdictions of the states);(5)兼并区际法律冲突(interannexa-tional conflict of laws,被兼并地区与兼并国以前的地区的法律之间的冲突);(6)殖民地间的法律冲突(殖民国的法律同其他殖民地的法律之间,或者同属一殖民国的各殖民地的法律相互之间的法律冲突)。[②] 对于萨瑟的分类,有一点应该指出的是,萨瑟把君合国这种国家联合形式下的各成员国之间的法律冲突视为区际法律冲突是不适当的。我们知道,君合国这种国家联合形式是一种极为松散的国家联合,它本身并不构成一个新的国家,并不构成为一个新的国际法主体,相反,各成员国在这种国家联合之下仍然是独立的主权国家。因此,君合国内各成员国的法律之间的冲突,从真实意义上讲是一种国际法律冲突,而不是区际法律冲突。

意大利国际私法学者维塔对区际法律冲突的分类值得一提,他在为《国际比较法百科全书》国际私法卷(第三卷)撰写的第九章——"区际法律冲突"中,专门探讨了区际法律冲突的类型,他将区际法律冲突分三类:(1)联邦制国家内的区际法律冲突;(2)在具有复合法律制度的单一制国家内的区际法律冲突;(3)在暂时由复合法律制度支配的国家内的区际法律冲突。[③] 其实,维塔划分的第三类区际法律冲突虽有其特殊意义,但完全可以根据它们出现在什么国家并入前两类区际法律冲突中去。

关于区际法律冲突的种类,笔者认为,可以按照不同的标准进行多种分类,

---

① See Kahn-Freund, *General Problems of Private International Law*, 147 - 148(1980).

② See L. Szászy, *Conflict of Laws in the Western, Socialist and Developing Countries*, 235 (1974).

③ Cf. E. Vitta, "Interlocal Conflict of Laws (Chapter 9)", *in International Encyclopedia of Comparative Law*, Vol. Ⅲ, 5 - 11(1985).

而不必拘泥于某一种分类。

以国家结构形式为标准,区际法律冲突可以划分为单一制国家内的区际法律冲突和联邦制国家内的区际法律冲突。英国、西班牙、1919 年至 1924 年的法国、1919 年至 1928 年的意大利、1940 年以前的希腊、1943 年以前的罗马尼亚等国国内的区际法律冲突,都是单一制国家内的区际法律冲突。而苏联、南斯拉夫、美国、加拿大、澳大利亚以及瑞士等国国内的区际法律冲突则属联邦制国家内的区际法律冲突。联邦制国家的区际法律冲突与单一制国家的区际法律冲突有一点不同,这就是在产生区际法律冲突的范围上或者说在哪些方面的法律会产生区际法律冲突上,联邦制国家一般是通过宪法对之加以规定;而单一制国家的实践则大不一样,如在西班牙是由一项普通法律对之加以规定的,而在英国则是习惯的结果。

以社会制度为标准,区际法律冲突可划分为具有相同社会制度的各法域之间的区际法律冲突和具有不同社会制度的各法域之间的区际法律冲突。到目前为止,在各复合法域国家内现存的区际法律冲突都是社会制度相同的各法域之间的区际法律冲突。只是到 1997 年和 1999 年后,随着中国分别对香港和澳门恢复行使主权,仍然保持资本主义制度的我国香港特别行政区和澳门特别行政区的法律与实行社会主义的内地的法律之间出现的冲突,才是世界上前所未有的在一国内存在的具有不同社会制度的各法域之间的区际法律冲突。这种区际法律冲突与各个社会制度相同的法域之间的法律冲突比较起来要更复杂。在解决这种冲突时,与解决其他区际法律冲突比较起来,"公共秩序保留"原则的运用可能更为重要,其频率也会高一些。①

以法系为标准,区际法律冲突可划分为,属同一法系的不同法域之间的区际法律冲突和非属同一法系的不同法域之间的区际法律冲突。法系是根据各国法律的特点和历史传统的外部特征,对法律进行的分类,通常是把具有一定特点的某一国的法律同仿效这一法律的其他国家的法律,划为同一法系,如大陆法系和普通法系等。在一个国家内部,不同地区的法律制度由于种种历史原因可能分属不同的法系。例如,美国的路易斯安那州是美国于 1803 年从法国手中买来的。在此之前,路易斯安那地区曾在西班牙和法国的统治下,因而其法律深受大陆法的影响。美国买到路易斯安那后,原来实施的法律制度仍保持

① 参见廖瑶珠:《法律逐渐统一的方案》,载香港《大公报》1986 年 4 月 11 日。

下来。该州于 1825 年制定的《民法典》也是按《法国民法典》模式编纂而成的。后来,虽然路易斯安那州的法律也受到英、美普通法的影响,但在不动产法、家庭法、继承法等方面仍保持法国传统。[①] 由此可见,路易斯安那州的法律属大陆法系,它与美国其他普通法系的州的法律之间的冲突显然为不同法系的法域之间的区际法律冲突。在加拿大,也有类似情况,加拿大的魁北克省原为法国在加拿大的殖民地中心,早在 17 世纪末期路易十四即把适用于巴黎最高法院辖区的法律引入这一地区。在这一地区依 1763 年英、法签订的巴黎和约割让给英国,但根据《1774 年魁北克法》,法国私法在该地区继续有效。后来于 1866 年制定的至今仍有效的《魁北克民法典》亦是仿效 1804 年《法国民法典》的结构制定的。[②] 这表明,魁北克省的私法起源于法国的民法,属大陆法系范畴。另外,加拿大的其他九省的法律制度则深受普通法的影响,属普通法系。因此,魁北克省的法律与其他各省的法律之间的冲突同样是分属不同法系的区域法律之间的冲突。

将区际法律冲突区别为同一法系的区域法律制度之间的冲突和非同一法系的区域法律制度之间的冲突并不是毫无意义的。一般说来,同属于一种法系的区域法律制度有共同的法源基础和历史传统,有一些共同的性质特征,又加上长期相互影响和仿效,因而它们之间发生冲突的范围小些,而且在很多情况下是细枝末节方面的冲突。另外,非同属一种法系的区域法律制度,由于其传统和形成的历史条件不同,它们之间的差别比同属一种法系的区域法律制度之间的差别更大,因而发生法律冲突的范围就相应更广,情况也会更复杂一些。

最后应指出的是,以国家结构形式为标准对区际法律进行分类,即把区际法律冲突分为联邦制国家内的区际法律冲突和单一制国家内的区际法律冲突这两种类型,是一种最通常的分类方式。许多学者在探讨区际法律冲突的类型时都采用了这一方式。

---

① 参见上海社会科学院法学研究所编译室编译:《各国宪政制度和民商法概要》(美洲、大洋洲分册),法律出版社 1986 年版,第 167 页、第 170 ~ 172 页、第 203 页;[英]霍利迪:《简明英国史》,洪永珊译,江西人民出版社 1985 年版,第 86 页。

② 同上。

略论区际冲突法的历史发展*

区际冲突法作为解决一国内部不同地区之间的民事法律冲突的法律适用法,同其他法律分支一样,有一个产生、发展的演变过程。但是,在区际冲突法发展的历史长河中,它展示了自己的极为特殊之处,并总是同国际私法的发展纠合在一起。因此,我们有必要对区际冲突法的历史发展进行专门的研究。

一、学说法时代——"法则区别说"时代

西方学者常说国际私法(或冲突法)是13、14世纪欧洲的产物。这个说法至少犯了两方面的错误。首先,如果这个说法意味着在13、14世纪之前世界上没有国际私法,那显然是不正确的。打开冲突法的史册,我们会发现,历史上最早的成文冲突规范是7世纪中国唐代《永徽律·名例律》中的一条规定:"诸化外人同类自相犯者,各依本俗法;异类相犯者,以法律论。"当时,唐帝国是亚洲乃至世界政治、经济、文化活动的一个中心,有许多"化外人"来中国学习文化和进行贸易。这条冲突规范无疑是在唐朝与外国的交往中应运而生的。当然,由于历史条件的限制,作为中国封建鼎盛王朝的唐朝与外国的交往同今天的国际交往是不能相提并论的,现实没有提出需要更多的冲突规范的要求。因此,在发达的

---

* 本文原载于《武汉大学学报(社会科学版)》1989年第3期。

封建唐律中,仅此一条涉外规定。其次,在 13、14 世纪的欧洲出现的法律冲突一般是指在意大利北部各城市法则之间的冲突。严格来讲,这种法律冲突不是现代意义上的主权国家之间的法律冲突,或者更直接地说是区际法律冲突,因而解决这种冲突的法律自然很难说是用于解决国际法律冲突的国际私法了。

在西方,区际冲突法的产生早于国际私法的产生。如果在历史上国际私法与区际冲突法有联系的话,那就是说国际私法是随着区际冲突法的产生和发展而产生并发展起来的,或者不妨说,区际冲突法是国际私法的最初形态。早在 12、13 世纪,意大利北部的各城市,如威尼斯、米兰、热诺阿、佛罗伦萨等,随着东西方中介贸易、手工业、商业和银钱业的蓬勃发展,自治权力的不断增长,并对其周围广大地区取得了支配权,日益强大的城市逐渐发展成为城市国家。这些城市国家仍处于其共同统治者——罗马帝国皇帝和教皇的权力之下,尽管它们都是靠对外贸易发展起来的,但彼此之间在政治上很少联系,也没有政治统一的要求。不过,由于市场的竞争,彼此之间矛盾不断,经常冲突。在这种各城市政治上彼此独立和经济上多有往来的情况下,这些城市逐渐把自己的习惯法编纂成“法则”,并加进一些新的内容,以适应各城市人民之间的经济和民事交往的需要。起初,各城市的法官完全适用自己城市的法则来调整各城市之间的民事交往关系,并不承认其他城市的法则的域外效力,因为当时人们还有这样一种观念,即当事人选择了他们的法官就无保留地选择了法官所属的法律制度。但到 13、14 世纪,由于各城市人民之间的商业交往进一步发展,原来的做法已不能适应新的经济形势的需要。当时,各城市之间虽然缔结了许多条约,但没有规定法律选择问题,而只对哪个城市的法官有管辖权作了规定。

在这种情况下,以巴托鲁斯为代表的一些注释学者创立了“法则区别说”,用来指导解决各城市之间的法律冲突。于是,区际冲突法开始以一种学说法的形式发展起来。在国际私法中,巴托鲁斯常常被称为国际私法的鼻祖。其实严格来讲,他应该是区际冲突法的鼻祖。把巴托鲁斯称为鼻祖并不在于他是最早研究区际冲突法的人。在他之前,意大利和法国的一些法学家已相继提出过一些早期的关于法律适用的见解或冲突原则。按照纽梅耶的研究,12 世纪后期的奥尔德里古斯是最早研究意大利城市之间的法律选择问题的学者,他提出法官应适用更好的和较有益的法律。另一位叫鲍尔杜尼的学者率先提出了“场所支配行为”的原则,并开创实体法和程序法的划分,主张程序问题依法院地法,实体问题依行为地法。后来,法国法学家詹姆斯和彼得接受并发展了鲍尔杜尼的主张,并推动意大利学界最终接受了鲍尔杜尼的观点。巴托鲁斯之所以被称为区际冲突法的鼻祖,是因为他集“法则区别说”之大成。他不仅揭示了区际冲突法中包含的所有多方面的可能性,而且为具体问题及其解决方法开辟了新的道路。巴托鲁斯解决问题的出发点是对既存法律规则的分类,而不是对法律关系的归纳,他根据法则的不同目的,将其分为人的法则和物的法则。前者是有关人的法律,应按属人法适用,可以及于域外的属民,而后者是有关物的法律,则应按属地法适用,必须及于法则有效范围内的物。他还就法律适用提出了一些具体原则,如人的能力依其所属城市法;侵权应根据场所支配行为的原则依行为地法;合同形式依缔约地法;合同效力依合同履行地法或法院地法;不动产依物之所在地法;程序问题依法院地法等。这些原则至今仍有意义,为一些国家所采用。以巴托鲁斯为代表的“法则区别说”创立以后,在欧洲以后的几乎 5 个世纪里,一直为许多学者所追随。

15、16 世纪,法国国内省际法律冲突比较突出。解决意大利各城市之间法律冲突的“法则区别说”的发展中心便从意大利转移到法国。在当时法国的法学家中,有两个人值得一提,一位是杜摩兰,另一位是达让特莱。杜摩兰生活在当时法国经济比较发达的法国南部,为了适应早期资产阶级商业交往的需要,他在其著作《巴黎习惯法述评》中,主张统一法国各地的法律,以消除各省之间的法律冲突;还主张扩大人的法则的适用范围,而缩小物的法则的适用范围;特别是提出了合同当事人可以选择法律支配其合同的意思自治原则。与杜摩兰恰恰相反,达让特莱长期生活在当时法国封建势力比较强大的北部的布列塔尼省,著有《布列塔尼习惯法述评》,他出于封建主把其领域内一切人、物、行为都置于当地习惯法控制之下的需要,支持属地主义原则,反对合同当事人意思自治,并极力主张扩大物的法则的适用范围,认为人的法则仅是那些用于解决人的身份、能力和财产(不涉及合同与侵权)的法则。为了限制人的法则的适用范围,他还提出了“混合法则”的概念,并且认为,尽管混合法则是一种既涉及人又涉及物的法则,但归根结底还是一种物的法则,是具有属地性质的法则。

正如德国国际私法学者沃尔夫所说的那样,达让特莱的学说虽在法国没取得成功,但后来在荷兰取得了成功。1565 年开始,欧洲爆发了反对西班牙专制统治的尼德兰资产阶级革命。当时的尼德兰指莱茵河、马斯河、斯海尔德河下游及北海沿岸一带,相当于今日的荷兰、比利时、卢森堡和法国东北的一部分。尼德兰革命的结果是尼德兰南北分裂,北方各省于 1581 年成立了“联省共和国”,亦称荷兰共和国,这是在欧洲建立的第一个资产阶级共和国。但在荷兰共和国内,各省法律互不相同。为了指导解决荷兰国内各省之间的区际法律冲突,17 世纪以保罗・沃伊特、胡伯和约翰・沃伊特为代表的荷兰法学家们很快接受了"法则区别说",并特别崇尚达让特莱的属地主义保守思想,形成"法则区别说"中的荷兰学派,从而使"法则区别说"的发展中心从法国转移到荷兰。荷兰学派特别强调法律的属地性,认为法律只在其所属域内有效,并约束其域内的一切人,适用域外法是出于礼让的考虑。

可见,从意大利的"法则区别说"开始到荷兰的"法则区别说",都是以解决一国内区际法律冲突为中心内容的,它延续了约 500 年的时间。可以说,这 500 年是区际冲突法发展史上的"法则区别说"时代。这个时代的区际冲突法还处在"学说法"阶段。意大利国际私法学者维塔曾经断言:"最早的关于冲突法的理论是探讨具有地方性的国内法之间的冲突的。"这无疑是正确的。我们也不得不说,区际冲突法的成长与"法则区别说"的贡献是分不开的。

二、实在法时代

17 世纪的荷兰"法则区别说"既是区际冲突法学说法时代的终结,又是解决国际法律冲突的国际私法的开端。本来,荷兰的学者从意大利和法国引进"法则区别说"是为了指导解决新兴的荷兰共和国内的省际法律冲突的。但是,自作为欧洲第一个资产阶级共和国的荷兰共和国,由于资本主义生产关系取代了封建主义的生产关系,非常适合荷兰当时的生产力发展状况,资本主义势力得到迅速加强,其工商业、航运业以及海外殖民地扩张也都有新的很大发展。随之,国际法律冲突渐渐突出起来。由于当时的荷兰共和国处于封建国家的包围之中,为了在对外关系中维护国家主权,抵抗外国势力,因此,荷兰学者对达让特莱的属地主义主张特别欣赏。荷兰学派所主张的"国际礼让说"就是在这种情况下应运而生的。"国际礼让说"的代表人物胡伯在其著作《论罗马法和现行法》中提出了著名的解决国际法律冲突的三原则,即(1)每一个国家的法律在其领域内施行并约束其全体臣民,而不施行于域外;(2)一个国家的臣民是所有那些在其领域内的人,而不论其是常住还是暂居;(3)根据礼让,国家主权者承认他国的业已在其国内适用的法律保持其效力,但以不因此损害另外的主权者或其公民的权力和权利为条件。在这三个原则中,前两个原则强调了主权和法律的属地性,后一个原则阐明了适用外国法的根据和限制,同时提出了国际礼让的原则,前两个原则是后一个原则的基础。这三个原则可以说是国际礼让说的主要内容。可以毫不夸张地说,它们是荷兰"法则区别说"的国际化。

“国际礼让说”的出现,反映了学者们从注重解决区际法律冲突转向更注重解决国际法律冲突,标志着以学说法形式的国际私法的开始,预示了区际冲突法和国际私法像兄弟般地在法律大家庭中并肩成长并成熟起来。

到18世纪,“法则区别说”在法国、德国等国仍发挥着影响。随着国际交往的范围日益扩大,在区际冲突法基础上发展起来的国际私法迅猛发展,并很快出现在制定法中。1756年的《巴伐利亚法典》和1794年的《普鲁士一般法典》率先规定了国际私法规范。从这两个法典关于国际私法的规定的内容来看,它们受“法则区别说”的影响是显而易见的。在随后的19世纪中,在1804年《法国民法典》的带动下,1811年的《奥地利民法典》、1829年的《荷兰王国立法总则》、1851年的《智利民法典》、1854年的《瑞士苏黎世州民法典》、1856年的《希腊民法典》、1865年的《意大利民法典》、1867年的《葡萄牙民法典》、1871年的《阿根廷民法典》等,都含有解决国际法律冲突的规定。总之,从18世纪开始到19世纪后期前,由于新兴的国际私法在欧洲大陆蓬勃发展,又由于法国、荷兰等国的法制从不同走向统一,区际冲突法受到学者和立法的忽视,区际冲突法为国际私法发展的浪潮所湮没,上述各法典中都只有解决国际法律冲突的冲突规范便可证明这一点。不过,在19世纪后半叶,瑞士和德国国内的区际法律冲突仍很突出。瑞士先后在1862年、1876年、1887年的三个法律草案中拟订了区际冲突法规范,可惜这三个法律草案未被采纳。从1871年到1900年,德国是一个联邦国家,其邦际法得到相应发展。

而且,在这一时期内,以判例法形式出现的区际冲突法也得到一定程度的发展。在英国,尽管现在无论在理论上还是在实践中都将区际冲突法和国际冲突法等同起来,但早先,其区际冲突法的发展是其国际冲突法发展的先导。早在1607年,英格兰即有判例基于外国法承认外国法院的判决。自17世纪末,英格兰法院有时在肯定自己有管辖权的情况下拒绝适用英格兰法,而适用行为地法和所在地法。1700年曼斯菲尔德爵士在鲁滨逊诉布兰德一案中声称,“合同缔结地是决定性的”为一般规则。按照莫里斯的观点,到18世纪末,主要由于英格兰和苏格兰的法律之间的冲突关系,冲突法问题才开始在英格兰法院中突出起来。到19世纪,随着英国与欧洲大陆的商业交往和社会交往迅速增长以及英国海外殖民地的开拓,英国法院才逐渐将解决国内区际法律冲突的规范用来解决国际法律冲突,并加以发展。19世纪以前,美国基本上没有系统的冲突法学说,其法院在司法实践中只是援引一些英国的判例和学者的理论。1834年,美国联邦最高法院法官斯托里在其于1834年出版的《法律冲突论》中将在

17、18 世纪的欧洲大陆占主导地位的"国际礼让说"引进美国并加以发展,为美国冲突法,特别是州际冲突法的发展开辟了新的道路。从这一点我们可以看出,美国是先接受了欧洲大陆的解决国际法律冲突的理论和规则而后运用于解决美国国内州际法律冲突的。

从 19 世纪末开始,特别是在第一次世界大战后,由于西方国家瓜分世界,进行战争和利益再分配,一些法制本已统一的国家,如法国、意大利、希腊等,又出现特殊的区际法律冲突问题,当然还在其他一些原因的促动下,区际冲突法重新得到一些复合法域国家的立法和司法实践的重视。1888 年的《西班牙民法典》第 14 条明文规定类推适用国际私法规则解决其国内的区际法律冲突,而第 15 条对区际冲突法的特殊问题作了规定。随后,1914 年 1 月 5 日第 147 号希腊法和 1923 年 4 月 22 日第 893 号意大利法亦作了类似的规定。1891 年,瑞士颁布了一项关于州际法和适用于在瑞士居住的外国人和居住在国外的瑞士公民的法律的联邦法,主要并详细地规定了解决瑞士州际法律冲突的冲突规范。1921 年法国立法机关通过了一项《防止和调整法国法与阿尔萨斯和洛林的地方法之间冲突的法律》。特别值得一提的是,1926 年 8 月 2 日波兰在颁布国际私法典的同时又颁布了一个完整的区际私法典,这是人类有史以来第一部专门用于解决区际法律冲突的区际私法典。另外,1898 年的《日本法例》、1939 年的《泰国国际私法》规定了依冲突规范的指引如何在多法域国家确定准据法的问题。另外,许多属普通法系的国家的法院出于解决本国国内区际法律冲突的需要,则在司法实践中发展了区际冲突法。同时,普通法系的国家在区际冲突法的成文法立法方面也迈开了脚步。例如,英国 1882 年的票据法、1892 年的外国婚姻法、1894 年的商业运输法和 1926 年的准正法等,就所涉问题规定了既适用于解决国际法律冲突又适用于解决区际法律冲突的冲突规范。

第二次世界大战后,各复合法域国家的区际冲突法得到进一步发展,区际冲突法逐渐形成为其国内冲突法的一个独立的法律部门。从立法方面看,值得一提的是,捷克斯洛伐克于 1948 年 3 月 11 日颁布的国际私法和区际私法典;1961 年的《苏联和各加盟共和国民事立法纲要》也专门规定了其国内各加盟共和国之间的区际法律冲突的解决办法。特别引人注目的是,南斯拉夫于 1978 年颁布的债法第三篇和 1979 年颁布的《解决关于民事地位、家庭关系及继承的法律冲突与管辖权冲突的条例》,都是专门解决区际法律冲突的立法。可以说,它们是现代区际冲突法的立法范例。最近,美国一些州的立法机关也制定了或正在制定涉及专门问题的区际冲突法,如 1986 年 1 月 1 日生效的《威斯康星婚姻财产法》就设有专门的冲突规范;路易斯安那州正在起草的《关于继承和婚姻财产的法律草案》也就有关的州际法律冲突问题作了法律选择的规定。再从司法实践方面讲,各复合法域国家的法院,特别是普通法系国家的法院在司法实践中不断丰富和发展了自己的区际冲突法。例如,从 20 世纪 50 年代开始,在美国的司法实践中就出现了许多对现代美国冲突法(包括国际冲突法和州际冲突法)产生过重要影响的判例。1961 年美国纽约上诉法院审判的基尔伯格诉东北航空公司一案便是一例。这些判例对在美国冲突法中确立最密切联系原则起了积极的作用。

从 20 世纪区际冲突法的发展来看,无论在立法方面还是在司法实践方面,无论在单一制的复合法域国家还是在联邦制的复合法域国家,区际冲突法均表现出了集中统一的趋势,即各法域自己的区际冲突法部分或全部地向全国统一的区际冲突法发展。1926 年 8 月 2 日以前,波兰国内各法域都适用自己的区际冲突法,但 1926 年 8 月 2 日的区际私法典使之归于统一。在苏联,尽管各加盟共和国的民事或家庭法律中可以有自己的区际冲突规范,但受中央的区际冲突法立法制约。例如,1962 年 5 月 1 日生效的《苏联和各加盟共和国民事立法纲要》第 18 条就是全苏统一的区际冲突法立法。我们知道,在苏联的法律体系中立法纲要仅次于苏联宪法而又高于各加盟共和国的同类法律,每一纲要都是苏联和各加盟共和国立法机关必须遵循的这一部门法的基本原则,各加盟共和国颁布的法典和有关法律是立法纲要的具体化。由此可以推断,上述民事立法纲要第 18 条的存在,实际上促成了全苏区际冲突法的统一。南斯拉夫是第一次世界大战后产生的一个新的复合法域国家。在第二次世界大战前,南斯拉夫没有专门的国内冲突法,而是将国际法律冲突与国内法律冲突等同对待,用国际私法解决之。第二次世界大战后,这种情况仍然延续了一段时间。但 1974 年《南斯拉夫社会主义联邦共和国宪法》改变了这种状态,其第 281 条第 15 款明确规定由联邦立法机关"规定一个共和国或自治省的法律同其他共和国或自治省的法律发生冲突时的解决办法"。按照该立法,南斯拉夫联邦立法机关于 1978 年颁布了债法(第三篇),于 1979 年颁布了《解决关于民事地位、家庭关系及继承的法律冲突与管辖权冲突的条例》,它们都是全国统一的区际冲突法。另外,在司法实践中,如在澳大利亚,尽管各州原则上可以有其自己的冲突规范,但随着法律统一运动的开展,澳大利亚高等法院作为各州最高法院的上诉法院,在其司法实践中尽量避免各州过分地发展不同的冲突规范。加拿大的情况也是这样。加拿大冲突法学者卡斯特尔曾指出,关于法律冲突的普通法规则由于案件向加拿大最高法院上诉的结果已成为统一的了。上述这种趋势的出现反映了许多复合法域国家意欲集中统一地解决其国内的区际法律冲突,也反映了在复合法域国家内区际冲突法的统一易于实体法的统一。此外,在一些复合法域国家内,区际冲突法的统一常常是实体法统一的前奏,前者有力地带动了后者的统一,如波兰法制的统一,就是先统一了区际冲突法,进而统一全国的实体法的。

试论解决区际法律冲突的途径*

区际法律冲突就是一国内部不同地区之间的法律冲突。具有不同法律制度的若干地区组成的国家为复合法域国家。而那些具有独特法律制度的地区一般称为法域。区际法律冲突存在这一事实必然要求复合法域国家及其各法域对区际法律冲突加以解决,以便促进复合法域国家内不同法域的人民之间的正常民事交往。如何解决区际法律冲突呢?从各复合法域国家的立法和司法实践来看,与解决国际法律冲突一样,解决区际法律冲突的途径有二:一是冲突法解决途径;二是统一实体法解决途径。由于区际法律冲突毕竟是一主权国家内部不同法域之间的法律冲突,与国家之间的法律冲突有很大的差别,因而复合法域国家及其各法域在通过这两条途径解决区际法律冲突时则表现出其特点。

一、区际冲突法途径

通过区际冲突法途径解决区际法律冲突,就是复合法域国家或这类国家内的各法域通过制定冲突规范确定各种涉外民事关系应适用的法律,从而解决区际法律冲突。冲突规范是一种法律适用规范,它只指出适用哪个国家或地区的法律来确定某种涉外民事法律关系中当事人的权利与义务,而不是直接规范当事人的权利与

---

* 本文原载于《法学评论》1988 年第 1 期。

义务。就调整涉外民事法律关系而言,冲突规范只能起一种间接调整的作用,同实体规范比较起来,它缺乏应有的预见性、明确性和针对性。但就冲突规范解决区际法律冲突(解决国际法律关系亦一样)而言,它就是为解决区际法律冲突而产生的,是一种必不可少的有效解决手段。因为法律冲突问题即适用什么法律调整涉外民事法律关系的问题,而冲突规范正好是确定某一涉外民事法律关系应适用什么法律。但也应该看到,通过冲突规范进行法律选择是一种立法管辖权选择,它只就有关涉外民事法律关系指定一个立法管辖权,而不问该管辖权调整这种涉外民事法律关系的立法之有无以及立法的内容。而且,除统一冲突规范外,各法域自己制定的冲突规范常常就同一问题作出不同的法律适用规定,或冲突规范表面上相同,而解释起来又不一样,从而导致各法域冲突规范之间的冲突,因而同一涉外民事争议在不同法域处理会得出不同的结果。此外,虽然冲突法能在具体问题上积极地解决区际法律冲突问题,但它在总体上不能像统一实体法那样积极地避免和消除区际法律冲突。

各复合法域国家及其法域通过区际冲突法途径解决区际法律冲突的方式并不相同,考察有关国家的立法和司法实践,有如下几种方式。

1. 制定全国统一的区际冲突法来解决区际冲突。在历史上,有的国家颁布过专门的全国统一的区际冲突法,如 1926 年 8 月 2 日波兰颁布的区际私法典;有的国家则颁布过全国统一的解决某些方面的区际法律冲突的区际冲突法,如 1979 年 3 月 2 日南斯拉夫联邦颁布的《解决关于民事地位、家庭关系及继承的法律冲突与管辖权冲突的条例》;有的国家则将全国统一的区际冲突法同国际私法结合起来加以规定,分别月于解决区际法律冲突和国际法律冲突,例如,瑞士 1891 年 6 月 25 日颁布的一项关于州际法(inter-cantonal law)和适用于在瑞士居住的外国人和居住在国外的瑞士公民的法律的联邦法,其中,州际法就是用于解决瑞士联邦内部不同州之间的法律冲突的。

2. 各法域分别制定各自的冲突法,用来解决自己的法律与其他法域的法律之间的冲突。比如,在波兰 1926 年的区际私法典颁布之前,其各法域都有自己的冲突规范,因而它们是用各自的冲突规范来解决区际法律冲突的。再如,在捷克斯洛伐克 1948 年的《国际私法和区际私法典》颁布以前,其各法域之间的法律冲突受制于各法域的冲突法。

3. 类推适用(analogous application)国际私法解决区际法律冲突。采取这种方式的国家,没有专门的全国统一的区际冲突法,其各法域也无用于解决区际法律冲突的规范,而通过在国际私法或民法典中明文规定准类推适用国际私法解决区际法律冲突。例如,1888 年的《西班牙民法典》第 14 条明确规定,该法典第 9 ~ 11 条所规定的国际私法规则也适用于解决区际法律冲突。又如,1948 年的捷克斯洛伐克《国际私法和区际私法典》第 5 条规定,区际法律冲突通过类推适用国际法律冲突规则加以解决。另外,1914 年 1 月 5 日第 147 号希腊法令和 1923 年 4 月 22 日第 893 号意大利法令也采取了这样的规定。

4. 适用与解决国际法律冲突基本相同的规则解决区际法律冲突。在英、美等普通法系国家里,没有国际私法和区际私法之分,或者说没有国际冲突法与区际冲突法之分。在冲突法上,法院把本国内的其他法域都视为同其他主权国家一样的"外国",因而该法院在解决其所在法域的法律与本国内其他法域的法律之间的法律冲突时,适用与解决国际法律冲突基本相同的规则。这里,我们之所以说"基本相同",是因为事实上,由于区际法律冲突产生于一个主权国家内部的不同法域之间,受共同的宪法或其他因素的制约,普通法系的国家的法院对区际法律冲突的解决在某些方面还是不同于它们对国际法律冲突的解决的。还应注意,这一方式与上面所讲的类推适用的方式有所不同,即采用这一方式的国家把解决区际法律冲突的区际冲突法与解决国际法律冲突的国际冲突法等同起来,而不是类推适用国际冲突法来解决区际法律冲突。

虽然我们在上面对各国运用冲突法解决区际冲突的具体方式作了简单的归类,但实际并不是这样简单。的确,有的国家只采用上述某一种方式,如南斯拉夫联邦 1974 年宪法第 281 条第 15 款明确确定联邦机关有权"规定一个共和国或自治省的法律同其他共和国或自治省的法律发生冲突时的解决办法"。这表明,就解决各共和国或自治省相互之间的冲突而言,在南斯拉夫只有全国统一的区际冲突法,而没有各共和国或自治省的区际冲突法。但在不少联邦制国家既存在联邦的冲突法,又有各成员国的冲突法。在瑞士历史上一度出现过这种情况。1891 年 6 月 25 日的关于州际法和适用于在瑞士居住的外国人和居住在国外的瑞士公民的法律的联邦法颁布前,瑞士各州都有自己的冲突法。在该法令颁布后,大部分法律选择规则上升为联邦法,但各州仍保有剩余的法律适用规则。后由于 1907 年 12 月 10 日瑞士制定的《瑞士民法典》于 1912 年 1 月 1 日生效,各州的法律适用规则才因全国民法统一而失去效力。由此可见,在 1891 年至 1912 年,瑞士同时存在联邦冲突法和各州冲突法,分别用于解决瑞士各州之间的法律冲突。美国和澳大利亚的情况也是如此。例如,在美国,冲突法主要是州法,因为大多数民商事问题属各州管辖事项。在韦尔斯诉西蒙兹研磨料公司案(Wells v. Simonds Abrasive Co.)中,首席法官文森(Chief Justice

Vinson)曾指出:“除受完全诚意和信任条款以及其他宪法限制外,各州自由采用它们所选择的法律冲突规范。”因此,各州都是用它们自己的冲突规范去解决州际法律冲突的,但这只适用于州法所支配的问题。至于“联邦问题”(federal question),如海事事故的后果等的法律适用问题则必须由联邦冲突法加以回答。所以,美国州际法律冲突的解决同时依靠各州的冲突法和联邦法冲突法,而主要是依靠各州的冲突法。

二、统一实体法途径

区际冲突法虽然能解决一时的区际法律冲突,但它并不能避免和消除区际法律冲突。自然,复合法域国家及其法域会寻求新的途径,即统一实体法途径,来达到避免和消除区际法律冲突的目的。

通过统一实体法途径解决区际法律冲突,就是由复合法域国家制定或由复合法域国家内的法域联合起来采用统一的民商事实体法,直接适用有关的民事法律关系,从而避免不同法域的法律选择,最终消除区际法律冲突。这显然是一种彻底解决区际法律冲突的方式。我们知道,统一实体规范并不像冲突规范那样,去指明某种涉外民事法律关系应适用何种法律,而是直接确定民事法律关系当事人的权利与义务。因此,就调整民事法律关系而言,统一实体规范是一种直接调整规范,比起冲突规范来更明确、具体、有针对性;加之统一实体规范是在一定的范围内,或在全国或在数个法域内是统一的,自然成为解决区际法律冲突的最佳途径。

国际法律冲突也通过统一实体法途径加以解决。不过,这种统一实体法是国际统一实体法,而不是一国内的统一实体法。通过国际统一实体法解决国际法律冲突的发展晚于通过统一实体法解决区际法律冲突。几个世纪以来,许多国际私法学者倡导通过国际努力,制定国际条约来消除国际法律冲突。但是,由于各国在国家利益、社会制度、历史传统、文化习惯等方面差异很大,很难达成一致协议,制定出调整涉外民事法律关系的统一实体规范。直到 19 世纪末叶,经过各国的努力和实践,才逐渐在某些问题上以国际条约或国际惯例形式出现了某些共同适用的统一实体法。然而,在此之前,通过全国实体法的统一来消除国内的区际法律冲突已不鲜见。在法国资产阶级革命前,法国法制很不统一,早期与封建割据相适应,每个领地和城市各有自己的法律习惯,后来,随着国王势力的加强,国王敕令也混杂其间。但在法国资产阶级革命爆发后,法制逐渐统一,1804 年的法国民法典和 1807 年的法国商法典的制定标志着全国民商法完全统一,最终消除了法国国内原有的区际法律冲突。这种现象和情况是与区际法律冲突的性质和特点分不开的。区际法律冲突是一国内各地区适用的法律不统一造成的,但各法域毕竟在一个共同的主权之下,相互间联系更紧密,有更多的共同利益。因此,通过发展统一实体法解决区际法律冲突比通过制定国际统一实体法解决国际法律冲突更容易实现。

正由于上述原因,历史上已有一些国家通过统一本国的民商法,消除或基本消除了本国的区际法律冲突。除上面提到的法国外,在德国,随着 1900 年《德国民法典》的施行,全国私法基本统一,从而基本上消除了区际法律冲突。瑞士的情况也是如此。19 世纪末,瑞士发生了一场统一私法的运动,最后以 1912 年生效的《瑞士民法典》而告终。该民法典基本上统一了全瑞士各州的民法,各州只在非常狭小的范围内保留民事立法权能,这样,瑞士各州之间的法律冲突绝大部分由于统一立法得以避免。

通过统一实体法来解决区际法律冲突是每个复合法域国家所追求的目标。因为各复合法域国家的具体情况、法律传统、多法域产生的原因不一样,所以各复合法域国家在寻求用统一实体法解决区际法律冲突的过程中所采用的方式是多种多样的,归结起来主要有如下几种。

1. 制定全国统一的实体法解决区际法律冲突。这种统一实体法是在复合法域国家出现区际法律冲突后,应解决区际法律冲突的现实需要而产生的。制定全国统一的实体法是复合法域国家中央立法机关的事情。有时,这种统一实体法立法是全面性的规定,以法典的形式出现,如前面提到的 1900 年的《德国民法典》和 1912 年的《瑞士民法典》即是。但在大多数情况下,这种统一实体立法是就某一方面的立法。这主要是因为在许多复合法域国家,由于宪法和其他条件的限制,要在全国一下子制定一个统一实体私法并解决所有区际法律冲突难度很大,只得一步一步地进行统一工作,一个方面一个方面地解决国内的区际法律冲突。美国联邦立法的情况就是一个例子。从 19 世纪开始,美国联邦立法就成为其进行法律统一的重要途径,如 1877 年的《州际商法》(the Interstate Commerce Act)就是联邦制定的在全美施行的法律。至今,美国联邦机构发布的联邦立法和规则仍是美国法律统一的主要源泉。本来,联邦统一法律的活动,应该限于联邦权力行使的领域,但由于 19 世纪在立法上决策和权力不断向中央转移的趋势仍在继续,美国的联邦立法活动正处在一个扩张时期,并已侵入一些传统上保留给州法的私法领域。显然,美国联邦机构的统一立法活动推动了美国的法律统一运动,有利于解决其州际法律冲突。而澳大利亚则于 1975 年通过了《1975 年家庭法例》(the Family Law Act 1975),随后又制定了依上述家庭法有效的《家庭法规则》(the Family Law Regulations),从而在结婚、离婚、婚姻诉因、亲权、抚养、未成年人的监护以及其法律问题上实现了全国统一,消除了澳大利亚各州之间在这方面的法律冲突。

2. 制定仅适用于部分法域的统一实体法来解决有关法域之间的区际法律冲突。适用于部分法域的统一实体法也是由复合法域国家中央立法机关制定的。只不过由于某种原因,使立法机关明确在该统一实体法中规定该法仅仅在部分法域内施行。这种法律一般是就某一具体问题所作的规定。虽然它在其所施行的法域内导致在该问题上的统一,解决了有关法域之间在所涉问题上的冲突,但这毕竟不是全国范围的统一。而且,由于这种法律的存在,其施行的各法域又结合起来构成一个新的特殊法域,并可能在该统一实体法所涉问题上与未施行它的法域之间,产生新的区际法律冲突。举例来说,在英国,共有五个法域,即英格兰、苏格兰、北爱尔兰、海峡群岛和马恩岛。英国议会制定的《1948 年公司法》、《1958 年收养法》以及后来的《1968 年收养法》(Adoption Act 1968)只适用于英格兰和苏格兰(大不列颠),而不适用于北爱尔兰、海峡群岛和马恩岛。以《1968 年收养法》来说,虽然这一统一实体法解决了苏格兰和英格兰之间在收养问题上的法律冲突,但它并没有解决英格兰及苏格兰同北爱尔兰等其他三个法域在收养方面的冲突。而且,英格兰和苏格兰采用这一收养法,使两者在收养问题上统一起来,从而在收养问题上成为一个与北爱尔兰等其他三个法域相平行的特殊法域,它们之间仍存在冲突。由此可见,采用这种方式解决区际法律冲突,有局部的效应,但不能从全国范围内解决问题,尽管如此,这仍是复合法域国家从法制不统一迈向统一的可喜的一步。

3. 各法域采用相同或类似的实体法求得统一,从而解决其相互间的区际法律冲突。虽然复合法域国家内民商事实体法的统一较国际上的民商事实体法的统一更容易,但在走向统一的道路上仍有许多障碍。比如,在美国、澳大利亚和加拿大这样的联邦制国家,其宪法都明确规定了中央的立法权限范围,凡未列明的剩余权力则归属各州,大部分私法性质的法律属于州或省的立法管辖范围。因此,联邦机关受宪法的限制不可能就所有私法问题制定全国统一的法律,进而解决国内的区际法律冲突。这显然是这些国家在法制统一道路上所遇到的一个法定障碍。为了绕开这个障碍,求得法制的统一和区际法律冲突的解决,在一些官方、半官方或民间组织的推动下,它们采取了曲线统一的方式,即各州或各省采用相同或基本相同的实体法,从而求得法律的统一。在这种情况下,各州或各省法院在处理涉及他州或省的案件时,尽管适用的是自己的实体法但由于各州或省在某一方面都采用了相同或基本相同的实体法,一般来说,案件处理的结果都是一致的,它们之间的法律冲突也就在很大程度上消除了。美国在这方面的实践尤为突出。而在其中,一些专业性组织起着重要作用。首先,值得一提的是"全国统一州法专家会议"。该组织成立于1892年,其成员是各州任命的,而各州立法起草局的代表是该组织的联系成员(associate member)。该组织拟订统一法草案,草案经全体会议通过后建议各州采用。各州是否采用和如何采用由其自行决定。统一法草案经各州采用后即成为各州的法律,而不是联邦法。自该组织成立以来,它已起草了两百多个统一法草案。到1985年9月1日为止,已有20多项草案得到普遍采用。该组织最重要的工作成果是同美国法学会合作取得的,即拟定了《统一商法典》(已出1978年正式文本)。该法典除路易斯安那州部分采用外,其他各州、哥伦比亚特区和维尔京群岛都已采用,从而使美国各州在商品买卖、银行交易以及有关投资证券、产权证和商业票据、商业企业买卖等方面的法律实现基本的统一。其次,美国法学会在美国的法律统一活动中,也发挥着重要作用。其主要成果是《法律重述》(*Restatement of the Law*)。在私法方面,它已对代理(1958年第2次)、合同(1932年)、财产(1936~1944年,1947年增订)、证券(1941年)、侵权行为(1965~1966年第2次)、信托(1959年第2次)等部门进行了重达。这些重述的意图是要"重新阐明"普通法的真正规则,但它们不是官方立法,甚至重述的制定者也无意让立法机关去"采用"。不过,由于这些重述的质量以及报告人和学会的崇高信誉,美国的法院可能会按照重述中所阐明的情况来适用普通法,它们或以制定自己的类似规则的形式使用重述,或有时干脆声明"采用"了重述的规则。这样,通过法院参照重述来断案,各法院适用的法律逐渐趋于统一。

从上述美国的实践来看,各法域通过采用相同或基本相同的实体法求得法制的统一,是解决区际法律冲突极为有效的途径。但是,我们也应该看到,那些促进法制统一的官方、半官方或民间组织拟定的"示范法"是否被各州采用完全取决于各州的"自愿行动"(voluntary action)。因此,拟定出来的"示范法"(model code)有的被普遍接受,有的只被少数一些州接受,有的则完全不被采用。在"示范法"所涉问题上,已经采用"示范法"的州和没采用的州之间以及没采用"示范法"的州相互之间的法律冲突并没得到解决。而且,各州采用某一"示范法"时并不一定全盘采用,有时会根据本州的情况进行一些修改。另外,

“示范法”本身也处在不断的修改中,有不同的版本,有的州采用了修改的规定,有的州则未紧跟这种变化。此外,“示范法”被各州采用后成为各州的一部法律,这意味着对其解释要由各州法院作出,这样也会出现对同一规定有不同的解释。因此,在采用“示范法”的州之间,在“示范法”所涉问题上的法律冲突也不能完全杜绝,在一些细节问题上仍有法律冲突存在。但无论如何,这种方式加快了复合法域国家法制统一的进程,扩大了复合法域国家法制统一的范围,推动了复合法域国家内法律冲突的解决。

4. 一些复合法域国家的最高法院在审判实践中积极发挥作用,推动实体法的统一,从而促进其国内区际法律冲突的解决。这种情况在普通法国家表现得尤为明显。在加拿大,法院系统属一元化系统,加拿大最高法院是受理省和联邦法律问题的最高上诉法院。按照普通法上“根据判例”(*stare decisis*)的原则,各省的低级法院应受高级法院判例的制约,而各省法院均受加拿大最高法院判例的制约。因此,加拿大法院作为全国最高上诉法院对法律统一产生很大的影响,导致了各省采用实质上相一致的普通法规则。

5. 将在一个法域适用的实体法扩大适用于另一个法域,从而取得法制统一,消除区际法律冲突。这种做法多出现在因国家的兼并、国家领土的割让、国家领土的回归或国家的殖民等原因而形成的复合法域国家。例如,于 1871 年被德国兼并的属于法国的阿尔萨斯和洛林地区在第一次世界大战后回归法国后,仍保持适用德国法,导致在法国国内其原有地区同阿尔萨斯和洛林地区之间产生区际法律冲突。但不久,法国于 1924 年 6 月 1 日颁布了两个法律,将法国的民法和商法扩大适用于阿尔萨斯和洛林地区,从而实现了全国民商事法律的统一,消除其国内在短暂时间内出现的区际法律冲突。

三、结束语

前述可见,各复合法域国家对本国内的区际法律冲突采取何种途径或方式加以解决,有不同的具体做法。但从宏观的角度来看,无一不是同时通过区际冲突法途径和统一实体法途径来解决区际法律冲突。一般来说,复合法域国家及其法域一开始总是用冲突规范解决区际法律冲突,但冲突规范只能解决法律适用上的冲突,并不能根除区际法律冲突,显然有其局限性。于是,它们便通过统一实体法途径来解决区际法律冲突。虽然统一实体法克服了冲突法的缺陷,能彻底避免和消除区际法律冲突,但要在一个复合法域国家立刻实现全国法制统一也不是一件易事,只得一步一步来。即使在那些一举实现全国实体法统一的复合法域国家,一般在此之前也须经过一个用区际冲突法解决区际法律冲突的阶段。在有些复合法域国家,通过统一区际冲突法来解决区际法律冲突常常是它们实现通过统一实体法来解决区际法律冲突的前奏。如波兰,就是先统一了全国的区际冲突法,然后再逐渐统一全国的实体私法,从而最终消除了国内的区际法律冲突。从一些复合法域国家解决区际法律冲突的实践中不难看出,区际冲突规范的集中统一化和不同法域的实体法律不断统一化已成为一种趋势。更有效地解决区际法律冲突,实现国内法制统一,是各复合法域国家所梦寐以求的目标。各国解决区际法律冲突的已有经验,对将来我们解决我国国内的区际法律冲突,有很重要的参考和借鉴价值。

中国区际法律冲突问题研究*

我国政府为解决香港、澳门问题，提出了实行“一个国家，两种制度”的政治构想和设计。随着这一构想和设计的提出，中、英和中、葡分别于1984年12月19日和1987年4月13日正式签署《中华人民共和国政府和大不列颠及北爱尔兰联合王国政府关于香港问题的联合声明》（以下简称中英《关于香港问题的联合声明》）①和《中华人民共和国政府和葡萄牙共和国政府关于澳门问题的联合声明》（以下简称中葡《关于澳门问题的联合声明》）。② 这样，不久的将来将在中国出现的区际法律冲突及其需要解决的问题，作为一个崭新的课题已摆在中国法学界面前，急需大力进行先行和前期研究。

一、中国区际法律冲突的产生及其特点

（一）中国区际法律冲突的产生

区际法律冲突是一国内部具有不同法律制度的地

---

* 与韩德培教授合作撰写，原文载于《中国社会科学》1989年第1期，中国人民大学书报资料中心复印报刊资料《法学》1989年第4期转载，后收录于韩德培主编：《中国冲突法研究》，武汉大学出版社1993年版。

① 该声明及其附件载于《中国国际法年刊》1985年，第612～624页。

② 该声明及其附件载于《中华人民共和国全国人民代表大会常务委员会公报》1987年第4号，第30～41页。

区之间的法律冲突，它是在一国内部不同地区的人民进行民事交往的过程中或一国内部的涉外民事交往中产生的。在我国恢复对香港和澳门行使主权，台湾同中国大陆统一后，各地区人民内部的交往必将有大幅度的发展。而由于内地、香港、澳门和我国台湾地区施行互不相同的法律，在区际民事交往中，当一项争议涉及两个或两个以上的地区时，不可避免地会产生究竟应适用哪个地区的法律处理争议的问题，亦即区际法律冲突问题。在一国内部，区际法律冲突产生须具备如下条件：(1)在一国内部，存在数个具有不同法律制度的法域；(2)各法域人民之间的民事交往导致产生众多的涉外民事法律关系；(3)各法域相互承认外法域的自然人和法人在内法域的民事法律地位；(4)各法域互相承认外法域的法律在自己域内的域外效力。在这四个条件中，以第一条最为关键。具备了这一条，一个国家就成了复合法域国家，就会产生区际法律冲突。复合法域国家可因多种原因而形成，诸如国家的联合、国家的合并、国家的复活等。前已述及，中国将成为复合法域国家并因此在中国国内产生区际法律冲突问题，是由香港、澳门领土的回归和台湾与大陆的统一两大原因促成的，现对这两大原因进行具体的分析。

中国成为复合法域国家的第一个原因是领土的回归。中英《关于香港问题的联合声明》和中葡《关于澳门问题的联合声明》已分别确定中华人民共和国将在 1997 年 7 月 1 日和 1999 年 12 月 20 日先后对香港和澳门恢复行使主权。香港和澳门回归祖国后，鉴于其法制分别深受英国法律、葡萄牙法律的影响，为了维护这两个地区的繁荣与稳定，两个联合声明规定允许其原有法律基本不变，并享有立法权、独立的审判权和终审权，也即允许这两个地区作为独立法域存在。这就导致中国成为复合法域国家，在中国各地区人民之间形成民事法律关系时，中国内地、香港和澳门各自不同的法律之间就会出现区际法律冲突。

就今后的香港特别行政区而言，从立法权来看，香港特别行政区的立法权属于香港特别行政区立法机关。立法机关可根据《香港基本法》的规定并依照法定程序制定法律，报中华人民共和国人民代表大会常务委员会备案。立法机关制定的法律凡符合《香港基本法》和法定程序者，均属有效。立法机关还可以使用中文和英文进行双语立法。从香港现行法律基本不变来看，香港的现行法律主要有如下几类：(1)“英皇制诰”和“皇室训令”。它们属于香港的最高法律，因而被称为香港的宪法性文件。香港的其他一切法律均不得与“英皇制诰”和“皇室训令”相抵触。(2)普通法与衡平法。香港现行普通法及衡平法是英国的普通法及衡平法。根据规定，凡英国的普通法及衡平法适合香港情况者，均在香港有效,当然,如不能适用于香港当地情况或其居民,香港立法机关可以对之进行修改。[①] (3)英国立法。由于香港 1966 年《英国法适用条例》的规定,凡在 1843 年 4 月 5 日以前的英国立法,除不适合香港的那些法律或经香港立法加以修改的外,大约尚有 34 项适用于香港。[②] 而 1843 年 4 月 5 日以后的英国立法要在香港有效则必须或者经英国枢密院的命令,或者有条例规定某法律应适用于香港,或者有关法律条款明文规定或暗示要适用于香港。(4)条例。香港目前大量的法律是由香港立法局制定的,但是也有依据英国有关法律的精神,结合香港的具体情况而制定的。但英国对香港制定条例有许多的限制:一是香港条例不得与英国议会为香港制定的法律相抵触;二是香港制定的条例无权修改普通法的一般原则;三是香港立法局只能制定适用于香港内部的条例,而无权制定有关香港地位以及香港同其他地区或国家关系等重大问题的条例;四是某些重要条例需经英皇或英皇枢密院的批准或认可。(5)附属立法。有时也被称为"授权立法",它是由立法机关授权行政机关或各种独立的管理机构制定的用于调整某些特定领域法律关系的各种规程、规则和细则。其执行受法院监督,法院有权审查并根据其越权或者与香港的成文法或英国议会制定的适用于香港的法律相抵触等理由而宣布其无效。(6)中国习惯法。在香港地区,中国的习惯法得到承认,但这些习惯法的适用受到严格限制,即只能在英国法律和香港法律没有规定的领域内适用。这样,到 1997 年 7 月 1 日以后,除了与《香港基本法》相抵触的以及经香港特别行政区立法机关修改过的现行法律失效外,香港现行法律基本保持不变,到那时,香港特别行政区施行的法律为:(1)《香港基本法》;(2)基本不变的原有法律;(3)香港特别行政区立法机关制定的新法律。可见,香港特别行政区将施行的法律在本质、形式和内容上都不同于中国内地的法律。最后,从独立的司法权和终审权来看,香港特别行政区成立以后,除因香港特别行政区终审法院享有终审权和新法官的任命而产生的变化外,原在香港实行的司法制度予以保留。现行的香港司法机关由裁判司署(同级的还有死因裁判庭和少年法庭)、地方法院和最高法院(Supreme Court of Judicature)构成。最高法院包括高等法院和上诉法院。英国伦敦的枢密院司法委员会是香港法院的最高上诉机关。现在香港法院的法官一般由香港总督直接任命或

---

① 参见[新西兰]瓦莱里·安·彭林顿:《香港的法律》,毛华等译,上海翻译出版公司 1986 年版,第 16~17 页。

② 同上书,第 18 页。

根据司法委员会的推荐任命。[1] 香港特别行政区设立之后,香港特别行政区的审判权属于特别行政区法院。法院独立进行审判,不受任何干涉。司法人员履行审判职责的行为不受法律追究。法院依照香港特别行政区的法律审判案件。其他普通法适用地区的司法判例可作参考。香港特别行政区法院的法官,根据当地法官和法律界及其他方面知名人士组成的独立委员会的推荐,由行政长官予以任命。法官的选用应以其专业才能为标准,并可从其他普通法适用地区聘用。法官只有在无力履行职责或行为不检的情况下,才能由行政长官根据终审法院首席法官任命的不少于3名当地法官组成的审议庭的建议,予以免职。主要法官(最高一级法官)的任命和免职,还须由行政长官征得香港特别行政区立法机关的同意并报全国人民代表大会常务委员会备案。法官以外的其他司法人员的任免制度继续保持。香港特别行政区的终审权属于香港特别行政区终审法院。终审法院可根据需要邀请其他普通法适用地区的法官参加审判。

再就今后澳门特别行政区而言,根据中葡《关于澳门问题的联合声明》附件一的规定,澳门特别行政区成立后,立法权属澳门特别行政区立法机关,该立法机关由当地人组成,多数成员通过选举产生。它可以根据将由全国人民代表大会颁布的《澳门特别行政区基本法》(以下简称《澳门基本法》)的规定并依照立法程序制定法律,报全国人民代表大会常务委员会备案。但该立法机关规定的法律必须符合法定程序,也不得与《澳门基本法》相抵触。澳门原有的法律、法令、行政法规和其他规范性文件,除与《澳门基本法》相抵触或澳门特别行政区立法机关作出修改者外,予以保留。这样,今后澳门特别行政区的法律体系将由《澳门基本法》、基本不变的原有法律和澳门特别行政区立法机关新制定的法律构成。这就使今后澳门特别行政区的法律在性质、形式和内容上都与中国内地的法律有很大差别。至于澳门特别行政区所享有的独立审判权和终审权以及新法官的任命等,则与香港特别行政区基本相似。另外,原在澳门实行的司法辅助人员的任免制度也予以保留。

从上述香港和澳门的情况中我们可以看出,在我国恢复对香港和澳门行使主权后,香港和澳门的原有法律基本不变,并享有立法权、司法权和终审权。这表明,到那时,从冲突法的角度讲,在中华人民共和国范围内,香港和澳门都将

---

① 关于目前香港的法院体制,参见[新西兰]瓦莱里·安·彭林顿:《香港的法律》,毛华等译,上海翻译出版公司1986年版,第53~69页。

成为独立的法域。

促成中国成为复合法域国家的另一个原因是国家的统一。对于我国台湾地区问题,我国亦将按照“一国两制”的方案来解决。在我国台湾地区与大陆统一后,台湾作为特别行政区不仅将享有香港特别行政区和澳门特别行政区将享有的自由权,而且在某些方面将享有上述两个特别行政区所不能享有的自治权,如台湾地区可以保留自己的军队。那么,这就意味着在将来的台湾地区内,不仅台湾地区现行的法律基本不变,而且台湾地区享有立法权、独立的审判权和终审权。因此,如果成功地以“一国两制”的方针解决台湾问题,和平实现了祖国统一,那么在这个统一的中国大家庭中,台湾地区的法律制度,既不同于中国内地,也不同于香港特别行政区和澳门特别行政区。台湾地区也将成为一个独立的法域。

这样,随着我国恢复对香港和澳门行使主权,台湾地区同大陆的统一,中国将出现“一国两制”的局面,即在统一的中华人民共和国国内,在同一中央政府之下,在中国内地实行社会主义制度,在香港、澳门和台湾地区实行资本主义制度,而中国内地、香港、澳门和台湾地区则分别施行各自的法律制度,并成为四个法律制度互不相同的独立法域。因此,1997 年 7 月 1 日以后的中华人民共和国的法律制度不再是单一的社会主义法律制度,而是逐渐由具有不同性质、形式和内容的多种法律制度组成的复合法律制度,中国也由此加入了多法域国家或复合法域国家的行列。到那时,从宪治的角度看,在中华人民共和国国内,社会主义制度仍然是主体,社会主义法制仍然是主体,但从冲突法的角度看,内地、香港、澳门和台湾地区都将成为平等、独立的法域。作者认为,除宪法、各特别行政区基本法、有关国防和外交的法律,对各特别行政区基本法所指定的属中央管辖事项的立法,以及将来在各法域完全自愿协商的基础上制定的全国统一的法律为中央法律制度外,就香港、澳门和台湾地区而言,内地的其他法律制度应与今后香港、澳门和台湾地区的法律制度处于同等地位,属地区性法律。这是符合“一国两制”的精神实质的。

从上面对导致中国复合法域国家及区际法律冲突产生的两大原因的分析,我们可以看出,中国的区际法律冲突是当今中国社会的特定历史条件下的产物。因此,对中国区际法律冲突的解决,即使在本国无现存的可资借鉴的历史经验的情况下,我们也不能生硬地照搬外国解决其国内区际法律冲突的经验,而应该根据我国区际法律冲突产生的客观情况,并借鉴外国的有益经验,探索出一条自己的道路。

(二)中国区际法律冲突的特点

与世界上其他一些复合法域国家内的区际法律冲突相比较,中国的区际法律冲突具有自己的鲜明特点。(1)中国的区际法律冲突是一种特殊的单一制国家内的区际法律冲突。根据中英《关于香港问题的联合声明》和中葡《关于澳门问题的联合声明》,特别行政区所享有的高度自治权甚至大大超过在联邦制国家内其成员国所享有的权利。而且,各法域都有独立的立法权、司法权和终审权,实现全国法制统一的进程将是缓慢而艰难的。当然,由于这些地区享有的高度自治权绝非本身所固有,而是国家根据这些地区的历史与现实赋予它们的一种特殊待遇。特别行政区是在中央政府领导之下的地方行政区域,从行政上讲,它同中央政府的关系实质上仍是中央同地方的关系。因而这与在联邦国家内联邦和成员国之间的关系又有所不同。(2)中国的区际法律冲突既有属同一社会制度的法域之间的法律冲突,也即阶级性质完全相同的法律之间的冲突,如香港、澳门和台湾地区相互之间的法律冲突;又有社会制度根本不同的法域之间的法律冲突,亦即社会主义法律与资本主义法律这两种性质不同的法律之间的冲突。如中国内地的法律与香港、澳门和台湾地区的法律之间的冲突。而世界上现有的区际法律冲突都是社会制度相同的法域之间的区际法律冲突。(3)中国的区际法律冲突有属同一法系的法域之间的法律冲突,如台湾地区和澳门特别行政区的法律制度深受大陆法系影响,这两个地区之间的区际法律冲突属同一法系的法域之间的法律冲突;同时,也有不同法系的法域之间的法律冲突,如属普通法系的香港法律与属大陆法系的台湾和澳门的法律之间的冲突。(4)中国的区际法律冲突不仅表现为各地区本地法之间的冲突,而且有时表现为各地区的本地法和其他地区适用的国际条约之间以及各地区适用的国际条约相互之间的冲突。根据中英《关于香港问题的联合表明》附件一之第十一节和中葡《关于澳门问题的联合表明》附件一之第八节的规定,香港特别行政区和澳门特别行政区可以分别以“中国香港”和“中国澳门”的名义,在经济、贸易、金融、航运、通信、旅游、文化、科技、体育等领域单独同世界各国、各地区及有关国际组织保持和发展关系,并签订和履行有关规定;中华人民共和国缔结的国际协定,中央人民政府可根据情况和香港及澳门的需要,在征询香港和澳门特别行政区政府的意见后,决定是否适用于香港和澳门特别行政区;而中华人民共和国尚未参加,但已适用于香港和澳门的国际协定仍可继续适用。这意味着,将来会出现一些国际协定适用于某地区而不适用于其他地区的情况。这就可能导致各地区的本地法同其他地区适用的国际协定之间以及各地区适用的不同国际协定之间的冲突。这是中国区际法律冲突中的一种特殊现象。(5)各法域都有自己的终审法院,而在各法域之上无最高司法机关。因此,在解决区际法律冲突方面,无最高司法机关加以协调。(6)在立法管辖权方面,无中央立法管辖权和各法域立法管辖权的划分。实际上,在民商法领域,各法域可能享有完全的立法管辖权。而且,我国香港、澳门和台湾地区的立法管辖权不是由中央宪法直接赋予的,而是由有关国际条约以及特别行政区基本法加以规定的。

上述我国区际法律冲突的特点表明,我国区际法律冲突的情况极为复杂,从现在开始,我们就应该着手深入研究,以便寻求合理的解决方法。

二、解决中国区际法律冲突的途径

中国区际法律冲突的异常复杂和独特增加了解决中国区际法律冲突的复杂性和特殊性。这就要求我们,必须从促进和维护国家统一的目的出发,按照“一国两制”的构想和设计,本着平等互利、保障正常区际民事交往的原则,找到一条适应这种复杂性和特殊性的解决中国区际法律冲突问题的切实可行的道路。

解决区际法律冲突问题不外乎区际冲突法途径和统一实体法途径。就区际冲突法途径而言,在实际中,各复合法域国家通过这种途径解决区际法律冲突的又分别采取如下四种不同的方式:(1)类推适用国际私法来解决区际法律冲突;(2)各法域分别制定自己的区际冲突法,用来解决自己的法律与其他法域的法律之间的冲突;(3)制定全国统一的区际冲突法来解决区际法律冲突;(4)对区际法律冲突和国际法律冲突不加区分,实际适用与解决国际法律冲突基本相同的规则来解决区际法律冲突。就统一实体法途径而言,各复合法域国家在寻求这种途径的过程中所采用的方式也是多种多样的,主要有:(1)制定全国统一的实体法用以解决区际法律冲突;(2)制定仅适用于部分法域的统一实体法来解决有关法域之间的区际法律冲突;(3)各法域采用相同或类似的实体法求得统一,从而解决其相互之间的区际法律冲突;(4)一些多法域国家的最高法院在审判实践中积极发挥作用,推动法域之间实体法的统一,从而促进其国内区际法律冲突的解决。

我国 1997 年后的区际法律冲突显然也要通过区际冲突法和统一实体法途径来加以解决。从区际冲突法途径来讲,首先,各法域分别制定自己的区际冲突法是不可取的。因为这样制定的区际冲突法,其规定必然各不相同,以致引起各法域的区际冲突法本身的冲突。这种冲突的存在大大增加了区际法律冲突的复杂性,它不仅会引起反致、转致问题,并使识别问题变得更加复杂,也容易导致“挑选法院”(forum shopping)的现象,即当事人选择于己有利的法院起诉,从而使对方蒙受不利。其次,各法域只能在短时期内类推适用各自的冲突规则来解决区际法律冲突。由于区际冲突法是用以解决一国内部不同法域之间的法律冲突的,它毕竟与解决国际法律冲突的国际私法有很大的差别,因此,将来不宜长期类推适用国际私法来解决我国的区际法律冲突。最后,制定全国统一的区际冲突法是解决我国的区际法律冲突的最为可取的方式。就国际私法而言,虽然目前国际上已有一些国际私法的条约,但要在全球范围内和在所有的问题上实现统一是极为困难的事情。但就区际法律冲突而言,由于在各法域之上有共同的主权和中央政府,而适当地解决各地区之间的区际法律冲突也符合各地区的利益,因此,区际冲突法的统一并不涉及各法域之间存在根本分歧的实体民商法领域,自然比实体法的统一更易取得成功。另外,从区际冲突法本身来讲,制定全国统一的区际冲突法,不仅能使各法域的法院对同一案件的审理得出相同的结果,从而从根本上防止了“挑选法院”的现象,而且可以避免区际冲突法本身的冲突和反致问题的产生,也使识别问题变得简单多了,还可为各法域实体法的统一奠定基础。与此同时,在全国统一的区际冲突法中则可以设立公共秩序制度,各地区可借助这一“安全阀”来维护自己特殊的合法利益。

从统一实体法途径来讲,制定仅适用于部分法域的统一实体法来解决我国将来的区际法律冲突这一方式不宜采用或宜少采用。因为这一方式只能局部地和在某些问题上而不能彻底、全面地消除区际法律冲突,并且还会由于各法域因法律在某些问题上得到统一而形成新的法域,反而增加了问题的复杂性。此外,由于我国成为复合法域国家后,各法域都有自己的终审法院,而在各法域之上无最高司法机关,因而我国今后区际法律冲突的解决,不可能像加拿大和澳大利亚那样通过最高司法机关在审判中促进法域的实体法统一。由于中国内地、香港、澳门和台湾地区的法律相互差异很大,要实现全国实体法的统一并不是轻而易举的事情。加之我国实行“一国两制”,就意味着要在较长时间内肯定各地区法律制度存在的差异,所以统一全国实体法只能是一个渐进的过程。我们估计,在充分尊重各自法律制度独立的情况下和在协商与协调的基础上,各法域在某些问题上逐渐实现实体法法制统一是可能的。一位香港法律界同仁曾就这个问题发表过很有意义的意见。她说:“(实体法和冲突法)统一必定是渐进式的,而事实上,也只可能是一种协调。”她还认为,不同法域涉及各种社会关系的法律之可以统一或协调的程度各自不同。通常在国际经济方面,如在国际贸易、汇票、国际运输、注册商标和专利等领域,由于有国际多边协议的存在,或彼此做法日趋相同,其可统一或协调的程度较高。而对完全属内部事务的问题,如家庭关系、公民的权利义务等,由于其法律同当地的经济社会背景有较紧密的联系,其可以统一或协调的程度就低。不过,她又认为,就香港特别行政区而言,由于它的传统文化和种族血源同中国其余地区相同,家庭法可能成为首批得到统一或协调的领域之一。① 从这里我们更清楚地看到,制定全国的实体法来解决区际法律冲突只能建立在内地、香港、澳门和台湾地区的立法机关在各地区社会经济的发展更加接近、互相之间更为理解的基础上,可以逐渐通过各自采用相同或类似的实体法来求得实质上的统一,从而避免区际法律冲突的发生。

根据以上分析,我们设想,中国区际法律冲突的解决步骤应该是这样的。

首先,中国内地、香港、澳门和台湾地区类推适用各自的国际私法规则来解决区际法律冲突。目前,各地区都有自己的国际私法立法或不成文法,如中国内地有《民法通则》(已失效)第八章关于“涉外民事关系的法律适用”的规定以及一些单行法规中就所涉问题所作的法律适用规定;香港则是适用英国普通法和制定法中的冲突规范来解决国际法律冲突的。这种情况为各地区类推适用各自的国际私法规则来解决区际法律冲突创造了条件。在这个阶段,各地区可以就其国际私法中不能适用于区际法律冲突的部分作变通的规定。需要特别强调指出的是,这应该是一个过渡的阶段和短暂的阶段。

其次,在各地区充分协商和协调的基础上,制定全国统一的区际冲突法,用以解决区际法律冲突。这应该是一个相当长的阶段。

最后,仍然在充分协商和协调的基础上,通过在某些问题上制定全国统一的实体法或者各地区分别采用相同或类似的实体法,求得在所涉及问题上避免和消除区际法律冲突。这一步骤可以在条件具备时同上一个步骤同步发展,但不应该也不可能取代上一个步骤。进而,全国法制最终实现统一,这至少应是各特别行政区成立 50 年后的事情。

---

① 参见廖瑶珠:《法律逐渐统一的方案》,载香港《大公报》1986 年 4 月 16 日。

对于制定全国统一的区际冲突法或全国统一的实体法,还有一个立法技巧的问题。根据中英《关于香港问题的联合声明》和中葡《关于澳门问题的联合声明》,全国人民代表大会及其常务委员会可以制定施行于香港和澳门的基本法、有关国防和外交的法律,但能否制定其他适用于香港和澳门的法律并不清楚。不过,这并不排除全国人民代表大会及其常务委员会可以制定其他有关体现国家统一和领土完整,并且按基本法规定不属于特别行政区的高度自治权范围的法律并施行于特别行政区,也并不意味着全国人民代表大会制定的特别行政区的基本法中对此不可加以规定。笔者认为,在基本法中,应对特别行政区的自治权(包括立法管辖范围)予以肯定列举,未加列举的"剩余权力"则归属中央。这样,如果基本法能像1974年南斯拉夫宪法规定的那样,确定制定全国统一的实体法,那么,全国人民代表大会及其常务委员会完全可以在征询特别行政区政府意见的基础上制定这种全国统一的区际冲突法和实体法,并颁布施行于内地和各特别行政区。然而,如前所述,制定全国统一的区际冲突法并不一定属于中央立法管辖事项,而且,至少绝大多数民商法事项是各特别行政区自治权范围内的事项。在这种情况下,在立法技巧上,可以由全国人民代表大会或其常务委员会会同各地区立法机关,在充分协商和协调的基础上制定出法律,然后由全国人民代表大会或其常务委员会将该法颁布施行于内地,由各特别行政区立法机关分别颁布施行于本特别行政区。

最后应该指出的是,对于中国将来的区际法律冲突问题,在各特别行政区基本法中所应加以规定的,自然主要是解决区际法律冲突的基本原则和步骤。如果能在其中明确规定,应在适当的时候通过适当的形式制定全国统一的区际冲突法,那就是再好不过的事情了。至于区际冲突法的具体内容则可另行立法规定。此外,为了恰当地解决区际法律冲突,对于与区际法律冲突有关的问题,如立法管辖权、司法管辖权、司法协助等也应加以明确。这样,在特别行政区基本法中,应有区际法律冲突的原则解决条款、立法管辖权条款、司法管辖权条款、司法协助条款。目前,我国正在草拟香港特别行政区基本法,该法通过生效后还将成为其他特别行政区基本法的范例。因此,对于上述条款是否加以规定以及如何加以规定的问题在什么程度上取得共识,对我国将来区际法律冲突的解决是具有重要意义的。

三、中国区际冲突法的几项设计

笔者认为,制定全国统一的区际冲突法是解决我国将来的区际法律冲突的最为可取的方式。对其可行性在前面已加以论证。这里,不妨对将来的中国区际冲突法作一些粗略的设计。

1. 总体设计。将来的中国区际冲突法应该是一个单行法规。它不应该同中华人民共和国的民法或解决国际法律冲突的国际冲突法放在一个法规中加以规定,因为后两者并不能适用于特别行政区,而区际冲突法则适用于全中国各个地区。在这个单行的区际冲突法规中应有总则和分则之分。总则规定它的适用范围、基本原则、基本制度(包括识别、公共秩序、准据法内容的查明、法律规避等)、外国冲突规范对中国的指定、区际冲突法中的时际法问题等;分则规定各种具体涉外民事法律关系的法律适用问题。

2. 识别。制定和实施全国统一的区际冲突法时必定会遇到识别问题。在理论和实践中,一般认为,识别应依法院地法进行,其有说服力的理由是冲突规范应按它所属的法律制度进行解释。不过,中国的区际冲突法如果是全国统一的话,依法院地法进行识别就行不通了。因为处理国内法律冲突案件的法院是中国内地、香港、澳门和台湾地区各自的法院,其法院地法显然是法院所属地区的法律,依法院地法识别,就会因各地区法院可以根据本地区的法律作出不同的解释,而使全国统一的区际冲突法名存实亡。按理说,对全国统一的区际冲突法应按全国统一的法制进行识别。但是,由于民商法领域的事项或者私法事项,绝大多数属各特别行政区立法管辖范围,因而民商法领域在短时期内很难有全国统一的民商实体法。这样,按全国统一的法制对全国统一的区际冲突法进行识别将会存在困难。鉴于此,对于我国全国统一的区际冲突法,可采取如下几种方式进行识别:(1)如果在某些问题上已有全国统一的实体法,可以依该实体法对统一区际冲突法中的相关问题进行识别。(2)借鉴德国学者拉伯尔和英国学者贝克特等提出的"分析学和比较法理论",对于统一的区际冲突法,在对各地区的法律制度进行比较法研究和分析的基础上,根据各地区法律制度对所涉及问题的共同认识或普遍性概念来进行识别。虽然这种识别方法在国际上很难行得通,但在一国内部,由于各法域之间共同之处比各国之间共同之处多,而且各法域的法官更易知晓他法域的法律,所以,这种识别方法显然有其可行性。(3)自治识别,即由全国统一的区际冲突法法规本身对该法规中有关的概念加以解释或下定义,以消除和避免识别上的冲突。但运用这种方法应仅限于对该区际冲突法的理解和执行。(4)对统一区际冲突规范指定应适用的某一地区的准据法如需要解释的话,应以该准据法所属地区的法律为准。

3. 反致。反致问题产生的基础是在同一层次中同时有几种法律选择制度存在,且各自调整同一问题的冲突规范的连结点规定不同或在解释上不一致。由于在解决中国区际法律冲突的过程中,可能会有一个各地区类推适用各自的国际私法规则来解决区际法律冲突的阶段,即各地区用于解决区际法律冲突的冲突规范互不相同,就存在反致问题产生的客观基础。至于在这一阶段中各地区是否接受反致制度,则要看各自的国际私法规则如何规定。目前,内地的国际私法立法尚无关于反致问题的规定。香港法院在司法实践中则遵循英国冲突法中关于"单一反致"(single renvoi)和"双重反致"(double renvoi)的判例。由此可见,在解决中国区际法律冲突之初,反致制度至少会被一些地区接受并采用。

4. 外域法内容的查明。当一个地区的法院按照统一的区际冲突规范适用另一个地区的法律时,还会产生一个对外域法内容的查明问题。在国际私法上,各国解决外国法内容的查明问题的做法不一,但在区际冲突法上,极少有复合法域国家采取类似于国际私法中的做法,一般主张法院依职权查明外域法的内容,有的也同时要求当事人提供必要的协助。鉴于我国今后的四个法域中既有属大陆法系的法域,又有属英美普通法系的法域,还有属社会主义的法域,在外域法内容的查明问题上,我们建议采取一个折中的办法,即规定原则上由法院依职权查明外域法的内容,有关当事人也负有举证证明外域法内容的责任。

5. 公共秩序。在世界上各复合法域国家解决其本国内区际法律冲突的实践中,有的完全拒绝适用公共秩序;有的虽然适用公共秩序,但实际上比在解决国际法律冲突中适用公共秩序的机会少得多,适用的条件更严格,也就是说,有限地适用之。这是因为,区际法律冲突毕竟是一个主权国家内部不同地区之间的法律冲突,各地区之间有一种更强的自然内聚力,同时,各地区之间的差别显然没有主权国家之间的差别那样大,况且,各地区之间还存在共同的利益。但是,同世界上其他复合法域国家的区际法律冲突比较起来,中国的区际法律冲突又有不少特别之处,其中比较重要的,如内地法律同香港、澳门和台湾地区的法律之间的冲突是社会主义法律同资本主义法律这两种性质根本不同的法律之间的冲突;又如,在民商法领域,各地区的立法管辖范围相当广泛,这意味着各地民商法之间的差别极大。由于按照区际冲突法来解决区际法律冲突,必然导致一个地区的法院援用另一个地区的法律来调整有关民事法律关系,这样就会影响前者内部的法律秩序,因此,在我国统一的区际冲突法中保留公共秩序制度是必要的。我国各地区的法院在依冲突规范适用其他地区的法律时,如发现其他地区的法律与自己的公共秩序相抵触,可以不予适用。这一方面,可以从区际冲突法的角度保证“一国两制”方案的实施,有利于各法域在相当长的时期内共存;另一方面,也可以为各地区保护自己的根本利益不受侵犯提供一个“安全阀”。对此,也许有人会问,既然区际冲突法是全国统一的,而各地区法院在适用该法时又可以以本地区的公共秩序为由拒绝适用该法所指定的准据法,这不是否定了该法本身的效力吗?我们认为,公共秩序本身也是区际冲突法中的一项制度,而且具有一般指导意义,它虽然在某种程度上减少了具体冲突规范的适用机会,但并没有否定区际冲突法本身。同时,我们还应看到,在国际私法公约中也有这种情况,已有越来越多的公约规定了公共秩序条款,允许缔约国根据公共秩序排除依公约指定的法律的适用。例如,1971 年 5 月 4 日订于海牙的《公路交通事故法律适用公约》第 10 条规定:“根据本公约规定所适用的法律只有在其适用会明显地与公共政策相抵触时才可拒绝适用。”[①]这至少从一个侧面证明了在我国统一的区际冲突法中确立公共秩序的可行性。当然,对公共秩序制度的适用,在立法中可适当地加以限制,司法实践中各地区的法官在适用公共秩序条款时也应有所抑制。因为我国各地区之间的区际法律冲突毕竟同国际法律冲突有所不同,如果滥用公共秩序制度,不仅会有碍于各法域的真诚合作与和平共处,而且会不利于各地区人民之间正常的民事交往。可以说,我国区际冲突法中的公共秩序制度,应是一种有限适用的公共秩序制度。

6. 法律规避。在今后“一国两制”下的中国,内地、香港、澳门和台湾地区之间人员和资金的流动显然会比在国际范围内更容易、更频繁、更迅速。这同时也为意图规避法律的人创造了条件,因为他们更容易故意制造或改变连结点,如改变住所,将财产从一个地区转移到另一个地区等。另外,由于我国内地、香港、澳门和台湾地区的法律差别很大,也可以助长人们去规避于己不利的法律,而去挑选于己有利的法律的适用。如果允许法律规避存在,势必人为地造成法律关系的混乱和不确定。这就使制定全国统一的区际冲突法,试图达到使各地区的法院对同一案件的审理得出相同的结果,并防止“挑选法院”现象发生的目的难以实现。因此,在我国统一的区际冲突法中,依照“诈欺使一切归于无效”的原则,应明文禁止区际法律规避。

7. 属人法。一般认为,与人的身份和能力有关的法律关系、婚姻家庭关系

---

① 卢峻主编:《国际私法公约集》,上海社会科学院出版社 1986 年版,第 350 页。

和继承关系等为属人法律关系。通常,属人法律关系主要由属人法支配。在国际私法上,属人法有两种理解,即当事人的本国法或国籍国法和当事人的住所地法。在区际冲突法上,极少数联邦制复合法域国家既承认其公民有联邦国籍又有所属成员国国籍,这时,以当事人所属成员国国籍国法作为属人法具有有限的意义。除此之外,国籍国法作为属人法毫无意义,因为在一国内部,各法域自然人的国籍都是相同的。这样,即使那些在国际私法上坚持本国法为属人法的国家,在区际冲突法上也不得不改用非国籍标准来确定属人法。在各复合法域国家的实践中,大多以当事人住所地法为属人法,也有以籍贯地法、故乡州法、习惯居所地法等为属人法的。由于我国成为复合法域国家后仍然是一个单一制国家,内地、香港、澳门和台湾地区的中国公民只有一个共同的中国国籍,显然,在区际冲突法中以当事人本国法作为属人法是完全不可能的,那么,应该以什么为标准来确定属人法呢?我们认为,以当事人的住所为标准比较合适,也就是说以住所地法为属人法。一则因为这是世界上大多数复合法域国家的通行做法;二则因为在中国,住所是一个比较通用的法律概念,以住所地法为属人法能为各地区所接受。当然,我国内地、香港、澳门和台湾各地区的法律可能对住所有不同的理解,因此,会导致当事人住所的积极冲突和消极冲突。我们可以在全国统一的区际冲突法中对住所的定义加以规定,通过这种"自治识别"的方法避免此种冲突。总之,对于我国今后的区际属人法律关系,如果区际冲突规范确定属人法为其准据法的话,就应该依住所地法加以调整。

8. 合同关系的法律适用。中国内地、香港、澳门和台湾地区之间的许多民事交往,特别是经济交往将会通过合同作为纽带进行。因此,合同关系的法律适用在我国统一的区际冲突法中占有十分重要的地位。目前,中国内地、香港、澳门和台湾地区关于合同关系的法律适用的规定比较接近。首先,各地区法律都肯定了"意思自治"原则。例如,在内地施行的《民法通则》第145条第1款规定:"涉外合同的当事人可以选择处理合同争议所适用的法律,法律另有规定的除外。"其次,在当事人未选择合同关系的准据法时如何确定合同关系准据法的问题上,各地区的法律规定有所不同。例如,香港在这个问题上遵循英国的做法。按英国学者对英国法院实践的总结,英国的做法是这样的:"在查明一个合同的准据法时,第一,英国法院查明,当事人双方是否有一个明确的准据法选择;第二,如果没有这种选择,查明是否有个暗含的选择;第三,如果暗含的选择也没有,选择与该交易有最紧密、最真实的联系的法律制度作为准据法。"①我国《民法通则》第145条第2款也肯定了最密切联系原则,规定:"涉外合同的当事人没有选择的,适用与合同有最密切联系的国家的法律。"它为设计今后中国统一的区际冲突法中的合同准据法奠定了基础。从晚近订立的国际条约和一些国家制定的国际私法来看,在合同准据法的选择上,国际上也已逐渐形成了在当事人未选择合同应适用的法律时,根据最密切联系原则来决定合同关系准据法的新趋势。例如,1969年《比、荷、卢条约》(The Benelux Treaty)第13条规定,合同当事人可以明示或默示选择合同的准据法,但如未加选择,可以适用"与合同有最紧密联系的国家的法律"。② 再如,欧洲共同体1980年的《关于合同债务的法律适用公约》第4条第1款规定:"在当事人未根据第3条对合同适用的法律作有效选择时,该合同应适应与它有最密切联系的国家的法律;但如合同的可分离部分与另一个国家有更密切的联系,则该部分合同作为例外。可适用那个国家的法律。"③另外,1971年美国法学会公布的《冲突法重述》(第二次)第186~188条,1982年的《土耳其国际私法和国际诉讼程序法》第24条第2款以及《瑞士联邦国际私法法规》第117条都采用了类似的规定。一些新近颁布的国际私法立法,如1978年《奥地利国际私法法规》,即便没有明确规定在合同当事人未选择合同准据法时应依最密切联系原则确定合同应适用的法律,而对各项具体合同应适用的法律作了硬性的规定,但它亦认为这种硬性的规定体现了最密切联系原则。④ 因此,为了顺应国际趋势,我国的统一区际冲突法在合同关系的法律适用问题上应该这样规定:合同关系适用合同双方当事人所选择的法律,法律另有规定的除外;合同双方当事人没有选择的,适用与合同有最密切联系的地方的法律。

9. 物权关系的法律适用。在物权关系的法律适用上,目前,中国各地区施行的法律既有不同之处,又有相同或相似之处。香港法律同英国法律一样,将财产分为不动产和动产两大类。在英国冲突法上,与不动产有关的一切问题受

---

① See J. H. C. Morris, *The Conflict of Laws*, 214 (2rd ed. 1980).

② Cf. Kahn-Freund, *General Problems of Private International Law*, 264 (1980).

③ 参见《法学译丛》1984年第3期。

④ 1978年《奥地利国际私法法规》第1条第1款规定:"与国外有连接的事实,在司法上,应依与该事实有最强联系的法律裁决。"第2款又规定:"本联邦法规(冲突法)所包括的适用法律的具体规则,应认为体现了这一原则。"

不动产所在地法支配。① 这一原则当然为香港司法实践所遵循。而且，按照英国法，动产分为可实际占有的物（a chose in possession）和可依法主张但未实际占有的物（a chose in action）。② 对于可实际占有的物即有体动产，普通法上曾有“动产无场所”（personalty has no locality）的主张，强调适用当事人属人法即住所地法来解决与动产有关的问题。但是，“在英国真正受到历来判例直接支持的主要论点是，像不动产一样，决定问题的是财产所在地法”，③香港法院在司法实践中援用英国判例，也实行有体动产依物之所在地法。至于可依法主张但未实行占有的物，主要是指可以成为钱财或物品的权利，如债权、合同上规定的权利、股票、股份、流通票据、商誉等，香港同英国一样，主张对它们适用权利产生地（授予地）的法律。内地施行的有关物权关系法律适用的规定只有一条，即我国《民法通则》第144条，该条规定：“不动产的所有权，适用不动产所在地法律。”而动产所有权的法律适用问题则不明确。从我国各地区目前的实践来看，在今后全国统一的区际冲突法中，规定不动产物权依物之所在地法是不成问题的。至于动产物权，自19世纪末以来，国际上已多主张依物之所在地法决定。④ 因此，在该区际冲突法中也不妨原则上规定动产物权依物之所在地法。但对于一些例外情况，可作例外的规定。比如，在财产继承问题上，对不动产继承当然可以规定依不动产所在地法，而对动产继承，最好规定依被继承人死亡时的住所地法。关于运送中货物物权的法律适用问题，可以规定选择适用货物装载地法和运送目的法。关于船舶、飞机、汽车等交通运输工具的物权的法律适用问题，比较好的办法是规定适用其登记注册地区的法律。

---

① Cf. J. H. C. Morris, *The Conflict of Laws*, 343 (3rd ed. 1984).

② 参见［新西兰］瓦莱里·安·彭林顿：《香港的法律》，毛华等译，上海翻译出版公司1985年版，第251～254页。

③ ［英］托马斯：《国际私法》，倪征䁻译，商务印书馆1983年版，第98页。

④ 参见韩德培主编：《国际私法》，武汉大学出版社1983年版，第120～122页。

中国内地与台湾、香港、澳门地区民事法律适用示范条例*

第一章 总 则

第1条 为了促进和维护国家统一，便利内地与中国台湾、香港、澳门地区的自然人、法人在平等互利基础上进行民事交往，保障各地区自然人、法人的合法民事权益，特制定本条例。

第2条 本条例确定涉及跨内地、台湾地区、香港和澳门地区的自然人之间、法人之间、自然人和法人之间民事法律关系的法律适用。本条例没有规定的，类推适用（准用）内地的国际私法。国际私法没有规定的，直接适用与民事法律关系有最密切联系的地区的实体法。

第3条 在民事法律方面，内地、台湾、香港和澳门地区均为中华人民共和国国内平等的、具有独特法律制度的法域。

第4条 内地与台湾、香港和澳门地区的当事人在民事活动中地位平等，其合法民事权益受到法律同等的保护。

第5条 本条例用词，定义如下：

（1）内地，系指除中国台湾、香港、澳门地区之外的

---

* 与韩德培教授合作草拟。该示范条例载于《经济与法律》（香港）1991年第4期。《华冈法粹》（台湾）1992年第21期转载。

中国领土；

(2)台湾地区，系指台湾本岛、澎湖、金门、马祖及其附属岛屿和海域；

(3)香港地区，系指香港岛、深圳河以南九龙半岛以及附属岛屿和海域；

(4)澳门地区，系指澳门半岛、氹仔岛、路环岛及其附属海域；

(5)内地自然人，系指在内地设有户籍者、自内地旅居国外并未取得外国国籍者。定居内地的外国人除外；

(6)内地法人，系指依内地法律成立且其主要办事机构所在地在内地的法人；

(7)台湾、香港、澳门地区自然人，系指分别在我国台湾、香港、澳门地区设有户籍者以及分别自我国台湾、香港、澳门地区旅居国外并未取得外国国籍者。定居上述地区的外国人除外；

(8)台湾、香港、澳门地区法人，系指分别依我国台湾、香港、澳门地区法律成立且其主要办事机构所在地分别在我国台湾、香港、澳门地区的法人。

第 6 条　本条例规定适用的法律，是指现行的实体法，而不包括冲突法和程序法。

第 7 条　对案件、民事法律关系及其有关事实的定性和对冲突规范的解释，适用法院地法。对准据法的解释适用其所属地区的法律。

第 8 条　内地法院应当依职权查明本条例规定应适用的法律，并可以通过下列途径查明：

(1)要求当事人提供；

(2)请求法律专家提供；

(3)基于协议或互惠请求有关地区的司法机关提供。

不能查明的或经查明有关地区不存在相应法律制度的，适用内地相应的法律。

第 9 条　当事人故意规避内地强制性或禁止性法律规范的，内地法院不适用该当事人企图适用的法律。

第 10 条　依本条例规定应适用非内地的法律时，其适用违背内地的社会公共利益的，则不得适用，而适用内地相应的法律。

第 11 条　根据所有情况，特别是当事人的合法民事权益需要予以保护时，产生纠纷的民事法律关系与本条例规定应适用的法律之间的联系并不密切，且明显地与另一法律的联系更为密切的，则可作为例外，不适用本条例规定应适用的法律，而适用该另一法律。

第 12 条　诉讼程序适用法院地法。

第 13 条　内地与我国台湾、香港、澳门地区同为国际条约的适用地区的,优先适用该国际条约的规定,但各地区声明保留的条款除外。

第 14 条　民事法律关系的行为地或事实发生地跨连两个或两个以上的地区的,以行为或事实结束地为行为地或事实发生地。

第二章　自然人和法人

第 15 条　自然人以其户籍所在地的居住地为住所,经常居住地与住所不一致的,经常居住地视为住所。自然人的住所不明或者不能确定的,以其经常居住地为住所。自然人有一个以上住所的,以与产生纠纷的民事法律关系有最密切联系的住所为住所。定居国外的自然人的住所以其旅居国外前所在地区的最后住所为准。

法人以其主要办事机构所在地为住所。

法人以其经营活动的场所为营业所,当事人有一个以上营业所的,以与产生纠纷的民事法律关系有最密切联系的营业所为营业所。当事人没有营业所的,以其住所或者经常居住地为准。

第 16 条　当事人的身份适用其住所地法。

第 17 条　当事人的民事权利能力和民事行为能力适用其住所地法。当事人在内地进行民事活动,如依其住所地法无民事行为能力,而依内地法律有民事行为能力的,应当认定为有民事行为能力。

第 18 条　宣告失踪和宣告死亡分别适用被宣告失踪人和被宣告死亡人的最后住所地法。

第 19 条　我国台湾、香港、澳门地区的法人在内地进行民事活动须经内地主管机关许可。

第三章　民事法律行为和代理

第 20 条　民事法律行为的成立、变更、解除、撤销、无效及方式适用民事法律行为所属民事法律关系的准据法。民事法律行为方式符合行为地法律者,亦为有效,但本条例另有规定的除外。

第 21 条　在委托代理中,被代理人与代理人之间的关系适用双方明示选择的法律。没有选择的,适用代理关系成立时代理人的营业所所在地法。被代理人与第三人以及代理人与第三人之间的关系适用代理人实施代理行为时的营业所所在地法。

法定代理和指定代理适用代理行为地法或者代理人实施代理行为时的住

所地法。

第四章 物　　权

第22条　动产和不动产物权适用物之所在地法,本条例另有规定的除外。

第23条　运输中的动产的物权适用送达地法。

第24条　运输工具的物权适用登记地法。

第25条　物之所在地如有变更,物权的得丧适用其原因事实完成时物之所在地法。

第26条　不动产物权的法律行为方式适用物之所在地法。

第五章 债　　权

第27条　合同适用当事人协商一致和以明示方式选择的法律。当事人可以在订立合同时,或者合同发生争议后,或者法院开庭审理前作出选择。

在内地履行的合资经营企业合同、合作经营企业合同、合作勘探开发自然资源合同,必须适用内地的法律,当事人协议选择适用法律的条款无效。

第28条　当事人没有选择合同所适用的法律的,适用与其有最密切联系的地区的法律。在通常情况下,与合同有最密切联系的地区的法律依如下规定确定:

(1)货物买卖合同适用合同订立时卖方营业所所在地法。如果合同是在买方营业所所在地谈判并订立的,或者合同主要依买方确定的条件并应买方发出的招标订立的,或者合同明确规定卖方须在买方营业所所在地履行交货义务的,则适用合同订立时买方营业所所在地法;

(2)运输合同适用承运人营业所所在地法;

(3)借贷合同适用出借人营业所所在地法;

(4)担保合同适用担保人营业所所在地法;

(5)银行贷款或者担保合同适用贷款银行或者担保银行所在地法;

(6)保险合同适用保险人营业所所在地法;

(7)加工承揽合同适用加工承揽人营业所所在地法;

(8)技术转让合同适用受让人营业所所在地法;

(9)著作权许可使用合同和出版合同适用作者住所地法;

(10)工程承包合同适用工程所在法;

(11)科技咨询或者设计合同适用委托人营业所所在地法;

(12)劳务合同适用劳务实施地法;

(13)成套设备供应合同适用设备安装运转地法;

(14)代理合同适用代理人营业所所在地法;

(15)关于不动产的合同适用不动产所在地法;

(16)动产租赁合同适用出租人营业所所在地法;

(17)仓储保管合同适用仓储保管人营业所所在地法;

(18)赠与合同适用赠与人住所地法;

(19)委任合同适用受任人营业所所在地法;

(20)行纪合同适用行纪人营业所所在地法;

(21)其他合同适用特征性义务履行人的营业所所在地法。

第 29 条　侵权行为适用侵权行为地法。侵权行为地法包括侵权行为实施地法和侵权结果发生地法。当事人双方在同一地区有住所的,优先适用当事人住所地法。中国内地法律不认为在内地域外发生的行为是侵权行为的,不适用上述规定。

第 30 条　不当得利适用不当得利发生地法。不当得利起因于某一民事法律关系的,适用支配这种关系的法律。

第 31 条　无因管理适用无因管理发生地法。

第六章　知 识 产 权

第 32 条　专利权适用专利申请地法或者请求保护地法。

第 33 条　商标权适用商标注册地法或者请求保护地法。

第 34 条　著作权适用作品首次发表地法或者请求保护地法。

第 35 条　有关知识产权的合同适用本条例关于合同的规定。

第七章　婚姻和家庭

第 36 条　结婚及婚姻的效力适用婚姻缔结地法,但内地当事人在内地域外结婚不得违反内地的禁止性规定。

第 37 条　夫妻间人身关系适用当事人双方共同的住所地法。无共同住所的,适用其经常居住地法。

夫妻间财产关系适用当事人双方以明示方式选择的法律。没有选择的,适用当事人双方共同住所地法。无共同住所的,适用其经常居住地法。但涉及不动产的,适用不动产所在地法。

第 38 条　离婚适用受理案件的法院所在地法。当事人双方自愿离婚适用离婚登记机关所在地法。

第 39 条　父母子女间的人身关系适用子女的住所地法。

父母子女间的财产关系适用子女的住所地法。但涉及不动产的,适用不动产所在地法。

第40条　非婚生子女的认领适用认领时认领人的住所地法或者被认领人的住所地法。认领的效力适用被认领人的住所地法。

第41条　收养的成立及终止适用收养人的住所地法或者被收养人的住所地法。

收养的效力适用收养人的住所地法。

第42条　监护的设立、变更和终止适用被监护人的住所地法。

第43条　扶养适用被扶养人的住所地法。

第八章　继　　承

第44条　遗产的法定继承，动产适用被继承人死亡时的住所地法，不动产适用不动产所在地法。

第45条　遗嘱的方式符合下列法律之一的，应为有效：

(1)立遗嘱人立遗嘱时的行为地法；

(2)立遗嘱人立遗嘱时的住所地法；

(3)立遗嘱人死亡时的住所地法。

关于不动产的遗嘱方式适用不动产所在地法。

第46条　关于遗嘱的成立、变更、撤销及效力，动产遗嘱适用立遗嘱人立遗嘱时的住所地法。立遗嘱后立遗嘱人的住所发生变更的，适用立遗嘱人立遗嘱时的住所地法或者立遗嘱人死亡时的住所地法。不动产遗嘱适用不动产所在地法。

第47条　无人继承又无人受遗赠的遗产的处理适用遗产所在地法。

第九章　时　　效

第48条　时效适用其所属民事法律关系的准据法。

第十章　附　　则

第49条　本条例不溯及既往，但未决事项除外。

第50本　条例自颁布之日起生效。

论宪法与区际法律冲突*

一、导言

世界上每个国家都有自己的宪法，无论其内容如何，也无论是成文的还是不成文的。一般来说，宪法是一国法律体系中的根本大法，享有最高的法律权威，并且，以法律的形式确立一国的基本制度和基本任务。事实上，对于具有数个不同法律制度的国家来说，其基本问题之一的区际法律冲突问题通常是由宪法来解决的。

在具有数个不同法律制度的国家（也称为复合法域国家或多法域国家），其国内法要么是属地性的，要么是属人性的。如果是属地性的，则不同的国内法适用于不同的法域或地区；如果是属人性的，则每一种法律制度仅适用于特定种类的人，尽管它们是在全国范围内适用的。无论是在复合属地性法域国家还是在复合属人性法域国家，都会产生以下问题：何时适用该国的法律；该国家的各种国内法律制度能否适用；如果是这样的话，究竟应适用哪一个法域的法律。最后一个问题就是所谓的一国内不同法律制度间的冲突问题，或者是“区际法律冲突”，或者是“人际法律冲突”。[①]

所谓区际法律冲突，是指在一个主权国家内具有独特法律制度的不同地区的法律之间的冲突，它产生于一

---

* 本文原载于《法学论坛》2003年第3期。

① See K. Lipstein, "Private International Law", *in International Encyclopedia of Comparative Law*, Vol. Ⅲ, Chapter 9, 3(1985).

国内不同地区的人们之间的民商事交往。[1] 由于每个复合法域国家各自的情况不同,不同的国家和学术著作对于区际法律冲突有不同的表述,主要有"non-international conflict of laws"(非国际法律冲突)、"internal conflict of laws"(国内法律冲突)、"interprovincial conflict of laws"(地方间的法律冲突)、"interterritorial conflict of laws"(域际法律冲突)、"interprovincial conflict of laws"(省际法律冲突,指加拿大各省之间的法律冲突)、"Intercantonal conflict of laws"(州际法律冲突,指瑞士各州之间的法律冲突)、"interstate conflict of laws"(州际法律冲突,指美国和澳大利亚各州之间的法律冲突)等。[2] 以国家结构形式为划分标准,区际法律冲突可以分为两类,一类存在于联邦制的复合法域国家中,另一类存在于单一制的复合法域国家中。[3] 区际法律冲突得以产生的最重要的条件之一是一国之内有数个法域,一般由该国宪法规定、确定或设立。因此,一国的区际法律冲突问题与该国宪法密切相关。

随着我国"一国两制"[4]政治构想的提出,中、英于1984年12月19日签署了《中华人民共和国政府和大不列颠及北爱尔兰联合王国政府关于香港问题的联合声明》(以下简称《中英联合声明》),中、葡于1987年3月26日签署了《中华人民共和国政府和葡萄牙共和国政府关于澳门问题的联合声明》[5](以下简称《中葡联合声明》),1990年4月4日第七届全国人民代表大会第三次会议通过了《香港特别行政区基本法》(以下简称《香港基本法》),1993年3月31日第八届全国人民代表大会第一次会议通过了《澳门特别行政区基本法》(以下简称《澳门基本法》)。在这种背景下,中国的区际法律冲突问题越来越受到人们的关注。因为根据"一国两制"的构想以及上述两个联合声明和两部基本法,在中国政府分别于1997年和1999年恢复对香港和澳门行使主权后,香港特别行政区和澳门特别行政区的原有法律基本不变。如果把和平统一后的台湾地区考虑进去,那么中国将出现"一国两制三法系四法域"的局面,这样,我国香港特

---

① 参见黄进:《区际冲突法研究》,学林出版社1991年版,第91~104页。

② See I. Szaszy, "Conflict of Laws in the Western", *Socialist and Developing Countries*, 233 (1974).

③ See K. Lipstein, "Private International Law", *in International Encyclopedia of Comparative Law*, Vol. Ⅲ, Chapter 9, 4, Ⅱ (1985).

④ "一国两制"的构想形成于1978年年末,是由邓小平同志为和平解决台湾问题而提出的。参见《邓小平文选》第3卷,人民出版社1993年版,第230页。

⑤ See Beijing Rev., Apr. 6, 1987.

别行政区、澳门特别行政区及我国台湾地区的法律和内地的法律之间必然会产生区际法律冲突。为此,我们急需解决中国的区际法律冲突和宪法之间的关系问题。

二、宪法中的立法管辖权规范

立法管辖权,是指立法机关所拥有的立法权限的范围,立法管辖权规范即为决定全国立法和各地区的法律制度各自的适用范围的规范。在复合法域国家,中央和地方的立法管辖权的划分是很普遍的,而确定这种划分的规范就是立法管辖权规范。这和国际情形很不相同。在国际社会中,各主权国家都是平等的,在各主权国家之上没有一个世界政府的存在,各国基于主权可以在任何领域内进行立法。当然,各国在制定法律特别是涉外法律时,不得不考虑遵守国际法的一般原则、规则和制度,并尊重其他国家的主权和利益,以便争取他国对本国法律的尊重。

立法管辖权规范触及国家的结构(从立法的角度看),决定全国立法和各地区法律制度各自的适用范围,还界定有关国家的复合法域结构,因而,立法管辖权规范本质上是宪法性规范,即使它们在形式上并非宪法的一部分。事实上,这种规范不仅可能源自宪法,还可能出自宪法性法律或宪法性习惯。在联邦制的复合法域国家内,立法管辖权规范一般规定在宪法之中,例如,《澳大利亚联邦宪法》第51条规定,州际的贸易与商业、州际的银行业、保险、汇票与本票、破产及无力偿付、版权、发明专利与外观设计专利、商标、外国公司、结婚、离婚、父母权利以及对未成年人的监护等事项为联邦议会的立法管辖范围。又如,在英国,英格兰施行英格兰法、苏格兰施行苏格兰法以及北爱尔兰施行北爱尔兰法是宪法性习惯的结果。在英国,宪法的原则、规则和实践从未编纂成法典,它们分散在不同的成文法与习惯法之中,也就是说没有成文宪法,因此,英国划分国内各法域(英格兰、苏格兰、北爱尔兰等)的立法管辖权的规范主要源于宪法性习惯。[①]

立法管辖权规范的宪法性质意味着,只有作为主权者的国家才能制定法律以划分国家和地方各自的立法管辖权,或者说在属于国家的立法管辖项目和属于地方的立法管辖项目之间作出划分。这种划分触及司法方面的宪法体制,对

---

① See V. Knapp, "National Reports", *in International Encyclopedia of Comparative Law*, Vol. I, U-59(1976).

复合法域国家来说是必不可少的,因为它可以满足这类国家根本的组织需要。

三、宪法中的立法管辖权规范与区际法律冲突

立法管辖权规范与区际法律冲突有着紧密的联系。

其一,复合法域国家立法管辖权规范的存在,从逻辑上讲,是这些国家区际法律冲突产生的前提。因为立法管辖权规范界定了一国的复合法域结构,之后才可能产生区际法律冲突问题。在实践中,立法管辖权规范和区际冲突规范之间的区别并不总是那么清晰,但这对我们理解一国区际法律冲突的特殊性质是十分必要的。

其二,立法管辖权规范限定了复合法域国家区际法律冲突的产生范围。在通常情况下,立法管辖规范往往清楚地划分了中央和地方的立法权限范围,并且明确地规定了各地方有多大的立法权限。这就意味着各地方在多大程度上拥有独特的法律制度,并且在哪些民商法领域会产生区际法律冲突。例如,1787 年《美国宪法》第 1 条第 8 项就是一组立法管辖权规范。它规定,州际贸易、破产、海事、专利以及版权等事项由美国联邦国会管辖,这意味着在上述领域存在统一的联邦法律,也就不会有区际法律冲突。只有在其余事项上,各州才可以制定自己的法律。这些法律很可能彼此不同,因此导致区际法律冲突的产生。

其三,立法管辖权规范决定区际法律冲突的解决方法。一般而言,制定区际冲突法是解决区际法律冲突的一种方式。在实践中,有的复合法域国家采用全国统一的区际冲突法来解决区际法律冲突问题,有的采用各法域自有的区际冲突法,还有的则既有全国统一的区际冲突法又有法域自有的区际冲突法。究竟采用何种类型的区际冲突法,是由有关国家的立法管辖权决定的。

其四,在既有全国统一的区际冲突法又有各法域自有的区际冲突法的复合法域国家内,立法管辖权规范决定对何种案件适用全国统一的区际冲突法,对何种案件适用各法域自有的区际冲突法。美国是一个拥有五十个州及哥伦比亚特区的联邦国家,基于历史原因和其独立前的政治、宪法基础,美国国内的法制极不统一。因此,不仅各州的立法机关可以制定自己的法律,各州的司法机关也可以在其权限范围内自主地解释不成文的法律,即普通法。联邦法院必须服从其所在州对普通法的解释。美国联邦最高法院在斯威夫特诉泰森案(Swift

V. Tyson)①中曾确定,联邦法院适用其所在州的立法规定,但可以自由地解释普通法;联邦法院在所谓的“跨州案件”(diversity cases)(涉及不同州的公民)中应适用“一般普通法”。然而,联邦最高法院在埃里铁路诉汤普金斯一案(Erie Railroad v. Tompkins)②中却宣布,联邦法院并没有自己的与各州平行的一套普通法,在所谓的“跨州案件”中,联邦法院应适用冲突规范所指引的那个州的普通法。三年后,联邦最高法院在克拉松公司诉斯坦特电机制造公司一案(Klaxon Co. v. Stentor Manufacturing Co.)③中宣称,只有在美国宪法规定属于联邦管辖事项的范围内,才有全国统一的冲突规范;在大量场合下,解决区际法律冲突的规范属于各州的普通法,是不成文规范,由各州自主地发展;联邦法院在“跨州案件”中,也必须首先适用其所在州的冲突规范。上述美国的实践表明,立法管辖权规范不仅决定区际冲突法的存在,而且决定区际冲突法的适用。

其五,还应该指出,在复合法域国家意欲消除或部分消除本国内的区际法律冲突时,它们可以通过改变立法管辖权规范的实质内容来实现。因为区际法律冲突的产生、范围及其解决都是由立法管辖权规范限定的。因此,我们可以说,改变立法管辖权规范是消除或部分消除区际法律冲突的一种手段,至少可以说是一种法律表现形式。不过,改变立法管辖权规范意味着要修改宪法,而这通常必须经过复杂的修宪程序,是不容易做到的。

简言之,宪法中的立法管辖权规范在区际冲突法领域发挥着重要作用。要研究区际法律冲突和区际冲突法,就必须研究宪法中的立法管辖权规范,因为后者是了解和把握区际冲突法的途径。

四、宪法与区际法律冲突

对中国来说,香港、澳门回归祖国以后,中国的区际法律冲突是不可避免的。中国的“一国两制”方针已经体现在中国签署的两个联合声明中,即《中英联合声明》和《中葡联合声明》。中国的这一方针还在两部基本法(《香港基本法》和《澳门基本法》)中得到重申。事实上,随着中国政府分别于 1997 年和 1999 年恢复对香港和澳门行使主权,中国的区际法律冲突问题随之产生。

香港和澳门回归后,宪法与区际法律冲突之间在法律框架中是什么关系呢?

---

① 16 Pet. l. 10 L. Ed. l(1842).

② 204 U. S. 64(1983).

③ 313 U. S. 487(1941).

(一)单一制国家中的区际法律冲突

1982年《中华人民共和国宪法》仅有第31条①直接涉及香港特别行政区和澳门特别行政区,其他大部分条款不适用于特别行政区。但是,这并不是说宪法规定对特别行政区没有间接的影响。根据该宪法,中国是单一制国家,而非联邦制国家。两部基本法也规定,特别行政区是中华人民共和国不可分割的组成部分。② 因而,中国的区际法律冲突问题显然不同于联邦制国家。特别行政区享有高度的自治权,其权力甚至大大超过联邦制国家(如澳大利亚、加拿大和美国)的成员所享有的权力。不过特别行政区的高度自治权仅仅来自中国宪法和两部基本法的特别授权,这些地区只是中央政府领导下的地方行政区域。这与联邦制国家内的联邦政府及其成员之间的关系大不相同。

(二)特别行政区基本法框架下的区际法律冲突

我国1982年《宪法》没有直接规定区际法律冲突问题,但《香港基本法》和《澳门基本法》对此作了规定。毫无疑问,两部基本法都是由全国人民代表大会通过的宪法性法律,它们也将在中国的其他地区得到遵守。因此,在香港及澳门回归之后,中国的区际法律冲突问题包括区际法律冲突的产生、范围及其解决,实质上都由两部基本法决定,这与其他复合法域国家只由一部宪法规定立法管辖权规范的情况有很大不同。

(三)范围广泛的区际法律冲突

根据两部基本法,特别行政区是中华人民共和国的地方行政区域,享有高度自治权,包括行政管理权、立法权和独立的司法权,中央人民政府负责特别行政区的外交和国防事务。《香港基本法》第8条规定,香港原有法律,包括普通法、衡平法、条例、附属立法以及习惯法,除与基本法相抵触的,在香港地区继续有效并且由香港特别行政区立法机关修订。第18条进一步规定,在香港特别行政区施行的法律应为《香港基本法》、《香港基本法》第8条规定的香港原有的法律和香港特别行政区立法机关制定的法律。全国性法律制度不得在香港特别行政区实施,但有关国防和外交事务的法律,以及其他按基本法规定不属于香港特别行政区自治事项的法律除外。这意味着特别行政区在民商事领域享有充分的或完全的立法权限。也就是说,在香港和澳门回归祖国的初始阶段,特别行政区与内地之间的

---

① 该条规定,国家在必要时得设立特别行政区。在特别行政区内实行的制度按照具体情况由全国人民代表大会以法律规定。

② 参见《香港基本法》和《澳门基本法》第1条。

法律制度差异很大,特别是在民商事领域。因此,区际法律冲突的范围十分广泛。就宪法结构而言,统一全国法律制度的进程将是缓慢而又艰巨的。

(四)"一国两制"下区际法律冲突的解决

在法律适用方面,对于如何解决区际法律冲突问题,两部基本法付之阙如。然而,在司法协助领域,两部基本法都规定,通过协商并依据法律,特别行政区可以和全国其他地区的司法机关保持司法关系,并向对方提供协助。① 该规定是中国内地和特别行政区之间进行司法协助的基础,但它们过于原则,在实践中不易操作。因此,中国在恢复对香港和澳门行使主权后的初期,急需将上述规定具体化。事实上,1998 年最高人民法院与香港特别行政区代表协商达成了《关于内地与香港特别行政区法院相互委托送达民商事司法文书的安排》。1999 年双方又达成了《关于内地与香港特别行政区相互执行仲裁裁决的安排》。2001 年最高人民法院还与澳门特别行政区代表协商达成了《关于内地与澳门特别行政区法院就民商事案件相互委托送达司法文书和调取证据的安排》。这三个安排就是落实基本法规定的具体举措。

根据特别行政区的两部基本法,香港和澳门回归后,在特别行政区施行的全国性法律仅限于各特别行政区基本法、有关国防和外交的法律以及涉及特别行政区自治范围以外事项的法律。很显然,中央不享有制定全国统一的区际冲突法的立法管辖权,这一立法权限属于各特别行政区。其结果是,各特别行政区和内地分别有自己的区际冲突规范,这样一来,很可能加剧各地区的区际冲突规范之间的差异,从而引起进一步冲突,即各地区区际冲突法本身的冲突。而且,这种冲突大大增加了区际法律冲突的复杂性,容易产生"挑选法院"、反致、转致等问题,识别问题也会变得更加复杂。

另外,与其他复合法域国家相比,中国没有一个最高的司法机关在各特别行政区法院之间进行协调以解决区际法律冲突。根据两部基本法,各特别行政区有自己的终审法院,独立于中国其他地区的法院。

宪法在一定程度上决定了复合法域国家区际法律冲突的产生、范围及其解决。随着 1997 年香港回归和 1999 年澳门回归,中国的情况也是如此。因此,对于我国的区际法律冲突,我们在研究时应当更加关注宪法和两部基本法对该问题的影响。

① 参见《香港基本法》第 95 条和《澳门基本法》第 93 条。

香港冲突法研究*

一、引言

香港现行法律属普通法系。从其法律构成来看，它主要包括“英皇制诰”和“皇室训令”、普通法及衡平法、条例、附属立法、习惯法以及英国政府同其他国家缔结的国际条约或协定等。无论在形式上还是在内容上，香港现行法律都深受英国法的影响。香港现行的冲突法是香港现行法律的重要组成部分，是关于解决不同国家或地区相互之间的民事法律冲突、调整涉外民事法律关系的法律规范的总称。

香港现行的冲突法与英国冲突法基本相同，相差不大。其冲突规范大多由英国普通法判例明确确定。由于英国政府同其他国家缔结的关于冲突法的条约或协定大都适用于香港，所以，适用于香港的有关条约和协定也属于香港现行冲突法的一部分。

与英国冲突法一样，香港的冲突法对国际冲突法和区际冲突法不加区分，笼统叫作冲突法，既适用于解决国际法律冲突，也适用于解决区际法律冲突。在香港冲突法看来，冲突法上讲的“涉外因素”(foreign element)和“外国国家”(foreign country)意味着一个非香港或非英格兰因素和非香港或非英格兰国家，“国家”(country)

---

* 本文原载于《法学评论》1990 年第 1 期，中国人民大学书报资料中心复印报刊资料《法学》1990 年第 4 期转载，后收录于韩德培主编：《中国冲突法研究》，武汉大学出版社 1993 年版。

一词不是指宪法或国际公法意义上的国家,只是一个具有独特法律制度的法域(law district)的代名词。因此,像英格兰和苏格兰法律之间这样的区际法律冲突,与像瑞士和法国法律之间这样的国际法律冲突,其解决都适用相同的冲突规则。① 不过,应该注意的是,香港冲突法尽管在实践中将国际冲突法和区际冲突法等同起来,但实际上两者并不是绝对等同的。

香港冲突法以法院审理涉外民事案件作为确定冲突法内容的出发点,认为冲突法解决如下三个问题:第一,涉外民事案件的管辖权;第二,法律适用或法律选择;第三,民事司法协助。而解决这些问题的各种法律规范构成冲突法的内容。下面,分别从这三个方面来介绍香港现行冲突法的基本内容。

二、香港法院对涉外民事案件的管辖权

冲突法上的管辖权是指一个国家或地区审判涉外民事案件的权限。所以,冲突法上的涉外民事案件的管辖权问题就是,确定不同的涉外民事案件应由何国或何地区法院审理的问题,它主要讨论应该根据什么原则或标准来确定一个国家或地区法院有权或无权审理某一涉外民事案件。冲突法上的管辖权不同于纯国内民事诉讼中的管辖权,因为后者是指一个国家内上下级法院之间和同级法院之间受理第一审民事案件的分工和权限,而不涉及各类涉外民事案件应由哪个国家或地区的法院来审理。

涉外民事案件的管辖权问题在冲突法中占有十分重要的地位。世界上许多国家的理论与实践,特别是英美普通法系国家的理论与实践,历来把涉外民事案件的管辖权视为冲突法的三大专题之一,有人甚至认为管辖权问题较之法律适用问题更为重要。英国著名冲突法学者莫里斯(J. H. C. Morris)曾说:"在英国法律冲突中,管辖权问题常常趋向超过法律选择问题,或者说,管辖权问题是处于一个特殊的地位。经常发生这样的情况,如果管辖权(无论是英国法院还是外国法院)得到满意解决,法律选择就不成问题了。"②在香港冲突法中,涉外民事案件的管辖权问题也占有如此重要的地位。

香港法律将民事案件分为对人诉讼(*action in personam*)和对物诉讼(*action in rem*)两大类,对这两类诉讼分别实行不同的管辖原则。但无论在对人诉讼中还是在对物诉讼中,法院在确定管辖权时都是从"管辖权的基础是实

---

① See J. H. C. Morris, *The Conflict of Laws*, 4(3rd ed. 1984).

② J. H. C. Morris, *The Conflict of Laws*, 5(2nd ed. 1980).

际控制”这一原则出发的,也就是说,法院对某一涉外民事案件行使管辖权时必须对该案件有实际的支配力。

1. 对人诉讼。对人诉讼,又称为当事人之间的诉讼(*action inter-parties*),是指原告向被告提起的,要求被告作为或不作为,以解决当事人之间权利问题的诉讼形式。例如,原告要求被告偿还欠债,就违约或侵权行为付出损害赔偿,停止某一现行的侵权行为的诉讼,就属对人诉讼。① 对人诉讼的判决只拘束诉讼当事人。对于对人诉讼,香港法院既不考虑双方当事人的国籍、住所或居所,也不考虑诉因的性质,而只是从“实际控制”原则出发来决定自己的管辖权。香港法院在下列情况下,可就对人诉讼行使管辖权:(1)被告身在香港,而法院的起诉文件在香港送达被告;(2)被告自愿受香港法院的管辖;(3)被告在香港以外的地方,而法院根据《最高法院规则》(Rules of the Supreme Court)第 11 条之规定,批准将起诉文件于外地送达被告。②

2. 对物诉讼。对物诉讼是原告请求法院维护其财产权利或利益的诉讼形式。在对物诉讼中,法院就某一财产权利及当事人的权利作出的判决的效力,不仅约束当事人,而且可以及于有关的第三人。对物诉讼大致包括三种类型:(1)决定物之所有权或其他权利的诉讼;(2)海商诉讼(admiralty action),即为决定船舶或货物的权利或对该船舶或货物有任何请求的诉讼,包括因该船舶或货物所造成损害而有请求权的诉讼;(3)有关身份行为的诉讼。有关身份行为的诉讼,诸如有关婚姻的效力、离婚、婚生子女的确定、认领等,之所以被视为对物诉讼,是因为普通法认为身份(status)与物有类似之处,更重要的是当事人住所地法院对其身份问题的判决应被全世界所承认,其效力可以及于当事人之外的第三人。③ 香港法院对前两类案件的管辖权同样是建立在“实际控制”原则基础上的,只要争议的财产、船舶或货物在香港域内,香港就有权对与该财产、船舶或货物有关的对物诉讼行使管辖权。在海商诉讼中,有关船舶的国籍为何并不重要。至于有关身份行为的对物诉讼,香港法院一般根据当事人的住所

---

① See C. C. Cheshire, *Private International Law*, 76 – 77 (London: Butlerworths, 7th ed. 1965); 韩德培主编:《国际私法》,武汉大学出版社 1983 年版,第 388 页;董立坤:《国际私法论》,法律出版社 1988 年版,第 172 ~ 173 页。

② 参见陈弘毅、陈文敏:《人权与法治——香港过渡期的挑战》,香港广角镜出版社有限公司 1987 年版,第 40 ~ 41 页。

③ 参见陈隆修:《国际私法管辖权评论》,台北,五南图书出版股份有限公司 1986 年版,第 30 ~ 34 页。

地或经常居住地是否在香港来决定它是否有管辖权。举例来说,香港法院是否就婚姻诉讼享有管辖权,大致视当事人住所地或经常居住地是否在香港来决定。

3. 司法管辖豁免。根据英国 1979 年《国家豁免(海外属地)法令》——State lmmunity(Overseas Territories) Order 1979,英国《1978 年国家豁免法》(State lmmunity Act 1978)施行于香港。按照该法的规定,外国国家在香港法院享有司法管辖豁免,也就是说,香港法院原则上不得受理对一个外国国家提起的民事诉讼。但在外国国家自愿接受法院管辖、进行商业交易、其作为或不作为构成侵权等情况下,该外国国家不享有香港法院的管辖豁免。① 另外,根据国际法,香港法院尊重外交代表、领事官员和一些国际组织及其部分职员所享有的一定的司法管辖豁免权。

三、香港冲突法中的法律适用规定

香港法院在确定它对某一涉外民事案件的管辖权后,紧接着就是决定案件所牵涉的各种问题适用何种法律,也就是对有关问题的法律适用进行法律选择。香港法律中的法律适用规定同英国的法律适用规定大致相同,内容较多,限于篇幅,这里不可能一一介绍,仅从以下几个方面择要述之。

(一)一般性规定

一般性规定,是对冲突法中带普遍性的原则、制度和其他问题所作的规定,它们对整个冲突法都具有指导作用。香港冲突法中的一般性规定可以归结为这么几个方面。(1)识别。在普通法看来,识别是把涉外民事案件的问题归入适当的法律范畴,或者按照法律分类对涉外民事案件的有关事实加以归类。香港冲突法主张依法院地法进行识别。(2)反致。英国法院在实践中发展了一种反致学说,称为"双重反致学说"(the doctrine of double renvoi)、"全部反致学说"(the doctrine of total renvoi)或"外国法院理论"(the foreign court theory)。其主要就是指,英国法院在处理住所不在英国的当事人的涉外案件时,或者当英国法院处理某一涉外案件依据自己的冲突规范应适用外国法,而该外国法的冲突规范则指定适用英国法时,应适用该当事人住所所在地或该外国法院在处理该案时将适用的法律。英国法院判例中的这种主张,无疑会在香港法院的司

① 参见黄进:《国家及其财产豁免问题研究》,中国政法大学出版社 1987 年版,第 130 ~ 136 页。

法实践中得到遵循。(3)外国法的证明。在香港法院,外国法是一个须由当事人举证的事实问题。如果一方当事人在香港法院援用某一外国法支持其请求,他必须像他所依赖的其他事实那样对其进行举证,否则,香港法院将适用香港法律取而代之。但是,对于英国和其他不列颠属地法律的查明,无须当事人举证,香港法院有权按照《1859 年不列颠法律确定条例》规定的方式加以查明。(4)公共政策。香港法院在依据自己的冲突规范承认和执行外国法时,如果它认为承认和执行该外国法的结果与香港的公共政策不一致,可以拒绝承认和执行该外国法。(5)外国公法的适用。香港法院在处理涉外民事案件中不会直接或间接地执行外国刑法或税法,因为它们属于公法范畴,具有严格的属地性。(6)程序问题依法院地法。根据普通法的冲突规范,在香港进行的涉外民事案件的诉讼程序,都适用香港法律,而不考虑适用其他法域的法律。[①] (7)属人法。一般认为,与人的身份和能力有关的法律关系为属人法律关系。通常,属人法律关系主要由属人法支配。在冲突法上,属人法有两种理解,即当事人的本国法和当事人的住所地法。普通法系国家和地区的法律都视住所地法为属人法,香港法律自然也不例外。

(二)财产关系的法律适用

香港法律同英国法律一样,将财产分为不动产和动产两大类。在冲突法上,与不动产有关的一切问题受不动产所在地法支配。而且,按照香港法,动产分为可实际占有的物(a chose in possession)和可依法主张但未实际占有的物(a chose in action)。[②] 对于可实际占有的物即有体动产,普通法上曾有"动产无场所"(personality has no locality)的主张,强调适用当事人属人法即住所地法来解决与动产有关的问题。但是,"在英国真正受到历来判例直接支持的主要论点是,像不动产一样,决定问题的是财产所在地法"。[③] 香港法院在司法实践中援用英国判例,也实行有体动产依物之所在地法。至于可依法主张但未实际占有的物,主要是指可以成为钱财或物品的权利,如股票、股份、流通票据、版权、商誉等,香港法律主张对它们适用权利产生地(授予地)的法律。

---

① 参见陈弘毅、陈文敏:《人权与法治——香港过渡期的挑战》,香港广角镜出版社有限公司 1987 年版,第 42 页。

② 参见[新西兰]瓦莱里·安·彭林顿:《香港的法律》(上),毛华等译,上海翻译出版公司 1985 年版,第 251 ~254 页。

③ [英]托马斯:《国际私法》,倪征? 译,商务印书馆 1963 年版,第 98 页。

(三)合同关系的法律适用

在合同关系的法律适用问题上,香港法律是这样规定的。首先,如果缔约双方明确选择一个国家或地区的法律来支配他们的合同,则该法律便是该合同的适用法律(proper law)。但缔约双方的选择必须是善意(bona fide)和合法的,并不得选择与法院地公共政策相抵触的法律。其次,如果缔约双方对合同应适用的法律没有明示的选择,法院将在考虑了合同所使用的法律术语、用于交易的货币、合同所用的语言、当事人的居留地和合同纠纷仲裁地等因素后,查看缔约双方是否有默示的选择。如果一项合同的条款根据某一法律体系属有效,但根据另一法律体系属无效,法院可以推定缔约双方有意使前者适用于该合同。最后,如果缔约双方的默示选择也不存在,法院便会选择与合同有最密切、最真实联系的法律制度作为合同的准据法。法院在作出这种选择时会考虑合同的缔约地和履行地,缔约双方的居留地及其从商地点,合同的性质及其主旨。①

(四)侵权行为的法律适用

英国法院于 1870 年审理了菲利普斯诉艾尔一案(Phihps v. Eyre),对侵权行为的法律适用,确立了双重可讼性规则(double actionability rule),即对于一项国际侵权行为的处理,英国法院应同时适用法院地法和侵权行为地法。② 比如,倘若一项行为在外国发生,行为人在英国法院受诉,英国法院判断该行为是否为侵权行为既要根据英国法,又要根据行为地法。如果英国法和该外国法有一个法律认为该行为不是侵权行为,则该行为就不能作为侵权行为来处理。这一传统规则虽然近来在英国司法实践中受到挑战。但它不失为占据优势地位的一般规则。③ 香港法律关于侵权行为的法律适用的规定亦复如此。

(五)婚姻家庭关系的法律适用

婚姻家庭关系与人的身份有关,为属人法律关系。一般而言,各国都主张属人法律关系原则上受属人法支配。英国和香港的冲突法也不例外,下面分几个方面来介绍。(1)结婚实质要件,特别是结婚能力问题适用当事人的住所地法。(2)结婚形式要件依据"场所支配行为"的传统原则适用婚姻仪式举行地

---

① 参见港人协会编:《香港法律 18 讲》,商务印书馆香港分馆 1987 年版,第 155～156 页。

② 关于菲利普斯诉艾尔一案,See J. H. C. Morris, *Cases on Private international Law*, 60－67 (Oxford University Press, 1939)。

③ See Cheshire & Norlh, *Private International Law*, 263－266 (10th ed. 1979).

法。(3)夫妻人身关系原则上依夫妻住所地法,但以法院地法加以控制;夫妻财产关系的法律适用依夫妻双方"意思自治"原则确定,如果夫妻对此未加确定,那么,夫妻财产的动产适用当事人住所地法,不动产适用不动产所在地法。(4)宣告婚姻无效适用婚姻前有关当事人的住所地法。香港法院对于离婚案件,只要夫妻双方一方居住在香港即有管辖权,并适用法院地法处理离婚问题。(5)在父母子女关系上,确立子女的婚生地位依其生父的住所地法;非婚生子女的准正依其生父结婚时的住所地法;收养的成立,其实质要件适用法院地法,其形式要件依收养成立地法;收养的效力依收养人住所地法;父母子女间关系适用父之住所地法;父母子女间的财产关系,动产适用父之住所地法,不动产则依不动产所在地法。

(六)继承关系的法律适用

首先,从法定继承方面来看,英国和香港冲突法采取"区别制",即区分遗产中的动产和不动产,分别适用不同的冲突规范。香港的实际做法是,动产继承依被继承人死亡时的住所地法,不动产继承依不动产遗产所在地法。其次,从遗嘱继承方面来看,就不动产遗嘱而言,立遗嘱人的能力、遗嘱形式、遗嘱的撤销、遗嘱人的处分权、遗嘱的效力概依不动产所在地法。就动产遗嘱而言,立遗嘱人的能力依其立遗嘱时的住所地法;关于遗嘱形式的法律适用,根据1861年英国的"金斯唐法"(Lord Kingsdown's Act)在联合王国外所立遗嘱,只要符合立遗嘱地法、其立遗嘱时的住所地法、其死亡时的住所地法或其原始住所地法,均为有效;在联合王国内所立遗嘱,只能适用其死亡时的住所地法;另外,动产遗嘱的效力依被继承人死亡时的住所地法。①

四、香港与外地的民事司法协助

从广义上讲,民事司法协助系指一国或地区司法机关应另一国或地区司法机关或有关当事方的请求,代为进行一定的司法方面的行为。它主要有三个方面的内容,即法律文书送达、调查取证、外国法院判决和仲裁裁决的承认与执行。

香港目前与世界很多国家和地区的民事司法协助关系是建立在英国缔结或参加的双边或多边国际条约基础之上的。这样的条约如1961年《取消要求

---

① See Cheshire & North, *Private International Law*, 511 - 519, 598 - 619 (10th ed. 1979).

外国公文书认证公约》、1965 年《关于向国外送达民事或商事司法文书和非司法文书公约》、1970 年《关于从国外调取民事或商事证据公约》、1970 年订于海牙的《承认离婚和分居公约》、1973 年订于海牙的《抚养义务判决的承认和执行公约》、1958 年订于纽约的《关于承认和执行外国仲裁裁决的公约》等,以及英国与外国缔结的一些关于相互承认和执行法院判决的协定。英国一些有关立法也在香港适用,如英国《1920 年司法执行法》(Administration of Justice Act 1920)、《1920 年赡养令(执行措施)法》——Maintenance Orders (Facilities for Enforcement) Act 1920 等。此外,香港自己也相应颁布了一些有关民事司法协助的法律或在一些法律中作了有关的规定,如《外国判决(相互执行)条例》——Foreign Judgments (Reciprocal Enforcement) Ordinance、《仲裁条例》(Arbitration Ordinance)、《赡养令(相互执行)条例》——Maintenance Orders (Reciprocal Enforcement) Ordinance、《证据条例》(Evidence Ordinance)等。①

1. 文书送达。根据适用于香港的条约和香港的司法实践,目前,香港法院向域外送达文书主要通过如下方式。(1)基于有关司法协助协议,通过被请求国的中央机关送达,即香港的主管机关或司法官员向被请求国的中央机关递交一份请求书,该被请求国中央机关对请求无异议,便自行或由其适当的代理机构或根据该被请求国法律规定的方式送达。(2)通过外交或领事途径直接向境外人员送达或将文件转交给缔约国指定的机关请其代为送达。(3)在目的地国不反对的前提下,通过邮寄送达。(4)香港主管司法人员、官员、诉讼利害关系人或其他人员直接通过目的地国的主管司法人员、官员或其他人员送达。(5)代替送达(substituted service)。如果被告所在地不明,原告可以说明情况,向香港法院申请用"代替送达"的方式进行送达,如通过登报通知或在被告最后居住处张贴通告等方式传唤被告。

值得一提的是,1988 年香港最高法院和广东省高级人民法院就相互委托送达民事、商事案件诉讼文书达成如下协议。(1)双方互相委托送达民商事案件的诉讼文书,该类诉讼文书包括起诉状副本、上诉状副本、传票、判决书、调解书、裁定书、决定书、通知书。(2)委托方要求受委托方送达上述诉讼文书,应出具盖有委托方印章的书面委托书。委托书须写明被送达人的名称和详细地址,用中文、英文两种文字书写。(3)受委托方已送达诉讼文书之凭证须交给委托

---

① 参见陈弘毅、陈文敏:《人权与法治——香港过渡期的挑战》,香港广角镜出版社有限公司 1987 年版,第 43 ~ 44 页。

方。如果无法送达，则受托方须将无法送达的原因书面通知委托方。(4)受委托方无须负法律责任。(5)上述诉讼文书之样书，由双方互相提供。(6)互相委托送达诉讼文书，均通过广东省高级人民法院和香港最高法院进行。(7)代为送达诉讼文书均采用双挂号邮寄方法，不收取费用。如果委托方在委托书中指定采取特殊方法送达所发生的费用，由委托方负担。这一协议，为港粤之间的诉讼文书的送达提供了方便，也可以使我们从中了解香港法院涉外送达实践之一斑。

2. 调查取证。根据适用于香港的条约和香港的司法实践，香港司法机关可以基于条约并根据其法律规定，通过嘱托书要求另一缔约国的司法机关调取证据或为不包括送达和执行措施的其他司法行为；可以委托外交或领事人员在另一缔约国领土上并在由其行使职权的区域内，进行涉及其侨民而且属于香港法院审理的诉讼的所有取证行为，或在有关国家指定的主管机关的概括或个别许可并遵守规定许可的条件的情况下，在该国领土上并在由其行使职权的区域内向所在国或第三国国民调取证据；还可以在证据调查地国指定的主管机关概括许可或个别许可并遵守规定许可的条件的情况下，指定特派员在另一缔约国进行查证行为。

3. 承认和执行外国法院判决和仲裁裁决。在这个问题上，香港的实践深受英国普通法的影响。它们把承认和执行外国法院判决和仲裁裁决建立在“债务学说”(the doctine of obligation)的基础上，在它们看来，当具有合法管辖权的外国法院或仲裁机关已裁定一方当事人应支付另一方当事人一笔金钱后，支付这笔金钱就成为法律上的债务，可以通过债务诉讼使之在内国执行。正因如此，英国和香港的承认和执行外国法院判决和仲裁裁决的程序和条件很有特色。在承认和执行外国法院判决方面，它们同时实行着两套不同的承认和执行外国判决的程序，一套是判例法程序，另一套是根据有关成文法实行特殊登记的程序。根据判例法程序，外国法院判决不能在英国和香港直接执行，它只能作为向英国和香港法院重新提起诉讼的根据，诉讼经英国和香港法院重新审理后，如认为与本地法律不相抵触，则由英国和香港法院作出一个与外国判决相同的判决，然后予以执行。根据英国的《1933 年外国判决(相互执行)法》——Foreign Judgments(Reciprocal Enforcement) Act 1933 和香港的《外国判决(相互执行)条例》的规定，有关外国法院判决的胜诉方，可以在判决作出后 6 年以内将该判决在香港(或英国)登记，但要求该判决是外国高级法院作出的请求支付一笔金钱的终局判决，而且不属于支付税款、罚款的判决或其他惩罚性判决。

登记时要对外国判决进行一般审查,在遇有下列场合之一时则必须拒绝登记:(1)判决不属于 1933 年法所适用的范围;(2)外国法院无管辖权判案;(3)作为原先诉讼中被告的判决债务人(judgment debtor)没有及时接到诉讼通知以便能够为自己辩护和出庭;(4)判决是通过欺诈获得的;(5)执行判决与本地公共政策相抵触;(6)判决所规定的权利不属于申请者。另外,如果有管辖权的法院已就外国判决所解决的问题作出了终审判决,也可以拒绝登记。凡经在香港(或英国)登记并经审查允许在香港执行的判决,将由香港司法机关强制执行,如同香港法院的判决。

在外国仲裁裁决的承认和执行问题上,香港法律是以英国《1979 年仲裁法》(Arbitration Act 1979)以及其他有关法律和英国参加的 1958 年订于纽约的《关于承认和执行外国仲裁裁决的公约》为根据的。若外国仲裁裁决须在香港执行,仲裁胜诉方可以以互惠和有关国际条约为基础在香港申请按照条约规定的方式和条件加以执行,也可以以仲裁裁决为基础在香港法院重新提起诉讼来请求执行,还可以按照如同执行外国法院判决的特殊登记方式加以执行。外国仲裁裁决在香港执行必须满足下列条件:(1)裁决必须是依据支配仲裁的法律有效的仲裁协议作出的;(2)裁决必须是仲裁协议指定的仲裁庭作出的;(3)裁决必须是按照仲裁地国的仲裁程序规则作出的;(4)裁决必须是终局裁决;(5)裁决事项依据香港法是在法律上可以提交仲裁的事项;(6)裁决的执行不与香港法律和公共政策相抵触。在申请执行的诉讼中,被告可以基于以下理由请求不执行仲裁裁决:(1)仲裁庭无管辖权;(2)裁决是通过欺诈方式取得的;(3)裁决违反自然公正(natural justice);(4)裁决的执行与香港的公共政策相抵触。①

---

① See A. W. S. cott, *Private International Law*, 120 – 122(2nd ed. 1979);韩德培主编:《国际私法》,武汉大学出版社 1983 年版,第 436 ~ 437 页。

澳门国际私法初探*

一、澳门国际私法的概念

澳门现行法律以属于大陆法系的葡萄牙法律为蓝本。由于葡萄牙管治澳门近一个半世纪,①故澳门现行法律无论在形式上、还是在内容上都深受葡萄牙法律的影响,澳门现行的绝大多数法律是葡萄牙法律的延伸或葡萄牙法律的翻版,在这种意义上说,澳门现行法律属大陆法系。又由于澳门是一个以华人为主的社会,与内地和香港地区在社会经济生活方面有千丝万缕的联系和交往,作为澳门人行为规范的澳门法律曾经或正在受相邻地区及当地的风俗习惯的影响。② 澳门现行国际私法作为澳门现行法律的一个分支就处于这样一种大背景中。

澳门自16世纪“开埠”以来,一直是一个开放的城市,在东西方交流中起着桥梁作用。因此,在澳门,国际民商事活动十分频繁。这为澳门国际私法的存在和发

---

* 与郭华成(中国人民大学法学博士)合作撰写。本文原分载于《法学评论》1996年第6期和1997年第1期。

① 虽然葡萄牙人居澳可上溯至1553年,但有效管治澳门(包括氹仔、路环两岛),则于1849年开始。参见黄进、郭华成撰写的《澳门国际私法的演进》一文。

② 澳门曾经有《华人风俗习惯法典》,曾设华务检察官署和澳门华人专有法庭,并曾承认华人在婚姻家庭和继承方面的风俗习惯。在商务领域,澳门法律则仍受着香港法律的重大影响,这在银行、票据、外贸等领域表现尤盛。

展奠定了客观基础,亦决定了澳门国际私法在调整国际民商事关系、规范国际民商事活动、解决国际民商事争议方面发挥着不可替代的作用。

在葡文中,国际私法被称为"direito internacional privado"(直译为"私国际法"),相当于英文中的"private International law"。葡萄牙的学者认为,葡文的国际私法名称借自美国学者斯托里(Story)于 1834 年首次使用并为德国学者舍夫纳(Schaffner)于 1841 年应用的名称,这个名称经法国学者弗利克斯(Foelix)的努力而自 1843 年起在欧洲广为传播。

在葡萄牙,国际私法的名称由法尔康(L. H. Falcáo)于 1868 年首次使用。但十年以后,另一名学者佩德罗萨(A. L. G. Pedroza)改而使用"direito privado internacional"(字面含义为"国际私法")一词。现在则通用"私国际法"的名称。我们按中文习惯译为"国际私法"。

葡文的国际私法名称与欧洲大陆各国所使用的名称相近,如法文"droit international privé",西班牙文"derecho internacional privado",意大利文"diritto internazionale privato",德文"internationales privatrecht"。值得注意的是,在英美著述中,国际私法常常被称为"法律冲突法"(the conflict of laws),这个名称是 17 世纪荷兰"法则学派"的胡伯(Huber)首创的,葡萄牙学者有时也用这个名称。

澳门现行国际私法是澳门现行法律的重要组成部分。它是澳门用于解决不同国家和地区之间的民商事法律冲突,调整国际民商事法律关系的法律规范的总称。澳门现行国际私法同澳门现行其他法律制度一样,是经过长期发展和演变而成的。目前,其主要部分是葡萄牙法律的延伸,但也有一些适合本地情况并由本地立法机关作出的规定。而属葡萄牙法律的延伸部分随着澳门法律本地化的进程正在加紧本地化,但其基本内容、体系与具体规定基本未变。

二、澳门国际私法的调整对象

(一)葡澳学者认为,私法关系大致分为三种:纯粹国内关系、相对国际关系和绝对国际关系。

所谓纯粹国内关系,指仅涉及法院地国内部法律秩序的关系。例如,甲与乙为葡萄牙国籍,且其惯常居所地在葡萄牙,两人签订一份买卖合同且作为合同标的的不动产也在葡萄牙。在此情形中不涉及国际私法问题,而应直接适用葡萄牙的实体法。

所谓相对国际关系,指某一法律关系具有纯粹国内关系的性质,但又与某一外国法律秩序有关。例如,甲与乙均为西班牙国籍,其惯常居所地均在西班牙,两人签订一份买卖合同,且作为合同标的的不动产也在西班牙。在此情形中,如果此项合同涉及在外国(如法院地国)被承认的问题,则该合同就产生了国际私法问题。此案中不存在"法律选择"问题,因为只涉及一种法律(西班牙法律),但由于涉及依据外国法承认既得权的问题,从而属于"相对"国际关系。

所谓绝对国际关系,指某项法律关系"从一开始"(*ab inito*)就与一个以上的法律秩序有关。例如,甲是西班牙人,其惯常居所地在马德里,乙是葡萄牙人,其惯常居所地在里斯本,两人签订一份买卖合同,而作为合同标的物的不动产在西班牙境内,在此情形中,西、葡两国法律秩序均与本案有关,因此,这两种法律秩序均是"潜在地"可适用的,或者说可能适用的。这里就产生了一个国际私法问题,即"确定准据法"或"法律选择"问题。

在上述三种私法关系中,第二种及第三种关系为国际私法关系。葡澳学者们认为,国际私法关系是一种具有"私人"或"私法"属性的,超越"界限"的个人之间的"私法关系"。这里讲的"界限",有两层含义:其一,指"法律"与"法律之外"之间的界限;其二,指适用新法与适用旧法之间的界限。

由于移民、资本流动、服务与财产的变动、技术转让以及国际交通与运输的发展,国际私法关系在当代世界的重要性与日俱增。法律的连续性、可预见性以及安全性要求对国际私法关系进行法律调整。例如,两名法国人之间的婚姻关系,若在澳门得不到承认,势必损害法律关系的稳定性、可预见性及连续性。因此,以调整国际私法关系为其本职的国际私法在澳门社会生活中日显重要。

(二)国际私法关系的调整方式

葡澳学者认为,国际私法关系的调整方式主要有两种,即实体法调整方式与冲突法调整方式。[①] 所谓冲突法调整方式,即通过法律冲突规范指定某一私法关系应受何种法律调整,这是法律冲突规范的固有职能。所谓实体法调整方式,是指通过实体私法规范直接调整当事人的权利义务关系。在他们看来,实体法调整方式主要表现为以下几点。

1. 以某一国家的国内普通实体法调整国际私法关系。此种方式的缺陷是造成国际私法关系缺乏连续性、安全性、稳定性及可预见性,从而损害当事人的合理期望,引致严重不便。例如,法国法规定以私文书签订的不动产买卖合同

---

① 参见桑托斯(A. N. Santos):《国际私法》,1989 年葡萄牙文版,里斯本,第 3 页。

有效,而葡萄牙法规定无效(葡萄牙法规定此等合同须以公文书签订),这样,同一事项分别适用法国法和葡萄牙法就会导致不同的结果。因此,在各国国内普通实体法极不一致的情况下,采取这种做法很难实现国际法律和谐。

2. 以某一国家的特别实体法调整国际私法关系。如古罗马的《万民法》(*Jus Gentium*)即属这种特别法。这种方法要求划定适用此等特别实体法的适用范围。

3. 以国际公约形式通过的统一实体法调整某些国际私法关系。例如,1930年日内瓦《汇票及本票统一法公约》及1931年的日内瓦《支票统一法公约》等国际公约同时适用于国内私法关系及国际私法关系。

4. 以国际公约形式通过的、只适用于国际私法关系而不适用于国内私法关系的统一实体法调整国际私法关系。如1952年伯尔尼《国际铁路运输公约》。在此情形中,国际法律关系适用国际公约,而国内法律关系仍适用各国国内法。

5. 以适用于国际商事关系的国际商事惯例(*lex mercatoria*)调整国际私法关系。但国际商事惯例之适用通常须由国内法认可。

6. 在国际仲裁中诉诸"衡平"(*equidade*)原则来解决商事性质的争议。

三、澳门国际私法的范围

国际私法的范围是指国际私法包含什么内容,包括哪些规范。如前所述,澳门现行国际私法主要是葡萄牙国际私法的延伸。而现代葡萄牙民法深受德国民法的影响,规定在1966年《葡萄牙民法典》中的葡萄牙国际私法规定,①同样深受德国国际私法理论和实践的影响。德国国际私法理论和实践中占优势的"小国际私法"的观点,②即认为国际私法仅包括或主要包括调整国际民商事关系的法律冲突规范的观点,在葡萄牙国际私法理论和实践中得到充分反映。

葡澳学者认为,国际私法主要是"空间上的法律冲突规范"。这种规范是间接的、次等的或准用性的规范,而不是直接的、基本的或调整性规范。它依靠连结点进行法律选择,指明法律关系应适用何种法律,而不直接指明该法的内容和实质解决方案。

但有些学者认为,国际私法中还可以包含那些构成适用国际私法规则的前提或界限的规范。

---

① 即第一卷第一编第三章,共52条(第14~65条)。

② 参见韩德培主编:《国际私法》,武汉大学出版社1989年版,第6页。

1. 国籍法的一般规则，包括国籍积极或消极冲突的解决规则，因为国籍作为连结点对适用冲突规范有重要作用。

2. 有关外国人权利或外国人地位的规范。例如，《葡萄牙共和国宪法》第15条对外国人、无国籍人、欧洲公民在葡萄牙的法律地位作了规定："(1)身处葡萄牙或居住于此之外国人及无国籍人，享有葡萄牙公民之权利，且须履行葡萄牙公民之义务。(2)上款之规定不包括政治权利、担任非以技术性为主之公共职务以及宪法与法律内专为葡萄牙公民保留之权利与义务。(3)根据国际协约及在互惠条件下，葡语国家之公民得获得外国人所不享有之权利，但不得任职于主权机关及自治区管理机关，不得在武装部队中服役，亦不得从事外交工作。(4)在互惠条件下，法律得将参加地方自治团体各机关据位人选举之选举资格及被选资格赋予在本国领土居住之外国人。(5)在互惠条件下，法律亦得将选举欧洲议会议员或被选为欧洲议会议员之权利，赋予在葡萄牙居住之'欧洲联盟'成员国之公民。"①再如，澳门现行的1966年《葡萄牙民法典》第14条规定：外国人享有与本国国民同等之民事权利，但法律另有规定的除外；如果有关国家赋予其国民的某权利，而在相同情况下不赋予葡萄牙人，则葡萄牙也不承认该外国的国民享有相应权利。

3. 有关法院及行政当局国际权限的规范。例如，澳门现行的1966年《葡萄牙民法典》第51条第1款、第2款就外国人在葡萄牙缔结婚姻时有关外国外交代表及领事代表的权限，以及葡萄牙人或葡萄牙人与外国人在外国缔结婚姻时葡萄牙的外交代表及领事代表的权限作了规定。这种规范是适用冲突规范的前提。

4. 有关私权的外国公文书的承认规则，尤其是这方面的外国判决和外国仲裁裁决的承认规则。例如，海牙国际私法会议1961年制定的《取消要求外国公文书认证公约》适用于葡萄牙和澳门。

5. 有关国际问题的公法规范。如国际刑法、国际刑事诉讼法和国际税法中的某些规范。

6. 有关在区际冲突和人际冲突情况下准据法确定的规范。如1966年《葡萄牙民法典》第20条规定：如果一国法律因个人国籍而成为准据法，且在该国同时存在不同地方法制时，由该国国内区际私法确定应适用的法制；如果无区

---

① 澳门政府法律翻译办公室译：《葡萄牙共和国宪法》，澳门政府印刷署印，1993年版，第32～33页。

际私法规范,应适用该国国际私法;如果该国国际私法仍不足以解决有关问题,则以当事人惯常居所地法作为其属人法;如果该国法律秩序内有适用于不同类人之不同规范体系时,则应选用该国法律就人际冲突所定的规范。

四、澳门国际私法的渊源

法的渊源是指法由何种国家机关通过及何种方式创立,表现为何种法律文件形式,抑或被国家认可的习惯。简言之,法的渊源就是法的表现形式。法的这种意义上的渊源是多种多样的,并且随着社会经济、文化的发展而不断演变和发展,不同的国家在这方面也有所不同。澳门现行法律深受葡萄牙法律的影响,分别为延伸适用于澳门的葡萄牙法律、葡萄牙专门为澳门制定的法律和澳门政府自己制定的本地法律三大部分。

澳门现行国际私法的渊源可分为国际渊源和国内渊源两大类。下面分别述之。

(一)国际渊源

在葡萄牙和澳门,学者们认为,国际私法的国际渊源包括以下几种。

1. 国际条约。包括双边国际条约和多边国际条约。双边国际条约如 1882 年 7 月 12 日及 1884 年 6 月 5 日葡萄牙与法国关于无人继承财产处理的协议。[①] 多边国际条约如海牙国际私法会议制定的公约。葡萄牙作为海牙国际私法会议的成员国已批准 15 个海牙国际私法公约,并将其中的 1954 年《民事诉讼程序公约》、1956 年《儿童扶养义务法律适用公约》、1961 年《关于未成年人保护的机关的权力和法律适用公约》、1961 年《取消要求外国公文书认证公约》、1965 年《关于向国外送达民事或商事司法文书和非司法文书公约》五个公约延伸适用于澳门。此外,1930 年《汇票及本票统一法公约》和 1931 年《支票统一法公约》也被延伸适用于澳门。

2. 国际惯例。葡萄牙和澳门学者认为,国际惯例有时构成国际私法的渊源,如"物之所在地法原则"(*lex rei sitae*)和"意思自治原则"作为国际惯例可以成为国际私法的渊源。但是,这些原则的范围与内容在各国并不完全一致,如调整不

---

① 参见桑托斯(A. M. Santos):《国际私法》,1989 年葡萄牙文版,里斯本,第 51 页。

动产继承的“物之所在地原则”在法国与英国有效,但在葡萄牙并非如此。[①] 此外,各国是否采纳此等惯例取决于各国立法,它们在国际上无普遍约束力。

3. 国际判例或司法见解(jurisprudencia)。国际法院及国际常设法院的判例,如1955年的Nottebohm案,1958年的Boll案,1970年的Barcelona Traction案。这些判例确定的见解对于国际私法具有渊源性作用。其他国际法庭,如海牙常设仲裁院及其他国际仲裁院的仲裁判例,有时也构成国际私法渊源。

(二)国内渊源

1. 直接渊源——法律

这里是指广义的法律,即以某种形式创制出来的法律规范,包括宪法、法律、法令和规章等。在葡萄牙和澳门法律中,国际私法主要源于宪法、法律、法令。下面分别述之。

(1)宪法。宪法是国内万法之母。《葡萄牙共和国宪法》有不少规定与国际私法有关,其中有的规定本身就是国际私法规定,有的则是国际私法规范的适用前提。其内容将在后文介绍。[②]

(2)法律。这里指狭义的法律。在澳门,法律是最重要的法律渊源之一,其中一部分为延伸适用于澳门的葡萄牙法律;另一部分为1976年后,澳门本身的立法机构——立法会制定的法律。因此,在澳门,法律由葡萄牙和澳门双重立法制定。作为澳门现行国际私法渊源的法律主要有:1966年《葡萄牙民法典》和1961年《葡萄牙民事诉讼法典》。

(3)法令。[③] 在澳门,法令是总督根据《澳门组织章程》赋予的立法权,在本身立法权限内或在立法授权范围内制定并发布的规范性文件。它可以说是澳门除立法会制定法律之外最为重要的法律渊源。在国际私法方面,最为重要的法令是1991年5月6日发布的第32/91/M号法令。该法令对1966年《葡萄牙民法典》第31条加以修改,撤销了1948年7月24日第36987号法令。

2. 间接渊源

(1)判例(assentos)。按照大陆法系之传统,法院的判例或判决不是法律渊

---

① 1996年《葡萄牙民法典》第62条在继承法律适用问题上采取“单一制”,即遗产继承不区分遗产中的动产和不动产,统一适用被继承人死亡时的属人法,这意味着不动产继承也适用被继承人属人法,而不适用不动产所在地法。

② 参见本文关于“国际私法与宪法”的论述。应当知道的是,葡萄牙宪法是否在澳门有效,或具体地说,哪些宪法规范在澳门有效,在葡萄牙和澳门学者中是个有争议的问题。

③ 法令(decreto-lei)与法律(lei)效力相同。

源,没有法律上的约束力。具体而言,上级法院的判决对下级法院无约束力;最高法院的判例对各法院无约束力;同一法院内部作出的先前判决对审判以后的案件无约束力。葡萄牙法律属大陆法系,原则上遵循上述传统。但是,由于复杂的社会、历史的原因,法律发展的结果导致一种特殊"判例"的产生,而这个判例有"普遍约束力"。按照 1966 年《葡萄牙民法典》第 2 条,在法律规定的情况下,法院得透过判例确定具有普遍约束力的规则(doutrina)。[①] 该法典第 8 条第 3 款同时规定:审判者在裁判时须考虑所有应获类推处理的个案,以便统一法律的解释及适用。因此,判例是葡萄牙和澳门民商法和国际私法的一种渊源。在葡萄牙,最高法院及最高行政法院可以作出"有约束力的判例"。此等判例不仅对作出判例的法院构成有约束力的先例,对于一般公民、行政法院、财税法院及其他国家机关也有约束力。而且,判例只能由一项新的法律修改。如果新的法律是修订性的,则被修订的判例"失效";如果新的法律是解释性的,则有关判例被"撤销"。根据 1961 年《葡萄牙民事诉讼法典》第 763 条、第 764 条的规定,有两类案件可上诉至最高法院,要求最高法院 4/5 的法官参与审判,作出判决,并将其判决的根据概括成一项普通的规范,载于该判决的最后部分。该规范对所有其他法院在审理同类案件时有强制约束力。[②] 应该注意的是,判例的约束力来自法律的规定。在葡萄牙,最高法院已制定了许多判例。其中,少数判例涉及国际私法,如 1907 年的一个判例采纳了反致学说。[③] 至于澳门法院制定判例的问题,1991 年 8 月 29 日颁布的第 112/91 号法律《澳门司法组织纲要法》第 10 条第 5 款第 f 项规定,澳门审计法院的合议庭运作时,有权"透过判例定出司法见解";而该法第 14 条第 1 款第 d 项规定,高等法院以全会运作时,有权"依据诉讼法律之规定,统一高等法院之司法见解"。[④] 这两项规定似有不同,即澳门审计法院有权制定判例,而澳门高等法院仅能统一本院内部各庭的司法见解。虽然到目前为止,两者均未作出有关国际私法的判例,但从法理上讲,判例仍是澳门的法律渊源之一。

与"判例"有关的是司法见解(jurisprudēncia)问题。它是执法机关在将法

---

① 澳门学者一般将之译为"学说"。

② 参见范高祖等:《民法概要 I》,冯文庄译,澳门法律出版社 1993 年版,第 31~32 页。

③ 参见桑托斯(A. M. Santos):《国际私法》,1989 年葡萄牙文版,里斯本,第 56 页。

④ 该法中文本载于肖蔚云主编:《澳门现行法律汇编》(第 1 辑),北京大学出版社 1994 年版,第 164~180 页。

律规范适用到具体案件时对法律规范所作的指引,以揭示其含义。严格来说,称其为"司法见解"并不太恰当,因为执法机关不仅包括法院等司法部门,当然,法院是最重要的执法机关;另外,"司法见解"并不符合其字义。在澳门,高等法院全会之裁判中亦被冠以"jurisprudēncia"之名称。虽然从理论上说,各类法院都可以形成自己的司法见解,但鉴于高等法院在审级上的重要性,它所作的司法见解理当最有权威性。目前,澳门法律界正在把各主要法律部门(刑法、民法、刑诉、民诉、行政法等)领域中高等法院作的合议庭裁判概要译成中文,以保障现行法律的延续性。应当注意的是,"jurisprudēncia"一词的原始含义是"法理学"或"法律科学",接近今天葡萄牙和澳门法律中的"doutrina"(学说)。此外,并非所有的司法见解都有约束力,按照葡萄牙和澳门法律,司法见解作为法律渊源似乎应具有下述条件:第一,在法律有规定的情形中,如《司法组织纲要法》第 14 条、第 16 条;第二,由法院作出,而非学者个人或其他机构作出;第三,以判例(assento)的专门形式表现出来,而不是以其他形式表现出来。由此看来,澳门审计法院有权"通过判例确定司法见解",这种司法见解具有"普遍约束力"。至于澳门高等法院,第 112/91 号法律只规定它可按照程序法"统一"司法见解,因此,澳门高等法院也有权确定具有普遍约束力之判例,但是,高等法院所作的合议庭裁判及其概要,则显然不能作为法律渊源起作用。但是,考虑到高等法院目前处于最高审级(在绝大多数案件中),其裁判及概要能起到"说服性"效力,或者说"事实上的约束力"。

(2)习惯。习惯来自日复一日、陈陈相因的惯例。但此等惯例作为具有"约束力"的法律渊源要具备两个要件:一是实质要件,即此等习惯具有特定的普遍性;二是心理要件,即人们承认、信服其约束力。1966 年《葡萄牙民法典》第 3 条规定:法律有规定时,不违背善意原则之习惯可视为法律。显然习惯在葡萄牙和澳门也是一种国际私法法源。按照这条规定,习惯作为法源须得到法律的认可,并不得违背善意原则,故习惯只在法律规定或法律援引时适用,其约束力仍源自法律的规定。①

(3)衡平原则。无论在国内社会中还是在国际社会中,制定调整各种社会关系的普遍的和一般的规范是十分重要的。但在实际生活中,理论上对某类个案公平的规范,当适用于某特定的实际个案时,会发觉并不适当,甚至不公平,

① 参见范高祖等:《民法概要Ⅰ》,冯文庄译,澳门法律出版社 1993 年版,第 30~31 页。

因为该特定实际个案有其自身的特性。衡平原则的功能就是法官在作出决定时,要考虑各个实际案件的特殊情节,而不是呆板、毫无弹性地引用一般的规范。但另外,不适当或过分地适用衡平原则,很容易引致任意性,继而牺牲法律的准确性、稳定性和安全性。① 因此,葡萄牙、澳门法律秩序的首要原则是法院不得以法规之内容不公正或不道德为借口而不履行遵从法律的义务。② 但是,按照 1966 年《葡萄牙民法典》第 4 条规定,在法律规定许可时,或在当事人对可处分的法律关系有合意时,或在当事人在仲裁协议中预先约定采用时,法院得按衡平原则解决争议。即使如此,衡平原则亦只是一种间接法源,因为其拘束力源自法律。

(4)学说。学说不是葡萄牙和澳门国际私法的渊源。但是,权威法学家的学说不仅在实践中对法官的思维、判断有重要影响,而且可以作为确定法律原则之辅助资料。③ 在葡萄牙,被继承人的国籍国法支配继承问题的做法,首先就是由著名学者的学说确定的。

五、国际私法与其他法律的关系

(一)国际私法与国际公法

学者们对两者关系有不同的看法。荷兰的胡伯认为,国际私法来自国际公法;意大利的孟西尼则认为《万民法》的基本原则是私法的国籍原则;德国的齐特尔曼(Zitelmann)则认为,国际私法是各国立法权的限度问题;法国的皮耶(Pillet)认为,冲突法是国家主权之间的冲突。

葡萄牙和澳门学者认为,国际公法与国际私法关系十分密切。第一,国际公法要求各国承认外国法及采纳一套法律冲突规则;第二,国际公法有时含有调整国际私法关系的实质性具体规定,如 1965 年 3 月 18 日《世界复兴开发银行公约》第 42 条之规定;第三,国际公法并不要求法院地法与外国法之间的“平等对待”,但国际私法中有一项原则,即“法院地法与外国法平等对待”原则,这是两者的不同之处;第四,有时,国际条约或公约中含有冲突规范,从而,国际公法有时可成为国际私法的渊源;第五,国际公约中确定的若干关于自然人国籍法的一般原则,也构成国际私法的一般原则,如“国家自由确定其国民原则”

---

① 参见范高祖等:《民法概要Ⅰ》,冯文庄译,澳门法律出版社 1993 年版,第 33 页。

② 参见 1966 年《葡萄牙民法典》第 8 条关于审判之义务及遵从法律之义务的规定。

③ 参见《国际法院规约》第 38 条之规定。

“有效国籍原则”“平等原则”等;第六,国际公法中规定的“人人依任何所在有被承认为法律上主体之权利”,[①]是国际私法存在的基本前提。

(二)国际私法与宪法

传统的观点认为,国际私法是“宪法的自由空间”。现代葡萄牙学者普遍认为,宪法对国际私法有广泛的干预及限制。这种干预及限制表现为以下几点。

1.《葡萄牙共和国宪法》对国际法在葡萄牙法律秩序中的地位作了规定。例如,该宪法第 8 条规定:“(1)一般或共同之国际法规范及原则,为葡萄牙法律之组成部分。(2)经正式批准或通过之国际协约所载之规范,一经正式公布,只要在国际上对葡萄牙国家有约束力,即在国内秩序中生效。(3)葡萄牙所参加之国际组织内之有权限机关所制定之规范,亦直接在国内秩序中生效,但必须在设立该等组织之有关条约内有此订定方可。”[②]这条规定表明,在葡萄牙法律秩序中,国际公法被“自动接纳”。因此,关于国际私法的一般或共同之国际法规范及原则,经葡萄牙正式批准或通过的有关国际条约,为葡萄牙法律的组成部分,在其国内秩序中有效。

2.《葡萄牙共和国宪法》对国籍问题有专门规定。例如,该宪法第 4 条规定:“根据法律或国际协约被认为系葡萄牙公民者,即为葡萄牙公民。”而第 26 条第 1 款和第 3 款分别对公民资格的权利和剥夺作了规定。

3.《葡萄牙共和国宪法》对外国人、无国籍人和欧洲公民的权利作了专门规定。例如,该宪法第 15 条规定:“身处葡萄牙或居住于此之外国人及无国籍人,享有葡萄牙公民之权利,且须履行葡萄牙公民之义务。”

4.宪法对冲突规范有所限制。现代各国通常都有冲突规范不违宪的一般理念。在选择连结点时,应当考虑宪法的价值及取向。[③]

5.因适用法院地冲突规范而导致适用外国实体规范时,该外国实体规范能否抵触法院地国家的宪法?这个问题产生于德国著名的“西班牙人案”。在该案中,一位未婚的西班牙人,拟娶一名离婚的德国女子,由于当时西班牙法不承认此项离婚的效力,从而提出该西班牙人有无结婚的行为能力问题。1971 年 5

---

① 参见《世界人权宣言》第 6 条。该宣言载于王铁崖、田如萱编:《国际法资料选编》,法律出版社 1982 年版,第 145 ~ 154 页。

② 澳门政府法律翻译办公室译:《葡萄牙共和国宪法》,澳门政府印刷署印,1993 年版,第 32 ~ 33 页。

③ 同上。

月 4 日,联邦德国宪法法院作出的判决撤销了下级法院的判决,认为适用西班牙法律的结果违反了德国宪法中婚姻自由的原则,并确认了一项原则,即适用法院地冲突法规范指向的外国法时,应当核实法院地的宪法规范。

6. 对于法院地国家的法院能否审查外国实体法是否符合该外国宪法问题,葡萄牙学者认为,如果外国实体法在该外国被宣布为违宪,则法院地国法院不应适用;同理,法院地国法院不应适用那些在本国有违宪之嫌问题的外国实体法,如该外国由普通法院负责违宪审查,且正由该外国法院审理其违宪问题,则此等有问题的规范不宜适用。如果该外国普通法院无权审查违宪案,则即使该外国实体法有重大违宪迹象,法院地国法院也不得拒绝适用该法。

六、澳门国际私法的原则

在葡萄牙和澳门国际私法中,有一些一般原则得到学术界的认同和立法的肯定。事实上,这些一般原则对立法、法律的执行及解释、填补法律真空和司法实践都有指导作用,并且都在《葡萄牙民法典》冲突法部分中得到体现。

(一)国际法律和谐原则(harmonia jurídica internacional)

该原则被德国著名国际私法学者温格勒(Wengler)称为"最低冲突"原则。它是指,无论法院地在哪个国家,对于涉外民商事案件或问题的处理,应尽可能实现相同的裁判结果或者说达到价值判断上的一致。葡萄牙和澳门学者认为,国际法律和谐原则在澳门国际私法中有所体现,例如,在人的身份(estatuto pessoal)方面,以"国籍"和"惯常居所地"作为连结点(《葡萄牙民法典》第 31 条第 1 款、第 2 款及第 25 条);在法律行为所生之债领域,以"当事人愿意"为连结点(《葡萄牙民法典》第 41 条第 1 款);在非合同责任领域,以"主要行为地"为连结点(《葡萄牙民法典》第 45 条第 1 款);在物权领域,则以"物之所在地"为连结点(《葡萄牙民法典》第 46 条第 1 款)。为了实现国际法律和谐,葡萄牙和澳门国际私法还采取了"法院地法与外国法平等对待"原则,冲突规范几乎全是"纯粹双边冲突规范"(regras de conflitos bilaterais perfertas)。此外,反致规则也得到采用。

(二)法律和谐原则(harmonia jurídica)

该原则是指采用统一的法律调整社会生活的各个方面,以避免法律体系内部各规范之间的矛盾。就国际私法而言,即指采用统一的国际私法规范来调整相应的国际私法问题,避免冲突规范之间的冲突。例如,《葡萄牙民法典》第 41

条和第 42 条是关于法律行为所生之债的国际私法规范,所有法律行为所生之债的法律适用问题统一由这两条调整。

(三)利益原则

该原则是“利益法学”(jurisprudéncia dos interesses)在国际私法上的反映。按照“利益法学”,利益包括秩序的利益、个人的利益、交易快捷的利益、法律交易的利益。在国际私法上,其制定和实施应考虑实现这些利益,如在秩序的利益实现方面,应注意国际法律的和谐、判决的一致。葡萄牙和澳门国际私法十分强调利益原则。例如,在人的身份、能力方面规定由国籍国法和惯常居所地法支配(《葡萄牙民法典》第 25 条和第 31 条),从而保证个人利益的实现;为了实现交易快捷的利益,在法律行为所生之债法律适用方面规定了意思自治(《葡萄牙民法典》第 41 条第 1 款);而在冲突规范中采用“行为地法”(*lex loci actus*)(《葡萄牙民法典》第 36 条第 1 款、第 42 条第 2 款、第 50 条、第 65 条第 1 款)和“物之所在地法”(*lex reisitae*)(《葡萄牙民法典》第 46 条第 1 款)等客观连结点亦是为了保护善意第三人和维护法律关系的稳定,从而实现法律交易的利益。不过,应注意的是,利益原则要受到国际公共秩序原则的限制。

(四)有效性原则

该原则又称“效益原则”,是指国际私法规则指定应适用的法律应为有最大权限国家的法律,也就是说国际私法关系应适用最大权限国家的法律。澳门学者认为,《葡萄牙民法典》第 46 条之规定体现了有效性原则。该条是这样规定的:占有、所有权及其他物权均适用物之所在地国法;设定或转移过境物之物权适用目的地国法;受注册制度约束的交通工具,其权利之设定及转移均受注册地国法支配。在他们看来,这条规定反映了哪个国家对实施裁决更为有效就适用哪个国家的法律的理念。葡萄牙和澳门国际私法在涉及不动产事项上对不动产所在地法这一冲突原则进行了肯定,如《葡萄牙民法典》第 47 条所规定的设定或处分不动产物权之能力由物之所在地法支配,亦体现了这一原则。

(五)良好司法原则(boa administracáo de justica)与法院地法和外国法平等对待原则

这一对原则既统一又对立。良好司法原则有扩大法院地法(实体法)适用的倾向,而法院地法和外国法平等对待原则则强调在平等的内外国法之间进行选择。葡萄牙和澳门国际私法多采用双边冲突规范,即表明在这对原则对立时更倾向于选用法院地法和外国法平等原则。

(六)实质正义原则

葡萄牙著名国际私法学者科瑞亚(F. Correia)认为,在某些国际私法案件中应不拘泥于冲突规范,而应寻求实质正义。《葡萄牙民法典》第 12 条和第 29 条关于动态冲突(conflito móvel)的规定,即关于在没有特别规定的情况下法律不溯及既往的规定(第 12 条)和按属人法规定而取得的成年身份不受属人法变更影响的规定(第 29 条);第 31 条第 3 款(原第 2 款)关于既得权的规定,即对表意人在惯常居所地国按该国法律所订立之法律行为在澳门予以承认的规定;第 19 条第 1 款关于不接受反致的情况的规定,即适用关于反致规定,将导致按冲突规范指定的法律原为有效或产生效力之法律行为变成不完全有效或不产生效力,或令原为正当身份状态变成不正当身份状态时,不适用关于反致的规定之规定;第 36 条关于"有利于交易"(favor negotii)的规定,即法律行为意思表示不按意思表示地法律所规定的方式作出,但已遵守该法律冲突规范所指定的法律所规定的方式作出,该法律行为意思表示在形式上亦为有效的规定,第 65 条第 1 款对选择性连结点的采用,即遗嘱方式符合行为地法、被继承人意思表示时或死亡时的属人法,或当地冲突规范所指引的法律,均为有效的规定,均可视为实质正义原则在葡萄牙和澳门国际私法中的体现。

(七)国际公共秩序原则

在国际私法上,公共秩序原则是受到绝大多数学者和国内立法所肯定的制度。但是,究竟什么是公共秩序以及在什么情况下可以援用公共秩序原则,学者有不同看法,各国司法实践也各异,甚至一国的司法实践也有前后矛盾的情况。关于公共秩序的内容,在各国的国际私法著作中,有的认为是一国的善良风俗和道德,有的认为是一国的法律政策,有的认为是一国法律的禁止性规定,有的认为是一国法律的基本原则,众说纷纭。一般认为,公共秩序是一国在特定时间内、特定条件下、特定问题上的重大的或根本的利益所在。因此,它既是一个法律概念,也是一个政治概念,不可能在政治制度、社会结构、传统习惯等方面都不相同的国家之间和在不同的时间内,有一个共同的统一的理解。由于公共秩序是一国在特定时间内、特定条件下和特定问题下的根本利益所在,因而各国在什么情况下援引公共秩序原则也是随着时间、地点、条件的不同而变化的。同世界上所有国家一样,葡萄牙国际私法也采用了国际公共秩序原则,但其把国际公共秩序原则上升到国际私法一般原则的高度,这是其独特之处。《葡萄牙民法典》第 22 条就公共秩序问题作了规定:如果适用冲突规范所指定的外国法之规定，导致违背葡萄牙国际公共秩序，则不适用该规定，代之适用该外国法中较合适的规定，或葡萄牙国内法的相应规定。从该规定本身来看，其内容同大多数国家的规定相同。

七、澳门国际私法的特点

澳门国际私法在其长期发展和演变过程中形成了一些自身的特点。

（一）以葡萄牙国际私法为蓝本

由于 1849 年以后，葡萄牙长期占领和管治澳门，故澳门法制是以葡萄牙法制为模式建立起来的。因此，作为澳门法制一部分的国际私法也是以葡萄牙国际私法为模式建立起来的。首先，从澳门现行国际私法规范来看，它们主要规定在延伸适用于澳门的《葡萄牙民法典》《葡萄牙民事诉讼法典》和其他法律中。澳门国际私法规范与葡萄牙国际私法内容基本相同，体系几乎一致。虽然 19 世纪曾有专门用于处理华人事务的《华人风俗习惯法典》，20 世纪 40 年代曾有取代《华人风俗习惯法典》的第 36987 号国际私法法令，但它们都是葡萄牙政府为澳门制定的。1991 年 5 月 6 日，澳门总督通过第 32/91/M 号法令修改了《葡萄牙民法典》第 31 条。虽然该法令是仅适用于澳门的国际私法规定，其第 2 款还规定在澳门有惯常居所的居民以澳门法为属人法，与《葡萄牙民法典》中原来的规定有所不同，但该法令从整体上看仍未脱离葡萄牙国际私法的本体，如该法令第 1 款仍强调属人法为自然人之国籍国法。其次，从澳门国际私法教学和研究来看，由于澳门地区专攻国际私法的专家较少，在澳门流行的国际私法著作和教材均为葡萄牙本土人士所著。在澳门大学法学院，国际私法教学由来自葡萄牙本土的教师执掌教鞭，自然也使用葡萄牙的国际私法教材。这一现象强化了葡萄牙国际私法理论与实践对澳门国际私法的影响。

（二）秉承大陆法系的传统

作为一个欧洲大陆国家，葡萄牙在法制方面自然而然追随大陆法系的传统。长期以来，葡萄牙虽有自己的法律文化，但它在法制方面同样也深受欧洲其他大国的影响。起初，它受法国法学和法制影响较大，1866 年《葡萄牙民法典》明显反映了这种影响。后来，它逐渐更深地受到德国法学和法制的影响，20 世纪中期它制定新民法典时完全采取了《德国民法典》模式就是一个例证。但无论如何，葡萄牙法律属于大陆法系，是大陆法系的一个分支。由于葡萄牙法律秉承了大陆法系的传统，当它们被移植到澳门时，这种大陆法系的传统也自然延伸到澳门。澳门国际私法亦莫能外,同样秉承了大陆法系的传统,例如,它以制定法为其基本法律渊源、以自然人国籍国法为属人法等。

(三)以葡萄牙制定的法律为其主要渊源,逐渐转向以本地化的法律为唯一渊源

在葡萄牙占领澳门后,为了有效管治澳门,葡萄牙一方面将其主要法律延伸适用于澳门,另一方面亦专门为澳门制定了一些法律。可以说,在20 世纪 90 年代以前,澳门的已失效甚至现在仍然有效的国际私法是葡萄牙法律的延伸或葡萄牙政府专门为澳门制定的法律。随着中葡《关于澳门问题的联合声明》的签订,澳门进入过渡时期,澳门当地的立法随着澳门法律的本地化得到加强,1991 年 5 月 6 日第 32/91/M 号法令即为澳门本地的国际私法立法。考虑到 1966 年《葡萄牙民法典》等法典将在澳门过渡时期逐渐本地化,预计今后由澳门本地制定的国际私法法律或法令将会逐渐增多。因此,在澳门国际私法中,葡萄牙制定的法律和澳门本地制定的法律这两种法源兼而有之。1999 年澳门特别行政区成立后,葡萄牙的国际私法渊源未经"本地化"者将不再在澳门有效。届时,澳门国际私法规范将完全出于本地立法机关。

(四)冲突规范以专章形式规定在《民法典》中

迄今为止,世界上各国冲突法立法有五种模式。(1)将冲突规范分别规定在民法典的不同篇章中。1804 年的《法国民法典》以及受该法典影响的奥地利、意大利、比利时、葡萄牙、西班牙、墨西哥、巴西、智利、阿根廷等国的民法都采取或曾经采取这种做法。(2)在民法典中列入专章或专篇专门规定冲突法。例如,苏联于 1961 年颁布的《民事立法纲要》第八章和 1968 年颁布的《婚姻和家庭立法纲要》第五章分别专门规定了有关的法律适用问题。(3)以专门法典或专门法规的方式制定系统的冲突法。例如,日本 1898 年颁布的法例,波兰 1926 年和 1965 年颁布的《波兰国际私法》,泰国 1939 年颁布的《泰国国际私法》,1975 年德意志民主共和国颁布的《关于国际民事、家庭和劳动法律关系以及国际经济合同适用法律的条例》以及奥地利 1978 年颁布的《奥地利国际私法法规》等都采取了这种立法方式。(4)将冲突规范和国际民事诉讼程序规定或外国人民事法律地位规范合并规定在一个专门的法典或专门的法规中。阿尔巴尼亚 1964 年颁布的《关于外国人民事权利地位和适用外国法的法律》,1979 年匈牙利人民共和国主席团关于国际私法的第 13 号法令,以及 1987 年通过的

《瑞士联邦国际私法法规》等,都采用了这种立法方式。(5)在单行法规中就所涉问题规定专门的冲突规范。例如,联合王国《1882年汇票法》(Bill of Exchange Act 1882)和1985年中国的《涉外经济合同法》都含有相关的冲突规范。[1] 澳门现行国际私法中的冲突规范载于《民法典》第一卷第一编第三章中,可见澳门国际私法采用了在民法典中列专章专门规定冲突规范的模式。该章共52条(第14~65条),基本上规定冲突法的方方面面,比较系统和全面。不过,目前国际上,国际私法国内立法的法典化,即制定单独的国际私法典或单行的国际私法法规已成为趋势。由于澳门国际私法在体系上相对独立于《民法典》其他各篇,因此,若能在本地化的过程中从《民法典》中独立出来,自成一体,那将是澳门法制符合国际私法发展趋势之举。

(五)原则上以国籍法为自然人属人法,但以惯常居所地法和住所地法为适当变通或补充

属人法(*lex personalis*)是指自然人和法人所属国家或住所地的法律,或者说是以自然人或法人的国籍或住所作为连结点的系属。根据这种系属所确定的准据法,一般用来解决人的身份、能力、家庭关系以及继承等方面的民事法律冲突。属人法有"本国法"(*lex partiae*)也即"国籍国法"和"住所地法"(*lex domicilii*)之分。在1804年《法国民法典》颁布以前,欧洲国家均把当事人住所地法视为属人法。但1804年《法国民法典》改用当事人本国法为属人法,后来特别是经意大利法学家孟西尼所提倡,许多欧洲大陆国家也采用本国法为属人法。不过,以英、美为代表的普通法系国家以及南美一些国家仍坚持以住所地法为属人法。这样,在属人法方面形成了本国法和住所地法两大派别。但近来,一些欧洲大陆国家,虽然原则上仍坚持以当事人本国法为属人法,但已开始有所改变。作为大陆法系国家,葡萄牙自然追随欧洲大陆法系国家的主张,坚持自然人的属人法为国籍国法。澳门国际私法也采用这一主张。在澳门施行的《民法典》第31条第1款明确规定:"属人法即自然人之国籍国法。"但澳门国际私法不是绝对坚持国籍法主义或本国法主义,而是在原则上坚持国籍法主义的同时,在特定情况下变通适用惯常居所地法或住所地法。例如,该条第2款规定:澳门现行法律适用于本地区之常居者。这实际上是讲澳门常居居民的属人法为澳门现行法律。该条第3款规定:表意人在惯常居所所在国按该国法律

① 参见余先予主编:《冲突法》,法律出版社1989年版,第15~17页。

所为的法律行为在葡萄牙予以承认,只要该国法律认为自己有管辖权。这亦是肯定了惯常居所地法对自然人行为能力的支配作用。该法典第 32 条则进一步确定,无国籍人的属人法为其惯常居所地法,未成年或禁治产无国籍人的属人法为其住所地法。

“一国两制”实践与法治中国建设*

当下中国有一大共识，就是全面推进依法治国、建设法治中国，这是实现中华民族伟大复兴“中国梦”的必由之路和重要内容。而“一国两制”在中国的实践，也是实现中华民族伟大复兴“中国梦”的伟大创造和重要组成部分。那么，“一国两制”实践与法治中国建设是什么关系呢？这是我想探究、求教于大家的。我主张，依法践行“一国两制”，推进建设法治中国。

一、“一国两制”是当下中国的一种特殊社会形态

社会形态是社会在一定历史阶段的具体存在形式。从理论上讲，它是一定生产力基础上的经济基础和上层建筑的统一体，是社会经济结构、政治结构、文化结构的统一体，包括经济形态、政治形态、文化形态等。我认为，在某种意义上讲，社会形态就是总体社会制度，是在相当一个历史时期内具有稳定性的社会制度体系。当下的中国作为一个整体，有非常复杂、多元的社会形态，可以从不同层面、不同角度进行分析、解构。在当下中国复杂、多元的社会形态中，“一国两制”就是其中一种非常特殊的社会形态或者说社会制度，在一定的历史时期内具有长期性和稳定性，也就是通常讲的至少50年

* 本文原载于《人民法治》2018年第8期。

不变。[1] 至于50年后变不变,邓小平曾说过,50年不变,50年之后也没必要变。我赞同这种主张。

所谓"一国两制",简单地讲,就是一个国家,两种制度,其核心是在统一的中华人民共和国内,内地实行社会主义制度,香港、澳门实行原有的资本主义制度。该构想的设计者邓小平曾指出:"我们的社会主义制度是有中国特色的社会主义制度,这个特色,很重要的一个内容就是对香港、澳门、台湾问题的处理,就是'一国两制'。"[2]从邓小平这句话可以解读:(1)"一国两制"就是中国特色;(2)"一国两制"是社会主义中国的特色;(3)从内地的角度看,甚至可以说"一国两制"是中国特色社会主义制度的一部分。

"一国两制"的构想形成于20世纪70年代后期,最初是为解决台湾问题而提出来的,但首先被用于解决香港、澳门问题,并取得成功。"一国两制"包括三个基本点。

一是一个国家。一个国家是指统一的中华人民共和国,香港、澳门和台湾地区是国家不可分割的神圣领土,在对内、对外方面,只有一个由中华人民共和国代表的国家主权。在解决香港、澳门和台湾地区问题时,国家的主权、统一和完整是前提,是毋庸置疑、不容谈判的。

二是两种制度。在一个国家的前提下,我国香港、澳门和台湾地区可以实行与内地社会主义制度不同的资本主义制度,两种制度长期并存、和平共处。

三是高度自治。在国家治理体系中,地方事务由地方政府按照法律自行管理即为地方自治。在我国,各少数民族自治区、自治州、自治县等,实行民族区域自治,这也是一种地方自治。[3] 在特别行政区实行的高度自治与一般地方自治有所不同,它的自治程度更高,享有的自治权更大。在这种高度自治制度下,除国防、外交和其他按基本法规定不属于香港、澳门特别行政区自治范围的事务由中央管理外,其他的行政管理事务、立法事务及司法事务,如财政、律政、民政、治安、人事、地政、环保、工商、运输、海关、出入境、工务、文化、艺术、康乐、传播、教育、卫生、房屋等事务均由特别行政区自行处理。特别行政区政府享有货币发行权、财政独立和税收独立、司法终审权等。特别行政区的高度自治不仅

---

① 参见《香港基本法》第5条、《澳门基本法》第5条。

② 参见周南:《邓小平的"一国两制"理论与香港、澳门的顺利回归》,载http://www.wxyjs.org.cn/rdzt_550/jndxptzdc110zn/201403/t20140319_148491.htm,最后访问日期:2014年12月4日。

③ 参见《宪法》第4条。

具有单一制国家的地方自治特点，而且，其自治权远远超过了联邦制国家的各成员州或邦的自治权。特别行政区的高度自治还体现在除基本法和基本法附件三列举的法律外，其他全国性法律不在特别行政区实施。[①] 但要注意的是，特别行政区的自治只是“高度自治”，不是完全自治；是依法自治，不是非法自治。

当今世界是一个变革的世界，是一个新机遇、新挑战层出不穷的世界，是一个国际体系和国际秩序深度调整的世界，是一个国际力量深刻变化并朝着有利于和平与发展方向变化的世界。在这样一个国际背景下，世界应当尊重各国自主选择符合本国国情的发展道路和社会制度。“一国两制”正是中国坚持实事求是，从实际情况出发，尊重历史和现实，兼顾各方面利益和要求，为解决香港、澳门问题而作出的发展道路和社会制度的选择。这种选择以和平方式合情合理地解决了香港、澳门问题，实现了国家的统一，符合浩浩荡荡的世界潮流。而且，“一国两制”突破了一个主权国家实行一种社会制度的传统理论和治理模式，实现多元一体、多样共存，是人类社会进步的体现。

应该说，香港、澳门回归以来，走上了同祖国内地优势互补、共同发展的宽广道路，“一国两制”实践取得举世公认的成功。中央政府对香港、澳门特别行政区实行的各项方针政策，根本宗旨在于维护国家主权、安全和发展利益，以及保持香港、澳门特别行政区长期繁荣稳定。所以，我们既要坚持贯彻落实“一国两制”，又要全面准确理解“一国两制”。“一国两制”是一个完整的概念、统一的整体，“一国”是“一国两制”的原则和前提，“两制”是“一国两制”的内容和特质，“一国”和“两制”对“一国两制”来说缺一不可。实行“一国两制”，既不是用一国统一两制，也不是用两制分裂一国，不能把二者对立起来。“两制”实际上统一于“一国”之内，在“一国”之内，“两制”只有相互尊重、相互借鉴，才能和谐并存、共同发展。[②] 我们必须把坚持一国原则和尊重两制差异、维护中央权力和保障特别行政区高度自治权、发挥祖国内地坚强后盾作用和提高港澳自身竞争力有机结合起来，任何时候都不能偏废。

二、“一国两制”是当下中国的基本法律制度

“一国两制”是当下中国的一种特殊社会形态或者说社会制度，但它是以基

---

① 按照基本法的规定，任何列入附件三的法律，限于有关国防、外交和其他按基本法规定不属于香港特别行政区自治范围的法律。参见《香港基本法》第 18 条和《澳门基本法》第 18 条。

② 参见国务院新闻办公室 2014 年 6 月 10 日发表的《“一国两制”在香港特别行政区的实践》白皮书。

本法律制度或者说宪制性法律制度明确固定下来的社会形态或者说社会制度。我们可以从如下三个方面来分析这个问题。

首先,中国宪法对“一国两制”作了宪制安排。在现代社会,宪法是一个国家的根本大法,是一个国家法治的基石,也是一个国家文化和文明的标志性载体。毋庸置疑,坚持依法治国首先要坚持依宪治国,坚持依法执政首先要坚持依宪执政,宪法在全面推进依法治国中具有重要的地位,宪法在国家的政治、经济、文化和社会生活中发挥着极为重要的作用。1982 年第五届全国人民代表大会第五次会议通过的《宪法》是我国现行宪法。该宪法确立了我国宪法的最高法律地位、最高法律效力和最高法律权威,规定国家“一切法律、行政法规和地方性法规都不得同宪法相抵触”,“一切国家机关和武装力量、各政党和各社会团体、各企业事业组织都必须遵守宪法和法律。一切违反宪法和法律的行为,必须予以追究”,“任何组织或者个人都不得有超越宪法和法律的特权”。

1982 年《宪法》第 31 条特别规定:“国家在必要时得设立特别行政区。在特别行政区内实行的制度按照具体情况由全国人民代表大会以法律规定。”这一规定可以说是该宪法高瞻远瞩,为“一国两制”立下了宪法依据,为“一国两制”作出了宪制安排,为“一国两制”提供了宪法保障。

还应该特别指出的是,尽管我国现行宪法是就内地宪制作出的制度安排,除 1982 年《宪法》第 31 条外,它的其他规定并没有明确讲要适用于香港、澳门特别行政区,但是,由于“一国两制”源于该宪法,“一国两制”是“一国”与“两制”的有机统一,“一国”讲的是中华人民共和国,故该宪法涉及“一国”的规定,对香港、澳门特别行政区是适用的。比如,根据宪法和香港基本法的规定,中央直接行使对香港、澳门特别行政区管治权的权力主体包括全国人民代表大会及其常委会、国家主席、中央人民政府、中央军事委员会,因此,宪法涉及这些权力主体的规定,对香港、澳门特别行政区也是适用的。

其次,国际条约确认了“一国两制”。1984 年签署的《中华人民共和国政府和大不列颠及北爱尔兰联合王国政府关于香港问题的联合声明》(以下简称《中英联合声明》)和 1987 年签署的《中华人民共和国政府和葡萄牙共和国政府关于澳门问题的联合声明》(以下简称《中葡联合声明》),是中英、中葡分别就香港、澳门问题的解决而签订的双边国际条约。在这两个条约中,中国政府分别明确地声明,中国根据“一个国家,两种制度”的方针,在香港、澳门回归中国后对其执行如下的基本政策。(1)根据《中华人民共和国宪法》第 31 条的规定,中国对香港、澳门恢复行使主权时,设立香港特别行政区、澳门特别行政区。

(2)香港特别行政区、澳门特别行政区直辖于中华人民共和国中央人民政府,除外交和国防事务属中央人民政府管理外,享有高度的自治权。香港、澳门特别行政区享有行政管理权、立法权、独立的司法权和终审权。(3)香港、澳门特别行政区现行的社会、经济制度不变;生活方式不变;法律基本不变。

由上述可见,在《中英联合声明》和《中葡联合声明》中,实行“一国两制”方针是中国政府的郑重声明,更是中国政府的庄严承诺。两个声明以国际条约的形式对“一国两制”进行了阐明和确认,按照国际法上“条约必须遵守”原则,将“一国两制”付诸实施分别是中英、中葡两国的条约义务。如果双方的任何一方违反“条约必须遵守”原则,不履行坚守“一国两制”的条约义务,就构成国际不当行为,违约者应承担国际责任。

最后,两个基本法对“一国两制”作了明确、具体的规定。为了贯彻落实“一国两制”方针,做到有法可依、依法治理,在香港、澳门回归之前,1990 年第七届全国人民代表大会第三次会议通过了《中华人民共和国香港特别行政区基本法》(以下简称《香港基本法》),1993 年第八届全国人民代表大会第一次会议通过了《中华人民共和国澳门特别行政区基本法》(以下简称《澳门基本法》),并确定分别在香港、澳门回归之日起施行。《香港基本法》《澳门基本法》分别是香港特别行政区、澳门特别行政区的宪制性文件。两个基本法在其序言中都明确规定,为了维护国家的统一和领土完整,保持香港、澳门的繁荣稳定,并考虑到香港、澳门的历史和现实情况,国家决定,在对香港、澳门恢复行使主权时,根据我国《宪法》第 31 条的规定,设立香港特别行政区、澳门特别行政区,并按照“一个国家,两种制度”的方针,不在香港、澳门实行社会主义的制度和政策。两部基本法分别规定了香港、澳门特别行政区实行的制度,确保国家对香港、澳门的“一国两制”基本方针政策得以实施。在香港、澳门特别行政区实行的制度和政策,包括社会、经济制度、有关保障居民基本权利和自由的制度、行政管理、立法和司法方面的制度以及有关政策,均以基本法的规定为依据。

两部基本法对“一国两制”明确、具体的规定表明:(1)由于基本法是香港特别行政区、澳门特别行政区的宪制性法律,故“一国两制”是基本法确认的宪制原则;(2)基本法是全国人大制定的全国性法律,“一国两制”原则不仅要在特别行政区实施,而且要在全国范围内得到遵守;(3)基本法对“一国两制”原则的内涵和外延界定得非常清楚,便于贯彻实施;(4)基本法是宪制性法律,基本法的规定是“一国两制”原则的具体化。对基本法的任何修改都会影响基本法自身的稳定性和政治的连续性,影响已经形成的宪制程序和社会秩序。因此,基本法的修改必须慎重,应当遵循慎重原则和程序正当原则。也就是说,在决定是否修改基本法和如何修改基本法时应进行全局性的综合考虑,只有在条件成熟时并严格按照基本法规定的修改程序才可以修改基本法。

三、依法保障"一国两制"实践,推进法治中国建设

中国目前正在全面推进依法治国,建设中国特色社会主义法治体系,建设社会主义法治国家,推进国家治理体系和治理能力现代化。中国前所未有的法治中国建设目标,对"一国两制"的实施提出了新要求,那就是要把"一国两制"的实施切实纳入法治轨道,加强和完善依法保障"一国两制"实践。依法践行"一国两制",不仅是推进法治中国建设的必然要求,而且其本身就是法治中国建设的固有的、不可缺少的内容。

香港、澳门回归以来,"一国两制"的实践总体上讲是成功的。其成功的一条经验就是依法实施"一国两制",运用法治思维和法治方式实施"一国两制",也就是坚持宪法的最高法律地位、最高法律效力和最高法律权威,严格按照宪法和基本法办事,全面准确地贯彻"一国两制"、港人治港、澳人治澳、高度自治的方针。"一国两制"的成功实践推进了中国的法治进程,推进了法治中国建设。

"一国两制"不是权宜之计,是我国必须长期坚持的完成祖国统一大业、实现中华民族伟大复兴的方针。今后一个时期,为了保持香港、澳门特别行政区长期繁荣稳定,我国仍然要坚定不移地依法保障"一国两制"实践,推进"一国两制"实践沿着法治的轨道向前发展,从而推进法治中国建设。我想从以下几个方面来讨论这个问题。

第一,严格依照宪法和基本法实施"一国两制"。严格依照宪法和基本法办事,是依法保障"一国两制"实践的根本要求。

一方面,中央政府要严格依照宪法和基本法办事,完善与基本法实施相关的制度和机制,依法行使中央权力(包括依法直接在特别行政区行使外交权、防务权,依法行使特别行政区创制权,依法行使特别行政区基本法的制定权、修改权和解释权,依法行使任命行政长官和主要官员的权力,依法行使对特别行政区行政长官和立法会产生办法修改的决定权,依法行使对特别行政区制定的法律的监督权等);中央政府要坚定支持特别行政区行政长官和政府依法施政,带领香港、澳门特别行政区各界人士集中精力发展经济、切实有效改善民生、循序渐进推进民主、包容共济促进和谐,深化内地与香港、澳门特别行政区经贸关

系,推进各领域交流合作,促进香港同胞、澳门同胞在爱国爱港、爱国爱澳旗帜下的大团结,防范和遏制外部势力干预港澳事务,保持香港、澳门长期繁荣稳定;中央政府针对外部势力对港澳事务的干预应及时通过外交途径、法治方式进行交涉,始终警惕外部势力利用香港、澳门特别行政区干预中国内政的图谋,防止和遏制港澳任何人勾结外部势力干扰破坏香港、澳门特别行政区的法治环境和秩序,干扰破坏“一国两制”在香港、澳门特别行政区的实施。

另一方面,香港、澳门特别行政区,两地的社会团体和各界人士要依照基本法尊重和维护中央政府依法享有的权力;要依法行使高度自治权,保障特别行政区保持原有的资本主义制度不变、生活方式不变、法律基本不变,依法行使行政管理权、立法权、独立的司法权和终审权;两地的社会团体和各界人士也要依法支持特别行政区行政长官和政府依法施政,依法支持特别行政区行政长官履行基本法授予的领导特别行政区政府、负责执行基本法以及其他各项职权。

第二,厘清“一国两制”下的法律关系。因为“一国两制”是“一国”和“两制”的有机统一,所以,“一国两制”下的法律关系可以分为涉及“一国”的法律关系和涉及“两制”的法律关系。

涉及“一国”的法律关系就是中央和特别行政区的关系,《宪法》《香港基本法》《澳门基本法》已有明确的规定,主要有三点:一是国家根据《宪法》第 31 条的规定设立中华人民共和国香港特别行政区、中华人民共和国澳门特别行政区;二是香港特别行政区、澳门特别行政区是中华人民共和国不可分离的部分;三是香港特别行政区、澳门特别行政区是中华人民共和国的一个享有高度自治权的地方行政区域,直辖于中央人民政府。

涉及“两制”的法律关系,内地和两个特别行政区要彼此尊重、协商协调、包容互鉴。从法理上讲,涉及“两制”的法律关系可分为公法关系和私法关系。在涉及“两制”的公法领域,如对刑事案件的管辖和处理、对税收事务的管辖和处理等,内地与两个特别行政区都会依照自己的法律处理,不会考虑适用其他地区的法律。当然,涉及跨境的事项和案件,内地与两个特别行政区的法律会有交集和冲突,如对一起跨境刑事案件都主张管辖权,解决这样的问题,要么是各行其是,要么是在彼此尊重基础上相互协商协调,作出制度安排。在涉及“两制”的私法领域,情形与公法领域有所不同。在私法或者说民商事领域,内地、香港特别行政区和澳门特别行政区都有自己的法律制度,互不相同,构成一个独立的法域。[①] 目前,内地、香港特别行政区、澳门特别行政区的民众相互往来已十分频繁,形成了纷繁复杂的区际法律关系。在民众的区际交往中,当某一事项或一项争议涉及两个或两个以上的地区时,究竟应适用哪个地区的法律的问题,亦即区际法律冲突问题,不可避免地会产生。比如,一个公司是否有效成立是依内地法确定还是依香港法确定;一个香港人在内地结婚,其婚龄是依内地法决定还是依香港法确定;一个内地法院的判决或仲裁机构的裁决如何在香港特别行政区、澳门特别行政区得到认可与执行;等等。对这种问题的解决,内地和两个特别行政区应当依照自己的法律适用法解决,就是依据自己的法律适用法的指引,适用自己的民商事实体法处理案件或者适用其他地区的民商事实体法处理案件,也可以通过协商协调达成安排,互相认可与执行法院的判决或仲裁机构的裁决。

第三,加强法治合作,运用法治思维和法治方式处理"一国两制"下的区际事务。由于内地、香港特别行政区、澳门特别行政区各自都有自己独特的法律制度,各自都有自己的立法、行政和司法管辖权,故在彼此的交往过程中,相互之间难免会发生这样或那样的区际法律冲突或抵触。尽管部分这类法律冲突或抵触可以由各方自行立法、执法、司法解决,但不少问题,特别是那些牵涉对方并需要对方协助与合作的问题,仅靠单方面解决不仅解决不了,而且会增加问题解决的复杂性,因此,在法治方面,内地、香港特别行政区、澳门特别行政区应加强合作,共同建立有效的协商、协调和合作机制。到目前为止,内地司法机关已经同香港、澳门司法机关建立了各种各样的协商、协调和合作机制。比如,最高人民法院分别同香港、澳门特别行政区相关机构就区际司法协助事项建立起协商机制,已在民商事司法文书送达、调取证据、相互认可与执行民商事判

---

① "法域"(law district, legal region, legal territory 或 legal unit),又称法区或法律区域,系指具有或适用独特法律制度的区域。See E. Vitta, "Interlocal Conflict of Laws", in 3 *International Encyclopedia of Comparative Law*, 3 (K. Lipstein et al ed., 1985); R. H. Graveson, Comparative Conflict of Laws 310 (Vol. 1, 1977); D. F. Cavers, *Contemporary Conflicts in American Perspective*, 131 Recueil des cours 77 (1970 - Ⅲ);黄进:《区际冲突法研究》,上海学林出版社 1991 年版,第 14 ~ 46 页。

决、仲裁裁决的执行等方面达成共识,做出安排。① 其成效是明显的。但是,这些协商、协调和合作机制还比较单一,不够全面、深入、系统。在我国,区际法律问题将长期存在,区际法治协商、协调与合作也不可能一蹴而就,必须长期开展下去。在这种背景下,内地、香港特别行政区、澳门特别行政区应加强区际法治协商、协调与合作,探讨共同建立一个长期的、制度化的和综合性的区际法治协商、协调和合作机制。同时,要强调运用法治思维和法治方式处理各种区际事务,各方要完善区际法律法规,依法规范和保障港澳同胞与内地民众开展更加紧密的交往,开展更广泛、深入的合作;中央要通过法治方式关心和信任港澳同胞,重视与港澳同胞沟通,主动为港澳同胞办实事、做好事;强化严格执法、公正司法和法律服务,通过法治方式处理涉港澳纠纷,消除分歧,化解矛盾;依法保护港澳同胞在内地、在海外的合法权益,使港澳同胞的合法权益不受侵害。

总之,“一国两制”在香港、澳门特别行政区的成功实践,充分证明,“一国两制”不仅是解决历史遗留的香港、澳门特别行政区问题的最佳方案,也是香港、澳门回归后保持长期繁荣稳定的最佳法律制度安排,更是建设法治中国、推进国家治理体系和治理能力现代化,实现中华民族伟大复兴中国梦的重要组成部分和必然要求。所以,我们说要依法践行“一国两制”,推进建设法治中国。

---

① 最高人民法院根据与香港特别行政区、澳门特别行政区协商达成的一致意见,以司法解释的形式,1999 年 3 月 29 日发布了《关于内地与香港特别行政区法院相互委托送达民商事司法文书的安排》,2001 年 8 月 7 日发布了《关于内地与澳门特别行政区法院就民商事案件相互委托送达司法文书和调取证据的安排》,2009 年 3 月 9 日发布了《关于涉港澳民商事案件司法文书送达问题若干规定》;2006 年 3 月 21 日发布了《内地与澳门特别行政区关于相互认可和执行民商事判决的安排》,2008 年 7 月 3 日发布了《关于内地与香港特别行政区法院相互认可和执行当事人协议管辖的民商事案件判决的安排》;2000 年 1 月 24 日发布了《关于内地与香港特别行政区相互执行仲裁裁决的安排》,2007 年 12 月 12 日发布了《关于内地与澳门特别行政区相互认可和执行仲裁裁决的安排》。

第五编　争端解决探微

从中国视角看国际商事争议解决的发展趋势*

随着跨国经济贸易活动日益频繁,国际商事争议必然会越来越多。如何公平、合理、高效地解决国际商事争议,促进国际商事交往的正常发展,无疑成为当前国际社会共同关注的话题。本文主要想从中国的视角来谈谈近年来国际商事争议解决过程中呈现出来的一些发展趋势,我们把这些发展趋势概括为三个大的方面。

一、国际商事争议解决方法向多元化方向发展

自有人类社会以来,由于利益的冲突,各种矛盾、纠纷、争议、争端经常发生。为了解决社会上不可避免的各种矛盾、纠纷、争议、争端,人们发明了许多方法,比如,神明裁判、协商、谈判、调停、斡旋、仲裁和司法诉讼等。由于司法诉讼以国家强权为后盾,辅以相对来说较为完备的组织和程序,具有其他方法所不具有的权威性,故这种方法成为最具权威、最严格和最正统的争议解决方法。当然,司法诉讼这种争议解决方法不可能完全取代其他争议解决方法。

目前的趋势是,国际商事争议解决方法向多元化方向发展,特别是非诉讼的争议解决方法越来越多。人们

---

* 与杜焕芳(武汉大学法学博士,中国人民大学法学院教授)合作撰写,本文原载于《中国法律》2011 年第 2 期。

习惯把非诉讼的争议解决方法叫作 ADR,它是英文“Alternative Dispute Resolution”的缩写,直译为“替代争议解决方法”,主要包括:协商、调解、仲裁、小型审判、借用法官、附属法院的仲裁以及简易陪审团审判等。由于替代争议解决方法具有尊重当事人意愿、形式多样、程序灵活和快捷、费用低廉等优点,所以越来越受到国际商事争议当事人的重视和青睐。

在中国,越来越多的当事人愿意以替代争议解决方法来解决国际商事争议。极具中国特色且被称为“东方经验”的调解制度,如人民调解、仲裁与调解相结合、审判与调解相结合等,既符合现代法治的基本原则,又体现出中国传统文化中互谅互让、以和为贵的谦和思想。通过调解,可以在当事人双方心平气和的氛围和相对灵活的程序中有效地解决争议,因而深受当事人的欢迎。目前,世界上众多的国家和组织都纷纷向中国了解、学习和借鉴调解经验。2002年联合国第 57 届大会通过的《联合国国际贸易法委员会国际商事调解示范法》首次以条文的形式,对中国一直积极主张的仲裁中调解予以认可。可以预见,仲裁中调解作为一种商事争议解决机制必然会为更多的国家所采纳。2009 年 7 月最高人民法院出台了《关于建立健全诉讼与非诉讼相衔接的矛盾纠纷解决机制的若干意见》。这是中国法院建立与完善诉讼与仲裁、行政调处、人民调解、商事调解、行业调解以及其他非诉讼争议解决方法之间的衔接机制的重要标志。

二、国际商事争议的仲裁解决方法向现代化方向发展

目前,在运用替代争议解决方法的实践中,国际商事仲裁已成为解决国际商事争议最有效、最制度化并被广泛使用的方法。中国国际经济贸易仲裁委员会(CIETAC,以下简称贸仲)自 1999 年以来,每年受理国际商事争议案件 400 件以上,仅 2009 年就受理案件 559 件。中国高度重视国际商事仲裁,经过 50 余年的发展,中国已经成为国际商事仲裁的中心之一,并表现出向现代化方向发展的态势,具体表现在以下几个方面。

(一)仲裁立法紧跟国际仲裁的发展

中国涉外仲裁的丰富实践为中国的仲裁立法提供了宝贵的经验。1994 年中国颁布了《仲裁法》,不仅明确规定了仲裁机构、仲裁协议和仲裁程序,赋予了仲裁裁决以法律上的可执行效力,而且还专章规定了“涉外仲裁的特别规定”。《仲裁法》实施以来,我国国际商事仲裁事业发展迅速。据国务院法制办统计,

1995年9月到2010年,我国内地已有仲裁委员会202家,它们都可以根据当事人的协议受理国际商事仲裁案件。但是,应该看到,我国现行《仲裁法》的规定已远不能适应今天国际商事仲裁实践的需要。一些仲裁机构在其仲裁规则里,已开始小心翼翼地对《仲裁法》进行查缺补漏。笔者与宋连斌教授在广泛参考和比较中外仲裁立法的基础上,于2003年草拟了《中华人民共和国仲裁法》(建议修改稿)。与国际商事仲裁的新发展相适应,最高人民法院在仲裁方面也发布了包括《关于适用〈中华人民共和国仲裁法〉若干问题的解释》等30多个司法解释,其中的很多作法已突破了现行仲裁立法的规定,在一定程度上促进了中国商事仲裁制度的现代化。

(二)国际商事仲裁范围逐渐扩展

近年来,各国通过立法和仲裁实践扩大了国际商事仲裁范围,越来越多的国际商事争议被各国允许以仲裁方式解决。在中国,以贸仲为例,不仅其受理案件的范围不受当事人行业和国籍的限制,而且其受理的案件类型也在不断增多,涉及货物买卖、合资合作经营企业合同、建筑、承包工程、房地产开发建设、金融交易纠纷,股权转让、知识产权许可、租船等争议,近年来相继出现的资产并购、著作权转让、物流、特许经营、行纪、融资租赁、造船争议等也有相应增长。为满足当事人的行业仲裁需要,贸仲还推出了独具特色的行业争议解决服务,如粮食行业争议、商业行业争议、工程建设争议、金融争议以及羊毛争议解决服务等。此外,贸仲还为当事人提供域名争议解决服务,于2009年推出了网上仲裁规则,以适应快速解决电子商务和其他商事争议的需要。

(三)仲裁规则和仲裁员日益国际化

中国200多家仲裁机构都制定有自己的仲裁规则,而且不断地进行修订完善,最大限度地尊重当事人意思自治,与国际上主要仲裁机构的仲裁规则基本相同。以贸仲和北京仲裁委员会(以下简称北仲)为例,贸仲第一套仲裁规则制定于1956年,之后进行了6次修订。北仲第一套仲裁规则制定于1995年,之后进行了7次修订。每次修订涉及的都是制度性问题,比如,仲裁员披露及回避制度、国际商事案件当事人可以从仲裁员名册外选择仲裁员以及不签字仲裁员附不同意见等,从而使仲裁规则更加符合国际惯例。此外,不少外籍仲裁员成为中国仲裁机构的仲裁员。贸仲的仲裁员名册中有近千名仲裁员,其中,外籍仲裁员近300名,来自30多个国家或地区。北仲现聘有336名仲裁员,来自13个国家或地区,其中,我国港台地区的仲裁员11名,外国仲裁员53名。

(四)仲裁条款的独立性受到更加充分的尊重

仲裁条款的独立性是指仲裁条款作为主合同的一个条款,尽管其依附于主合同,但其仍然可以与主合同的其他条款分离,独立于它所依附的主合同而存在。即仲裁条款不因主合同的无效、终止或被撤销而无效,也不因主合同本身的存在与否或变更而受到影响,争议当事人依然可以依据合同中的仲裁条款申请仲裁。仲裁条款的独立性可以防止当事人拖延争议解决程序,使争议得到及时、高效地解决。随着仲裁实践的发展,仲裁条款的独立性作为一项原则已为世界上绝大多数国家的法律和仲裁规则所接受,在我国有关国际商事仲裁的立法中也已得到确立,并在仲裁实践中逐步得以巩固。我国《仲裁法》第19条规定:"仲裁协议独立存在,合同的变更、解除、终止或者无效,不影响仲裁协议的效力。仲裁庭有权确认合同的效力。"我国《合同法》(已废止)第57条规定:"合同无效、被撤销或者终止的,不影响合同中独立存在的有关解决争议方法的条款的效力。"

(五)国际商事仲裁的监督日益宽松

法院对仲裁进行司法审查是维系国际商事仲裁良性运转的重要条件,对保障国际商事仲裁程序正当、裁决公正以及维护仲裁裁决效力都具有积极意义,它已成为世界各国的普遍实践,并被1958年《承认及执行外国仲裁裁决公约》(《纽约公约》)所确认。仲裁的司法审查从环节来看一般包括:仲裁开庭前的司法审查,仲裁程序进行中的司法审查和仲裁裁决作出后的司法审查。从审查的内容来看,一般包括可仲裁性的审查、仲裁条款有效性的审查、仲裁程序公正性的审查以及裁决是否违背公共政策的审查。目前,中国法院对国际商事仲裁活动的司法审查逐渐宽松。最高人民法院通过《关于人民法院处理与涉外仲裁及外国仲裁事项有关问题的通知》和《关于人民法院撤销涉外仲裁裁决有关事项的通知》,建立了逐级请示报告制度,严格监督了中国法院对国际商事仲裁活动的司法审查,为国际商事仲裁的发展赢得了难得宽松的法治环境。

(六)国际商事仲裁裁决执行有保障

最高人民法院于1987年4月就下发了《关于执行我国加入的〈承认及执行外国仲裁裁决公约〉的通知》。近年来,最高人民法院陆续制定并实施了30多项关于仲裁包括国际商事仲裁的司法解释或司法解释性文件,为外国仲裁裁决在中国的承认和执行提供有力的司法保障。只有在极为特殊情况下,中国法院才援引公共政策条款作为拒绝承认及执行裁决的理由。特别是通过个案建立了如下裁判规则:一是违反我国法律的强制性规定,并不必然违反我国的公共政策,例证为ED&F曼氏(香港)有限公司申请承认与执行英国伦敦糖业协会作出的第158号仲裁裁决案。二是违反我国行政法规和部门规章中的强制性规定,并不当然构成对我国公共政策的违反,例证为日本三井物产株式会社申请承认和执行瑞典斯德哥尔摩商会仲裁院作出的第060/1999号仲裁裁决案。三是计算复利的仲裁裁决并不违反我国的公共政策,例证为伊藤忠石油(香港)有限公司申请承认英国仲裁裁决案。总的趋势是不滥用公共政策制度,保障国际商事仲裁裁决的顺利执行。

三、国际商事争议的审判解决方法向专业化方向发展

近年来,随着中国对外交往的进一步发展,涉外商事案件急剧增多。据最高人民法院统计,1979年至2001年10月,中国各级法院只受理了涉外、涉港澳台民商事案件23,340件。而2001年1月至2005年6月,中国各级法院共受理一审涉外商事海事案件达63,765件。2006年1月至2009年12月,审结一审涉外商事案件38,220件,涉我国港澳台地区案件42,064件;审结二审涉外商事案件4718件,涉港澳台案件8502件。中国高度重视国际商事审判,通过积极的涉外商事审判活动,平等地保护了中外当事人的合法权益,并呈现向专业化方向发展的态势,具体表现在以下几个方面。

(一)涉外商事案件集中管辖制度化

涉外商事案件管辖权的确定与行使是国际商事审判首当其冲的问题,不仅涉及当事人的个人权益,而且也关系一国的司法主权,以致人们常说:打涉外官司,先打管辖权,再打时效问题和法律适用问题,最后才谈事实和法律。自2002年实施涉外商事案件集中管辖以来,中国形成了以“特定管辖法院、专门审判机构、专业审判人员”为特征的涉外商事审判新格局。近年来,为适应我国外向型经济不断发展以及涉外商事案件分布区域越来越广泛的情况变化,最高人民法院通过批复的方式,增加了行使涉外商事管辖权的法院。截至2009年12月,全国共有167个中级人民法院、61个基层人民法院具有涉外商事案件管辖权。最高人民法院还将进一步调整涉外商事案件集中管辖的法院。其基本思路是:原则上所有中、高级人民法院、国务院批准设立的经济技术开发区的基层人民法院都应该具有涉外商事案件管辖权,其他基层人民法院涉外商事案件管辖权需经高级人民法院审核同意后报最高人民法院审批。

(二)涉外商事案件裁判尺度统一化

目前,涉外商事审判中新类型案件不断涌现,如信用证纠纷、独立保函纠

纷、外资企业解散和清算纠纷及因隐名投资产生的股权纠纷等逐渐增多。针对涉外商事审判中的突出问题,中国最高人民法院先后就涉外及涉我国港澳台地区案件的商事合同纠纷、信用证纠纷、海上保险、船舶碰撞、无单放货纠纷等法律问题发布司法解释。这些司法解释的出台,填补了涉外商事诉讼程序和实体裁判法律适用方面的一些空白,消除了在法律适用上的分歧和疑问,统一了涉外商事案件裁判尺度。此外,2005 年《第二次全国涉外商事海事审判工作会议纪要》对涉外商事审判中亟待解决的 153 个实体和程序问题进行了全面规范,也是一个典型例子。

(三)涉外商事案件域外送达高效化

近年来,涉外商事案件审理中存在的一个突出问题就是诉讼文书“送达难”问题。其主要表现在:直接送达率较低,通过司法协助、外交途径送达的程序非常烦琐,送达的时间难以掌握等。据统计,涉外商事案件域外送达司法文书的周期一般为 1 年。针对“送达难”问题,最高人民法院在我国《民事诉讼法》所规定的送达方式的基础上,分别针对涉外、涉港澳台案件先后发布了《涉外民事或商事案件司法文书送达问题若干规定》《关于涉台民事诉讼文书送达的若干规定》《涉港澳民商事案件司法文书送达问题若干规定》,积极拓宽送达途径,明确了有权接受送达的诉讼代理人和代表机构,肯定了人民法院可以向在我国领域内出现的外国自然人或者企业、其他组织的法定代表人、主要负责人直接送达,协调了公约、协定、外交途径以及邮寄方式送达的关系,引入传真、电子邮件等能够确认收悉的其他适当方式向受送达人送达等,从而有效地缩短域外送达文书的周期、提高涉外商事案件审判效率。

(四)涉外商事审判适用法律规范化

涉外案件相对于国内案件而言,有其特殊性和复杂性,法律适用是其中最重要的一个方面。正确适用法律是公正处理涉外案件的前提和基础。其涉及冲突法、实体法和程序法等诸多内容,理论性较强,实践中具体情况也复杂多样,成为涉外审判中容易出现差错的环节。不少人对中国法院适用法律问题意识不强,甚至在裁判文书中没有对适用法律问题进行任何分析。为指导各级法院正确地适用法律,最高人民法院分别于 2000 年和 2003 年发布了《关于审理和执行涉外民商事案件应当注意的几个问题的通知》和《关于我国法院审理涉外商事案件适用法律情况的通报》,要求各级人民法院提高法律适用方面的意识,严格依照冲突规范适用处理案件的准据法,切实做到依法公开、公正、及时、平等地保护中外当事人的合法权益。绝不能无视法律适用问题而想当然地适用本国法,对我国参加的国际公约,除我国声明保留的条款外,应予优先适用,同时可以参照国际惯例。

(五)国际司法协助快速发展

近年来,与我国开展国际司法协助的国家越来越多,国际司法协助涉及的领域越来越宽,中外司法合作呈现出日趋加快加深的迹象。截至 2009 年 6 月底,中国已与 63 个国家签署了 107 项双边司法协助条约,其中 75 项条约已生效。除双边条约外,我国已加入《海牙送达公约》和《海牙取证公约》。自 1988 年中法司法协助协定生效以来,我国与外国相互提出并执行的司法协助请求数量大幅度上升,从 20 世纪 80 年代末和 90 年代初每年几件、几十件,21 世纪初每年 1500 余件,发展到目前每年 3000 余件,涵盖了贸易纠纷、海事运输、产品责任、保险、侵权等诸多领域。同时,国际司法协助工作越来越复杂,要求越来越高。为此,最高人民法院、外交部、司法部联合发布了《关于印发〈关于执行海牙送达公约的实施办法〉的通知》《关于执行海牙送达公约的有关程序的通知》《关于我国法院和外国法院通过外交途径相互委托送达法律文书若干问题的通知》;最高人民法院发布了《关于全国法院司法协助座谈会纪要》和《关于印发〈全国部分法院国际司法协助工作座谈会纪要〉的通知》等规范性文件,保障了国际商事司法协助工作的顺利开展。

四、结语

尽管国际商事争议在中国的解决出现了上述三大发展趋向,但无论是争议解决方法的多元化、国际商事仲裁的现代化还是国际商事审判的专业化,都或多或少存在这样或那样的问题,需要进一步加以改进和完善。

要想开创我国国际商事仲裁工作的新局面,营造中国作为国际商事仲裁中心的地位,应当进一步加快推进国际化、现代化和本土化兼备的仲裁法律制度和仲裁实践的进程,其中,建立先进、科学的仲裁法律制度、营造良好的仲裁法律环境是关键。对国内仲裁与国际仲裁的司法审查,由现行的双轨制向单轨制过渡乃是大势所趋,也符合国际惯例。同时,我国国际商事仲裁坚持为当事人服务、注重营造和谐氛围、公平公正裁判的理念,较低的收费水平以及仲裁与调解相结合的传统经验,都是对当事人很有吸引力的中国特色,我们应当积极总结和宣传这些特色。此外,虽然近现代国际商事仲裁日益呈现出机构化的发展趋势,但机构仲裁不会也不可能取代临时仲裁,当前国际商事争议通过临时仲裁得以解决的多于通过仲裁机构解决的,这是一个值得注意的现象。

要想开创我国国际商事审判工作的新局面,顺应经济全球化和国际贸易自由化的发展需要,首先,应当进一步加强涉外商事审判法官队伍的建设。我国目前审理涉外商事案件的大多数法官具有比较清晰的思维和方法,但也存在运用法律法规和司法解释不当,对国际私法的基本理论掌握不够等问题,所以要在我们国家涉外案件比较多的地区建设业务水平高、处理涉外案件能力强的法官队伍。其次,应当加强和完善涉外民商事立法。我国目前的涉外民商事法律适用法的立法分散在民法通则、民用航空法、票据法、海商法等法律和司法解释中,但由于不系统、不全面、不具体、不明确、不科学,对很多问题重复规定,对很多问题又没有规定。目前,全国人大常委会已经把涉外民事关系法律适用法提上立法日程。再次,学术界和司法界要加强沟通。涉外商事审判法官一定要加强与学术界的沟通了解,学术界也应该积极参与到涉外商事审判实践的研究中去,研究我们国家目前涉外商事案件审判中的现实问题,实现良性互动。最后,在涉外商事审判实践中要高度重视国际私法。国际私法学有两个法律格言,一个是比较法是国际私法之母,另一个是国际私法是法官法、裁判法。国际私法是我们法官进行涉外商事审判必须具备的理论知识,国际私法思维是法官应该具有的思维方式。

论国际民商事争议解决机制的几个重要问题*

引 言

人类社会的形成和发展，就是人与人之间的交往由简入繁的过程。有交往就会有争议。在社会学意义上，争议，或称纠纷、分歧、争端、冲突，是指特定主体之间的对抗行为。其中，基于权利而产生的对抗，即是法律上的争议。争议的发生，意味着一定范围内的均衡状态或秩序被打破，因此可以说，争议不仅是特定个体之间的行为，也是一种社会现象。特定社会特定历史时期的争议解决机制，无疑反映了该社会的协调能力和协调程度。

国际民商事争议产生于国际民商事交往。在国际民商事交往中，由于各方当事人需要获取的利益各不相同，而且他们往往具有不同的国籍，或者分处不同的国家或地区，文化传统、法律观念、价值理念乃至语言、交流方式差异极大。另外，由于交往跨越一国国境，有关国家不尽相同的政治、经济、文化、法律背景也会对当事人的利益造成影响。凡此种种，无不可能导致当事人对同一事项有不同认识，进而形成对抗。其中，需要由法

---

* 与宋连斌（武汉大学法学博士，中国政法大学国际法学院教授）合作撰写，本文原载于《政法论坛》2009年第4期。本文系教育部人文社会科学重点研究基地重大课题“国际商事争议解决机制研究”的成果之一。

律予以调整、以权利义务为内容的,即是国际民商事争议。

一、国际民商事争议解决机制的含义

前文已述,有交往就会有争议。为了顺利进行交往,人们必须解决彼此之间的纠纷。随着人们相互间的交往越来越多、越来越复杂,纠纷也会越来越多、越来越复杂,因而争议的解决日益受到重视。一般来说,争议的不同,争议的解决方法也有所不同。如对于刑事犯罪,现代各国禁止同态复仇和血亲复仇,只能在刑事诉讼中依刑法处理;对于民商事争议,各国通常都允许当事人协商解决,民商事诉讼不是唯一的选择。生活中,某些争议的解决还不在法律的调整范围之内。就国际争议而言,情形亦复如此。比如,国际法主体之间的国际争端依照国际法必须和平解决,其方式包括谈判、调查、调停、和解、公断、司法解决、区域办法等。[①] 而国际民商事争议涉及的主要是私人,其解决方法不可能完全与此相同。不同领域的国际争议的解决方法,反映了该领域内国际关系的发育程度。

人类社会的秩序状态是多层次的。相对于宝塔形的国内秩序来说,国际秩序是"平行式"或平面型的,国际争端的解决通常是以主权者"平等协作"为条件。换言之,国际争端的解决须得到国际法主体自身的同意。在当代,随着经济全球化及人权的国际保护得到普遍加强,这种状况有所突破。但尽管如此,就其法律调整而言,国际关系和国内关系不可同日而语。国际私法规范的国际民商事秩序相对于国际法所调整的国际秩序来说,更多地表现为国内民商事关系的延伸,只是"涉外"而已,还没有完全上升为国家之间的关系。因此,传统上,国际民商事争议虽是国际性的,但其解决多依赖于国内方法,如诉讼、仲裁、协商、和解、调解等,在有管辖权的国内法院提起诉讼常常是当事人可寻求的最后救济。而在外国进行的诉讼、仲裁,法院判决或仲裁裁决还受制于内国法院的承认与执行。国际民商事争议的解决更多地依靠国内机制这一事实表明,国际民商事关系的国际性不及国际法所调整的国际关系,具有二元性。这一方面说明,国际民商事关系正在成长为民商事国际关系的过程中;另一方面也说明,各国早期并不重视国际民商事秩序,或者也可以说,各国多不干涉民商事领域的国际关系。

---

① 参见《联合国宪章》第33条。

20世纪以来,特别是第二次世界大战之后,由于全球化成为不可逆转的趋势,私人之间的跨国交往对一国经济、政治、社会、文化等方面的影响才开始引人注目。完全依赖国内机制调整国际民商事关系,逐渐暴露出局限性,如缺乏公正的普遍标准、规则不统一导致较高的交易成本、当事人之间的争议在很多时候事实上得不到有效救济,等等,国家之间规范国际民商事关系的情形,不断增多。在国际民商事争议解决方面,除了传统就有的国内机制得到进一步深化外,超越国别性或者国家相互间承担公正解决之义务的国际机制开始崭露头角。以诉讼为例,19世纪中期以来,世界上包含国际民事诉讼规范的条约,比较重要的多边条约就有:1928年订立于哈瓦那的《布斯塔曼特法典》(第4卷即国际民事诉讼法)、1954年海牙《民事诉讼程序公约》、1965年海牙《协议选择法院公约》、1968年布鲁塞尔《关于民商事件管辖权及判决执行公约》、1965年海牙《关于向国外送达民事或商事司法文书和司法外文书公约》、1970年海牙《民商事件国外调取证据的公约》、1980年海牙《国际司法救助公约》、2005年海牙《协议选择法院公约》等。海牙国际私法会议早在1992年就将起草一个全面的民商事管辖权和判决执行公约列入日程。历经10年,已形成初步的《民商事管辖权和外国判决执行公约》草案,可惜未能成为一项广为接受的国际公约,否则其意义将大大超过1958年《承认及执行外国仲裁裁决公约》(《纽约公约》)。区域性组织的成就更为可观,如2002年3月1日在欧洲联盟国家生效的《关于民商事管辖权及判决的承认与执行的第44/2001号(欧共体)条例》即为显例。在国际商事仲裁领域,国际联盟、联合国相继制定了多个条约,美洲、欧洲、阿拉伯国家等亦制定了区域性条约,其中尤以《纽约公约》最富影响力。值得注意的是,一些国际组织还直接成立了解决国际民商事争议的机构。如老牌的常设仲裁法院(Permanent Court of Arbitration)受理涉及个人的纠纷,解决投资争端国际中心(International Centre for Settlement of Investment Disputes,ICSID,华盛顿中心)受理国家与私人之间的投资争议,①世界知识产权组织仲裁与调解中心受理一般商事争议,等等。民间性国际组织亦发挥重要作用。最著名的当属国际商会(International Chamber of Commerce,ICC),尤其是,提到国际商事仲裁就不可能忽略国际商会仲裁院。

除诉讼及当事人自发解决争议外,英美等西方国家早先只接受以仲裁方式

① ICSID的仲裁具有特殊性,不同于一般的国际商事仲裁。

解决国际商事争议。20 世纪中叶后,调解用于解决国际商事争议渐渐得到认可。1962 年常设仲裁法院就实施了《调解选择规则》,适用于国家为一方当事人的争议。1996 年这一规则进行了一次修订。最引人注目的是 1980 年 12 月联合国大会通过了《联合国国际贸易法委员会调解规则》,在国际社会产生了较大影响。1988 年国际商会就制定了《国际商会调解规则》,到 2001 年,国际商会对该规则进行了修改,公布了《国际商会友好争议解决规则》(the ICC Amicable Dispute Resolution Rules,简称《ADR 规则》)。为进一步推广调解,一方面,2002 年联合国贸易法委员会通过了《国际商事调解示范法》,并在联合国大会获得通过。可以预料,这部示范法对国际商事调解的作用将不会亚于《国际商事仲裁示范法》之于国际商事仲裁的作用。另一方面,诉讼、仲裁、调解之外,其他的争议解决方式在一些国家内部或许也用于解决国际民商事争议,但尚未形成国际性机制。

综上可见,解决国际民商事争议可区分为国内机制和国际机制。前者虽为主权范围内的事项,但有关国家也不可能不考虑国际社会的反应,因此,二者之间的界限是相对的,且是互动的。一般来说,国际民商事争议的解决过去倚重的是国内机制,但现在国际机制已不可或缺,二者互不取代,但相辅相成;一个国家只要还想发展,就不可能自绝于世界,就不能不在重视国内机制的同时还重视国际机制,就像一个健康的人需要双手或双脚一样。解决国际民商事争议的国内机制中,诉讼是龙头,仲裁已广为接受,其他争议解决方式也越来越多地得到应用。在立法上,各国都有自己的诉讼法和仲裁法,一般不反对协商、和解、调解等方式,一些国家还单独制定了调解法(如印度 1996 年《仲裁与调解法》)或者替代性争议解决法(如美国"Alternative Dispute Resolution Act of 1998")。而解决国际民商事争议的国际机制中,目前,国际商事仲裁的国际性强于国际民事诉讼,国际商事调解还处在发展的"朝阳"阶段,此外没有国际社会普遍接受的方法。

应该指出的是,这里所指的国际民事诉讼仍在一国法院进行,但受制于法院所在国家承担的国际义务。由于民商事关系的特性,在国际民商事争议解决机制中,无论是国内机制还是国际机制,当事人都享有越来越充分的自主权。而且,国际民商事争议解决机制是开放性的,无论是国内机制还是国际机制,不排除当事人创造新方法,也不排除国际社会共同接受更多的方法。当代一个明显的例子是在线争议解决方法。由于互联网技术的成熟与勃兴,已有的国际民商事争议解决方法与网络联姻,形成了所谓在线争议解决方法,即"Online Dispute Resolution"(ODR)。当然,从本质上看,ODR 既可以是运用已有的国际民商事争议解决方法来解决网络空间的争议,也可适用于非网络争议,即物理空间发生的争议借助网络得到便捷的解决。ODR 是技术上的革命,但不是方法论上的革命。

基于上述,所谓国际民商事争议解决机制,系指国际社会用于解决国际民商事争议的各种方式所组成的动态系统。为方便理解,本节相关内容可如图 1 所示:

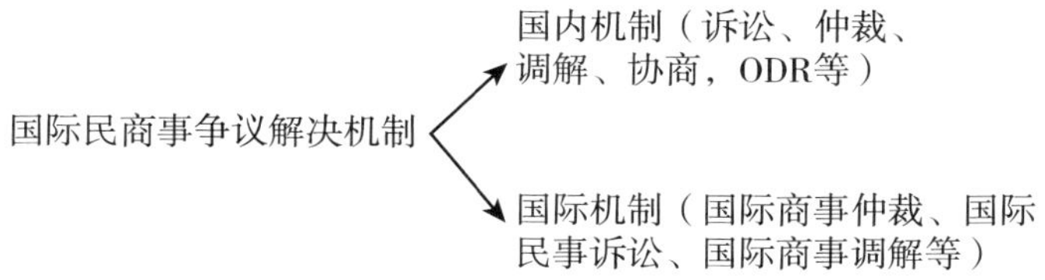

图 1

二、替代性民商事争议解决方式

如前所述,在实践中,国际民商事争议的解决方式主要有诉讼、仲裁、调解、和解等,这些方式虽难以列举穷尽,但从诉讼的角度却可以分为诉讼和诉讼以外的争议解决方式,后者就是所谓的替代性争议解决(Alternative Dispute Resolution, ADR)。

ADR 发轫于 20 世纪 60 年代的美国,其兴起并非因为法院有什么过错,而是因为当事人和律师意识到通过诉讼解决法律纠纷日益变得昂贵、费时、不保密;而法院面对"诉讼爆炸"亦感人力、财力难以为继,鼓励 ADR 以疏减讼源遂成为自然而然的选择。ADR 是个集合概念,迄今尚没有一个公认的定义。在中国学者的著作中,ADR 的中文译名也很不一致。大体说来,广义的观点认为,ADR 指各种非诉讼解决争议的方法。这也是 ADR 的字面含义。狭义观点则认为,ADR 指不包括仲裁在内的各种非诉讼解决争议的各种方法。由于仲裁已高度制度化,在某些方面诉讼化倾向十分明显,与 ADR 的其他方法存在本质区别,因此,ADR 不包括仲裁为大势所趋。事实上,一些赞成 ADR 包括仲裁的学者,归纳的 ADR 的特点与仲裁多有抵牾。这从以下关于 ADR 的论述中也可看出。正是基于这一特点,近来也有学者进一步限定了 ADR 的范围,[①]将裁

---

① 关于 ADR 含义的争论及中译名,可参见:Henry J. Brown & Arthur L. Marriott, *ADR Principles and Practice*, Sweet & Maxwell, 1999, 2nd ed., p. 12; Russell Caller, ed., *ADR and Commercial Disputes*, Sweet & Maxwell, 2002, p. 1;郭玉军:《替代性纠纷解决机制在中国的现状及未来发展趋势》,载《中国国际私法与比较法年刊》(第 6 卷),法律出版社 2003 年版,第 52 ~ 53 页;范愉:《非诉讼纠纷解决机制研究》,中国人民大学出版社 2000 年版,第 9 ~ 15 页。

判(adjudication)等方式排除在外,因为裁判结果具有强制执行力。

人类在解决争端方面的想象力有多丰富,ADR 便有多少具体方法。这些方法在各国有所不同,按不同的标准亦可作不同的分类,[①]主要有:协商谈判、调解、调解/仲裁、[②]小型审判、[③]简易陪审团、[④]早期中立评价、[⑤]租赁法官[⑥]等。对于 ADR 的分类,有人概括地将 ADR 的各种方法称为广泛意义上的调解,[⑦]不无道理。

一般情况下,ADR 是当事人的合意选择,但法院有时在适当的案件中也可强制决定采用 ADR。在诉讼过程中,法院也可以采用 ADR 的方法结案。这被称为法院附属的 ADR 或司法 ADR。同样,仲裁中也可以采用 ADR 方法,如仲裁与调解相结合,亦可简称为仲裁 ADR。

ADR 方法虽然种类繁多,但都具备下列共性。

1. 自愿性

或称合意性、选择性或自治性,在 ADR 中占有重要地位。ADR 程序及其采用的形式一般出于当事人的自愿,甚至争议解决的结果是否有强制性也取决于当事人。假如 ADR 程序成功,很可能是双赢的结果;假如没有成功,所失去的只是时间及 ADR 程序不多的费用。

---

① 参见王生长:《仲裁与调解相结合的理论与实务》,法律出版社 2001 年版,第 2 章。

② 在这种程序中,一般由同一位中立第三者先作为调解人,帮助当事人达成和解。一旦调解失败,便进入仲裁程序。中立者可以担任仲裁员。这和中国仲裁实践中所讲的仲裁与调解相结合颇不相同。

③ 在"小型审判"中,各方均像参加法院审判一样,但"法官"是当事人自己,由律师和专家向纠纷双方的高层管理者提出意见,使其看到各自的优势和劣势,如同局外人一样清醒地把握案情,从而为双方合作地解决争议提供条件。这是典型的混合性 ADR。

④ 1981 年为美国俄亥俄州北部地区联邦法院法官所创。这种程序与正式的审判最为相似,有法官、陪审员和其他法院工作人员参加,通常在法院举行,按普通诉讼程序进行审理,但一般不公开。简易陪审团的目的在于为当事人提供一个略加辩论、无拘束力的现实的审判实验,如达成和解,则省去了正式审判的费用、时间和复杂过程。

⑤ 早期中立评价致力于通过调解、动议或审理使案件尽早得到解决。它可以作为正式呈交证据和诉前申请的有效替代。尽管早期中立评价的主要目的不在于解决争议,但这一程序能导致争议的解决。

⑥ 依当事人合意,法院指定一名裁判者,通常是退休法官,由其主持一个与正式审判程序相似的审理过程,为当事人提供举证和辩论的机会,并由聘请法官作出包含事实判断与法律依据的决定。该决定可以是终局的,具有法律上的拘束力。

⑦ 参见中国国际贸易促进委员会/中国国际商会调解中心:《中国商事调解理论与实务》,中国民主法制出版社 2002 年版,第 7 页。

2. 非正式性

或称简便性。ADR 既不像诉讼需要国家权力和法院的介入,一切以诉讼法为依归,也不像仲裁那样注重最低限度的正当程序要求。恰恰相反,ADR 的程序极为灵活,甚至很难讲它有什么必需的正式程序,当事人之间也不必处于对抗地位。比如,ADR 没有严格的证据规则,没有现代诉讼和仲裁中常有的对抗制以及保证程序正常进行的规则。因为这种非正式性,当事人可以灵活处理所争议的问题,如不必通过昂贵的手段举证,不必进行冗长的质证和辩论,从而节省了费用与时间。对于解决争议的法律程序来说,非正式性不是一个优点,但由于 ADR 的结果多半是当事人自愿达成并接受,所以非正式性不仅没有侵犯天赋公正(natural justice)或正当程序(due process),反而成为灵活、效率的代名词。

3. 复合性

或称共融性。在 ADR 过程中,只要当事人愿意,各种方法相互融合,互为补充。ADR 程序和诉讼程序、仲裁程序甚至也是共通的。如美国公众援助中心(Center of Public Sources,CPR)提供的 ADR 示范程序中的二步争议解决程序——调解/微型审判—仲裁/诉讼;三步争议解决程序——谈判—调解/微型审判—仲裁/诉讼,就表明了 ADR 各种机制的共融性。[①] 中国的一些仲裁机构也采用了类似方法,如当事人可以先请求调解中心进行调解,如调解失败,进入仲裁程序;当事人也可以边进行仲裁程序,边由独立的调解员进行调解,调解成功则由仲裁庭依调解协议的内容做出和解裁决,如调解不成功,则径由仲裁庭做出裁决。显然,ADR 的复合性有助于当事人提高解决争议的效率。

4. 保密性

ADR 的进行一般不对外界公开,有助于当事人放弃对抗,营造和谐气氛,在小范围内平和地解决争议,保护当事人的经营秘密。同时,保密性还意味着当事人在 ADR 程序中的所作所为,以及 ADR 主持人(如调解员)的言行,都不得由当事人在以后的解决同一争议的诉讼、仲裁或其他程序中用作证据,ADR 主持人也不负有相应的作证义务。

5. 前瞻性

当事人之间存在一种持续性的关系时,ADR 的选用可能特别有效。这在

---

① 参见郭玉军:《替代性纠纷解决机制在中国的现状及未来发展趋势》,载《中国国际私法与比较法年刊》(第 6 卷),法律出版社 2003 年版,第 53 ~ 55 页。

商业纠纷的解决方面,尤其重要。出于对他们之间商业关系的考虑,当事人既要对目前的争议作出安排,又要着眼于将来,通过诉讼可能难以达到目的,而通过ADR达成一个新协议,不一定要对现存争议定性,但互有让步、各有受益,则有可能。故可以说,ADR不见得会给当事人一个"说法",但却可以做到"结束过去向前看"。

6. 结果的非强制性

ADR各种方法是当事人的合意选择,没有公共权力的参与或公共权力对争议解决过程影响不深,结果通常不具有强制性。但这也不是绝对的,从联合国国际贸易法委员会起草的《国际商事调解示范法》及一些国家的国内法看,在一定条件下,通过ADR达成的解决方案可能具有拘束力。如前述示范法第14条规定:如当事各方达成解决争议的协议,则该协议具有拘束力和可执行性。再如,按照中国最高人民法院2002年发布的《关于审理涉及人民调解协议的民事案件的若干规定》,当事人达成的调解协议具有民事合同性质,当事人应当按照约定履行自己的义务,不得擅自变更或者解除调解协议。当事人一方不履行的,另一方可向人民法院起诉,要求对方当事人履行调解协议;具有债权内容的调解协议,经公证机关依法赋予强制执行效力的,债权人可以向被执行人住所地或者被执行人的财产所在地人民法院申请执行。但一般而言,通过ADR达成的争议解决方案普遍不具有强制性。

以上所述ADR的特点,既反映了ADR与诉讼、仲裁的若干本质区别,同时也反映了ADR作为争议解决方式的优势之所在。需要注意的是,诉讼、仲裁程序中采用ADR方法结案时,ADR实际上被并入诉讼程序、仲裁程序,成为诉讼程序或仲裁程序的一部分,其结果往往也表现为法院的判决或调解书、仲裁庭的和解裁决或调解书,具有强制执行力。这和通常的ADR是不同的。所以,如无特别说明,一般所说的ADR不包括这两种情况。

三、国际商事调解

基于私法自治,各国一般都认可当事人通过协商的方式自行对国际民商事争议达成和解。比如,在国际贸易实践中,大多数合同的争议解决条款通常都鼓励当事人以友好协商的方式解决争议,如协商不能解决,才寻求其他解决办法。然而,协商或称为谈判、和解,起源于商业谈判,是当事人在完全自主的基础上,通过沟通而解决争议,无须第三人介入,和解协议不具有强制执行力,只要不违背法律的强制性规定,构成当事人之间的有效契约。协商依赖于当事人自身的交往能力以及经济实力,协商所达成的和解协议可能对处于弱势的一方的利益保护不够。此外,当各方分歧严重时,难以自己协商解决,只能求助第三方帮助解决。从解决纠纷的角度看,更多的争议是当事人自己不能自行解决的,因此,第三人介入的程序才更具有方法或制度意义。在国际民商事争议解决方面,介于诉讼、仲裁与协商之间的是国际商事调解,这一方式在近几十年来逐步得到国际社会的广泛认同。

(一)国际商事调解的含义

所谓国际商事调解,是指在国际商事交往中,各方当事人在发生争议后,共同选择第三方作为调解人(调解员),由调解人通过说服、劝导等方式,使当事人之间的争议在自愿的基础上得到解决。国际商事调解既可在某一机构进行,也可以由当事人直接授权个人进行,前者为机构调解,后者为临时调解。

关于"国际商事调解"的定义,主要分歧在于如何理解"国际"和"商事"。无论是学理上还是实务中,通常认为其外延难以做出明确的限定,一般都赞成对这两个概念作广义的理解。1980年《联合国国际贸易法委员会调解规则》即如此,其第1条规定该规则适用范围是:"当事人间因合同关系或关于合同关系,或者因其他法律关系或关于其他法律关系而发生争议"。联合国国际贸易法委员会的《国际商事调解示范法》关于"国际调解"的定义及对"商事"的理解,亦足可说明此点。①

应该注意的是,英文中"conciliation"和"mediation"译成中文时都是调解的意思,但二者略有区别。在英国和一些欧洲国家,"conciliation"类似于国际法上的斡旋,调解员的作用在于不偏不倚地对双方当事人进行劝导、说服,召集当事人进行协商,目的在于促成当事人达成和解。而"mediation"类似于国际法上的调停,调解员更积极,主持当事人的协商,提出建议作为双方谈判的基础,从而促成当事人达成和解。在美国,这两个词的含义正好反过来。在实务和著作中,这两个词经常混用,并不作严格的区分。

(二)国际商事调解的特点

从法理上讲,国际商事调解是一种"私行为",具有民间性。当事人进行调解,也正是在法律范围内处分自己的民商事权利和诉讼权利的表现。因此,国

① 参见该示范法第1条,并可参阅宋连斌、林一飞译编:《国际商事仲裁资料精选》,知识产权出版社2004年版,第631页。

际商事调解本质上与强制管辖相冲突,无一例外都是自愿管辖。当事人是否选择调解,选择哪一个调解机构或调解员、调解的内容和程序以及调解协议的达成,都以当事人自愿为准。另外,调解成功,调解协议由当事人自愿履行,一般无强制执行力。调解不成功,或者调解协议未得到履行,不影响当事人采用其他方式解决相关争议。

调解的成功与否常常取决于调解员的经验、智能、知识、处世技巧以及当事人解决纠纷的理性。正因为调解的高度自愿性和灵活性,相比法官、仲裁员来说,调解员解决纠纷的能力要求,实际上更高。

除非当事人另有协议,国际商事调解一般都不公开进行,调解员或调解机构以及全体当事人、其他参与人均应遵守保密原则,不对外界透露调解的过程及内容。

(三)国际商事调解的进行

国际商事调解的进行除依当事人的协议外,并无定式。下面以《联合国国际贸易法委员会调解规则》《国际商会友好争议解决规则》《国际商事调解示范法》为例,进行阐述。

1.《联合国国际贸易法委员会调解规则》

联合国国际贸易法委员会制定的调解规则,于 1980 年 7 月 23 日在第 241 次会议上通过。同年 12 月 4 日,联合国大会通过 35/32 号决议,同意推荐该规则以供当事人寻求以调解方式友好解决国际商事关系中发生的争议。该规则共 20 条,主要内容如下:

(1)调解的开始

当事人要提请调解时,应向他方当事人发出按本规则进行调解的通知,通知中应扼要地明确争议事项。他方当事人接受调解通知时,调解程序即行开始。如以口头表示接受,应即以书面加以确认。他方当事人拒绝通知,就不进行调解。提请调解的当事人在发出通知后 30 天内或在通知中规定的其他期间内,未得到答复时,可以认定是对调解通知的拒绝,并应立即通知他方当事人。当事人根据本规则进行调解时,可以变更或修改本规则的相关规定。

(2)调解员的人数及任命

除当事人约定调解员为 2 名或 3 名外,调解员为 1 名。调解员有数人时,在一般情况下,数名调解员应共同行动。在只有 1 名调解员的调解程序中,双方当事人应力求达成协议,确定该独任调解员;在有 2 名调解员的调解程序中,双方当事人各任命 1 名调解员;在有 3 名调解员的调解程序中,双方当事人各任命1名调解员。双方当事人应力求达成协议,确定第3名调解员。在所有情况下,当事人可以请求1个适当的机关或人员帮助他任命调解员。该机关或人员推荐或任命担任调解员的个人时,必须注意考虑保证任命1名独立公正的调解员,如为独任调解员或第三调解员,则应考虑任命与双方当事人不同国籍的调解员为宜。

(3)调解员的任务

调解员在任职后,要求各方当事人提出简明的说明书,说明争议的一般性质和争议点所在。每一方当事人向他方当事人送说明书副本一份。在调解程序的任何阶段,调解员还可以再次要求各方当事人说明自己的主张以及所依据的事实和根据,当事人可以附上其认为适当的文件和其他证据;调解员可以要求当事人向其提供他认为合适的其他情况。

调解员应该以中立和公正的态度协助双方当事人友好解决争议。调解员应遵循客观、公平和正义的原则,在处理相关事务时,应考虑双方当事人的权利和义务,考虑有关的贸易惯例以及有关争议的各种情况,包括当事人之间以前的实际业务情况。

调解员可以其认为适当的方式进行调解,但应考虑案件的各种情况以及双方当事人可能提出的愿望,包括当事人要求调解员听取口头陈述的愿望以及要求迅速解决争议的愿望。

在调解的任何阶段,调解员可以提出解决争议的建议。这种建议可以不用书面提出,也可以不说明理由。

(4)当事人与调解员的合作

调解员可以同时或分别邀请当事人与他会晤,也可以同当事人口头或书面交换意见。除当事人已约定与调解员举行会晤的地点外,会晤地点应由调解员与双方当事人协商后,根据调解进行的情况予以确定。

当事人应该与调解员进行善意的合作,特别是应该按照调解员的要求提出书面文件,提供证据和参加会晤。每一方当事人可以主动地或者应调解员的请求,向调解员提出解决争议的意见。

(5)调解的结束

每一方当事人可以主动地或者应调解员的请求,向调解员提出解决争议的意见。调解员认为具备双方当事人可以接受的解决争议的条件时,应将可能的各种解决办法列出,送双方当事人供他们考虑。调解员收到当事人的意见后,应根据这些意见,重新制定可能的解决办法。双方当事人就解决争议达成协议后,应即制定协议书并签名。调解员可以依双方当事人的要求,制作或协助当事人制作协议书。

双方当事人可以考虑在协议书中增加一个条款:由本协议而发生的或关于本协议的一切争议,应该提交仲裁。

双方当事人在协议书上签字后,争议即告结束,双方都受协议所约束。自该协议书签字之日起,调解结束。除此之外,如果调解员与双方当事人协商后,以书面表示,继续调解已无必要;或双方当事人向调解员书面表示结束调解时;一方当事人向另一方当事人,如已任命调解员,则并向调解员书面表示结束调解时,此三种情形下调解均告结束。

(6)保密

原则上,调解员与当事人对于有关调解的一切事项均应保密。除为执行所必要外,调解协议也应保密。在调解过程中,调解员从一方当事人知悉有关争议的事实情况后,可以将情况的实质告知他方当事人,以便他方当事人可以做出适当的说明。但是,一方当事人向调解员告知情况,特别附有应予保密的条件时,调解员即不应将该情况告知他方当事人。

(7)调解与其他程序的关系

倘若调解未获成功,就所调解的争议提交仲裁或提起诉讼时,当事人和调解员均承诺,调解员不得在仲裁或诉讼的程序中充当仲裁员,或充当一方当事人的代理人或顾问。双方当事人在这些程序中也不得提出调解员为证人。而且,无论以后的仲裁程序或诉讼程序是否涉及调解所针对的争议,双方当事人承诺不援引或提出下列各点作为仲裁或诉讼的证据:他方当事人所表示的关于可能解决争议的意见,或提出的建议;他方当事人在调解过程中所作的承诺;调解员提出的建议;他方当事人已表示愿意接受调解员为解决争议提出的建议这一事实。

2.《国际商会友好争议解决规则》

2001 年 7 月 1 日生效的《国际商会友好争议解决规则》,是对 1988 年任择性《国际商会调解规则》的修订。国际商会充分考虑了近十几年来 ADR 作为解决国际民商事争议的方法,已成为现代法律发展中的一大趋势,因而在制定新规则时,没有局限于对调解规则的简单修补,而是代之以一种灵活的、开放的、非单一的方式,以便适应形势的发展与商业伙伴的需要。应予注意的是,国际商会考虑到人们对 ADR 的理解存在分歧,因此,基于这些方式的一个共同特点“友好”(amicable),对 ADR 作出新的诠释,以“Amicable Dispute Resolution”来命名新规则，从而丰富了 ADR 的内涵。

《ADR 规则》全文共 7 条，适用于国际和国内的商事争议。该规则允许当事人约定其认为适用于帮助其解决争议的任何和解方法，如未作出约定，将依据该规则采用调解方法。该规则主要内容如下。

（1）ADR 程序的开始

如果当事人约定按照该规则解决其争议，拟开始 ADR 程序的当事人应向国际商会提交书面 ADR 申请，该申请应载明当事人及代理人的情况、争议情况的说明、共同选任的中间人或对其资格的约定以及据以开始 ADR 程序的书面协议等事项。如 ADR 申请书不是由全体当事人共同提出，则提出申请的当事人应同时将申请送交对方当事人。国际商会将迅速向当事人书面确认收到申请书。

如果当事人没有约定按照本规则解决其争议，亦可依本规则开始 ADR 程序。收到一方当事人提出的申请书后，国际商会应立即将申请书面通知对方当事人，并要求该当事人自收到申请之日起 15 日内对其是否同意或拒绝参加 ADR 程序，书面通知国际商会。若对方当事人未在 15 日期限内作出答复，或作出否定答复，则 ADR 申请视为被拒绝，ADR 程序将不再进行。

（2）中间人的选任

中间人即为解决当事人之间争议并主持程序的人，如调解员。按照《ADR 规则》，如各方当事人已共同选任中间人，则国际商会应予记录，被选任者经通知国际商会其同意接受选任后，即在 ADR 程序中担任中间人。若各方当事人并未共同选出中间人，或者选出的中间人拒绝任职，国际商会应迅速通过国际商会国家委员会或其他方式任命 1 名中间人，并通知当事人。在任命中间人时，国际商会应考虑当事人的约定，尽最大努力委任合格的中间人。

将担任中间人的人员，均应尽快向国际商会提交一份适当签署姓名与日期的个人履历和独立声明，并在声明中披露那些可能引起当事人对其独立性产生怀疑的任何事实和情形。国际商会应将此信息书面通知当事人。任何一方当事人如不同意国际商会委任的中间人，应在接到委任通知后 15 日内书面通知国际商会和其他当事人，陈述提出异议的理由，国际商会即迅速另行委任 1 名中间人。当事人可以请求委任 1 名以上的中间人，适当情形下国际商会也可向当事人建议委任 1 名以上的中间人。

（3）ADR 程序的进行

当事人缴纳适当费用后，ADR 申请始作处理。中间人与各方当事人应迅速对将予以采用的解决方法进行商讨并寻求达成一致意见，同时商讨将予适用的具体的 ADR 程序。如果当事人不能达成一致意见,则采用调解方式。

中间人应以其认为合适的方式进行程序。但无论如何,中间人都应遵循公平、公正原则并尊重当事人的意愿。当事人应与中间人善意合作。

(4) ADR 程序的终止

因下列情形,ADR 程序终止:双方当事人签署和解协议;一方或全体当事人向中间人发出不再继续 ADR 程序的书面通知;所确定的解决争议的程序已履行完毕,或设定的期限届满,当事人并未决定延期;中间人书面通知当事人其认为 ADR 程序不能解决当事人之间的争议;国际商会在当事人逾期未预缴保证金后 15 日内,书面通知当事人与中间人,当事人未完成此项缴付;国际商会依其判断,书面通知当事人选任中间人失败或者不可能委任中间人。

(5)保密

除非当事人另有相反约定或所适用的法律有禁止性规定,ADR 程序及其结果应当是不公开的。当事人之间的任何和解协议应同样是保密的,但一方当事人依据所适用的法律的要求或者为实施或执行协议,在必要限度内有权予以披露。

(6) ADR 程序与其他程序的关系

除非所适用的法律要求或当事人有相反约定,当事人不得以任何方式在司法、仲裁或类似程序中援引下列各项作为证据:在 ADR 程序中,由对方当事人或中间人提出的任何文件、陈述或通信,除非此种文件、陈述或通信在司法、仲裁或类似程序中能够独立获取;任何一方当事人在 ADR 程序中提出的与可能解决争议有关的任何观点或建议;在 ADR 程序中他方当事人所作出的承认;中间人提出的任何观点或建议;在 ADR 程序中一方当事人曾表示愿意接受和解建议的事实。

除非当事人另有约定或所适用的法律要求,中间人不得在与 ADR 程序所涉争议事项有关的司法、仲裁或类似程序中担任法官、仲裁员、专家或其中任何一方当事人的代理人或顾问;中间人不得就 ADR 程序的有关事宜在任何司法、仲裁或类似程序中作证。中间人、国际商会及其雇员以及国际商会国家委员会均不对与 ADR 程序有关的任何作为或不作为向任何人负责。

3.《国际商事调解示范法》

联合国国际贸易法委员会 2002 年 7 月第 35 次会议通过的《国际商事调解示范法》,是该组织致力于国际商事争议解决机制的又一重大成果,全文共 14 条。该示范法在同年 11 月联合国大会上通过。以下为示范法主要内容。

(1)调解的开始

对于已发生的争议,调解程序自当事人同意进入该程序之日起开始。一方当事人邀请另一方当事人进入调解程序,自发出邀请之日起30日内或在邀请中确定的期限内未收到答复,可视为拒绝调解邀请。

(2)调解员的人数及委任

除非当事人另有约定,调解员应为1人。当事人应尽力达成委任调解员的协议,在委任调解员时,当事人可求助于机构或个人,要求后者推荐或直接指定合适的调解员。后者在推荐或指定调解员时,应考虑尽可能确保委任公正和独立的调解员,适当时应考虑到委任与当事人不同国籍的调解员的适宜性。

就可能被委任为调解员之事进行交涉时,待任调解员应披露可能对其公正性或独立性引起正当怀疑的任何情形。调解员在接受委任以及调解过程中,应向当事人披露此种情形。

(3)调解的进行

当事人可自由地约定进行调解的方式。如未达成此种协议,调解员在考虑案件的情形、当事人可能表达的愿望以及快速解决争议的基础上,可按其认为适当的方式进行调解。但在任何情况下,调解员应公平地对待全体当事人。

在调解的任何阶段,调解员可提出解决争议的建议。调解员可共同或单独与当事人会晤或联系。调解员自一方当事人处收到的信息,可向其他当事人披露其实质内容。但是,一方当事人以保密为条件而向调解员提供的信息,则不应披露。

(4)调解的结束

在下列情形下,调解结束:当事人签订和解协议;经商当事人,调解员宣告不必继续进行调解;当事人通知调解员结束调解程序;一方当事人通知其他当事人和调解员(如已委任)结束调解程序。

(5)保密

除非当事人另有协议,与调解程序有关的任何信息均应保密,除非法律要求或者为实施或执行和解协议的目的而作出披露。

(6)调解与其他程序的关系

调解程序的当事人、调解员及任何第三人包括调解程序的有关管理者,不得在仲裁、司法或类似程序中将下列情形作为依据、当作证据提出或作证或提供证据:当事人邀请开始调解程序或愿意参加调解程序的事实;为使争议可能得到解决,一方当事人在调解程序中表达的观点或建议;一方当事人在调解过程中所作声明或承认;调解员提出的建议;一方当事人表示愿意接受调解员建议的和解方案的事实;仅为调解程序的目的而准备的文件。仲裁庭、法院或其他有权政府机构不应命令披露前述信息,违反规定而提交此等信息,应视为不可接受的证据。但法律另有规定或者为实施或执行和解协议的除外。

除非当事人另有约定,调解员不得在调解程序所针对的争议或关于同一法律关系所引起的争议中担任仲裁员。

如当事人对已经发生或将来发生的争议已同意进行调解,明确承诺不在特定的时限内或特定事件发生后方开始仲裁或司法程序,则仲裁庭或法院应赋予此种承诺以效力,直到符合作出承诺的条件,除非一方当事人依其意见认为系为保护其权利所必须。开始此种程序本身不得被视为放弃提交调解或结束调解程序。

(7)和解协议的可执行性

如果当事人达成解决争议的协议,则和解协议具有拘束力并可强制执行。这是示范法对传统调解的一个最大的突破,不过,各国在采用示范法时,可自行决定执行的方法或规定。

四、中国的ADR

ADR无疑是个外语词汇,但就其内容而言,远在上古时代中国就出现了此种方法。儒家的无讼、非讼或贱讼思想,换个角度看,或者可以说是ADR思想。[①] 中国的调解哲学思想、理念源远流长,调解实践也是丰富多彩,被号称为"调解的故乡"。[②] 在当代,中国国际经济贸易仲裁委员会的仲裁与调解相结合,被誉为"东方经验"或"中国经验"。然而,对于替代诉讼的争议解决方式,

---

① 国外的学者,也有此种见解,参见Martin Odams de Zylva & Reziya Harrison, ed., *International Commercial Arbitration: Developing rules for the new millennium*, Jordan Publishing Limited, 2000, p. 15。这种说法当然富于争议。儒家经典直接论及"讼"的不多,如《论语》之"听讼,吾犹人也,必也使无讼乎"。对这些格言式的表述,理解各不相同是必然的。在作者看来,儒家的无讼观念过于理想化,而社会不产生争议又是不可能的,儒家只是鼓励"日三省吾身"等加强个人修为的方式以消除争议,没有倡导实际的诉讼外争议解决方式,因此所谓的"无讼"就是压制诉讼,充其量只是走在半路上的ADR。吴经熊先生曾批判这种"无讼"观,认为"无讼"妨碍了法学的昌盛及法治精神的发达。参见陈夏红:《百年中国法律人剪影》,中国法制出版社2006年版,第124页。

② 参见中国国际贸易促进委员会/中国国际商会调解中心:《中国商事调解理论与实务》,中国民主法制出版社2002年版,第2页。

中国较重视的是调解。近些年,世界范围内 ADR 成为潮流,并对中国产生影响,局面有改观的趋势。

(一)在中国进行 ADR 的法律基础

中国虽然没有 ADR 法,但从宪法到多部基本法律、行政法规与规章、地方性法规、司法解释都有鼓励 ADR 的规定。我国 1982 年《宪法》第 111 条、我国 1991 年《民事诉讼法》第 16 条对人民调解作了规定:在农村和城市设立人民调解委员会调解民间纠纷;该委员会在基层人民政府和基层人民法院指导下进行工作。值得一提的是,最高人民法院于 2002 年 9 月 16 日、司法部于 2002 年 9 月 11 日分别出台了《关于审理涉及人民调解协议的民事案件的若干规定》和《人民调解工作若干规定》,明确规定调解协议具有民事合同性质;具有债权内容的调解协议,经公证机关依法赋予强制执行效力的,债权人可以向被执行人住所地或者被执行人的财产所在地人民法院申请执行。

当然,上述规定虽然表明了 ADR 在中国法律上的地位,但民间纠纷未必涵盖国际民商事纠纷。我国《民事诉讼法》第八章及 1994 年《仲裁法》第 51 条规定的诉讼内及仲裁内调解,则无疑适用于国际民商事争议。其实,就一般情形而言,中国法律也是鼓励运用 ADR 解决国际民商事争议的。我国 1987 年《民法通则》明确规定民事活动应当遵循自愿原则,我国《民事诉讼法》第 13 条规定当事人有权在法律规定的范围内处分自己的民事权利和诉讼权利。我国 1999 年《合同法》第 128 条规定,当事人可以通过和解或调解解决合同争议。而中国的涉外经济立法中,通常更是明确规定当事人可通过协商或调解解决争议,如当事人不愿和解、调解或者和解、调解不成的,可以提交仲裁或者起诉。1978 年以来的涉外、涉港澳台法规都有类似规定,如我国 1979 年《中外合资经营企业法》第 14 条、1988 年《中外合作经营企业法》第 26 条、1994 年《台湾同胞投资保护法》第 14 条、1985 年《涉外经济合同法》(为 1999 年《合同法》取代)第 37 条等。

(二)中国的国际商事调解

从上文不难看出,关于国际民商事争议的解决,中国法律规定了协商、调解、仲裁和诉讼四种方法,从 ADR 的角度看,主要就是国际商事调解。在这一领域中,1987 年成立的中国国际贸易促进委员会/中国国际商会调解中心(原名为北京调解中心)是专门的国际商事调解机构,该机构自 1992 年开始在全国建立调解网络,至 2007 年年底,在各地商会已设立 41 个调解中心,并与国外机构成立了 7 个联合调解中心,展开了广泛的国际合作。目前,仅北京总会调解中心在册调解员就超过 300 名,现行的《中国国际商会调解规则》共 35 条,从 2005 年 7 月 1 日起施行。

中国的法律虽然支持国际商事调解,但并没有可操作的具体规则。中国国际贸易促进委员会/中国国际商会调解中心在借鉴国际经验及吸取传统文化精华的基础上,进行了开拓性的工作。他们不仅使用了传统的调解方法,还创造了新的形式。中国国际商会借鉴 1977 ~ 1979 年中美仲裁机构之间的"联合调解"方式,组织两个以上具有商事调解职能的机构(国内或国外)共同运用调解的形式,促成当事人和解,从而创造了真正的联合调解。中国国际贸易促进委员会/中国国际商会调解中心的调解网络到 2007 年年底受理了 6000 多件案件,涉及 50 多个国家和地区的当事人,调解成功率达 80% 以上,从而赢得了广泛的国际声誉。

除中国国际贸易促进委员会/中国国际商会调解中心外,中国的一些仲裁机构如武汉仲裁委员会,开始借鉴国际经验,在仲裁机构中设置专门的调解部门,将调解作为一个独立程序来解决国际商事纠纷。为解决调解协议的效力问题,中国的调解机构在实践中倾向于在调解协议中写入仲裁条款,一旦当事人因履行调解协议发生争议,可以提交仲裁。

目前,世界上各种 ADR 中心遍地开花,一些机构取得骄人的成绩。如英国的争议解决中心(Centre for Dispute Resolution, CEDR)已成立 10 多年,仅 1999 年 4 月至 2000 年 3 月即受理 550 个案子,30% 纯为外国当事人,调解成功率 85% 以上;美国作为 ADR 的发源地,甚至连在线调解都颇有声色。可以说,国际上关于争议解决的思路和实践走过了一条"仲裁—仲裁与调解相结合—调解(ADR)的道路",①这一特点不容忽视。通过比较不难发现,中国虽是调解的故乡,但在通过 ADR 解决国际民商事争议方面,已落后于国际先进水平,甚至在观念上都不够重视。这就需要进一步采取措施,大力倡导、鼓励 ADR 特别是国际商事调解。

---

① 参见中国国际贸易促进委员会/中国国际商会调解中心:《中国商事调解理论与实务》,中国民主法制出版社 2002 年版,第 184 页。

欧盟民商事管辖权规则的嬗变

——从《布鲁塞尔公约》到《布鲁塞尔条例》*

从1952年欧洲煤钢共同体建立到2004年5月波兰等10国的加入,欧盟已走过了半个多世纪的风雨历程。其间,欧盟不仅在经济一体化上取得了举世瞩目的成就,而且在国际私法的统一化尤其是民商事管辖权规则的统一化方面也卓有成效,从1968年《关于民商事管辖权及判决执行公约》(以下简称《布鲁塞尔公约》)的签署到2000年《布鲁塞尔条例》的颁布,形成了自己一套独特的国际民商事管辖权规则体系,为全世界树立了榜样。

一、1968年《布鲁塞尔公约》的管辖权规则

(一)《布鲁塞尔公约》的制定与发展

为了加强对欧洲共同体领域内居民的法律保护,并统一各成员国的国际民商事管辖权规则,1968年9月27日比利时、德国、法国、意大利、卢森堡、荷兰6国在布鲁塞尔签署了《布鲁塞尔公约》。《布鲁塞尔公约》于1973年2月1日生效后,由于不断有新成员国加入欧洲共同体,新加入的成员国与原成员国又陆续缔结了《1978年加入公约》《1982年加入公约》《1989年加入公

---

* 与邹国勇(武汉大学法学博士,武汉大学国际法研究所副教授)合作撰写,本文原载于《东岳论丛》2006年第5期。

约》《1996年加入公约》,[①]并形成了《布鲁塞尔公约》的1968年、1978年、1982年、1989年和1996年5个文本。除了《1978年加入公约》增加了海事法方面的规定、《1989年加入公约》将劳动合同争议纳入公约调整范围并简化了住所管辖权规则外,其他加入公约仅作了一些技术上的变动,并未改变公约的基本框架。1988年9月16日欧洲经济共同体当时的12个成员国[②]与欧洲自由贸易联盟(European Free Trade Association,EFTA)的6个成员国[③]在洛迦诺缔结了内容与《布鲁塞尔公约》基本一致的《洛迦诺公约》,使《布鲁塞尔公约》延伸适用于欧洲自由贸易区国家。

(二)《布鲁塞尔公约》的主要管辖权规则

《布鲁塞尔公约》的原始文本由序言、正文和附加议定书组成。正文第2章(第2~24条)是该公约的核心,规定了成员国法院的直接管辖权问题,为各国法院确定管辖权提供了法律依据。直接国际管辖权,被李浩培教授称为"直接国际裁判管辖权"(direct international jurisdictional competence),他认为这种管辖权规定涉外民商事案件的裁判任务在各国之间的分配,而间接国际裁判管辖权是指一国法院在承认或执行他国法院的判决时,根据该国法决定该他国是否有权对案件做出裁判的那种裁判管辖权。[④] 该公约规定的直接国际管辖权包括一般管辖权、特别管辖权、专属管辖、协议管辖等,并对管辖权的审查、未决诉讼以及临时措施等进行了规定。

1. 一般管辖权

在国际民事诉讼中,一般管辖是最基本、最普遍的管辖制度,在德国被称为"普通审判籍"(allgemeiner Gerichtsstand)。一般管辖权通常由被告住所地法院行使。该公约第2~4条将被告的住所作为行使一般管辖权的主要依据,并对

---

① 《布鲁塞尔公约》的4个加入公约分别是1978年10月9日的《关于丹麦王国、爱尔兰和大不列颠及北爱尔兰联合王国加入〈民商事管辖权和判决执行公约〉及其议定书以及卢森堡议定书的公约》(简称《1978年加入公约》)、1982年10月25日《关于希腊加入〈民商事管辖权和判决执行公约〉及其议定书以及卢森堡议定书的公约》(简称《1982年加入公约》)、1989年5月26日《关于西班牙王国和葡萄牙加入〈民商事管辖权和判决执行公约〉及其议定书以及卢森堡议定书的公约》(简称《1989年加入公约》)和1996年11月29日《关于奥地利、芬兰和瑞典王国加入〈民商事管辖权和判决执行公约〉及其议定书和卢森堡议定书的公约》(简称《1996年加入公约》)。

② 当时的欧洲经济共同体12个成员国分别是,比利时、德国、法国、意大利、卢森堡、荷兰、英国、丹麦、爱尔兰、希腊、葡萄牙、西班牙。

③ 欧洲自由贸易协会的6个成员国是,奥地利、芬兰、冰岛、挪威、瑞典、瑞士。

④ 李浩培:《国际民事程序法概论》,法律出版社1996年版,第44页、第85页。

此作了3个原则性规定:

(1)根据《布鲁塞尔公约》第2条规定,凡在该公约的一个缔约国境内有住所者,该缔约国法院就对他具有一般的国际管辖权,从而任何人都可以在该缔约国法院对他起诉;至于究竟该缔约国内的哪一个法院有权受理该案,由该缔约国的国内法决定。该条规定采取了国际民事诉讼法上的原告就被告并以被告的住所地作为决定管辖权的原则。

(2)根据《布鲁塞尔公约》第3条第1款,凡在该公约的一个缔约国境内有住所者,另一个缔约国法院只有在依该公约规定对他具有直接国际管辖权的情况下,才能对他行使这种管辖权,因而,各缔约国国内法上与该公约相抵触的一些直接国际管辖权规则都不能适用。该公约第3条第2款还特别指明:各缔约国国内法中有些“过度裁判管辖权”(Exorbitanter Gerichtsstand)①规则对在缔约国境内有住所者不能适用。

(3)《布鲁塞尔公约》第4条规定,如果被告在共同体境内没有住所,即在任何缔约国境内都没有住所,每个缔约国所实施的直接国际管辖权规则,包括“过度裁判管辖权”在内,都对其适用。该条款被有些学者称为“无原则的沙文主义”。②

2. 特别管辖权

所谓特别管辖权,是指由于诉讼标的具有特殊性,而可以由被告住所地以外的其他法院行使管辖权。《布鲁塞尔公约》第5条、第6条和第6a条对一般合同事项的特别管辖权、特别诉讼(包括共同被告、第三人诉讼、反请求和有关合同的合并诉讼)以及船舶的责任诉讼的特别管辖权做了规定。根据《布鲁塞尔公约》第5条,对下列7类事项提起的诉讼,住所在一个缔约国境内者,除了可以由该缔约国法院管辖以外,还可以由另一个缔约国法院管辖。

(1)对于有关合同③的事项,可以由合同债务履行地法院管辖;对于雇佣合同,可以由受雇者惯常工作地法院管辖;受雇者在多个国家惯常工作时,由该受雇者被雇用的营业所所在地法院管辖。

---

① 所谓的“过度裁判管辖权”,是指一国对之没有相当关系的事件所行使的管辖权。例如,德国《民事诉讼法》第23条规定:“关于对在德国无住所者的财产法上请求的诉讼,该人的财产所在地法院或者诉讼标的物所在地法院有裁判管辖权……”

② See I. F. Fletcher, *Conflict of Laws and European Community Law* 121(1982).

③ 这里“有关合同的事项”是指公法性质的合同和婚姻合同、公约第7~12a条规定的保险合同、第13~15条规定的消费者合同和第6条第1款规定的不动产租赁合同以外的一般合同事项。

(2)对于扶养事项,可以由被扶养者住所地或者惯常居所地法院管辖;在该事项附随于人的身份诉讼的情况下,也可以由依照法院地法对该身份诉讼有管辖权的那个法院管辖,但如果该管辖权仅仅以一方当事人的国籍作为根据时除外。

(3)对于侵权或准侵权事项,可以由损害事实发生地法院管辖。

(4)基于刑事诉讼行为提起的关于损害赔偿或者归还财产的民事请求,可以由受理刑事诉讼的那个法院管辖,但以该法院依照法院地法有权受理该种民事诉讼为限。

(5)从主事务所在一个缔约国境内的一个公司的分支机构、代理处或者其他营业所的经营发生的争端,也可以由该分支机构、代理处或者其他营业所所在地法院管辖。

(6)信托的设定人、受托人或者受益人可以由信托住所地缔约国法院管辖。

(7)因救助船舶、货物或运费而要求支付报酬所发生的争端,可以在下列法院被诉:①命令扣押该船舶、货物或运费以保证该支付的法院;②可以命令扣押该船舶、货物或运费,但因向其提供保证金或者其他担保而未命令扣押的法院,但以原告主张被告对该船舶、货物或运费具有利益或者在救助时具有利益的情形为限。

《布鲁塞尔公约》除了为上述事项规定了特别管辖权以外,为了保护保单持有人和消费者的合法权益,使其在管辖权问题上处于有利地位,《布鲁塞尔公约》第 7 ~ 12 条、第 13 ~ 15 条还分别就保险合同和消费者合同规定了特别的管辖权规则。

3. 专属管辖权

由于专属管辖权在确保一国安全乃至利益方面有着重要作用,各国通常都对本国法院行使专属管辖权的事项有所规定。《布鲁塞尔公约》第 16 条也确认了专属管辖制度,对 5 类事项规定由特定法院或特定成员国的法院行使管辖权,而不管住所位于何处:

(1)诉讼标的为不动产物权或者租赁时,由财产所在地的缔约国法院专属管辖;①

---

① 根据欧洲法院的判例,以下几种事项不属于《布鲁塞尔公约》第 16 条第 1 款所指的“不动产物权或租赁”的范围:(1)有关在用益权租赁下承租由出租人租来的不动产上经营的零售业的协议的请求;(2)仅与财产租赁间接有关的恢复旅行费用或补偿假日娱乐损失的请求;(3)由债权人提起的宣称债务人欺诈地对其做出不动产所有权的处置应对债权人无效的诉讼;(4)为声明不动产持有人是受信托人的诉讼;(5)在所有权的转移宣告无效后,要求对不动产的使用予以补偿的诉讼。

(2)诉讼标的如果是公司、其他法人或者自然人或法人的组合的组成、无效或者解散,由公司、法人或者组合的事务所所在地的缔约国法院专属管辖;

(3)诉讼标的如果是公设登记簿上登记的是否有效或者其效果的问题,由公设登记簿设置地的缔约国法院专属管辖;

(4)有关专利、商标、图案或其他须存放或登记的类似权利的登记或有效的诉讼,由存放或登记申请地、举行地或者依国际公约的条款被视为举行地的缔约国法院专属管辖;

(5)有关执行裁决的诉讼,由已执行或将执行该裁决的缔约国法院专属管辖。

4. 协议管辖

协议管辖,即双方当事人在争议发生前后约定由某一特定法院对他们之间的争议进行审理的管辖制度。当今世界各国几乎都普遍承认协议管辖制度,《布鲁塞尔公约》第 17 条也允许当事人以明示的协议选择处理其纠纷的主管法院,但要求该协议是书面的或者以书面证明的,或者按照国际贸易或商业中的习惯形式,而且该协议限于当事人之间的特定法律关系,不能与公约有关保险合同或消费者合同的规定相抵触,也不能违背公约的专属管辖权规则。

5. 对管辖权的审查

为了确保公约关于直接国际管辖权的规定得到贯彻执行,该公约第 19 条规定,各缔约国法院受理案件时,应依职权调查其他缔约国法院依该公约是否对该案件具有专属管辖权;如果答案是肯定的,则应宣告自己对该案件没有直接国际管辖权。

(三)对《布鲁塞尔公约》的简短评价

在管辖权方面,《布鲁塞尔公约》作为欧盟国际私法统一化进程中的"第一代"国际私法公约,为欧洲共同体各国法院制定了统一的直接国际管辖权规则,建立了一种事实上自动执行的、崭新的、标准化的程序,使法律更具有确定性,避免了歧视和不公,[①]为欧洲民事诉讼法的统一奠定了基础,是欧盟国际私法统一化的杰出成就,在欧洲民事诉讼法发展史上是一个重要进步。[②]

---

① See Alan Dashwood, *A Guide to the Civil Jurisdiction and Judgments Convention* 5(1987).

② Haimo Schack, *Internationales Zivilprozeßrecht: ein Studienbuch*(3. Auflage, 2002), S. 35.

二、2000 年《布鲁塞尔条例》的管辖权规则

(一)《布鲁塞尔条例》的制定

《布鲁塞尔公约》生效后,欧盟内部的经济关系发生了巨大变化,科技有了飞跃发展,新的商务活动方式不断涌现,使《布鲁塞尔公约》的某些规定已不能完全适应时代的发展要求,对其进行修订势在必行。1996 年,奥地利和芬兰代表团在进行《1996 年加入公约》的缔约谈判时就提出了具体的修改建议,同时,《洛迦诺公约》常设委员会也表达了修订《布鲁塞尔公约》的愿望。[①]

与此同时,欧盟也在不断发展中。1992 年签署的《欧盟条约》第 2 条确立了将联盟建设成为自由、安全和司法的区域的目标,要求在确保人员自由流动的同时,保证诉讼当事人在该区域能够自由主张其权利,使其能享受像在其本国法院诉讼那样的便利。这一目标的实现,有赖于在欧盟内部就跨境民商事案件确立清晰明确的管辖权规则,并简化和加速民商事判决的承认与执行程序。1999 年生效的《阿姆斯特丹条约》修改了《欧盟条约》有关国际私法统一事项的有关条款,扩大了欧洲共同体在民事司法合作领域的立法权。2000 年 12 月 22 日欧盟理事会在《布鲁塞尔公约》的基础上通过了《关于民商事管辖权及判决的承认与执行的第 44/2001 号条例》,[②]简称《布鲁塞尔条例》或者《布鲁塞尔条例 I》。《布鲁塞尔条例》由前言、正文和 6 个附件组成,其中正文包括 8 章 76 条,在调整范围上与《布鲁塞尔公约》保持了一致,在内容上也基本采纳了《布鲁塞尔公约》的体系,但删除了《布鲁塞尔公约》有些不合时宜的规定。

(二)《布鲁塞尔条例》对《布鲁塞尔公约》管辖权规则的修订和更新

在民商事管辖权规则方面,《布鲁塞尔条例》对《布鲁塞尔公约》进行了不少修订和更新,主要表现在以下几个方面。[③]

1. 规定了合同债务履行地的自治定义。根据《布鲁塞尔公约》第 5 条第 1 款有关合同事项的特别管辖权规则,除被告住所地法院外,合同债务履行地法

---

① Abbo Junker, Vom Brüsseler Übereinkommen zur Brüsseler Verordnung-Wandlungen des Internationalen Zivilprozessrechts, RIW 2002, Heft 8, S. 570.

② Verordnung (EG) Nr. 44/2001 des Rates über die gerichtliche Zuständigkeit und die Anerkennung und Vollstreckung von Entscheidungen in Zivil-und Handelssachen vom 22. Dezember 2000, ABl. EG 2001, Nr. L 12, S. 1.

③ 参见郭玉军、向在胜:《欧盟〈民商事管辖权及判决承认与执行条例〉介评》,载《法学评论》2002 年第 2 期。

院也可行使管辖权。根据欧洲法院的解释,"履行地"的确定由成员国法院根据其本国的冲突规范来选择应适用的法律,进而判断合同履行地。这样,不仅使"履行地"的确定失去了必要的统一性和明确性,而且还可能加剧管辖权的冲突。《布鲁塞尔条例》第 5 条第 1 款(a)项虽然保留了原来的规定,但在(b)项分别为货物买卖和提供服务这两种情形的债务履行地进行了自治定义:就货物买卖而言,履行地为成员国国内货物被交付或应被交付地;就服务提供而言,履行地为成员国内服务被提供或应被提供地。如果双方当事人对债务履行地有明确的约定,则应从其约定。这样,《布鲁塞尔条例》就为确定合同履行地提供了明确统一的标准。

2. 保留了《布鲁塞尔公约》关于自然人住所的定义,并为公司或其他法人的住所规定了自治定义。《布鲁塞尔条例》第 60 条将法定住所地、管理中心地或主要营业地作为确定法人住所的 3 个可选标准,从而代替了过去援引法院地国冲突规范的做法,避免了有关法人管辖权的冲突。

3. 在保险合同的管辖权方面,《布鲁塞尔条例》第 9 条第 1 款允许被保险人和受益人像投保人一样,可以在其住所地法院起诉保险人,将起诉权延伸到被保险人和受益人,而《布鲁塞尔公约》仅规定投保人可以在其住所地法院起诉保险人。

4. 鉴于现代通信方式的发展和消费者保护的必要性,《布鲁塞尔条例》第 15 条扩大了消费者合同管辖权例外规则的适用范围,使消费者在其住所地法院起诉的范围扩展到电子商务。在合同的书面形式方面,该条例第 23 条第 2 款规定:通过电子通信方式签订的法院选择条款符合"书面或以书面证明"的要求。就合同事项而言,《布鲁塞尔公约》第 2 条所确立的一般管辖权规则允许被告住所地法院行使管辖权,而该公约第 5 条第 1 款所确立的特殊管辖权规则规定合同履行地法院也有权管辖,但该公约第 14 条又为消费者合同制定了一条例外规则,允许消费者在一定条件下选择在其住所地或者企业住所地法院起诉企业。《布鲁塞尔条例》保留了一般管辖权规则和特殊管辖权规则,并在第 15 条改变了公约确立的例外规则,如果"该合同是在消费者所居住的成员国与从事贸易或营利活动的当事人签订,或者,该当事人通过任何方式针对该成员国或者针对包括该成员国的几个国家从事上述活动,而且该合同也属于这些活动的范围",则允许消费者选择法院起诉企业。

5. 将《布鲁塞尔公约》有关个人雇佣合同的管辖权规则进行了重新组合。《布鲁塞尔条例》第 2 章第 5 节(第 18 ~ 21 条)第 19 条、第 20 条和第 21 条分别就雇佣人的被诉、受雇人的被诉以及雇佣合同中管辖权协议的效力作了规定。尤其值得注意的是《布鲁塞尔条例》第 18 条第 2 款,根据该条款,尽管雇佣人住所不在成员国境内,但如果其在某成员国设有分支机构、代理机构或者其他机构,而且有关争议产生于这些机构的活动,则该雇佣人将被视为居住于该成员国。

6. 规定了法院受案时间的自治定义。《布鲁塞尔条例》第 30 条[①]通过对法院受案时间的自治定义,填补了《布鲁塞尔公约》的一个漏洞,使未决诉讼问题得到圆满解决。

(三)《布鲁塞尔条例》与《布鲁塞尔公约》的关系

《布鲁塞尔条例》已于 2002 年 3 月 1 日生效,在除丹麦的所有欧洲联盟成员国之间取代了《布鲁塞尔公约》,但并不意味着《布鲁塞尔公约》当然废止。根据《欧洲共同体条约》第 69 条,该条约第四部分"签证、避难、移民和涉及人员自由流动的其他政策"的有关条款不适用于英国、爱尔兰和丹麦,因为这 3 个国家担心将立法权转移给共同体后,导致对移民和避难政策的失控。[②] 但是,根据《关于联合王国和爱尔兰地位的议定书》第 3 条,英国和爱尔兰可以就共同体在民事司法合作领域的立法措施选择加入。在 1999 年 3 月 12 日举行的欧盟理事会司法和内务合作会议上,英国和爱尔兰均表达了与共同体在民事司法合作方面保持完全一致的立场。这样,《布鲁塞尔条例》适用于英国和爱尔兰。但《关于丹麦地位的议定书》并无规定丹麦参与民事司法合作的条款,丹麦也没有表达放弃有关民事司法合作方面立场的意愿。因此,《布鲁塞尔条例》不适用于丹麦。这样,在丹麦和欧盟其他成员国之间,仍适用《布鲁塞尔公约》。

三、《布鲁塞尔公约Ⅱ》和《布鲁塞尔条例Ⅱ》的管辖权规则

(一)《布鲁塞尔公约Ⅱ》

《布鲁塞尔公约》虽然为各成员国规定了统一的管辖权规则,但是,有关婚

---

① 《布鲁塞尔条例》第 30 条规定:"为本节(未决诉讼和相关诉讼)之目的,法院受案时间为:

(1)向法院递交起诉文书和类似文书的时间,前提是原告随后立即采取必要措施向被告送达该文书;或者

(2)如果在递交法院之前先向被告送达了文书,则为送达主管机关收到文书的时间,前提是原告随后立即采取必要措施将文书递交法院。"

② Jürgen Basedow, "The Communitarization of the Conflict of Laws under the Treaty of Amsterdam",37 *Common Market Law Review* 695(2000).

姻和儿童监护诉讼的直接国际管辖权不在该公约的适用范围之列。同时,各国有关婚姻事项和父母亲责任的管辖权规则的差异,在夫妻双方国籍不同时容易引起平行诉讼,导致"跛脚婚姻"(hinkende Ehe),影响家庭关系和继承关系的确定。① 随着欧洲经济一体化的不断深入,这种状况对欧盟公民的日常生活产生了越来越深的影响,不仅不利于人员的自由流动,也影响内部市场的顺畅运转。因而,各成员国有关婚姻和父母亲责任等家庭法事项的管辖权规则也需要统一和协调。1998 年 5 月 28 日欧盟 15 个成员国在布鲁塞尔签署了《关于婚姻事项管辖权及判决的承认与执行公约》,②简称《布鲁塞尔公约Ⅱ》,该公约一共 7 章 50 条,试图将 1968 年《布鲁塞尔公约》的有关规定延伸适用于婚姻事项。该公约的签署,是《欧盟条约》生效后在统一国际私法方面取得的又一重要成果,但因没有成员国批准而未能生效。

(二)《布鲁塞尔条例Ⅱ》的管辖权规则

为了就婚姻事项和父母亲责任事项给欧盟各国制定统一的管辖权和判决的承认与执行规则,挽救《布鲁塞尔公约Ⅱ》陷于无效的命运,2000 年 5 月 29 日欧盟理事会颁布了《关于婚姻事项和夫妻双方对于共同子女的父母亲责任事项的管辖权及判决的承认与执行的第 1347/2000 号条例》。③ 因该条例系由《布鲁塞尔公约Ⅱ》转化而来,因此又称为《布鲁塞尔条例Ⅱ》。《布鲁塞尔条例Ⅱ》已于 2001 年 3 月 1 日生效,由前言、正文和 5 个附件组成,其中,正文一共 6 章 46 条,吸收了《布鲁塞尔公约Ⅱ》的主要内容,并增加了一些有关亲子关系的规定,以确保与《布鲁塞尔条例Ⅰ》的规定保持一致。

《布鲁塞尔条例Ⅱ》第 2 章主要规定了婚姻诉讼和父母亲责任事项的直接国际管辖权问题,同时,对儿童诱拐、反诉、依法别居转化为离婚等事项的管辖权、其他管辖权、对管辖权和诉讼许可的审查等也进行了规定。

1. 婚姻事项的管辖权

对于离婚、依法别居以及宣告婚姻无效等婚姻事项的诉讼,《布鲁塞尔条例

---

① Christian Kohler, Internationales Verfahrensrecht für Ehesachen in der Europäischen Union: Die Verordnung „Brüssel Ⅱ", NJW 2001, Heft 1, S. 10.

② Convention on Jurisdiction and the Recognition and Enforcement of Judgments in Matrimonial Matters, Official Journal C221, 16/07/1998, pp. 2 – 18.

③ Council Regulation (EC) No. 1347/2000 of 29 May 2000 on Jurisdiction and the Recognition and Enforcement of Judgments in Matrimonial Matters and in Matters of Parental Responsibility for Children of Both Spouses, Official Journal L 160, 30/06/2000, p. 19.

Ⅱ》第 2 条确立了由惯常居所地成员国法院以及国籍国或住所地成员国法院管辖的原则。

该条例第 2 条第 1 款第(a)项以惯常居所作为行使直接国际管辖权的依据。根据该条款,对于离婚、依法别居和宣告婚姻无效等事项,由下列成员国的法院管辖:(1)夫妻双方的惯常居所所在的成员国法院;(2)夫妻双方最后的惯常居所,并且夫妻一方目前仍然在此惯常居住的成员国法院;(3)被告惯常居所地的成员国法院;(4)在共同请求诉讼中,夫妻一方的惯常居所地成员国法院;(5)请求人在提起请求之前居住至少满 1 年的惯常居住的成员国法院;(6)诉讼请求人惯常居住的成员国法院,只要夫妻一方在提起诉讼请求之前的至少 6 个月之内曾在该成员国居住,并且为该成员国的国民,或者对于英国和爱尔兰,其住所在该成员国。

该条例第 2 条第 1 款第(b)项以夫妻双方的共同国籍作为婚姻诉讼的另一个可供选择的管辖权依据,对于英国和爱尔兰,则以夫妻双方的共同住所作为行使管辖权的依据。这里的国籍国和住所地国管辖权,与惯常居所地国管辖权之间并没有主次和先后之分,两者为并列的管辖依据,只是出于结构上的考虑才被列为该款的第(b)项。

2. 父母亲责任事项的管辖权

《布鲁塞尔条例Ⅱ》第 3 条以 3 款的篇幅来规定父母亲责任事项的管辖权问题。该条第 1 款规定,对第 2 条所指的婚姻事项做出裁决的成员国法院,如果夫妻双方共同的子女的惯常居所也在该国境内,则该成员国对有关该子女的父母亲责任的所有事项具有裁判管辖权。根据第 2 款,如果子女的惯常居所不在第 1 款所指的成员国境内,而是惯常居住于其他成员国,则第 1 款所指的成员国法院也有管辖权,只要:(1)夫妻至少一方对子女负有父母亲责任;(2)该法院的管辖权已为夫妻双方认可,并且对子女最有利。该条例第 3 款则为父母亲责任事项的管辖权的终止时间进行了限定,它规定:(1)所作出的有关离婚、依法别居和宣告婚姻无效的判决一旦产生法律效力,或者(2)对于在前项所指的时间仍有涉及父母亲责任事项的诉讼尚未完结的情形,一旦在该诉讼作出的判决产生法律效力,或者(3)一旦前两项所指的诉讼因其他原因而终结,则有关父母亲责任事项的管辖权也随即终止。《布鲁塞尔条例Ⅱ》将其适用范围局限于惯常居所在成员国国内的子女的父母亲责任事项,其所规定的对子女监护的直接管辖权非常有限,这种做法避免了与 1996 年《关于父母亲责任和儿童保护措施的管辖权、法律适用、承认、执行与合作的海牙公约》①可能存在的冲突，有利于《布鲁塞尔条例Ⅱ》与该公约的协调。

3. 儿童诱拐、反诉、依法别居转化为离婚等诉讼的管辖权

《布鲁塞尔条例Ⅱ》第4～6条对儿童诱拐、反诉以及依法别居转化为离婚等诉讼的管辖权进行了规定。根据其第4条，对父母亲责任事项有管辖权的法院，也可依据1980年《关于国际性诱拐儿童民事方面的海牙公约》②第3条和第16条行使管辖权。第5条则规定，受理第2～4条所指事项的诉讼的法院，对于反诉也有管辖权，但以该反诉也在该条例适用范围内为限。第6条规定，对于依法别居有权做出裁决的成员国的法院，可以根据该国法律，对将该裁决转化为离婚的裁决行使管辖权。

4. 其他管辖权

《布鲁塞尔条例Ⅱ》第8条规定，对于成员国法院不能根据该条例第2～6条行使管辖权的事项，由各成员国依照本国法确定管辖权。如果被申请人既不惯常居住于某成员国境内，而不是某成员国的国民或者住所不在某成员国境内，则欧盟成员国的任何公民，即使其惯常居住于其他成员国境内，也可像其本国人一样对被申请人援引该国的现行管辖权规则。

5. 对管辖权的审查

根据《布鲁塞尔条例Ⅱ》第9条，受理案件的成员国法院，如果根据该条例无权管辖而应由其他成员国的法院管辖，则应依职权宣告自己无管辖权。

通过对《布鲁塞尔条例Ⅱ》管辖权规则的阐述，我们可以发现，该条例将1968年《布鲁塞尔公约》的直接国际管辖权规则延伸适用于婚姻事项和父母亲责任事项，而以往有关婚姻问题的同类公约通常都局限于判决的承认与执行，只是间接地规定管辖权问题，即被请求承认与执行国法院在承认和执行外国法院判决时对最初法院的管辖权进行审查。因此，对于婚姻事项和父母亲责任事项采用直接管辖权原则无疑是《布鲁塞尔条例Ⅱ》最主要的创新。此外，《布鲁塞尔条例Ⅱ》有关成员国法院直接管辖权的规定，是根据当事人与特定成员国

① Haager Übereinkommen über die Zuständigkeit, das anzuwendende Recht, die Anerkennung, Vollstreckung und Zusammen-arbeit au dem Gebiet der elterlichen Verantwortung und der Maßnahmen zum Schutz von Kindern vom 19. 10. 1996.

② Haager Übereinkommen über die zivilrechtlichen Aspekte internationale Kindesentführung vom 25. Otober 1980.

之间的真实联系,符合客观需要,考虑了有关当事人的利益,体现了该条例管辖权规则的客观性;而且,该条例第 2 ~6 条所确定的各种管辖权根据之间没有等级或先后之分,体现了管辖权规则的可选性。①

四、《布鲁塞尔条例Ⅱa》的管辖权规则

(一)《布鲁塞尔条例Ⅱa》的制定

2000 年 5 月 29 日的《布鲁塞尔条例Ⅱ》,为婚姻事项和夫妻双方共同子女的父母亲责任事项的管辖权和判决的承认与执行制定了统一的规则。然而,在亲子关系方面,该条例只适用于父母对婚生子女的监护权争议,而对非婚生子女或者父母离婚后子女的监护问题并未作出规定。同时,由于父母亲责任与婚姻事项通常有着内在联系,因而,将婚姻事项和父母亲责任事项合并在同一个法律文件中进行规定更合适。为了平等对待所有子女(包括婚生子女、非婚生子女以及父母离婚后的子女),并使包括子女保护措施在内的各种有关父母亲责任的判决得到承认与执行,2003 年 11 月 27 日欧盟理事会颁布了《关于婚姻事项与父母亲责任诉讼的管辖权及判决的承认与执行并废除第 1347/2000 号(欧共体)条例的第 2201/2003 号条例》,②简称《布鲁塞尔条例Ⅱa》。

(二)《布鲁塞尔条例Ⅱa》的管辖权规则

《布鲁塞尔条例Ⅱa》由前言(共 33 项)、正文(7 章 72 条)和 6 个附件组成。正文第 2 章一共 3 节,主要规定婚姻事项和父母亲责任诉讼的管辖权问题。第 1 节(第 3 ~7 条)规定了离婚、依法别居或者宣告婚姻无效等婚姻事项的管辖权规则,基本上采纳了《布鲁塞尔条例Ⅱ》的有关规定,并根据需要作了条文结构上的调整;第 3 节(第 16 ~20 条)为共同条款,规定法院受理、对管辖权和许可性的审查、未决诉讼和关联诉讼以及包括保护性措施在内的临时措施等事项,与《布鲁塞尔条例Ⅱ》的有关规定基本相同。相对《布鲁塞尔条例Ⅱ》而言,《布鲁塞尔条例Ⅱa》在第 2 章第 2 节对各种亲子关系(包括婚生子女、非婚生子女和父母离婚后的子女)中父母亲责任诉讼的管辖权规则进行了详细规定,下

---

① 参见杜志华:《欧盟统一国际私法的最新发展——〈婚姻事项管辖权及判决的承认与执行公约〉简析》,载《法学评论》2001 年第 6 期。

② Verordnung(EG) Nr. 2201/2003 des Rates vom 27. November. 2003 über die Zuständigkeit und die Anerkennung und Vollstreckung von Entscheidungen in Ehesachen und in Verfahren betreffend die elterliche Verantwortung und zur Aufhebung der Verordnung(EG) Nr. 1347/2000, ABl. der EU L 338 vom 23. 12. 2003, SS. 1 – 29.

文将作具体论述。

1. 一般管辖

对于亲子关系中父母亲责任的诉讼,《布鲁塞尔条例Ⅱa》确立了以子女的惯常居所为管辖依据的原则。该条例第8条规定,对于父母亲责任诉讼,原则上由子女的惯常居所地成员国法院管辖。子女的惯常居所发生变化的,原则上由新惯常居所地成员国法院管辖。但是,为了变更探视权,《布鲁塞尔条例Ⅱa》第9条仍规定,原惯常居所地成员国法院在子女移居后仍保留3个月的管辖权,但享有探视权的父母一方对管辖权未提出异议,并以参与诉讼的方式接受子女的新惯常居所地成员国法院管辖的除外。除了子女的惯常居所外,该条例第13条还将子女的逗留地作为辅助的管辖依据,该条规定,如果子女的惯常居所不能确定,受理该子女父母婚姻事项的法院也没有管辖权,则由该子女的逗留地成员国法院管辖。

发生子女诱拐时,根据该条例第10条,子女在被非法带走或滞留之前的惯常居所地成员国法院仍保留有管辖权。对于返还被诱拐的子女事项的管辖权,该条例第11条指引适用1980年《关于国际性诱拐儿童民事方面的海牙公约》第12条及以下各条的管辖权规则,并对该公约规定进行了补充,使《布鲁塞尔条例Ⅱa》与该公约的管辖权规则协调一致。

2. 协议管辖

除了子女的惯常居所地成员国法院之外,根据《布鲁塞尔条例Ⅱa》第12条第1款规定,受理该子女的父母的婚姻事项的成员国法院,对于与婚姻事项相关的父母亲责任诉讼也有管辖权,但要满足两个条件:(1)夫妻至少有一方对子女负有父母亲责任;(2)法院受理该案件时,法院的管辖权已为夫妻双方或者父母亲责任的承担者所接受,并且更符合子女的利益。根据该条例第12条第3款规定,如果父母亲责任的诉讼与婚姻事项无关,但子女与某成员国有实质性联系,例如,该子女具有该国国籍、父母亲责任的承担者之一的惯常居所在该国境内,当事人也明示或以其他方式接受该成员国法院的管辖权,并且最符合子女的利益的,则该成员国法院也可行使管辖权。

3. 其他管辖权

《布鲁塞尔条例Ⅱa》第14条规定,如果成员国法院不能根据该条例的上述规则行使管辖权的,则由各成员国根据其国内法确定管辖权。

4. 移送管辖

根据《布鲁塞尔条例Ⅱa》第15条,对案件具有管辖权的法院,如果认为另一成员国是子女现在的或以前的惯常居所地国、国籍国、财产所在地国或者是父母亲责任承担者一方的惯常居所地国,使得该另一国法院与子女具有特别联系并且最符合该子女的利益,从而更适合审理该案的,应中止审理并要求当事人根据有关条款向该另一成员国法院起诉或者主动请求该另一成员国法院管辖,如果该法院在一定期限内未受理案件的,则以前受理案件的成员国法院仍可根据《布鲁塞尔条例Ⅱa》的有关规定继续管辖。

五、欧盟民商事管辖权规则的发展趋势

综上所述,在欧洲联盟内,国际民商事管辖权规则经历了从《布鲁塞尔公约》到《布鲁塞尔条例》《布鲁塞尔条例Ⅱ》《布鲁塞尔条例Ⅱa》嬗变过程。在这个过程中,欧盟的民商事管辖权规则得到不断的发展和完善,在联盟层面上为各成员国法院行使管辖权提供了统一的规则,为各国加强司法合作奠定了基础。综观从 1968 年《布鲁塞尔公约》到 2003 年《布鲁塞尔条例Ⅱa》30 多年的发展历程,我们不难发现欧盟民商事管辖权规则具有以下三个发展趋势。

(一)直接国际管辖权制度从一般民商事领域延伸至特殊民商事领域

自《布鲁塞尔公约》开始,欧盟就采取直接国际管辖权制度,各成员国可直接根据公约的规定行使管辖权,而不用在承认或执行外国法院的判决时根据本国法律或者国际公约的规定对外国法院的管辖权进行审查,这种管辖权制度的优点是将合法的管辖依据明确化,并可直接指导受理案件的法院行使管辖权,使法律更具有可预见性和稳定性。《布鲁塞尔条例》则进一步确认了这种直接国际管辖权制度。欧盟还通过《布鲁塞尔条例Ⅱ》、《关于破产程序的第 1346/2000 号条例》①以及《布鲁塞尔条例Ⅱa》,将直接国际管辖权制度从一般性的民商事领域扩展到婚姻家庭、破产程序和电子商务等特殊或新兴的民商事领域,从而构成了一个国际民商事管辖权规则体系。不仅如此,欧洲法院在长期的司法实践和对欧盟有关公约的解释过程中,解决了成员国对公约解释的歧异,有效地保证了欧盟法的顺利实施,并通过大量的判例对欧盟理事会立法起到了指导作用,使欧盟理事会颁布的条例更符合欧盟民商事关系日益复杂化的需要,

---

① 《关于破产程序的第 1346/2000 号条例》是欧盟在破产程序的国际私法统一化方面取得的重要成果。根据该条例第 3 条第 1 款,债务人的主要利益中心所在的成员国法院对主要破产程序享有管辖权,从而确立了以债务人的主要利益中心地作为开始主要破产程序的管辖依据。

更具有客观性。①

（二）在管辖权领域引入多种连结点

通过以上对《布鲁塞尔公约》《布鲁塞尔条例》《布鲁塞尔条例Ⅱ》《布鲁塞尔条例Ⅱa》的管辖权规则的考察，我们还可以发现，欧盟在管辖权领域不再仅以国籍为管辖依据，而更多地采用住所和惯常居所等为确定管辖权的连结点。在国籍、住所和惯常居所等多个连结点之间，并没有先后、主次之分，均为可供选择的管辖依据。尤其是“惯常居所”这个连结点，得到越来越多的使用，并被作为决定婚姻事项管辖权的主要依据。例如，根据《布鲁塞尔条例Ⅱ》第2条第1款第(a)项规定，对于离婚、依法别居以及宣告婚姻无效等婚姻事项的诉讼，夫妻双方的惯常居所地、夫妻双方最后的惯常居所地、被告惯常居所地、夫妻一方的惯常居所地、请求人在提起请求之前居住至少满1年的惯常居住地等所在的成员国的法院均有管辖权。“惯常居所”这个连结点之所以在国际民商事管辖权规则中得到认可：一方面，是因为惯常居所地法院更容易了解案件事实，做出有利于子女等弱方当事人的判决；另一方面，是受到海牙国际私法会议频繁使用该连结点的影响。将惯常居所这个连结点引入管辖权领域，反映了欧盟对海牙国际私法会议的最新成果的积极接受，也体现了欧盟国际私法对国际私法新理论、新观念的积极态度，②符合当代国际私法对于法律的稳定性与灵活性相结合的要求。③

（三）管辖权规则在立法形式上从公约转变为条例，强化了欧盟法的直接效力

自《阿姆斯特丹条约》1999年生效以来，欧盟理事会通过将《布鲁塞尔公约》和1995年《欧盟破产程序公约》、1998年《布鲁塞尔公约Ⅱ》转化为相应的条例，实现了从成员国谈判缔约立法到欧共体直接立法的转变，在学术上被称为“共同体化”(Vergemeinschaftung, Communitarization)。④ 这种转变的出现，一

---

① 参见罗剑雯：《欧盟民商事管辖权比较研究》，法律出版社2003年版，第210页及以下。

② 参见韩德培、刘卫翔：《欧盟国际私法的特征和发展前景》，载《武汉大学学报（哲学社会科学版）》1999年第1期。

③ Jan Kropholler, Internationales Privatrecht einschließlich der Grundbegriffe des Internationalen Zivilverfahrensrechts (5. Auflage, 2004), S. 383.

④ Jürgen Basedow, "The Communitarization of the Conflict of Laws under the treaty of Amsterdam", 37 *Common Market Law Review* 687 – 708 (2000); Heinz-Peter Mansel (Hrsg.), Vergemeinschaftung des Europäischen Kollisionsrechts (2001).

方面,是因为欧盟在国际私法统一化过程中,饱受成员国谈判缔约之苦与等待批准之累。以《布鲁塞尔公约》为例,一有新成员国加入欧共体,该新成员国加入《布鲁塞尔公约》就要与原缔约国缔结一个新的加入公约,并且对原公约进行相应的调整。而且,公约的生效还需要得到成员国的批准,1998 年签署的《布鲁塞尔公约Ⅱ》就因未能获得成员国的批准而成为一纸空文。随着欧盟成员国的不断增加,采用缔结公约的立法方式就越来越复杂、耗时费神,日益不合时宜。另一方面,尽管《布鲁塞尔公约》《布鲁塞尔条例》《布鲁塞尔公约Ⅱ》《布鲁塞尔条例Ⅱ》这些法律文件在调整对象和管辖权规则上基本一致,但从公约到条例这种形式上的转变却导致了法律效力上的变化。《布鲁塞尔公约》《欧盟破产程序公约》《布鲁塞尔公约Ⅱ》属于国际条约,在成员国的效力取决于各国国内法的规定。而欧盟理事会颁布的《布鲁塞尔条例》《布鲁塞尔条例Ⅱ》《布鲁塞尔条例Ⅱa》却属于派生性的共同体法,具有直接适用的效力和普遍约束力。根据《欧洲共同体条约》第 249 条第 2 款,条例"在各方面都具有拘束力,并直接在各成员国适用",而不需要各成员国立法机关的转化。在与成员国的国内法发生冲突时,"条例"作为欧洲共同体法的一部分,具有效力上的优先性,即使国内法在条例生效后所制定,也不例外。① 总之,欧盟在民商事管辖权方面的一系列立法转变,表明欧盟法的直接效力得到进一步强化,欧盟法也进入一个新的历史发展阶段。

---

① Christian Kohler, Vom EuGVÜ zur EuGVV: Grenzen und Konsequenzen der Vergemeinschaftung, in: Festschrift für Reinhold Geimer zum 65. Geburtstag (2002), SS. 462 – 463.

体育争议与体育仲裁初探*

随着世界经济和社会的不断发展，体育运动更加大众化、商业化和全球化，各种各样的体育争议也越来越多。如何公正、快捷、高效地解决体育争议已广受体育界、法律界、传媒和公众的关注。

一、体育争议与体育争议的解决

（一）体育争议及其特性

今天，由于商业介入、传媒介入、公众关注，科技进步以及运动员和体育组织的权益意识的增强等因素，体育争议不仅数量越来越多，而且涉及面越来越广、案情越来越复杂。

所谓体育争议，就是与体育有关的争议（sports-related disputes），或者说与体育活动有关的争议。根据其性质，体育争议分别为两类：一类是与体育有关的商事争议，如与体育有关的赞助合同争议、电视转播权合同争议；另一类是与体育有关的纪律性或者技术性争议，或者说涉及体育组织的决定的争议，如涉及运动员服用兴奋剂的争议、运动员参赛资格的争议。

也有学者将体育争议分为如下四类。

第一类是与体育有关的纯商业性争议，如赞助体育

---

* 本文原载于《明德集——端木正教授八十五华诞祝寿文集》，北京大学出版社2005年版，第328～343页。

比赛、租借体育场地而产生的争议。

第二类是体育组织和其成员之间的争议,如职业体育俱乐部同与其签约的运动员之间的争议。

第三类是体育组织之间以及体育组织上下级机构之间就权力问题、处罚问题等产生的争议,如两个体育协会对同一体育项目都主张有管辖权的争议、上级体育组织对下级体育组织处罚的争议。

第四类是体育组织对有关运动员因归违规违纪予以处罚而产生的争议,如运动员因服用兴奋剂而被体育组织禁赛引起的争议。①

当然,根据其他一些标准,体育争议还可以进一步分类。譬如,根据体育争议是否含有国际因素,我们可以将体育争议分为国际体育争议(或者叫跨国体育争议)和纯国内体育争议。前者如一国职业体育俱乐部雇佣外国运动员所产生的争议、一国公司赞助另一国的体育比赛所产生的争议、国际体育组织对其下属成员处分而产生的争议等。体育运动的全球化使国际体育争议和纯国内体育争议的界限越来越模糊。另外,根据体育争议发生的场所,我们可以将体育争议分为体育场内争议和体育场外争议。

由于体育本身的特殊性,体育争议不同于一般的民商事争议,它有自身的特性。首先是它的行业性。体育行业是自成一体的行业,也是一个正在迈向国内国际一体化,业余职业统一化的行业,其自治性很强,行业特色鲜明。这也决定了体育争议的行业特色鲜明。其次是争议性质的混合性。体育争议不限于商事争议,还包括非商事的体育行业争议,但这并不等于说非商事的体育行业争议与体育的商业化没有联系。再次是它的公开性。体育运动的大众化导致体育争议备受传媒和公众的关注,传媒和公众不仅非常关注体育争议的产生与发展,而且往往非常关注体育争议的处理结果。最后是争议解决的急迫性。在体育运动中,一方面,体育竞赛的时间性很强,运动员错过时间或机会几乎难于弥补;另一方面,运动员的运动生命一般说来很短暂,十分有限。因此,体育争议一旦产生,必须尽快加以解决。

(二)体育争议的解决机制

根据体育争议是在体育组织内部解决还是在外部解决,体育争议的解决机制可以分为体育组织内部解决机制和体育组织外部解决机制:前者如通过体育

① 参见黄世席:《国际体育仲裁制度研究》,武汉大学 2004 年博士学位论文,第 1 章第 1 节。

组织内部设立的纪律委员会、上诉委员会、调解组织和仲裁机构等解决体育争议,后者如通过体育组织外部的调解组织、仲裁机构和法院解决体育争议。

根据解决体育争议的机构是国内机构还是国际机构,体育争议的解决机制可以分为体育争议国内解决机制和体育争议国际解决机制,前者如美国仲裁协会(AAA)对体育争议的解决,后者如欧洲法院对"Union Royale Belge des Societes de Football Association v. Jean-Marc Bosman"一案①的处理。

当然,根据体育争议的解决是否有第三者介入,体育争议的解决机制可以分为争议当事人自济解决机制和第三者介入解决机制,前者如争议当事人自行和解,而其他争议解决机制均为第三者介入解决机制。

总体而言,体育争议的外部解决方式有:和解、调解、仲裁、其他 ADR 方式、诉讼。而最普遍适用的是和解、调解和仲裁。要注意的是,除仲裁外,其他 ADR 方式不适用于有关纪律问题的争议的解决。

二、体育仲裁与体育仲裁院

体育仲裁是最近 20 多年逐渐发展起来的。随着体育争议日益增多,体育仲裁业务在西方发达国家的仲裁行业中可谓蒸蒸日上。在体育仲裁的发展过程中,体育仲裁院(Court of Arbitration for Sport,CAS)的成立与发展对国际上体育仲裁的不断发展发挥了重要的推动作用,它是体育仲裁的最重要的代表。下面,我们以体育仲裁院为例来讨论体育仲裁。

(一)体育仲裁院的产生与发展

面对体育纠纷的日益增多,在前国际奥委会主席萨马兰奇的推动下,体育仲裁院于 1984 年在瑞士洛桑正式设立。

体育仲裁院是一个独立的解决与体育有关的争议的仲裁机构,总部设在瑞士的洛桑。到目前为止,它的发展经历了两个阶段。

第一阶段从 1984 年至 1994 年。当时,体育仲裁院虽为独立的体育仲裁机构,但体育仲裁院的主席要由国际奥委会主席任命,国际奥委会承担体育仲裁院的运行费用,并负责体育仲裁院的行政管理及监督。在这一阶段,体育仲裁院实际上是国际奥委会的一个下属组织。

第二阶段从 1994 年至今。如前所述,1994 年以前,体育仲裁院实际上依附

---

① See Case C – 415/93, Union Royale Belge des Societes de Football Association v. Jean-Marc Bosman, 1995 E. C. R. I – 4921, I – 5046, 1 C. M. L. R. 645(1996).

于国际奥委会,在这种情况下,如果体育争议涉及国际奥委会,并把该争议交由体育仲裁院进行仲裁,那么,体育仲裁院仲裁的独立性和公正性必受质疑。1993 年瑞士联邦最高法院在对德国骑士甘德尔(Gundel)因其马匹尿样中含有禁用物质而被处以禁赛的上诉的判决中表明了这种观点。在该案中,一次赛后的尿检显示,甘德尔的马匹的尿样中含有禁用物质,国际马术联合会法律委员会决定取消甘德尔及其马匹的参赛资格,而且对甘德尔给以在 3 个月内禁止参加国际马术比赛的处罚。在被国际马术联合会禁赛后,甘德尔根据国际马术联合会章程的规定将该决定上诉到体育仲裁院。在审理后仲裁庭认为,马匹尿样中含有禁用物质是毋庸置疑的,负有疏忽责任的当事人并没有采取足够的预防措施以阻止其马匹在比赛前的数周以及在比赛期间服用禁用物质,因此,仲裁庭维持国际马术联合会对甘德尔及其马匹禁赛的决定,但将禁止其参加国际马术比赛的 3 个月的处罚减少为 1 个月,外加 1000 瑞士法郎的罚金。[①] 由于对该仲裁裁决不满意,甘德尔随后试图根据瑞士法来推翻体育仲裁院的裁决,便就该仲裁裁决向瑞士联邦法院提起了公法上的上诉。上诉人质疑体育仲裁院存在的合法性以及管辖权,对体育仲裁院独立于国际马术联合会表示怀疑。瑞士联邦法院第一民庭于 1993 年 6 月 18 日作出判决,驳回了针对国际马术联合会和体育仲裁院仲裁裁决的上诉。瑞士联邦法院驳回甘德尔请求的理由是,体育仲裁院不是国际马术联合会的机构,它不接受该联合会的任何指示,具有其足够的自治性。瑞士联邦法院还肯定体育仲裁院是一个独立的并且能够对产生于体育运动中的体育争议具有管辖权的仲裁组织。然而,该法院的判决也注意到了体育仲裁院与国际奥委会之间存在的诸多联系:体育仲裁院几乎由国际奥委会独家提供财政资助;国际奥委会有权力修改体育仲裁院仲裁规则;国际奥委会和其主席有权任命体育仲裁院成员等。此类联系在国际奥委会为仲裁案件的一方当事人的情况下足以使人对体育仲裁院的独立性产生怀疑。显然,瑞士联邦法院的意思是体育仲裁院应当在组织和财政上更独立于国际奥委会。正是这一判决最终导致了体育仲裁院的重大改革,即设立国际体育仲裁理事会(International Council of Arbitration for Sport,ICAS)以取代国际奥委会来监管体育仲裁院的运行和财政。1994 年 11 月 22 日生效的《与体育有关的仲裁规则》(以下简称《体育仲裁规则》)将这一改革肯定了下来。应当说,1994 年以

---

① See Arbitration CAS 91/53,G. v. FEI,in Matthieu Reeb(ed.),Digest of CAS Awards 1986 - 1998,79 - 91(1998).

后,体育仲裁院成为一个完全独立于各类体育组织的仲裁机构。

(二)体育仲裁院的组织构架

体育仲裁院的组织构架由《体育仲裁规则》中的《解决与体育有关的争议的工作机构规约》加以规定。

1. 国际体育仲裁理事会。国际体育仲裁理事会是在体育仲裁院之上建立的一个组织,它由20位著名法律专家组成,其中不少为国际法院在任或离任的法官。为了保证仲裁的独立性和公正性,该理事会成员不担任体育仲裁院仲裁员。该理事会的主要任务就是在行政及财政上负责监管体育仲裁院的活动,保障体育仲裁院的独立性和有效运作,修订仲裁规则和任命仲裁员等。该理事会设主席1人,副主席2人,现任主席由前国际法院大法官和副院长以及国际奥委会委员凯巴·姆巴依(Keba M'baye)担任。

2. 普通仲裁分院(The Ordinary Arbitration Division)与上诉仲裁分院(The Appeals Arbitration Division)。体育仲裁院下设普通仲裁分院与上诉仲裁分院。前者解决商事体育争议,后者解决因体育组织决定而产生的纪律性或者技术性争议。普通仲裁分院与上诉仲裁分院各设主席1人,均由国际体育仲裁理事会从其成员中选举产生。

3. 地区分院。1996年国际体育仲裁理事会决定分别在澳大利亚悉尼和美国纽约(开始在美国丹佛)设立了体育仲裁院分院。

4. 特别分院。从1996年亚特兰大奥运会开始,体育仲裁院在以后的夏季奥运会和冬季奥运会设立临时的体育仲裁院特别分院(The CAS ad hoc Division)。从1998年开始,它还在英联邦运动会和欧洲足球锦标赛上设立临时的体育仲裁院特别分院。

5. 体育仲裁院办事处(The Court Office)。体育仲裁院设由1位秘书长和1位或者数位顾问组成的办事处。顾问在必要时可以代替秘书长工作。

6. 体育仲裁院主席。体育仲裁院的主席由国际体育仲裁理事会主席兼任。

(三)仲裁员

体育仲裁院的仲裁员由国际体育仲裁理事会任命,列入仲裁员名册,任期4年。国际体育仲裁理事会每4年复核一次名册,新名册于次年1月1日生效。《体育仲裁规则》要求,体育仲裁院至少应有150名仲裁员和50名调解员。现在的名册上有 270 多名仲裁员。① 另外,国际足联 2002 年接受体育仲裁院的管辖后,体育仲裁院又建立了一个专门仲裁足球争议的由 80 人组成的仲裁员名册。

担任体育仲裁院的仲裁员的条件如下:(1)受到完整的法律训练;(2)在体育法或者国际仲裁方面具有公认的能力;(3)充分了解体育;(4)至少精通一门体育仲裁院的工作语言(英语或者法语)。

体育仲裁院的仲裁员由 5 个"1/5"的人员组成:(1)1/5 的仲裁员从国际奥委会推荐的人士中选任;(2)1/5 的仲裁员从国际体育联合会推荐的人士中选任;(3)1/5 的仲裁员从国家奥委会推荐的人士中选任;(4)1/5 的仲裁员为保护运动员的利益经适当咨询后选任;(5)1/5 的仲裁员从其他途径选任。《体育仲裁规则》要求国际体育仲裁理事会在选任体育仲裁院的仲裁员时,应尽可能考虑他们代表各大陆和不同的法律文化。

值得一提的是,《体育仲裁规则》要求所有仲裁员和调解员签署一项声明,承诺按照《体育仲裁规则》的规定公正和独立地履行职责。同时,要求仲裁员受《体育仲裁规则》规定的保密义务的约束,不得向任何第三人披露任何有关体育仲裁院所进行的程序的事实或者其他信息。

(四)体育仲裁院的功能

体育仲裁院的功能就是通过仲裁或者调解解决与体育有关的争议。

为此,《体育仲裁规则》要求体育仲裁院专注于:(1)仲裁庭的组建;(2)程序的平稳运行;(3)提供必要的公共设施供当事人使用。

而仲裁庭或者说仲裁员小组的职责为:(1)通过普通仲裁程序解决一般体育争议;(2)通过上诉仲裁程序解决涉及体育组织决定的争议;(3)应国际奥委会、国际体育联合会、国家奥委会、奥运会组委会、世界反兴奋剂组织等体育组织的请求,提供无约束力的咨询意见。

上述可见,体育仲裁院受理的通过仲裁解决的体育争议就是两类:一类是商事体育争议,另一类是纪律性或者技术性体育争议。

(五)体育仲裁协议

体育仲裁协议有两大类。

一类是普通的仲裁协议,同我们通常讲的商事仲裁协议没有什么区别,可

---

① 资料来源:http://www.tas-cas.org/fr/membres/nationalitearbitre.pdf,最后访问日期:2005 年 7 月 23 日。

以是合同中的仲裁条款,也可以是独立的仲裁协议书,可以事先达成,也可以在争议发生后达成。

另一类是具有体育行业特色的仲裁协议。这类仲裁协议有两种情况。一种情况是有关体育组织的章程或者规章规定将有关体育争议提交仲裁解决,而一个团体拟成为该体育组织的成员,或者参加该体育组织主办的体育运动的运动员和其他相关人员必须接受其章程或者规章,从而推定他们相互之间有仲裁协议。到2002年,随着国际足联接受体育仲裁院的管辖,所有的国际单项体育联合会都承认了体育仲裁院对与它们有关体育争议的管辖权。另一种情况是一些体育组织在主办大型运动会时,在参加运动会的准入表(entry form)中规定了在运动会期间发生的有关体育争议提交有关仲裁机构解决的条款。如果运动员不同意该条款,则不得被允许参加体育比赛。运动员签署准入表被视为与有关方达成了仲裁协议。例如,2004年雅典奥运会准入表的仲裁条款是这样规定的:"本人同意将本人与国家奥委会、国际单项体育联合会、雅典奥运会组委会以及国际奥委会之间通过内部程序所没有解决的争议提交体育仲裁院专属管辖,并由其根据体育仲裁院仲裁规则作出终局的和有拘束力的裁决。"这就是所谓要么签署去参加奥运会,要么回家看奥运会电视的缘由,这种仲裁协议带有一点强制性。

(六)体育仲裁程序

体育仲裁院的体育仲裁程序规定在《体育仲裁规则》的《程序规则》中。其仲裁程序分为两套:普通仲裁程序和上诉仲裁程序。这两套仲裁程序除适用一些共同的一般程序规定外,各自还有自己适用的特别程序规定。

1. 普通仲裁程序

应该说,其普通仲裁程序同一般的商事仲裁程序没有什么太大的差别,大同小异。

但应该提到的是,根据《程序规则》第R41条,第三人可以参加仲裁程序。如果被申请人拟使第三人参加仲裁程序,则应在其答辩中写明并附具理由,答辩亦应增加一份副本。仲裁院办事处应将副本送达被要求参加仲裁的第三人,并确定该人就其参加仲裁提出意见并根据第R39条提出答辩的期限。仲裁院办事处亦应确定申请人就该第三人参加仲裁提出意见的期限。如果第三人拟作为当事人参加仲裁,则应在为被申请人所确定的对仲裁申请书进行答辩的期限内向体育仲裁院提交相应的申请书并附具理由。该申请书应具备仲裁申请书应有的内容。仲裁院办事处应将该申请书的副本一式一份送达各当事人,并确定其就该第三人参加仲裁提出意见及可能根据第 R39 条提出答辩的期限。无论第三人是被申请参加仲裁还是主动申请参加仲裁，必须证明他与该争议有足够的利害关系并且受仲裁协议的约束，或者在与其他当事人达成书面协议的情况下方可参加仲裁程序。分院主席应当决定第三人是否能够参加仲裁。如果同意第三人参加仲裁，则体育仲裁院应根据仲裁员人数及委任方式组成仲裁庭。如无此约定，分院主席将根据第 R40.1 条和第 R40.2 条的规定组成仲裁庭。

还要提到的是，依普通仲裁程序仲裁的案件的实体问题适用当事人选择的法律规则，或者在当事人没有选择时适用瑞士法律。

2. 上诉仲裁程序

上诉仲裁程序是针对由上诉人对体育组织的决定不服而向体育仲裁院提起的上诉所开展的程序。在体育仲裁院的上诉仲裁程序中，有如下几点值得注意。

（1）当事人在提起上诉前必须用尽有关体育组织所有的内部救济措施。

（2）体育仲裁院管辖上诉仲裁案件的根据仍然是有关体育组织的章程或者规章里有规定，或者当事人达成专门的仲裁协议，可以将相关体育组织的决定上诉到体育仲裁院。

（3）在没有特别规定的情况下，当事人应在收到被上诉的决定之日起 21 日内提起上诉请求。

（4）上诉期限届满后的 10 日内，上诉人应向体育仲裁院提交一份写明导致上诉产生的事实和法律根据的摘要，并附具所有证据及其他证据的说明。当事人未如此行事则视为撤回上诉。

（5）仲裁庭拥有审查整个案件的事实和法律适用的充分权力，并且，首席仲裁员也可以要求被上诉人提交与整个上诉争议有关的卷宗。

（6）仲裁庭应当按照当事人选择的可以适用的体育组织的规章和法律规则裁决争议，或者在当事人没有选择时，按照作出被提出异议的决定的体育组织住所地国家的法律或者仲裁庭认为其适用为适当的法律规则裁决争议。在后一种情况下，仲裁庭应当为其裁决说明理由。

（7）仲裁庭 4 个月内作出裁决。

（8）与依普通仲裁程序作出的裁决必须保密的要求不同的是，上诉仲裁程序作出的裁决不需遵守任何的保密要求。体育仲裁院应当公开仲裁裁决、摘要和/或向新闻发布裁决结果，除非当事人协议应予保密。

(七)司法救济

仲裁庭作出仲裁裁决后,当事人仍然可以基于非常有限的理由,特别是公法上的理由,如缺乏管辖权、违反基本程序规则(如违反听证权)或者与公共政策相抵触,向瑞士联邦法院寻求司法救济。

三、奥运会上的体育仲裁

(一)特别分院的产生与发展

为了解决在奥运会上发生的体育争议,国际体育仲裁理事会于 1996 年开始在美国亚特兰大奥运会上设立体育仲裁院特别分院。随后,在长野、悉尼、盐湖城、雅典这几届夏季和冬季奥运会上,都设立了体育仲裁院特别分院。体育仲裁院特别分院在 1996 年亚特兰大奥运会上受理案件 6 件,在 1998 年长野冬季奥运会上受理 5 件,在 2000 年悉尼奥运会上受理 15 件,在 2002 年盐湖城冬季奥运会上受理 6 件,在 2004 年雅典奥运会上受理案件 10 件。[①] 雅典奥运会之前,国际体育仲裁理事会总是为每次奥运会专门制定一个特别分院的仲裁规则。如为悉尼奥运会制定了《第 27 届悉尼奥林匹克运动会竞赛仲裁规则》。但这种做法稍嫌麻烦。于是,2003 年 10 月 14 日国际体育仲裁理事会在新德里通过了专门的《奥林匹克运动会仲裁规则》,[②]为奥运会上的体育仲裁的进一步规范化、统一化开辟了道路。

自 1998 年开始,国际体育仲裁理事会还先后为英联邦运动会和欧洲足球锦标赛设立了体育仲裁院特别分院。

(二)特别分院的组成

特别分院由国际体育仲裁理事会设立,其职责在于通过按照仲裁规则组建的仲裁庭仲裁在奥运会上发生的体育争议。

特别分院由仲裁员、主席和分院办事处组成。

特别分院设仲裁员特别名册。特别名册由国际体育仲裁理事会通过其常务理事会拟定。列入该特别名册的仲裁员仅由已列入体育仲裁院仲裁员总名册并出席奥林匹克运动会的仲裁员组成。一般在夏季奥运会上特别分院有 12 名仲裁员,在冬季奥运会上有 6 名仲裁员。仲裁员特别名册要在奥运会开幕之

---

① See table overleaf of Appendix A, Michael Beloff, *The CAS Ad hoc Division at the Games of the XXVIII Olympiad in Athens in* 2004, 1 I. S. L. R. 13 (2005).

② 中文译本见《仲裁与法律》(第 94 辑),法律出版社 2004 年版,第 130 ~ 136 页。

前公布,国际体育仲裁理事会常务理事会随后可以在必要时修订。特别分院所有仲裁员必须受过法律训练和具有在体育方面被认可的能力。他们必须独立于当事人和立即披露任何可能危及其独立性的情形。特别分院所有仲裁员必须出席奥林匹克运动会和在任何时间为特别分院工作。仲裁员不得在特别分院担任当事人和其他利害关系人的顾问。

特别分院设主席 1 人,由国际体育仲裁理事会常务理事会从国际体育仲裁理事会成员中选任。主席应当履行仲裁规则赋予他的职责和涉及特别分院适当运行的所有其他职责。主席必须独立于当事人。主席不担任仲裁员,不直接参与案件的审理,但许多程序事项由主席决定。特别分院主席必须出席奥林匹克运动会和在任何时间为特别分院工作。

通常,体育仲裁院在奥林匹克运动会举行地建立特别分院办事处。该办事处在体育仲裁院秘书长的领导下开展工作。秘书长也不担任仲裁员,不直接参与案件的审理。

(三)特别分院的受案范围和管辖权

为了运动员和体育的利益,特别分院通过仲裁解决《奥林匹克宪章》第 74 条所指的产生于奥运会期间或者奥运会开幕式前 10 日的任何争议。[①]

如果针对国际奥委会、某一国家奥委会、某一国际体育联合会或者奥运会组委会所作出的一项决定而提出仲裁请求,申请人在提出该请求前,必须按照有关体育团体的章程或者规章用尽所有其能用的内部救济,除非需要用尽内部救济的时间导致向体育仲裁院特别分院上诉不可能。

特别分院的管辖权基础有二:一是《奥林匹克宪章》第 74 条,它规定:“在奥林匹克运动会举办时产生或者与奥林匹克运动会有关的任何争议,应当排他地提交体育仲裁院按照《与体育有关的仲裁规则》仲裁。”二是奥运会的准入表含有将在奥运会期间发生的有关体育争议提交体育仲裁院仲裁解决的条款。[②]

被准入奥运会的任何人员和接受《奥林匹克宪章》并出席奥运会的任何体育组织均可向特别分院提请仲裁。

(四)特别分院仲裁庭的组成

由于时间急迫,组成一个仲裁庭的仲裁员不由当事人指定,而由特别分院

---

① Article 1 of Arbitration Rules for the Olympic Games.

② See Michael Beloff, *The CAS Ad hoc Division at the Games of the XXVIII Olympiad in Athens in* 2004, 1 I. S. L. R. 4 – 5(2005).

主席指定。受理申请后，特别分院主席组建由特别名册上的3位仲裁员组成的仲裁庭，并从中指定首席仲裁员。若依情形显然适当时，特别分院主席可以自行决定指定独任仲裁员。如果一项提交的申请与特别分院未决的一件仲裁案件关联，特别分院主席可以将第二项争议指派给已被指定裁决第一项争议的仲裁庭。为了决定该项指派，特别分院主席应当考虑所有情形，包括两案之间的关系和在第一个案件中已经取得的进展。

（五）特别分院仲裁的语言、地点、仲裁适用的程序法和实体准据法

特别分院进行仲裁应当由特别分院主席决定以英语或者法语进行。按照仲裁规则的规定，特别分院和每一仲裁庭的所在地在瑞士洛桑。但是，特别分院和每一仲裁庭可以在奥林匹克运动会举行地或者在它们认为适当的任何其他地方开展属于其使命范围内的一切活动。这表明特别分院的裁决均为在瑞士作出的裁决。

特别分院进行仲裁适用的程序法为《奥林匹克运动会仲裁规则》和瑞士国际私法法第12章。而仲裁适用的实体准据法是《奥林匹克宪章》、可适用的规章、其适用被认为适当的一般法律原则和法律规则。

（六）特别分院的仲裁程序

这里只列举特别分院仲裁程序中有特色的地方。

1. 通知。可以打电话通知，但随后要书面确认，也可以通过电子邮件给予通知。

2. 被提出异议的决定的中止和极度紧急事项的初步救济。在出现极度紧急事项的情况下，仲裁庭若已组成或者在未组成时，特别分院主席可以基于申请在未预先听取被申请人的意见的情况下裁定中止被提出异议的决定的效力或者采取任何其他初步救济措施。准许如此救济的该裁定在仲裁庭作出最终决定时终止效力。在决定是否给予任何初步救济时，特别分院主席或者仲裁庭应当按照案件可能出现的情况，考虑该救济对保护申请人免受不可挽回的伤害是否必要，请求成功的可能性，并且考虑申请人的利益是否重于对方或者奥林匹克共同体的其他成员的利益。

3. 时限。仲裁庭应当在提出申请后的24小时内作出裁决。在例外情况下，特别分院主席可以视情况需要延长该时限。

4. 裁决的作出。裁决依多数意见作出，或者在没有形成多数意见时依仲裁庭的首席仲裁员的意见作出。它应当由仲裁庭的首席仲裁员拟定、注明日期和签署，并且，原则上要陈述简要的理由。在裁决书被签署前，它应当提交特别分院主席复核,特别分院主席可以作出形式上的修订,且在不影响仲裁庭自由裁决的前提下也可以提请后者注意实体问题。裁决作出后应当立即通知当事人。仲裁庭无须说明理由,可以决定通知裁决书的实施部分。自该通知始裁决即应当为终局裁决。要注意的是,如果有关国家奥林匹克委员会非仲裁程序当事人并无资格接受裁决副本,该裁决应当为信息目的通知它们。

5. 裁决的移交。在考虑案件的所有情况,包括申请人的救济请求,争议的性质和复杂性,其解决的紧急性,要求的证据的范围和拟解决的法律问题的范围,当事人被听证的权利以及在特别仲裁程序结束时的记录情况后,仲裁庭既可以作出终局裁决,也可以将争议移交体育仲裁院按照《与体育有关的仲裁法典》仲裁。仲裁庭也可以对争议的部分作出裁决而将争议的未解决部分移交体育仲裁院的常规程序。

6. 仲裁程序的免费性。体育仲裁院特别分院的设施和服务免费,包括为争议当事人提供仲裁员。但是,当事人应当承担其自己的法律代理、专家、证人和翻译的费用。

四、体育仲裁中值得特别关注和思考的几个问题

(一)可仲裁性问题

可仲裁性问题就是何种争议可以通过仲裁解决的问题,也就是可仲裁的事项或争议的范围即仲裁范围问题。[①] 而可仲裁的事项或争议就是仲裁标的。对于这个问题,各国在实践中有不同的主张,学界也有不同的看法。例如,1994年我国《仲裁法》第2条规定:"平等主体的公民、法人和其他组织之间发生的合同纠纷和其他财产权益纠纷,可以仲裁。"1996年澳门核准仲裁制度的第29/96/M号法令第2条规定:"不涉及不可处分权利之任何争议均可成为仲裁标的;但特别法规定应提交司法法院或必要仲裁处理者,不在此限。"1998年修订的《德国民事诉讼法典》第1030条规定:"任何涉及经济利益的请求可以成为仲裁协议的对象。如果仲裁协议是关于不涉及经济利益的请求,则其在当事人有权就争议问题缔结和解协议的范围内具有法律效力。"上述可见,一般情况下,有关商事法律关系的争议,无论其属契约性还是非契约性,都是可仲裁的;在不使用"商事"概念时,涉及财产权益的争议原则上是可仲裁的,只要当事人之间的有

---

① 参见韩健:《现代国际商事仲裁法的理论与实践》(修订本),法律出版社2000年版,第79~81页。

关争议可自行和解或通过调解解决。德国的做法是凡涉及经济利益(economic interest)的请求都可提交仲裁,涉及非经济利益纠纷时,则以当事人是否有权对争议事项进行和解为可以提交仲裁的标准。德国的立法者把仲裁当作与国家审判权同等的法律保护措施,对可仲裁性作广义理解,争议事项只要在追求一种广义上的经济目的即可提交仲裁,而无论争议事项属于私法领域还是公法领域。① 尽管哪些财产性质的争议可以提交仲裁,各国的限制有所不同,但当事人有无和解的权利几乎是公认的判断可仲裁性的试金石。②

然而,在体育仲裁中,情况有所不同。不仅与体育有关的商事争议是仲裁的标的,具有可仲裁性,而且,一些与体育有关但当事人不能自行和解的争议,这就是与体育有关的纪律性或者技术性争议,或者说涉及体育组织的决定的争议,如涉及运动员服用兴奋剂的争议、运动员参赛资格的争议,也可以通过仲裁来解决。这等于突破了传统的公认的判断争议事项可仲裁性的标准,大大拓展了仲裁的范围。

(二)技术性问题

我们通过一个案例来说明技术性问题(technical issue)。在2004年雅典奥运会期间,2004年8月19日清晨,加拿大划船运动员大卫·考尔德(David Calder)和克里斯托弗·贾维斯(Christopher Jarvis)向体育仲裁院雅典奥运会特别分院提出一项请求临时救济决定的紧急申请。事情的缘由是这样的:8月18日在双人划船半决赛中,大卫·考尔德和克里斯托弗·贾维斯划的船进入了两名南非划船运动员所在的划道,干扰了南非划船运动员的比赛。结果,大卫·考尔德和克里斯托弗·贾维斯在半决赛中居第2,南非划船运动员居第4。对此,国际赛艇联合会(International Rowing Federation,FISA)执行委员会决定排除大卫·考尔德和克里斯托弗·贾维斯参加A组决赛,但允许他们参加8月19日上午10时40分举行的B组决赛。加拿大两名运动员在申请中认为他们的行为不是故意的,请求特别分院下令FISA允许他俩参加A组决赛,不参加B组决赛。鉴于特别分院必须在不足2小时的时间内作出裁决,对该请求紧急初步救济的裁决由特别分院主席帕塔克(R. S. Pathak)作出。特别分院主席驳回了加拿大两名运动员的申请。他强调,在特别分院被挑战的FISA的决定是一

① 参见孙珺:《德国仲裁立法改革》,载《外国法译评》1999年第1期。

② 参见宋连斌:《国际商事仲裁管辖权研究》,法律出版社2000年版,第131~132页;黄进、宋连斌、徐前权:《仲裁法学》,中国政法大学出版社2002年版,第22~23页。

个技术性的决定,并且,根据体育仲裁院的通常实践,体育仲裁院的仲裁庭不审查一般认为由负责适用“游戏规则”(rules of games)的裁判在体育场地所作出的裁断,除非该裁断受到不诚信的玷害。主席最后得出结论认为,当 FISA 当局适用 FISA 有关划船碰撞规则时它并没有不诚信行事。[①] 这一案例表明,在体育仲裁院的实践中,体育仲裁院的仲裁庭原则上不复核由裁判决定的“技术性问题”,除非仲裁庭发现裁判或者相关体育组织在处理“技术性问题”方面存在诚信问题或者程序问题。

(三)仲裁协议的特殊性问题

仲裁协议是仲裁的基石。一般来说,仲裁协议是当事人将其已经发生或者将来可能发生的争议(无论是契约性的还是非契约性的)提交仲裁解决的协议。[②] 达成仲裁协议,当事人必须协商一致,这是仲裁协议的根本。如前所述,体育仲裁协议的达成有其特殊之处,其中一类就是具有体育行业特色的仲裁协议。这类仲裁协议有两种情况:一种情况是有关体育组织的章程或者规章规定将有关体育争议提交仲裁解决,而一个团体拟成为该体育组织的成员,或者参加该体育组织主办的体育运动的运动员和其他相关人员必须接受其章程或者规章,从而推定他们相互之间有仲裁协议。另一种情况是一些体育组织在主办大型运动会时,在参加运动会的准入表中规定了在运动会期间发生的有关体育争议提交有关仲裁机构解决的条款。如果运动员不同意该条款,则不得被允许参加体育比赛。运动员签署准入表被视为与有关方达成了仲裁协议。这种仲裁协议尽管可以推定是建立在当事人自愿接受并达成一致的基础上的,但可以肯定,当事人之间没有协商或者不容协商,多少带有一点强制性。

(四)仲裁程序中的第三人问题

严格地讲,仲裁是建立在当事人意思自治基础上的,应在当事人之间开展,不允许非当事人的第三人参加或介入。因此,在大多数国家的仲裁法制中,没有仿照诉讼程序中的第三人制度建立仲裁程序中的第三人制度。在近年中国

---

① See Michael Beloff, *The CAS Ad hoc Division at the Games of the XXVIII Olympiad in Athens in 2004*, 1 I. S. L. R. note 18, 6 (2005).

② 参见《英国 1996 年仲裁法》第 6 条;1998 年《德国民事诉讼法典》第 1029 条。

仲裁学术界,有不少学者探讨这一问题,意见不一。[①] 依笔者之见,在一定条件下,也就是非仲裁协议当事人的第三人如果与案件有足够的联系、其本人愿意参加并受仲裁协议约束、仲裁协议当事人接受、仲裁庭同意,可以参加或介入仲裁程序,因为这有利于争议全面和彻底地解决。体育仲裁的实践印证和支持了这种主张。在体育仲裁中,第三人分为有利害关系的第三人(interested third party)和被邀请参加仲裁的第三人(invited third party)。前者的含义不言自明,后者则是指那些在案件中没有直接的利害关系,但案件的审理结果与其有足够的联系的体育组织。比如,对某国违纪运动员与国际奥委会就后者作出的有关处罚决定的争议来说,该运动员所属国的国家奥委会不是当事人一方,但显然与它有联系,它可以被邀请作为第三人参加仲裁程序。按照《体育仲裁规则》的规定,无论第三人是被申请参加仲裁还是主动申请参加仲裁,必须证明他与该争议有足够的利害关系并且受仲裁协议的约束,或者在与其他当事人达成书面协议的情况下方可参加仲裁程序。[②]

(五)仲裁结果公开问题

保密性是仲裁的特性之一。为了保证当事人的商业秘密和贸易活动不因进行仲裁而泄露,各国的仲裁法律和仲裁规则都规定了仲裁员及仲裁秘书人员的保密义务,并规定仲裁一般以不公开审理为原则。[③] 仲裁的保密性要求对仲裁的结果必须保密,不得公开。但在体育仲裁院的实践中,依普通仲裁程序作出的裁决必须保密,而依上诉仲裁程序作出的裁决不需遵守任何的保密要求,尽管开庭审理是不公开进行的。体育仲裁院应当公开仲裁裁决、摘要和/或向

---

① 例如,刘传摹:《对仲裁庭追加第三人的法律分析》,载《人民司法》1998 年第 9 期;林一飞:《论仲裁与第三人》,载《法学评论》2001 年第 1 期;郭玉军:《论仲裁第三人》,载《法学家》2001 年第 3 期;屈广清、周清华、吴丽婧:《论仲裁制度中的第三人》,载《中国海商法年刊》2000 年卷,大连海事大学出版社 2000 年版;夏蔚:《仲裁第三人研究》,载《当代法学》2000 年第 5 期;肖鹏、刘惠荣、张雷:《论第三人与仲裁》,载《中国海洋大学学报》2003 年第 2 期;佘子新:《论仲裁协议约束第三人的条件》,载《当代法学》2003 年第 11 期;丁伟、石育斌:《国际商事仲裁第三人之理论建构与实务研究》,载《中国国际私法与比较法年刊》2003 年第 6 卷;佘子新:《仲裁第三人主体研究》,载《广西公安管理干部学院学报》2004 年第 2 期;佘子新、甘玲:《合同第三人与仲裁第三人》,载《法学杂志》2004 年第 3 期;杨玲:《仲裁中不宜设立"第三人"》,载《人民法院报》2004 年 12 月 29 日,B3 版;庞小菊:《仲裁中应设立第三人制度》,载《广东行政学院学报》2003 年第 2 期;齐树洁、顾佳:《论仲裁程序中的第三人》,载《仲裁研究》(第 4 辑),法律出版社 2005 年版,第 25 ~ 32 页;宋连斌、杨玲:《论仲裁第三人》,载《仲裁研究》(第 5 辑),法律出版社 2005 年版,第 17 ~ 27 页。

② See Article R41 of the Code of Sports-related Arbitration(in force as from 22 November 1994).

③ 参见黄进、宋连斌、徐前权:《仲裁法学》,中国政法大学出版社 2002 年版,第 14 页。

新闻发布裁决结果,除非当事人协议应予保密。我们知道,通过上诉仲裁程序进行仲裁的案件是与体育有关的纪律性或者技术性争议案件,或者说是涉及体育组织的决定的争议案件,如涉及运动员服用兴奋剂的争议案件、运动员参赛资格的争议案件。这类案件不仅涉及体育运动的核心价值——“公平竞争”(fair play),而且从一开始就为公众和传媒所关注,社会要求知道仲裁的结果。为了坚守体育的价值和保护社会公益,公开仲裁结果是合情合理的,所以体育仲裁院的仲裁规则也对之作了明确的规定。事实上,在奥运会期间,体育仲裁院特别分院不仅在互联网上公布仲裁案件的审理结果,而且还开新闻发布会公布仲裁案件的审理结果。由此可见,公开与体育有关的纪律性或者技术性争议案件的仲裁结果成为体育仲裁的一大特色。

中韩民商事司法协助的现状及其未来*

司法协助是指根据国际条约或互惠原则，一国法院接受另一国法院的请求，代为履行某些诉讼行为的制度，包括送达诉讼文书、传唤证人、收集证据、承认和执行外国法院的判决和仲裁机构的裁决等。提出司法协助请求的一方称为委托方，接受委托并代为履行某些诉讼行为的一方称为协助方。司法协助一般包括国际民商事司法协助、国际刑事司法协助和国际行政司法协助，国际私法上的司法协助仅指国际民商事司法协助。

关于司法协助的概念，中国理论界有狭义司法协助和广义司法协助之分：狭义司法协助仅仅包括送达诉讼文书、代为询问当事人或证人和域外取证；广义司法协助不仅包括送达诉讼文书、调查取证，还包括对外国法院判决和仲裁裁决的承认与执行。但根据中国与有关国家缔结的民事司法协助协定和中国《民事诉讼法》第四编规定，中国民事司法协助的内容包括：送达司法文书和司法外文书、调查取证、承认与执行外国法院判决和外国仲裁裁决、相互提供民商事诉讼所需的有关立法或判例的情报等其他诉讼程序方面的合作。由此可见，中国立法与司法实践对国际民商事司法协助的内容是

---

* 与曾涛（武汉大学法学博士，中国政法大学国际教育学院副院长）合作撰写，本文原载于《国际私法研究》（韩国国际私法学会），第15号，法英社2009年12月，中文第3～20页，韩文第21～40页。

采取广义观点的。①

此外,在中国与其他国家缔结的司法协助条约中,出于实际需要,还往往包括如下内容:(1)外国人在民事诉讼中的法律地位;(2)交流法律情报资料;(3)免除文书认证和文书证明效力;(4)户籍文件的送交;(5)外国仲裁裁决的承认与执行。在《中华人民共和国和大韩民国关于民事和商事司法协助的条约》(以下简称《双边条约》)中也有外国人在内国民事诉讼中的法律地位;②法律情报资料的交流;③免除文书认证和文书证明效力;④外国仲裁裁决的承认与执行⑤等问题的规定。

本文主要侧重于研究中韩司法协助中的送达和取证问题。同时,由于撰写论文时韩文资料有限,所以文章多以中国的理论与实践为中心展开论证。

一、中韩司法协助中的一般问题

(一)中韩司法协助的法律依据

中韩司法协助的法律依据分为国际层面的条约与国内层面的立法规则,简要列表如下(见表1):

表1 中韩司法协助的法律依据

类型	名称
共同规则	《双边条约》(2005 年生效) 1965 年海牙《关于向国外送达民事或商事司法文书和司法外文书公约》(以下简称《海牙送达公约》)(公约 1992 年在中国生效,2000 年在韩国生效)
中国主要立法及其司法解释	《中华人民共和国民事诉讼法》(2007 年修订) 《最高人民法院关于适用〈中华人民共和国民事诉讼法〉若干问题的意见》(1992 年) 《最高人民法院关于涉外民事或商事案件司法文书送达问题若干规定》(2006 年) 《关于我国法院和外国法院通过外交途径相互委托送达法律文书若干问题的通知》(1986 年)
韩国主要立法	《大韩民国民事诉讼法》(2002 年修订) 《国际民事司法共助法》(1991 年)

① 参见黄进:《国际私法》,法律出版社 1999 年版,第 908 页。

② 《双边条约》第 1 条、第 2 条。

③ 同上,第 26 条。

④ 同上,第 27 条。

⑤ 同上,第四章。

上述规则共同形成了当今中韩之间的司法协助法律依据，其中有两点需要注意。

其一，《双边条约》和《海牙送达公约》均为国际条约，而且就送达事项而言，两者是重合的，在中韩之间两者该如何适用？

首先，从处理公约冲突的规定看，《海牙送达公约》第 11 条规定："本公约不妨碍两个或更多缔约国达成协议，允许采用上述各条所规定的递送途径以外的途径，特别是通过其各自机关直接联合的途径，以便送达司法文书。"从《海牙送达公约》的规定看，其是支持缔约国再另行制定双边规则的。而且，根据中国相关的司法解释，对于中韩这种既为《海牙送达公约》缔约方，又签订有司法协助协定的情况，是应该优先按照双边条约来进行送达的。① 中国学者也基本上持该观点。② 其次，就《海牙送达公约》和《双边条约》规定的内容而言，由于中韩双方加入《海牙送达公约》在先，其后又签订了双边条约，双边条约的规定与《海牙送达公约》内容上基本是一致的。

其二，条约与国内立法的关系。以中韩之间的送达为例，中韩双方的条约确定了中央机关途径、外交途径、使领馆送达途径这三种通行的司法协助方式，但是，实际上中韩国内立法中也有规定其他方式，如中国国内立法就还规定了向诉讼代理人送达等涉外送达方式。这里存在的问题是，中国对韩国送达是否可以采用双方条约之外的这些国内法规定的方式。

从中国的司法实践来看，中国对韩国的送达是可以采用国内法规定的其他方式的。2002 年的司法解释《最高人民法院关于向外国公司送达司法文书能否向其驻华代表机构送达并适用留置送达问题的批复》明确指出，对于受送达人在我国设立有代表机构的，即使双方国家间存在《海牙送达公约》，仍然可以采用中国国内法规定的方式向受送达人在我国设立的代表机构进行送达。在 2006 年的司法解释《最高人民法院关于涉外民事或商事案件司法文书送达问题若干规定》中，在列举了多种送达方式的同时，规定了"人民法院向在中华人民共和国领域内没有住所的受送达人送达司法文书时，若该受送达人所在国与

---

① 《最高人民法院关于涉外民事或商事案件司法文书送达问题若干规定》第 6 条第 2 款："受送达人所在国与中华人民共和国签订有司法协助协定，且为《关于向国外送达民事或商事司法文书和司法外文书公约》成员国的，人民法院依照司法协助协定的规定办理。"

② 参见何其生：《域外送达制度研究》，北京大学出版社 2006 年版，第 201 页。

中华人民共和国签订有司法协助协定,可以依照司法协助协定规定的方式送达”,[①]其中用语为“可以”,就意味着,该司法解释中规定的方式与双边条约中的方式是可以并用的。

(二)基于双边条约的司法协助途径

1. 中央机关途径

中央机关是指一国为根据本国缔结或者参加的国际条约和国内法的规定建立的在司法协助中起联系或转递作用的机关。在司法协助中,中央机关统一对外联系,并转递有关的司法文书和司法外文书。指定中央机关作为司法协助的联系途径为《海牙送达公约》首创。此前,司法协助请求只能通过外交途径转递。中央机关的设立便利了各国间司法协助请求的转递,减少了各国外交机关在司法协助方面的工作压力,也使司法协助请求的审查制度得以确立。国际上关于司法协助的大量多边和双边条约普遍采用了这一制度,以“中央机关”为国际司法协助的联系途径,已成为一项普遍的国际实践。[②]

在实践中,各国指定的中央机关不尽相同。以《海牙送达公约》为例,大多数成员国将其本国的司法部指定为中央机关,如法国等国;意大利等国指定本国的最高法院为中央机关;加拿大指定本国外交部为中央机关。《双边条约》第4条具体指定了各自的中央机关,即在中国方面为司法部,在韩国方面为法院行政处,并要求双方在相互请求和提供司法协助时,应当通过各自中央机关直接进行联系。

中央机关的职能取决于有关国际条约的规定,从中韩《双边条约》来看,中央机关的职能包括:(1)接受和审查对方提出的司法协助请求;(2)将司法协助请求转递给本国主管机关;(3)向委托方通报协助执行情况;(4)提供法律资料或司法记录等。[③]

依据中韩《双边条约》,对于双方通过中央机关进行送达相关问题简要列表如下(见表2):

---

① 《最高人民法院关于涉外民事或商事案件司法文书送达问题若干规定》第6条第1款。

② 参见费宗炜、唐承元主编:《中国司法协助的理论与实践》,人民法院出版社1992年版,第61页。

③ 参见《双边条约》第3条。

表 2　中韩司法协助通过中央机关送达情况

项目	具体规定
中央机关	中国方面为司法部;韩国方面为法院行政处
适用的法律	被请求国原则上按照本国的法律予以协助。 对于送达请求的执行,如果请求方有明示的特殊方式的要求,以不违背被请求方的法律为限可以同意。 对于取证请求的执行,如果请求方有明示要求的特殊方式或程序,除非该方式或程序与被请求方的法律相抵触或者由于其国内惯例和程序或由于操作困难而无法执行,可以按照其要求的特殊方式或程序取证
费用分担	一般被请求方负担在本国境内执行司法协助请求的费用,但请求方应当负担其明示提出的特殊方式或程序执行请求的费用
文字	请求书应附有被请求方的文字或者英文,对请求的答复可用被请求方文字
双方联络	异议: 被请求方中央机关如果认为请求与条约的规定不符,应当立即通知请求方中央机关并说明其异议。 补充材料: 被请求方如果认为请求方提供的材料不准确或者不足以使其根据本条约的规定处理该请求,可以就请求所提供材料的准确性进行查询或者要求请求方提供补充材料。如果请求方中央机关采取了适当的措施或者提供了准确的或者补充的材料,足以消除任何执行请求的障碍,则被请求方中央机关应当安排执行该请求。 询问: 请求方中央机关可向被请求方中央机关询问有关请求的执行进度
被请求方拒绝理由	1. 违反内国的公共秩序; 2. 请求的事项超出本国司法机关的主管范围
不得拒绝的理由	1. 被请求方法院对该项诉讼标的有专属管辖权; 2. 本国法律不允许进行该项请求所依据的诉讼

2. 使领馆途径

关于送达事项,使领馆途径指请求国法院将需要送达的司法文书或司法外文书通过本国驻被请求国的外交代表或领事,并由该外交代表或领事送达给有关当事人或诉讼参与人。

《海牙送达公约》也规定了这种途径,即“每一缔约国均有权直接通过其外交或领事代表机构向身在国外的人完成司法文书的送达,但不得采用任何强制措施”。同时,《海牙送达公约》允许缔约国声明,外国外交代表或领事在其领土上直接送达文件,以送达给其本国人为限,和大多数国家一样,中国和韩国都作出了这种声明。因此,就一般意义而言,采用该途径送达的对象只能是请求国国民,且不能采取强制措施。中韩《双边条约》第 15 条规定了外交或领事官员送达方式,即“一方可以通过外交或领事官员向其在另一方境内本国国民送达司法文书,但不得违反该另一方法律,并不得采取任何强制措施”。

关于取证事项,使领馆途径指由请求国的主管法院将取证请求书交给本国驻被请求国的领事,由领事递交给被请求国的法院或有关机构。此种方式程序简单,在实践中得到大多数国家的承认和采用,不少国际条约均对此种方式作了规定。中韩《双边条约》第 24 条规定了外交或领事官员调查取证方式,即“一方可以通过外交或者领事官员向在另一方领域内的本国国民调查取证,以协助其所代表方法院进行的诉讼,但不得违背该另一方法律,并且不得采取任何强制措施”。

从韩国国内法来看,《国际民事司法共助法》第 5 条对使领馆途径作出了规定;中国《民事诉讼法》第 245 条、第 261 条对使领馆途径作出了规定。

3. 外交途径

国际社会普遍认为,如果没有缔结或参加有关的司法协助条约,则两国之间的司法协助一般应通过外交途径进行,借助外交机关作为司法协助的联系机关。在国际司法协助的实践中,即便双方存在司法协助条约,外交途径也不失为一种重要的补充途径,所以中韩《双边条约》提及了外交途径,即“本条约不妨碍任何一方通过外交途径请求司法协助”。①

从国内法角度来看,以中国为例,中国《民事诉讼法》第 245 条、第 261 条对使领馆途径作出了规定。中国《民事诉讼法》第 261 条第 1 款就规定外交途径:“请求和提供司法协助,应当依照中华人民共和国缔结或者参加的国际条约所规定的途径进行;没有条约关系的,通过外交途径进行”。

1986 年 8 月最高人民法院、外交部、司法部专门就此问题发了《关于我国法

① 《双边条约》第 9 条。

院和外国法院通过外交途径相互委托送达法律文书若干问题的通知》。以送达文书为例,该通知规定了外国通过外交方式向中国送达的具体程序:由需要送达文书的该外国驻华使馆将法律文书交外交部领事司转递给中国有关高级人民法院,再由该高级人民法院指定有关中级人民法院送达给当事人。当事人在所附送送达回证上签字后,中级人民法院将送达回证退高级人民法院,再由外交部领事司转退给对方。反之,如果是中国向外国通过外交方式送达,也要通过外国驻外使领馆向外国外交部的负责机关提交申请。中国法院和外国法院通过外交途径相互委托代为调查或取证,也参照上述通知的有关规定办理。

二、中韩相互送达

域外送达是指在国际民事诉讼中,请求国依据其参加的国际条约或其本国法律规定的方式,将司法文书和司法外文书交由居住在被请求国的诉讼当事人或诉讼参与人的制度。

中韩之间的条约限于司法文书的送达,虽然条约中并未明确列举司法文书的范围,但司法文书一般被认为是一国法院在审理涉外民事案件中依法制作的各种书面材料,主要有传票、通知、决定、调解书、裁定书、判决书、送达回证、公告、法庭制作的各种笔录,还包括诉讼参与人依法提交的起诉书、答辩书、反诉状、上诉状、申请书、委托书及鉴定意见书等。

依据双边条约、双方就送达的国内立法及其司法实践,对于双方通过中央机关进行送达相关问题简要列表如下(见表3):

表3 中韩司法协助通过中央机关送达的程序

项目	具体规定
一般途径	中央机关途径、外交途径、使领馆途径
按中央机关途径中国向韩国送达	程序如下: 中国受理案件的中级或专门法院—高级法院—最高法院—中国司法部—韩国法院行政处—相关有管辖权的韩国法院
按中央机关途径韩国向中国送达	程序如下: 韩国受案的法院—韩国法院行政处—中国司法部—最高法院—送达执行地高院—有关中院或专门法院(完成送达,取得送达回证)—最高法院—中国司法部(填写证明书)—韩国法院行政处

续表

项目	具体规定
中国向韩国送达其他方式	1.(有权接受送达的)在中国境内的诉讼代理人; 2. 在中国境内的法定代表人或主要负责人; 3. 在中国境内代表机构; 4. 在中国境内分支机构或业务代办人; (以上 4 种可适用留置送达) 5. 邮寄(对方国家允许); 6. 传真及电子邮件(能确认收悉); 7. 公告(不能用上述方式送达才可以进行)
韩国向中国送达其他方式	公告送达

在前文的讨论中,笔者发现,中国对韩国送达是可以采用双方条约之外的中国国内的相关方式的。其中一个问题在于,对韩国可否采取邮寄送达。

在国际交往实践中,各国以及有关的国际条约对邮寄方式的态度不尽相同,韩国在加入《海牙送达公约》时,就对邮寄送达予以了声明保留,同时,韩国国内法对外国的送达也没有接受邮寄方式,故中国对韩国不可采取邮寄送达。

但是,在中国地方法院实践中存在变通,如山东省高级人民法院的法官在探讨对于韩国的审判实践时认为:因为韩国是不接受邮寄送达的国家,因此,如果韩国当事人接受了法院邮寄送达的司法文书,但拒绝应诉,中国法院不能以此认定送达有效,应当按照法定途径重新送达。但是,如果韩国当事人接受中国法院邮寄送达的司法文书并应诉,应认定送达有效。当事人再以一审邮寄送达不当,提出异议并上诉,其主张不应支持。① 此种实践中地方法官的观点与立法原意并不符,值得注意。

三、中韩相互域外调查取证

域外调查取证是指一国司法机关通过一定的方式取得位于法院国境外证据的行为。调查取证所具有的严格的属地性以及各国调查取证制度的不同,使域外调查取证问题更复杂,更容易产生冲突,而域外调查取证又是国际民事诉

① 参见山东高院民四庭课题组:《关于山东涉韩商事纠纷与诉讼的调研报告》,载《山东审判》2006 年第 4 期。

讼程序中非常重要的一项内容,直接关系法院对案件是非曲直的判断以及当事人的权利能否得到有效的保护。对案件得到迅速、及时、有效的审理具有重要意义。为此,各国在该领域开展了广泛的合作。中韩域外调查取证的依据主要是中韩《双边条约》及其各自的国内立法,另外,中国已经加入了《关于从国外调取民事或商事证据的公约》(以下简称《海牙取证公约》),但韩国并未加入。

(一)中韩域外取证的内容

域外调查取证的内容指域外调查取证主要包括哪些取证行为,关于该问题各国规定以及相关的国际条约的规定也各有不同,但通常认为包括以下内容:询问诉讼当事人、证人、鉴定人或其他诉讼参与人,进行鉴定和司法勘验,同外国法院或者其他机构或公证人一起实现对某一原始文书或物证的提供或保全和管理。[①]

就中韩双边条约而言,域外调查取证范围包括:获取当事人陈述和证人证言、调取物证和书证、进行鉴定或者司法勘验、委托公共机构查询某些事实和履行与调查取证有关的其他司法行为。但是以上范围不适用于下列情况:其一,获取不打算用于已经开始或者即将开始的司法程序的证据;其二,获取未在请求书中予以列明或者与有关诉讼程序没有直接密切联系的文件。[②]

(二)域外调查取证的方式

域外调查取证的方式分为两大类:一类是直接方式,另一类是间接方式。直接方式系指在证据所在国同意的情况下,由受理案件的法院所属国家的有关机构或人员在证据所在国直接调取证据的方式。

直接方式具体包括以下三种途径,即外交和领事人员取证、当事人或其诉讼代理人自行取证和特派员取证。如前所述,外交和领事人员取证已经在中韩《双边条约》中规定了。

当事人或诉讼代理人自行取证,系指由诉讼当事人或者诉讼代理人进行域外调查取证。特派员取证此种取证方式系指受理案件的法院委派专门的官员到证据所在国进行调查取证。专门的官员通常是指受理案件的法院的法官、书记员、律师等。这两种方式为英美法系个别国家所采纳,大多数国家并不允许,中韩也均是此等态度,[③]故不适用于中韩之间的取证。

---

① 参见李双元、谢石松:《国际民事诉讼法概论》,武汉大学出版社2001年版,第422页。

② 参见《双边条约》第16条。

③ 如中国规定见《中华人民共和国民事诉讼法》第261条。

间接的域外调查取证,是指通过司法协助的方式进行域外调查取证,又称请求书方式,即由法院地国的相关机构(通常为司法机关)依据条约或互惠关系通过请求书委托证据所在国的有关机构代为调查取证。中韩《双边条约》就确立了双方通过中央机关进行域外取证方式。

域外间接调查取证也包括两方面的内容:域外调查取证的委托和域外调查取证的协助。所谓域外调查取证的委托,是指受诉法院通过一定的途径向外国的有关机构提出域外调查取证的请求,即提出域外调查取证的委托;所谓域外调查取证的协助,系指被请求国的主管机构通过一定的途径调取被请求的证据的行为。

(三)域外调查取证的委托

域外调查取证的委托包括两部分内容:请求的提出和请求书的制作;请求书的传递。

1. 请求的提出和请求书的制作

进行域外调查取证首先要提出请求,那么,由谁来提出请求呢?通常向外国法院或者有权机构提出域外调查取证委托或请求的机构只能是请求国的司法机关或其他有此权力的机构,请求国的当事人以及任何其他机构都不能直接向外国的有关机构提出域外调查取证的请求。中韩《双边条约》也表明请求应该由请求国法院提出。

有权机构提出域外送达的委托时,应当制作请求书。根据中韩《双边条约》,请求书应该以书面形式,关于请求书的形式,条约专门规定了请求书的格式,并要求制作的请求书的格式与条约中规定的相一致。关于请求书的内容,应当写明以下事项:请求法院的名称和地址;诉讼当事人的基本情况;诉讼当事人代理人的基本情况;请求所涉及的诉讼的性质和案情摘要;需被调取证据的性质。在适当情形下,请求书的内容还应当包括:需询问人员的姓名和地址;需向被询问人员提出的问题或对需询问的事项的说明;需检查的文件或其他财产的性质;需委托公共机构查询的事项;需采用的任何特殊方式或程序;其他对于执行请求必要的材料。①

2. 请求书的传递

请求书的传递系指将请求书依照有关国际条约或者有关国家的诉讼立法从一国的司法机关依照一定的途径传递到被请求国司法机关的过程。关于具

① 参见《双边条约》第 17 条。

体的途径，不同的国际条约和国内立法都有所不同。中韩之间的取证按照《双边条约》规定，应当通过各自中央机关直接进行联系，[①]具体途径参见前文关于中韩之间依据《双边条约》送达的部分。

（四）域外调查取证协助

域外调查取证协助是国际司法协助在域外调查取证方面的体现，是指被请求国的司法机关或者其他机构依据请求书进行调查取证的行为。一国法院或其他的有关机构接受取证请求或委托，进行一定的取证行为后，无论结果如何，都应当通过某种途径以适当的方式将执行情况通知请求机关，并将已取得的证据移交给该请求机关。如中韩《双边条约》就规定，被请求方应当通过规定的中央机关，向请求方书面通知执行调查取证请求的结果，并转交所取得的证据材料。如果被请求方因为任何原因无法执行请求，则应当将请求书退回请求方，并说明妨碍执行的原因。[②]

中韩之间域外调查取证协助有以下几个方面值得注意：

1. 执行请求时请求方的人在场的问题

《双边条约》关于域外调查取证协助有其特色，即在执行请求时，允许请求方的人在场，包括两类：其一为有关当事人及其代理人；其二为经被请求方事先授权的请求方的法官或者法庭官员。为了达成这一点，《双边条约》要求在执行请求时，被请求方中央机关经要求，应就即将执行调查取证的时间和地点给予请求方中央机关合理的通知，以便让请求方的人能够到场。当然，当事人及其代理人、法官和法庭官员在执行请求时到场，应当遵守被请求方的法律。[③]

考虑到中国向来不支持当事人或其诉讼代理人自行取证和特派员取证。中国2007年《民事诉讼法》第261条也规定，除非是使领馆送达途径，未经中华人民共和国主管机关准许，任何外国机关或者个人不得在中华人民共和国领域内送达文书、调查取证。在中国与外国缔结双边司法协助协定的实践中，关于请求方人员到场问题，中国早期的司法协助条约都未规定。这主要是基于主权的考虑，怕影响中国司法权的行使。事实上，允许请求国司法机关、双方当事人及其诉讼代理人在遵守中国法律的情况下到场，本身就是独立行使主权的表

① 参见《海牙取证公约》也规定请求书应直接送交执行国中央机关，无须通过该国任何其他机关转交。

② 参见《双边条约》第22条。

③ 同上，第19条。

现,而且有利于各国在域外取证方面的广泛合作。①

鉴于此,在晚近中国缔结的司法协助条约中,现已有中国和意大利、泰国、塞浦路斯等国含有民商事域外取证规定的条约及中国和保加利亚、加拿大的刑事司法协助条约等越来越多的双边司法协助条约允许当事人及其诉讼代理人到场。这一做法也是与国际社会的通行做法一致的,中韩《双边条约》作出相应规定正是出于上述考虑。

2. 强制措施的使用

中韩《双边条约》规定:"在执行请求时,被请求方机关应在其国内法为执行本国机关的决定或本国诉讼中当事人的请求而规定的相同的情况和范围内,采取适当的强制措施。"②

关于该问题,中国缔结的多数司法协助条约都未作专门规定,仅有与法国、西班牙、塞浦路斯等少数国家签订的民商事司法协助条约对此作了明确规定。尽管多数条约未对此问题作出规定,但这些条约均规定取证适用本国法律,那么自然包括本国法律中所规定的强制措施。《海牙取证公约》第 10 条规定,执行机关代为取证是否采取强制措施,由被请求国法律来决定,且须符合两个条件:措施是适宜的;措施与被请求国在进行国内诉讼时适用的条件相符合。

3. 证人的权利与豁免

中国缔结的多数司法协助条约都未对证人的权利与豁免问题作出规定,但既然取证依被请求国的法律进行,则证人有权依此拒绝作证。至于证人能否根据请求国法律拒绝作证,则应取决于公约的具体规定。

《海牙取证公约》赋予证人拒绝作证的权利,这一权利的行使既可基于被请求国法律,也可基于请求国法律甚至第三国法律。证人依据被请求国法律拒绝作证,这一做法早为世界各国接受,公约也对此作了明确规定。对于证人援引请求国法律主张权利,则有一定限制,即此种权利必须是请求国法律明文规定,且请求机关在请求书中对此已有说明。而证人能否依据第三国法律拒绝作证则完全取决于取证地国家是否作了声明。

中韩《双边条约》则对此问题作了明确的规定:"根据本条约被要求作证的人员可以拒绝作证,如果该人依请求方法律有拒绝作证的特权或义务,且此项特权或义务已在请求中列明,或者应被请求方中央机关的要求,此项特权或义

① 参见杜新丽:《国际民事诉讼和商事仲裁》,中国政法大学出版社 2005 年版。

② 《双边条约》第 20 条。

务已经请求方中央机关另行确认。如果被请求方法律允许根据本条约被要求作证的人员在被请求方提起的诉讼中的类似情形下不作证，该人可以拒绝作证”。[①] 由此，依据中韩《双边条约》，证人可根据被请求国法律拒绝作证，在一定条件下也可以根据请求国法律拒绝作证。

4. 费用的负担

关于代为取证的费用，中国缔结的司法协助条约一般规定，协助取证应相互免费。有的协定规定，取证过程中的鉴定费和翻译费以及采用特殊方式所产生的费用由请求一方负担，具体执行视各条约规定。《海牙取证公约》也规定，代为取证应免费执行；但同时规定了例外情况，如鉴定人与译员的费用以及使用特殊程序所产生的费用，应由请求方支付。

被请求国提供域外调查取证协助时，中韩《双边条约》与《海牙取证公约》的做法一样，一般不要求请求国支付任何性质的手续费和费用，但是，对于被请求国支付给鉴定人、译员或其他有关人员的酬金和费用，以及因使用请求国要求的特殊方式和程序而产生的费用，则由请求国支付。[②]

5. 请求的拒绝

对于外国的域外取证的请求，并不一定均会得到被请求国的执行。各国基于国家主权或者其他方面的考虑，往往在国内立法或者在其缔结或参加的国际条约中规定了拒绝履行某些域外调查取证的请求的情况。关于请求的拒绝，《海牙取证公约》第 12 条规定了拒绝执行的两条理由：执行不属于执行国司法机关的权限；执行请求书将危及执行国的主权或安全。这两项条件，已被国际社会普遍接受。同时，鉴于请求书的拒绝也不是毫无限制的，该条第 2 款进一步规定：其一，不得以专属管辖权为由拒绝执行请求；其二，不得以法律不承认请求所涉及的诉因为由拒绝执行请求。

中韩《双边条约》关于内国拒绝调查取证及其不得拒绝调查取证的情形参见表 1，其内容是与《海牙取证公约》一致的。

四、结语

中韩之间近代以来的第一个条约是 1882 年的《中朝商民水陆贸易章程》，自此，中国与韩国的关系自以“天下观”为核心的传统东亚秩序走向了今天全球

① 《双边条约》第 21 条。

② 参见《双边条约》第 23 条。

通行的以“主权”为内核的国际秩序,迄今已过去了 100 多年。[①] 从历史回顾来看,我们已经超越并在创造着中韩交往的新篇章。

构筑了中韩司法协助事项核心的《双边条约》,基本上较好地解决了中韩双边的司法协助的部分问题。但是,从中韩民事程序协调这样一个大的主题来看,遗憾在所难免,如从理论上看,双边未能就管辖权和判决的相互承认达成一致的认识,并形成相应的双边规则。

从实践看,近来随着全球经济的危机,中国面临着严峻考验,如改革开放 30 年,中国首次出现“外商投资企业非正常撤离风潮”,其中,在韩国企业集中的中国青岛和东莞等地,出现了一些“韩国企业出逃”事件,并引起了关注。[②]

为针对外资企业非正常撤离中国后,所遗留的拖欠工人和供货商的款项等法律问题,中国商务部、外交部、公安部、司法部联合印发了《外资非正常撤离中国相关利益方跨国追究与诉讼工作指引》(2008 年 11 月 19 日)。其内容就韩国企业出逃问题而言,也多涉及本文所论及的中韩司法协助的事项,并凸显出法律面临的实践困境。

从这一视角来看,我们创造中韩交往的新篇章的努力,尚任重而道远。

---

① 关于中国与韩国近代关系的国际法演变,参见曾涛:《从天下观到国际观——近代中国与国际法》,中国政法大学 2007 年博士后报告。

② 参见《韩企出逃中国后遗症凸显 大量农民工讨薪无望》,载《国际先驱导报》2009 年 1 月 14 日。

关于设立亚洲基础设施投资银行投资争端解决中心的探讨[*]

作为区域多边开发机构，亚洲基础设施投资银行（以下简称亚投行）致力于支持亚太地区基础设施的建设。目前，已有77个成员国（其中57个为创始成员国）正式签署《亚洲基础设施投资银行协定》（Asian Infrastructure Investment Bank Articles of Agreement，以下简称《亚投行协定》）。[①] 亚投行现已正式开展业务，可以预期，随着亚投行业务的全面展开，各种争端会伴随而来。从世界银行的实践来看，只有拥有从融资途径到担保机构再到独立的争端解决机构这样完整的制度体系，才能够保障区域多边开发机构的长远发展。[②] 在一定程度上说，亚投行是否能够在众多多边区域性机构中脱颖而出、永续经营，取决于这些争端能否有效和公平地得到解决，取决于亚投行整个制度框架是否能够博采众长、不断完善。

为此，建议设立“亚洲基础设施投资银行争端解决

---

* 与孔庆江（武汉大学法学博士，中国政法大学国际法学院院长、教授）合作撰写，本文原载于《国际经济评论》2017年第6期（总第132期）。

① 参见《亚投行协定》的英文版和中文版，资料来源：https://www.aiib.org/en/about-aiib/basic-documents/articles-of-agreement/index.html，最后访问日期：2017年10月23日。

② 参见宇文沛：《亚投行争端解决机制发展建议》，载《北方经济》2016年第8期。

中心”(ACSID),为银行与银行贷款的利益相关者之间的争端提供独立、公正、有效的解决之道。

一、设立 ACSID 的理由

(一)在国际制度供给上发挥应有作用

世界银行体系内的解决投资争端国际中心(International Centre for Settlement of Investment Disputes,ICSID)是国际投资领域现有唯一的国际争端解决中心。但 ICSID 传统上倾向于保护投资者而忽视东道国规制投资的正当性,一直受到发展中国家诟病,甚至在发达国家也出现改革该中心屏蔽公众监督和排除司法审查的程序的呼声。① ACSID 的设立,其意义不仅是为国际社会提供可供选择的一个投资争端解决中心,更重要的是,在扩大中国与亚太其他发展中国家在国际投资争端解决领域的话语权。

(二)有利于亚投行支持“一带一路”建设

“一带一路”倡议的推进,需要制度性公共产品的支撑,而信誉良好、效率高的国际争端解决中心被认为是“一带一路”建设不可或缺的制度性公共产品。② 在中国提出“一带一路”倡议后,最高人民法院要求各级人民法院发挥审判职能作用,为“一带一路”建设提供司法服务和保障。③ 考虑要让中国法院发挥审判职能作用,除了根据我国法律我国法院享有管辖权的案件外,其他案件能否在我国处理,取决于争端各方的选择,取决于包括我国法院的国际公信力和我国法治环境的完善等多种因素,这并非易事。相对而言,包括设立国际争端解决中心并发挥其国际公共产品的作用,更能早日见效。

事实上,中国上海多年来一直正致力于建设国际仲裁中心,④也在中国(上海)自由贸易试验区先后引进香港国际仲裁中心、国际商会仲裁院和新加坡国际仲裁中心设办事处,但由于地方政府的能力限制,效果不甚明显。香港特别行政区也计划修改《仲裁条例》,巩固香港特别行政区的亚太区国际法律及解决

---

① Sergio Puig,“Recasting ICSID's Legitimacy Debate:Towards a Goal-Based Empirical Agenda”, *Fordham International Law Journal*,36,2013.

② 参见王贵国:《“一带一路”战略争端解决机制》,载《中国法律评论》2016 年第 2 期。

③ 《最高人民法院关于人民法院为“一带一路”建设提供司法服务和保障的若干意见》(法发〔2015〕9 号)。

④ 2013 年 4 月 11 日上海成立“上海国际仲裁中心”,目的是将上海打造为国际仲裁中心,服务于上海“国际经济中心、国际金融中心、国际贸易中心、国际航运中心”的建设。

争议服务中心地区，[①]但近年来，我国香港特别行政区政治形势的发展，必然会给此项国家战略任务蒙上阴影。

亚投行对"一带一路"的基础设施互联互通可起到资金支撑作用，ACSID设立后，如能成就其国际性、专业性和独立性，相较于各国的法院和其他争端解决机制，可能成为"一带一路"建设中发生争端的双方的首选。ACSID将在"一带一路"建设中发挥定分止争的制度性公共产品的独特作用。

（三）亚投行协定的制度设计不足

虽然《亚投行协定》对于亚投行法律地位、组织架构、决策机制及争端解决都作出了规定，但协定中的制度设计仍有不足之处，这体现在《亚投行协定》对争端解决的规定上。

根据《亚投行协定》的规定，第46条及第50条分别提到了诉讼和仲裁的相关事项。在关于司法程序豁免的第46条提及银行不享有豁免的事项，即银行为筹资而通过借款或其他形式行使的筹资权、债务担保权、买卖或承销债券权而引起的案件，或者与银行行使这些权力有关的案件，实际上指出了这类案件的司法解决方式。该条第2款前半句进一步规定，"任何成员、成员的任何代理机构或执行机构、任何直接或间接代表一个成员或成员的机构或单位的实体或个人、任何直接或间接从成员或成员的机构或单位获得债权的实体或个人，均不得对银行提起诉讼"。

很明显，根据该协定第1款的规定，关于银行和银行的客户之间的争端，除了诉讼之外别无其他解决途径，而第2款前半句规定等于排除了银行客户提起诉讼的可能性，虽然银行与其客户之间的争议中往往银行是债权人和寻求救济的一方，但对银行客户应该说有失公平。如果不允许引入其他争端解决途径，第1款和第2款前半句合起来的效果是，不但限制了银行寻求其争端解决的选择机会，使银行和银行客户处于不确定的国家的司法管辖权下，而且剥夺了银行客户的可能寻求任何救济的权利。

本来，相对于司法解决途径，包括仲裁在内的替代性争端解决途径

---

① 香港律政司司长袁国强2016年1月25日在香港立法会致辞：《巩固香港作为亚太区国际法律及解决争议服务中心地位》，载新华网：http://news.xinhuanet.com/gangao/2016-01/25/c_1117890504.htm，最后访问日期：2017年5月29日。

(Alternative Dispute Resolution,ADR)是被最频繁使用的争端解决手段。① 如设立 ACSID 这个替代性争端解决机制,不但有助于克服现行有关争端解决制度设计中的不平衡和对银行客户的不公正,而且,为银行和包括银行客户在内的利益相关者(如与银行融资项目相关的当事人)提供了选择其他解决争端的途径的机会。明确的制度规则可使银行与利益相关者之间的争端能够更有效率地解决,也可以给予双方更强的制度保护。相反,如果亚投行没有统一的声誉卓著的争端解决机制,利益相关者不得不求助于有关法域的法院,由此,可能出现不同法院对同一问题理解不同,出现裁决不一致和结果不可预测性的现象,这一切会最终对亚投行的业务产生不利影响。

《亚投行协定》在争端解决制度设计方面的另一个不足,是协定设立的仲裁机制的范围狭窄。该协定第 55 条设立了适用于"在银行与已终止成员资格的国家之间,或者在银行通过终止银行业务的决议之后银行与成员之间发生争议"的仲裁机制。但该仲裁并没有包括银行与银行客户之间的争端,也没有包括使用亚投行贷款的投资者与成员之间投资争端的解决。除此以外,该协定第 55 条没有一套自己的仲裁程序。这些使亚投行的争端解决制度具有相当的局限性。

(四)《亚投行协定》不排斥仲裁机制

仔细审视《亚投行协定》第 55 条规定,在银行与已终止成员资格的国家之间,或者在银行通过终止银行业务的决议之后银行与成员之间发生的争端,适用该条规定的仲裁解决机制。该协定第 46 条第 2 款后半句规定,"成员应采用本协定、银行的细则及各种规章或与银行签订的合同中可能规定的特别程序,来解决银行与成员之间的争端"。据此,银行的细则及各种规章或与银行签订的合同完全可以为银行与成员之间的争端(除该协定第 55 条规定的争端以外)解决设定特别程序,如仲裁规则。同理,也可为银行与成员以外的客户之间的争端的解决设定特别程序。

《亚投行协定》第 46 条第 2 款后半句实则确立了《亚投行协定》、银行的细则及各种规章或与银行签订的合同中规定的争端解决特别程序(特别程序)优先于第 1 款规定的司法解决程序,限制了第 1 款所述案件司法解决途径的使用(限制成员提起诉讼)的可能性,又为银行与成员之间的争端提供了其他解决途

---

① 参见 Bryan Garner(ed.),*Black's Law Dictionary*,9th *edition*,Thomson Reuters,2009,p. 91:"alternative dispute resolution"条目。

径的可能性:只要存在特别程序,该特别程序优先适用。

二、解决投资争端国际中心的启示

建立常设独立的仲裁机构需要借鉴现有的争端解决机制,以观其利弊。在这方面,世界银行体系内的解决投资争端国际中心尤其可作为借鉴的先例。

ICSID 是在世界银行的主持下,按照 1965 年《关于解决国家和他国国民之间投资争端公约》[①]建立的专门处理国际投资争议的国际性常设仲裁机构,属于世界银行的内设独立机构,其宗旨是为国家与其他国家的国民之间的投资争端提供调解和仲裁的便利。

ICSID 管辖适用于前述公约缔约国(或缔约国向中心指定的该国的任何组成部分或机构)和另一缔约国国民之间直接因投资而产生并经双方书面同意提交给中心的任何争端。客观上,只要 ICSID 公约的两个缔约国之间缔结了所谓的投资条约并在条约中规定了一缔约国和另一缔约国国民之间因投资发生的争端交由 ICSID 解决,ICSID 即可对该争端行使管辖权。需要说明的是,它解决的争端不涉及世界银行与其客户之间的争端。

21 世纪之后、特别是近年来,ICSID 在国际舞台上作用越来越明显,在处理争端的年均数量上,ICSID 已超过世界贸易组织的争端解决机制。[②] 除国际投资活动增加的大前提以外,ICSID 独特的仲裁体制是其得到肯定与重视的主要原因。[③] 因此,ICSID 机制值得设立 ASCID 借鉴。

三、设立 ACSID 的具体方案

ACSID 制度的中心是 ACSID 作为争端解决中心的管辖权范围、运行模式

---

① 《关于解决国家和他国国民之间投资争端公约》官方英文版,载解决投资争端国际中心网:https://icsid.worldbank.org/en/Pages/resources/ICSID-Convention,-Regulations-and-Rules.aspx;关于其中文本,可参见中国人大网:http://www.npc.gov.cn/wxzl/gongbao/2000-12/14/content_5002747.htm,最后访问日期:2017 年 10 月 23 日。

② 自 1995 年 1 月 1 日 WTO 成立起,截至 2017 年,WTO 争端解决机构共处理和正在处理 524 个案件,年均案件数不足 30 个。ICSID 自 1965 年成立以来,截至 2017 年,案件总数达到 624 个,虽然年均就 10 余个,但 2017 年案件数目年超 40 个。参见世界贸易组织官网:https://www.wto.org/english/tratop_e/dispu_e/dispu_status_e.htm,最后访问日期:2017 年 5 月 29 日;解决投资争端国际中心网:https://icsid.worldbank.org/en/Pages/cases/AdvancedSearch.aspx,最后访问日期:2017 年 5 月 29 日。

③ 参见宇文沛:《亚投行争端解决机制发展建议》,载《北方经济》2016 年第 8 期。

和争端解决方式及相关程序,下面参照 ICSID,但又不限于 ICSID,提出如下方案。

(一)ACSID 管辖权范围

ACSID 管辖权范围应当包括:(1)亚投行与银行客户之间的所有争端,即只要是使用了亚投行贷款的客户,在与银行发生的争端,均受 ACSID 管辖;(2)使用亚投行贷款的私人客户与成员国之间的投资争端;(3)亚投行所资助或投资的项目的当事人之间的争端,在当事人之间存在选择时,即如亚投行资金支持的一个基础设施或其他生产性项目涉及两个或两个以上当事人,相互之间发生争端,如当事人选择 ACSID 争端解决方式,受 ACSID 管辖;(4)任何国际商事争端,如争端双方选择 ACSID 解决争端,则 ACSID 可行使管辖权。

对于第一种争端,可在亚投行与其客户的贷款合同或其他类似合同中订立格式争端解决条款;对于第二种争端,可制定银行细则并在其中规定银行私人客户与成员就银行所资助或投资的项目,其相互之间发生的争端由 ACSID 管辖,同时,在银行与其私人客户的贷款合同或其他类似合同中订立格式争端解决条款;对于第三种争端,可制定银行细则并在其中规定当事人参与银行所资助或投资的项目,其相互之间发生的争端由 ACSID 管辖;ACSID 对第四种争端的管辖权是基于国际商事仲裁管辖权的通例。

(二)ACSID 运行模式

ACSID 由亚投行设立,但应当独立于后者。它应具有完全的法律人格,而非亚投行的下设部门,因为 ACSID 不仅要处理银行私人客户与成员之间的争端,还需要处理银行本身与其各类客户之间的争端,因此,保持 ACSID 的独立性便于开展相关业务,也更能保证 ACSID 作为争端解决中心的公平、公正性。ACSID 应当具有自己的管理机构,可设置一个理事会和一个秘书处,理事会由亚投行成员派代表组成,秘书处负责 ACSID 日常工作。此外,ACSID 应是一家融仲裁与调解于一身的争端解决中心,因此,需要建立专门负责开展仲裁与调解工作组,由成员指派相当数量符合工作要求的人员具体参与仲裁与调解工作。

(三)ACSID 争端解决方式及相关程序

ACSID 争端解决方式包括调解和仲裁,以仲裁为主。当事人分别按照调解和仲裁程序提出申请,经双方当事人同意任命调解员或仲裁员,组成调解委员会或者仲裁庭处理争端事项。在相同争议的案件中,调解员不得再参与仲裁,反之亦然。ACSID 有自己的调解规则和仲裁规则,但调解规则与仲裁规则的选择均应当尊重当事人的意思自治。此外,ACSID 仲裁还须注意以下几个问题:(1)仲裁的透明度;(2)仲裁的监督;(3)仲裁裁决的不一致性。一般情况下,仲裁是十分重视保密性的,但诸如当 ACSID 在处理私人客户与成员国的基础设施投资争端时常会涉及公共利益,并且在增加透明度已成为投资仲裁争议解决的趋势下,ACSID 仲裁机制应当根据联合国贸易法委员会(United Nations Commission on International Trade Law,UNCITRAL)关于投资仲裁透明度的规则,[①]增加透明度,可通过披露裁决书部分内容等方式来进行。基于仲裁的独立性与终局性,ACSID 还须对仲裁构建内部监督机制,对违反程序公平的相关裁决应当予以撤销。还有,鉴于仲裁庭任意行使自由裁量权、自行扩大管辖权、不重视或不足够重视缔约方意愿等问题已经造成现行仲裁机构如 ICSID 饱受诟病,为了避免此类问题影响 ACSID 争端解决的最终效果,ACSID 可考虑在程序规则中加强对仲裁员权限的约束和引入对仲裁裁决可撤销的做法。[②] 此外,从仲裁工作组的仲裁员名单中挑选仲裁员组成仲裁庭负责具体争端的仲裁工作,因不同仲裁庭仲裁员组成不同,可能导致相同或相似案件最终的仲裁结果差别巨大,因此,通过建立上诉机构,对避免此类情况的发生具有一定的效果。

---

① 关于仲裁的透明度,联合国贸易法委员会专门制定投资者—国家之间争端的透明度规则,UNCITRAL Rules on Transparency in Treaty-based Investor-State Arbitration (effective date: 1 April 2014), http://www.uncitral.org/uncitral/en/uncitral_texts/arbitration/2014Transparency.html,最后访问日期:2017 年 5 月 29 日。

② 关于国际仲裁裁决撤销,一般有国内(仲裁)法规定,ICSID 也有程序可撤销仲裁裁决。如能在 ACSID 的程序规则中规定,更显得对仲裁员越权仲裁的零容忍态度。

第六编　名家法思探寻

董必武国际法思想初探*

董必武同志是伟大的马克思主义者、无产阶级革命家与法学家、中华人民共和国早期法制的主要奠基人。在长达60多年的革命生涯中,董必武同志历经辛亥革命、北伐战争、土地革命、抗日战争和解放战争,为中国的革命事业鞠躬尽瘁。中华人民共和国成立后,他积极参与党和国家的领导,尤其是在担任政务院副总理兼政务院政法委员会主任、最高人民法院院长期间,曾长期从事政权建设和法制建设的领导工作,提出了一系列加强和健全社会主义民主法制的科学理论、思想观点和方针原则,完整科学地论述了建设社会主义法制国家的理论,发展了马克思主义的国家学说,对人民政权的立法、司法和行政都做出了不可磨灭的贡献。

董必武同志通晓古今中外法学,积极投身于国际法实践,善于运用国际法同帝国主义进行斗争,维护国家和中华民族的利益。在长期的革命斗争中,他积累了丰富的国际法思想。他的许多讲演、报告,诸如《我们目前的两个大斗争》《联合起来扑灭法西斯》《辛亥革命三十周年》《中国共产党的基本政策》《纪念七七抗战十二周年》等,虽然主要是宣传党的主张、政策,但字里行间却从不同方面展现了他的国际法思想,构成其法学思想

---

* 与邹国勇(武汉大学法学博士,武汉大学国际法研究所副教授)合作撰写,本文原载于《武汉大学学报(社会科学版)》2003年第1期。

的重要组成部分。具体说来,他的国际法思想主要表现在以下几个方面。

一、主张废除不平等条约及帝国主义在华特权

在第一次大革命中,1924 年 8 ~9 月,为了配合北京、上海、天津等地的反帝联盟活动,董必武同志和陈潭秋、刘昌群等人以湖北教育界的名义,联络武汉 50 余个民众团体,组成了武汉反帝国主义运动大联盟。同年 9 月 5 日,董必武同志在武昌中华大学主持召集了加入该联盟的各团体代表大会。在大会上,他和钱介磐、陈潭秋、刘昌群等当选为联盟执行委员。会后,他以该联盟名义,发起组织 50 个民众团体代表和各界群众数千人,在武昌阅马场举行"九七"国耻纪念大会,他被推举为大会主席,并在会上发表了重要讲话。他在讲话中分析了清政府与帝国主义列强签订的《辛丑条约》的不平等性及其利害关系。他指出,1901 年受八国联军威胁所缔结的《辛丑条约》为我国外交史上"最大耻辱之事,为我国人民所痛心疾首",强调"此种条约利害之大,有如封豕长蛇,一日不废除,吾国本一日不能伸张,而吾国人亦无享平等幸福之一日",号召人民群众要为"废除种种不平等条约,及谋人类之生存,谋国际外交之平等"而群起努力。接着,集会群众分向武昌及城外各地游行示威,各团体自备传单,沿途散发,以唤醒广大民众的觉悟。①

同时,董必武同志为宣传革命主张,先后创办了《楚光日报》和《汉口民国日报》,并担任《楚光日报》经理。《楚光日报》独树一帜,坚持反帝反封建的办报原则,反对强加给中国人民的不平等条约,要求取消帝国主义在华特权。1926 年 6 月 9 日该报以显著位置刊登了汉口"六一一"惨案纪念宣传大纲,提出了"收回租界""取消领事裁判权""废除不平等条约"等口号。《楚光日报》以它鲜明的革命立场、通俗易懂的文字、形式多样的版面,深受广大读者的欢迎。

1927 年北伐军胜利占领武汉,工农运动迅猛发展。但国民党右派却加紧勾结帝国主义,准备公开叛变革命。以蒋介石为代表的国民党妥协分子一方面压迫工农运动,而另一方面向帝国主义势力妥协,并指使白崇禧对外国驻上海领事表示愿意尊重不平等条约。在这种局势下,针对国民党右派的妥协卖国行径,董必武在国民党湖北省党部召开的孙中山纪念周年会上,发表了《我们目前的两个大斗争》这篇重要演讲。一方面,揭露蒋介石是与帝国主义妥协的反革

① 参见 1924 年 8 月 25 日、9 月 7 日和 9 月 9 日《江声日报》。转引自《研究与学习董必武文集》,华中师范大学出版社 1991 年版,第 226 ~227 页。

命的代表,强调"要打倒帝国主义必先除掉妥协分子",要严厉制裁与帝国主义及军阀妥协的反动分子。另一方面,他号召各级党部向各地群众经常不断地宣传废除不平等条约的主张,[①]打破桎梏中国人民的沉重枷锁。

我们知道,自鸦片战争以来,帝国主义列强通过武力和武力威胁逼迫清政府签订了一系列不平等条约,从中国攫取了大量财富,践踏中国主权。这类用武力或武力威胁方式签订的不平等条约和攫取的种种特权是违反国际法的,严重损害了中国的主权和独立,完全违背了国际法上的国家平等原则,必须反对和废除。而董必武同志废除强加给中国人民的不平等条约和特权的主张,无疑符合现代国际法的基本原则,也是各族人民的共同愿望,得到了全国人民的广泛支持和响应,也有力地吸引了广大民众加入到反帝反封建的革命运动中来,为革命运动的进一步发展创造了条件。

二、联合各种力量反抗帝国主义违反国际法的行为

董必武同志作为一名杰出的革命家,善于从国际法角度看问题、分析问题、解决问题,并注重团结一切可以团结的力量来反抗帝国主义违反国际法的行为,从而领导人民取得了反帝斗争的一次又一次胜利。

1926 年 12 月上旬,英国水兵在汉口登陆,向正在准备迎接国民党中央和国民政府由广州迁鄂的武汉人民耀武扬威。同月 26 日,英帝国主义的亚细亚煤油公司的"光复"号油轮在团风上乌驿又蓄意撞沉我"神电"号轮,淹死我同胞 400 余人,激起武汉人民的无比愤怒。当日,武汉工农商学各界 30 万人在武昌、汉口举行反英运动大会。担任大会主席的董必武同志,在武昌大会上揭露了英帝国主义破坏中国革命、坚持侵略政策的罪行。会后,他领导省党部和汉口特别市党部联合发表反英通电,在提出扣留"光复"轮、抚恤死难家属、赔偿一切损失等最低要求条件的同时,还提出收回内河航运权、收回海关、收回英租界、废除中英一切不平等条约的主张,号召各界民众一致奋斗。[②] 31 日武汉临时中央党政策联席会议决定将此案交外交部向英严正交涉。1927 年 1 月英帝国主义在汉口制造"一三"惨案,武汉群众怒不可遏,掀起了反帝斗争高潮。同年 1 月 7 日,武昌市民 20 余万人在阅马场为"团风惨案"和"一三"惨案举行对英大示威

① 参见《董必武选集》,人民出版社 1985 年版,第 10 页。

② 参见 1927 年 1 月 6 日《汉口民国日报》,载《研究与学习董必武文集》,华中师范大学出版社 1991 年版,第 247 页。

运动。董必武同志以国民党中央党部特派员身份任示威大会总主席,发表讲话,并随后领导省党部发出了通电和告民众书,号召团结一致,坚持到底,争取收回英租界的胜利。接着,许多县市也先后成立了反英运动委员会,使反英浪潮席卷湖北全省。董必武同志领导省党部开展的这些工作和斗争,使武汉国民政府坚定了反帝的立场和态度。经过反复斗争,武汉国民政府和湖北人民终于迫使英国政府于2月19日和20日正式将汉口、九江的英租界无条件地交还国民政府管理,成为反帝斗争史上的一个伟大创举。

英帝国主义在中国虽然连遭重创,但并不愿放弃其侵略中国的帝国主义政策,企图采用武力干涉和经济封锁的办法,用兵力霸占广州、上海、天津,封锁中国沿海港口,以钳制中国的经济命脉。现代国际法禁止任何方式的干涉。英帝国主义对我国进行的武力干涉和经济封锁违背了国际法上的国家主权平等原则。董必武同志经过对国际形势的分析,识破了英帝国主义的阴谋,及时地提出了反对帝国主义武力干涉和经济封锁,号召大家一致行动起来,反对英帝国主义的武力干预,用经济的武器反对英帝国主义的经济封锁,他说,“在英国将用武力干涉的行动之前,要一致切实反对它,使它有所畏而不敢实施”,“帝国主义如果采取经济封锁的时候,我们也同样用经济的武器来对待它”。在中国人民英勇顽强的斗争面前,英帝国主义最后不得不放弃武力干涉与经济封锁政策。

在与帝国主义的长期斗争中,董必武同志还意识到:反抗帝国主义,不仅要团结国内各族人民,更要联合全世界热爱和平的各种力量,共同捍卫世界和平与安全。1952年美帝国主义入侵朝鲜,在朝鲜搞灭绝人性的细菌战。美国的这种行径,违背了《联合国宪章》的宗旨与原则,受到全世界人民的谴责。为了捍卫世界和平,更为了各国人民的健康,国际民主法律工作者协会理事会号召全世界的法律工作者团结起来,结成反帝统一战线,反对美国的细菌战。消息传到国内,董必武同志立即响应,在中国政治法律学会第三次筹备会议上,他号召全国法律界组织一个打倒帝国主义的阵线,不仅要谴责美国的暴行,并要系统、全面地研究美国违反国际法的行为。董必武同志用他开阔的眼界看世界,强调要建立法学界的反帝统一战线,以扩大中国法学界在国际上的影响。他认为,“法律战线在中国过去是很弱的。现在参加到国际民主法协中去,就是参加一个反对帝国主义的战线……”他还指出,“国际民主法协也是一个反帝统一战线,要把帝国主义国家内拥护和平的人团结起来……这个力量要加以团结,要对国际反帝战线用全力来支持”。[①] 当时，中国百业待兴，法制工作刚起步，法学界思想较为混乱，且国际形势对我国的安全还构成威胁。在此局势下，对于中国来说，建立起一个法律上的反帝统一战线就较为重要。董必武同志参加国际民主法律工作者协会反帝统一战线的远见卓识在今天仍然值得我们学习。

三、坚决反对法西斯侵略暴行，揭示中国抗日战争的正义性

1931 年 9 月 18 日日本帝国主义侵占我国东北，揭开了法西斯主义侵略的序幕。德意日等法西斯帝国发动的侵略战争规模大、破坏性强，威吓着全世界爱好和平、民主和自由的人民，是危害世界和平与安全的元凶，与现代国际法所追求的世界和平与安全宗旨相悖。对法西斯帝国的侵略暴行，董必武同志进行了无情的揭露与批判，他在《联合起来扑灭法西斯》一文中指出，“法西斯主义就是野蛮的统治阶级向民主自由和劳动群众进行的最残酷的进攻”“法西斯主义就是横行无忌的民族侵略主义的强盗战争”。[②] 然后，他对国际反法西斯形势进行了具体分析，在对比了法西斯与反法西斯力量之后，他对世界反法西斯斗争的胜利充满信心，认为“如果中、苏、英、美四大国联合起来反法西斯，胜利是可操左券的”。[③] 对于中国抗日战争的性质，董必武同志认为，中国的抗日战争，与苏联抗击德、意一样，性质是完全一致的。[④] 董必武同志还指出，“七七抗战，我国系进行正义的民族解放战争”，是“伟大的爱国战争”。[⑤]

在国际法上，战争有正义和非正义之分。侵略战争和殖民主义战争是非正义的战争；反侵略战争和反殖民主义战争是正义战争。众所周知，中国的抗日战争是保卫祖国抵御外来侵略的战争，是中国人民反抗日本帝国主义压迫的战争，因而是正义的战争。董必武同志对中国抗日战争性质的正确认识和阐述，不仅符合现代国际法的战争观点，而且动员和团结了各种抗日力量，为支持世界反法西斯运动争取友邦民主国家的更多帮助，为中华民族赢得抗日战争的最后胜利做出了贡献。

---

① 《董必武法学文集》，法律出版社 2001 年版，第 144 ~ 145 页。
② 《董必武选集》，人民出版社 1985 年版，第 63 ~ 64 页。
③ 同上书，第 69 页。
④ 参见《董必武选集》，人民出版社 1985 年版，第 67 页。
⑤ 同上书，第 77 页。

四、参加创建联合国筹备会议,维护《联合国宪章》

董必武同志不仅有丰富的国际法思想,而且还积极投身于国际法实践。1945 年 4 月 25 日,在世界反法西斯战争胜利在望,离德国投降不到两周之际,50 个国家在旧金山举行创建联合国筹备会议。这次会议是国际关系史上一次极为重要的国际会议。中国作为联合国的创始会员国,参加了这次旧金山会议。董必武同志作为中国共产党以及解放区代表,成为中国 10 人代表团成员之一。在整整两个月的时间里,董必武等中国代表团成员为维护国家和民族权益,据理力争,同各国代表一起研究、讨论了橡胶园建议案、雅尔塔表决方案和各国政府所提的修正案,最后在橡胶园建议案和雅尔塔方案的基础上完成了《联合国宪章》的起草工作。董必武等中国代表在联合国筹备会议上的行为,维护了中国在联合国的合法权益,提高了中国在联合国的声誉。中国作为第二次世界大战中参战时间最长的国家,获得了宪章第一个签字国的殊荣,董必武同志代表中国第一个在宪章上签字。同年 10 月 24 日《联合国宪章》生效,联合国正式宣告成立。

《联合国宪章》生效后,成为一项对全球产生影响最大的公约,并成为现代国际法最重要的渊源。它所载的各项宗旨与原则及其相关规定,是世界各国公认的国际法准则。1955 年董必武同志在纪念联合国成立十周年时,认为《联合国宪章》所规定的宗旨和原则与全世界人民维持和平的意愿相符合,因而中国人民完全支持联合国的目的和宗旨,并寄予很大的希望。① 中国作为安理会的常任理事国,一直遵守《联合国宪章》,积极维护世界和平与安全,为促进国际经济及社会的发展,发挥着日益重要的作用。

五、关心中国未来的国际法学研究和教育

作为一个马克思主义法学家,董必武同志高瞻远瞩,十分关心和重视中国未来的国际法学研究和教育。

1945 年董必武同志参加旧金山联合国筹备会议时,应“华美协进社”的邀请在纽约发表演讲,有些亲国民党的中国留学生到会场捣乱。当时,正在美国

---

① Dong Biwu, “The 10th Anniversary of the United Nations”, in People’s China, pp. 6 – 8. 转引自王铁崖:《国际法引论》,北京大学出版社 1998 年版,第 228 页。

哈佛大学留学的韩德培先生从华文报纸上看到有关报道后,很不以为然,就写信给董必武先生,表示这些学生不能代表留美学生的大多数,同时也向这位中国共产党的杰出代表请教有关未来中国法学研究的问题。① 董必武同志毫无架子,亲笔给韩德培先生回信,坦言法学研究一定要联系实际,尤其是中国的实际,国际法学研究也是如此。此后,董必武同志与韩德培先生保持书信往来。韩德培先生受到极大的鼓舞,迸发出一股为祖国国际法事业而奋斗的热情,更加坚定了回国从事国际法研究与教育的决心。回国后,韩德培先生在武汉大学50多年如一日,在珞珈山麓辛勤地耕耘着,成为我国国际私法学的一代宗师、环境法学的开创者和奠基人,并且在国际公法学、法理学等领域也颇有建树,为我国的法学教育事业做出了突出贡献。

中华人民共和国成立以后,董必武同志作为法制建设的直接领导者,非常重视法制的建设和发展。他认为,要创建并发展法制,必须首先培养为法制建设服务的人才、熟悉业务的坚强的政法队伍。他在司法改革运动还未结束时,就创办了中央政法干部学校,并大力推动各大区成立政法学院。1951年之后,华东、中南、西北几大行政区增设了政法学院,招收青年学生,全国高等学校政法院系招生也有所扩大。另外,为了教育干部,促进法学研究,董必武同志早在1949年11月初,就领导建立了新政治学研究会和新法学研究会。在此基础上,1952年他提出建立中国政治法律学会。1953年中国政治法律学会成立,董必武同志当选为会长。在他的关怀下,中华人民共和国第一份法学杂志《政法研究》于1954年创刊,他亲自为《政法研究》写了发刊词。在发刊词中他揭露以美国为首的侵略集团对外穷凶极恶地违反国际法,破坏各个大小民族自由平等、各国互相尊重主权独立、不干涉他国内政、相互信守国际条约法的基本原则,制造国际紧张局势,破坏世界和平。他指出,《政法研究》必须担负的重大责任之一就是"联合全世界民主法律工作者,为着保卫世界和平、保卫世界人民民主自由和民族独立平等的神圣原则,在法律战线上进行坚决的、正义的斗争"。② 他希望通过《政法研究》的出版,让全国政治法律工作者,在马克思列宁主义伟大的科学理论指导下,更进一步地团结起来,对国内国际重大政治法律问题进行共同的研究。他鼓励全国的法律工作者积极研究国际法律问题,联系中国的实际,为中国的社会主义建设事业争取一个良好的国际法律环境。所有这些,不

① 参见韩铁:《风雨伴鸡鸣——我的父亲韩德培传记》,中国方正出版社2000年版,第27页。

② 参见《董必武法学文集》,法律出版社2001年版,第190~192页。

仅表现了董必武同志对中国国际法学事业的高度重视与关心,更体现了董必武同志根据客观需要逐步发展中华人民共和国国际法学研究与教育的宏伟思想。

六、结语

综上所述,董必武同志作为无产阶级法学家、中华人民共和国法制的主要奠基人,不仅对中国的民主与法制建设做出了卓越的贡献,而且在国际法方面,他主张废除不平等条约,维护民族利益,反对帝国主义违反国际法的行为,捍卫《联合国宪章》,关心中国的国际法研究与教育,为中国的法学事业呕心沥血,为人民民主和社会主义法制建设奋斗了一生。

当今国际社会,强权政治和霸权主义依然存在,地区冲突不断,世界和平与安全仍受到威胁。现在,我们深切缅怀董必武同志的崇高思想境界和伟人风范,学习他博大精深的法学思想,不仅要学习他的一些具体论述,更要学习他从国际法角度看问题、分析国际形势,运用国际法同霸权主义斗争,维护国家和民族权益的爱国精神。

韩德培教授法学思想研究*

韩德培先生是我国当代著名的法学家。先生不仅是我国国际私法学的一代宗师、环境法学的开创者和奠基人,而且在法理学、国际公法学等领域也颇有建树,做出了突出贡献。早在哈佛大学求学期间,先生在研究国际私法的同时,就开始研究国际公法学和法理学,写过评介庞德的社会法学派学说和凯尔森的纯粹法学派学说的文章。在20世纪40年代后期,先生撰写了《我们所需要的"法治"》一文,发表在当时的著名刊物《观察》上,其思想之深邃,论证之严密,说理之透彻,令人耳目一新、为之振奋。20世纪50年代,先生任武汉大学法律系主任,还兼任其他行政工作,行政事务繁多,但先生仍将俄文的《苏联的法院和资本主义国家的法院》翻译出版,并发表了《要为法学上的争鸣创造条件》等论文。1957年先生蒙受不白之冤,放下了笔杆,扬起了牛鞭,此后有20年没有在他心爱的法学领域耕耘。20世纪70年代末先生复出,写的第一篇文章是先生率我国法学代表团赴荷兰阿姆斯特丹参加第二届国际法律科学大会时在大会上宣读的《中华人民共和国正在加强社会主义法制建设》(英文)。随后,先生与他人合作完成的《关于终止若干合同所涉及的一些法律问题》的咨询

---

* 与何其生(武汉大学法学博士,北京大学法学院教授)、肖凯(武汉大学法学博士,上海金融法院法官)合作撰写,本文原载于《法学评论》2000年第1期。

报告,使国家避免了重大经济损失。尤其值得一提的是,先生在 1984 年主持整理出版了我国当代著名马克思主义理论家、哲学家李达教授的遗著《法理学大纲》,并在《美国比较法杂志》上发表了英文文章《中国的法律教育》。在国际公法领域,先生主编的《现代国际法》和《人权的理论与实践》先后出版,还陆续发表了《要大力加强国际法的研究》、《海洋法公约与条约制度的新发展》(英文)、《论改革与加强关税及贸易总协定多边贸易体系》、《关贸总协定及其基本原则与规则》和《关贸总协定与中国》等论文。此外,据不完全统计,改革开放以来,先生还在法制建设和法学教育与研究方面发表了《让法学更进一步繁荣》、《要创造必要的条件加强法学研究工作》、《我们的战略应该是:一手抓教育,一手抓法制》、《中国的法人制度》(英文)、《充分发挥新宪法在社会主义现代化建设中的伟大作用》、《运用法律手段管理经济》、《对外开放法制环境的调查与研究》、《中国行政法制建设的新发展》、《实施〈行政诉讼法〉的重要意义及需要解决的问题》、《解放思想和对外开放中的法律环境问题》、《扩大对外开放与加强法制建设》等论文。上述可见,先生在国际私法学和环境法学之外的其他法学领域知识渊博,学养深厚,治学勤奋,匠心独具,成果迭出,成就斐然。

本文拟就先生的主要法学思想作一初步探讨。考虑到先生的国际私法思想和环境法思想将另以专文加以探讨,故本文不涉及先生在这两个领域的思想贡献。

一、法治思想

先生作为一代著名法学家,其法治理论和思想非常丰富。早在 1946 年,先生就提出我们所需要的法治应该是建立在民主政治上的法治。特别要强调的是,先生当时用的是“法治”一词,而非“法制”一词。中华人民共和国成立后,先生运用马克思辩证唯物主义观点进一步加深了对法治的认识,并形成了自己完整而系统的法治观,为依法治国这一治国方略的提出做出了重大贡献。先生通过一系列论著,从四大方面对依法治国的思想进行了阐述。

(一)法治与民主

法治与民主,两者可以说相互依存、相互渗透。历史业已证明,民主是法治的前提和基础,法治则是民主的体现和保障。同时,民主与法治还有更深一层的内在关系,即两者是相互制约,相互促进,从而促使彼此不断完善。亚里士多德曾经指出：凡是不凭感情治事的统治者总比感情用事的人们优良。[①] 而法律以其理性的内涵和对恣意的限制赢得人们的青睐，维护着社会的民主。先生在半个世纪前就深刻地认识到法治与民主的辩证关系。先生在文中写道："所谓法治，可有两种意义。若从形式方面来说，法治就是在一个国家里面，由一个具有最高权威的机构，利用法律的强制力，来实行统治，以维持安宁秩序。所谓'万事皆归于一，百度皆准于法'，就可拿来做它的注脚。若从实质方面亦即政治意识方面来说，法治却是借法律的强制力来推行或实现政治上的一定主张的制度。"并认为"如谈法治，则不仅要注重法治之形式的意义，而尤须注重法治之实质的意义"。[②] 在形式与实质的角色定位中，先生以其睿智的眼光拨开外表的迷雾，探寻法治的真谛。法治是民主政治的产物，只有真正的民主政治社会才能实现依法治国，才能彻底摒弃人治下的专制和人治下的法制。因此，先生认为，"我们诚然需要一个'万事皆归于一，百度皆准于法'的法治国家，但我们更需要一个以实行民主政治为主要目的的法治国家……法治如不建筑于民主政治之上，则所谓法治云云，定不免成为少数人弄权营私欺世盗名的工具。唯有在民主政治的保证之下，法治才能成为真正于人民有利的一种制度。也唯有在民主政治的保证之下，法治才更易求其充分彻底的实施"。[③] 这种深邃的远见无疑是理论的一种深化。但先生并没有止于此，而是从思辨的角度进一步认识法治与民主政治的关系。先生认为法治需要以民主政治为背景，而民主政治也需要法治。因此，没有法治，民主政治就不能巩固，而将成为群魔乱舞的局面。[④] 这种认识在今天的中国已得到公认。邓小平同志根据马克思主义关于民主与法制的论述，提出的"发扬社会主义民主，健全社会主义法制，两个方面是统一的"和"社会主义民主和社会主义法制是不可分的"[⑤]等著名论断，无疑是对像先生这样的法学家的深远洞察力的肯定。中华人民共和国成立后，人民成了国家的主人。对于中国的民主法制问题，先生认为，建设社会主义民主要有社会主义现代化的经济基础，并和精神文明的建设相配套，同时社会主义民主

① 参见[古希腊]亚里士多德：《政治学》，商务印书馆1983年版，第169页。

② 参见韩德培：《我们所需要的"法治"》，载《韩德培文选》，武汉大学出版社1996年版，第494页；原载于《观察》（第1卷）1946年第10期。

③ 韩德培：《我们所需要的"法治"》，载《韩德培文选》，武汉大学出版社1996年版，第495～496页。

④ 同上书，第496页。

⑤ 《邓小平文选》（第2卷），人民出版社1994年版，第276页、第359页。

一定要用法制来保障。由于人们的法制观念还有待加强,民主的发展就不能操之过急。而且,搞好社会主义民主,必须注意下面几点:(1)认清社会主义民主和资本主义民主之间的本质区别;(2)社会主义法制要以社会主义民主为基础,而社会主义民主又必须有社会主义法制作保障;(3)实现社会主义民主,必须坚持四项基本原则。① 先生理性的分析不仅使其民主法治观不断深化,而且具有重要的现实意义。

(二)法治与宪法至上

宪法是国家的根本大法,维护宪法的最高权威和至上性是法治之路的灵魂。正如《布莱克维尔政治学百科全书》所指出的那样,法治是"人们提出的一种应当通过国家的宪政安排使之得以实现的政治理想"。② 宪法至上无疑是法治社会的内在要求。先生在对英美法治理论和实践的比较中认为,成文宪法"更具有限制政府滥用权力保护人民正当利益"的优越性。③ 先生还密切关注中国宪法的发展。1982 年《宪法》通过后,先生给予了高度评价,认为它具有划时代的意义,标志着我国社会主义民主与法制进入一个新的发展时期。同时,为保证宪法的实施,先生认为必须抓紧解决以下几个问题。

第一,必须广泛地进行宪法的宣传和教育工作,使之在全国范围内家喻户晓,人人皆知,让大家都能够自觉地遵守宪法、执行宪法。

第二,宪法是根本法,是一种"母法",但单有"母法"还不够,还必须有一系列的"子法",对宪法的各项原则一一加以具体化。这就是说,必须以宪法的规定为准绳,加速制定各种法律、法规。

第三,需要建立必要的机构以监督宪法的实施。这种机构必须具有很高的权威,最好是设在全国人大常委会内,而且应该是常设的而非临时的机构。

第四,各级领导干部,应该带头作执行新宪法、维护新宪法的模范,通过广泛的宣传教育和领导同志的以身作则,在社会上形成一种以遵纪守法为荣,以以权代法为耻的社会舆论和社会风气。④

---

① 参见周祥斌、余俊:《资产阶级自由化是对社会主义民主的否定——著名法学家韩德培谈两种社会制度下的民主》,载《学习月刊》1987 年第 3 期。

② 《布莱克维尔政治学百科全书》,中国政法大学出版社 1992 年版,第 675 页。

③ 韩德培:《我们所需要的"法治"》,载《韩德培文选》,武汉大学出版社 1996 年版,第 496 页。

④ 参见韩德培:《充分发挥新宪法在社会主义现代化建设中的作用》,载《法学评论》1983 年第 1 期。

（三）法治与权力制约

在法治社会中，国家权力是以法律的形式赋予各个国家组织来行使的，同时，国家组织在行使权力时必须遵循一定的价值法则，严格依法进行权力制约。只有把权力运行的制约同权力运行本身一样都纳入法治轨道，才能保障权力公正、高效和有序地运行。因此，有学者就认为，权力制约是依法治国的重要环节和表现形式之一，是社会主义民主政治建设的客观要求。① 而通过一定的法律程序来监督和矫正行政权力的恣意，是权力制约在现实生活中最直接的体现。1989年我国《行政诉讼法》通过后，先生十分高兴。他认为，《行政诉讼法》对于贯彻执行宪法关于公民权利的原则规定，对推进社会主义民主政治的建设，有十分重要的意义。先生说，在过去，我国习惯于通过行政手段来解决管理者与被管理者之间的矛盾，但随着社会民主化程度的不断提高，这种手段已不适应社会前进的步伐。现在通过公正、中立的司法程序来解决政府机关与人民群众的行政争议，无疑是我国法制建设的一个重大步骤。一方面，《行政诉讼法》的规定，如公民、法人或其他组织在其合法权益受到行政机关或行政机关工作人员具体行政行为侵犯时，有权依法向人民法院提起诉讼，在诉讼中与行政机关的法律地位平等，且都有权进行辩论，等等，体现了行政诉讼法保障公民、法人及其他组织合法权益的精神，有利于加强民众的司法信仰，塑造法律的权威。另一方面，《行政诉讼法》又维护和监督行政机关依法行使职权，可以促进行政机关依法行政，把行政管理纳入法治轨道。先生还认为依法行政是造就廉洁政府的必由之路，它在一定程度上限制了政府权力行使的恣意。因此，《行政诉讼法》的实施是我国社会主义民主政治的重要发展，是我国人民政治生活中的一个重要里程碑。②

（四）法治与经济建设

历史经验告诉我们，把经济建设纳入法制的轨道是国民经济健康发展的内在需求。市场经济，作为权利型经济，则更需要法律制度来规范市场的运行。在我国20世纪80年代国民经济的管理中，突出使用行政手段、经济手段，而较为忽视法律手段的作用。对此，先生著文深入分析各种手段的利弊，强调法律

---

① 参见李龙主编：《依法治国——邓小平法制思想研究》，江西人民出版社1998年版，第221页。

② 参见韩德培：《实施〈行政诉讼法〉的重要意义及需要解决的问题》，载《韩德培文选》，武汉大学出版社1996年版；韩德培：《中国行政法制建设的新发展》，载《行政法制》1990年第5期。

手段的重要性。先生认为,单纯依靠行政手段管理经济或指挥经济活动,常常会把复杂的经济关系简单化,结果必然导致经济管理和经济活动的僵化和硬化,其最大弊端是不重视客观经济规律,不讲究经济效益,不注意经济利益和经济责任,从而不利于调动各方面的积极性,有碍于经济的发展。经济手段对调整国民经济运行非常重要,但只有上升为制度化、法律化,才能使国民经济长期健康地发展。先生还认为,运用法律手段管理经济是目前新形势下提出和强调的新任务和新要求。法律手段不仅是推行经济政策、调整经济关系、改善经济管理、发展社会生产力的一个重要手段,而且可以保障和促进经济体制改革;而对于提高经济效益,法律手段更是不可缺少。为此,先生主张加快我国经济立法的步伐,加强司法工作,加强法制的教育和宣传工作。[①] 一方面,对我国的对外开放,先生认为良好的法制环境不仅能够促进市场的发育和民主政治的发展,而且能够保障对外开放政策的连续性、稳定性,增强其透明度,并有利于吸引外资。[②] 我国的社会主义市场经济确立后,先生指出,市场经济必须要有健全的法制作为规范和保障,这是由市场经济本身的性质所决定的,这就需要加快立法的步伐,尽快建立与市场经济相配套的法律体系。另一方面,要加大法学研究的力度,他还特别强调为促进国内市场与国际市场的接轨,要大力加强我国国际私法的立法和研究。

总之,法律在当代社会生活和经济发展中的重要地位和作用,越来越突出了法治的优越性和必要性。依法治国方略在我国的提出和确立,不仅是时代的呼唤,同时也反映了一代法学家的不懈追求。

二、法学体系的构想[③]

在中国,19 世纪末 20 世纪初,法学或法律科学的名称随着西方文化大量传入才被广泛使用。[④] 随着法学从其他学科中分化出来,特别是随着立法活动日益广泛而复杂以及法律部门的出现,法学自身的分科也就相继出现。合理、科学地划分法学体系,不仅是法律实践和法学教育的需要,而且对法学学科的发

---

① 参见韩德培:《运用法律手段管理经济》,载《武汉大学学报(社会科学版)》1985 年第 5 期。

② 参见韩德培、姚梅镇、李双元、刘丰名:《对外开放法制环境的调查与研究》,载《武汉大学学报(社会科学版)》1989 年第 1 期。

③ 本节有关韩德培先生的观点,参见韩德培:《谈合并学科和设立博士点的问题》,载《法学评论》1996 年第 6 期。

④ 参见沈宗灵主编:《法理学》,高等教育出版社 1994 年版,第 2 页。

展具有重要的意义。先生作为一代法学巨擘,学贯中西,知识渊博,他特别关心我国法学事业的发展。近年来,先生虽年近九旬,但仍对我国法学学科体系提出了科学的构想。先生认为,在社会科学类,法学无疑是一级学科。由于法学与政治学、社会学、民族学具有完全不同的内容,不应该把政治学、社会学、民族学包括在法学学科门类内,而应该把这几个学科并列起来,都作为一级学科。对于法学二级学科的划分,先生也有许多独到的认识。

1. 经济法学与环境法学。有人认为,经济法学除包括自身的内容外,还包括劳动法学、环境法学、社会保障法学。先生认为,经济法学作为一门独立的学科,其内容已相当广泛,根本没有必要再去"拓宽"。而环境法学是一门新兴学科,它是从法律上研究如何保护和改善环境,如何防治各种环境污染和如何保护自然资源和生态平衡的。近年来,随着"可持续发展战略"在我国的提出,环境法学的深入研究越来越重要。谈到经济法学与环境法学的关系,先生认为二者联系并不紧密。先生曾兼任武汉大学环境法研究所所长、现任中国法学会环境资源法研究会的会长,主编过《环境保护法教程》和其他著作,并多次出国参加有关环境法的国际会议,先生对环境法的认识无疑是有分量的。因此,他的观点受到人们的关注,并被国家有关部门采纳。

2. 国际法学。我们通常所说的国际法学有狭义和广义两种理解,狭义仅指国际公法学,广义则包括国际公法学、国际私法学和国际经济法学等。而广义的国际法学实际上是作为一种分类方式,相对于国内法学而存在的。① 国际公法学、国际私法学和国际经济法学这三个学科可以说都有各不相同的内容和各自内在的逻辑性。它们之间虽互有联系,甚至内容还有一些重叠,但各成体系,分属不相隶属的专门学科。一方面,在国际法学上,先生不为传统概念所束缚,一直主张相对于国内法来广义理解"国际法"这一概念,反对对"国际法"一词持狭隘的观念。另一方面,尽管先生长期研究国际私法,被公认是当代中国国际私法学的一代宗师,同时,他还指导过国际公法专业的博士研究生,并在国际经济法方面也有很深的造诣,但在这三个学科的分合问题上,他坚决反对合并成一个二级学科。先生曾著文认为,国际公法学、国际私法学和国际经济法学

① 在沈宗灵先生主编的全国高等学校法学教材《法理学》一书中,就认为法学可分为:(1)国内法学,其中又可分为宪法、民法、刑法等部门法;(2)国际法学(广义),又可分为国际公法、国际私法和国际经济法等;(3)法律史学;(4)比较法学和外国法学。参见沈宗灵主编:《法理学》,高等教育出版社1994年版,第3页。

各有自己的科学体系和各不相同的内涵与外延,不能混为一谈。这三个学科的内容都很丰富,尤其是近几十年来,它们的内容都正在发展和扩大。例如,国际公法除原有的内容外,就有新的“空间法”和“海洋法”等;国际私法除原有的内容外,就有新的“国际统一实体法”和“直接适用的实体法”等;国际经济法是一门新兴学科,它包括国际投资法、国际金融法、国际税法、国际经济组织法,还有人主张增加“国际海事法”“国际技术转让法”等。世界上至今恐怕还没有哪一位学者能写出一本包括这三个学科的专著。合并不仅不利于国际交流,与我国对外开放的实践不相符合,也不利于教学和科研的安排以及研究生的培养,同时,更不利于这三个学科的发展。

3. 有关其他二级学科的问题

(1)法学理论,先生认为可改称“法理学”,它不但包括法学中各种基本概念,还包括各种法律学说即法律思想。

(2)法律史,先生认为应改为“法制史”,包括中国法制史和外国法制史。至于各种法律学科的历史,则应放在各门法律学科中去讲述。

(3)其他二级学科,如刑法学、民法学、诉讼法学、军事法学,先生认为应为独立的二级学科,但对于宪法与行政法是否能合并的问题,应多听听两个学科专家的意见。

总体而言,先生主张的法学二级学科有:法理学、法制史、宪法与行政法学、刑法学、民商法学、经济法学、环境法学、诉讼法学、国际公法学、国际私法学、国际经济法学、军事法学。先生的主张在法学界引起了强烈的反响。

三、法学研究方法

先生作为一代法学家特别重视法学研究,主张法学研究方法应多元化,但他特别强调理论联系实际的方法。早年先生留学美国时,就曾向当时在旧金山参加联合国筹备会议的董必武同志请教,如何进行法学研究才能最有利于未来的中国。董老很快亲笔回信给先生,指出进行法学研究一定要联系实际,尤其是中国的实际。对此,先生深有体会。20世纪80年代初,正当中国法学百废待兴的时候,先生正确地指明,法学要“着重研究当前经济建设中出现的新情况、新问题,使法学研究工作更好地为经济建设服务”。[①]

---

① 韩德培:《让法学更进一步繁荣》,载《学习与实践》1984年第1期。

1981 年先生与周子亚教授、李双元副教授应邀赴京为国家进出口委员会进行咨询,他们的咨询意见①为国家减少了数亿美元的赔偿金额。1987 年又为财政部提供了我国加入《多边投资担保机构公约》的意见,②全面评价了该公约的利弊得失以及我国若加入该公约应注意的问题,为政府决策提供了有力的学理支持。不仅如此,先生也密切关注我国涉外案件的审判实践。诚如先生所言,"法学应该首先是一门实践科学","研究冲突法不能离开对本国(当然也包括其他国家)实际案例的分析与研究"。③ 1991 年,就我国某海运局诉美国金鹰航运公司、印度尼西亚贝尔航运有限公司船舶碰撞案,先生作专文予以剖析,其观点得到广泛赞同。④

20 世纪 80 年代,当中国与英国、葡萄牙在"一国两制"的框架下达成香港、澳门问题的解决方案时,⑤先生敏锐地注意到在不久的将来,我国领域内将同时存在几个不同法域,并由此而产生不同的法域之间的法律冲突——区际法律冲突问题。对此,先生针对中国的现实,发表文章阐明了解决我国区际法律冲突的原则、途径和步骤,作了大量的奠基性工作。⑥ 这可以说是先生理论联系实际、解决中国实际问题的典范之一。

另外,先生也特别注重比较的方法,这是因为只有在比较的基础上才能加深对问题的认识,才能使法学理论正确服务于实践。在编写完中华人民共和国成立以来第一本国际私法教材后,先生阐述道,"比较法是现代法学中的一个重

① 参见《关于终止若干合同所涉及的几个法律问题》,载《韩德培文选》,武汉大学出版社 1996 年版,第 35 ~ 41 页。

② 参见《我们对〈多边投资担保机构公约〉的看法》,载《韩德培文选》,武汉大学出版社 1996 年版,第 72 页及以下。此文与姚梅镇教授合作。

③ 参见韩德培、李双元:《应该重视对冲突法的研究》,载《武汉大学学报(社会科学版)》1983 年第 6 期。

④ 参见韩德培:《关于"金鹰一号"案的几点看法》,载《法学评论》1992 年第 2 期。

⑤ 1984 年 12 月 19 日中英签署《关于香港问题的联合声明》;1987 年 4 月 13 日中葡签署《关于澳门问题的联合声明》。

⑥ 事实上,先生早在 1983 年就注意到中国区际私法的问题,在《应该重视对冲突法的研究》一文中就指出,随着台湾问题的解决和香港的回归,我国冲突法还将可能有一个解决地区间法律冲突的"区际私法",也将可能在我国国际私法中占一席重要的地位。参见韩德培、李双元:《应该重视对冲突法的研究》,载《武汉大学学报(社会科学版)》1983 年第 6 期。其他文章参见韩德培:《论我国的区际法律冲突问题》,载《中国法学》1988 年第 6 期;韩德培、黄进:《中国区际法律冲突问题研究》,载《中国社会科学》1989 年第 1 期;韩德培、黄进:《大陆地区与台湾、香港、澳门地区民事法律运用示范条例》,载《武汉大学学报(社会科学版)》1993 年第 4 期。

要学科,又是进行各部门法研究的重要方法……国际私法的性质决定了它的研究不能只囿于本国法,而必须放眼于世界各国的法律”。① 正是基于这一认识,先生一直主张对外文图书资料的利用,要关注国外法学的发展动向,研究外国的最新立法资料,比较和借鉴其经验,以得出切实可行的、符合我国实际的理论观点。② 为此,先生与李双元教授主持编著了两卷本的国际私法教学资料选编,差不多收集了当时所有重要的涉及国际私法的国内、国际立法资料。③ 这为我国学者研究国际私法提供了丰富的资料和素材。

四、法学教育思想

先生从事法学研究的几十年也是先生教书育人的几十年。自 1945 年,应著名国际法学家、时任武汉大学校长周鲠生教授之聘回国执教以来,先生作为武汉大学法学院教授至今已执教 50 余载,谓之桃李满天下,实不是过誉之言。先生年仅 35 岁时便担任武汉大学法律系主任、校教授会主席,从那时起先生就一直致力于办好武汉大学,办好法学院。先生曾与周鲠生校长专门探讨过怎样办大学的问题,对蔡元培先生的气度和精神最为心仪,并始终恪守着“兼容并包,兼收并蓄”的办学思想。④ 以武汉大学法学教育为例,“文化大革命”一结束,先生便担当恢复重建法律系的重任。先生远见卓识,先后筹建了国际法研究所、环境法研究所,这在国内均处于领先地位。⑤ 多年来,先生广延人才,培养新秀,硕果累累。武汉大学法学院今日的成就是与先生的努力和卓著的工作密

---

① 参见《编写〈国际私法〉的体会》,载《韩德培文选》,武汉大学出版社 1996 年版,第 484 页。这一论断也为其他著名学者所赞同。如茨威格特、克茨便主张:“今日国际私法的方法只是作为一种比较的方法。”参见[德]茨威格特、克茨:《比较法总论》,潘汉典等译,贵州人民出版社 1992 年版,第 11 页。

② 参见《韩德培文选》,武汉大学出版社 1996 年版,第 454 页、第 457 页、第 458 页。

③ 参见韩德培、李双元主编:《国际私法教学参考资料选编》,武汉大学出版社 1991 年版。该书共计 80 万字。

④ 参见《韩德培文选》,武汉大学出版社 1996 年版,第 464 页。

⑤ 武汉大学国际法研究所成立于 1980 年 7 月,是我国综合性大学中最早成立的国际法研究所,由先生兼任第一任所长。1981 年 6 月,武汉大学与中国环境科学研究院合办的中国环境科学研究院武汉大学环境法研究所成立。1985 年,该所更名为国家环保局武汉大学环境法研究所,这是目前我国唯一专门从事环境法研究和教学工作的机构,先生兼任第一任所长。1992 年,武汉大学法学院成为全国法学方面仅有的三个博士后流动站之一,国际法研究所三个专业都成为建站专业,这也是全国范围内唯一的一个可以吸收国际法博士后研究人员的流动站。1999 年 11 月,中国法学会环境资源法研究会在武汉大学成立,先生被一致推选为会长。

不可分的。值得一提的是,1987 年 10 月全国性的国际私法民间学术团体“中国国际私法研究会”正式宣告成立,先生被一致推举为该研究会会长,这无疑是对先生几十年学术研究和教育成就的最佳评价。

在教书育人上,先生也十分重视,并且身体力行。先生常言,作为一名教师,应该“教书与育人并重,教学与科研并重,严谨治学,言传身教”。① 在 50 多年的教学生涯中,先生为人师表,守志善道,培养了大量人才,他们都在不同的岗位上做出了贡献。每年法学院新生入学,先生都不顾高龄亲自在开学典礼上致辞,勉励同学们努力学习,将来更好地为祖国建设服务。先生常告诫同学们,“做学问就像金字塔一样,基础要扎实”,并且应广泛地掌握好法律的基础知识,只有这样才能做到深和专。② 他指出,大学生作为高层次的专门人才,知识面不宜过窄,要“博览群书”,不仅要看自己的专业书,还应多涉猎其他专业的书籍。基于此,先生提倡各系的学生可以不受系别限制到其他系进行选修,从而不断扩大知识面。外语学习是先生一再要求学生应努力学好的。先生打比方说:“一个人懂一门外语,等于在面孔上多长了一只眼睛。如果连一门外语都不懂,那么知识的领域和范围就会受到很大的局限。”③先生本人便通晓英、法、德、俄等语言,这大约也是先生学术造诣精深的一个原因吧。在教学上,先生很早就主张把法律条文和法院的判例很好地结合起来,只有这样讲课的内容才会有血有肉,显得丰富多彩,活泼生动。④ 这大概是我国法学教育中较早提出案例教学的主张之一。⑤ 不仅如此,先生曾进一步建议,“由各省高级法院出版一种‘判例简报’性质的刊物”,登载“重要的或具有代表意义的判例”,以“帮助和推动法学教育工作者的研究工作”。⑥

先生重视大学里法学教育的质量,同时,先生也关心法制建设,主张大力进行法制宣传教育工作。他指出,“我们应积极编写法学通俗读物……在广大人民群众和干部中间,普及法制教育,增强法制观念,从而使得人人懂得法律,人

① 参见《韩德培文选》,武汉大学出版社 1996 年版,第 489 页。

② 同上书,第 471 页以下。

③ 同上书,第 480 页。

④ 同上书,第 453 页。原文曾载于 1957 年的《光明日报》。

⑤ 先生于 1994 年出版新著《美国国际私法(冲突法)导论》,书中大量引证分析了美国法院的判例,极大地丰富了我国学者对国际私法的案例研究的材料。参见韩德培、韩健:《美国国际私法(冲突法)导论》,法律出版社 1994 年版。

⑥ 参见《韩德培文选》,武汉大学出版社 1996 年版,第 453 页。

人遵守法律”。[①]

学术的薪火相传也是先生所积极倡导的。改革开放初期,先生便呼吁加紧培养年轻一代的法学研究工作者,“除高等院校应多多招收法学方面的本科生和研究生外,也可适当选派一些合格的人到国外去进修,使法律专门人才较快地成长起来”。[②] 在中国国际私法研究会创立后,每次年会他总是尽可能出席,他主张充分发扬民主,鼓励与会代表本着“双百”方针,各抒己见,畅所欲言。研究会每届年会都要出版一本论文集,这种长期一贯性的做法受到了广泛的赞誉。在先生的指导扶持下,一大批年轻的法学教师成长起来并成为教授、博士生导师。先生扶持后进可见一斑。

先生一直致力推进中外法律文化之间的交流。1980 年,先生率领我国法学家代表团,第一次参加了在荷兰召开的国际法律科学大会第二次会议,作了《中华人民共和国正在加强社会主义法制建设》的学术报告。1982 年先生以法学客座教授和富布莱特亚洲访问学者的身份进行了为期 4 个月的访美讲学和访问,在美国密苏里大学和其他 11 个州的 19 所大学以及部分法学团体着重介绍了中国近年来加强社会主义法制和发展法律教育的情况,受到听讲者及有关人士的高度评价和热烈欢迎。[③] 在美讲学期间,先生为促成和实施中美法学交流计划作了富有成效的推动工作。之后从国际法研究所派出国外进修访问、留学的教师就达几十人次,而且,还邀请或接受了美国、瑞士、德国、加拿大、澳大利亚等国的学者来武汉大学法学院访问、讲学或学习。这一切都促进了中外学术交流。1999 年 4 月海牙国际私法会议的秘书长汉斯·范·鲁专程访问武汉大学法学院,当面盛赞了先生对中外法学交流做出的杰出贡献。

先生之学识,高山仰止;先生之精神,青云不坠。而先生于法学研究和教育之贡献,更为人们所敬慕。

---

① 参见《韩德培文选》,武汉大学出版社 1996 年版,第 456 页。

② 同上书,第 459 页。

③ 先生的英文讲稿,后由美国西北大学法学院院长肯特教授加入评介和附注,以《中国的法律教育》为题,发表在著名的《美国比较法杂志》上,受到许多国家法学者的重视和好评。参见《美国比较法杂志》1984 年第 3 期。

中国近代法学界的"异数"

——《费青文集》序*

法大同事白晟博士在编辑完成《潘汉典法学文集》后，一鼓作气，接着编辑《费青文集》，并叮嘱我为后者作序。尽管一直很忙，我还是毫不犹豫地应承下来了。我之所以答应这件事，主要是基于以下两点考虑。一是费青先生在1952年参与筹建中国政法大学的前身——北京政法学院，随后担任学院的二级教授、副教务长，为这所大学的初创以及新中国的法学教育和法制建设做出了突出贡献，直至1957年他逝世。他是法大的先贤。二是费青先生是一位国际私法专家。1934年他参加清华大学第二届庚款留美公费考试，考取了总共录取20名中仅录取1名的国际私法门，后转赴德国柏林大学法学院研习国际私法。学成归国后，先后在西南联大、云南大学、东吴大学、复旦大学和北京大学讲授和研究国际私法。他是我的学界前辈。作为中国政法大学校长和国际私法学人，我想，向读者介绍费青先生和推介《费青文集》，就是我应该做的事情。

坦率地说，在写序之前，我对费青先生的了解非常有限，仅限于上述这些。为了便于我写序，白晟博士将《费青文集》的初稿及相关资料用电子邮件发给我，供我参考。利用暑假，我翻阅了文集初稿及相关资料，还

---

* 本文原载于《法制日报》，2013年9月11日，第11版。

真引发不少感慨,时有“惊艳”的感觉。

像费青先生这一辈的法学家,在他们在世时我曾接触过几位,主要是向他们讨教。比如,我的导师韩德培先生,还有李浩培先生、王铁崖先生、倪征日奥先生等。就他们的人品、学识和成就而言,说他们这一辈法学家是中国近现代法学界的“异数”,当不为过。看了费青先生的著述和生平资料,可以说更加深了我对他们的这个印象。在我看来,他们有一些被深深打上时代烙印的共同特点。一是饱经风霜,阅历丰富。他们历经清朝、民国、新中国 3 个时代,又游学中外,任教于国内多所大学,时代风起云涌,个人大起大落,一生跌宕多姿,事迹可圈可点。二是学养深厚,学贯中西。他们所在的家庭不算十分富裕,但都能供他们求学,有诗书传家传统,因此,他们从小就受到良好的教育,中学基础扎实。后又因其聪颖好学,在全国学子激烈的竞争中考取公费留学海外,在国外大学受到系统的法学教育,大多懂几门外语,对西方国家的文化尤其是对其法治有深刻的理解,西学功底坚实。三是不限一隅,涉猎甚广。他们既是法学某一领域的专家、权威,又是学术大家或杂家。比如,费青先生的研究和著述,不仅涉及法学,而且还涉及时政、政治学、经济学、文学等领域。就是在法学领域,他也没有囿于国际私法,在法哲学、国际公法、宪法等领域也有贡献。至于教学,其涉足的领域就更广了,他先后在不同的大学教授过国际私法、国际公法、罗马法、英美法、法理学、民法、诉讼实务等,甚至还上过哲学概论、社会发展史这样的课程。四是关心时政,热心公益。他们所处的时代多为战乱、动乱或变革的时代,社会、国家和世界不断在发生着巨大的变迁。他们没有“躲进小楼成一统,管他春夏与秋冬”,而是关心时政,热心公益,以读书人的良知和学识,为社会的进步、国家的发展和世界的和平鼓与呼。费青先生在东吴大学读书期间就积极参与学生会的活动,曾作为江苏省的学生代表秘密到当时的革命策源地广州参加全国学生代表大会。20 世纪 40 年代中后期,昆明发生了“一二一惨案”,费青先生代表西南联大教授会办理诉讼事宜,还发表了洋洋洒洒的檄文《民不畏死,奈何以死惧之!》。北京发生“沈崇事件”后,费青先生也是北大处理这一案件的法律顾问委员会成员,还在北大教授的集体抗议书上签了名,后又与其他北大教授一道签名发表了《保障人权宣言》。还要提到的是,费青先生在大学为教,因从小落下支气管哮喘病,身体并不是一直很好,但他先后出任过东吴大学法学院副教务长、法律系主任、教务长,北京大学校务委员会委员、法律系主任,北京政法学院副教务长等校内公益性职务,为法学教育的赓续辛勤耕耘、呕心沥血,堪称“鞠躬尽瘁,死而后已”。五是与时俱进,良知未泯。面对

“中国处于三千年未有之大变局”,可以肯定地说,中国的读书人有过犹豫,有过彷徨,有过摇摆,也有过激动。孙中山先生曾说:“世界潮流,浩浩荡荡,顺之则昌,逆之则亡。”以天下为己任的中国读书人在这样的大变局面前能无动于衷吗?显然不可能。从费青先生他们这一辈法学家的身上,我们不难看到这一点。他们的著述,或有时而不章;他们的言行,或有时而可商。但我们看到,他们始终恪守了做人的道德底线,坚守了读书人的良知和理性,敢讲真话、实话,讲真心话而不讲假话。在当下,这正是我们后辈应该学习和传承的。

最后应该肯定的是,白晟博士摒弃功利,历时数年编辑《潘汉典法学文集》和《费青文集》,精神可嘉,成效可赞,难能可贵。这不仅是为法大做的一件有价值的学术工作,也是为中国法学界所做的一件有意义的事情。据我所知,《潘汉典法学文集》出版后深受法学界同道赞赏和好评,故《费青文集》付之梨枣,值得期待。我们都知道,我们需要未来,但我们不能忘记过去。不了解过去,会以为我们超过了前人。其实,我们有可能在重复走前人走过的路,甚至没有达到他们曾经达到的高度。如果有时间,或者在没有时间时挤出点儿时间,我建议读者翻翻类似《费青文集》这样的书,看看费青先生这一辈法学家走过的路,考究一下他们的所思、所言、所为,或许你会有意想不到的收获和感悟。

是为序。

2013 年 8 月 11 日星期日于京城蓟门

岂止于米，相期以茶

——《刘振江法学文集》序*

2012年是壬辰龙年，适逢刘振江先生八十五华诞。西北政法大学国际法研究中心拟将先生所撰写的法学著述汇集成册予以出版，以资庆贺。先生的弟子、西北政法大学副校长王瀚教授嘱我为文集作序。

王瀚教授嘱我作序是有道理的。我虽然不是刘振江先生直接指导的弟子，但自20世纪80年代中期结识先生之后，可以说一直在学术上承蒙先生提携，受惠于先生。先生不仅是我的博士学位论文的评阅人，而且是我博士学位论文答辩委员会的成员，对我博士学位论文的修改和完善给予了许多具体且极具价值的指导。我能够顺利通过论文答辩，获得我国自己培养的第一位国际私法专业博士学位，显然离不开先生的指导和扶持。当然，在日常的学术生活中，同许多同仁一样，我更是从先生的学术著述中汲取了丰富的营养。所以，王瀚教授嘱我作序，我欣然受命、乐而为之，主要是想借此表达我对先生为学、为师和为人的敬意，表达后辈学人对前辈学人承前启后、继往开来的尊敬。

刘振江先生是我国著名法学家、国际私法专家。据我所知，先生本科就读于中国人民大学法律系。他本科毕业后，于1956年12月赴苏联莫斯科大学法律系读研

---

* 本文原载于《刘振江法学文集》，法律出版社2014年版。

究生，专攻国际私法专业，1960 年 12 月通过副博士学位论文答辩，并被授予法学副博士学位。先生是我国较早接受过苏联正规法学教育，系统学习过国际私法专业并获得相应学位的学者。先生学成归国后，从 1961 年 2 月起，就在西北政法学院，即今天的西北政法大学从事法学教育和研究工作，至今已 50 余载。

先生长期倾心于教书育人，特别重视国际法人才的教育培养。1984 年先生即开始招收培养国际公法和国际私法专业硕士研究生，是国内较早招收培养国际公法和国际私法专业硕士研究生的学者之一。他不仅为教学科研机构和司法实践部门培养了一大批人才，而且向国内外知名学府输送了不少继续攻读国际法专业博士学位的优秀毕业生。先生开创的西北政法大学国际法学科，经后辈的不懈努力，现已发展成为我国西北地区的国际法人才培养和科学研究中心，被确立为国家卓越法律人才教育培养基地和陕西省哲学社会科学重点研究基地。

先生学贯中西，知识渊博，视野开阔，学养深厚，其学术研究涉及国际私法、国际公法、国际经济法等领域。他对外层空间的法律地位、联合国海洋法公约、南北极法律地位等国际公法问题，对国际私法的性质、外国法的适用、海峡两岸法律冲突的解决、国际民商事法律冲突的解决、国际民事管辖权冲突及其解决、国际司法协助、知识产权公约的适用、涉外经济合同、陕西省对外经济贸易合同中的法律问题等国际私法问题均有研究，先后发表学术论文数十篇，主编或参编《国际私法教程》《国际法》《国际商法》《国际经济法》等教科书。特别要提到的是，先生还出版了《国际民事诉讼法原理》这部学术专著，在国内较早对国际民事诉讼法进行了较系统和专门的研究。此外，先生也十分重视对国外法学学术成果的推介和借鉴，曾先后翻译苏联法学学术论文 10 余篇。先生的这些研究成果不仅极大地丰富和发展了我国国际法学术研究，而且也奠定了先生在我国国际法学界的学术地位。事实上，先生的学术生命还远不止于此，先生退休以后，仍潜心研究、笔耕不辍，撰写了数篇颇有建树的学术论文，实为我们后辈学人效法和学习之楷模。

先生热心社会公益事业，积极参与国内外学术交流活动，特别是对中国国际私法学界的学术活动情有独钟。先生曾长期担任中国国际私法学会副会长，十分关心和支持中国国际私法学会的工作，多次参加和承办中国国际私法学会年会。尽管先生近年因年事已高，很少再参加中国国际私法学会的活动，但每每有同仁见到他，他都要问及学会的发展，念兹在兹，念念不忘，令人感佩不已。先生至今仍担任陕西省国际法学会名誉会长。

在当代中国法学界,有一美妙的奇特现象,就是国际法学界的老人大多健康长寿,岂止于米,相期以茶。更令人感叹的是,这些国际法老人大多经历过战乱和动乱,有的甚至被打成“右派”,进过“牛棚”,蹲过监狱,含冤 20 余年,历经坎坷,饱经风霜。但他们不仅没有倒下,反而更加健康长寿。究其原因,尽管仁者见仁,智者见智,但我仍然相信这些国际法老人的健康长寿得益于他们深谙国际法之精髓,那就是“和平”。于己,心平气和、温良和顺;对外,和睦相处、和衷共济、和而不同、和谐发展。试问,有这种精神气质的人能不长寿吗?刘振江先生今年已八十有五,其本身就是一个很好的例证。在祝贺先生八十五华诞的美好时刻,我们晚辈唯愿先生福如东海,寿比南山!我相信,这是我们大家的共同心愿。

2012 年 10 月 29 日于瑞典乌普萨拉

《潘汉典法学文集》序*

潘汉典先生的法学文稿要结集出版，先生嘱我写序，我的确有点诚惶诚恐，不敢应承。我过去确曾给人写过序，但都是为学生和同辈而写，而潘先生是长辈，是老师，是大专家，给潘先生这样的长辈、老师和大专家的著作写序，对我来说还是头一遭。所以，当我的同事、潘先生的入室弟子白晟博士向我转告潘先生的意见时，我先是婉拒，后因潘先生坚持，只好从命。

说起来，我同潘先生很有缘分。20 世纪 80 年代，我在武汉大学读研究生。那时我是"初生牛犊不怕虎"，曾经做过一些外国法律和法学论文的翻译工作，投稿到潘先生当时任职的中国社会科学院法学研究所主编的《法学译丛》杂志。没想到的是，作为杂志的主要编校者，潘先生亲笔回信给我，对我的翻译文稿提出修改意见和建议，一一指正文稿中的误译。其治学态度之严谨，工作态度之认真，提携后进之情深，给我留下了深刻的印象，至今难以忘怀。更没想到的是，2009 年我北上中国政法大学工作，而潘先生此前于 1987 年重回法大就职，这样，我们又成为不时见面的同事和忘年交，我有了更多向潘先生学习和讨教的机会。

在当下中国法学界，法大是幸运的、得天独厚的。在国内许多著名法学院校的老一辈法学家逐渐淡出法

---

* 本文原载于《潘汉典法学文集》，法律出版社 2012 年版。

学界或者故去的背景下,法大则有一批老专家仍然身体健康,老当益壮,学术生命力旺盛,活跃在我国学术、思想、文化界。比如,我们津津乐道的江平、陈光中、张晋藩、应松年、巫昌祯、樊崇义、王牧、何秉松、吴焕宁、赵相林、黄道秀等先生,年过九旬的潘汉典先生也是其中之一,而且是最年长者。这批老专家真是法大的宝贵财富,他们做人、处事、为学,都是法大的旗帜和标杆,堪称法大人的楷模,不仅在法大师生和广大校友中享有崇高的声望,影响着一代又一代法大人,而且在我国法学界也可以说独占鳌头、各领风骚。法大专门为这批老专家设计了终身教授和特聘博士生导师制度,就是为了发挥他们不可多得的独特作用。

潘汉典先生早年求学于东吴大学法学院,获得法学学士和法学硕士学位。他从 1948 年开始从事法学教育和研究工作,先后辗转于上海光华大学、东吴大学、北京大学、北京政法学院、中国政治法律学会、中国社会科学院法学所以及中国政法大学,迄今已 64 年。潘先生先后两度在法大工作,1987 年重回法大后担任中国政法大学比较法研究所首任所长,还兼任《比较法研究》刊物主编,是法大比较法学科的开创者和奠基人。他现仍担任法大特聘博士生导师,常年悉心指导博士生,辛勤耕耘在法学教育的第一线。

从潘先生这部文集不难看出,他精通多门外语,一生致力于翻译国外的法律制度和法学理论文献,立志把国外最好的法律制度和先进的法学思想介绍进中国,先后发表和出版了大量的法律法学译著。同时,潘先生殚精竭虑、矢志不渝地推进新中国比较法学的赓续和发展,对我国比较法学理论作出了极具深度的开创性的研究。潘先生在我国法律法学翻译、比较法学教育和研究领域做出了杰出的贡献,可以毫不夸张地说,他是新中国杰出的比较法学家和外国法律法学翻译界第一人。我想,每一位接触到这部文集的学人,都会感受到潘先生学术功底的深厚,学术追求的执着,学术生活的淡定和学术创作的智慧。其实,为学之道就是为人之道,学品就是人品。所以,我更希望读者在读这部文集时能体会到潘先生为人师表的品格和厚德,并择其善而从之。

2012 年夏于京城晓月河边